儒釋道文庫
Library of Confucianism,
Buddhism and Taoism

兩晉南北朝經學文獻研究

汪舒旋 著

上海古籍出版社

图书在版编目(CIP)数据

两晋南北朝经学文献研究 / 汪舒旋著. -- 上海：上海古籍出版社，2024.11. --（儒释道文库）.
ISBN 978-7-5732-1378-5

Ⅰ. Z126.27
中国国家版本馆 CIP 数据核字第 20241K4N96 号

儒释道文库
两晋南北朝经学文献研究
汪舒旋　著
上海古籍出版社出版发行
（上海市闵行区号景路159弄1-5号A座5F　邮政编码201101）
（1）网址：www.guji.com.cn
（2）E-mail：guji1@guji.com.cn
（3）易文网网址：www.ewen.co
上海中华印刷有限公司印刷
开本 710×1000　1/16　印张 32.5　插页 4　字数 584,000
2024 年 11 月第 1 版　2024 年 11 月第 1 次印刷
ISBN 978-7-5732-1378-5
K·3717　定价：158.00 元
如有质量问题，请与承印公司联系

四川大学中华文化研究院"儒释道文库"

国家社会科学基金重点项目
"巴蜀易学文献通考与研究"（23AZX007）阶段成果

四川省哲学社会科学基金重大专项
"巴蜀学案编撰与蜀学流派研究"（SCJJ24ZD88）阶段成果

四川大学中华文化研究院
儒释道文库编委会

主　编：项　楚　　舒大刚
副主编：傅其林　　张　弘
　　　　盖建民　　刘亚丁
主　任：曹顺庆　　詹石窗
　　　　段玉明
成　员：姜广辉　　郑万耕
　　　　廖名春　　李景林
　　　　蔡方鹿　　黄开国
　　　　郭　齐　　林忠军
　　　　黄海德　　程奇立

序

谈到两晋南北朝这段历史,你会想起什么?是四分五裂、战火延绵的中原大地?是一个个若烟火般转瞬即逝的短命王朝?还是那林下风流的竹林七贤、曲水流觞的王羲之、穿山凿池的谢灵运?关于两晋南北朝的学术研究自20世纪以来一直是"预流"之学,学者们从政治、经济、思想、文化、学术、民族、风俗等角度作了充分的研究,成果丰富[①],尤其在史学、文学、哲学、艺术领域研究者众多。两晋南北朝的政局复杂、社会变动剧烈,且这时期传统史学著作发展,给史学留下了许多研究空间;文学创作和文学批评的兴盛,让学者称这一时期是"文学自觉"的时代;玄学清谈、道教世家、佛教中国化,各种学说流行、碰撞,带给哲学诸多议题;从汉隶到草行楷、王羲之、顾恺之,艺术在此时也有了影响深远的变革。

以上诸多学问,仿佛都是两晋南北朝学术的主流,那么在汉代兴起、直到清末科举废除才一并被废弃的官方意识形态——经学,在两晋南北朝的存在感如何呢?回顾经学历史,我们会很自然想到经学正式创立的两汉,对经学做了统一工作并以经学作为科举考试主要内容的唐代,经学大变革并产生理学的两宋,以考据学为经学特点的清代。两晋南北朝的经学又是怎样的形象呢?好像一时答不上来。在今天治经学者必读的入门书、清人皮锡瑞的《经学历史》里,两晋南北朝被称为"经学中衰、分立"的时代,这是清代以来不少经学家的看法,影响至今。研究其他文化学术领域的学者仿佛默认,当文艺、史学和哲学的各种学说兴盛时,曾经主流的经学就让位了、边缘化了。经学家们也认为相较于汉、唐、宋、清时期,两晋南北朝的经学衰弱。

可经学在两晋南北朝真的衰弱吗?吕思勉先生早已提到:"世皆称晋、南北朝为佛老盛行,儒学衰微之世,其实不然。"[②]实际上,两晋南北朝世家大族势力

[①] 曹文柱、李传军撰《二十世纪魏晋南北朝史研究》把20世纪的魏晋南北朝研究分为五个阶段,认为20世纪30—40年代是研究的一个全面繁荣阶段;而1949年到"文化大革命"前、"文化大革命"结束后也是魏晋南北朝研究成果丰硕的阶段,其中如2000年一年发表的相关论文就大约有280篇。曹文柱、李传军:《二十世纪魏晋南北朝史研究》,《历史研究》2002年第5期。

[②] 吕思勉:《两晋南北朝史》,上海古籍出版社,2005年,第1226页。

庞大，许多大家源自东汉名教世家，五胡汉化所接受的也多是东汉旧经学。在儒学的传授方面，虽战乱不断，但中央官学也屡有建设，《晋书》中的《武帝纪》《职官志》《刘曜载记》《石季龙载记》、《宋书·百官志》、《齐书·百官志》、《魏书·儒林传》等均载立太学及国子学、置经学博士等建学之事。不少地方官员也重视官学建设，私家讲学十分兴盛。

再就《隋书·经籍志》和后世辑补的艺文、经籍志所记载这一时期产生的经学文献数量来看，在版刻文献尚未出现的时代，其时经学文献数量已是非常可观。除了数量可观，质量也很高，十三经中一半以上的权威注疏都来自两晋南北朝。今天经学的权威丛书《十三经注疏》中，伪孔传《尚书》出现于东晋；《春秋》三《传》的注疏本皆是此时著作，有晋杜预《左传集解》、晋范宁《穀梁集解》、北朝徐彦（一说为唐代人）《公羊疏》；又有晋郭璞《尔雅注》；除了直接采用的注疏本，唐人孔颖达的《礼记正义》以梁皇侃和北周熊安生《礼记义疏》为基础，宋人邢昺的《论语注疏》以皇侃《论语义疏》为基础。因此可以说，经学在这一时期非但没有衰落乃至中断，反而是进行了一次革新，对后世经学影响深远。

由于时代悬隔，几经书厄，两晋南北朝流传至今尚为全本的经学文献所剩无几，两晋南北朝各正史又无艺文、经籍志，唯有《隋书·经籍志》尚保存一些篇目。至清代辑佚学发达，学者于经解、类书中勾稽爬梳，使得今人可以窥探部分亡佚文献之一斑。同时，清人对两晋南北朝正史艺文、经籍志有所补修，在此基础上对文献书目进行统计、整理，亦可以展现当时经学文献之大貌。本书就立足于此，期望通过对两晋南北朝经学文献的全面考察，展现这一时期经学文献的特色，由此重新审视此时期经学的发展面貌及对后世的影响。

本书分为两大部分：上编是《两晋南北朝经学文献探析》，对两晋南北朝的经学文献作整体的分析，对此时的经学传承作梳理，对各经文献的数量、分类、存佚作统计，分析各经文献的发展情况。下编是《两晋南北朝经学文献提要》，对所统计的两晋南北朝经学著作做全面地、逐一地考证，考察、辨析每一种经学著作的作者、篇卷、主要内容、写作特点、存佚情况等。

需要特别说明，由于两晋南北朝经学文献散佚严重，以及此前研究对两晋南北朝经学的发展认识不足，因此缺乏对两晋南北朝经学文献作全面、逐一考证的研究。故而，本书上编对此时重要的经学文献作详细分析，相当于"文献举要"；下编则将所考证的所有文献逐一作提要，为两晋南北朝经学研究提供文献查阅途径，具有工具书性质。

目录

序 / 1

上编　两晋南北朝经学文献探析

绪论 / 3
 一、动荡政局中的文化追求 / 3
 二、战火纷飞时的图书事业 / 5
 三、诸学竞兴下的经学地位 / 7

第一章　两晋南北朝的经学教育 / 12
 第一节　两晋南朝官方经学教育的兴废 / 12
  一、西晋中央的太学设置及别立国子学 / 12
  二、东晋中央官方经学教育的时断时续 / 15
  三、南朝宋、齐短暂的中央官方经学教育建设 / 17
  四、南朝梁、陈中央官方经学教育的巅峰和结束 / 19
  五、两晋南朝地方官学的经学教育 / 21
 第二节　十六国北朝异族统治者对经学的学习和提倡 / 23
  一、十六国胡人统治者对经学的学习和频繁的兴学措施 / 23
  二、北朝统治者对经学的提倡和官学的兴废 / 29
  三、北朝地方官学的经学教育 / 32
 第三节　两晋南北朝经学的私学传承 / 34
  一、遍布南北的两晋私学 / 35
  二、河西一隅的十六国私学 / 36
  三、持续兴盛的南朝私学 / 37
  四、蔚然可观的北朝私学 / 39
 附录：两晋南北朝重要经学流派传承表 / 40

第二章 两晋南北朝经学文献总论 / 44

第一节 两晋南北朝经学文献之整体考察 / 46
一、两晋南北朝经学文献数量、分布 / 46
二、两晋南北朝各经各类文献概况 / 48

第二节 两晋南北朝经学文献的特色 / 53
一、两晋南北朝经学文献体现的学术特色 / 53
二、两晋南北朝经学文献体现的文献学特色 / 56

第三节 两晋南北朝经学文献的价值 / 57
一、两晋南北朝经学文献对当时社会之作用 / 57
二、两晋南北朝经学文献的学术影响和文献价值 / 58

第三章 两晋南北朝《易》学文献 / 59

第一节 《易》学文献溯源 / 59
一、《易》与《周易》 / 59
二、汉魏《易》学传承 / 60

第二节 两晋南北朝《易》学的几个问题 / 61
一、两晋《易》学的宗主与玄学解《易》的辨析 / 61
二、南朝《易》学的宗主与汉《易》的承续 / 62
三、北朝汉《易》的流传与改变 / 65

第三节 两晋南北朝《易》学文献分析 / 67
一、两晋南北朝《易》学文献的数量、分类、存佚统计 / 67
二、义理《易》与象数《易》的大致分类 / 70
三、义理《易》学文献分析 / 71
四、象数《易》学文献分析 / 72
五、其他类型《易》学文献分析 / 74
六、从"子部五行家"看汉《易》的分流 / 74

本章小结 / 78

第四章 两晋南北朝《尚书》学文献 / 81

第一节 《尚书》学文献溯源 / 81
一、档案与《书》 / 81
二、秦汉的今古文《尚书》辨析 / 83

第二节 两晋南北朝《尚书》学的几个问题 / 86
一、两晋学官的《尚书》学宗主 / 86

二、东晋伪孔传《尚书》分析 / 87
　　三、南朝学官的《尚书》学宗主 / 97
　　四、姚方兴献上《舜典》 / 99
　　五、北朝传东汉《古文尚书》与伪孔传的传入 / 101
　第三节　两晋南北朝《尚书》学文献分析 / 103
　　一、两晋南北朝《尚书》学文献的数量、分类、存佚统计 / 103
　　二、西晋传汉《古文尚书》分析 / 105
　　三、类《尚书》文献分析 / 106
　　四、图谱、音训等《尚书》专题研究 / 108
　　五、南北朝不同宗主的《尚书》注本 / 108
　本章小结 / 109

第五章　两晋南北朝《诗经》学文献 / 111
　第一节　《诗经》学文献溯源 / 111
　　一、《诗经》的来源与编订 / 111
　　二、汉代今古文《诗》的流传 / 113
　第二节　两晋南北朝《诗经》学的几个问题 / 115
　　一、今文三家衰落与毛《诗》独尊 / 115
　　二、两晋《诗》学郑王之争的余音 / 116
　　三、南朝《诗经》学的发展 / 118
　第三节　两晋南北朝《诗经》学文献分析 / 119
　　一、两晋南北朝《诗经》学文献的数量、分类、存佚统计 / 119
　　二、《诗经》传说类文献体裁丰富多样 / 121
　　三、对《诗序》的专门研究 / 122
　　四、《诗图》文献发展 / 123
　　五、音训、拟经等《诗经》研究 / 123
　本章小结 / 125

第六章　两晋南北朝三《礼》学文献 / 127
　第一节　三《礼》学文献溯源 / 127
　　一、三《礼》学文献的界定 / 127
　　二、晋前古文经《周礼》的流传 / 128
　　三、晋前今文经《仪礼》的流传 / 132
　　四、汉代《礼记》文献的形成 / 136

第二节　两晋南北朝三《礼》学的几个问题　/ 139
　　一、两晋南北朝三《礼》学的宗主　/ 139
　　二、两晋南北朝对《丧服》的特别重视　/ 142
　　三、《周礼》等经在十六国北朝的兴衰　/ 143
第三节　两晋南北朝三《礼》学文献分析　/ 144
　　一、两晋南北朝三《礼》学文献的数量、分类、存佚统计　/ 144
　　二、两晋南北朝《周礼》学文献的发展　/ 151
　　三、两晋南北朝《仪礼》学文献偏重《丧服》　/ 153
　　四、南北朝两种《礼记义疏》　/ 154
　　五、两晋南北朝三《礼》文献的专题研究　/ 155
　　六、蔚为大观的两晋南北朝三《礼》综论文献　/ 156
本章小结　/ 157

第七章　两晋南北朝《春秋》学文献　/ 161

第一节　《春秋》学文献溯源　/ 161
　　一、《春秋》文本的形成及其性质　/ 161
　　二、《春秋》三《传》的流传与成书　/ 163
第二节　两晋南北朝《春秋》学的几个问题　/ 165
　　一、两晋南北朝《左传》传承的复杂状况　/ 165
　　二、杜预对《左传》所作的全面研究　/ 168
　　三、两晋南北朝《公羊传》《穀梁传》的传承　/ 170
　　四、范氏《穀梁》学及范宁对《穀梁传》的研究　/ 172
　　五、《公羊疏》作者徐彦的年代考订　/ 173
第三节　两晋南北朝《春秋》学文献分析　/ 174
　　一、两晋南北朝《春秋》学文献的数量、分类、存佚统计　/ 174
　　二、继承汉魏旧说的《左传》研究著作　/ 180
　　三、申说杜注的《左传》研究著作　/ 181
　　四、两晋南北朝《公羊传》《穀梁传》类文献　/ 182
　　五、两晋南北朝《春秋》总义类文献　/ 183
本章小结　/ 184

第八章　两晋南北朝《论语》《孝经》学文献　/ 187

第一节　两晋南北朝《论语》学文献　/ 187
　　一、晋前《论语》的成书与流传　/ 187

二、两晋南北朝《论语》的立学 / 190
　　三、义疏体的源流考辨 / 194
　　四、两晋南北朝《论语》学文献的数量、分类、存佚统计 / 198
　　五、存亡继绝的皇侃《论语》义疏 / 200
　　六、两晋南北朝其他《论语》学文献 / 202
　第二节　两晋南北朝《孝经》学文献 / 203
　　一、汉代的今古文《孝经》 / 203
　　二、两晋南北朝《孝经》的立学 / 205
　　三、两晋南北朝皇家讲《孝经》及其著作 / 208
　　四、两晋南北朝《孝经》学文献的数量、分类、存佚统计 / 210
　　五、两晋南北朝各类型的《孝经》学文献 / 212
　本章小结 / 213

第九章　两晋南北朝其他经学文献 / 216
　第一节　两晋南北朝群经总义文献 / 216
　　一、两晋南北朝群经总义文献的界定、数量、分类、存佚统计 / 216
　　二、两晋南北朝群经总义文献分析 / 218
　第二节　两晋南北朝小学文献 / 219
　　一、小学文献的界定与流传 / 219
　　二、两晋南北朝小学文献的数量、分类、存佚统计 / 221
　　三、用途多样的两晋南北朝文字类文献 / 223
　　四、新形成的两晋南北朝音韵类文献 / 225
　　五、方言、蒙学为多的两晋南北朝训诂类文献 / 227
　　六、经典注本传世的两晋南北朝《尔雅》类文献 / 228
　　七、时代独有的两晋南北朝鲜卑语文献 / 230
　第三节　两晋南北朝《乐》类文献 / 230
　　一、亡于六朝改作的《乐经》 / 230
　　二、两晋南北朝《乐》类文献的数量、分类、存佚统计 / 233
　　三、乐律、琴学发展的两晋南北朝《乐》类文献 / 234
　第四节　两晋南北朝谶纬文献 / 237
　　一、谶纬的起源、兴盛和禁毁 / 237
　　二、两晋北朝谶纬文献的数量、分类、存佚统计 / 240
　　三、零星的两晋北朝谶纬文献 / 240
　本章小结 / 241

下编　两晋南北朝经学文献提要

第一章　两晋南北朝《易》学文献提要 / 247
第一节　两晋南北朝《易》学文献目录 / 247
一、两晋《易》学书目 / 247
二、南朝《易》学书目 / 252
三、北朝《易》学书目 / 255

第二节　两晋南北朝《易》学文献提要 / 257
一、两晋《易》学文献 / 257
二、南朝《易》学文献 / 271
三、北朝《易》学文献 / 284

第二章　两晋南北朝《尚书》学文献提要 / 292
第一节　两晋南北朝《尚书》学文献目录 / 292
一、两晋《尚书》学书目 / 292
二、南朝《尚书》学书目 / 293
三、北朝《尚书》学书目 / 294

第二节　两晋南北朝《尚书》学文献提要 / 295
一、两晋《尚书》学文献 / 295
二、南朝《尚书》学文献 / 300
三、北朝《尚书》学文献 / 303

第三章　两晋南北朝《诗经》学文献提要 / 306
第一节　两晋南北朝《诗经》学文献目录 / 306
一、两晋《诗经》学书目 / 306
二、南朝《诗经》学书目 / 308
三、北朝《诗经》学书目 / 311

第二节　两晋南北朝《诗经》学文献提要 / 312
一、两晋《诗经》学文献 / 312
二、南朝《诗经》学文献 / 318
三、北朝《诗经》学文献 / 322

第四章 两晋南北朝三《礼》学文献提要 / 326

第一节 两晋南北朝三《礼》学文献目录 / 326
一、两晋三《礼》学书目 / 326
二、南朝三《礼》学书目 / 330
三、北朝三《礼》学书目 / 337

第二节 两晋南北朝《周礼》学文献提要 / 340
一、两晋《周礼》学文献 / 340
二、南朝《周礼》学文献 / 343
三、北朝《周礼》学文献 / 344

第三节 两晋南北朝《仪礼》学文献提要 / 345
一、两晋《仪礼》学文献 / 345
二、南朝《仪礼》学文献 / 349
三、北朝《仪礼》学文献 / 354

第四节 两晋南北朝《礼记》学文献提要 / 356
一、两晋《礼记》学文献 / 356
二、南朝《礼记》学文献 / 359
三、北朝《礼记》学文献 / 363

第五节 两晋南北朝三《礼》综论文献提要 / 366
一、两晋三《礼》综论文献 / 366
二、南朝三《礼》综论文献 / 369
三、北朝三《礼》综论文献 / 374

第五章 两晋南北朝《春秋》学文献提要 / 376

第一节 两晋南北朝《春秋》学文献目录 / 376
一、两晋《春秋》学书目 / 376
二、南朝《春秋》学书目 / 381
三、北朝《春秋》学书目 / 384

第二节 两晋《春秋》学文献提要 / 386
一、两晋《左传》类文献 / 386
二、两晋《公羊传》类文献 / 389
三、两晋《穀梁传》类文献 / 391
四、两晋《春秋》总义类文献 / 394

第三节 南朝《春秋》学文献提要 / 395

一、南朝《左传》类文献 / 395
　　二、南朝《公羊传》《穀梁传》类文献 / 399
　　三、南朝《春秋》总义类文献 / 399
　第四节　北朝《春秋》学文献提要 / 399
　　一、北朝《左传》类文献 / 399
　　二、北朝《公羊传》《穀梁传》类文献 / 401
　　三、北朝《春秋》总义类文献 / 402

第六章　两晋南北朝《论语》学文献提要 / 404
　第一节　两晋南北朝《论语》学文献目录 / 404
　　一、两晋《论语》学书目 / 404
　　二、南朝《论语》学书目 / 406
　　三、北朝《论语》学书目 / 408
　第二节　两晋南北朝《论语》学文献提要 / 409
　　一、两晋《论语》学文献 / 409
　　二、南朝《论语》学文献 / 415
　　三、北朝《论语》学文献 / 420

第七章　两晋南北朝《孝经》学文献提要 / 422
　第一节　两晋南北朝《孝经》学文献目录 / 422
　　一、两晋《孝经》学书目 / 422
　　二、南朝《孝经》学书目 / 423
　　三、北朝《孝经》学书目 / 425
　第二节　两晋南北朝《孝经》学文献提要 / 426
　　一、两晋《孝经》学文献 / 426
　　二、南朝《孝经》学文献 / 430
　　三、北朝《孝经》学文献 / 437

第八章　两晋南北朝群经总义文献提要 / 439
　第一节　两晋南北朝群经总义文献目录 / 439
　　一、两晋群经总义书目 / 439
　　二、南朝群经总义书目 / 440
　　三、北朝群经总义书目 / 441
　第二节　两晋南北朝群经总义文献提要 / 442
　　一、两晋群经总义文献 / 442

二、南朝群经总义文献　/ 444
　　三、北朝群经总义文献　/ 446

第九章　两晋南北朝小学文献提要　/ 450
　第一节　两晋南北朝小学文献目录　/ 450
　　一、两晋小学书目　/ 450
　　二、南朝小学书目　/ 453
　　三、北朝小学书目　/ 456

　第二节　两晋南北朝文字类文献提要　/ 459
　　一、两晋文字类文献　/ 459
　　二、南朝文字类文献　/ 462
　　三、北朝文字类文献　/ 466

　第三节　两晋南北朝音韵类文献提要　/ 468
　　一、两晋音韵类文献　/ 468
　　二、南朝音韵类文献　/ 469
　　三、北朝音韵类文献　/ 470

　第四节　两晋南北朝训诂类文献提要　/ 472
　　一、两晋训诂类文献　/ 472
　　二、南朝训诂类文献　/ 473
　　三、北朝训诂类文献　/ 474

　第五节　两晋南北朝《尔雅》类、鲜卑语文献提要　/ 474
　　一、两晋《尔雅》类文献　/ 474
　　二、南朝《尔雅》类文献　/ 475
　　三、北朝鲜卑语文献　/ 476

第十章　两晋南北朝《乐》类、谶纬文献提要　/ 477
　第一节　两晋南北朝《乐》类文献目录　/ 477
　　一、两晋《乐》类书目　/ 477
　　二、南朝《乐》类书目　/ 477
　　三、北朝《乐》类书目　/ 478

　第二节　两晋南北朝《乐》类文献提要　/ 479
　　一、两晋《乐》类文献　/ 479
　　二、南朝《乐》类文献　/ 480
　　三、北朝《乐》类文献　/ 481

第三节　两晋南北朝谶纬文献目录　/ 483
　　一、两晋谶纬书目　/ 483
　　二、南朝谶纬书目　/ 484
　　三、北朝谶纬书目　/ 484
第四节　两晋北朝谶纬文献提要　/ 484
　　一、两晋谶纬文献　/ 484
　　二、北朝谶纬文献　/ 485

附论：现当代两晋南北朝经学文献研究概述　/ 487
　　一、学术通史中两晋南北朝时段涉及经学文献发展者　/ 487
　　二、文献学通史中两晋南北朝时段涉及经学文献发展者　/ 488
　　三、经学通史中两晋南北朝时段涉及经学文献发展者　/ 489
　　四、某类经典学史研究中两晋南北朝时段涉及经学文献
　　　　发展者　/ 490
　　五、两晋南北朝学术史研究中涉及经学文献发展者　/ 491
　　六、专门对两晋南北朝经学文献作研究者　/ 496

参考文献　/ 499

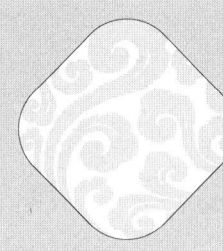

上编　两晋南北朝经学文献探析

绪　　论

一、动荡政局中的文化追求

两晋南北朝是中国一段大分裂的时代,我们可以公元纪年来看其分裂的程度。东汉末年,天下分崩,而后魏、蜀、吴三国鼎立,公元265年司马炎代魏,是为西晋。280年晋灭吴,分裂混乱的中国获得了短暂的统一。然不久"八王之乱"发生,晋室衰颓,永嘉之乱匈奴趁势倾覆洛阳。318年,晋室南渡,司马睿定都建康,是为东晋,北方则陷入五胡十六国的纷扰局面,天下复又分裂。420年刘裕代晋,建立宋朝,为南朝之始。439年北魏灭北凉,北方复又统一,是北朝之始。南北朝对峙期间,南朝继宋者为齐、梁、陈三朝,北方则在北魏分裂后形成东魏、西魏政权对峙,其后北齐又代东魏,北周代西魏。577年北周灭北齐,581年杨坚代北周,建立隋朝,589年隋灭陈,南北又归于一统。

两晋南北朝三百余年间,除西晋曾有短暂统一之时,其余时间中华大地都处于政权分裂、征战不断的状态,相比于此前大一统的两汉和此后之隋唐,这种分裂混乱的状况就更加凸显。而这一时期前后建立的大政权有近30个,政权林立,关系错综复杂,许多政权割据一方又往往昙花一现。

战乱频仍,使得生灵涂炭、饿殍遍野,"大饥""人相食""米斗金"这样的字眼频频出现。如元康七年(297)七月,"雍、梁州疫。大旱,陨霜,杀秋稼。关中饥,米斛万钱。诏骨肉相卖者不禁"①。建兴四年(316)十月,"京师饥甚,米斗金二两,人相食,死者太半"②。咸和四年(329)正月,"(苏)峻子硕攻台城,又焚太极东堂、秘阁,皆尽。城中大饥,米斗万钱"③。咸康二年(336)时"众役烦兴,军旅不息,加以久旱谷贵,金一斤直米二斗,百姓嗷然无生赖矣"④。苻秦太安时,"谷价踊贵,斗直五百,人相食,死者太半"⑤。大明八年(464),"去岁及是岁,东诸郡

---

① （唐）房玄龄等：《晋书·惠帝纪》，中华书局，1974年，第94页。
② 《晋书·愍帝纪》，第130页。
③ 《晋书·成帝纪》，第174页。
④ 《晋书·石季龙载记》，第2764页。
⑤ 《晋书·吕光载记》，第3056页。

大旱,甚者米一升数百,京邑亦至百余,饿死者十有六七"①。天监元年(502)大旱,"米斗五千,人多饿死"②。侯景围台城时,"食石头常平仓既尽,便掠居人,尔后米一升七八万钱,人相食,有食其子者"③,至大宝元年(550)"江南大饥,江、扬弥甚,旱蝗相系,年谷不登,百姓流亡,死者涂地。其绝粒久者,鸟面鹄形,俯伏床帷,不出户牖者,莫不衣罗绮,怀金玉,交相枕藉,待命听终。于是千里绝烟,人迹罕见,白骨成聚如丘陇焉"④。可见无论是底层民众还是高门贵族,无论是村舍农家还是京邑士人,在战乱之中都难以保全身家性命。

如果社会稳定,天灾可以通过救济而避免大规模的饥荒,但是动荡的时局无疑会让天灾的威力加倍。衣食足而后知荣辱,民生如此多艰,性命尚且不存,遑论文化之建设?这一时期的经学,在两汉大一统的稳定的社会政治环境下蓬勃发展之后,面对如此动荡艰难的现实环境,该如何承续甚或求得新的发展?由此不得不感叹我们祖先面对苦难时的坚韧和对精神生命的追求。

此时虽然战争不断,但各朝不乏相对和平、社会经济状况较好的时期。如晋武帝时,经济恢复、发展,才使贵族有豪奢斗富的可能。五胡十六国时期前秦苻坚任用王猛,使经济民生也有恢复。永嘉南渡,中原的人力和生产技术带到荆、扬一带,南方农业发展迅速。梁武帝时经济状况达到了较好的状态。北魏统一北方,结束了十六国混乱的政局,经济恢复,实行的均田制更促进了农业发展。道武帝还在长城一带实行屯田。迁都洛阳后,又复兴了洛阳。在这些相对稳定和社会经济恢复之时,如晋武帝时、东晋中兴之时、宋元嘉之治、齐永明之治、梁天监之治、北魏献文帝至孝文帝改革时,伴随着经济的恢复和生活状况的改善,文化学术也获得了相对的发展,作为官学的经学尤其如此。

另外在两晋南北朝还有一个特殊群体——士族。士族往往累代公卿,族人众多,有田地庄园、佃客、奴婢、门客、部曲。自有家学传承,其中一些还累世经学,家族声望高,在国家政治中亦占据要职。由于政治上的得势,士族庄园经济更加发达;又因战乱,一个地区的民众需要团结以保存身家,大族便成为极好的团结中心,故而坞堡盛行,部曲众多。另一方面,东汉以来经学的兴盛形成了不少经学世家。东汉末以来的政治混乱局面,使得官方学校衰弱,学术的传承更多依赖私门,因此学术、思想风尚更为士族所左右。陈寅恪先生认为东汉以后学术

---

① (梁)沈约:《宋书·前废帝纪》,中华书局,1974年,第143页。
② (唐)姚思廉:《梁书·武帝纪》,中华书局,1973年,第39页。
③ (唐)李延寿:《南史·侯景传》,中华书局,1975年,第2001页。
④ 《南史·侯景传》,第2009页。

文化的重心不在首都而在各地,五胡之乱后"汉族之学术文化变为地方化及家门化"①。杨世文先生也认为魏晋南北朝学术多以家学形式传承,不仅表现在累世经学上,在玄、文、史诸学及佛教、艺术等领域也均有门阀家学。这一时期儒学的家学特征极为显著,不同于汉代经学博士师法和宋元以后书院、学校讲学。② 我们将在后面看到,许多经学家出自经学世家,著作丰富,传有家学,对这一时期经学及其文献的传承贡献极大,如荀氏、贺氏、王氏、庾氏、殷氏等。

二、战火纷飞时的图书事业

唐代牛弘曾论及隋以前书之五厄:"属刘、石此则书之四厄。及侯景渡江此则书之五厄也。"③前者指永嘉五年(311)刘曜、石勒陷洛阳,焚烧宫殿之事。后者指太清三年(549)侯景攻下建康宫城,图书有所焚毁。梁元帝平侯景,将剩余图书收于江陵,北周入郢,元帝自焚之。此就大的书籍散佚而言,其实政权频繁更迭、战火延绵,书籍随时亡佚。如南齐末兵火烧至祕阁,梁初书籍缺亡严重。尔朱荣之乱,使孝文帝时藏书散落民间。这些情况都使前人和当时人的著作多有亡佚,其中经学文献也不例外,至唐初修《隋书·经籍志》时著录了不少亡佚著作,不在《隋志》著录范围的文献更难以统计。

在政治局面稍好的时候,官方抓紧时间进行图书的收藏工作,例如西晋的官方藏书,除曹魏原有藏书外,在太康元年(280)灭吴时收入了吴藏书。汲冢出土的文献后来也加入藏书中,荀勖修《中经新簿》亦著录了这一部分。永嘉南渡,东晋初期的藏书只剩约十分之一,后稍鸠集。宋武帝入长安时,曾收前秦、姚秦藏书四千卷。陈天嘉中,鸠集图书,考证篇目,然遗阙尚多。十六国时蒙逊曾求书于宋。北魏孝文帝迁都洛阳后,曾向南齐借书,又诏求天下书。宣武帝永平三年(510)又诏求书。北魏李先、高谧、高道穆亦曾上书建议求书。北齐迁邺,又鸠集图书。北周武帝时只有八千卷书,后来稍稍增加到一万卷,平北齐后,又收入五千卷。隋开皇三年(583)秘书监牛弘表请开献书之路,藏书复有增加。隋灭陈,又收陈之图书。

这一时期,纸的运用已经普遍,图书行业也逐渐发展。官方藏书屡遭灾厄,民间藏书却十分发达。据范凤书先生统计,魏晋南北朝藏书家超过百人,曹魏、西晋的藏书家多在北方,东晋以后南方的私家藏书首次超过了北方。藏书的群

---

① 陈寅恪:《金明馆丛稿初编》,生活·读书·新知三联书店,2001年,第147—148页。
② 杨世文:《魏晋学案》前言,人民出版社,2013年,第4—6页。案:由于此时家学地位凸显,杨先生的《魏晋学案》体例即以家学为主干,兼顾师传。
③ (唐)魏徵等:《隋书》,中华书局,1973年,第1298—1299页。

体除了宗室、官宦,还有少数平民、隐士。藏书的风气也开明,借书、赠书之事多有,私家藏书与官方藏书互相弥补,书籍的流通率高。①

有名的藏书家有范蔚有书七千余卷,谢弘微受书千卷,任昉、沈约、王僧孺、张缅、张缵、孔休源等均藏书万卷,沈驎士曾遭火烧书数千卷,崔慰祖聚书至万卷,李业兴藏书近万卷,安丰王元猛之子元延明有万卷,阳尼有书数千卷,宋繇有书数千卷等等,不胜枚举。还有赐书、借书、赠书、献书者,如帝王赐皇甫谧、柳世隆、王俭、沈亮、江总等人书,崔慰祖、元宴、陆澄子少玄等曾借予人书,沈约、梁邵陵王纶、徐勉、陆瑜、孙惠蔚等都曾赠书予他人,江式曾献书千卷。

当时版本未兴,书籍流传以抄书为主。如王筠、傅隆、沈驎士、崔逞、李彪均多有抄书,竟陵王萧子良、随王萧子隆、梁武帝均曾令人抄撰图书,王僧孺、朱异等还曾靠写书谋生,也说明专门的书肆有所发展。

图书业的发展和私家藏书、藏书流通的发达,使得当时经学著作的流传更为便利。儒者们能够看到更多前人的经学著作,并引用在自己的经说中,由此在两晋南北朝的经学著作里,我们能看到"集前人之大成"的经说特点。儒者们的经学新作,也得以著录、流传,让千年后的我们看到当时数量可观的经学创作。

有藏书,便会有校书、编目录,目录反映了一个时期文献产生和收藏状况,更进一步则能"辨章学术、考镜源流"。两晋南北朝时期,目录类文献有了重大的发展,产生了沿用至清代的四部分类法,也反映了当时学术的状况。据统计,魏晋南北朝时期官修目录至少有十八种,"超过任何一个太平盛世,这在我国历史上是极为罕见的"②。

刘向、歆父子校理图籍,撰成《别录》《七略》,将当时的典籍分为六艺、诸子、诗赋、兵书、术数、方技六类,史书附于《春秋》类下,体现了当时经、史文献的数量对比和关系。王俭的《七志》是在六略之外加入图谱一类。阮孝绪的《七录》其实是依梁《天监四年文德正御四部及术数书目录》的经、史、子、集、术技再加上佛法、仙道二录。荀勖《中经新簿》明确以四部分类,史部在丙。李充《晋元帝四部书目》升史降子,形成了经史子集的结构。其后虽有其他分类法,如郑樵《通志·艺文略》分经、礼、乐、小学、史、诸子、天文、五行、艺术、医方、类书、文等几类,但四部分类法还是居于目录分类法的主要地位。③

后世学者们看到,史部文献增加并独立,史学的地位得到提高;集部成立,别

---

① 范凤书:《中国私家藏书史》,大象出版社,2001年,第18—20页。
② 唐明元:《魏晋南北朝目录学研究》,巴蜀书社,2009年,第12—13页。
③ 参见余嘉锡《目录学发微》、姚名达《中国目录学史》、唐明元《魏晋南北朝目录学研究》。

集、总集的出现,使文学也与经史同列;佛道兴起,不仅出现了专门的佛道目录,综合性目录中也附有佛道类,如王俭《七志》附录有佛经、道经,阮孝绪《七录》把佛道单列为二录。因此学者们认为,这一时期文史、宗教的兴盛,体现了经学的衰落。

然而我们不能忽视,四部分类法仍以经部为首,说明学术好尚虽有不同,经学仍是所有学问之首。① 从目录分类这个角度体现了两晋南北朝诸学竞兴、经学为主的学术面貌。目录学的发达也使得这一时期的经学文献虽屡遭战火摧残,仍有不少得以著录并收入《隋书·经籍志》及正史传记中,成为本书统计的基础,并能在一定程度上体现当时经学文献的面貌。

三、诸学竞兴下的经学地位

一般认为名理学、玄学是由反对东汉的名教而来,玄学似乎是一种与儒学相对立的学问,但进一步考察则似有不同的结论。唐长孺先生在讨论魏晋玄学的形成和发展时认为:"魏晋思想虽与汉代不同,但其出发点仍然是汉代思想的延续与革新。"②

名理学源自汉代申韩刑名之学。实际就是强调人才与名位的吻合,是一种偏重于政治实践的学说,讨论的重点是名与实的关系。③ 而东汉末到魏晋流行的清谈,最初与清议同义,即指东汉末流行的对人物的臧否。对人物的臧否来源于汉代察举制度对乡里人物品评的依赖。而魏晋南北朝使用的九品官人法,也需要对人物进行品议。④ 因此无论清议还是名理之学都是针对选举的一种政治理论。而所谓名教,与孔子强调的正名相关,名正才能言顺,才能保证政教的施行。汉家制度是霸王道杂之,⑤其实是儒法兼综,名教也就包含了礼乐教化与刑名之法,这是汉代察举制度的思想依据。⑥ 因此可以说清谈、名理、玄学是承续名教而发展的。

当然无论思想学说还是政治制度,对既有内容除了继承发展,还有反对和改造的一面。从清谈到玄学,对汉代学术实际上最反对的是其愈趋繁琐、碎化的经

---

① 案:其实"七略""四部"一脉相承,余嘉锡《目录学发微》说"七略四部,名异而实同"(第165页),姚名达《中国目录学史》说"《隋志》《四库》为《七略》《七录》之后裔"(第80页),皆是在名目之下细考其著录内容所得出的结论,亦可证本书经学为主、诸学竞兴的观点。
② 唐长孺:《魏晋南北朝史论丛》,中华书局,2011年,第307页。
③ 参见唐长孺《魏晋南北朝史论丛》,第308页。
④ 参加唐长孺《魏晋南北朝史论丛》,第277页。
⑤ (汉)班固:《汉书·元帝纪》,中华书局,1962年,第277页。
⑥ 参见汤用彤《魏晋玄学论稿》,第190页;唐长孺《魏晋南北朝史论丛》,第300页。

学训诂和渐入荒诞不经的谶纬学说,以及这种学术培养所造成的大批人才不切实用的情况。因此在曹魏时出现了突出名法学的倾向,强调用人不拘一格,切于实用,强调名实吻合的名理学便兴起了。对名实的讨论进一步抽象化,就形成了玄学,清谈也从清议变为专指玄学理论的讨论。唐长孺先生总结说:"玄学是从怎样确立选举标准这一点出发的,以后才发展为有无、本末之辨。"①

前贤早已注意到玄学家内部的不同。② 正统的玄学家自命为儒者而以玄学解经。如魏晋玄学的代表何晏、王弼,何晏注《论语》,王弼注《周易》,皆一反汉人烦琐训诂而引入《老》《庄》,以玄理解经(何晏《论语集解》实多承两汉学风,王弼《周易注》才最具玄理解经的特点)。这实际是一种新的解经方式,是经学及其文献发展到一定程度的自我更新。从这个角度看,玄学与经学并不对立。

我们还要考虑到另一类玄学家,即以阮籍、嵇康为代表的放任旷达之士。这类玄学家以激烈的言行反对名教,但前贤也早已从阮、嵇个人的经历中,发现其言行所具有的特殊性,即面对政治迫害的不得已。从阮、嵇的著作中可以看到他们本身并不反对名教,也有心世务,只是迫于情势,不得不放任自然。唐长孺先生甚至认为阮、嵇只是反对司马氏虚伪的名教,而在对真正的儒学这个态度上,阮、嵇也和正统玄学家没有冲突。③ 吕思勉先生更进一步认为:"世皆称晋南北朝为佛老盛行、儒学衰微之世,其实不然。是时之言玄学者,率以《易》《老》并称,即可知其兼通于儒。"④

不过由阮、嵇发展而来的放任恣肆的风气确与名教相对立了,故后来干宝批评说:

> 朝寡纯德之人,乡乏不贰之老,风俗淫僻,耻尚失所,学者以老庄为宗而黜六经,谈者以虚荡为辨而贱名检,行身者以放浊为通而狭节信,进仕者以苟得为贵而鄙居正,当官者以望空为高而笑勤恪。是以刘颂屡言治道,傅咸每纠邪正,皆谓之俗吏;其倚杖虚旷,依阿无心者皆名重海内。由是毁誉乱于善恶之实,情愿奔于货欲之途。选者为人择官,官者为身择利,而执钧当轴之士,身兼官以十数。大极其尊,小录其要,而世族贵戚之子弟,陵迈超越,不拘资次。悠悠风尘,皆奔竞之士,列官千百,无让贤之举。礼法刑政于

---

① 唐长孺:《魏晋南北朝史论丛》,第 283 页。
② 详见汤用彤《魏晋玄学论稿》,第 187 页;唐长孺《魏晋南北朝史论丛》,第 311—314 页。
③ 参见汤用彤《魏晋玄学论稿》,第 186 页;唐长孺《魏晋南北朝史论丛》,第 317 页;吕思勉《两晋南北朝史》,第 1241—1242 页。
④ 吕思勉:《两晋南北朝史》,第 1226—1227 页。

此大坏。国之将亡,本必先颠,其此之谓乎!①

而以清谈著称的王衍被石勒俘获,在临被杀时感叹道:

> 吾曹虽不如古人,向若不祖尚浮虚,戮力以匡天下,犹可不至今日。②

这都是两晋之际人们对清谈带来的过于放荡之风败坏政治、风俗以致遭永嘉之祸的反思。历史局中人痛心疾首地反思,一来可见当时玄谈风气的影响程度,二来可知西晋末以后对这种风气的批判和抵制,这便发展出东晋"玄儒合一"之流行。《抱朴子》亦评论道:"世人闻戴叔鸾、阮嗣宗傲俗自放,见谓大度。而不量其材力,非傲生之匹,而慕学之。此盖左衽之所为,非诸夏之快事也。"③《抱朴子》喻之为东施效颦,这又与明代王学末流混入狂禅,败坏士风,以致明亡,何其相似。④

何晏、王弼援道注经,其注道家经典,也在调和周孔与老庄,后来向秀、郭象注《庄子》亦承袭此路数。乐广、裴頠等人,更是身为名士而反对放任恣肆的风气。如乐广,卫瓘称其如正始名士,王衍亦推崇之,当时天下言风流者推王衍、乐广为首。然而乐广却批评当时任放为达,或至裸体的风气说"名教内自有乐地,何必乃尔"⑤。裴頠尝与乐广清言,辞论丰博,时人谓其为言谈之林薮。而頠任国子祭酒,奏修国学、刻石经,还组织皇太子的释奠礼、讲经活动,此后頠更"深患时俗放荡,不尊儒术,何晏、阮籍素有高名于世,口谈浮虚,不遵礼法,尸禄耽宠,仕不事事;至王衍之徒,声誉太盛,位高势重,不以物务自婴,遂相放效,风教陵迟,乃著《崇有》之论以释其蔽"⑥。

东晋时玄儒并综的人士就更多了。如江惇孝友淳粹,"性好学,玄儒并综"⑦,他认为君子立行,无论显隐,都当依礼教而为,放达者既违礼教,也不合道法,他著有《通道崇检论》来阐发这种观点。李充幼好刑名之学,其所著《学箴》调和儒道,以为"圣教救其末,老庄明其本,本末之途殊而为教一也"⑧。戴逵少博

---

① 《晋书·愍帝怀帝纪》,第136页。
② 《晋书·王戎传》,第1238页。
③ (晋)葛洪:《抱朴子外篇下》,杨明照校笺,中华书局,1997年,第29页。
④ 案:如顾炎武论心学言:"近世喜言心学,盖陷于禅学而不自知,其去尧舜禹授受天下之本旨远矣。"见(清)顾炎武《日知录》,(清)黄汝成集释,上海古籍出版社,2006年,第1048页。
⑤ 《晋书·乐广传》,第1245页。
⑥ 《晋书·裴頠传》,第1044页。
⑦ 《晋书·江惇传》,第1539页。
⑧ 《晋书·文苑传》,第2389页。

学,好谈论,"性高洁,常以礼度自处,深以放达为非道"①,所著论同样批评时人仿林下之风以纵欲放浪是东施效颦,亦儒道兼用。王坦之"有风格,尤非时俗放荡,不敦儒教,颇尚刑名学"②,所著《废庄论》名为废庄,实发明孔、老,认为天道圣德、玄同彼我,孔、老固已言之。韩康伯同乡庾龢名重当时,而退服韩康伯与王坦之。康伯领中正时,以陈郡周勰居丧无礼,尚老庄、脱落名教而抑之。又王坦之作《公谦论》,袁宏作论难之,康伯作《辩谦》折中二人,亦云"体有而拟无者,圣人之德;有累而存理者,君子之情"③。庾亮"善谈论,性好庄老,风格峻整,动由礼节,闺门之内不肃而成"④。大儒范汪亦善谈名理。⑤ 名儒徐苗作《五经同异评》,又依道家著《玄微论》。⑥ 大儒范宣,平日言谈未尝及《老》《庄》,然有客人问玄言出处,范宣立答,客奇之,范宣自谓小时尝览,时人以为莫测。⑦

此种风气影响及于南北朝,以南朝为盛,因南朝学脉直接继承自东晋。不过南朝的玄学又混入了更多佛学的色彩,表现在经学文献上也与两晋带有玄风的著作有所不同。这样的风气反映在经学文献上,还使《易》《论语》这类便于发挥义理的经典文献分出玄学色彩明显和不明显两种类型,其他经学著作也或多或少引入玄说,表现出晋南北朝经学文献不同于汉、唐的一大特色。

了解了东晋玄儒合一的现象,也就理解了两晋的经学文献为何会以《易》《礼》为大宗。⑧ 故吕思勉先生认为当时的儒家学者仍然与释道鼎立,而非衰弱。当时的儒家又分为两派:好讲原理并寖与释道同流者;仍守汉末以来支离破碎之旧习者。人心不同,各如其面,有扫图谶之说而倡玄理者,有守旧不变者。⑨ 吕先生甚至认为玄学乃一种新儒学流派,并还涉及南北、新旧儒学的不同。

玄儒并综,还突出体现在礼学与玄学双修上,唐长孺先生认为这是门阀以礼制巩固家族式政治组织,以玄学证明其特权出于自然所需,"当时著名玄学家往

---

① 《晋书·隐逸传》,第 2457 页。前引《抱朴子》亦作东施效颦之喻。
② 《晋书·王坦之传》,第 1965 页。
③ 《晋书·韩伯传》,第 1994 页。
④ 《晋书·庾亮传》,第 1915 页。
⑤ 《晋书·范汪传》,第 1982 页。
⑥ 《晋书·儒林传》,第 2351 页。
⑦ 《晋书·儒林传》,第 2360 页。
⑧ 案:具体的文献分析详见后文。汤用彤先生还强调玄学家多是贵族子弟,大多都接受了礼教的熏陶,所用的教材也是以经为主,诸子为辅,故玄学家大多皆自认为儒家之徒。详见汤用彤《魏晋玄学论稿》,第 195 页。
⑨ 详见吕思勉《两晋南北朝史》,第 1227 页。

往深通礼制,礼学专家也往往兼注三玄"①。而我们从文献来看,礼学文献与玄学文献也确实是此时期文献的大宗。

此外两晋南北朝时,道教流行,佛教中国化,儒者与二教有交流也有对抗,令这一时期的经学吸收了不少二教的成分。值得注意的是两晋经学文献中老庄的成分较多,南北朝则佛学的成分上升,而这两种成分都被视为经学及其文献中具有"玄风"的表征。

这一时期三教的学者汇通各家,不仅儒者的讲经和经学著作中有诸多佛道成分,儒者还自作有佛道著作,而在下文中还将论述佛道中人专门的经学著作。并且这一时期三教学者的著述还有一个特点,即虽然诸人于三教著作皆有讲说,但三教著作之间的界限还是较为清晰的。以经学文献为例,本书后文所述三教兼修之人的经学著作尽管含有释道成分,但这些成分显然只是为经学服务,处于补充说明经学的附属地位,经学的义涵仍接续汉魏理路。此外这一时期佛道虽然兴盛,儒学本身的自信仍然很强,没有太多来自佛道学说挑战的危机感,因此这时的儒者多体现出一种自由、开放吸收二教的风格,这种风格在此时的经学文献中亦可见一斑。

---

① 唐长孺:《魏晋南北朝史论丛》,第 325 页。

第一章 两晋南北朝的经学教育

经学文献由经学家写作而成，经学家的学术传承、学风好尚、学术宗主，直接决定了经学文献的内容和形式。因此在具体分析各经文献之前，我们需要对两晋南北朝时期的经学教育作整体的认识。了解官方对于经学发展所作的建设，以考察官方意识形态影响下的经学主流风格。同时关注在大动荡时代，私人讲学如何有效补充官学的不足，继承、传播经学，直接影响到经学文献的多样化特点。

此时社会虽然战乱不断，经学失去了两汉时的仕进之途保障，但政府提倡的教育仍以经学为主。政府所兴办的官学分中央和地方两级。官学的实际成效及其兴废受政治影响很大。因此在这一时期政权更迭频繁、战事不断的情况下，官学时建时废，多徒具形式，人才培养的成效有限。但要看到，虽在离乱之世，官方人士仍然对经学教育非常重视，这从其对办学的讨论和官学的建立可见一斑。同时，在官学不振的情况下，受政治影响较小的私学就承担了传承经学的责任。前贤对于世家大族的家学传承已多有论述，本书对私学的讨论就着重在儒者个人的经学教学上，而不限于士族的家学传授。此外这一时期的皇家经学也较为突出，围绕着皇家讲经活动还形成了一些皇家经学著作。

第一节 两晋南朝官方经学教育的兴废

一、西晋中央的太学设置及别立国子学

由于司马氏自身的学术背景与政治需要，武帝即位初即思兴学。傅玄上疏批评曹魏的政治与学风，云"魏武好法术，而天下贵刑名；魏文慕通达，而天下贱守节"①，又批评东汉末以来太学没有实际培养百官子弟的效果，不修儒学以致

---

① 《晋书·傅玄传》，第1317页。

人才匮乏,认为"尊儒尚学,贵农贱商,此皆事业之要务也。夫儒学者,王教之首也"①,从而提出复修儒学之要求。泰始三年(267)十一月,"改封宗圣侯孔震为奉圣亭侯,又诏太学及鲁国四时备三牲以祀孔子"②。次年下诏命郡国守相三年一巡行属县,要求地方官吏要统一礼律度量,提倡敬老养老,重农劝学,敦喻五教。百姓要讲求孝悌忠信,好学遵礼。并以农事、礼教成绩来考核官员,以"好学笃道,孝悌忠信,清白异行"③作为选拔人才的标准。此诏所论,皆儒家风化百姓之言,是有晋开国之初,即定下儒术治国的基调,特重孝悌与礼教,这也是对两汉治国理念的继承,而两晋南北朝经学中礼学和《孝经》学均为显学,便与此有关。

泰始六年(270)冬十一月,武帝又"幸辟雍,行乡饮酒之礼,赐太常博士、学生帛牛酒各有差"④。次年,皇太子讲《孝经》通。⑤ 咸宁三年(277),皇太子讲《诗》通,太康三年讲《礼记》通。⑥ 惠帝元康三年(293),皇太子讲《论语》通。⑦ 是西晋皇室自身就对经学有所研习,并起表率作用。

《晋书·职官志》记晋初承魏制,置太学博士十九人。到泰始八年(272),太学生人数已由武帝初的三千人增至七千余人。故有司奏太学生才任四品者方听留,诏曰"已试经者留之,其余遣还郡国。大臣子弟堪受教者,令入学"⑧,即以经学为标准,对太学生进行了考核筛汰,并强调大臣子弟需要入学。

到武帝咸宁时,中央官学又在太学外别立国子学。⑨ 时领国子助教的曹思文上表追述了国子学建立的原因是太学生人数太多,良莠不齐,"惠帝时欲辩其泾渭,故元康三年(293)始立国子学,官品第五以上得入国学"⑩,其背景和目的也是"晋世殊其士庶,异其贵贱耳。然贵贱士庶,皆须教成,故国学太学两存之也"⑪,正是士族政治之体现与需求。

---

① 《晋书·傅玄传》,第1319页。
② 《宋书·礼志》,第484页。
③ 《晋书·武帝纪》,第57页。
④ 《晋书·武帝纪》,第60页。
⑤ 《宋书·礼志》,第485页。
⑥ 《宋书·礼志》,第485页。
⑦ 《宋书·礼志》,第485页。
⑧ 《宋书·礼志》,第356页。(唐)杜佑:《通典》卷五三,中华书局,1988年,第1464页。
⑨ 案:国子学建立的时间,《晋书·武帝纪》说咸宁二年,《晋书·职官志》说是咸宁四年。
⑩ (梁)萧子显:《南齐书·礼志》,中华书局,1972年,第145页。
⑪ 《南齐书·礼志》,第145页。

案咸宁四年(278)"武帝初立国子学,定置国子祭酒、博士各一人,助教十五人"①,博士的标准是"取履行清淳,通明典义者,若散骑常侍、中书侍郎、太子中庶子以上"②。曹志因其"笃行履素,达学通识,宜在儒林"③在咸宁初被诏为散骑常侍、国子博士,秦秀咸宁中也为博士,④因此在武帝咸宁时就已立国子学以区别太学,不始于惠帝时。别立国子学,是此时一个特色,体现了对世家大族地位的维护。国子学的教学内容和博士的选取,也以经学为标准,更说明统治阶层对儒学的服膺。

太学和国子学职官在中央的统属与关系,据《晋书·职官志》云太常统太学诸博士、祭酒,太常属于列卿,而《宋书·百官志》云国子学隶属太学。太学、国子学的地点和大小,则见潘安仁《闲居赋》下李善注引郭缘生《述征记》曰"国学在辟雍东北五里,太学在国学东二百步"⑤,陆机《洛阳记》说"太学在洛阳城故开阳门外,去宫八里,讲堂长十丈,广三丈"⑥。其教材则是仿汉魏定石经为标准教材,《晋书·裴秀传》即载国子祭酒裴頠奏修国学刻石写经,《晋书·文苑传》亦记赵至游太学遇嵇康于学写石经事。

关于西晋的中央官学,荀崧称述曰:

> 昔咸宁、太康、永嘉之中,侍中、常侍、黄门通洽古今、行为世表者,领国子博士。一则应对殿堂,奉酬顾问;二则参训国子,以弘儒训;三则祠、仪二曹及太常之职,以得质疑。世祖武皇帝应运登禅,崇儒兴学。经始明堂,营建辟雍,告朔班政,乡饮大射。西阁东序,河图秘书禁籍。台省有宗庙太府金墉故事,太学有石经古文先儒典训。贾、马、郑、杜、服、孔、王、何、颜、尹之徒,章句传注众家之学,置博士十九人。九州之中,师徒相传,学士如林,犹选张华、刘寔居太常之官,以重儒教。⑦

据此材料可知西晋中央官学选取教师的标准、教师地位和职责、学校礼仪、图书收藏、经学教材流布等各方面情况,说明西晋对儒学的重视与建设。这条材料还谈到了西晋官学的经学宗主,具体分析详见后文对各经的宗主讨论。

---

① 《晋书·职官志》,第736页。
② 《晋书·职官志》,第736页。
③ 《晋书·曹志传》,第1390页。
④ 《晋书·秦秀传》,第1404页。
⑤ (梁)萧统编,(唐)李善等注:《六臣注文选》卷一六,中华书局,2012年,第291页。
⑥ (南朝宋)范晔:《后汉书·光武帝纪》,中华书局,1965年,第40页。
⑦ 《晋书·荀崧传》,第1977页。

二、东晋中央官方经学教育的时断时续

从上节我们看到,西晋建立之初,就非常重视中央的经学教育。除了提倡儒学、推崇孔子、设置太学、完善太学规模、对太学生进行考核等措施,还根据当时士族、庶族有别的现实,别立国子学对士族子弟进行专门的经学教育,让国子学成为当时官方经学教育的一个特色。西晋末年家国分崩,命如草芥,遑顾学问。愍帝崩后,琅邪王司马睿于建康即帝位,是为晋元帝,东晋建立。元帝初镇建康,吴人不附,后依靠北来士族王氏与顾氏、贺氏等,才建立起东晋。可见东晋建立之初,其统治所依据的基础即是旧有的世家大族,王导的为政方略也体现了玄儒融通的治国思想,亦为东晋一朝的立国规模定下基调。

东晋这样的门阀政治,使得人之出身、家族谱系和家风家规都受到相当的重视,因此尽管玄学之风仍然弥漫,提倡并实践以孝悌为中心的儒家伦理仍是十分必需。故而元帝初立,士族的代表人物便纷纷倡导兴学。王导认为要定天下,则要正人伦,欲正人伦,则需修学,宜"聿遵前典,兴复道教,择朝之子弟并入于学,选明博修礼之士而为之师"①。同样在永嘉中,戴邈出为征南军司,于时凡百草创,学校未立,邈便上疏建言不能因兵革之事废学,兴学乃长久之计,可有助太平。② 疏奏,上纳,于是始修礼学。王、戴二疏都强调五胡之乱对于中原文化的荼毒,兴学刻不容缓,不能以兵事废学,兴学对上层的个人修养和对百姓教化都很重要。在乱世之中,经学教育不仅是一种书面制度,更被认为是现实政治所迫切之需要而被提倡。

应詹也上疏批评曹魏以来重玄轻儒的风气,以为是造成永嘉之乱的原因之一,提倡从皇储、国子开始重视学校、学礼建设,以为天下示范。元帝雅重其才,深纳之。③ 干宝亦云:"学者以老庄为宗而黜六经,谈者以虚荡为辨而贱名检,行身者以放浊为通而狭节信,进仕者以苟得为贵而鄙居正,当官者以望空为高而笑勤恪。礼法刑政于此大坏,如水斯积而决其堤防,如火斯蓄而离其薪燎也。国之将亡,本必先颠,其此之谓乎!"④是以东晋士人,亲见惠帝以后之祸,必不得不反思西晋文化学风对政治的影响,这也实际地促进了经学的发展和玄儒的调和。

---

① 《晋书·王导传》,第 1748 页。案,此处的"道教"是"传道之教育","道"是伦理孝悌之道,传道的教育即指经学。
② 《晋书·戴若思传》,第 1848—1849 页。
③ 《晋书·应詹传》,第 1858—1859 页。
④ 《晋书·愍帝怀帝纪》,第 136 页。

于是，元帝建武元年(317)十一月置史官，立太学。① 《晋书·职官志》云太学博士在江左初仅为九人，较之曹魏和西晋的十九人减了一半多，《宋书·百官志》云"皆不知掌何经"②。案太常贺循上疏："尚书被符，经置博士一人……今宜《周礼》《仪礼》二经置博士二人，《春秋》三传置博士三人，其余则经置一人，合八人。"③ 太常车胤亦上言："按二汉旧事，博士之职，唯举明经之士，迁转各以本资，初无定班。魏及中朝多以侍中常侍儒学最优者领之，职虽不同汉氏，尽于儒士之用，其揆一也。今博士八人，愚谓宜依魏氏故事，择朝臣一人经学最优者，不系位之高下，常以领之。每举太常，共研厥中。其余七人，自依常铨选。"④ 《晋书·荀崧传》云"时方修学校，简省博士，置《周易》王氏、《尚书》郑氏、《古文尚书》孔氏、《毛诗》郑氏、《周官》《礼记》郑氏、《春秋左传》杜氏服氏、《论语》《孝经》郑氏博士各一人，凡九人，其《仪礼》《公羊》《穀梁》及郑《易》皆省不置"⑤，是即江左初所立博士九人所掌内容，《宋书》失考。

由于太兴初博士简省严重，荀崧以为不可，乃上疏建议增郑氏《易》、郑氏《仪礼》、《春秋公羊》《穀梁》博士各一人。议者多请从崧所奏。诏以《穀梁》肤浅，不置博士，余则如奏增加。适值王敦之难，不行。⑥ 但元帝末"增《仪礼》《春秋公羊》博士各一人，合为十一人。后又增为十六人，不复分掌五经，而谓之太学博士"⑦。《宋书·百官志》云："晋初助教十五人，江左以来，损其员。"⑧

到成帝咸康三年(337)，国子祭酒袁瑰、太常冯怀以丧乱之后，礼教陵迟，又上疏建议兴学，⑨成帝有感而从其所奏，由是议立国学，征集生徒，国学之兴自瑰始。然而世尚老庄，不肯用心儒训，至穆帝永和八年(352)，殷浩西征，以军兴罢遣而废。⑩

但皇室讲学和学校礼依然保留。太兴三年(320)，皇太子讲《论语》通，并亲释奠于太学，以太牢祠孔子，以颜渊配。⑪ 咸康元年(335)，成帝讲《诗》通；升平元年(357)三月，穆帝讲《孝经》通，并亲释奠于中堂；宁康三年(375)七月，孝武帝

---

① 《晋书·元帝纪》，第149页。
② 《宋书·百官志》，第1228页。
③ 《通典》卷五三，第1465页。
④ 《通典》卷五三，第1465页。
⑤ 《晋书·荀崧传》，第1976—1977页。
⑥ 《晋书·荀崧传》，第1977—1978页。
⑦ 《晋书·职官志》，第736页。
⑧ 《宋书·百官志》，第1228页。
⑨ 《宋书·礼志》，第362—363页。
⑩ 《宋书·礼志》，第363页。
⑪ 《宋书·礼志》，第485页。

讲《孝经》通，释奠如故事，"穆帝、孝武帝并权以中堂为太学"①。《通典·礼典》载曰："孝武帝太元初，于中堂立行大学。于时无复国子生，置大学生六十人，国子生权铨大臣子孙六十人，事讫罢。其国子生见祭酒、博士，单衣角巾，执经一卷以代手板。"②

到了孝武帝太元九年（384），尚书谢石上疏请兴复国学，以训胄子；班下州郡，普修乡校，孝武帝纳其言，"选公卿二千石子弟为生，增造庙屋一百五十五间"③。夏四月增置太学生百人，以车胤领国子博士。次年二月，立国学，④损国子助教员为十人。⑤ 然品课无章，士君子耻与其列。于是国子祭酒殷茂进言对国子学生的素质提出了要求，孝武下诏褒纳，但又不施行，有志于学者，莫不发愤叹息。

我们可以看到，在整个东晋，除了东晋初有比较稳定的太学设置，其他时候总因战乱而影响到中央的经学教育。东晋初经学教育的设置，在传授的经典数量、经学教官的人员方面都不如前代。直到东晋末，才同时建立太学、国子学，但其质量远不如西晋时了。

三、南朝宋、齐短暂的中央官方经学教育建设

宋武帝称帝后不久，便于永初三年（422）正月下诏，认为建国以教学为先，而此前因军旅日陈，学校荒废，现今局势稳定，应当"博延胄子，陶奖童蒙，选备儒官，弘振国学"⑥，惜武帝寻崩而止。武帝以范泰领国子祭酒，泰上表议兴学，认为不仅要兴学校，还要把培养的人才很好地任用起来，才能更好地敦励学风。⑦

宋文帝元嘉十五年（438）国学仍未建立，文帝便召雷次宗至京师，在鸡笼山开馆授徒，置生百余人，以朱膺之、庾蔚之监总诸生，⑧这相当于官方性质的学馆。十九年（442）正月下诏议建学，十二月又诏说胄子已集，学业方兴，当修复孔庙，在鲁郡也修复学舍，采召生徒，⑨宋国子学于是建立，并尊奉孔子。何承天

---

① 《宋书·礼志》，第 485 页。
② 《通典》卷五三，第 1466 页。
③ 《宋书·礼志》，第 364—365 页。
④ 《晋书·孝武帝纪》，第 234 页。
⑤ 《晋书·职官志》，第 736 页。
⑥ 《宋书·武帝纪》，第 58 页。
⑦ 《宋书·范泰传》，第 1616—1617 页。
⑧ 《宋书·隐逸传》，第 2293—2294 页。
⑨ 《宋书·文帝纪》，第 89—90 页。

"以本官领国子博士。皇太子讲《孝经》,承天与中庶子颜延之同为执经"①,此如晋故事,皇太子亦讲经。二十三年(446)九月,文帝视察国子学,策试诸生五十九人,十月又诏褒奖诸生学业有成,师生皆有赏赐。② 国学建立后,二十五年(448)又征雷次宗到京邑,筑招隐馆于钟山西岩下,"使为皇太子诸王讲《丧服》经"③,作为对国学的补充。文帝对国学的提倡可见一斑。然而二十七年(450)三月以军兴罢国子学,战争对办学的影响令人唏嘘。

到孝武帝大明四年(460)令皇太子讲《孝经》于崇正殿,④次年才下诏曰"来岁可修葺庠序,旌延国胄"⑤。宋明帝泰始六年(470)九月"立总明观,征学士以充之。置东观祭酒、访举各一人,举士二十人,分为儒、道、文、史、阴阳五部学,言阴阳者遂无其人"⑥,以王谌领东观祭酒。⑦ 这说明当时实际上是以总明观作为国学,亦可见汉代阴阳、谶纬之学的衰落、学风之变化。明帝好读书,注有《论语》,召才学之士在华林园含芳堂讲《周易》,常自临听,⑧可见明帝对儒学的学习和推崇。

齐高帝萧道成年十三时在鸡笼山从大儒雷次宗受业,治《礼》《左传》,这是宋时经学教育的成果。⑨ 南齐始建,便有建学之议。如刘善明议立学校、制齐礼⑩;崔祖思建议中央立文、武之学,台府州国也依方课习⑪;国子博士王逡之也云国学久废,上表建议立学。⑫ 建元四年(482)正月高帝诏曰:"式遵前准,修建教学,精选儒官,广延国胄。"⑬但是当年夏天,"国讳废学,有司奏省助教以下"⑭。

武帝永明元年(483)陆澄领国子博士,"时国学置郑、王《易》,杜、服《春秋》,何氏《公羊》,麋氏《穀梁》,郑玄《孝经》"⑮,当时国学正在恢复。三年(485)正月

---

① 《宋书·何承天传》,第1705页。
② 《宋书·文帝纪》,第94页。
③ 《宋书·隐逸传》,第2294页。
④ 《宋书·前废帝纪》,第141页。
⑤ 《宋书·孝武帝纪》,第128页。
⑥ 《南史·宋本纪》,第82页。
⑦ 《南史·王谌传》,第1212页。
⑧ 《宋书·明帝纪》,第170页。
⑨ 《南齐书·高帝纪》,第3页。
⑩ 《南齐书·刘善明传》,第526页。
⑪ 《南齐书·崔祖思传》,第518页。
⑫ 《南齐书·文学传》,第902页。
⑬ 《南齐书·高帝纪》,第38页。
⑭ 《南齐书·百官志》,第315页。
⑮ 《南齐书·陆澄传》,第683页。

诏"高选学官,广延胄子"①,以大儒王俭领国子祭酒。在国学建立前,总明观承担了国学的任务,至此国学建立,总明观方省。当年冬"皇太子讲《孝经》,亲临释奠,车驾幸听"②。次年三月"国子讲《孝经》,车驾幸学,赐国子祭酒、博士、助教绢各有差"③,这是对国学的奖励。五年(487)冬太子临国学策试诸生,并与王俭、张绪、萧子良、萧映及诸生问对,史官以为"太子以长年临学,亦前代未有也"④。

此后内乱,到明帝建武四年(497)正月方又下诏"可式依旧章,广延国胄"⑤,重立国学。永泰元年(498)东昏侯即位,尚书符要依永明故事废学,当时领国子助教曹思文上表反对,认为以国故废学是不合古法,不仅不能废学,还应"使郡县有学,乡间立教"⑥,然学竟不立。

我们可以看到,在宋文帝元嘉年间,正式的国子学只建立了大概八年,时间非常短。而宋文帝鸡笼山开学馆、宋明帝以总明观为学,都是在国学建立艰难的情况下,以临时的学馆替代。既说明国学建设不佳,也说明掌权者对经学建设所尽的努力。如绪论所说,在政治较为稳定的时期,宋元嘉之治、齐永明之治时,官方对经学的建设力度相对较大。

而国学废弃的理由,一般都是由于提倡立学的皇帝去世,如宋武帝崩而不立学,齐高帝崩而不立学,齐明帝建武年间议立学也因齐明帝崩而废止。或者由于战争而废学,如宋文帝元嘉时以军兴罢国子学,齐武帝以后内乱废学。故《南史·儒林传》批评说:"逮江左草创,日不暇给,以迄宋、齐,国学时或开置,而劝课未博,建之不能十年,盖取文具而已。"⑦

四、南朝梁、陈中央官方经学教育的巅峰和结束

南朝的儒学发展在梁到达一个顶峰。梁武帝前期尤其重视儒学。武帝初即位,便遣何子朗、孔寿等六人受学于何胤,⑧欲重振儒学。天监四年(505)正月诏"今九流常选,年未三十,不通一经,不得解褐。若有才同甘、颜,勿限年次"⑨,这

---

① 《南齐书·武帝纪》,第50页。《南齐书·礼志上》亦云:"建元四年正月乃止。永明三年悉集。"国学的建立有一个动态的逐步恢复的过程。见《南齐书》,第143页。
② 《南齐书·礼志上》,第144页。
③ 《南齐书·武帝纪》,第52页。
④ 《南齐书·文惠太子传》,第400页。
⑤ 《南齐书·明帝纪》,第89页。
⑥ 《南齐书·礼志上》,第145页。
⑦ 《南史·儒林传》,第1730页。
⑧ 《梁书·处士传》,第738页。
⑨ 《梁书·武帝纪》,第41页。

是以经学为标准来选拔官吏。又诏汉代以经术为重,魏晋浮荡,儒教沦歇,此时应当"置五经博士各一人,广开馆宇,招内后进"①。便以明山宾、沈峻、严植之、贺场补博士,各主一馆,馆内数百生皆给饩廪。培养的学生射策通明者,即除为吏,这就有了仕进的鼓励,于是"十数年间,怀经负笈者云会京师"②。

七年(508)正月又诏劝学,认为"宜大启庠敩,博延胄子"③,诏出,皇太子、皇子、宗室、王侯始就业,武帝并亲自释奠,奖励师生。梁武帝子昭明太子萧统"三岁受《孝经》《论语》,五岁遍读五经,悉能讽诵"④,幼便以经学为教。天监八年(509)九月萧统"于寿安殿讲《孝经》,尽通大义。讲毕,亲临释奠于国学"⑤,是亦如前代故事皇太子讲经并释奠。大同七年(541)十二月武帝又在"宫城西立士林馆,延集学者"⑥,别置君臣论学的场所。

陈祚甚短,其制度多沿袭梁,教育亦不例外。文帝少时便留意经史,吏部尚书姚察评论文帝是崇尚儒术、爱悦文义者。⑦ 文帝天嘉初沈不害以梁季丧乱,至是国学未立,故上书建议立学,诏答"付外详议,依事施行"⑧。于是天嘉五年(564)沈不害迁为国子博士,此时国子学已立。宣帝太建三年(571)秋八月"皇太子亲释奠于太学,二傅、祭酒以下赉帛各有差"⑨,这个时候太学也建立了。

十年(578)新安王陈伯固为国子祭酒,"为政严苛,国学有堕游不修习者,重加榎楚,生徒惧焉,由是学业颇进"⑩。次年春"皇太子幸太学,诏新安王于辟雍发《论语》题"⑪。可见文帝以后陈均建立官学。而史臣评论此时儒林说:"世祖以降,稍置学官,虽博延生徒,成业盖寡。"⑫又云《陈书·儒林传》所记载的都是梁之遗儒,陈之国学无甚实效。陈祚既短,又内外多事,无需深责其办学成效。从另一个角度讲,梁时培养的许多儒学人才到了陈时正好成熟,其后又入隋,使南朝儒风成为隋唐先声,因此观《陈书·儒林传》可谓人才济济。

我们由此可见,梁代最稳定繁荣的天监之治时,几十年间梁武帝不仅立国

---

① 《梁书·儒林传》,第662页。
② 《梁书·儒林传》,第662页。
③ 《梁书·儒林传》,第662页。
④ 《梁书·昭明太子传》,第165页。
⑤ 《梁书·昭明太子传》,第165页。
⑥ 《梁书·武帝纪》,第87页。
⑦ 《陈书·世祖纪》,中华书局,1972年,第61页。
⑧ 《陈书·儒林传》,第448页。
⑨ 《陈书·宣帝纪》,第80页。
⑩ 《陈书·新安王伯固传》,第498页。
⑪ 《陈书·文学传》,第469页。
⑫ 《陈书·儒林传》,第434页。

学,还别置士林馆,鼓励论学。最重要的是把经学教育和仕进挂钩,这就使得经学的学习有了利禄的保障,因此十数年间怀经负笈者云会京师,形成了南朝经学的盛况。即便在南朝势力最弱的陈朝,也建立了国子学和太学。而梁朝培养的经学家,经过陈朝,直接影响到隋朝经学,这是南朝经学的一个完结。

五、两晋南朝地方官学的经学教育

经学教育除了在中央有太学、国子学和各类学馆,中央也会提倡地方办官学,进行经学教育。如《晋书·职官志》云"郡国皆置文学掾一人,户千以上置校官掾一人"①,《唐六典》云"魏晋已下郡国并有文学,即博士、助教之任"②。而不少地方官员也响应中央,在地方积极办学。又如东晋孝武帝太元九年(384)尚书谢石上疏陈兴建国学之事,石并提议班下州郡,普修乡校,以为地方学校,亦如国学一样应受到相当重视与恢复。③ 梁代,天监四年(505)立国学时,便"分遣博士祭酒,到州郡立学"④。

在地方上两晋既以世家大族政治为特征,则士族出仕地方,亦有兴学举措。案范粲任武威太守时选良吏,立学校,劝农桑,是坚持儒学教育无疑。⑤ 郑袤任济阴太守时,下车旌表孝悌,敬礼贤能,兴立庠序,开诱后进。任广平太守时,以德化为先,善作条教,郡中爱之。郑袤在多地兴庠序之教,使地方政治清明,百姓受益。⑥ 王恂累迁河南尹,建立二学,崇明五经,⑦是高门士族中不乏热心地方立学的官吏。此皆魏晋之际在地方兴办官学者。

王沈本为好学行孝、博学多才之人,于地方治理特重兴学。其出监豫州诸军事、奋武将军、豫州刺史,至镇即下教敦学,于是九郡之士,咸悦道教,移风易俗。⑧ 虞溥除鄱阳内史,不满庠序不修之现状,而直以名教为号召,大修庠序,广招学徒,并移告属县令其广开学业,具为条制。于是至者七百余人,溥乃作诰以奖训之,详论为学的次第,鼓励诸生甘于暂时的清贫,且以仕禄劝勉之,可见其兴学的实际与恳切。后祭酒求更起屋行礼,溥以为学庭庠序,高堂显敞即可。溥为

---

① 《晋书·职官志》,第746页。
② (唐)李林甫等:《唐六典》卷三〇,中华书局,1992年,第742页。
③ 《宋书·礼志》,第363—366页。
④ 《梁书·儒林传》,第662页。
⑤ 《晋书·隐逸传》,第2431页。
⑥ 《晋书·郑袤传》,第1249—1250页。
⑦ 《晋书·外戚传》,第2411页。
⑧ 《晋书·王沈传》,第1143—1144页。

政严而不猛,政治清廉,风化大行。① 虞溥本人也有经学著作,作有《春秋经传注》。此是西晋于地方兴办官学者。

庾亮为征西将军,在武昌时感叹胡夷交侵,深痛儒学坏废,以致难以北图中原。认为即便军兴,亦应修起地方之学,宜开置学官,筹建学校讲舍,军中官员子弟悉令入学,四府博学识义通涉文学经纶者,建儒林祭酒。近临川、临贺二郡,并求修复学校,可下听之。并缮造礼器俎豆之属,将行大射之礼。但亮寻薨,又废。

范汪为东阳太守时,在郡大兴学校,甚有惠政。后免官居吴郡继续讲学。其子范宁崇儒抑俗,为余杭令,在县兴学校,养生徒,洁己修礼,志行之士莫不宗之。期年之后,风化大行。史曰自中兴已来,崇学敦教,未有如宁者。后补豫章太守,在郡又大设庠序,远近至者千余人,资给众费,一出私禄。并取郡四姓子弟,皆充学生,课读五经。又起学台,功用弥广,后被免官,居于丹杨,就勤于经学著述,其注《穀梁传》为传世名作。② 而《范汪传》又记汪叔范坚,及坚子常,并习经学文章。《晋书·儒林传》又载范汪孙弘之以儒术该明,为太学博士,可见范氏一门,以儒学名家。

孔子二十二世孙孔衍出为广陵郡,教诱后进,不以戎务废业。③ 清河人李辽也上表言自己与父亲对于孔子故里学校坏废的痛惜与兴学的倡议,但不见省。④ 此皆东晋于地方官学有所建设者。

宋武帝时杜慧度治交州,俭约素质,崇修学校,风化一方,颇有成效。⑤ 沈约家世以儒学相守,宋时沈亮为南阳太守,"开置庠序,训授生徒"⑥,对边蛮有所风化。孝武帝时建平王宏的中军录事参军周朗上书建言,认为政治以教为先,应"二十五家选一长,百家置一师。男子十三至十七,皆令学经"⑦,习经者五年有成就任用,七年不成则虽公卿子孙也不得为吏。这是提出将经学教育全民化,并以经学入仕,而不以出身,惜乎其言不用。孝武帝之子豫章王子尚于大明七年(463)"立左学,召生徒,置儒林祭酒一人,学生师敬,位比州治中;文学祭酒一人,比西曹;劝学从事二人,比祭酒从事"⑧,这是在州立官学。宋末虞愿为晋平太守,亦在郡立学堂教授。⑨ 虞愿自己作有《五经论问》。

---

① 《晋书·虞溥传》,第2139—2141页。
② 《晋书·范汪传》,第1983—1988页。
③ 《晋书·儒林传》,第2359页。
④ 《宋书·礼志》,第366页。
⑤ 《宋书·良吏传》,第2265页。
⑥ 《宋书·沈亮传》,第2451页。
⑦ 《宋书·周朗传》,第2093页。
⑧ 《宋书·孝武十四王传》,第2059页。
⑨ 《南齐书·良政传》,第916页。

南齐竟陵王萧子良礼好才士,天下才学皆游集焉,移居鸡笼山邸时,"集学士抄五经、百家,依《皇览》例为《四部要略》千卷"①这是对经学的撰著、汇集。豫章王萧嶷起家为太学博士,南齐初立时便于南蛮园东开馆立学,取官宦子弟十五到二十五岁之间者四十人充生员,"置儒林参军一人,文学祭酒一人,劝学从事二人,行释菜礼"②。刘悛任都督司州诸军事、司州刺史时亦于州治下立学校。③

梁代,安成王萧秀任荆州刺史时立学校,招隐逸。④ 始兴王萧憺为益州刺史时"开立学校,劝课就业,遣子映亲受经焉,由是多向方者"⑤,这是将自己的子弟作为表率鼓励地方学风。邵陵王萧纶出知江州、郢州时均令太史叔明讲授于府。⑥ 国子出身并曾任国子博士的张缵在大同年间为豫章内史时,"在郡述制旨《礼记》《正言》义,四姓衣冠士子听者常数百人"⑦,张缵在郡以长官身份亲讲武帝的经学著作,这对当地贵族、士子的学风所起的勉励作用可想而知。梁元帝萧绎五岁诵《曲礼》,长而好学,博极群书,其任荆州刺史时起州学宣尼庙,置儒林参军一人、劝学从事二人,生三十人,加廪饩,画宣尼像并谓之书赞。⑧

陈朝,著名经学家顾越"所居新坂黄冈,世有乡校,由是顾氏多儒学焉。家传儒学,并专门教授"⑨,顾越家乡既然世有乡校,那么陈时当亦有之,顾越还曾在乡校就读。南平王在江州时,大儒王元规亦随之讲学。⑩ 顾越、王元规均有不少经学著作,详见后文。

第二节 十六国北朝异族统治者对经学的学习和提倡

一、十六国胡人统治者对经学的学习和频繁的兴学措施

通过上节我们看到,两晋南朝的官方经学教育往往由于战争、政争而中断,

---

① 《南齐书·武十七王传》,第698页。
② 《南齐书·豫章文献王传》,第408页。
③ 《南齐书·刘悛传》,第651页。
④ 《梁书·太祖五王传》,第343页。
⑤ 《梁书·太祖五王传》,第355页。
⑥ 《梁书·儒林传》,第679页。
⑦ 《梁书·张缵传》,第504页。
⑧ 《南史·梁本纪》,第243页。
⑨ 《南史·儒林传》,第1752页。
⑩ 《陈书·儒林传》,第449页。

凭借我们对十六国极度混乱黑暗的政治局面和频繁战争的印象,我们大概会推测,十六国时期官方的经学教育应该不存在。但通过对史料的梳理,我们却看到了与想象中完全不同的记载。史书中胡人政治残暴、战事惨烈的记载频现,而其提倡经学、建立官学的措施也不少,形成一种吊诡的面貌。

这大概是因为经学作为一种最为显著的汉化的标志,或出于胡人统治者内心对汉文化的认同,或出于统治广大汉人的需要,于是在十六国的各个政权里都被提倡,许多政权都有在中央建立官方经学教育的举措。例如建立汉的匈奴人刘渊父子家传汉代经学;前赵、后赵设大学、小学;后赵摹写石经,校勘中秘;前燕设立东庠以教国子,也有大学、小学;前秦、后秦、成汉、北燕、南燕均有设立太学;南凉对贵族子弟进行经学教育;西凉立泮宫以教学。十六国对于经学的提倡,在前秦苻坚时达到顶峰。而十六国时期汉人掌握的凉州政权,更是两汉学术文化的保留地,如凉州刺史张轨家族是儒学世家。

这样对经学的提倡和对经学教育的建设,使得胡人的汉化效果非常显著。甚至慕容廆的庶长子慕容翰作为鲜卑人,却自命为华夏人,希望能驱除神州上的胡人,安定中原。作为氐人的苻坚俘虏了鲜卑人涉翼犍后,嫌弃涉翼犍野蛮,把他扔到太学学习,还亲自到太学考察涉翼犍学习情况,这说明苻坚以汉文化为高标准,不仅自己汉化,还以此衡量、教育其他胡人。南凉的秃发傉檀,被比作汉代的金日磾。接下来我们看看十六国各政权的具体兴学措施。

前赵的前身汉的建立者刘渊,"幼好学,师事上党崔游,习《毛诗》、京氏《易》、马氏《尚书》,尤好《春秋左氏传》、孙吴《兵法》,略皆诵之,《史》、《汉》、诸子无不综览"①。其子刘和亦"好学夙成,习《毛诗》、《左氏春秋》、郑氏《易》"②,子刘宣"好学修洁,师事安乐孙炎,好《毛诗》《左氏传》"③,子刘聪"年十四,究通经史,兼综百家之言。工草隶,善属文"④。

史书记载,多有夸饰成分。但要之有大概之事,乃书之。而夸饰本身,反而能体现胡人对汉文化的倾慕,即便不是真正"综览""究通",也是希望造成这样的形象,可见其对经学的重视。虽没有明确记载汉国设有官学,但上述材料可以看出匈奴刘氏的汉化及对经学的学习和推崇。还要注意,刘氏家族对《毛诗》《易》《左传》均有传习,于《易》还有京氏、郑玄两种今古文的区别,可以略见当时北方对经学文献中类型和家法的好尚,也体现了十六国经学对两汉经学的直接继承,

---

① 《晋书·刘元海载记》,第 2645 页。
② 《晋书·刘元海载记》,第 2652 页。
③ 《晋书·刘元海载记》,第 2653 页。
④ 《晋书·刘聪载记》,第 2657 页。

这还可以解释其后北朝为何更保有两汉经学传统。

前赵刘曜尝隐居管涔山,以琴书为事。其后刘曜在长乐宫东立大学,未央宫西立小学,择十三到二十五岁的百姓一千五百人入学,选宿儒明经者教之。又"以中书监刘均领国子祭酒,置崇文祭酒,秩次国子,散骑侍郎董景道以明经擢为崇文祭酒"①。这是明确在中央立有官学,还有大、小学之分,学生数量可观,老师也以明经为选择标准,选择大儒董景道等人。所立的学校不是徒具虚文,刘曜曾"临太学,引试学生之上第者拜郎中"②,重视经学人才的培养和任用。

后赵石勒尚未称王时,以司、冀二州渐趋安定,租赋稍立,便"立太学,简明经善书吏署为文学掾,选将佐子弟三百人教之"③。后来石勒又"增置宣文、宣教、崇儒、崇训十余小学于襄国四门,简将佐豪右子弟百余人以教之"④,这也是中央官学立有大、小学,均以明经为教学内容之一。石勒在战场俘获刘琨兄子刘启,还令儒官授其经,以经学教育敌人,可见其建学校崇儒学并非虚文。晋太兴二年(319)石勒称赵王,建置宗庙、社稷、百官,"署从事中郎裴宪、参军傅畅、杜嘏并领经学祭酒"⑤,还让大儒续咸等为律学祭酒,任播等为史学祭酒。后石勒又"亲临大小学,考诸生莫不归美焉"⑥,并设立孝廉、秀才试经制度来选拔人才,可知当时官学教学内容有经学、律学、史学之科别。除建立大小学博士外,还设国子博士、助教。

石勒本人学问如何、能否真正考校诸生史料有限难以考察,但就行为来看也是以身作则、敦励学风。其世子石弘受经于续咸,结交者莫非儒素。⑦ 至于石虎则"虽昏虐无道,而颇慕经学,遣国子博士诣洛阳写石经,校中经于秘书。国子祭酒聂熊注《穀梁春秋》,列于学官"⑧。石虎的国子学使用洛阳石经,这显然也是用汉魏经本。其国子祭酒还自注《穀梁》,学官当中教授之,也有一定的经学水准。

永嘉之乱时幽、冀士人多投靠前燕慕容廆,其中不乏儒者,如"平原刘讚儒学该通,引为东庠祭酒,其世子皝率国胄束脩受业焉"⑨,这是令儒者教学于贵族子

---

① 《晋书·刘曜载记》,第 2688 页。
② 《晋书·刘曜载记》,第 2692 页。
③ 《晋书·石勒载记》,第 2720 页。
④ 《晋书·石勒载记》,第 2729 页。
⑤ 《晋书·石勒载记》,第 2735 页。
⑥ 《晋书·石勒载记》,第 2741 页。
⑦ 《晋书·石勒载记》,第 2752 页。
⑧ 《晋书·石季龙载记》,第 2774 页。
⑨ 《晋书·慕容廆载记》,第 2806 页。

弟,慕容庞暇时也参与听讲。在刘赞的教学下,慕容皝"尚经学,善天文"①。皝"赐其大臣子弟为官学生者号高门生"②,这是从名誉上提高国学生的地位。在旧宫立东庠,行乡射礼,每月皝还要视察、考试学生。皝还亲自讲学,学徒至千余人,又造小学字书《太上章》及《典诫》为教材,以教胄子。皝亲自授课、考试,体现其对官学的大力提倡。以经学考试选拔人才,说明立学校确为培养人才,与人才选拔任用挂钩,更加促进学校的发展。且不论皝的实际学术水平如何,以胡人武夫之身份而为之,已属难得,正可见其对汉文化的倾心与学习。

慕容廆的庶长子翰亦"善抚接,爱儒学,自士大夫至于卒伍,莫不乐而从之"③,可见翰作为鲜卑人已把儒学用于待人接物、风化下民的实践中。翰临终前云"但逆胡跨据神州,中原未靖,翰常克心自誓,志吞丑虏,上成先王遗旨,下谢山海之责。不图此心不遂,没有余恨,命也奈何"④,翰已自命为华夏,而目他族为胡人,更可见其汉化、儒化之深。皝子儁"立小学于显贤里以教胄子"⑤,是前燕有大、小学。儁本人雅好文籍,常与臣下讲论义理,著述有四十余篇,⑥又曾在蒲池宴群臣,讨论经史。⑦ 儁为其太子晔选韩恒为师,恒"博览经籍,无所不通"⑧,故李绩称晔好学爱贤、尊师重道,⑨对皇子的教育亦可见儒学之影响。

前秦的苻健在永和十年(354)击败桓温后"垂心政事,优礼耆老,修尚儒学"⑩。前秦政教和氐人汉化到苻坚时达到顶峰。苻坚任用汉人王猛"拔幽滞,显贤才,外修兵革,内崇儒学,劝课农桑,教以廉耻。于是兵强国富,垂及升平"⑪。苻坚八岁时,就要求在家聘请老师教学,其祖苻洪曰"汝戎狄异类,世知饮酒,今乃求学耶"⑫,于是欣然答应,可见苻坚自幼就好学并十分倾慕汉文化。坚弑苻生,自称大秦天王后,"课农桑,立学校"⑬。其后又"广修学官,召郡国学

---

① 《晋书·慕容皝载记》,第2815页。
② 《晋书·慕容皝载记》,第2826页。
③ 《晋书·慕容皝载记》,第2827页。
④ 《晋书·慕容皝载记》,第2827页。
⑤ 《晋书·慕容儁载记》,第2840页。
⑥ 《晋书·慕容儁载记》,第2842页。
⑦ 《晋书·慕容儁载记》,第2840页。
⑧ 《晋书·慕容儁载记》,第2842页。韩恒父默,以学行显名,是恒亦有家学之传。
⑨ 《晋书·慕容儁载记》,第2841页。
⑩ 《晋书·苻健载记》,第2871页。
⑪ 《晋书·苻坚载记》,第2932页。
⑫ 《晋书·苻坚载记》,第2884页。
⑬ 《晋书·苻坚载记》,第2885页。

生通一经以上充之,公卿已下子孙并遣受业"①,旌表学为通儒者。苻坚又每月亲临太学,考试诸生,并与博士问难五经。苻坚对学校的推崇,不仅确实改善了学校的教育质量,也对社会稳定发展发挥了作用。

苻坚败慕容暐后,"行礼于辟雍,祀先师孔子,其太子及公卿大夫士之元子,皆束脩释奠焉"②,于是学校礼备。又"临太学,考学生经义,上第擢叙者八十三人"③,可见苻坚躬亲提倡儒学,还将其与选拔人才挂钩,重视人才培养的实际效果和人才的任用。故史书称赞此时"自永嘉之乱,庠序无闻,及坚之僭,颇留心儒学,王猛整齐风俗,政理称举,学校渐兴"④。即便史载有所粉饰,但苻坚和王猛对儒学的提倡、实践并取得一定成效则是毋庸置疑的。

此后苻坚又"遣使巡行四方,观风俗,问政道"⑤,全面模仿汉制。还令武官、后宫皆从博士习经学,对儒学的推崇达到新高度。坚俘获代王涉翼犍,以其荒俗,"未参仁义,令入太学习礼"⑥,还到太学与涉翼犍问学,坚善其答。坚与涉翼犍同为夷狄,汉化深浅有所不同,但皆推崇汉文化,这里可以看到坚也以汉文化正统自居了。

在这样的推崇儒学的氛围中,苻坚的长子苻丕少好学,通经史。太常韦逞母宋氏出身儒学世家,家传《周官音义》,宋氏以之授逞,逞因此学成立名。苻坚到太学问博士经典,感叹礼乐有阙。博士卢壶举荐宋氏教授《周礼》,苻坚采纳卢壶建议,令学生就宋氏家学习。⑦ 可见苻坚不仅建立学校,还深入到教学内容之中,并极力发扬儒学,虽老妇亦尊为师,儒家经典赖此以传,其功甚大。

后秦姚弋仲常戒诸子"自古以来未有戎狄作天子者,我死,汝便归晋,当竭尽臣节,无为不义之事"⑧,并遣使请降于晋,这是对汉文化正统的一种认同。其子姚苌称帝后便立太学。后秦的儒学在苌子姚兴时得到了很大发展,其时姜龛、淳于岐、郭高等宿儒,"各门徒数百,教授长安,诸生自远而至者万数千人"⑨,姚兴还与诸儒讲论道艺、名理。胡辩在洛阳讲学,弟子千余人,关中后进多去请学,姚兴令关尉开放,鼓励问学,儒风更盛。姚兴手下大将姚硕德攻吕隆,吕隆降,硕德

---

① 《晋书·苻坚载记》,第2888页。
② 《晋书·苻坚载记》,第2893页。
③ 《晋书·苻坚载记》,第2895页。
④ 《晋书·苻坚载记》,第2895页。
⑤ 《晋书·苻坚载记》,第2897页。
⑥ 《晋书·苻坚载记》,第2899页。
⑦ 《晋书·列女传》,第2522页。
⑧ 《晋书·姚弋仲载记》,第2961页。
⑨ 《晋书·姚兴载记》,第2979页。

"祭先贤,礼儒哲,西土悦之"①,足见其对儒学人才之礼重,并因此稳定了社会人心。姚兴长子姚泓常令尚书王尚、黄门郎段章、尚书郎富允文以儒术侍讲。泓本人"受经于博士淳于岐"②,不仅好学,且躬行礼仪、尊师重道。

成汉李雄当海内大乱之时,犹"兴学校,置史官,听览之暇,手不释卷"③。雄子李班敬爱儒贤。④ 其后李寿虽奢侈暴虐,但史言其初为王时,好学爱士,广太学,⑤是亦不废学。

北燕冯跋为汉人,其僭称天王后,下书叹武力虽能平乱,治国需要文教。而礼崩乐坏,学校不修,风化无闻,因此要营建太学,以刘轩、张炽、翟崇为博士郎中,"简二千石已下子弟年十五已上教之"⑥,这是对贵族子弟有兴学措施。

南凉秃发利鹿孤时,祠部郎中史暠建言也与冯跋一样,认为武力只能用于暂时,要社会安定、发展就需要崇儒学,兴文教,利鹿孤善其言,任田玄冲、赵诞为博士祭酒,教胄子。⑦ 利鹿孤弟秃发傉檀,姚兴使者韦宗评价其为"命世大才、经纶名教者,不必华宗夏士;拨烦理乱、澄气济世者,亦未必八索、九丘。五经之外,冠冕之表,复自有人"⑧,并将之比作汉之金日䃅。是南凉虽未大兴儒学,但建学校教贵族,确有实效。

南燕慕容德博观群书,即帝位后"建立学官,简公卿已下子弟及二品士门二百人为太学生"⑨,这是令贵族子弟及官吏皆入学。又"大集诸生,亲临策试"⑩,追慕齐鲁之风。

陈寅恪先生在其名著《隋唐制度渊源略论稿》中论及隋唐制度三个来源之一的北魏、北齐制度中含有凉州一隅的制度文化,认为:

> 惟此偏隅之地,保存汉代中原之文化学术,经历东汉末、西晋之大乱及北朝扰攘之长期,能不失坠,卒得辗转灌输,加入隋唐统一混合之文化,蔚然为独立之一源,继前启后,实吾国文化史之一大业。⑪

---

① 《晋书·姚兴载记》,第2982页。
② 《晋书·姚泓载记》,第3007页。
③ 《晋书·李雄载记》,第3040页。
④ 《晋书·李班载记》,第3041页。
⑤ 《晋书·李寿载记》,第3046页。
⑥ 《晋书·冯跋载记》,第3132页。
⑦ 《晋书·秃发利鹿孤载记》,第3146页。
⑧ 《晋书·秃发傉檀载记》,第3151页。
⑨ 《晋书·慕容德载记》,第3168页。
⑩ 《晋书·慕容德载记》,第3170页。
⑪ 陈寅恪:《隋唐制度渊源略论稿》,商务印书馆,2011年,第22页。

从西晋末到北魏,中间儒学能够传承,十六国时的凉州政权传续儒学之功亦不可没。凉州刺史张轨是汉长山景王之后,"家世孝廉,以儒学显"①,轨少好学,与皇甫谧善。当西晋末乱亡之时,张轨始终奉晋正朔,遣使贡献,出兵勤王,又表彰州人清贞德素,杀身为君者,此均为以儒术治理一方。轨子寔"学尚明察,敬贤爱士,以秀才为郎中"②。寔摄父位后,向京师献经史图籍,是凉州儒学不亚于京师。寔叔父西海太守张肃,闻刘曜逼长安,请兵击曜,寔以肃年老不许,后肃闻京师陷没,悲愤而卒,可见儒学的忠义精神在家族中的贯彻。

西凉李暠少好学,通涉经史。称凉公后,"立泮宫,增高门学生五百人"③。以刘延明为儒林祭酒,以周孔之教训勉诸子,用儒学治家、治国。

十六国政权对地方官学也有所建设,如石勒"命郡国立学官,每郡置博士祭酒二人,弟子百五十人,三考修成,显升台府"④,这是地方官学培养人才,并用以政治。石虎在其称赵天王后下书令"诸郡国立五经博士"⑤。姚苌下书令"留台诸镇各置学官,勿有所废,考试优劣,随才擢叙"⑥,这也是以地方官学为培养人才的机构。永宁初张轨到官,"征九郡胄子五百人,立学校,始置崇文祭酒,位视别驾,春秋行乡射之礼"⑦。

二、北朝统治者对经学的提倡和官学的兴废

北魏结束了十六国的混战局面,其对经学的态度也继承了十六国的胡人统治者的态度,北朝这些鲜卑人或鲜卑化的汉人统治者对官方的经学教育设置都有举措。

还在北魏都平城时,就建有国子学、太学,生员规模达数千人。明元帝时改国子学为中书学,孝文帝时又改回国子学。孝文帝还专门开皇子之学,孝文帝迁都洛阳,除了立太学、国子学,还建立了四门小学,把十六国时期的大学、小学分设制度继承下来。孝文帝之后,由于战争影响,国学有所废弃,虽然有诏令建学,但仍未正式恢复,直到北魏末年。北齐时间短暂、政局极度混乱,因此没有明确的建立太学、国子学记载,只设有学馆讲经学。北周中央官学的发展则主要在北周武帝时期。接下来我们看看北朝各政权的具体兴学措施。

---

① 《晋书·张轨传》,第2221页。
② 《晋书·张轨传》,第2226页。
③ 《晋书·李暠传》,第2259页。
④ 《晋书·石勒载记》,第2751页。
⑤ 《晋书·石季龙载记》,第2769页。
⑥ 《晋书·姚苌载记》,第2971页。
⑦ 《晋书·张轨传》,第2222页。

北魏道武帝于天兴元年(398)定都平城,次年三月就"令五经群书各置博士,增国子太学生员三千人"①,这是扩大了原本就有的国子、太学生规模。四年(401)二月"命乐师入学习舞,释菜于先圣、先师"②,以乐师教国子习舞,是古学之遗意,兼行学礼。冬十二月又集博士儒生造收纳四万余字的字书《众文经》,便于小学的教学。③

明元帝礼爱儒生,泰常八年(423)夏巡幸至洛阳,专门考察了石经。④ 又曾改国子学为中书学,立教授博士,⑤"祀孔子于国学,以颜渊配"⑥。太武帝始光三年(426)二月"起太学于城东,祀孔子,以颜渊配"⑦。太平真君五年(444)正月更下诏"不听私立学校,违者师身死,主人门诛"⑧,是强制规定贵族子弟接受儒学教育,区分士庶。太武帝的太子在这样的氛围下好读经史,皆通大义,⑨而献文帝也是自幼仁孝纯至,礼敬师友。⑩

北魏在孝文帝时鲜卑人全面汉化,儒学建设也达到一个高峰。孝文帝雅好读书,览五经、史传、释道百家之书。⑪ 太和中,将中书学改回国子学,"建明堂辟雍,尊三老五更,又开皇子之学"⑫,把中央的官学教育更加细化。太和十五年(491)八月议养老礼,次年二月"改谥宣尼曰文圣尼父,告谥孔庙"⑬,四月幸皇宗学,亲问博士经义。十七年(493)孝文帝到洛阳时专门巡幸太学,观石经。⑭ 次年迁都洛阳后"诏立国子太学、四门小学"⑮,确立了北魏洛阳的大、小学规模。十九年(495)夏孝文帝到鲁城,亲祠孔子庙,拜孔氏、颜氏子孙为官,又诏选诸孔宗子一人封崇圣侯,增修孔子陵墓,以褒扬圣德。⑯ 次年二月,又行养老之礼,⑰

---

① (北齐)魏收:《魏书·道武帝纪》,中华书局,1974年,第35页。
② 《魏书·道武帝纪》,第38页。
③ 《魏书·道武帝纪》,第39页。
④ 《魏书·明元帝纪》,第63页。
⑤ 《魏书·儒林传》,第1842页。
⑥ 《魏书·礼志一》,第2738页。
⑦ 《魏书·太武帝纪》,第71页。
⑧ 《魏书·太武帝纪》,第97页。
⑨ 《魏书·景穆帝纪》,第107页。
⑩ 《魏书·献文帝纪》,第125页。
⑪ 《魏书·孝文帝纪》,第187页。
⑫ 《魏书·儒林传》,第1842页。
⑬ 《魏书·孝文帝纪》,第168—170页。
⑭ 《魏书·孝文帝纪》,第173页。
⑮ 《魏书·儒林传》,第1842页。
⑯ 《魏书·孝文帝纪》,第177页。
⑰ 《魏书·孝文帝纪》,第179页。

尊师养老,是贯彻了儒学的礼仪教化。

宣武帝雅爱经史,①其时国子祭酒刘芳上书建议集诸儒讨论大、小学的建筑规模,诏从之。② 任城王元澄亦上书言过去元魏的宗室都熟读经书,而现今四门学宫徒有虚名,宗人亦不学习,不应让这种情况持续,宜"修复皇宗之学,开辟四门之教"③,诏答令尚书量宜修学。于是在正始元年(504)十一月诏依汉魏旧章,恢复因军国之事耽误修建的国学。④ 四年(507)又诏因战事平息,"准访前式,置国子,立太学,树小学于四门"⑤。延昌元年(512)四月诏"国子学孟冬使成,太学、四门明年暮春令就"⑥。这样经过不断的臣下提议,皇帝诏令,仍然黉宇未立,不过当时还是有博士、生员继续经学授受。⑦

孝明帝神龟年间,将立国学,未及简置生员,复又停寝。⑧ 到正光元年(520)才诏释奠孔颜,豫缮国学。⑨ 次年二月车驾幸国子学讲《孝经》;三月幸国子学祀孔子,以颜渊配,⑩"命祭酒崔光讲《孝经》,始置国子生三十六人"⑪。后因战乱,四方学校所存无几,不过北魏末年时,孝武帝还于永熙三年(534)二月亲释奠礼先师⑫,"又于显阳殿诏祭酒刘廞讲《孝经》,黄门李郁说《礼记》,中书舍人卢景宣讲《大戴礼·夏小正篇》,复置生七十二人"⑬。东魏时迁都于邺,"国子置生三十六人"⑭。武定四年(546)八月又将洛阳汉魏石经移到邺,⑮对教材的重视可见当时中央官方儒学仍在进行。

北齐文宣帝天保元年(551)六月诏封崇圣侯以奉孔子祀,对孔子尽褒崇之意,八月诏国子学生依旧铨补,研习《礼经》,又将往昔高澄运来的蔡邕石经五十二枚移置学馆并修立之。⑯ 七年(557)冬文宣帝召朝臣宴会,以经义问难,令太

---

① 《魏书·宣武帝纪》,第215页。
② 《魏书·刘芳传》,第1221—1222页。
③ 《魏书·景穆十二王传》,第471页。
④ 《魏书·宣武帝纪》,第198页。
⑤ 《魏书·宣武帝纪》,第204页。
⑥ 《魏书·宣武帝纪》,第212页。
⑦ 《魏书·儒林传》,第1842页。
⑧ 《魏书·儒林传》,第1842页。
⑨ 《魏书·孝明帝纪》,第229页。
⑩ 《魏书·孝明帝纪》,第232页。
⑪ 《魏书·儒林传》,第1842页。
⑫ 《魏书·出帝纪》,第289页。
⑬ 《魏书·儒林传》,第1842页。
⑭ 《魏书·儒林传》,第1842页。
⑮ 《魏书·孝静帝纪》,第308页。
⑯ 《北齐书·文宣帝纪》,中华书局,1972年,第53页。

子也参与记录、讨论。① 九年(559)太子又集诸儒讲《孝经》。② 皇建元年(558)八月孝昭帝下诏"国子寺可备立官属,依旧置生,讲习经典,岁时考试"③,再次强调要将蔡邕石经列于学馆,这是对经学教材的重视,也是对汉魏经学的直接继承。

史称北周文帝崇尚儒术。④ 明帝幼好学,即位后曾集公卿已下有文学者八十余人于麟趾殿刊校经史。⑤ 武帝保定三年(563)四月幸太学,问道三老。⑥ 天和元年(566)五月武帝又在正武殿集群臣,亲讲《礼记》,⑦七月诏诸胄子入学只束脩于师,学成释奠,这是重新制定了学校礼。⑧ 次年七月立露门学,置学生七十二人。⑨ 三年(568)八月在大德殿集百官,甚至还有沙门、道士等,亲讲《礼记》。⑩ 建德二年(573)十二月集群臣及沙门、道士等,帝升高座,辨三教先后,"以儒教为先,道教为次,佛教为后"⑪。大象元年(117)正月宣帝受朝于露门,群臣皆服汉魏衣冠,⑫这是从服制上对汉文化的接受。二月又诏将邺城的石经重新移回洛阳。⑬ 次年二月又幸露门学,举行释奠礼。⑭

三、北朝地方官学的经学教育

在地方官学教育方面,我们可以看到北魏中央有诏令规定地方学制,地方官员也积极建学,鼓励经学教育,其中不乏本身就是著名经师的官员。献文帝时李䜣上疏求立学校,云在州郡治所各立学官,经艺通明者还可以任王府之职,李䜣的建议被采纳。⑮ 经学大家高允亦上表云:

> 请制大郡立博士二人、助教四人、学生一百人,次郡立博士二人、助教二人、学生八十人,中郡立博士一人、助教二人、学生六十人,下郡立博士一人、

---

① 《北齐书·废帝纪》,第73页。
② 《北齐书·废帝纪》,第73页。
③ 《北齐书·孝昭帝纪》,第82页。
④ (唐)令狐德棻等:《周书·文帝纪》,中华书局,1971年,第37页。
⑤ 《周书·明帝纪》,第60页。
⑥ 《周书·武帝纪》,第68页。
⑦ 《周书·武帝纪》,第72页。
⑧ 《周书·武帝纪》,第73页。
⑨ 《周书·武帝纪》,第74页。
⑩ 《周书·武帝纪》,第75页。
⑪ 《周书·武帝纪》,第83页。
⑫ 《周书·宣帝纪》,第117页。
⑬ 《周书·宣帝纪》,第119页。
⑭ 《周书·宣帝纪》,第122页。
⑮ 《魏书·李䜣传》,第1040页。

助教一人、学生四十人。其博士取博关经典、世履忠清、堪为人师者,年限四十以上。助教亦与博士同,年限三十以上。若道业凤成,才任教授,不拘年齿。学生取郡中清望,人行修谨,堪循名教者,先尽高门,次及中第。①

献文帝从之,北魏郡国立学自此始。由此可见,北魏的地方官学每郡皆有博士、助教和生员,按郡的等级不同人数有别。博士与助教均选择明经者,而学生则尽量选高门子弟,说明地方官学学生仍有等级的限制。

于是天安元年(466)九月"初立乡学,郡置博士二人、助教二人、学生六十人"②。太和十一年(487)冬孝文帝诏诸州党里之内,推贤长者教里人五伦,③是将儒学的人伦教育推广到最基层。经师崔游熙平末为河东太守,太学旧在城内,崔游将之移到城南闲敞处,"亲自说经,当时学者莫不劝募,号为良守"④,此是地方官学亦有名之"太学"者,崔游亲自讲学,对儒学风气有所促进。

高祐出为西兖州刺史,"以郡国虽有太学,县党宜有黉序,乃县立讲学,党立小学"⑤,这样高祐就把地方学推行到了县、党更基层的地方,不仅限于中央规定的郡国层级。张恂任常山太守时建学校,优显儒士。⑥ 薛谨为秦州刺史时正值兵荒之后,儒学坏废,薛谨命立学校,"教以诗书,三农之暇,悉令受业"⑦,据此薛谨的地方学校针对的学生层面也较广,不仅限于官宦子弟。薛谨还亲自巡视、考试,使得河汾之地儒道兴焉。

裴延僬为幽州刺史时命主簿郦恽修学校,使得礼教大行,民歌谣之。⑧ 韦彧为东豫州刺史,"以蛮俗荒梗,不识礼仪,乃表立太学,选诸郡生徒于州总教"⑨,是儒学行于蛮境。刘道斌为恒农太守时,"修立学馆,建孔子庙堂"⑩,他离开之后,百姓追思他,便将道斌的画像挂在孔子像旁而拜谒之,犹见地方官提倡儒学的实效。

宣武帝时李平为相州刺史,"劝课农桑,修饰太学,简试通儒以充博士,选五

---

① 《魏书·高允传》,第 1078 页。
② 《魏书·献文帝纪》,第 127 页。
③ 《魏书·孝文帝纪》,第 163 页。
④ 《魏书·崔游传》,第 1276 页。
⑤ 《魏书·高祐传》,第 1261 页。
⑥ 《魏书·良吏传》,第 1900 页。
⑦ 《魏书·薛辩传》,第 942 页。
⑧ 《魏书·裴延僬传》,第 1529 页。
⑨ 《魏书·韦阆传》,第 1015 页。
⑩ 《魏书·刘道斌传》,第 1758 页。

郡聪敏者以教之,图孔子及七十二子于堂,亲为立赞"①。景明中郦道元守鲁阳郡,表立黉序,崇劝学教。② 神龟中萧宝夤出为徐州刺史,起学馆于清东,与土姓子弟讲论经义,这是注重地方贵族学校建设。③ 崔孝暐任赵郡太守时"兴立学校,亲加劝笃,百姓赖之"④。卢道将为燕郡太守时,"优礼儒生,励劝学业,敦课农桑,垦田岁倍"⑤。

而北齐的地方官学,文宣帝天保元年(551)八月下诏令"郡国修立黉序,广延髦儁,敦述儒风"⑥。皇建元年(558)八月下诏外州大学需仰典司勤加督课。⑦ 北齐以经学出仕的制度是"诸郡俱得察孝廉,其博士、助教及游学之徒通经者,推择充举"⑧,并兼射策,尤异者亦蒙抽擢,不过士流、富豪子弟不愿入学,学生多被迫充员,教学效果有限。北周的地方官学则记载缺乏。

第三节　两晋南北朝经学的私学传承

官学受政治、军事的影响很大,在两晋南北朝的大乱世之下,只有在其间政治相对清明时,官方的经学教育才有一定的发展。而且由于官方经学教育并不总是与政治上的利禄挂钩,所以官方经学教育的实际效果也并非一直理想。但个人对于经学的喜爱、学习,师徒或家族的经学传承,受政治的影响相对官学小得多,因此两晋南北朝时期私人的经学传承为经学的延续作出了非常重要的贡献。本节我们就通过史料来看看,两晋南北朝时期,读书人如何在动荡之中,坚持自己的文化信仰,坚持经学的教育和传承。

两汉的经师讲究"师法",我们可以看到各经都有比较清晰的师徒传授脉络。两晋南北朝经学失去了政治上稳定的保证,而士人在战乱中流动性加大,这就使得经学各家各派的交融更多。同时,在经学研究思路上,两晋南北朝经学也进一步发展了东汉末集成众家的经学研究风格。这种经学的交融和集合,加上时代

---

① 《魏书·李平传》,第1452页。
② (唐)李延寿:《北史·郦道元传》,中华书局,1974年,第995页。
③ 《魏书·萧宝夤传》,第1318页。
④ 《魏书·崔挺传》,第1270页。
⑤ 《魏书·卢玄传》,第1051页。
⑥ 《北齐书·文宣帝纪》,第53页。
⑦ 《北齐书·孝昭帝纪》,第82页。
⑧ 《北齐书·儒林传》,第583页。

动荡的背景,体现在两晋南北朝的经学师承上往往表现为师承多家、师承较短。①

另外,在两晋南北朝有不少世家大族,仍然延续了汉代以来家族经学传承的风气。不过鉴于前贤对此时世家大族的家学传承研究已很多,②本书对私学的讨论就着重在儒者个人的经学教学上。而专门在本章附录,附上"重要经学流派传承表",该表根据此时的私家经学教育特点,分为"师学"和"家学"两种传承序列。通过列表,可见两晋南北朝经学世家的概况。

一、遍布南北的两晋私学

两晋政治多有混乱,天下又处分崩之势,故官方兴学时或有限,而各地的民间好学者则承担起实践、传承经学的责任,在西晋一统的大地上,我们看到各地都有私人讲学的身影。如在西晋时的中原,有著名的经学家束晳,他出身宦门,博学多闻,少游国学,为博士曹志称赏,后辞疾罢归,教授门徒。③

于时青土隐逸之士刘兆、徐苗等皆务教授,是皆齐鲁地区有家学渊源,而自身躬行孝悌,博学不倦,勤于著述,于乱世独善其身,不慕富贵,乐于讲学,传承儒学者。刘兆博学洽闻,温笃善诱,从受业者数千人。④徐苗累世相承,皆以博士为郡守,弱冠与弟贾就博士济南宋钧受业,遂为儒宗,所行皆仁义孝悌,远近咸归其义,师其行焉。州郡公府征辟皆不就。⑤

根据《华阳国志》所存史料,可考见于时蜀地儒学之兴盛。多家传儒学,私门授受亦很兴盛。其所学内容则多两汉今古文学与谶纬等旧有学术,于旧学传承有大功,且受玄、佛学影响不大,为经学之醇者。蜀地儒者自身躬行孝悌,躲避乱世而不仕者多致力私学。李密有暇则讲学忘疲,而师事谯周,周门人方之游夏。以祖母年老,心在色养,拒州郡之命,独讲学,立旌授生。后为河内温令,敷德陈教,政化严明。⑥王裒博学多能,隐居教授,三征七辟皆不就。⑦朱冲每闻征书

---

① 焦桂美总结:"南朝师授系统较为短暂,一般仅传一两代或两三代,尚没有一个学派能贯穿南朝始末,这就形成了南朝师承的模糊与难以考稽等特点。与此不同,北朝师学……源流清晰、渊源有自是北朝师学的突出特点。同时,北朝士子又不主一师、学承多门。"(焦桂美:《南北朝经学史》,第32页)此论精到。
② 参见杨世文《魏晋学案》,人民出版社,2013年。《魏晋学案》体例以家学为主干,兼顾师传。
③ 《晋书·束晳传》,第1434页。
④ 《晋书·儒林传》,第2349—2350页。
⑤ 《晋书·儒林传》,第2351—2352页。
⑥ 《晋书·孝友传》,第2274—2276页。
⑦ 《晋书·孝友传》,第2278页。

至,辄逃入深山,居近夷俗,羌戎奉之若君,冲亦以礼让为训,邑里化之,路不拾遗,村无凶人。① 《华阳国志·后贤志》并记蜀地诸儒,如司马胜之训化乡间,以恭敬为先。何随在晋时征召不就,居贫固俭,衣弊蔬食,昼躬耕耨,夕修讲讽。任熙辞疾告归,勤农力穑,循训闺门,清谈游讲,不妄失言。王长文治五经,博综群籍,大同后还家养母,独讲学。

在南方的江淮地区兴教私学者也有许多。范平于孙皓初,谢病还家,敦悦儒学。太康中,频征不起,其三子并以儒学至大官。其孙蔚家世好学,有书七千余卷。远近来读者恒有百余人,蔚为办衣食。② 范氏为吴地儒者,学传数代,其学于官于私俱有影响。虞喜博学好古,察孝举皆不就,而勤于著述、教授乡里,晋帝屡征,亦见晋室礼重儒学之举。③ 杜夷世以儒学称,为郡著姓。夷博览经籍百家之书,算历图纬靡不毕究。年四十余,始还乡里,闭门教授,生徒千人。屡征固辞,为晋室所礼重。④ 范宣少尚隐遁,加以好学,手不释卷,尤善三《礼》。家于豫章,常以讲诵为业,谯国戴逵等皆闻风宗仰,自远而至,讽诵之声,有若齐鲁。时范宁为豫章太守,在郡立乡校,由是江州人士并好经学,化二范之风。范宣征召不就,致力私学,恰与范宁地方官学相辅相成,可见民间儒学之兴盛。宣子辑历郡守、国子博士、大将军从事中郎,自免归亦以讲授为事,是以经学传家,并于国学、私学皆有贡献者。⑤

北方的幽并地区,亦多传习经学者。崔游少好学,儒术甄明,泰始初,武帝录叙文帝故府僚属,就家拜郎中,年七十余,犹敦学不倦。⑥ 刘沈世为北州名族。少仕州郡,博学好古。敦儒道,爱贤能。⑦ 霍原年十八,观太学行礼,因留习之。后归乡里,山居积年,门徒百数,燕王月致羊酒。⑧ 郭琦博学,善五行,乡人王游等皆就琦学。⑨

二、河西一隅的十六国私学

十六国时期,虽然世事艰难,然亦有坚守经学,在民间传授者。如李曾,赵郡人,少治郑氏《礼》、《左传》,以教授为业,不应征辟。⑩ 续咸,上党人,师事杜预,

---

① 《晋书·隐逸传》,第 2430 页。
② 《晋书·儒林传》,第 2346—2347 页。
③ 《晋书·儒林传》,第 2348—2349 页。
④ 《晋书·儒林传》,第 2353—2354 页。
⑤ 《晋书·儒林传》,第 2360 页。
⑥ 《晋书·儒林传》,第 2352 页。
⑦ 《晋书·忠义传》,第 2306 页。
⑧ 《晋书·隐逸传》,第 2435 页。
⑨ 《晋书·隐逸传》,第 2436 页。
⑩ 《魏书·李孝伯传》,第 1167 页。

专精《春秋》、郑氏《易》,教授常数十人。① 而特别要注意,河西儒者著录弟子多百、千人,蔚为大观。可见十六国时河西一地私学之特盛,虽地处荒僻,却为两晋南北朝时期儒学尤其两汉传统经学保持发展之地,其后影响及于隋唐儒学。

河西儒者如宋纤少有远操,隐居于酒泉南山,明究经纬,弟子受业三千余人,不应州郡辟命。② 郭荷公府征辟皆不就,世以经学致位,荷明究群籍,特善史书。③ 而郭瑀师事郭荷,尽传其业,精通经义,雅辩谈论,隐于临松薤谷,弟子著录千余人。④ 祈嘉少贫好学,西至敦煌,依学官诵书,遂博通经传,西游海渚,教授门生百余人。张重华征为儒林祭酒,性和裕,教授不倦,在朝卿士、郡县守令彭和正等受业独拜床下者二千余人。⑤ 又刘昞,敦煌人,父宝以儒学见称,昞就学郭瑀,后隐居酒泉,不应州郡之命,弟子受业者五百余人。⑥ 杨珂,天水人,少好《易》,养徒数百人。⑦

三、持续兴盛的南朝私学

宋时大儒周续之十二岁时就学于豫章太守范宁所开之郡学,此乃东晋学校惠及南朝学子之一例,实不可一概抹杀当时学校作用。续之居学数年,通五经、纬候,闲居读《老》《易》,事沙门释慧远,会通三教,以儒为宗,与刘遗民、陶渊明并称"寻阳三隐"。宋武帝北伐时,世子居守,迎续之到安乐寺开馆讲《礼》。武帝代晋后,为周续之"开馆东郭外,招集生徒"⑧,并亲临问续之《礼记》义,是官方对私学的支持。沈道虔好《老》《易》,于吴兴武康教授乡里年少,武康令孔欣之出资支持。⑨ 大儒雷次宗少事沙门释慧远,"笃志好学,尤明三《礼》、《毛诗》"⑩,元嘉十五年(438)曾受诏讲学京师鸡笼山,二十五年(448)又受诏至京师招隐馆讲学。⑪

南齐时大儒顾欢,八岁诵《孝经》《诗》《论》,年二十余从雷次宗谘玄儒诸义。后于剡天台山开馆聚徒,受业者常近百人。⑫ 关康之于岭南教授弟子,善《左氏

---

① 《晋书·儒林传》,第2355页。
② 《晋书·隐逸传》,第2453页。
③ 《晋书·隐逸传》,第2454页。
④ 《晋书·隐逸传》,第2454—2455页。
⑤ 《晋书·隐逸传》,第2456页。
⑥ 《魏书·刘昞传》,第1160页。
⑦ 《晋书·隐逸传》,第2449页。
⑧ 《宋书·隐逸传》,第2281页。
⑨ 《宋书·隐逸传》,第2292页。
⑩ 《宋书·隐逸传》,第2292页。
⑪ 《宋书·隐逸传》,第2294页。
⑫ 《南齐书·高逸传》,第929页。

春秋》,宋文帝曾赠之《春秋》、五经,康之点定,并得论《礼记》十余条,文帝宝爱之。① 东莞臧荣绪纯笃好学,撰有《晋史》一百一十卷,又悖爱五经,著有《拜五经序论》,常在孔子生日时陈五经拜之,与关康之号为"二隐",隐居京口教授。② 吴兴沈骥士少好学,后隐居余不吴差山,讲经教授,从学者数十几人,皆筑屋宇依止其侧。③ 濮阳吴苞善三《礼》、《老》、《庄》,宋泰始中过江聚徒教学。始安王遥光、右卫江祐在蒋山南为其立学馆,刘瓛卒后,学者皆归之。④ 东阳徐伯珍之叔父璠之,与颜延之友善,在祛蒙山立精舍讲授,伯珍从学,究寻经史,游学者多依之,兼好释氏、老庄,受业学生达千余人。⑤ 是徐璠之叔侄均讲私学。

梁代名儒何胤、伏曼容、何佟之在齐世时就已教学。何胤在东山讲学。⑥ 伏曼容少笃学,善《老》《易》,聚徒教授以自业。⑦ 庐江何佟之少好三《礼》,永元末京师兵乱,佟之仍集诸生讲论,战时仍不忘学。⑧ 大儒会稽贺玚是贺循玄孙,世以儒术显,初"于乡里聚徒教授,四方受业者三千余人"⑨。贺玚的侄子贺琛,从玚习经术,在玚卒后又继玚教授乡里。会稽孔佥少师事何胤,"生徒亦数百人"⑩。吴兴太史叔明"少善《庄》《老》,兼治《孝经》《礼记》,其三玄尤精解,当世冠绝,每讲说,听者常五百余人"⑪。诸葛璩事关康之、臧荣绪,博涉经史,"勤于诲诱,后生就学者日至"⑫,太守张友为起讲舍。伏曼容孙伏挺七岁通《孝经》《论语》,后居宅在潮沟,于宅讲《论语》,听者倾朝。"挺三世同时聚徒教授,罕有其比。"⑬

陈朝,沈德威天嘉年间任太学博士、国子助教,"每自学还私室以讲授,道俗受业者数十百人,率常如此"⑭,这又不仅在官学讲授,还并兴私学。吴郡孙玚博涉经史,"常于山斋设讲肆,集玄儒之士,冬夏资奉,为学者所称"⑮,孙玚这又是自己出资延请儒者讲学。

---

① 《南齐书·高逸传》,第 937 页。
② 《南齐书·高逸传》,第 936 页。
③ 《南齐书·高逸传》,第 943 页。
④ 《南齐书·高逸传》,第 945 页。
⑤ 《南齐书·高逸传》,第 945 页。
⑥ 《梁书·处士传》,第 735 页。
⑦ 《梁书·儒林传》,第 663 页。
⑧ 《梁书·儒林传》,第 664 页。
⑨ 《南史·贺玚传》,第 1509 页。
⑩ 《梁书·儒林传》,第 677 页。
⑪ 《梁书·儒林传》,第 679 页。
⑫ 《梁书·处士传》,第 744 页。
⑬ 《南史·儒林传》,第 1733 页。
⑭ 《陈书·儒林传》,第 442 页。
⑮ 《陈书·孙玚传》,第 321 页。

四、蔚然可观的北朝私学

北朝在北魏时,出了许多大儒,以刘献之、徐遵明为代表,形成传承比较长的经学师承,且北朝的学者有转益多师的特点。北魏的私学讲习非常发达,动辄学生千百人。儒者于各地都有教学,所谓"横经受业之侣,遍于乡邑;负笈从宦之徒,不远千里"。

太原张伟学通诸经,教授乡里,学生常数百人。勤于教训,温和耐心,依经典教人以孝悌,门人感其德行,事之如父。[①] 北地梁祚居赵郡,遍治诸经,尤善《公羊传》、郑氏《易》,常以教授。[②] 河内常爽居凉州,好学,习五经、纬候,在温水边置学官,门徒七百余人,多贵游子弟,京师学业由此复兴,爽讲授经典二十余年,时人称之"儒林先生"。[③] 博陵刘献之讲授经典,有生徒数百,而同时中山张吾贵有门徒千数,献之学生以学行为优,吾贵学生以数量为多。[④]

武邑刘兰,立黉舍聚徒二百,后瀛洲刺史裴植征刘兰在州城南馆讲学,裴植为学主,生徒由此而众。[⑤] 华阴徐遵明教授门徒,开始时学生很少,其后乃盛,讲学二十余年,海内宗仰,其于座讲经执疏敷陈的习惯,北朝学者继承并流行。[⑥] 顿丘董征,辗转诸师,最后从刘献之遍受诸经,精通大义后教授生徒。[⑦] 勃海刁冲,虽家世显赫,外出从师同于诸生。于诸经习郑氏说,兼通阴阳、图纬等学,学成后"惟以讲学为心,四方学徒就其受业者岁有数百"[⑧]。

上党李业兴晚师事徐遵明于赵魏之间,徐遵明当时学生不多,名声不如当时也聚徒教授的渔阳鲜于灵馥,李业兴便到鲜于灵馥处为其师传播声名,由此知鲜于灵馥也是当时有许多学生的大儒。[⑨] 勃海高允神䴥三年(430)被免职后,"还家教授,受业者千余人"[⑩]。东魏郡冯元兴,随父在平原,就张吾贵、房虬学,二十三岁学成还乡教授,学生常数百人。[⑪]

北齐、北周的经师直接继承北魏学风。北齐时,渤海李铉辗转多师,后从徐

---

① 《魏书·儒林传》,第 1844 页。
② 《魏书·儒林传》,第 1844 页。
③ 《魏书·儒林传》,第 1848—1849 页。
④ 《魏书·儒林传》,第 1850 页。
⑤ 《魏书·儒林传》,第 1851 页。
⑥ 《魏书·儒林传》,第 1855 页。
⑦ 《魏书·儒林传》,第 1857 页。
⑧ 《魏书·儒林传》,第 1858 页。
⑨ 《魏书·儒林传》,第 1861 页。
⑩ 《魏书·高允传》,第 1067 页。
⑪ 《魏书·冯元兴传》,第 1760 页。

遵明受业,自撰经疏,二十七岁归养双亲,"因教授乡里,生徒恒至数百,燕赵间能言经者,多出其门"①。平原张买奴,"经义该博,门徒千余人"②。渤海鲍季详,少时为李铉都讲,后自有徒众,诸儒称之。③ 河间马敬德学于徐遵明,解《左传》为诸儒所称,于燕赵间教授,生徒众多。④ 河间权会参掌虽繁而教授不阙,贵游子弟或在其宅,或在邻家寄宿,昼夜承闲受其经义。⑤ 中山张雕遍通五经,尤明三《传》,"弟子远方就业者以百数,诸儒服其强辨"⑥。可见北齐儒者讲私学者多,故史臣形容当时私学盛况云:

> 横经受业之侣,遍于乡邑;负笈从宦之徒,不远千里。服膺无怠,善诱不倦。入闾里之内,乞食为资;憩桑梓之阴,动逾千数。燕赵之俗,此众尤甚。⑦

而在北周则有长乐熊安生,在东魏时"专以三《礼》教授,弟子自远方至者千余人"⑧。后周武帝征熊安生至京师,待以殊礼,于是儒者倍受鼓舞,史臣说当时:

> 衣儒者之服,挟先王之道,开黉舍延学徒者比肩;励从师之志,守专门之业,辞亲戚甘勤苦者成市。虽遗风盛业,不逮魏晋之辰,而风移俗变,抑亦近代之美也。⑨

北周虽没有像北齐一样有不少载于史册的讲学大儒,但从这里看,北周民间讲学的风气和北齐一样发达。两个政权同时并立,都承北魏之后,故学风类似,不难推测。

附录:两晋南北朝重要经学流派传承表

两晋师学:

宋钧→徐苗

杜预→续咸

---

① 《北齐书·儒林传》,第585页。
② 《北齐书·儒林传》,第588页。
③ 《北齐书·儒林传》,第588页。
④ 《北齐书·儒林传》,第590页。
⑤ 《北齐书·儒林传》,第592页。
⑥ 《北齐书·儒林传》,第594页。
⑦ 《北齐书·儒林传》,第582—583页。
⑧ 《周书·儒林传》,第812页。
⑨ 《周书·儒林传》,第806页。

谯周→李密

皇甫谧→挚虞、张轨

范宣→戴逵→戴勃、戴颙

两晋家学：

北地傅氏：傅玄→傅咸

河东裴氏：裴秀→裴頠→裴松之→裴子野

会稽虞氏：虞潭→虞喜、虞预

陈郡袁氏：袁准→袁乔→袁宏

太原王氏：王济→王濛→王元规

琅琊王氏：王廙→王羲之→王献之、王珉→王延之→王逡之、王俭、王僧虔

陈郡谢氏：谢万→谢道韫→谢庄、谢稚

吴郡顾氏：顾夷→顾欢→朱异→顾烜→顾野王

颍川庾氏：庾亮、庾翼→庾蔚之

顺阳范氏：范坚→范汪→范宁→范弘之、范泰→范云、范缜

陈郡殷氏：殷仲堪、殷仲文、殷叔道

十六国师学：

崔游→范隆

郭荷→郭瑀→刘昞

南朝师学：

宋朝经师：周续之、雷次宗、关康之

范宁——→周续之→宋武帝诸子及诸生

释慧远——

　　　　→雷次宗→宋文帝诸子、萧道成、萧道度、顾欢

　　　　　关康之→诸葛璩→臧盾、刘瓛

齐朝经师：刘瓛、沈驎士

刘瓛→刘绘、范缜、何胤、严植之

沈驎士→何偃、沈峻、太史叔明、孔休源

梁朝经师：何胤、沈峻、贺场、周弘正、伏挺

何胤→何子朗、孔寿、孔佥
沈峻→沈宏、沈熊、张及、孔子云、沈文阿
贺㻛→皇侃→郑灼
周弘正→张讥、陆德明

陈朝经师：沈文阿、戚衮、全缓
沈文阿→王元规
张崖→刘文绍→戚衮
褚仲都→全缓

南朝家学：
会稽贺氏：贺循→贺道力→贺损→贺㻛→贺革、贺季、贺琛
顺阳范氏：范汪→范宁→范弘之、范泰→范云、范缜
东莞徐氏：徐邈、徐广、徐乾→何承天
平昌伏氏：伏曼容→伏暅→伏挺
平原明氏：明僧绍→明山宾→明克让

北朝师学：
张吾贵→徐遵明、冯元兴
刘昞→索敞
关朗→王彦→王焕

王聪　　　　　　　
张吾贵 ─┬→ 徐遵明 → 李业兴、卢景裕、崔瑾、李周仁、张文敬、李铉、沮儁、
孙买德　　　　　　　田元凤、冯伟、纪显敬、吕黄龙、夏怀敬、马敬德、邢
　　　　　　　　　　峙、张思伯、张雕、鲍长暄、王元则、乐逊

卢景裕→权会、郭茂

李周仁　
刘子猛　
房虬　 ─┬→ 李铉 → 刁柔、张买奴、鲍季详、邢峙、刘昼、熊安生
鲜于灵馥
徐遵明

徐遵明 ┐
陈达　┤
房虬　├→熊安生 → 孙灵晖、郭仲坚、丁恃德、马光、张黑奴、窦士荣、孔笼、
李铉　┘　　　　　刘焯、刘炫

刘献之→李周仁→董令度、程归则、董征

程归则→刘敬和、张思伯、刘轨思

刘轨思→刘焯、刘炫

北朝家学：

范阳卢氏：卢道虔→卢景裕→卢辩

赵郡李氏：李曾→李谧→李郁→李绘→李公绪、李神威

第二章 两晋南北朝经学文献总论

前文我们已经看到两晋南北朝经学文献发展的政治、社会、文化的历史大背景,以及经学和其他学术的关系。接着我们详细介绍了两晋南北朝时期,经学如何在官方和私家两条路径传承。经学教育的持续进行,是经学文献产生的直接动力。接下来,让我们来看看两晋南北朝时期经学文献的整体面貌,考察其数量、类型、各经的治经风格和特点。

对两晋南北朝经学文献的考察,本书编制有《两晋南北朝经学文献目录》(见后各章)。《目录》在横向上分为《易》、《书》、《诗》、《礼》、《春秋》、《论语》、《孝经》、群经总义类、小学类、《乐》类、谶纬类这十一大类文献,每一大类中视文献具体特点又各分小类。由于年代久远,文献散佚很严重,因此本书根据正史志书、目录文献等记载与留存、辑佚著作进行统计分析。

此时段大多时候有多个政权并立,许多政权存在的时间很短,也有政权灭亡而后复立者,而学术的变动往往不同步于政权更替,故《目录》在纵向上分为两晋、南朝、北朝(南北朝在时间上并存,这里加入地域因素的考量),由此也可看到学术跨越政权的延续性。

在时间断限上,以三国承东汉政统而上属两汉,故自西晋建立而始,下迄隋灭陈朝,以隋唐皆为大一统时代,且唐多承隋制,故隋下归于唐。然而历史流变,不可遽断,学人活动、学脉传承尤其如此,因而视具体问题上下延伸。

由于两晋南北朝官私所修的目录书都已亡佚,这一时段的十部正史又都无《艺文志》或《经籍志》,因此现存最早记录两晋南北朝文献的目录便是《隋书·经籍志》。[①] 清以后,许多学者又做了补志、辑佚的工作。本书就以《隋书·经籍志》《经义考》,丁国钧、文廷式、秦荣光、黄逢元的四部《补晋书艺文

---

① 《隋志》实为梁、陈、北齐、北周、隋五代史志。见(唐)刘知幾《史通·古今正史》,上海古籍出版社,2008年,第266页。

志》、吴士鉴《补晋书经籍志》、王仁俊、聂崇岐的两部《补宋书艺文志》、高桂华《补南齐书经籍志》、陈述《补南齐书艺文志》、王仁俊《补梁书艺文志》、徐仁甫《补陈书艺文志》《补北齐书艺文志》《补周书艺文志》、李正奋《补魏书艺文志》、徐崇《补南北史艺文志》、张鹏一《隋书经籍志补》、姚振宗《隋书经籍志考证》、《中国丛书综录》、《四库全书总目》、《续修四库全书总目·经部》等为基础,进行文献数量、类型的统计分析。在《目录》基础上,讨论此时经学文献的数量、类别、存佚、作者概况、著述内容和风格等问题,并由文献的发展进一步讨论经学的发展情况。

孔子整理旧典,形成了《诗》《书》《礼》《乐》《易》《春秋》六经,到汉代以六经为基础形成了系统的经学,①并在六经基础上加入传、记,对经、传、记的解释就形成了大量的经学文献,居于历代目录书分类之首。在经学的发展中,对"经"之内容的认识是变动的,从先秦以来有"六经""五经""七经""十三经"等等,有新加入经学范畴的典籍,也有消失的典籍,这使经学文献的范围有增减变化。

本书对经学文献范围的划定、经学文献论述的次序及章节布局,以《隋书·经籍志》为基础,又按两晋南北朝经学文献的实际特点作灵活调整,将两晋南北朝的经学文献按"专经"和"专类"来分,分经著录,以类相从。专经文献有《易》《书》《诗》《论语》《孝经》,专类文献有《礼》、《春秋》、群经总义、小学、《乐》、谶纬。每经、每类文献又按著述的性质和内容分为几个小类。

次序上先五经后其他经典,最后附以《乐》、谶纬类文献。群经总义文献是各类经学文献的衍生,两晋南北朝的这类文献数量较少,因此将之与小学文献合为一章。《乐》类文献本在《礼》类之后,取"礼乐"合一之意,但它和东汉繁盛的谶纬文献一样,在两晋南北朝时期成为"消失"的文献,故附之最后,以见各类经学文献不仅有产生、兴盛,也有衰落、消亡,这是一个有生命的历程。

本书立足于文献普查和史料解读,试图从经学的"内在理路",对两晋南北朝经学文献作一整体的梳理、阐述,并进一步观察这一时期的经学史面貌,以区别于现代西方学术分类法下的哲学史、思想史、文学史研究,或许可以对丰富的既有研究作一点补充。

---

① 《乐经》早佚,实为五经。关于《乐经》状况,详见后《乐》学文献一节。

第一节 两晋南北朝经学文献之整体考察

一、两晋南北朝经学文献数量、分布

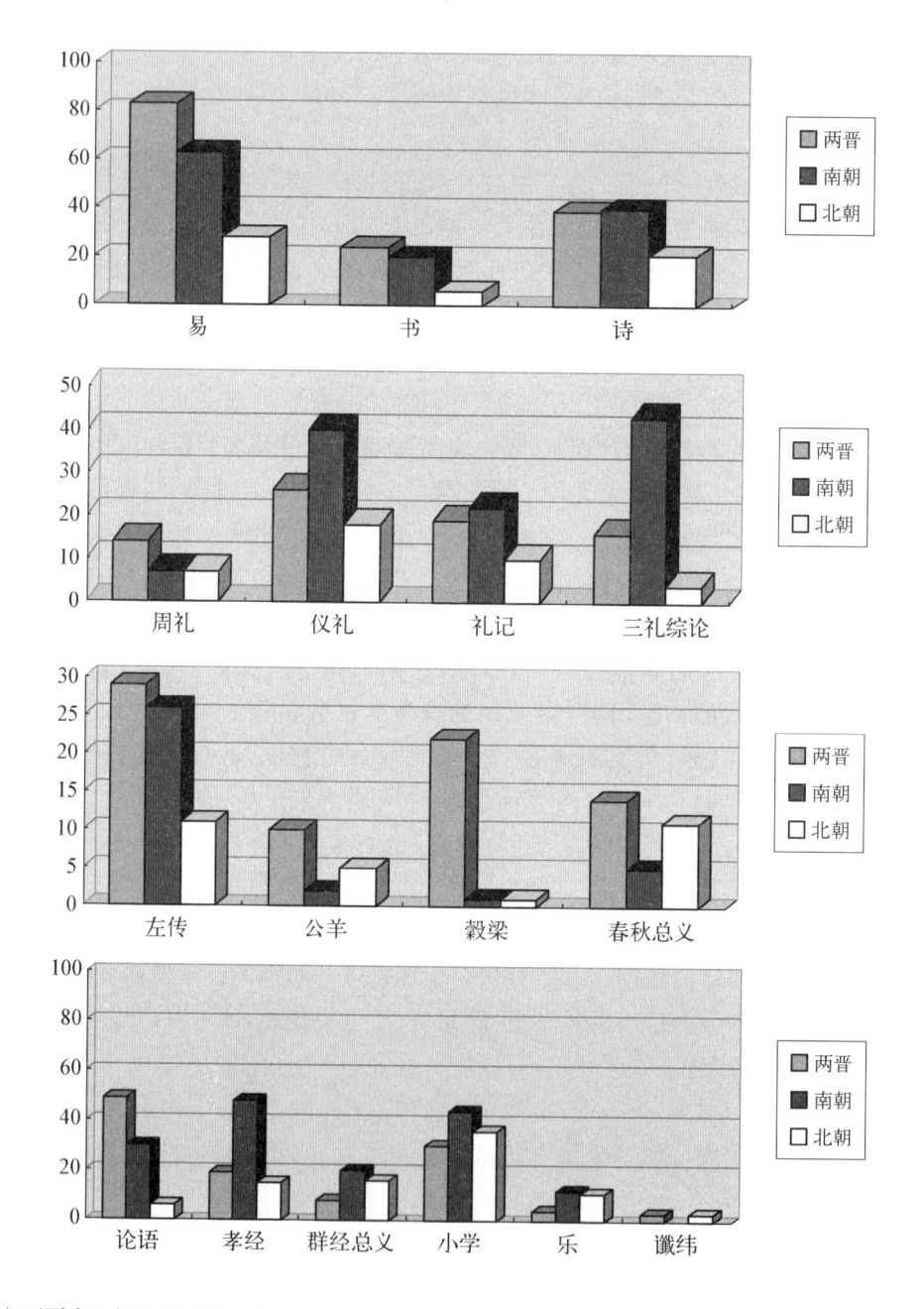

如上两晋南北朝经学各经、各类文献数量统计柱状图所示，可以清楚地看到各经、各类文献在两晋、南朝、北朝的数量对比。通过两晋、南朝、北朝之间的比较和一个时段（地区）内部各经对比，从整体来看在两晋南北朝最为发达的是《易》学文献，其次是小学类文献，再次是《诗》学文献，这三类文献在两晋、南朝、北朝数量都比较多且均衡。此外在两晋南北朝可称显学的《礼》《春秋》《论语》《孝经》几类文献虽然数量也不少，但需要分别考察。

《礼》类文献中，《仪礼》数量最多且较均衡；《礼记》次之，但数量和并非此时期显学的《尚书》文献差不多；《周礼》数量最少，还少于这时的《尚书》文献；三《礼》综论的数量两晋和北朝都不多，只有南朝的三《礼》综论数量特别突出。《春秋》类文献中只有《左传》数量较多且两晋、南朝、北朝数量比较均衡，此外两晋《穀梁》比较突出，其他的《春秋》文献数量都比较少，相较发展不久的群经总义文献还不如，且《春秋》总义类文献数量多于《公羊》、南北朝《穀梁》文献。《论语》学文献在两晋、南朝可称发达，可是北朝数量很少，可见其发展不均衡。《孝经》学文献也和《论语》学著作有同样问题，只是南朝《孝经》文献数量相对两晋、北朝更为突出。群经总义和《尚书》学文献数量虽不算太多，但相对发展较为平衡。《乐》类和谶纬类文献则显然是符合其"消失"的类型的身份，数量极少，南朝甚至没有谶纬类文献。

再从大时段和地区来看，整体上南朝数量最多（有 423 种），两晋次之（有 409 种），北朝最少（有 209 种），由此可见北朝的文献较两晋、南朝确实不发达，原因是跟北朝人不好著述及北朝文献保存困难有关。不过根据总体数量，还不能断言南朝经学文献比两晋发达，还要考虑各经的均衡性。

两晋的经学文献，以《易》学文献最多，其次是《论语》学文献，再次是《诗》、小学类文献，《左传》《仪礼》《尚书》《穀梁》学文献又次之，《礼记》、《孝经》、三《礼》综论、《周礼》《春秋》总义、《公羊》学文献数量较少，群经总义、《乐》、谶纬类文献只有寥寥数种。

南朝的经学文献，也以《易》学文献最多，其次是《孝经》学文献，再次是小学、三《礼》综论、《仪礼》《诗》学文献，《论语》、《左传》、《礼记》、《尚书》、群经总义类文献又次之，《乐》类文献数量较少，《周礼》、《春秋》总义、《公羊》、《穀梁》学文献只有寥寥数种，没有谶纬类文献。

北朝的经学文献，以小学类文献最多，其次是《易》《诗》学文献，再次是《仪礼》、群经总义、《孝经》学文献，《左传》、《春秋》总义、《乐》《礼记》学文献数量较少，《周礼》、《尚书》、《论语》、《公羊》、三《礼》综论、谶纬、《穀梁》学文献只有寥寥数种。两晋、南朝、北朝都各自有其较发达和较不发达的经学文献类型，从各经发展的均衡性来看两晋的各经发展相对南朝更为均衡。从总体数量和各经、各类具体数量两方面来看两晋经学文献最发达。

从各经、各类文献的数量分布来看，《易》《书》《诗》《礼记》《左传》学文献两晋同南朝比较接近，《仪礼》、《春秋》总义、《孝经》、小学、谶纬类文献两晋同北朝比较接近，《周礼》、《公羊》、《穀梁》、群经总义、《乐》类文献南朝同北朝比较接近，三《礼》总义、《论语》学文献数量在两晋、南朝、北朝差距特别悬殊。数量上的相近和差别，可以看到两晋、南朝、北朝各经、各类文献特点的继承、发展和变化。南、北朝各有对两晋经学的继承和新变化，南、北之间也互有异同。

根据本书统计，两晋南北朝的经学文献共计有1 041种，考虑到在时间长度上两晋南北朝有三百余年，西汉、东汉共计四百余年，隋唐也有三百余年，在书籍形式上两汉、两晋南北朝、隋唐均未有成熟的版刻图书出现，因此仅从两晋南北朝的经学文献数量来看就不能说此时经学弱于两汉、隋唐。

二、两晋南北朝各经各类文献概况

（一）玄学义理与象数训诂交融的《易》学文献

两晋南北朝的《易》学文献可以大致分为义理和象数两种路数。然细考之两晋的义理《易》学文献除议论类著作较以发挥玄理为主，传说类著作更多的还是集合前人训释、案文择义地解说经传，而两晋的象数类文献在进行传说时也采入玄学义理的内容，具有与义理类文献同样的风格。此外两晋《易》学还有专门的音训、拟《易》、考证古《易》、出土文献之汲冢《易》等类型的著作，不仅数量多，而且类型丰富。

南朝的义理《易》学文献继承了两晋的风格，在传说内容上还对两晋和同时代人的解说有所吸收，不仅吸收老庄之说，还加入释教思想，这时吸收的老庄学说又与术数结合更接近道教学说。南朝的象数《易》学著作则更接近此时义理文献风格，更多平实训解，而更少阴阳、术数的内容。南朝《易》学还有专门的音训、义例、图谱、考证古《易》等类型的文献，类型也较为丰富。

北朝义理《易》学文献包括南人北归和直接继承西晋义理学风者，特点与南朝相似。而北朝的象数《易》学著作则分为与南朝象数类相似的主于平实训诂者和继承孟京学说、多涉阴阳纬候并近于道教者这两种类型。北朝还有义例、拟《易》类文献，类型不如两晋、南朝丰富。

从文献类型看，南、北朝各有对两晋的继承，又有相同的新发展。在传说文献的体裁上两晋《易》学"注"（含集注）与"义"两种体裁平分秋色，南朝"义疏"（含讲疏）与"注"（含集注）两种体裁数量相当，北朝则以"注"（含集注）这类体裁为主,因此就两晋南北朝《易》学传说类文献看,不可认为到了南北朝"义疏"体就成为唯一的传说体裁。这一时期还有不少与道教命理学相关的筮占文献,可略见两汉象数《易》学在后世道教文献中的流衍。

(二)真伪交杂而类型丰富的《尚书》学文献

两晋的《尚书》学文献虽然总体数量不算太多,但类型很丰富。在伪孔传出现前的西晋,议论类文献体现出郑玄、王肃学论争的特色;传说文献出现了义疏体著作,开后来南北朝义疏体风气之先,还有专为《逸周书》进行解说的著作,较汉儒有了新发展;另有图谱、汲冢出土文献、白文类著作,类型多样。图谱类著作是对《禹贡》的地图研究,为宋以后蔚为大观的《禹贡》学之先导。

东晋出现了托名西汉孔安国而实为魏晋新解的伪孔传,乃《尚书》学史之一大变。这个伪孔传《尚书》实是集汉魏经说大成的著作,非常具有晋人风格,因此很快为东晋以后儒者接受。东晋解说《尚书》者除本于伪孔传外,也有本于郑玄说者;南朝用伪孔传者就明显增多了,南朝还出现了补充伪孔传的姚方兴本《舜典》,这又是另一伪造本。北朝的宗主较为复杂,有用马郑、今文夏侯、王肃、伪孔本等多种情况,这是北朝内部各地域、南北朝之间交流及北朝对汉魏学说继承等多种因素重叠的结果。

这样看来,南朝确实是用伪孔较多,但伪孔也不是独尊;北朝则不仅仅是以郑注为主。南朝《尚书》学有传说、单篇、音训、序跋、议论等类型,类型比较丰富,北朝只有传说、单篇、音训三种类型,较两晋、南朝单一。

在传说文献的体裁上两晋《尚书》学"注"(含集注)有6种,"义疏"有1种;南朝"义疏"(含讲疏)有6种,"注"(含集注)有5种;北朝"注"有2种,"义疏"有1种,因此就两晋南北朝《尚书》学传说类文献看,不可认为到了南北朝"义疏"体就成为唯一的传说体裁。

(三)《毛诗》为宗的《诗经》学文献

两晋的《诗》学文献数量较多,有传说、图谱、音训、拟经、议论等类型,较为丰富,且以《毛诗》为主。议论类文献有反映郑王之学相争的著作,但因有佚文可考,可以发现论争双方其实并非简单的宗主之争,而是对郑王之说皆有扬弃,其目的还是为了证实己见。

两晋《诗》学的传说类文献类型多样,有"注""义疏""杂义""隐"等类型,是对经传内容的细致发掘。南朝《诗》学文献数量和类型也较多,类型有传说、图谱、音训、单篇、议论等,对两晋有继承也有变化发展,其中传说类文献也继承了两晋的多样性,而解说《诗序》的单篇文献开后人专门研究《诗序》风气之先。北朝《诗》学的传说类文献有"注""义疏""杂义"等类,不如两晋南朝丰富,但也不单一。又有音训、单篇(《诗序》研究)、议论类型,有继承两晋者、有与南朝同样的新发展,但不如两晋、南朝多样。

在传说文献的体裁上两晋《诗》学"注"(含传)有6种,"义疏"有4种;南朝"义疏"(含义)有11种,"注"(含集注)有6种;北朝"注"(含章句)有3种,"义疏"有9种,因此就两晋南北朝《诗》学传说类文献看,两晋义疏体就较他经为多,南北朝义疏体则是传说体裁之大宗,但南北朝仍有一定数量的"注"类文献,"义疏"体仍非唯一。

(四) 发展不均的三《礼》学文献

两晋南北朝的三《礼》学文献都以郑注为本,但兼采汉魏其他诸家之说。两晋《周礼》学文献数量不多,只有传说、音训、议论三类。南朝数量更少,类型有传说、分篇(出土文献)、音训三类。北朝与南朝数量一样,只有传说、音训两类。可见两晋南北朝的《周礼》学专门研究都不太发达,研究角度也比较单一。

两晋《仪礼》学文献数量虽多,但对《仪礼》全书作研究者少于专解《丧服》者。《丧服》著作又分几种类型,有传说、图谱、议论等,以议论类为大宗,颇多对礼的问答。南朝《仪礼》学文献比两晋多出许多,对《仪礼》全书作研究者更少,几乎全是解《丧服》者。《丧服》著作中对《丧服》作注者以宋人为多,作义疏者则以齐、梁、陈人为多,以问答为主的议论著作最多,也有图谱著作,类型继承两晋并有发展。北朝《仪礼》学文献数量虽少于两晋、南朝,但对《仪礼》全书作研究者则多于晋、南朝,不过还是少于北朝专解《丧服》者。《丧服》著作也以问答为主的议论类为大宗,还有传说(含注、义疏体裁)、图谱等体裁,与南朝风格类似。

两晋《礼记》学文献数量也不多,有传说、分篇、音训、议论等类型,以音训文献为最多,较之他经比较特别。以《小戴礼》为主,只有一种解《大戴礼》者。南朝《礼记》学文献的数量和类型都与两晋相当,但以传说类为大宗,全是解《小戴礼》的著作。其中有专解《中庸》的分篇文献,开宋代以后"四书"学之先河。北朝《礼记》学文献数量少于两晋、南朝,类型少议论一种,多图谱一种,以传说为主。有一种解《大戴礼》者,风格更近两晋。

两晋的三《礼》综论文献以通礼类著作为多。南朝同于两晋,而通礼著作数量更大。北朝数量远少于两晋、南朝,而以三《礼》总义类著作为多,不同两晋、南朝。

在传说文献的体裁上两晋《周礼》学"注"(含传)有3种;南朝"义疏"有3种,"集注"有1种;北朝"义疏"有2种。两晋《仪礼》学"注"(含集注)有3种;南朝"义疏"(含义)有12种,"注"(含集注、传)有8种;北朝"注"(章句)有2种,"义疏"有3种。两晋《礼记》学"注"有6种;南朝"义疏"(含义)有11种,"注"(含传)

有 2 种；北朝"注"有 2 种，"义疏"有 2 种。因此就两晋南北朝三《礼》学传说类文献看，两晋皆是"注"类著作，南北朝义疏体是传说体裁之大宗，但仍有不少"注"类文献，"义疏"体仍非唯一。

（五）产生权威注疏的《春秋》学文献

两晋《左传》学文献数量不少，有继承汉魏经说者，至杜预注出，《左传》解经之风变化，解经角度也增加，相应地著作类型增多，有历法、地理、图谱、礼俗、音训、义例等，其后颇有继承杜预路数者。南朝《左传》学文献数量和类型都较两晋为少，不过并不仅是宗杜预者，持服虔说并与杜氏论难者不少。北朝《左传》学文献数量和类型较南朝更少，但也并不仅是宗服虔者，持杜预说并与服氏论难者亦不少。当然在总体上还是南朝以杜注为多、北朝以服注为多，但需要考察其中时间、南北朝内部各区域等因素造成的宗主差异。

两晋《公羊》学文献数量虽不多，但有传说、音训、序跋、议论等类型，比较丰富，有继承汉儒说者，也有不满何休说而自出新说者。南朝《公羊》学只有宋齐人著作两种，梁陈无专门解说者。北朝《公羊》学文献数量虽少于两晋，但多于南朝，类型有传说、音训、序跋三种，传说类文献产生了传于今的权威疏作。

两晋是《穀梁传》研究的一个小高峰，不仅数量不少，还产生了传于今的权威注本。类型有传说、音训、义例、议论等，也比较丰富。南朝《穀梁》学文献只有宋人传说一种，北朝则只有北魏人音训一种，南北朝后期更无专论《穀梁传》者。

两晋《春秋》总义类文献除了传说和议论两类，还有汲冢出土文献和《春秋》外传的《国语》类著作，类型比较丰富。北朝相较两晋，少汲冢文献而多义例类，数量、类型也与两晋相当。南朝相对两晋、北朝，数量、类型都少。

在传说文献的体裁上两晋《左传》学"注"有 4 种；南朝"义"有 5 种，"解"有 4 种；北朝"释"有 1 种，"义疏"有 1 种。两晋《公羊》学"注"（含集解）有 5 种；北朝"释"有 1 种，"疏"有 1 种。两晋《穀梁》学"注"（含集注）有 10 种；南朝"注"有 1 种。因此就两晋南北朝《春秋》学传说类文献看，两晋只有"注"类著作，南北朝"注"类文献不少于义疏体著作，"义疏"体非唯一。

（六）集注、讲疏为多的《论语》《孝经》学文献

两晋《论语》学文献数量和类型都较多，在风格上虽不能如《周易》一样截然分出守汉儒之学与多用玄义者，但仍能大致分别近汉儒风格与多有玄风的著作。《论语》浅显而便于说理，故宗玄风者较多，还有不少风格不明的著作。南朝《论语》学文献数量不少，类型很简单，在风格上与两晋相同，宗玄风者还引入释教之说，南朝还传有今存唯一的义疏类著作。北朝《论语》学文献数量很少，但类型比南朝多，主要继承汉儒之说。两晋、北朝还有拟经类的《法言注》著作。

在传说文献的体裁上两晋《论语》学"注"(含集注)有 21 种;南朝"义疏"(含义)有 10 种,"注"(含集注)有 10 种;北朝"注"有 3 种,"义疏"有 1 种,因此就两晋南北朝《论语》学传说类文献看,两晋均是"注"类文献(尤以集注为多),南朝义疏体与集注类相当,北朝以"注"类文献为多,可见此时《论语》学"义疏"体不如"注"类文献发达。

两晋《孝经》学文献数量不太多,类型简单,以传说类为主,其中有些著作的形成与皇家讲经相关。《孝经》浅显,说义以郑注为宗,训解平实。南朝《孝经》学文献数量、类型都较两晋多出许多,以传说类为大宗,还有数种图谱、序跋、议论类文献。风格与两晋相似,这一时期虽有伪孔传出现,但影响很小。北朝《孝经》学文献数量与两晋差不多,类型与南朝一样多,但没有图谱、序跋类,而多出白文、翻译类,均为目前可见最早的这类《孝经》文献之作。大致风格与两晋相似,与南朝在类型上互有异同。

在传说文献的体裁上两晋《孝经》学"注"(含集注)有 10 种,"讲义"有 3 种;南朝"义疏"(含讲疏、义)有 21 种,"注"(含集注)有 12 种;北朝"注"(含解)有 4 种,"义疏"(含讲疏)有 8 种,因此就两晋南北朝《孝经》学传说类文献看,两晋讲疏较他经为多,南北朝义疏体则是传说体裁之大宗,但仍有一定数量的"注"类文献,"义疏"体并非唯一。

通过对上述诸经考察可以看到,义疏体裁发轫于两晋,在南北朝发展为大宗,但是不可将南北朝传说类文献都当作义疏体看待,此时注类体裁仍然为数不少,尤其集注文献较多,体现了两晋南北朝著作对汉魏经说方式的继承和创新。

(七)群经总义、小学、《乐》类及谶纬文献

两晋南北朝的群经总义文献都以论为主,释为辅,石经、术数类很少,总体数量都不多,南北朝较两晋数量有所增加,可见群经总义文献在南北朝有更进一步发展。这一时期的群经总义著作,以五经为主,还增加了《论语》《孝经》,实际往往是解"七经"的著作,体现了《论语》《孝经》地位的进一步提升,这是"经"之范畴的扩大。

两晋南北朝的小学文献数量和类型都比较可观。两晋南北朝的文字类文献,有对前人字书作注解者,对专门的文字学研究有进一步发展。有集合古今字作实用性著作者。有为童蒙识字和官方(尤其北方异族统治下)统一文字而作者。还有受书法发展影响讨论字体、字形结构者。

两晋音韵类文献产生不久,数量很少,但有开创之功。南北朝则在佛经翻译和文学更深的影响下产生了不少音韵类文献,开后世专门音学之路数。

两晋的训诂类著作有注解前人著作者,有为实用而作者,还有针对出土文献

而作者。南朝亦有为童蒙教学而作者,又有不少广搜异闻的训诂著作。北朝的训诂类著作均是针对方言而作。

两晋、南朝还有专门的《尔雅》研究,有传说、音训、图谱三种类型,图谱类型尤有特色,为后世希见。北朝有专门的鲜卑语类文献,数量不少,内容丰富,有语言、名物、号令、诗歌等类型,可见对鲜卑语言使用范围的记录比较全面。

两晋南北朝《乐》类文献有乐理、乐谱、琴学三类,两晋数量很少,南北朝相对较多。南朝乐理、琴学文献数量相当,北朝则以乐理文献为主,这是南北朝《乐》类文献的风格差异。谶纬文献则只有两晋、北朝各有三种,两晋谶记较多,北朝纬书较多,但都不可与两汉主流的谶纬文献相提并论了,只能是这类逐渐消失的文献之余音。

从上述对文献数量、类型的梳理,可以看到两晋经学文献相较于南北朝,对汉魏经学文献(包括训释方法、体裁、内容等方面)有更多的继承,也有自己时代的新发明。南北朝经学文献既从两晋继承了一些汉魏特色,又吸收了两晋创新的部分,还有自己时代的新发展,因此南北朝经学文献的风格与汉魏的差异相对两晋就较大了。这是时代发展所呈现出的顺理成章的经学文献内部变化。

第二节 两晋南北朝经学文献的特色

一、两晋南北朝经学文献体现的学术特色

经学文献体现的学术特色主要指文献内容所反映的这一时代经学流变及其特点。两晋南北朝时期经学文献的学术特色主要有以汉代古文学为主、集汉魏与同时代人之大成、多有新说而并非固守前儒、南北异同这几点。

(一)以汉代古文学为主

从学术传承看,两晋南北朝经学主要继承东汉古文学系统,这也是东汉末到三国时的经学主流。此时诸儒都采用郑玄等人混合今古、兼采诸家的治经方法。从治学内容上说,此时的经学学说仍是针对经义解说而发。

在曹魏时期,官学已以古文学为主,西晋建学承其规模,东晋南北朝虽有损益,而不出此范围。五经中《周易》用费氏古文;《尚书》用郑玄、伪孔;《诗经》用毛公;三《礼》中《仪礼》《礼记》虽本为今文学,但采用郑玄说,亦古学路数;只有三《传》中的《公羊》《穀梁》是今文学,然而不太受重视。所以从大方向上看,两晋南北朝经学是继承东汉古文学传统。这一点前人早已详论,不必赘言。

东汉末郑玄将今古文、今古学混合,采集众说,断以己见,自成一家。这种广博又自主的治经方法,为曹魏诸儒如王肃等人继承。曹魏祚短,许多儒者都进入晋代,自然将这种方式继承下来。前述五经和《论语》《孝经》乃至小学文献,都体现了这一特点。

后人总结儒学的发展历程,往往将"宋明理学"与"汉唐经学"相对,这正说明了在儒学研究内容上由汉至唐的一脉相承。唐人对汉人经学所作的整理、统一工作,无疑是建立在两晋南北朝诸儒对汉代经学的发展基础之上。此时诸儒讲经,仍然是围绕经传来解说,尽管对前人注说有所解释,目的也是为了解释经义本身。虽然引入道、释的说法,也只是对其他学说的兼采(无论比重多少),其本意仍是"发明经传",这与后来宋明理学有所区别(当然此时经学亦有对后来宋明理学启发之处,但属具体问题,非治经主旨)。因此这一时期的经学著作,仍是依经传解说,并对经传、前人之说进行申补、驳正。

(二)集汉魏与同时代人之大成

此时诸类经学文献皆具有"集大成"的特色,著述内容甚为广博。这个特点与当时儒者的治经方法相关。此时的儒者正是继承了郑玄等人广采今古的治学方法,将之用于解经,才形成了内容上博采众说的特色。从这个意义上说,"深芜"是此时经学文献的共同特点,用来区分南北学风并不恰当。

此特点主要表现在三个方面:

一是对汉魏经说及同时代人说解的广泛采用。此时经学文献对两汉的今古文说都有吸收,对今文、古文中不同学者之说也兼采并用,且常把与自己观点相左的解说也一并罗列(便于以己意评判优劣)。这一特点带来的结果是保留了许多经学旧说,也使此时的经学文献卷帙颇多、内容庞杂。从经学的传承来说,这一特点无疑利大于弊,否则唐人何所据以统一经学?后儒有讥此时学者囿于汉魏经解,只知据经注而说、无所建树,这种评判实是以功为过,对两晋南北朝诸儒甚为不公。

二是对其他学说如佛、道之说的吸收。释道二家在两晋南北朝时兴盛,对经学也有不小的影响,但都属于"影响",表现在经学内容上即对释道学说的兼采,而不是"改造"。以最具此特色的《周易》《论语》为例,像王弼那样主要以玄理说《易》的情况并不多见,诸家往往是在解说某一具体问题时,采用释道学说以为补充。这样使用释道学说,实际是将之作为与其他儒说等同的可以发明经义的材料,这显然仍以经义为本位。

三是较多地引用史事、传说来证明经旨。此时的许多著作,多引旧史、异闻乃至近代故事对经义进行补充、证明和发挥,这使得其经学著作内容更加博杂。

（三）多有新说而并非固守前儒

每个时代的儒者，以毕生心血研习经学，自然都有个人独到的见解，多有新说当然不能说只有两晋南北朝诸儒著作才有。不过此时儒者经说之新意，自有不同前后者，而前贤往往误认为此时经说毫无新意，故本书特为表出。

此时经学多有新说的特色主要表现在两方面：一是虽兼采诸家，却常常断以己意，若前人说法均不合己意，则创为新说。前述诸经已表明，诸儒博采众家不仅罗列而已，对认同或不认同的说法都引用，目的就在于证明己说，驳斥自己认为的谬误。这实是通过对前人经说的评判，来引出自己观点，以达到解经目的。所以选择经说时是依文择义，意有不合，便自出心裁。这样自由的解经风格自然与汉今文家和唐人疏学有所不同，较之同样兼收并蓄的汉古文学更多几分自出新解的色彩。因此绝不能以"疏不破注"来概括此时经学，此时的经学也并非"注学"。所以以一家注为主，只是表达在学术上最认同这一家的经解而已，在具体解经时驳注申经的情况时时有之。

二是研究视角的拓展与创新。两晋南北朝诸儒除了对汉人的经说内容和解经方式有所继承外，在研究视角上还有所拓展、创新。表现为不仅是继承汉人章句、传注之学等经义解说方式，还特别注意读音和用音作训诂的问题，亦有以图谱的形式说解。对单篇经文、专题经说进行的研究增多。还有从史事的角度、合于人情的角度理解经义。这些都是形式和内容上的新角度。

（四）南北异同

地域差异原本就会形成经学的差异，不过相对于政治一统的时代，长期处于分裂状态、政权更迭频繁的两晋南北朝时期这种特点更为明显。乱世对于经学的坏处是经学没有了两汉那样利禄之途的保障，官学培养能力有限，私学发展受动荡的局势制约而困难重重。可是也为经学发展带来好处，即没有了严格划一的经学标准，形成了自由的学风，这和战国诸子的情况相似。在这样的情势下，此时的经学生动、自由，同时由于南北时有交流，这种差异显得更为错综复杂。具体到南北朝内部各个时段和地区，这种异同还呈现动态变化的面貌。

如《诗》、三《礼》这样南北同宗的文献，南北的差异主要体现在文献数量和类型上。而《易》《书》《春秋》《论语》《孝经》的宗主则在每一时段、各个地区时有变动，有同有异。南北之间交流也会改变同异的情况，另外还受到家学、地方学风传统、君主及名儒的提倡等因素影响。例如南朝国学《尚书》郑、伪孔两立，但就产生的文献来看似乎更重视伪孔，这直接影响了隋唐的《尚书》宗主取舍。北朝

《尚书》主郑玄说,但因地域和南北学术交流,产生了宗主各不相同的著作。南朝国学《左传》兼立服、杜,学者治学各有好尚,南北朝学术亦有交流,还就此产生论难类的著作。北朝《左传》国学虽独尊服义,但青齐地区因杜预后人影响而采用杜注,还有服、杜兼讲及宗主论争的情况。更多案例详见后文,此处不再赘述。这是两晋南北朝经学一道独特的风景,如果只以《隋书·儒林传序》所说江左、河洛宗主区别来看,就忽视了其中丰富、曲折的变化。

二、两晋南北朝经学文献体现的文献学特色

经学文献体现的文献学特色主要指文献本身的形式、风格特点。两晋南北朝经学文献的文献学特色主要有集注与义疏体众多、问答体盛行、文献类型多样几点。

(一)集注与义疏体众多

前述已知两晋南北朝经学文献在内容上有集汉魏诸家大成、取材广博的特点,相应地在文献体裁上就形成了集注、义疏体众多的面貌。曹魏已有集注的体裁,两晋时这种体裁发展为传说类文献的主流,乃至有些著作虽不以"集注""集解"为名,实质上仍是集注体裁。

义疏体发轫于两晋,在南北朝时与集注体并驾齐驱,成为传说类文献的主要类型,也是当时经学文献体裁的大宗。这里需要强调南北朝义疏体兴盛,且为此时独具的传说体裁,但并不是说南北朝传说类文献只有义疏体,集注体文献为数仍不少。同时南北朝时集注、义疏的概念时常混用,可知义疏体本身就是由经学传说文献体裁变化发展而来。

(二)问答体盛行

正始清谈之流波所及,经学风尚又自由灵活,使得两晋南北朝儒者好为论难,讲经过程中也有问难步骤。这样的风气在经学著述上就表现为问答体的盛行。这一时期形成不少专门的经义论难、问答著作,尤以礼类为最。而在传说类等其他类型的著作中,也多论难、问答的成分。问答体的盛行也使此时经学文献内容广博的特点更加突出。

(三)文献类型多样

前已论及,两晋南北朝经学研究视角有所拓展、创新,这一特点使得此时期的经学著作类型多样。传说类文献中体裁多样,如有集解、注、义、讲疏、隐义等。其他类型的经学文献有专门的音训、图谱、论难类著作,还有受到文学、艺术影响产生的音韵专书和专门讲究字体的字书等小学类文献,以及拟经、出土文献整理一类的著作。

第三节 两晋南北朝经学文献的价值

对前人经学及其文献价值的判断,其实更多是下评判之人个人学术观点的体现,并不属于前人所处时代本身的产物。例如清人对两晋南北朝经学的评价,有其尊崇汉学的立场;唐人修撰这段历史及对其时经学的评价,也是唐人选择经说而与前儒立异之处。二者都是出于经学内部的评判,而非出离经学来看待此时的经学及其文献。本书主旨在对两晋南北朝经学文献作一整体梳理,以此来展现当时经学及其文献的面貌,故而并不愿加入过多出于个人学术好尚的评价(以作者目前的学力,这样的评价也易失于偏颇)。不过此时经学对当时和后世的影响需要略作说明,这可算是较为客观的价值描述。

一、两晋南北朝经学文献对当时社会之作用

(一) 对社会人心之维系

乱世之中,多用霸道,然马上得天下,岂可马上治天下?嬴秦不明此理,二世而亡;两汉以秦速亡为鉴,在汉初用黄老之术休养生息后,逐渐以儒术治理天下。西汉武、宣时犹霸王道杂之,元帝以后至东汉则王道专崇。如此风气影响下,汉末虽天下大乱,国家尚不乏忠臣烈士,民间也不失孝悌之风。

曹魏唯才是举,刑名法术盛行,兼之政局动荡、战乱频仍,儒学在官方、民间的发展遇到重重障碍。批评如此时局之下的两晋南北朝经学不盛,当是局外人的苛责。两晋南北朝儒者在时局混乱时退隐自守,以一己之力、私学教授来传播儒学,维系一方之孝悌伦理。时局稍稳,他们就积极参加官方教育建设,以期更大范围发扬儒学,改善政治。

这种对经学的坚守和传播,无疑是乱世中的明灯,起到维系社会人心的作用。故而尽管统治上层父子、兄弟相残的情况屡见,高门大族、士庶百姓中孝悌仁义者仍辈出。尽管贪暴不法的酷吏颇有,清廉爱民的循吏也频现。两晋南北朝时期经学在乱世中给予人心的慰藉和对社会伦理道德的维系,是无法忽视的。两晋南北朝的经学文献自然是这种功用的载体。

(二) 对异族的文化改造作用

两晋南北朝时进入中土的异族无一例外都接受了以儒学为主体的汉文化,经学文献是其主要的学习对象。从本书第一章第二节可以看到十六国时期异族统治者学习经学、提倡官学、尊崇孔子的情况,只是当时各政权持续时间大多短

暂,未有更多经学上的建树。到相对稳定的北魏、周齐,对经学的接受及建设力度就远超十六国时期了。

这一点还在异族皇室习经及经学文献的翻译、传播上有所体现。以汉化最突出的事例北魏孝文帝改革来看,语言、习俗、制度的改变,背后正有经学学理的支撑。此外,异族统治者虽然同时也接受释道二教的学说,但并不改变其接受的汉文化是以经学为基础的这个事实,这其中有明显的主次关系。

二、两晋南北朝经学文献的学术影响和文献价值

(一)两晋南北朝经学文献的学术影响

两晋南北朝经学文献的学术影响,前文在论述其特点、价值时已反复说明,这里略加申述,以澄清前贤的一些误解。前贤有说两晋南北朝是经学中衰之时,本书考察的结论却不然。试想战国末年到汉初短短数十年,各家的学说和典籍已亡失严重,如果两晋南北朝经学中衰,汉魏的学说、典籍又如何经历三百余年的动荡而大量保存到隋唐?汉、唐经学能传承一线,两晋南北朝经学无疑是其中关键。

就两晋南北朝对两汉经学今古文学说的取舍问题还要注意,曹魏时学官已以古文学为主,而《隋书·经籍志》还载有一定数量的两汉今文著作,这说明两晋南北朝的经学不是因今文典籍亡佚而被动地继承古文学说,而是当时经学风尚自主选择的结果,也是经学发展中其内部流派兴衰的历程。这种选择直接影响了隋唐经学的治学基础,也为隋唐以下历代经学研究划定范围。

(二)两晋南北朝经学文献的文献价值

虽然两晋南北朝的经学文献散亡严重,但是通过对仅有的数种足本、残卷及辑佚文献的考察,仍能窥见当时的经学风貌,进而理解经学史之流变。这些文献也是治两晋南北朝儒学史、思想史、文化史的基础。从这些材料还可以追溯汉魏经学的内容、形式,亦可考察隋唐经学的来源。此外其中保存的异文、异解,也为经典校勘提供了重要依据。这些都是经学文献上的重要价值。

第三章 两晋南北朝《易》学文献

第一节 《易》学文献溯源

一、《易》与《周易》

《易》是中国上古的一种占卜文献。据《周礼·春官·太卜》记载：

> 太卜掌三《易》之法，一曰《连山》，二曰《归藏》，三曰《周易》，其经卦皆八，其别皆六十有四。①

郑玄《易赞》云：

> 夏曰《连山》，殷曰《归藏》。②

也就是说，这三种《易》学著作都是以八经卦、六十四别卦为基础的，分别是夏、商、周三代所用之《易》。其区别在夏《易》以艮卦为首，故名《连山》；殷《易》以坤卦为首，故名《归藏》③；今天流传的《易》以乾卦为首，名曰《周易》，形成于西周初期，周人用之。《连山》《归藏》在汉代还有遗存，南北朝时《连山》亡佚，唐时《归藏》亡佚。

传于今的《周易》分为《易经》《易传》两部分。《易经》包括六十四卦的卦画和卦爻辞，形成于西周初期。《易传》则包括了《彖传》上下、《象传》上下、《系辞》上下、《文言》、《说卦》、《序卦》、《杂卦》共十篇，又称"十翼"，取羽翼《易经》之意，这是早期解释《易经》的文献。《彖传》解释卦名、卦辞，《象传》解释卦象、爻象、爻辞，《文言》解释乾、坤两卦的卦爻辞，《系辞》通论《易经》，《说卦》论八卦取象，《序卦》论六十四卦排序，《杂卦》将六十四卦两两对举阐明卦义。

---

① 《周礼·春官》，（清）阮元校刻：《十三经注疏》，中华书局，2009年，第1733页。
② 《尚书·洪范》，（清）阮元校刻：《十三经注疏》，第405页。
③ 郑玄《礼记·礼运》注又名之曰《坤乾》，为殷阴阳之书。见《礼记·礼运》，（清）阮元校刻：《十三经注疏》，第3064页。

《易传》的作者,《史记·孔子世家》云孔子"序《彖》《系》《象》《说卦》《文言》"①,孔颖达云"其《彖》《象》等十翼之辞,以为孔子所作,先儒更无异论"②。虽然宋以后对孔子作"十翼"有所争议,但可以说《易传》是根本思想源于孔子,并经孔子后学整理、发挥而形成的文献。《易传》主要从筮占象数和义理阐发两个方面对《易经》作了解释,后世的《易》学研究也就沿着这两条路径发展开来。

二、汉魏《易》学传承

　　秦始皇焚书,《周易》以卜筮之书不在焚禁之列,得以在民间流传。③ 因此《易》经、传的保存在儒家经典中颇为完好。到了汉代,《易》学成为经学的重要部分。西汉《易》学传于田何,田何为孔子六传。自田何三传,于施雠、孟喜、梁丘贺,形成立于学官的今文《易》学。民间则有费直、高相两家《易》。刘向校书,以中秘所藏古文与费氏《易》同,故后习惯称费氏为古文经。

　　汉初今文经学《易》为象数之说,但主于简单、朴素的训诂解说,没有大的发挥。到孟喜以阴阳五行解《易》,传焦赣,赣又传京房,京氏《易》学立于学官,《易》学就加入了大量的阴阳五行、节气、星象、灾异、纳甲、互体等内容,象数《易》学得到极大发展。《四库全书总目》云:"汉儒言象数,去古未远也,一变而为京、焦,入于禨祥。"④到东汉带有神秘预言性质的谶纬之学大兴,《易》象数学的筮占、术数性质更得以发挥。

　　东汉末年,马融、郑玄注费氏《易》,混合今古,"荀爽又作《易传》,自是费氏兴,而京氏遂衰"⑤。马、郑等人注《易》,其实仍主于象数,故三国时,抛弃繁琐训诂和复杂象数的解《易》方法,重在义理的玄学解《易》开始流行,其代表作是王弼的《易》注。研究的重点开始从《易传》中所蕴含的两条研究路径——象数和义理之中的象数偏向了义理。

---

　　① (汉)司马迁:《史记》,中华书局,1982年,第1937页。
　　② 《周易正义》卷首,(清)阮元校刻:《十三经注疏》,第19页。
　　③ 《汉书·儒林传》云"及秦禁学,《易》为筮卜之书,独不禁,故传受者不绝也",《汉书·艺文志》云"及秦燔书,而《易》为筮卜之事,传者不绝"。见《汉书》,第1704、3597页。
　　④ (清)永瑢等:《四库全书总目》卷一,中华书局,1965年,第1页。
　　⑤ 《后汉书·儒林传》,第2554页。

第二节　两晋南北朝《易》学的几个问题

一、两晋《易》学的宗主与玄学解《易》的辨析

前贤常将魏与晋学术视作一类,①大抵为"新学",来与"两汉旧学"相对。新学的代表即是王弼、何晏以来的玄学,而《易》学中自以王弼《易》为标准,论两晋《易》学,以为玄风大畅,汉学遂无。如江藩云:

> 晋室渡江,置《周易》王氏。张璠所集二十二家,仅依向秀之本,而谢万等各注系辞,以续王弼之书。玄风大畅,古义遂湮。②

邵宝初亦云:

> 方晋氏渡江,荀崧上疏请置郑《易》而不果行,盖郑《易》之废实始于此。故张璠所集二十二家仅依向秀之本,而谢万等各注《系辞》以续王弼之书,玄风大畅,古义遂湮。③

皮锡瑞论两汉经学"一坏于三国,再坏于五胡之乱华"④,认为魏晋是经学极其衰弱时代。钱基博认为江左《易》博士置王弼,"始自中朝迄于江左,莫不崇饰老、庄,祖述虚玄"⑤。焦桂美认为"迄于东晋,玄风尤炽"⑥,经学极度衰弱。

其实前贤论经学史,多祖述之说,而未细致考察遗存文献。其说盖取自《晋书·儒林传序》,云:

> 有晋始自中朝,迄于江左,莫不崇饰华竞,祖述虚玄,摈阙里之经典,习正始之余论。⑦

案晋初承魏置太学博士十九人,王肃与郑玄《易》并立。东晋初置博士九人,"时

---

① 如皮锡瑞以汉学在魏晋并衰,马宗霍将魏晋学与汉学相对,唐长孺云魏晋新学兴起河南,焦桂美谓南朝经学申明魏晋新学,均将魏与晋之学视作一类而并称。
② (清)江藩:《经解入门》,华东师范大学出版社,2010年,第58页。
③ (清)邵保初:《六朝经术流派论》,《经义丛钞·诂经精舍文集》,《皇清经解》卷一三八五,咸丰十年(1861)学海堂补刊本。
④ (清)皮锡瑞:《经学历史》,第164页。
⑤ 钱基博:《经学通志》,第19页。
⑥ 焦桂美:《南北朝经学史》,第81页。
⑦ 《晋书·儒林传》,第2346页。《梁书·儒林传序》《陈书·儒林传序》亦大抵持此观点。

方修学校,简省博士,置《周易》王氏"①,荀崧上疏请增郑氏《易》,值王敦之难,不果行。② 后人根据这段记载,认为东晋初只立王弼《易》。

但史书所说"王氏"却有可能是沿用西晋王肃《易》,王肃《易》学虽攻难郑玄,却尚属两汉旧学之畴。③ 考陆澄与王俭书云东晋初太兴四年(321)所立是王弼《易》,而东晋后期孝武帝太元时立王肃《易》。④ 此后南朝四代,《易》学则是郑玄与王弼并立。王肃以司马氏之外戚立于学官,渡江之后仍立之,其实顺理成章;南朝四代均以王弼《易》立,则又可能沿袭东晋,所以此"王氏"指王肃或王弼均极有可能。

即便东晋初所立"王氏"确为王弼,到东晋后期同宗汉学的王肃《易》仍在学官,岂可以王弼独尊、玄风大畅一语概之?另有学者早已指出两晋并非以王弼玄学《易》为主,唐长孺先生认为魏晋新学风的兴起实在河南,魏晋期间所谓"南人学问"只能指以洛阳为中心的河南;其时江南自荆州学派星散之后还是继承汉儒传统,而与河北的经学传注之学相近,比较保守。"魏晋新学"即何晏、王弼等人为代表的玄学,为魏晋之间兴起的新学。晋室东迁之后,京洛风气移到了以建康为中心的江南地区,江南名士不少接受了新学风,开始重视三玄,但南方土著保守旧业者还有其人。⑤

林登顺亦认为:"当时经学情况,约略新旧参半。西晋重王肃,东晋重郑玄,皆属汉代训诂传统。此外,何晏、王弼之玄学化经学,亦流布其间。"⑥简博贤《今存三国两晋经学遗籍考》、徐芹庭《魏晋七家易学之研究》、黄庆萱《魏晋南北朝易学书考佚》则通过考察残存的两晋《易》学文献证明了这一点,详细考证见下文。

二、南朝《易》学的宗主与汉《易》的承续

前人论南北朝学术,常引《隋书·儒林传序》的一段话为说,序云:

> 大抵南人约简,得其英华,北学深芜,穷其枝叶。考其终始,要其会归,

---

① 《晋书·荀崧传》,第1976页。
② 《晋书·荀崧传》,第1978页。
③ 林登顺云东晋元帝时置王肃之《周易》,见其《魏晋南北朝儒学流变之省察》,第192页。而《经典释文序录》、江藩《经解入门》、钱基博《经学通志》、马宗霍《经学历史》皆认为是王弼《易》。
④ 《南齐书·陆澄传》,第684页。
⑤ 唐长孺:《魏晋南北朝史论丛》,第349—365页。
⑥ 林登顺:《魏晋南北朝儒学流变之省察》,第190页。

其立身成名，殊方同致矣。①

又言"江左《周易》则王辅嗣，河洛《周易》则郑康成"②。后人据此，多将南北学问骤然划分。

如汪家禧云"南朝《易》有褚仲都、周弘正，皆王之学者，郑无闻焉"③；胡敬云"南朝诸儒，义宗简约，乃退孟《易》为术数，郑学为支离；专己守残，因陋就简"④；孙同元云"江左儒者学尚庄老，清谈日炽，正轨云遥，王弼之《易》拨弃象数。沿及宋齐，盖汉学之凌夷尽矣"⑤；李遇孙云"南人宗王《易》而废郑《易》，改康成《易》注不传，厥咎甚大"⑥。此诸君皆是清儒研究古文学者，故崇尚郑玄，退黜王弼。

清代今文家皮锡瑞则将郑玄、王弼均斥作坏汉《易》者，亦认为南学是王弼《易》之空谈。⑦像赵翼这样的清代史家也认为"北朝经学较南朝稍盛"⑧，南朝只有南齐初年和梁武帝时儒学稍盛，但赵翼列举以与北朝作对比的南人经学著作极有限，立论不免偏颇。

仔细考察南朝立学，陆澄与王俭书云：

> 元嘉建学之始，玄、弼两立。逮颜延之为祭酒，黜郑置王，意在贵玄，事成败儒。今若不大弘儒风，则无所立学，众经皆儒，惟《易》独玄，玄不可弃，儒不可缺。宜谓并存。⑨

王俭答云：

---

① 《隋书·儒林传序》，第1705页。李延寿《北史·儒林传序》沿用此语。案《隋书》帝纪、列传成书于贞观十年(636)，《北史》成于显庆四年(659)。又李延寿曾参与编修《隋书》《五代史志》《晋书》，其著《南北史》多删节当时官修史书，自云"若文之所安，则因而不改"，故《北史》此处亦当袭用《隋书》语。又案《世说新语·文学篇》有载褚褒云"北人学问，渊综广博"，孙盛答"南人学问，清通简要"，支道林闻之总结云"北人看书，如显处视月；南人学问，如牖中窥日"。此条余嘉锡评"北人博而不精，南人精而不博"，焦桂美引之，均作论长江南北学问而言。见余嘉锡《世说新语笺疏》，第255—256页；焦桂美《南北朝经学史》，第181—182页。然唐长孺先生则在考察褚、孙二人地望后，认为此处南北指黄河南北，并引其他史料证之，殊有根据。见唐长孺《魏晋南北朝史论丛》，第348页。而本书对两晋《易》学的考察亦可证晋时河北、江南仍有广泛的汉学传统，故本书从唐说。南北朝以长江为南北之大致界限，论南北学风差异，推《隋书·儒林传序》此言为较早而影响较大的论断。
② 《隋书·儒林传序》，第1705页。李延寿《北史·儒林传序》沿用此语。
③ (清)汪家禧：《六朝经术流派论》。
④ (清)胡敬：《六朝经术流派论》。
⑤ (清)孙同元：《六朝经术流派论》。
⑥ (清)李遇孙：《六朝经术流派论》。
⑦ (清)皮锡瑞：《经学历史》，第170页。
⑧ (清)赵翼撰，王树民校证：《廿二史札记校证》，中华书局，1984年，第314页。
⑨ 《南齐书·陆澄传》，第684页。

  《易》体微远,实贯群籍,施、孟异闻,周、韩殊旨,岂可专据小王,便为该备? 依旧存郑,高同来说。①

案元嘉是宋文帝年号,元嘉十九年(442)正式立学,照陆澄所说当时《易》玄、弼两立。颜延之在元嘉二十九年(452)时已屡迁至太常,②故其任国子祭酒时应在国学建立后不久,即郑、王两立不久,郑便被废。

  建元四年(482)齐国学建立,陆澄领国子博士,但不久废学。永明元年(483)齐国学恢复,陆澄复领国子博士。故齐国学可谓郑、王一直两立。又《隋书·经籍志》《易》类小序云:"梁、陈郑玄、王弼二注,列于国学。至隋,王注盛行,郑学寖微,今殆绝矣。"③故南朝立学,基本郑王一直两立。到了隋代,王注风头才盖过郑注。

  《隋书·经籍志》是唐人所修,其曰"今殆绝矣"是指唐代。其时孔颖达修《周易正义》用王弼、韩康伯注,王注才取代郑注。④ 因此在官方学术中,南朝是郑、王两存的,士子学习固然受个人爱好和社会风尚影响而于郑、王有所偏择,也不能以南朝独尊王学一语概括之。

  前贤亦已指出此点,如洪震煊云旧说南人英华、北学枝叶,"滞于一偏未为确论"⑤;金廷栋云南朝不只王学,亦有郑学,"南人之学贻两晋风也"⑥;钱福林云"王弼《易》虽出晋代,传者未广,江左欲两存之"⑦;马宗霍云"如唐人所云南人约简得其英华,北学深芜穷其枝叶,又失之偏矣"⑧;焦桂美云"南朝经学发扬汉儒

---

① 《南齐书·陆澄传》,第685页。
② 《宋书·颜延之传》,第1902—1903页。
③ 《隋书·经籍志》,第913页。《隋志》此语"至隋"前有"齐代唯传郑义"一句,焦桂美以为指南齐,因陆澄所说认为《隋志》有误。潘忠伟则论北齐经学引有此语,是以为指北齐。见焦桂美《南北朝经学史》,第214页;潘忠伟《北朝经学史》,商务印书馆,2014年,第307页。案《隋志》以梁、陈并举列于齐前,若为南齐则时代次序不对。又考同书《孝经》小序言"梁代,安国及郑氏二家并立国学,而安国之本亡于梁乱。陈及周、齐唯传郑义。至隋,秘书监王劭于京师访得孔传";《论语》小序"梁、陈之时,唯郑玄、何晏立于国学。周、齐郑学独立。至隋,何、郑并行",皆明是梁、陈、北齐、隋的顺序。《隋志》本为梁、陈、周、北齐、隋五代史志,叙事以梁、陈列北齐前,后接隋,正符合其体例与内容。故此句"齐代"当解为"北齐"。见《隋书·经籍志》,第935、939页。
④ 然而据《唐六典》,当时《周易》亦同用郑玄、王弼注,观《隋书·经籍志》《旧唐书·经籍志》均著录有《周易》郑玄注,说明孔颖达所修《正义》也只是相对地使王弼注独尊,郑注的影响仍不可忽视。见《唐六典》卷二一,第558页。
⑤ (清)洪震煊:《六朝经术流派论》。
⑥ (清)金廷栋:《六朝经术流派论》。
⑦ (清)钱福林:《六朝经术流派论》。
⑧ 马宗霍:《中国经学史》,第78页。

古义、申明魏晋新学,二者并存"①。简博贤《今存南北朝经学遗籍考》、黄庆萱《魏晋南北朝易学书考佚》则通过考察残存的南朝《易》学文献证明了此点,详细考证见下文。

三、北朝汉《易》的流传与改变

上文论南朝《易》学,已引《隋书·儒林传序》说北学深芜,这是唐人修史时对北朝学术的看法,认为河洛《周易》宗郑康成,北朝继承了汉学的繁琐训诂。北朝末年南方士人大量入北,北学南学化,因此唐初诸儒修史对南学的评价就高于北学了。

其实这种对南学的倾慕和对北学的轻视,南北朝后期已如此。如《颜氏家训·勉学篇》认为人才之上品是以经为本兼通文史的,列举南朝何胤、明山宾等十人即是,而北朝只举崔浩、刘芳等四人而已(刘芳还是青齐之人),其他北朝儒者"率多田野间人,音辞鄙陋,风操蛊拙,相与专固,无所堪能"②,训诂繁琐,言无指归。

又东魏孝静帝时李业兴出使梁,史载:

> 业兴家世农夫,虽学殖,而旧音不改。梁武问其宗门多少,答曰:"萨四十家。"使还,孙腾谓曰:"何意为吴儿所笑!"对曰:"业兴犹被笑,试遣公去,当着被骂。"③

卢广自北朝入南,"时北来人,儒学者有崔灵恩、孙详、蒋显,并聚徒讲说,而音辞鄙拙;惟广言论清雅,不类北人"④。齐神武曾对杜弼说"江东复有一吴儿老翁萧衍者,专事衣冠礼乐,中原士大夫望之以为正朔所在"⑤,更体现了北齐对南朝的文化心态。徐遵明将郑玄《论语序》的"八寸策"误作"八十宗",而曲为之说,史称"其僻也皆如此"⑥。故《北齐书·儒林传》总结说:"虽曰专门,亦皆粗习也。"⑦

清儒宗汉学,乾嘉儒者更奉郑学为尊,因此对北朝经学评价,与隋唐时人有天渊之别。如汪家禧云"流派之异同,北得而南失。贞观君臣寡识而成其失。唐人《正义》因南学而使北学微"⑧;钱福林盛赞魏孝文帝后之遵郑学,而隋"江左之

---

① 焦桂美:《南北朝经学史》,第188页。
② (北齐)颜之推撰,王利器集解:《颜氏家训集解》,中华书局,1993年,第177页。
③ 《北史·儒林传》,第2724页。
④ 《梁书·儒林传》,第678页。
⑤ 《北齐书·杜弼传》,第347页。
⑥ 《北史·儒林传》,第2720页。
⑦ 《北齐书·儒林传》,第584页。
⑧ (清)汪家禧:《六朝经术流派论》。

说行于河朔,唐《正义》遵之而郑氏《书》《易》亡"①;邵保初云"隋氏循南人之浮夸,捐北学之精实,唐撰《正义》因循不革"②;胡敬、吴文健、徐鲲等皆持此论,金廷栋甚至认为"南人学北人教也"③。

清代今文家皮锡瑞虽斥郑玄为坏汉《易》者,亦认为"北人俗尚朴纯,未染清言之风,故能专宗郑,此北学所以纯正胜南也"④。后之学者也都比较一致地认为北学宗郑(如《周易》),崇尚质朴,如刘师培认为"北儒学崇实际,喜以训诂章句说经;南人学尚夸夸,喜以义理说经"⑤。

案《北史·儒林传序》云:

> 汉世,郑玄并为众经注解,服虔、何休,各有所说。玄《易》《诗》《书》《礼》《论语》《孝经》,虔《左氏春秋》,休《公羊传》,大行于河北。王肃《易》,亦间行焉。⑥

可见北方(河北)自郑玄以后,郑注《易》就非常流行。西晋王肃《易》立于官学,故亦间行,但是显然不如郑学为主流。

而《北齐书·儒林传序》则将魏末以后的《易》学传承记录得更为明白,其云:

> 河北讲郑康成所注《周易》。遵明以传卢景裕及清河崔瑾,景裕传权会,权会传郭茂。权会早入京都,郭茂恒在门下教授。其后能言《易》者多出郭茂之门。河南及青、齐之间,儒生多讲王辅嗣所注《周易》,师训盖寡。⑦

从两段材料来看,北朝《易》学确实基本宗郑,且传授师承较南朝明白。但需要注意的是,在南朝《易》学部分我们已经谈到西晋时的南北之学,其实是河南北之区分,这里又印证了此点,河南、青齐所讲的是曹魏形成的新《易》学。因此可以说以郑《易》为河北主流,以王弼《易》为河南、青齐间传,是北朝对西晋《易》学的承续。从这里也看到,对北朝《易》学,不仅要注意其时代变化而引起的学术好尚变

---

① (清)钱福林:《六朝经术流派论》。
② (清)邵保初:《六朝经术流派论》。
③ (清)金廷栋:《六朝经术流派论》。
④ (清)皮锡瑞:《经学历史》,第182页。
⑤ 刘师培:《刘师培史学论著选集》,上海古籍出版社,2006年,第180页。并参见潘忠伟《北朝经学史》,第263—266页;焦桂美《南北朝经学史》,第35、336页。
⑥ 《北史·儒林传序》,第2708页。
⑦ 《北齐书·儒林传序》,第583页。案《北史·儒林传序》引这段云:"自魏末,大儒徐遵明门下讲郑玄所注《周易》。遵明以传卢景裕及清河崔瑾。景裕传权会、郭茂。权会早入邺都,郭茂恒在门下教授,其后能言《易》者,多出郭茂之门。河南及青齐之间,儒生多讲王辅嗣所注,师训盖寡。"(第2708页)此段义更明了,而述权会与郭茂的传授稍有不同,但不影响对北魏末以来《易》学宗主的判断。

迁,亦需考虑地域所形成的不同。

至于北朝后期南北学术交流问题,还需要注意的一点是,皮锡瑞继承清人看法认为北学折入南学,焦桂美继承这个说法,而潘忠伟认为唐修《正义》是北学主导了南北学的统一。① 细考之两种说法实质并不矛盾,前者是从北朝后期开始北学对南学的接受和学习来看,后者是从南学化以后的北学及唐定《正义》的学者成分和对义疏底本的选择来分析,二者结合起来,正是北学的一段发展史。不过,如《隋书·经籍志》的《易》类小序云"齐代唯传郑义。至隋,王注盛行,郑学寖微,今殆绝矣"②,北齐犹唯传郑义,而隋时王注已为主流,今(唐时)郑学近乎绝矣,故就《易》学来说确实是南学宗主取代了北学,北并于南也。下文再通过对文献的分析进一步来看北学的面貌及其与南学的异同。

第三节　两晋南北朝《易》学文献分析

一、两晋南北朝《易》学文献的数量、分类、存佚统计

本书对经学文献进行统计分类,分类的标准,以《易》学文献为例,根据文献内容将《易》学文献分为传说、专题、通论三大类。传说文献指为《易》作字、词、章、句的解释等训诂工作所形成的文献,包括了注、集注、义疏等体裁。专题文献指偏重于某一方面解释、考订的文献,其下又分图谱、音训、分篇考述、筮占、拟《易》、考证古《易》、汲冢《易》等几类。通论文献则指从整体上讨论《易》的义理、义例的著作。佛、道解《易》文献则从内容出发,分别归入上述几类中。

专题类文献中图谱类文献指与《易》相关的图、谱文献。音训类则是专门解释《易》之读音的文献。分篇考述指单独对《易》的经、传某篇的研究。筮占类指以占卜内容为主的《易》学文献,包括了术数、方技等,道教《易》学多归于此类。拟《易》类指对《易》进行摹仿所形成的文献,包括对前人拟《易》文献进行注解的著作。考证古《易》指对《连山》《归藏》进行研究的文献。汲冢《易》则是对汲冢出土的《易》学文献进行整理研究所形成的著述。

"就《易》学文献的实际来看,以五代宋初为界,明显地分成了两个阶段。前一阶段,硕果仅存,流传至今的文献数量极为有限"③,因此本书的论述,只能以

---

① 参见(清)皮锡瑞《经学历史》,第190页;焦桂美《南北朝经学史》,第345—346页;潘忠伟《北朝经学史》,第292—296、320页。
② 《隋书·经籍志》,第913页。
③ 舒大刚:《儒学文献通论》,第244页。

辑佚成果和目录篇名为主进行分析。

两晋时期产生的《易》学文献,绝大多数已经亡佚了,流传至今保存完好的只有两种,一是今天《系辞》以下《易传》的重要通行注本——韩康伯注,一是《四库全书》中术数类收入的范望所注扬雄《太玄经》。案两晋《易》学文献,丁国钧《补晋书艺文志》有59种,文廷式《补晋书艺文志》有60种,秦荣光《补晋书艺文志》有81种,黄逢元《补晋书艺文志》有47种,吴士鉴《补晋书经籍志》有57种,黄尚信《周易著述考》中晋代有84种。本书根据前列各种目录书统计,去除重复、错误著录和朝代错误、不明者,总结两晋时期《易》学文献辑、存有22种,佚61种。

表3-3-1 两晋《易》学文献分类统计表

两晋《易经》83种	传说类		辑8种	佚19种
	专题类	拟易	辑、存2种	佚1种
		筮占	辑1种	佚7种
		图谱	0	佚3种
		分述	辑、存2种	佚2种
		考证古易	辑3种	佚1种
		汲冢易	0	佚4种
		音训	辑2种	佚4种
	通论类	议论	辑4种	佚20种

如表3-3-1所示,两晋《易》学文献中传说、专题、通论三大类文献的数量大致相当,这是就文献形式来分。而根据内容来看,专题类文献中图谱文献实际是根据筮占需要而作,分述和音训文献也属于训释《周易》经传的性质。

南朝《易》学文献相对于两晋,留存更少,已没有任何一种全本留下,只有清人辑佚的吉光片羽。案南朝《易》学文献,王仁俊《补宋书艺文志》有7种,聂崇岐《补宋书艺文志》有8种,高桂华《补南齐书经籍志》有16种,陈述《补南齐书艺文志》有14种,王仁俊《补梁书艺文志》有18种,徐仁甫《补陈书艺文志》有2种,徐崇《补南北史艺文志》南朝有14种,黄尚信《周易著述考》中南朝有56种。本书根据前列各种目录书统计,去除重复著录和朝代不明者,总结南朝时期《易》学文献辑有12种,佚51种。

表 3-3-2　南朝《易》学文献分类统计表

南朝《易经》63种	传说类		辑7种	佚21种
	专题类	筮占	0	佚7种
		分述	辑5种	佚9种
		考证古易	0	佚1种
		图谱	0	佚1种
		音训	0	佚3种
	通论类	义例	0	佚1种
		议论	0	佚8种

如表3-3-2所示，南朝《易》学文献中传说、专题、通论三大类文献的数量以传说类为最多，这是就文献形式来分。而根据内容来看，专题类文献中小类的类别和数量都较两晋减少，如音训和筮占类文献数量只有两晋的一半还少。通论类文献也只比两晋的三分之一略多。唯有分述类文献是两晋的三倍还多，这当与王弼不注《系辞》以下而南朝人续注有关。

北朝《易》学文献总体数量相对于两晋、南朝要少得多，不过辑佚的数量却多于南朝，而且还有拟《易》类的《元包经》为存本。案北朝《易》学文献，李正奋《补魏书艺文志》有8种，徐仁甫《补北齐书艺文志》有3种，徐仁甫《补周书艺文志》有1种，徐崇《补南北史艺文志》北朝有9种，黄尚信《周易著述考》中北朝有16种。本书根据前列各种目录书统计，去除重复著录和朝代不明者，总结北朝时期《易》学文献辑、存有14种，佚14种。

表 3-3-3　北朝《易》学文献分类统计表

北朝《易经》28种	传说类		辑10种	佚6种
	专题类	拟易	辑、存2种	0
		分述	0	佚2种
		筮占	辑2种	佚3种
	通论类	义例	0	佚2种
		议论	0	佚1种

如表3-3-3所示,北朝《易》学文献中传说、专题、通论三大类文献中传说类数量远较其他两类为多,这是就文献形式来分。而根据内容来看,专题类文献中小类的类别和数量较两晋、南朝大为减少,如没有音训和图谱类文献,筮占类数量只有两晋的约一半,通论类文献数量是南朝的三分之一,分述类文献只有两晋的一半。

造成文献类型与数量远少于两晋、南朝的一个原因是就史传记载来看,北朝的经学家没有南朝经学家勤于著述。另一个原因是目前研究两晋南北朝文献的一个主要依据——《隋书·经籍志》的记录问题。据《隋书·经籍志序》所说,此志修撰时的分类体例是仿照《汉书·艺文志》、王俭《七志》、阮孝绪《七录》,内容则根据当时(唐初)的官方藏书及公私目录筛选著录。

案唐初的藏书是继承隋代藏书的。隋代藏书一来自北周(含北齐),一来自陈,一来自开皇时征集的天下藏书。但永嘉之乱汉魏文献亡佚严重,十六国、北朝的官方藏书都不多,东晋、南朝所聚书又损失于梁元帝时。唐武德五年(622)平王世充,收隋洛阳官方藏书时,运送途中书又沉于河中,所存十不一二,其目录亦时有残阙。因此当时两晋南北朝实际存在的文献恐怕本已不多。而《隋书·经籍志》内往往注有"梁有",因此可以推测其所参考的目录恐以南朝为详,而南北分隔,北朝的文献可能被记录下来的就较少了。①

二、义理《易》与象数《易》的大致分类

《易》与道家代表之作《老子》《庄子》在两晋南北朝时期并称为"三玄"。曹魏王弼、晋韩康伯的《易》注在阐发《易》之义理时引入了许多《老》《庄》的思想。这种风气在永嘉南渡后一直流行于南方,如南齐顾欢注《王弼易二系》、梁伏曼容《周易集解》是其代表。对此孔颖达评价道:"江南义疏十有余家,皆辞尚虚玄,义多浮诞。"②东晋、南朝学官,亦立有王弼《易》博士。故朱子评论云:"自晋以来,解经者却改变得不同,如王弼、郭象辈是也。汉儒解经,依经演释;晋人则不然,舍经而自作文。"③

西晋时王肃因外戚之故立于学官,当时学者多出入王肃、郑玄两家。到东晋渡江,《易》立王氏,荀崧请立郑氏《易》,值王敦难而不行。可见在西晋时学官犹

---

① 参见本书绪论所论述的两晋南北朝官私藏书及目录修撰情况,南朝的官修目录也多于北朝。并参见(清)姚振宗《隋书经籍志考证》,第2248页。
② 《周易正义·序》,(清)阮元校刻:《十三经注疏》,第14页。
③ (宋)黎靖德:《朱子语类》卷六七,中华书局,1986年,第1675页。案朱子此说自是宋人看法,实际是否全如朱子所言,详见后文分析。

传汉学,因此两汉主流的象数《易》学势头渐弱,但传习者为数仍不少。如西晋的董景道,明京氏《易》,精究大义;任熙,成都人,治京氏《易》;十六国时刘渊师事上党崔游,习京氏《易》,是崔游为传京氏者;东晋干宝,好阴阳术数,留思京房、夏侯胜等《传》。郑玄《易》注不仅在南朝屡次立于学官,北方一直以郑注为主,如北魏姚规《周易注》、崔觐《周易注》、卢景裕《周易注》是其类也。①

这一时期,佛道二教兴起。佛教最初传入中国,对儒道有所依附,故这时有僧人解《易》之作。而道教奉老、庄,亦以"三玄"之一的《易》为其经典,故出现了不少道教解《易》之作,如十六国时范长生《周易蜀才注》、东晋葛洪《周易杂占》、梁陶弘景《周易林》等。至于援佛学解《易》的儒学著作,如周弘正、伏曼容等人著作,则仍当归于义理一类,同于玄学解《易》引入老、庄。一个更为有趣的现象是玄学援老、庄解《易》,发挥义理,一扫两汉象数、训诂的繁琐。道教解《易》,却阐发阴阳五行、方术之学,而对象数极为重视,进而形成不少术数、筮占类《易》学文献,如郭璞《易洞林》、徐苗《周易筮占》等。

象数与义理两种解《易》路径,形成的多是传说形式的文献。两派之间就《易》学进行了论难,因此产生了一些通论、论辨形式的文献。② 在对《易传》的研究中,《系辞传》由于对《易经》有提纲挈领的论说,故尤其受到义理解《易》派的重视,由此形成了一些专门解《系辞》的著作。

三、义理《易》学文献分析

自曹魏王弼注《易》,一扫两汉繁琐的象数之说,援《老》《庄》为义理之解说,注解明快,辞藻清丽,玄风高畅,后之学者,继之者多。作传说者如向秀《周易义》、张璠《周易集解》、王廙《周易注》、黄颖《周易注》等。

王弼以《易》不必论象、互体,故其解《易》仅注上下经,晋以后诸儒相继为之补注《系辞》《说卦》《杂卦》《序卦》等十翼,《经典释文》载有十家,今存者唯韩伯一家。其余还有如桓玄《周易系辞注》、谢万《周易系辞注》、袁悦之《周易系辞注》,上表归之专题分述类。

义理解《易》既然兴起,必与原有象数之说有所论难,故又有议论之作,如阮籍《通易论》、嵇康《周易言不尽意论》、阮浑难、阮咸答《周易难答论》、殷融《周易象不尽意论》《大贤须易论》、裴秀《易论》、邹湛《周易统略论》、李充《周易旨》、袁

---

① 谶纬类《易》学文献见后谶纬一节。
② 《四库总目》将古来《易》学分为两派六宗,其两派即为象数与义理。在两派之中,又各为有别,形成六宗,即汉初象数、京焦象数、陈邵象数、王弼玄学、胡瑗程子儒理、李光杨万里史事。见《四库全书总目》卷一,第1页。

宏《周易谱》、应贞《周易论》。

南朝官学既郑、王两立,为王弼后学者实为不少。作传说者如沈驎士《易经要略》、褚仲都《周易讲疏》、伏曼容《周易集解》、庄氏《易义》、周弘正《周易讲疏》。

王弼《易》仅注上下经,南朝儒者继晋儒继续为其补注《系辞》,有如顾欢《周易系辞注》、明僧绍《周易系辞注》,表3-3-2归之专题分述类。

南朝的议论之作,除关康之《难顾悦之易义》属象数与义理的论难之作,其他则多是就《易》义本身而发、大概为讲学时的问答讨论。如周颙《周易论》、徐伯珍《周易问答》、梁蕃《周易开题论序》、萧伟《周易几义》、萧伟《周易发义》。

北朝虽以郑学为主流,但亦有讲王弼学者。尤其北朝后期,随着南人大量入北,北朝的学风亦南学化。作传说者如傅氏《周易注》、刘昞《周易义》、何妥《周易讲疏》、王凯冲《周易注》、王嗣宗《周易义》、朱仰之《周易义》、萧岿《周易义记》、释亡名《周易私记》。

北朝儒者继晋儒为王弼补注《系辞》有如杜弼《周易系辞注》,上表归之专题分述类。议论之作有何妥《六象论》。

四、象数《易》学文献分析

玄学解《易》,既为新兴之学,自然风头强劲,善玄理者又善言谈,流传既广,兼之《隋书·经籍志》云"梁丘、施氏、高氏,亡于西晋。孟氏、京氏,有书无师"[①],后世学者极易认为玄学之义理解《易》俨然已成为此时《易》学大宗,乃至近乎唯一,而两汉象数《易》学衰弱甚或近趋灭绝。

但仅就所统计文献目录看来,守汉《易》者实为不少。除史载续咸专主郑氏《易》,董景道明京氏《易》,但并未明确其著作外,传说类著作有范长生《周易蜀才注》、干宝《周易注》、翟元《易义》、张轨《周易义》、郭琦《京氏易注》、荀辉《周易注》、刘兆《周易训注》、皇甫谧《周易解》。

论说《易》象、《易》数、卦体,驳斥王弼《易》之著作亦有不少,如孙盛《易象妙于见形论》、李颙《周易卦象数旨》、栾肇《周易象论》、范宣《周易论》、范氏《拟周易说》、顾夷《周易难王辅嗣义》、宣舒《通知来藏往论》、荀顗《难易无互体论》、何襄城《六象论》、萧乂《四象论》。

此外筮占类著作虽渐流于道教卜筮性质,而较少儒家论《易》理的内容,但筮占类文献所主要运用的飞伏、纳甲、卦气及阴阳五行等说与汉象数《易》学(尤其孟、京之说)一致,或即两汉《易》学与道教学说合流。这类著作有郭璞的《易洞

---

① 《隋书·经籍志》,第913页。

林》《周易髓》《周易林》《周易新林》《易立成林》《周易玄义经》《易斗图》《易八卦命录斗内图》、葛洪《周易杂占》、徐苗《周易筮占》。其中有这一时期可知的两种《易》图著作,均为《易斗图》,当是《易》占与天文的结合,亦为象数学中以卦配二十八宿之发展。

南朝郑、王两立,而王学风头渐盛,守郑学者较两晋减少许多,但也并非绝无仅有。就所统计文献目录看来,传说类著作有梁武帝《周易大义》《周易讲疏》、梁元帝《周易讲疏》、张讥《周易讲疏》。分述类文献守郑学者有荀谚《周易系辞注》、刘瓛《周易乾坤义》《周易系辞义疏》、梁武帝《周易系辞义疏》。议论类有何諲之《周易疑通》、梁武帝《周易大义疑问》。

此外筮占类著作中作者、时代详明者较两晋减少,但在《隋书·经籍志》中有一批作者、具体时代不详的筮占类著述,大多入于子部五行家。这些著述的大致时代在魏晋南北朝应无疑,但因具体的作者、地域和所属朝代不详,故于本节第六点述之。作者可考的著作有张浩《周易占》、梁简文帝《易林》、梁元帝《洞林》《筮经》、陶弘景《易髓》、庾诜《易林》、伏曼容《周易集林》。

北朝守郑学者为大宗,传说类著作有刘昞《周易注》、姚规《周易注》、崔觐《周易注》、卢景裕《周易注》、崔浩《周易注》、阚骃《王朗易传注》、游肇《易集解》、权会《易注》。分述类文献守郑学者有颜氏《周易大衍通统》。

此外筮占类著作,有关朗《关氏易传》、吴遵世《易林杂占》、颜氏《周易立成占》、颜氏《周易孔子通覆决》。

以上是从著作题名及其作者的学术倾向所作的大致归类,分为以王弼为代表的玄学(义理)《易》和两汉诸儒(以郑玄为代表)的象数《易》两大类。但是细考遗存文献的内容,则会发现一个异于上述简单分类的特点。即无论义理《易》还是象数《易》,都存在着不专主一家而兼综各家、依文择义的特色,这实际上可以说是两晋南北朝《易》学著述的总体特点。

南朝《易》学守郑学者也有了不同于两汉象数学的变化,即更少涉及孟、京《易》中与天文、五行、谶纬相关的飞伏、纳甲、消息等说,而更近于汉初的朴实训诂。

北朝《易》学文献的解经方法其实与南朝相似,虽守郑学却也兼采诸家,亦近于汉初的朴实训诂。守郑学者也有两种显然的不同,一种祖述孟、京《易》,结合天文、五行、纳甲、消息等说,渐与道教合流;另一种则是据《易》而说象数,或是切于人事而说《易》。

此诸家除韩伯《系辞注》、范望《太玄经注》、《元包经》外,其他均已亡佚,但陆德明《经典释文》、李鼎祚《周易集解》、孔颖达《周易正义》等有征引,清人有辑本,下编《提要》即根据几种辑佚文献的内容作更进一步分析。

五、其他类型《易》学文献分析

除了上述一些传说、议论、筮占类文献,两晋南北朝《易》学文献还有音训、义例、图谱、拟《易》、考证古《易》、汲冢《易》学等文献类型,我们来看看这些文献。

训诂方法中"音训"在两晋南北朝有很大的发展,也因此形成了一些专门的音训《易》学文献。如东晋李轨《周易李氏音》、徐邈《周易徐氏音》。而由于讲求《易》中所蕴含的"义理",也就重视《易经》本身的"义例",这样也出现专门讨论义例的著作。如南齐刘瓛《周易四德例》、北齐李铉《周易义例》。

以图解《易》盛行于宋以降,主要指对宋代陈抟所传的先天、后天图等的研究。两晋南北朝时,也有以图解《易》者,如郭璞《易斗图》《易八卦命录斗内图》。惜著作皆不存,难以考知其具体内容,就题目看来,大概是为配合筮占而作的星象图,当与宋以后流行的《易》图区别开来。

汉代扬雄的《太玄》,是对《周易》的摹仿之作,两晋南北朝时学者对《太玄》也有所注解。同时也产生了新的拟《易》之作,如晋王长文《通玄经》、北周卫元嵩《元包经》、关朗《洞极经》等。

《连山》《归藏》类著作尚有遗存,汲冢亦出土了此类文献,并产生对这类古《易》文献进行整理的著作。如晋阮咸注《古三坟》、薛贞注《归藏》、司马膺注《连山》。晋人对重要的出土文献——汲冢书进行了整理,其中关于《易》学的有《竹书易经》《汲冢易繇阴阳卦》《汲冢卦下易经》《论易》等。

六、从"子部五行家"看汉《易》的分流

案《周易著述考》两晋南北朝部分著录有 54 种文献之作者、时代不明,本书考辨出其中 13 种之作者、时代,归入上文论述。另有 35 种《隋书·经籍志》载、3 种《经义考》载、1 种《旧唐书·经籍志》载、2 种《丛书子目类编》载的《易》学文献无法考证其时代、作者,故本书统计不计入此部分,而别列附录如下:

书　　名	卷数	撰者	出　　处	考　　证
周易普玄图	八卷	薛景和	《隋书·经籍志》	姚振宗云薛景和始末未详,全氏《读易别录》以为当入五行。
周易爻	一卷	马楷	《隋书·经籍志》	姚振宗云马楷始末未详。
易林	三卷	鲁弘度	《隋书·经籍志》	《隋志》收入子部五行家。姚振宗云鲁弘度始末未详。

续表

书　名	卷数	撰者	出　处	考　证
周易杂占	八卷	武靖	《隋书·经籍志》	《隋志》收入子部五行家。姚振宗云武靖始末未详。
周易音注	无卷数	虔薛	《经义考》	
周易注	十卷	王又玄	《旧唐书·经籍志》	
周易音	一卷	范氏	《隋书·经籍志》	此条在晋李轨《易音》与隋陆德明《易音》之间,故为晋南北隋朝人,姚振宗云作者始末未详。
易脑经	二卷	郑氏	《隋书·经籍志》	《隋志》收入子部五行家。姚振宗以为即晋郭璞所著。
晋易髓	八卷	佚名	《经义考》	观书名当为筮占类文献。
周易杂论	十四卷	佚名	《经义考》	
周易问	二十卷	佚名	《隋书·经籍志》	姚振宗认为即梁武帝撰《周易大义疑问》二十卷。
周易文句义	二十卷	佚名	《隋书·经籍志》	《经义考》以为即梁蕃书。
周易新图	一卷	佚名	《隋书·经籍志》	姚振宗以为当入五行家,《隋志》误在经部。同条下有《周易乾坤三象》盖亦当入五行家,时代作者不详。
周易谱	一卷	佚名	《隋书·经籍志》	姚振宗以为大抵非袁宏即沈熊所撰。
周易杂占	十三卷	佚名	《隋书·经籍志》	《隋志》收入子部五行家。
易要决	二卷	佚名	《隋书·经籍志》	《隋志》收入子部五行家。
周易新林	一卷	佚名	《隋书·经籍志》	《隋志》收入子部五行家。同条还有《周易新林》二卷,亦无撰人姓名。
周易林	十卷	佚名	《隋书·经籍志》	《隋志》收入子部五行家。同条有梁存三十三卷录一卷本,姚振宗以为此十卷本即三十三卷本之残本。

续表

书　　名	卷数	撰者	出　　处	考　　证
易赞林	二卷	佚名	《隋书·经籍志》	《隋志》收入子部五行家。
易立成	四卷	佚名	《隋书·经籍志》	《隋志》收入子部五行家。同条还有《易玄成》一卷，姚振宗以为皆似抄撮郭璞《新林》、《洞林》之书者。
神农重卦经	二卷	佚名	《隋书·经籍志》	《隋志》收入子部五行家。
文王幡音	一卷	佚名	《隋书·经籍志》	《隋志》收入子部五行家。姚振宗疑为三国人管辂传录之古书。
易三备	三卷	佚名	《隋书·经籍志》	《隋志》收入子部五行家。同条又有《易三备》一卷。
易占	三卷	佚名	《隋书·经籍志》	《隋志》收入子部五行家。姚振宗疑为郭璞外孙杜不愆作《新易林占》三卷。
易射覆	二卷另一卷	佚名	《隋书·经籍志》	《隋志》收入子部五行家。
易林要决	一卷	佚名	《隋书·经籍志》	《隋志》收入子部五行家。
周易历	七卷	佚名	《隋书·经籍志》	《隋志》收入子部五行家。同条又有一卷本。
周易初学筮要法	一卷	佚名	《隋书·经籍志》	《隋志》收入子部五行家。
易历决疑	二卷	佚名	《隋书·经籍志》	《隋志》收入子部五行家。
周易卦林	一卷	佚名	《隋书·经籍志》	《隋志》收入子部五行家。
易新图序	一卷	佚名	《隋书·经籍志》	《隋志》收入子部五行家。姚振宗疑为经部《周易新图》一卷本之序。
易通统图	二卷	佚名	《隋书·经籍志》	《隋志》收入子部五行家，同条又有一卷本。孙毂《古微书》有辑本。
易统卦验玄图	三卷	佚名	《隋书·经籍志》	《隋志》收入子部五行家，作一卷，《周易著述考》误为三卷。姚振宗以为或即后汉樊英所注《易纬统卦验》别本。孙毂《古微书》辑有一条。

续 表

书　　名	卷数	撰者	出　　处	考　　证
易八卦斗内图	二卷	佚名	《隋书·经籍志》	《隋志》收入子部五行家。同条又另有二卷本。
易八卦五行图	一卷	佚名	《隋书·经籍志》	《隋志》收入子部五行家。
周易斗中八卦绝命图	一卷	佚名	《隋书·经籍志》	《隋志》收入子部五行家。
周易斗中八卦推游年图	一卷	佚名	《隋书·经籍志》	《隋志》收入子部五行家。
周易髓脑	二卷	佚名	《隋书·经籍志》	《隋志》收入子部五行家。姚振宗以为盖合郭璞之书所成。
周易分野星图	一卷	佚名	《隋书·经籍志》	《隋志》收入子部五行家。
易杂家注	一卷	佚名	《丛书子目类编》	有黄奭辑本。实为黄奭辑各家零星之注，非专门一家也。《中国丛书综录》将之归于南北朝，实不仅南北朝易学，亦有许多汉魏人注。
讲周易疏论家义记残卷	无卷数	佚名	《丛书子目类编》	京都帝国大学文学部影印唐钞本第二集。又见《中国丛书综录》。

由于《周易著述考》以充分收集资料为主，偶有失于考辨，收入这41种书，理据稍有不明。观上表考证可知，这些书大多属于《隋书·经籍志》的子部五行家。盖为术数、谶纬及道教筮占文献。若将这些书收入，则五行家同载的另一些文献亦当归入，如上表考证所列，此外还有尚广撰《周易杂占》九卷，姚振宗考证尚广为吴、晋时人，佚名撰《周易杂占》十一卷。

由上表亦可以看出，在南北朝经学《易》学著作渐渐祛除两汉《易》学的术数内容后，《易》学术数的内容开始更多保留在《隋书·经籍志》设定的子部五行家中。《隋志》为唐人所修，这种对《易》学文献的分类法代表了唐人的观念，但唐人的观念也是由南北朝传承而来，因此一定程度上可以说体现了南北朝人对《易》学文献的分类看法。

放到整个《易》学文献发展史上看，可以这样理解：两汉流行的谶纬、术数

《易》学,即以孟、京为代表的学派,到了两晋在主流儒家那里已渐渐式微,转而与道教、方士的筮占结合(谶纬、术数原本也与先秦秦汉的方术士紧密相关),到了南北朝主流儒家学者基本已不再关注术数的部分,而《易》的这一部分内容就主要存在于道教文献中,在《隋书·经籍志》中归入子部五行家。也就是说,《易》所含有的两个研究路径之一的象数学,在两汉发展出丰富的理论和文献后,到南北朝隋唐并非骤然消失,而是从主流儒家中分离出,进入了后世流行的命理学当中,与道教密切相关。

本 章 小 结

通过以上对两晋南北朝《易》学文献的分析,可以看到这一时段的《易》学,并非与两汉三国截然不同。因为选举制度的变化使得两汉的经学入仕之途不在,博士之师法、家法失去了制度保证,因此陆德明述此时今文经学《易》之传授曰:

> 永嘉之乱,施氏、梁丘之《易》亡,孟、京、费之《易》人无传者,唯郑康成、王辅嗣所注行于世,而王氏为世所重。①

观此今文经学家之师法、家法已或亡或不传了。但费氏《易》即郑玄、荀爽所本,故不可谓无传,陆氏此言,当指严格地遵守师法者。显然在对以上文献分析中,已经没有严格遵守某师法、家法者了,这既是学术内部的发展变化,也是外在制度保证发生变化的体现。既然郑玄所传费氏《易》在陆氏看来也不算传者,那么上述文献当中所包含的两汉今文内容,尤其以孟、京为代表的阴阳五行、风角纬候等汉代盛行的《易》学说自然也不是严格意义上的今文《易》学传承之学说了。但同费氏《易》一样,这些内容其实并没有骤然消失,而是逐渐地在学者的取舍当中慢慢流入专门的五行筮占和道教中,与后来的主流儒学渐行渐远。② 也许今天要考察两汉流行的孟、京《易》学,除了传世文献和清人的辑佚、考证,还可以在道教文献当中考察,不过此非本书所能涵摄,姑假设于此。

而从两晋南北朝《易》学文献的整体特点来看,在学术宗主上往往是不专一家,集成前代及同时代诸家之说,依文择义,断以己说。在解释的方法上越来越

---

① (唐)陆德明撰,吴承仕疏证:《经典释文序录疏证》,中华书局,2008年,第35页。
② 到唐代还有如李淳风《周易玄义》、僧一行《易纂》传孟京之学,但二人以天文名家,和主流儒家有一定距离。不过宋人的河洛图书又何尝不是对这类学说的重新关注,只是受时代学术发展的影响,而少术数多义理的阐释罢了。

趋向作平实的训诂,更多地借象比喻人事,引证史事,并非同于王弼引玄学入《易》的说理方法,而是更平实近人,从学理上讲更近于汉初的《易》学。这实际也是因为经学与利禄之途不再密切联系,师法、家法难以为继,学者只能师于众家,博采众长,下以己意。博采便难以专精,而说《易》便近于平实简易。下以己意便常出新说,常出新说便学说繁盛而易致误。故到了唐代,为统一考试标准,便有集成六朝学术的五经定本和五经正义,这又是学术内部的新发展和外部新的选举制度所带来的变化了。

如前人所说,两晋《易》学的玄学《易》确实有从产生到兴盛的局面,谈论、著述者甚多,守汉学者亦沾染其风。然就文献考察来看,继承两汉象数之学者仍为不少,讲玄学《易》者亦袭用汉儒之说。由此可见,两晋《易》学更基本的一个特点在于"集"。其中传说类文献多名"注""义",亦有名"集注"者,名"注"者16种,名"义"者14种,名"集解"者1种,名虽不同,要皆集各家之注以解经,观上文所分析可知。东汉末马融、郑玄等人打破汉之师法、家法开始融汇之路。到曹魏时以九品中正选官,师法、家法所依附的两汉选官制度衰微,没有了制度保障,专主一说更为困难。在学术内部,对繁琐的训诂、象数之说的反对催生了义理玄学《易》的兴起,两汉师法、家法更受冲击。因此到了晋代,将汉儒的训诂、象数与曹魏兴起的玄学糅合,兼采多家,随文择义,不专一说,更下己意的《易》就成为主流,只是因为各自学术好尚不同,家传学说有异,而说《易》各有偏重。

南朝《易》学显然继承了两晋《易》学"集"的特点,不仅是集成汉魏儒者之说,还集合了两晋和同时代人的见解;不仅是儒学内部的集合,还融入了释道二教的成分。且象数和义理二家的分别更不明显,多是学术宗主不同,而训释的方式和主于人事的特色则是一致的。

如伏曼容曾讥何晏不解《易》中九事,所谓何晏不解之九事,见《三国志·方技传》管辂传注引《辂别传》(《世说新语·规箴篇》基本相同)。时何晏、邓飏令管辂作卦,晏自言不解易中九事,问辂,辂九事皆明,晏赞曰"君论阴阳,此世无双"[1]。辂自少时便精通仰观、风角、占相之道,言《易》自是重象数者。裴徽尝问何晏于辂,辂批评晏说《老》《庄》则巧而多华,说《易》则美而多伪,道浮神虚,善谈玄理的裴徽赞同曰"诚如来论"[2]。可见与晏同时之人已不赞同何晏华而无实的玄言说《易》。

而宋齐时人张绪,宋明帝时以有正始遗风见知,齐时曾领国子祭酒,长于《周

---

[1] (晋)陈寿:《三国志》,中华书局,1959年,第821页。
[2] 《三国志》,第821页。

易》,言精理奥,见宗一时。亦常云何晏不解《易》中九事,诸卦中所有时义,是其一也。① 案张绪有正始遗风,其说《易》当主义理,而《象传》言时义,亦指时机、义理。绪与曼容同时,同擅于《易》,对何晏《易》学持同样批评,其解《易》亦类于曼容以人事之义理解说欤? 这在一定程度上可以反映南朝的《易》学与何、王为代表的玄学其实有明显差异,即义理有偏于玄谈者(如何王),有偏于人事者(如伏曼容、周弘正),是义理内部亦有不同,当细察之。其实南人"约简",不仅指玄理,亦指以切于人事以说《易》,及类于汉初儒者之朴实训诂解《易》,这一点在南朝象数《易》学那里也有类似情况。

这一时期出现了不仅解经、还解注的"义疏"体(及性质相同的"讲疏"),以"义疏"为名的文献有 6 种,名"讲疏"者更多,有 9 种。这是南北朝特有的体裁,后《论语》一节将详论。因此有学者认为南北朝时,两汉流行的传注体衰弱,而经注兼明的义疏体兴起;汉人明经,南北朝明注。② 然就目录统计来看,以"注""义"为名者仍多,有名"注"者 13 种,名"义"者 7 种,名"集解"者 1 种。当然此时"义"有可能为"义疏"之略称(如刘瓛《周易乾坤义》又称《周易乾坤义疏》),不过以"注"命名者仍多,这是对两汉学风的继承。

北朝《易》学亦继承了两晋《易》学"集"的特点,集成汉魏两晋之说,并与释道二教关系密切。并显然地分为三途:以义理说《易》,宗主王弼,近于南朝学风;宗主郑玄,训诂平实,切于人事,近于汉初;以阴阳五行、风角纬候说《易》,本于谶纬,流入道教术数。

北朝《易》著体裁除了沿用魏晋以"注""义"为名外,亦有讲疏,北朝讲经亦兴盛。不过就目录来看名"讲疏"者只有 1 种。仍以"注""义"为名者为大宗,有名"注"者 8 种,名"义"者 4 种,名"集解"者 1 种。

---

① 《南齐书·张绪传》,第 600—601 页。
② 焦桂美:《南北朝经学史》,第 174 页。

第四章　两晋南北朝《尚书》学文献

第一节　《尚书》学文献溯源

一、档案与《书》

《尚书》是与《周易》并列的儒家核心经典之一。《尚书》源于先秦的官方档案。《说文解字》序云"著于竹帛谓之书"①,解"书"字曰"箸也,从聿,者声"②,解"聿"字曰"所以书也。凡聿之属皆从聿"③。是执笔书写为书,记录下的材料也泛称书。《尚书·多士》说"惟殷先人,有册有典"④,是说竹帛早已成为书的载体,典册即是书的实体。文献发展到后来有了更详细的分类,如记史事的"春秋",用于唱诵的"诗",记录礼义、礼仪的"礼","书"就用来专称偏重于记言的档案。

《礼记·玉藻》说"动则左史书之,言则右史书之"⑤,郑玄注明《春秋》《尚书》就是记录的成果;《汉书·艺文志》则说"左史记言,右史记事,事为《春秋》,言为《尚书》"⑥,与《玉藻》关于左右史的职掌记载刚好相反。金景芳、程元敏先生都详细考察了关于左史、右史的记载,证明左史、右史出于后人所造,并非当时真有其职。⑦ 不过程元敏先生进一步论证认为虽无左右史之称,但有内史、太史等史官记录言、事,而《尚书》确是偏重记言的文献,因此上两条材料可以看做是秦汉人对《春秋》和《尚书》的记录侧重点的区分及对其起源的追溯。

---

① (汉)许慎撰,(清)段玉裁注:《说文解字注》,上海古籍出版社,1988年,第754页。
② 《说文解字注》,第117页。
③ 《说文解字注》,第117页。
④ 《尚书·多士》,(清)阮元校刻:《十三经注疏》,第468页。
⑤ 《礼记·玉藻》,(清)阮元校刻:《十三经注疏》,第3193页。
⑥ 《汉书·艺文志》,第1715页。
⑦ 详见金景芳《"左史记言,右史记事,事为春秋,言为尚书"讞言发覆》,《史学集刊》复刊号(总第五期),1981年10月;程元敏《尚书学史》,华东师范大学出版社,2013年,第11页。

《尚书》主要的内容是诰命、誓祷、叙事。在周代,《尚书》是王官之学的一部分,贵族子弟学习《书》,并用在政治生活当中,因此先秦的文献有多处引《书》为说。如陈梦家先生例举了《论语》《左传》《墨子》《吕氏春秋》等九种文献引《书》168条,刘起釪先生在前人基础上统计先秦引书二十种,计335次。[1]

东周王官失守,官学降在私门,成为私家教学的内容。最为重视《书》学的是儒家,孔子对《书》进行了整理。《史记·儒林列传》说:

> 孔子闵王路废而邪道兴,于是论次《诗》《书》,修起《礼》《乐》。[2]

又《史记·孔子世家》说:

> 孔子不仕,退而修《诗》《书》《礼》《乐》,弟子弥众,至自远方,莫不受业焉。[3] 孔子之时,周室微而礼乐废,诗书缺。追迹三代之礼,序书传,上纪唐虞之际,下至秦缪,编次其事。故书传、礼记自孔氏。[4]

都明记孔子对《尚书》文献的整理和教学,也说明了《尚书》记录的内容所涵盖的大概的历史范围。需要说明这里的"序书传",序是论次、编次之义,后来汉人造《书序》有将此条材料曲解。当时也不止儒家对《尚书》进行了整理,如《墨子》中大量引《书》,而且和儒家所引互有异同,可见墨家也应当有自己的《书》学教材。[5]

先秦称引《尚书》,多径称《书》,或是加上时代名称《商书》《周书》等,汉人方称《尚书》。名之为《尚书》者,有认为是汉初伏生,有认为是欧阳氏。《尚书》之"尚",有解为上古,有解为上天,有解为君上对臣下。今人认为以上古之解较合理,先秦以前相对于汉人确为上古时代。[6]

《书》经过孔子整理,由儒门传承,到汉代成为经学的重要组成部分。然而由于秦代禁《书》,"天下敢有藏《诗》《书》、百家语者,悉诣守、尉杂烧之。有敢偶语《诗》《书》者弃市"[7],只有博士官有存。又经过秦汉之际的战火,到汉初散亡就

---

[1] 详见陈梦家《尚书通论》,中华书局,2005年,第29页;刘起釪《尚书学史》,第50页。
[2] 《史记·儒林列传》,第3115页。
[3] 《史记·孔子世家》,第1914页。
[4] 《史记·孔子世家》,第1935—1936页。
[5] 详见刘起釪《尚书学史》,第12、63—64页。
[6] 《墨子·明鬼》有"尚书《夏书》,其次商周之《书》",尚为上义,与次相对。详见刘起釪《尚书学史》,第7—9页。
[7] 《史记·始皇本纪》,第255页。

非常严重了。① 因此《尚书》的问题涉及今古文、篇目篇数、大序小序、逸篇亡篇等等,这些问题又直接关系到两晋南北朝《尚书》学文献的发展,故必须先对汉魏《尚书》的传承情况作一简单梳理。

二、秦汉的今古文《尚书》辨析

经过秦之焚禁和秦末战乱,汉初最先出现的是后来被称为今文二十九篇的《尚书》本子。② 这是秦博士伏生所传,史言"秦时焚书,伏生壁藏之。其后兵大起,流亡。汉定,伏生求其书,亡数十篇,独得二十九篇"③。这二十九篇《尚书》经,明是秦博士所传,是没有问题的。而这二十九篇以外的《书》类文献,则被称为逸书,如刘向整理中秘所藏的《逸周书》七十一篇。伏生传于欧阳生与张生。欧阳生家世传欧阳学;张生授夏侯都尉,都尉授夏侯始昌,始昌授夏侯胜,为大夏侯学;胜授夏侯建,为小夏侯学。④ 欧阳学武帝时立,宣帝时三家并立,直到东汉此今文三家一直立于学官。

伏生传今文《尚书》后,西汉又发现了《古文尚书》。皮锡瑞认为《尚书》乃今古文学分立之最先,亦最纠纷难辨。⑤ 西汉关于《尚书》古文的记载有几种。一是《史记·儒林传》载:

> 伏生孙以治《尚书》征,不能明也。自此之后,鲁周霸、孔安国、洛阳贾嘉颇能言《尚书》事。孔氏有《古文尚书》,而安国以今文读之,因以起其家,逸《书》得十余篇,益《尚书》滋多于是矣。⑥

---

① 秦代禁《书》,可见时人并不将其视为单纯的史料,而是包含了义理教化并与政治息息相关的文献。今人研究古代史,可以将《书》视为史料,但研究《书》学史本身,则决不能以将《书》视为史料的观点来作为评判古人对《书》所作阐释的高下之标准。

② 关于今文经篇数,有29、28两说,涉及后加入的河内本《太誓》和《顾命》《康王之诰》的分合问题,如陈梦家、程元敏先生认为是29篇,刘起釪先生则认为是28篇。本书据所见史料,从陈梦家先生作29篇计。

③ 《史记·儒林列传》,第3124页。

④ 沈文倬先生在《黄龙十二博士的定员》一文中认为大、小夏侯学是在宣帝时同时从欧阳学中分离出来的,这是就立于学官来说。沈先生对私学授业和立于学官所持的学派名义做了很好的区分,详见沈文倬《菿闇文存》,商务印书馆,2006年,第582—585页。

⑤ (清)皮锡瑞:《经学通论一》,中华书局,1954年,第47页。关于清人以今古文之分来指代两汉今学、古学的做法,钱穆先生在其《两汉博士家法考》一文中有所驳辨,甚为精妙。其具体观点及今古文、今古学义涵,详见《礼》一节。不过以今古文指代今古学,由来已久,本书沿用习称。又钱先生亦承认汉人已区别《尚书》之"古文",可见《尚书》今古文问题的复杂。参见钱穆《两汉经学今古文平议》,商务印书馆,2001年,第253页。

⑥ 《史记·儒林列传》,第3125页。

关于这段材料,有不同的解读。刘起釪先生认为此处没有说明具体多出今文的篇数,也没有说明孔安国对其有解说、传习,只是进行了文字的转写。并进一步认为孔安国是今文博士,传授的弟子兒宽、后人孔霸、孔光均今文家,孔安国不是古文家。而程元敏先生则据此认为孔安国以今文读古文,将古字译写为今字,含直译、易借字为本字、断句及口授各篇大义,而安国未曾为各篇作传注著于竹帛。安国以家壁所出《古文尚书》与书序授徒,《古文尚书》孔氏家法始兴。① 根据材料来看,刘说更近之,但程说强调孔安国无著成的传注,也算稳妥。总之,这个孔氏家传本是可靠的真《古文尚书》。

又《汉书·河间献王传》说:

> (献王)从民得善书,必为好写与之,留其真。献王所得书,皆古文先秦旧书《周官》《尚书》《礼》《礼记》《孟子》《老子》之属,皆经、传、说、记,七十子之徒所论。②

而刘歆《移太常博士书》则说:

> 鲁恭王坏孔子宅,欲以为宫,而得古文于坏壁之中,逸《礼》有三十九,《书》十六篇。天汉之后,孔安国献之,遭巫蛊仓卒之难,未及施行。③

前一条材料所载可称为献王本,后一条可称孔壁本。后一条材料中刘歆所说有一个漏洞是孔安国据其学生司马迁记载早卒,不当巫蛊时献书。不过刘歆与父整理中秘藏书,亲见真古文当无疑问。至于来源,伏生既藏书于壁,孔子家壁藏也不是绝无可能。而献王所得《古文尚书》,王国维猜测是抄自恭王得孔壁本。陈梦家进一步怀疑孔壁本亦是《史记》所言孔氏家传本。④ 不过这些都是推断,因真古文经本唐初已全部亡佚,而上述本子皆早已不存,无法对比得知。不过可以确知的一点是,正是由于记载不一,才说明了古人记录史料的阙疑态度,从总体上来说古文经的存在是真实可靠的。这些无论家藏还是壁中、民间的古文经献上后都收藏于中秘。

因此,《汉书·艺文志》说:

> 刘向以中古文校欧阳、大小夏侯三家经文,《酒诰》脱简一,《召诰》脱简二。率简二十五字者,脱亦二十五字,简二十二字者,脱亦二十二字,文字异

---

① 详见刘起釪《尚书学史》,第106、118页;程元敏《尚书学史》,第638页。
② 《汉书·景十三王传》,第2410页。
③ 《汉书·楚元王传》,第1969页。
④ 详见王国维《观堂集林》卷七,中华书局,1959年,第328—329页;陈梦家《尚书通论》,第38页。

者七百有余,脱字数十。①

这就是西汉皇家所藏的中秘本。由上述材料可知其与今文经有异,但大致是相同的,刘向得以之校今文经。这也是可靠的《古文尚书》经本。至于此本来源,或许来自前述材料的几个途径,或许来自其他献书。刘歆此后争立《古文尚书》也许就是以此本为据。

《尚书》的情况复杂,尤其体现在《古文尚书》的真伪难辨上。西汉就已经有伪造的《古文尚书》,即《汉书·儒林传》载:

> 世所传《百两篇》者,出东莱张霸,分析合二十九篇以为数十,又采《左氏传》《书叙》为作首尾,凡百二篇。篇或数简,文意浅陋。成帝时求其古文者,霸以能为《百两》征。以中书校之,非是。霸辞"受父",父有弟子尉氏樊并。时太中大夫平当、侍御史周敞劝上存之。后樊并谋反,乃黜其书。②

这段材料明确指出了张霸所上百两篇本是伪造,而重要的依据就是以前述中古文本与之校对不合,可见中秘本确是真古文经。这是及时验证的一个伪造本,流传不久。但是与这百篇《尚书》一起的《书序》,则为汉以降人所用。今传伪孔传本每篇前有一序,相对于书前总序称为小序。这些小序原本合为一篇,早于伪孔传本已有。其作者不明,宋以后有战国人作、汉人作、魏晋人作诸说。刘起釪认为是张霸杂采《左传》《史记》等零星材料所为;陈梦家罗列了百篇序形成的四个阶段,认为是今文家、古文家分别所造;程元敏则认定是孔子家传之人所作,至少汉初以前就形成。③ 根据张霸伪造本曾以《书叙》为参考,则《书序》至少有一部分在西汉成帝以前就有,到东汉已形成一篇完整的文本。总之不是到魏晋时伪孔传本才造出。但是否就是孔子家传而汉初已见,则阙疑。

今文经由于立于学官,稳定地在两汉流传,东汉所刻熹平石经,也以今文为底本。④ 汉人治今文《尚书》,在政治生活中用《尚书》今文说为据,用来决刑狱、论灾异、封建诰命、任荐大臣等等。但今文学由于与利禄之途紧密结合,故产生

---

① 《汉书·艺文志》,第1706页。
② 《汉书·儒林传》,第3607页。
③ 详见刘起釪《尚书学史》,第109页;陈梦家《尚书通论》,第283—284页;程元敏《尚书学史》,第95—96页。
④ 关于此底本,刘起釪认为是欧阳氏本,见刘起釪《尚书学史》,第73、133页。程元敏认为是小夏侯本,见程元敏《尚书学史》,第510页。争议纷纭,非本书详论之范围,兹从略。要之熹平石经以今文经为底本确凿无疑。

了说经繁琐、严守家法而固执鄙陋的问题，又牵扯阴阳五行、谶纬之说，越发不切实用。① 因此着重于名物训诂、典章制度阐释和发明圣王义理的《古文尚书》学，虽在立学官上一再受挫，却在东汉流行于民间。但由于学官未立而在民间传授，《古文尚书》的传授源流不如今文学清楚。

刘起釪将东汉《古文尚书》传授分为：西汉末涂恽、刘歆门徒以孔安国师承为名的壁中古文本系统；未言传授系统的盖豫、周防等古文家；杜林漆书古文本系统。陈梦家则根据《汉书·儒林传》、《后汉书》之《贾逵传》《马融传》《郑玄传》《杜林传》《儒林传》等列出孔安国至许慎、杜林至郑兴、马融和郑玄等三条传授关系，程元敏所论与之相近。② 总之东汉所传的《古文尚书》大概是近于刘向所见的中秘本，是真古文，这个本子有五十八篇。

到了曹魏时期，经过东汉末的离乱，今文学失去了利禄之途保证，家法毁坏，因此曹魏所立的官学皆是《古文尚书》。到东晋伪孔传本出，并渐渐流传，至唐修正义取之为本，遂独尊而传习至今。这是《尚书》学史上的一大变，其本经就因伪造而产生了变化，这在经典中是独特的现象。接下来就对两晋南北朝的《尚书》学文献作一梳理，以见其流变。

第二节　两晋南北朝《尚书》学的几个问题

一、两晋学官的《尚书》学宗主

两晋的《尚书》立学，由于涉及伪孔传的问题，显得有些复杂。王国维《汉魏博士考》考证曹魏所立官学《尚书》博士为贾、马、郑、王四家③，西晋官学继承曹魏所立，亦当为此四家。案东晋初荀崧上书回顾西晋立学云：

> 贾、马、郑、杜、服、孔、王、何、颜、尹之徒，章句传注众家之学，置博士十九人。④

此传又言东晋初置博士"《尚书》郑氏、《古文尚书》孔氏"⑤。后或有据此误认为

---

① 东汉时今文尚书的章句已在简化，可见学术之变是不停的。并且古文经学与今文相争，也涉及利禄之争，古文说经也有繁琐之处，不可绝对化。
② 详见刘起釪《尚书学史》，第124页；陈梦家《尚书通论》，第40—41页。
③ 王国维：《观堂集林》卷七，第189—190页。案王国维认为西晋初是否已立伪孔传，已不可考，但确知曹魏未立。
④ 《晋书·荀崧传》，第1977页。
⑤ 《晋书·荀崧传》，第1976页。

西晋已立伪孔传。就荀崧所言,孔在《左传》杜、服之后,或非指《尚书》孔氏,或是荀崧习于东晋所立而误言。刘起釪先生就非常肯定地说西晋文献中没有任何关于伪孔传及立博士的资料。① 陈梦家先生也认为西晋时学者引《尚书》多今文,而魏何晏、郑冲等撰《论语集解》引孔安国注,不同伪孔传本;东晋李颙集注所引河内本《泰誓》孔安国曰,不同于伪孔传本《泰誓》经文。②

而《荀崧传》明言东晋初已立《古文尚书》孔氏,一般据此认为这便是今本伪孔传,这是以梅赜所献书为今传伪孔传本为前提的③。这里要特别提出的是陈梦家先生认为元帝所立古文孔氏,指西汉孔安国所传古文,也就是马郑所习之东汉孔安国学派的《古文尚书》,亦郑冲所传、梅赜所上,与伪孔传并非一事,孔颖达、陆德明误为一事。陈先生此论是基于认为伪孔传是东晋孔安国所作而立论的,所言有据,可备一说。④

二、东晋伪孔传《尚书》分析

东晋出现伪孔传《尚书》,是《尚书》学史上一大变化。此本《尚书》中竟然连经本亦有伪造痕迹,在儒家经典当中是罕见的。伪孔传出,使得东晋南北朝的《尚书》学,就较为明显地分为宗伪孔传和宗郑玄两类。因此本小节将单独讨论伪孔传《古文尚书》的问题。此本真伪,历代诸家考述已十分详尽、繁多,限于篇幅,本书在前人基础上作一概述。

关于伪孔传出现的记载,见于《尚书正义》云:

> 《晋书·皇甫谧传》云:姑子外弟梁柳边得《古文尚书》,故作《帝王世纪》往往载孔传五十八篇之《书》。《晋书》又云:晋太保公郑冲以古文授扶风苏愉,愉字休预。预授天水梁柳,字洪季,即谧之外弟也。季授城阳臧曹,字彦始。始授郡守子汝南梅赜,字仲真,又为豫章内史。遂于前晋奏上其书而施行焉。时已亡失《舜典》一篇,晋末范宁为解时,已不得焉。至齐萧鸾建武四年(497),姚方兴于大航头得而献之,议者以为孔安国之所注也。值方兴有罪,事亦随寝,至隋开皇二年(582)购慕遗典,乃得其篇。⑤

而《尚书·舜典正义》云:

---

① 刘起釪:《尚书学史》,第170页。
② 详见陈梦家《尚书通论》,第229—232页。
③ 如钱福林、孙同元《六朝经术流派论》、李源澄《经学通论》、程元敏《尚书学史》所说,持此论者极多,兹不赘举。
④ 详见陈梦家《尚书通论》,第116—117页。
⑤ 《尚书·尧典》,(清)阮元校刻:《十三经注疏》,第248页。

> 东晋之初,豫章内史梅赜上孔氏传,犹阙《舜典》。自此"乃命以位"已上二十八字,世所不传,多用王、范之注补之,而皆以"慎徽"已下为《舜典》之初。至齐萧鸾建武四年(497),吴兴姚方兴于大航头得孔氏传古文《舜典》,亦类太康中书,乃表上之,事未施行,方兴以罪致戮。至隋开皇初,购求遗典,始得之。①

又据《经典释文序录》云:

> 《古文尚书》者,孔惠之所藏也。鲁恭王坏孔子旧宅,于壁中得之,并《礼》《论语》《孝经》,皆科斗文字。博士孔安国以校伏生所诵,为隶古写之,增多伏生二十五篇,又伏生误合五篇,凡五十九篇,为四十六卷。②

又云:

> 江左中兴,元帝时豫章内史梅赜奏上孔传《古文尚书》。亡《舜典》一篇,购不能得,乃取王肃注《尧典》从"慎徽五典"以下分为《舜典》篇以续之,学徒遂盛。后范宁变为今文集注,俗间或取《舜典》篇以续孔氏。齐明帝建武中,吴兴姚方兴采马、王之注,造孔传《舜典》一篇,云于大航头买得,上之。梁武时,为博士议曰:"孔序称伏生误合五篇,皆文相承接,所以致误,《舜典》首有'曰若稽古',伏生虽昏耄,何容合之?"遂不行用。③

又《初学记》云:

> 安国书成,后遭汉巫蛊事不行。至魏晋之际,荥阳郑冲私于人间得而传之,独未施行。东晋汝南梅赜奏上,始列于学官,此则《古文尚书》矣。④

又《隋书·经籍志》云:

> 鲁恭王坏孔子旧宅,得其末孙惠所藏之书,字皆古文。孔安国以今文校之,得二十五篇。其《泰誓》与河内女子所献不同。又济南伏生所诵,有五篇相合。安国并依古文,开其篇第,以隶古字写之,合成五十八篇。后汉扶风杜林,传《古文尚书》,同郡贾逵为之作训,马融作传,郑玄亦为之注。然其所传,唯二十九篇,又杂以今文,非孔旧本。自余绝无师说。晋世秘府所存,有《古文尚书》经文,今无有传者。及永嘉之乱,欧阳、大小夏侯《尚书》并亡。

---

① 《尚书·舜典》,(清)阮元校刻:《十三经注疏》,第264页。
② 《经典释文序录疏证》,第60页。
③ 《经典释文序录疏证》,第64页。
④ (唐)徐坚等:《初学记》卷二一,中华书局,1962年,第498页。

> 济南伏生之传,唯刘向父子所著《五行传》是其本法,而又多乖戾。至东晋,豫章内史梅赜,始得安国之传,奏之,时又阙《舜典》一篇。齐建武中,吴姚方兴于大桁市得其书,奏上,比马郑所注,多二十八字,于是始列国学。①

根据上述这些材料,伪孔传的出现经过可以总结为:

托名于西汉孔安国所作的伪孔传,在曹魏、西晋之际为郑冲所得,经过几传,至东晋元帝时,由豫章内史梅赜(一作梅颐)献上,但当时已亡《舜典》一篇,南齐时姚方兴献上《舜典》一篇。伪孔传本《尚书》亦有五十八篇,总篇数与东汉的《古文尚书》同。其中三十三篇与伏生今文略同,另外二十五篇的篇名、内容不见于汉代传的今、古文《尚书》。伪孔传的《舜典》,初取王肃注,亦用范宁本于马、郑的注;南齐明帝时姚方兴伪造上之,梁武帝时博士不用,隋开皇时购之,遂合于伪孔传。敦煌本《释文》用王肃注,基本同于马、郑,今本《正义》中之《释文》用姚方兴本。案今有敦煌写本的《尚书经典释文》,存《尧典》大部和《舜典》全部,陈梦家先生经过对比认为《经典释文》作于陈末,成书于入隋之前,故不引北人书;孔颖达的《正义》,可能受《释文》影响,而《释文》不必受《正义》影响。② 于是陈先生进一步认为以东晋初立博士、梅颐献孔传、亡《舜典》三事相联系而追溯孔传出于西汉孔安国,实创自陆德明。孔颖达预修《隋书》,《隋志》载梅氏献孔传之说当出孔颖达。③ 陈先生所言可备一说。至于姚方兴《舜典》问题,下文论南朝《尚书》学文献再详述。

上述材料还构建了一个自郑冲而下的伪孔传传承体系,其中诸人在正史中都能找到记载,所以并非全然虚构。但是这个传承体系有漏洞。首先郑冲乃曹魏、西晋初的人,其所论为王肃《尚书》学,很难理解为何郑冲又别传伪孔古文。④ 其二皇甫谧的《帝王世纪》中有许多并不同于伪孔传。⑤ 并且除了出于隋唐人记载的这个传授体系外,没有见此前有相关记载。因记载此本授受的史料

---

① 《隋书·经籍志》,第 915 页。
② 详见陈梦家《尚书通论》,第 326—328 页。陈先生进一步认为隋、唐时陆德明没有修订过《经典释文》所以没有加入北朝学术内容。此说可备一说,但只是推测。
③ 详见陈梦家《尚书通论》,第 244—245 页。陈先生认为至少有梅赜献书和今传伪孔传两个不同的本子,并详引前人相关论证。而刘起釪先生则力辟此说之非,认定伪孔传即梅赜所献本。详见刘起釪《尚书学史》,第 194 页。
④ 详见刘起釪《尚书学史》,第 178—179 页。刘先生举郑冲、郑小同与魏帝争辩只用郑王两家,且其与何晏、荀𫖮共集的《论语注》中载孔注与伪孔传多不同为证。
⑤ 详见刘起釪《尚书学史》,第 175 页。刘先生认为皇甫谧所引皆与伪孔传无关,且《帝王世纪》与伪孔传多有不同。不过程元敏先生因定伪孔传为王肃后学伪造,故力证《帝王世纪》本于伪孔传,详见其《尚书学史》,第 1014 页。本书从刘先生说。

真伪难辨,而此本的内容、篇目都和汉今古文差别较大,故自宋吴棫以后许多学者皆认为其为伪作,至清阎若璩《尚书古文疏证》出而论定其伪。

关于献书人梅赜,名字又作梅颐、枚颐,皆可。其事迹见《世说新语·方正篇》记载:

> 梅颐尝有惠于陶公。后为豫章太守,有事,王丞相遣收之。侃曰:"天子富于春秋,万机自诸侯出,王公既得录,陶公何为不可放?"乃遣人于江口夺之。颐见陶公,拜,陶公止之。颐曰:"梅仲真膝,明日岂可复屈邪?"①

案刘孝标注云:

> 《晋诸公赞》曰:"颐字仲真,汝南西平人。少好学隐退,而求实进止。"《永嘉流人名》曰:"颐,领军司马。颐弟陶,字叔真。"邓粲《晋纪》曰:"初,有赞侃于王敦者,乃以从弟廙代侃为荆州,左迁侃广州。侃文武距廙而求侃,敦闻大怒。及侃将莅广州,过敦,敦陈兵欲害侃。敦咨议参军梅陶谏敦,乃止,厚礼而遣之。"王隐《晋书》亦同。按二书所叙,则有惠于陶是梅陶,非颐也。②

余嘉锡对比今传《晋书·陶侃传》与邓粲、王隐书并合,因此推测有惠于陶侃的是梅陶。陶侃感梅陶之惠,救其兄以报答。《世说新语》说赜有惠于陶公,是传闻之误。③ 可见这个献书人,应该是存在的,献书一事,亦当无误。而献书的内容,通常认为即今传伪孔传,唯陈梦家先生考证为另一书,说已详前。伪孔传的作者,有认为汉刘歆、魏王肃、郑冲、晋皇甫谧、梅颐、孔安国,众说纷纭,各执理据,却又证据不足,多显猜测之意,故本书略之,只下结论云此书当为晋人所作,与上一章论晋《易》学著作的特色一样,也是集成了汉魏的《尚书》经说,依文择义,平实训诂,疏通文句,故而易为东晋南朝人接受,并在隋唐与其他魏晋经注一道成为主流。④

下面再简要对比伏生今文、东汉古文和伪孔传篇目,以见其同异。西汉伏生所传的今文是二十九篇。西汉的古文多出逸十六篇,故西汉的古文是四十五篇。

---

① 余嘉锡:《世说新语笺疏·方正》,第378页。
② 余嘉锡:《世说新语笺疏·方正》,第378页。
③ 余嘉锡:《世说新语笺疏·方正》,第379—380页。
④ 陈梦家先生认为这是东晋侍中孔安国之作,可名之为古文晋学;取代马郑古文汉学,约文申义,力主清通简要,是南学风格。详见陈梦家《尚书通论》,第128—129页。刘起釪先生亦认为伪孔传是魏晋经学中杰出的一部,总结汉代经学的全部成就,益以魏、西晋的各种经说,着重把古文家推崇的圣道王功贯申于经、注。详见刘起釪《尚书学史》,第198页。

《尚书正义》引刘向《别录》载《古文尚书》是五十八篇,这里是把四十五篇中的有些篇,一篇分成几部分。东汉《古文尚书》继承刘向这种分法,故也是五十八篇。伪孔传也是五十八篇,可是比伏生多的古文是二十五篇,不是逸十六篇。伪孔传的大序和《尚书·尧典正义》都记录有《尚书》的篇目数量,前贤据此整理出伏生本、东汉古文、伪孔传篇目,本书借录于此以作对比。

尚书篇目对比表①

篇数\篇目类别	伏生今文二十九篇篇目	东汉郑玄注今文篇目	郑玄注多出今文的古文篇目	今传伪孔传的篇目	伪孔传比今文多出的二十五篇篇目
1	尧典	尧典	舜典	尧典	大禹谟
2	皋陶谟	皋陶谟	汩作	舜典	五子之歌
3	禹贡	禹贡	九共 九篇	大禹谟	胤征
4	甘誓	甘誓	大禹谟	皋陶谟	仲虺之诰
5	汤誓	汤誓	益稷	益稷	汤诰
6	盘庚	盘庚 三篇	五子之歌	禹贡	伊训
7	高宗肜日	高宗肜日	胤征	甘誓	太甲上
8	西伯戡黎	西伯戡黎	汤诰	五子之歌	太甲中
9	微子	微子	咸有一德	胤征	太甲下
10	牧誓	泰誓 三篇	典宝	汤誓	咸有一德
11	洪范	牧誓	伊训	仲虺之诰	说命上
12	金縢	洪范	肆命	汤诰	说命中
13	大诰	金縢	原命	伊训	说命下
14	康诰	大诰	武成	太甲上	泰誓上
15	酒诰	康诰	旅獒	太甲中	泰誓中

① 以上篇目详见陈梦家《尚书通论》,第43—46页。刘起釪先生还作"《书序》百篇、今、古、伪古各本篇目比较表",与本书所列大致相同,而更详细,参见刘起釪《尚书学史》,第149页。

续 表

篇目类别 篇数	伏生今文二十九篇篇目	东汉郑玄注今文篇目	郑玄注多出今文的古文篇目	今传伪孔传的篇目	伪孔传比今文多出的二十五篇篇目
16	梓材	酒诰	冏命	太甲下	泰誓下
17	召诰	梓材		咸有一德	武成
18	洛诰	召诰		盘庚上	旅獒
19	多士	洛诰		盘庚中	微子之命
20	无逸	多士		盘庚下	蔡仲之命
21	君奭	无逸		说命上	周官
22	多方	君奭		说命中	君陈
23	立政	多方		说命下	毕命
24	顾命	立政		高宗肜日	君牙
25	康王之诰	顾命		西伯戡黎	冏命
26	费誓	康王之诰		微子	
27	吕刑	费誓		泰誓上	
28	文侯之命	吕刑		泰誓中	
29	秦誓	文侯之命		泰誓下	
30		秦誓		牧誓	
31				武成	
32				洪范	
33				旅獒	
34				金縢	
35				大诰	
36				微子之命	
37				康诰	

续 表

篇目类别 篇目数	伏生今文二十九篇篇目	东汉郑玄注今文篇目	郑玄注多出今文的古文篇目	今传伪孔传的篇目	伪孔传比今文多出的二十五篇篇目
38				酒诰	
39				梓材	
40				召诰	
41				洛诰	
42				多士	
43				无逸	
44				君奭	
45				蔡仲之命	
46				多方	
47				立政	
48				周官	
49				君陈	
50				顾命	
51				康王之诰	
52				毕命	
53				君牙	
54				囧命	
55				吕刑	
56				文侯之命	
57				费誓	
58				秦誓	

案上表所列伏生今文二十九篇是汉武帝末加入河内本《太誓》以前的篇目，《太誓》加入后，处于《微子》和《牧誓》之间，《康王之诰》就合并在《顾命》中了，于是仍为二十九篇。

对比东汉古文和伪孔传古文，伪孔传古文有十一篇在东汉古文的逸十六篇中。刘起釪先生认为"显然伪作者根本不知道原有十六篇篇题，否则他正应该袭用。而其相同者，只是从《书序》百篇里选题时与之偶合"①。但这里的问题是马、郑所传的东汉古文当时已十分流行，并立于学官，作伪者何以不知逸十六篇？而且伪孔传作者既能广引诸书进行伪造，何以不见逸十六篇的记载？即便不知逸十六篇篇名，为何连多出今文的篇数数量也不同，难道连逸十六篇的数量也不知道？如果不知道逸十六篇，为何总篇数又合于刘向、郑玄等人所说五十八篇？刘先生的说法还是有可疑的，不能作为定论。由此可以提出一种假设，即此伪孔传伪造时代早而献书晚；或者是伪造者原知逸十六篇，而别造二十五篇以炫奇。

此外，伪孔传全书前有以孔安国语气写的序，此为《书》大序，伪孔传又把汉代传下的附在全书末的百篇书序散入各篇前后，此为小序。关于小序的问题，前文已谈及，总之此小序当早于伪孔传造作之时。关于大序还有两个问题要略作讨论。一个是大序本身，用孔安国自己的语气，自称是承诏作，这明显是假托伪造，所以陈梦家先生认为是东晋孔安国作而后人误题，则需要考虑这篇序言中这种假托的说法如何解释。另个一问题是，伪孔传《序》云：

> 鲁共王好治宫室，坏孔子旧宅以广其居，于壁中得先人所藏古文虞夏商周之《书》及《传》《论语》《孝经》，皆科斗文字。悉以书还孔氏。科斗书废已久，时人无能知者，以所闻伏生之《书》，考论文义，定其可知者为隶古定，更以竹简写之，增多伏生二十五篇；伏生又以《舜典》合于《尧典》，《益稷》合于《皋陶谟》，《盘庚》三篇合为一，《康王之诰》合于《顾命》，复出此篇，并序，凡五十九篇，为四十六卷。②

又据《经典释文序录》云：

> 《古文尚书》者，孔惠之所藏也。鲁恭王坏孔子旧宅，于壁中得之，并《礼》《论语》《孝经》，皆科斗文字。博士孔安国以校伏生所诵，为隶古写之，增多伏生二十五篇，又伏生误合五篇，凡五十九篇，为四十六卷。③

---

① 刘起釪：《尚书学史》，第185—186页。
② 《尚书·序》，(清)阮元校刻：《十三经注疏》，第240—241页。
③ 《经典释文序录疏证》，第60页。

篇目的问题上文已列出，此不赘述，但这里出现了一种"用隶古定书写"的说法，这是伪孔传出现后提出的新说法，需要略作讨论。

上文已经说过伏生作为秦博士官，他原本所存的《尚书》经文当是用秦的官方文字即秦小篆书写。汉初他再找出时，散佚不少，剩下的二十九篇他以汉初民间通行的隶书书写。汉文帝时诏太常遣掌故晁错从伏生受《尚书》，晁错也用当时流行的隶书抄写，藏于秘府。这个隶书相对于汉时就是今文。西汉孔安国所定的孔氏家传本，可能也以今文改写过多出伏生本的十余篇。不过汉人并不称《今文尚书》，只是称"古文"以别于欧阳、大小夏侯三家。称三家《尚书》为"今文"，大概在晋代。①

而汉代所谓的古文，是不同于西周籀文、秦篆和汉隶的文字，大概就是战国的文字，陈梦家先生认为书于竹帛时，会成丰中锐尾的科斗形，不同金石刻铸的笔画，因此晋以后的人就称之科斗书。② 然而晋代出现的这种隶古定又是怎样的字体呢？上引《释文序录》材料下吴承仕《疏证》云：

> 隶古定者，谓就古文体而从隶定之，存古为可慕，以隶为可识，故曰隶古。隶古之名前此所无，伪孔既以隶写古文，则不全为古字，至范宁初改为今文，当唐明皇开元天宝间，又悉革隶古之旧，是故见行《尚书》虽出伪孔，而久非古本。唯日本尚有隶古残卷，及敦煌所出残本《释文》，尚得窥见大概。③

也就是说，这是一种羼杂了古文和隶书的字体，作伪者是想体现原本是古文，而由作传者改写为隶书的今文，以假托这是西汉孔安国将古文改写成今文的本子，以博得世人信任。由于作伪者的改写，所以恐怕错误不会少。而范宁所改写的今文，则是东晋时流行的文字，估计应该近于楷书。不过范宁所改的这个本子并不流行，唐玄宗前流行的还是隶古字本。流行的隶古字本又有两种，一是奇字不太多的宋齐旧本，徐邈、李轨、陆德明音义均用此本；一是晚于前者，奇字很多，隋唐流行的本子，当时误认为宋齐旧本是真本《尚书》。④ 到唐玄宗天宝初命卫包改写，则是改为唐时楷书，后来隶古字的伪孔传本就不再流行。

关于伪孔传的辨伪，前人论述已极多且精密，本书不再赘言。大概唐人已有

---

① 详见陈梦家《尚书通论》，第238—239页。陈先生考证说称三家尚书为今文，实始于晋末裴松之、徐广。徐广《史记音义》见于裴松之集解中，如《五帝本纪》引《舜典》多处称"今文"。
② 详见陈梦家《尚书通论》，第167—172页。
③ 《经典释文序录疏证》，第61页。
④ 详见刘起釪《尚书学史》，第184—185页。

怀疑,如孔颖达已怀疑《武成》一篇。宋人的怀疑多是认为今文诘屈聱牙,古文文从字顺,故而有伪。至清儒阎若璩、惠栋、王鸣盛、段玉裁等古文家信东汉的马、郑古文,不信东晋伪孔传;而刘逢禄、魏源、陈乔枞、皮锡瑞等今文家则连马、郑古文也不信,这当然涉及学术门派的立场问题,有时评论并不公允。

不过伪孔传虽然出于伪造,却是真伪羼杂,西汉今文和东汉古文的一部分内容,一些采入伪孔传中,一些被孔颖达《正义》收入,也赖以流传至今。案《尧典正义》引马融《书序》说"逸十六篇,绝无师说。"① 又《经典释文序录》云:

> 案今马、郑所注并伏生所诵,非古文也。孔氏之本绝,是以马、郑、杜预之徒皆谓之《逸书》。王肃亦注今文,而解大与古文相类,或肃私见孔传而秘之乎?②

此条吴承仕《疏证》曰:

> 十六篇不立学官,故谓之《逸书》。马、郑、杜预注释经传,其引《书》而不在今二十八篇中者,皆名为《逸书》是也。马、郑《尚书》远承孔氏,所注止二十九篇,与今文篇目相同,而实非伏生三家本,盖师承异也。陆氏不知伪孔古文非马、郑所得见,遂谓马、郑所传为今文而非古文,则误甚矣。愚尝审核马、郑、王、孔、杜预、皇甫谧诸家《书》说,著为异同考四卷,疏证伪《书》非出王肃。③

《隋书·经籍志》亦云:

> 安国并依古文,开其篇第,以隶古字写之,合成五十八篇。后汉扶风杜林,传《古文尚书》,同郡贾逵为之作训,马融作传,郑玄亦为之注。然其所传,唯二十九篇,又杂以今文,非孔旧本。自余绝无师说。④

这说明了其实东汉古文注解的部分仍是西汉今文有师说的二十九篇,逸十六篇大概只存经文,因此称为逸篇;而在百篇《书序》里只有题目而无经文的,称作亡篇。所以曹魏、西晋今文《尚书》学虽已不立学官,但今文家的经文由马、郑古文保存下来;东汉的古文家大多今古兼采,故今文师说恐怕和东汉古文家说也不会相距太远。因此陆德明才误认为马、郑、王和伏生所传一样,都非古文,与伪孔传相异。

---

① 《尚书·尧典》,(清)阮元校刻:《十三经注疏》,第248页。
② 《经典释文序录疏证》,第63页。
③ 《经典释文序录疏证》,第64页。
④ 《隋书·经籍志》,第915页。

伪孔传出现时,两汉的今古文尚存,伪孔传还与郑注古文长期地并立于学官,时人应当进行过对比,所以今文二十九篇部分,伪孔传与两汉今古文相去也不会太远,也才能使隋唐人乐于接受并认其为真。陆德明说王肃注和伪孔传相类(因此才有学者认为此书是王肃或其后学伪造),更加说明了伪孔传对汉魏经说的继承。故说二十九篇的部分伪孔传是集合了汉魏《尚书》旧说,当没有大问题。而孔传本的书序,是用东汉旧传百篇,也近于两汉今古文所讲书序。所以尽管伪孔传有伪造的部分,两汉的《尚书》学实际上却并没有因为伪孔传出而完全消失,伪孔传是汉魏《尚书》学之流裔,我们今天讲的《尚书》学也是从汉以来有所师承的。

另外晚近出土文献证明伪孔传不同于二十九篇的另外二十五篇也并非空造,如郭店简、上博简的两篇《缁衣》所引文句在伪孔传独有的篇目《君陈》《君牙》中都能找到。关于其经本用字,王国维先生指出"不独魏三体石经之古文具有渊源,即梅赜之伪书其古字亦非全出独撰也"①。由于伪孔传自唐以后为科举所本,故而影响深广,启发后儒学术,如《大禹谟》之"人心惟危,道心惟微,惟精惟一,允执厥中"被宋明理学总结为虞廷十六字心传,成为宋明理学的核心理念之一。所以尽管宋以来儒者疑其伪、知其伪,但仍讲论不废,形成了《书》虽有伪而治《书》之历史不伪的现象。因此无论从伪孔传内容本身还是研治其书的学术史来看,伪孔传都是极其重要的一部文献,也是晋代经学的一个重要成就。

三、南朝学官的《尚书》学宗主

南朝的《尚书》学文献,为前贤所诟病的一点即对伪孔传的推崇。如汪家禧说"伪孔安国传出,而《书》乱。信俗学之失,固南人所独也"②;邵宝初说"刘宋时郑氏犹未废绝,崇孔废郑,实在齐梁之后矣"③;孙同元云"江左,梅赜之书初献,厌闻古训"④;皮锡瑞说"南学则尚孔安国之伪撰,与郑学枘凿,亦与汉儒背驰"⑤;李源澄也认为"至南北朝,江左《尚书》则孔安国"⑥。这些说法大概是清人站在宗汉学的立场而对晋学的批评,上文讨论伪孔传时已提到清儒有信马、郑不信伪孔者,有并马、郑亦不信者,此不赘言。诸贤有此看法,当本《隋书·儒林传》言

---

① 王国维:《观堂集林》,第330页。
② (清)汪家禧:《六朝经术流派论》。
③ (清)邵保初:《六朝经术流派论》。
④ (清)孙同元:《六朝经术流派论》。
⑤ (清)皮锡瑞:《经学历史》,第170页。
⑥ 李源澄:《经学通论》,华东师范大学出版社,2009年,第39页。

"江左《尚书》则孔安国,河洛《尚书》则郑康成"①。

这当然也是大致的区分,前儒也早已指出南朝是郑、伪孔两立,至隋才伪孔盛而郑学微。如钱福林说"江左竞喜新说,不别真伪,欲两存之"②;徐鲲说伪孔传"始则与郑同行"③;钱基博云"梁陈所讲,有孔、郑二家,北朝惟得郑义,至隋初,始行孔传"④。这些说法是本于《隋书·经籍志》所言:

> 梁、陈所讲,有孔、郑二家。齐代唯传郑义。至隋,孔、郑并行,而郑氏甚微。自余所存,无复师说。⑤

这段话明言梁和陈两代都是伪孔、郑并立学官,东晋也是如此。那么在这之间的刘宋和南齐学官所立《尚书》又是何家呢?前贤对这条材料的解读,也和上文南朝《易》学类似的一条一样,有将"齐代"误认为南齐,如刘起釪、程元敏。又焦桂美言:"与宋齐《尚书》以郑注为主不同,梁陈时郑、孔并立"。⑥ 案焦书只举"齐代唯传郑义"此条以为齐主郑学,而此处云宋齐以郑注为主,大概是以齐推测宋而连言之。而陈梦家、潘忠伟则认为指北齐,上引钱基博所言可知亦是本于此条,也认为指北朝,本书从之,详细考证已见南朝《易》学的讨论,兹不赘述。⑦

然则只能通过这条材料证明梁陈和北齐之宗,宋、南齐只能猜测为郑、伪孔两立,因宋、南齐在东晋、梁陈之间,政权本身和立学持续的时间也不长,因循前代立学内容,是十分可能的。因此可以总结说南朝一直是伪孔、郑并立的,到隋代亦如之,只是伪孔风头这时才盖过郑,那么反推此言,可知南朝的伪孔并没有盛于郑,而是"并行"。通过下引《释文》一条亦可知,《释文》所说"近"盖指陈末,这就和《隋志》所言相当。

案《经典释文序录》云:

> 永嘉丧乱,众家之《书》并灭亡,而古文孔传始兴,置博士;郑氏亦置博士一人。近唯崇古文,马郑王注遂废。⑧

《隋书·经籍志》亦云:

---

① 《隋书·儒林传序》,第1705页。李延寿《北史·儒林传序》沿用此语。
② (清)钱福林:《六朝经术流派论》。
③ (清)徐鲲:《六朝经术流派论》。
④ 钱基博:《经学通志》,第53页。
⑤ 《隋书·经籍志》,第915页。
⑥ 焦桂美:《南北朝经学史》,第215、219页。
⑦ 参见刘起釪《尚书学史》,第201页;陈梦家《尚书通论》,第128页;焦桂美《南北朝经学史》,第215页;程元敏《尚书学史》,第1173页;潘忠伟《北朝经学史》,第308页。
⑧ 《经典释文序录疏证》,第65—66页。

> 晋世秘府所存,有《古文尚书》经文,今无有传者。及永嘉之乱,欧阳、大小夏侯《尚书》并亡。济南伏生之传,唯刘向父子所著《五行传》是其本法,而又多乖戾。①

晋秘府有汉代传下的真古文经,前论两晋《尚书》已涉及。此处云今文三家《尚书》亡于永嘉之乱,其实主要指的是专门的如两汉的师法、家法,即《隋志》所说"自余所存,无复师说",并不是说没有相关文献留下。而今文家的师说其实亦为古文家采用而保存了一些。同样,东汉的古文在隋唐伪孔传独盛后,也遭遇了和今文一样的命运。这与《易》学也是类似的。②

四、姚方兴献上《舜典》

伪孔传在梅赜初献上时,就亡《舜典》一篇。③ 当时人或采王肃注本《尧典》后半部分补之,这或许是因为伪孔传很类似王肃注。或用范宁注本补,范宁这一部分的注本是本于马、郑注的。到了南齐姚方兴献上《舜典》,并没有立刻补入伪孔传,而是经过一番周折,本书将就此略述始末。

案《尚书正义》云:

> 时已亡《舜典》一篇,晋末范宁为解时,已不得焉。至齐萧鸾建武四年(497),姚方兴于大航头得而献之,议者以为孔安国之所注也。值方兴有罪,事亦随寝,至开皇二年(582)购慕遗典,乃得其篇。④

而《尚书·舜典正义》云:

> 东晋之初,豫章内史梅赜上孔氏传,犹阙《舜典》。自此"乃命以位"以上二十八字,世不传,多用王、范之注补之,而皆以"慎徽"以下为《舜典》之初。至齐萧鸾建武四年(497),吴兴姚方兴于大航头得孔氏传古文《舜典》,亦类太康中书,乃表上之,事未施,方兴以罪致戮。至隋开皇初,购求遗典,始得之。⑤

---

① 《隋书·经籍志》,第915页。
② 然而据《唐六典》,当时《尚书》亦同用郑玄、伪孔传,观《隋书·经籍志》、《旧唐书·经籍志》均著录有《尚书》郑玄注,说明孔颖达所修《正义》也只是相对地使伪孔传独尊,郑注的影响仍不可忽视。见《唐六典》卷二一,第558页。
③ 陈梦家先生认为亡《舜典》一篇,不是指亡经文,因为伪孔大序已经说伏生合《尧典》《舜典》,所以伪孔是把《舜典》从《尧典》分出,所以亡的是《舜典》孔注,当时人补的是王肃注。不过用王注,经文便也用王本。详见陈梦家《尚书通论》,第65页。
④ 《尚书·尧典》,(清)阮元校刻:《十三经注疏》,第248页。
⑤ 《尚书·舜典》,(清)阮元校刻:《十三经注疏》,第264页。

又云：

> 此十二字是姚方兴所上，孔氏传本无，阮孝绪《七录》亦云然。方兴本或此下更有"濬哲文明温恭允塞玄德升闻乃命以位"。此二十八字异，聊出之，于王注无施也。①

又据《经典释文序录》云：

> 江左中兴，元帝时豫章内史梅赜奏上孔传《古文尚书》。亡《舜典》一篇，购不能得，乃取王肃注《尧典》从"慎徽五典"以下分为《舜典》篇以续之，学徒遂盛。后范宁变为今文集注，俗间或取《舜典》篇以续孔氏。齐明帝建武中，吴兴姚方兴采马、王之注，造孔传《舜典》一篇，云于大航头买得，上之。梁武时，为博士议曰："孔序称伏生误合五篇，皆文相承接，所以致误，《舜典》首有'曰若稽古'，伏生虽昏耄，何容合之？"遂不行用。②

案此条吴承仕先生《疏证》说徐邈作音、陆氏《释文》，皆用阙《舜典》的伪孔传，《舜典》用王肃注，并说：

> 陆用王注，自与《正义》不符；宋改《释文》，乃删节陆本以合《正义》。唐写隶古定本《释文》残卷《舜典》一篇完具无阙，与陈鄂改本绝异，承仕为作《笺释》，于经学颇有补益。盖《释文》作于陈至德间，故隋用姚本之事非陆氏所能豫言耳。③

吴先生此说与前引陈梦家先生合，皆认为《释文》成于隋前，可备一说。吴先生并解释了今本《释文》所用《舜典》与唐写残本不同的原因。

前引《尚书正义》说明了姚方兴在南齐建武四年（497）上这一篇《舜典》，没有立于学官的原因是方兴以罪致戮，因人废书。此后梁陈的伪孔传仍没有姚氏这个版本。直到隋开皇二年（582）才搜购得之，这时才与伪孔传合并，唐孔颖达修《正义》，仍隋之旧。

《正义》还说明了姚氏所献的本子后来有两种：第一种是当时人把王肃注本"慎徽五典"以下作《舜典》，姚氏在这之前增加了"曰若稽古帝舜曰重华协于帝"十二字，这应是姚氏所上时便有的；第二种是在多加的十二字后还多加了"濬哲文明温恭允塞玄德升闻乃命以位"十六字，故较王本多出二十八字，这当是后来出的本子。

---

① 《尚书·舜典》，(清) 阮元校刻：《十三经注疏》，第264页。
② 《经典释文序录疏证》，第64页。
③ 《经典释文序录疏证》，第65页。

《释文》明确指出姚氏此本是他自己的伪造,而且是采马、王之注伪造。但是这个采马、王说的伪造本却被孔颖达认为是真而为《正义》所本,又一次证明了伪孔传整体是继承东汉古文学说的。关于多出的二十八字,学者们推测前十二字出《尚书中候》,后十六字为刘炫增入。①

《释文》还指出姚氏献上《舜典》没有立即合于伪孔传的原因是当时有人识别出其伪造,这个说法到陈代陆德明时都认可。因此并非如孔颖达所说仅是因为姚氏获罪而没有使用。

《释文》引"梁武时为博士议曰"的话来说明当时人如何认定其伪造,这里还需说明,关于这句话有两种解读:一是作"梁武时为博士,议曰"解,即认为梁武帝萧衍当时是南齐的博士,姚氏献上,萧衍即认定其非,所以南齐不行此本;一是作"梁武时,为博士议曰"解,指梁代武帝时,当时的博士认定姚氏伪造,所以梁代不用姚氏《舜典》。陈梦家、程元敏用前一说,刘起釪用后一说,据《梁书·武帝纪》萧衍并未任过博士一职,本书从后说。② 不过无论何种解读,结合《正义》所说,可以确定姚氏伪造本在南朝认定其伪造而没有使用,到隋代信其真,才取代王肃、范宁注,合于伪孔传。

五、北朝传东汉《古文尚书》与伪孔传的传入

关于北朝《尚书》学之宗主,前贤多认为唯崇郑学,只是到了北朝末二刘时,才引入伪孔传之说。如钱福林说"徐遵明墨守先训,为时盛德"③;徐鲲说"幸而河北诸儒不关闻见,二十九篇之说孤行,费甝义疏之来亦晚"④;孙同元云"河洛大儒,恪守汉学,彬彬盛矣"⑤;皮锡瑞说"北学《书》宗郑氏"⑥;李源澄也认为"至南北朝,河洛《尚书》则郑康成"⑦。这些同样是清人站在宗汉学的立场而对北朝保存郑学的赞誉,连今文家皮锡瑞虽批评郑玄杂糅今古,但相较于伪孔传,在皮氏看来郑学远胜。诸贤有此看法,亦本《隋书·儒林传》言"江左《尚书》则孔安

---

① 详细考证见陈梦家《尚书通论》,第332页;刘起釪《尚书学史》,第182页。并列有前人诸说,兹不赘引。
② 详见陈梦家《尚书通论》,第64页;程元敏《尚书学史》,第1143页;刘起釪《尚书学史》,第182页。
③ (清)钱福林:《六朝经术流派论》。
④ (清)徐鲲:《六朝经术流派论》。
⑤ (清)孙同元:《六朝经术流派论》。
⑥ (清)皮锡瑞:《经学历史》,第170页。
⑦ 李源澄:《经学通论》,第39页。

国,河洛《尚书》则郑康成"①。

此外,关于北朝《尚书》学授受的记载,还有《北齐书·儒林传》的一段话,其言:

> 齐时儒士,罕传《尚书》之业,徐遵明兼通之。遵明受业于屯留王总,传授浮阳李周仁及渤海张文敬及李铉、权会,并郑康成所注,非古文也。下里诸生,略不见孔氏注解。武平末,河间刘光伯、信都刘士元始得费甝《义疏》,乃留意焉。②

此段材料,"古文"已专指伪孔传,是唐人修史之看法。又《北史·儒林传序》云郑玄注《书》"大行于河北"③;《隋书·经籍志》云"齐代唯传郑义",所指北齐,此均与上引材料吻合。可知的是北朝自徐遵明所传授的都是郑玄《尚书》。

除了上述李周仁等从遵明习郑注《尚书》,还有如北周乐逊等人亦从遵明学习。④ 北朝以前,十六国还有刘渊"师事上党崔游,习马氏《尚书》"⑤,可见崔游师徒亦传郑玄之外的东汉古文,不过这类学者没有《尚书》学专著。总之东汉《古文尚书》在北方是占主导地位的,前贤所言确实可据。不过仍需有一点需要说明,是关于伪孔传进入北朝的时间。

案上引《北齐书·儒林传》所说,伪孔传传入北方是在北齐武平末,但据程元敏先生考证,则不当晚至此时。程先生列举郦道元、苏绰、颜之推等十多家著作中提及的《尚书》文句,考证早于武平末最多五十八年,最少十四年,伪孔传就见于北方。⑥

其实南北学术不乏交流,南方儒者亦有早于武平末即北奔者,例如颜之推,则早将伪孔传本带入北方是几乎可以肯定的事。而史书所言,只是大概,尤其是重在主流的、官方的学术上。前述北朝《易》学,已见北朝学术有孤陋之嫌,《北齐书·儒林传》说"下里诸生,略不见孔氏注解",亦可证之,如苏绰、颜之推诸儒,则不在下里诸生之列了。

故可以总结说北朝的官学大概一直是独立郑学,随着南北学术交流,北方亦有用伪孔传本者,只是在私人,流传不广。到武平末二刘以费甝《义疏》为据,重

---

① 《隋书·儒林传序》,第1705页。李延寿《北史·儒林传序》沿用此语。
② 《北齐书·儒林传》,第583页。案李延寿《北史·儒林传》此段大体相同,而王总作王聪。
③ 《北史·儒林传序》,第2708页。
④ 《周书·乐逊传》,第814页。
⑤ 《晋书·刘元海载记》,第2645页。
⑥ 详见程元敏《尚书学史》,第1181—1197页。

作疏证,伪孔传才在北方流行开来,恰好不久隋就统一了中国,进入隋唐,南北就同遵伪孔传了。

第三节　两晋南北朝《尚书》学文献分析

一、两晋南北朝《尚书》学文献的数量、分类、存佚统计

两晋的《尚书》学文献,就统计目录来看,相对于《易》学文献,显得少得多。程元敏先生认为这是因为晋人讲学多尚老庄虚浮,而《尚书》是朴实之学,专著便少。① 此确为一个原因,不过也可能是学术好尚之自然变化,两晋南北朝《易》《礼》《论语》《孝经》为研究热门,自然学者研究精力侧重于彼,便少分心于此《尚书》了。

两晋时期产生的《尚书》学文献,绝大多数已经亡佚了,流传至今保存完好的只有一种,即孔颖达修《尚书》正义所本的伪孔安国传《尚书》。案两晋《尚书》学文献,丁国钧《补晋书艺文志》有13种,文廷式《补晋书艺文志》有15种,秦荣光《补晋书艺文志》有18种,黄逢元《补晋书艺文志》有13种,吴士鉴《补晋书经籍志》有14种,许锬辉《尚书著述考》中晋代有12种。本书根据前列各种目录书统计,去除重复著录和作者、朝代错误者,总结两晋时期《尚书》学文献辑、存有9种,佚15种。

表4-3-1　两晋《尚书》学文献分类统计表

两晋《尚书》24种	白文类		辑1种	佚1种
	传说类		辑、存5种	佚5种
	专题类	图谱	辑1种	佚1种
		单篇	辑1种	佚1种
		汲冢周书	0	佚3种
		音训	辑1种	佚1种
	通论类	议论	0	佚3种

---

① 程元敏:《尚书学史》,第1078页。

如表4-3-1所示,两晋《尚书》学文献中传说类文献的数量是最多的,其中包含了《逸周书》的著作,这是就文献形式来分。而根据内容来看,专题类文献中图谱文献其实也是根据《尚书》的某一单篇而作,单篇和音训文献也属于训释《尚书》经传的性质。

南朝的《尚书》学文献,数量和两晋差不多,且基本亡佚了。唯有一种全本留下,即南齐姚方兴所上的伪孔传《舜典》一篇,合于伪孔传而流传至今。案南朝《尚书》学文献,王仁俊《补宋书艺文志》有1种,聂崇岐《补宋书艺文志》有1种,高桂华《补南齐书经籍志》有3种,陈述《补南齐书艺文志》有3种,王仁俊《补梁书艺文志》有10种,徐仁甫《补陈书艺文志》有1种,徐崇《补南北史艺文志》南朝有6种,许锬辉《尚书著述考》中南朝有10种。本书根据前列各种目录书统计,去除重复著录和作者、朝代错误者,总结南朝时期《尚书》学文献辑、存有2种,佚18种。

表4-3-2 南朝《尚书》学文献分类统计表

南朝《尚书》20种	传说类		辑1种	佚10种
	专题类	单篇	存1种	佚3种
		音训	0	佚1种
	通论类	序跋	0	佚1种
		议论	0	佚3种

如表4-3-2所示,南朝《尚书》学文献中传说类文献的数量是最多的,与两晋的《尚书》文献一样。专题类文献的种类没有两晋丰富。而根据内容来看,单篇文献中有一种可能是白文,不知是否有传说,故据其题名归入单篇。从数量上看,南朝的《尚书》学并没有因伪书的流行而逊于两晋。

北朝传习《尚书》者不乏其人,观史传可知。然而北朝的《尚书》学文献,数量却少得可怜,且唯有一篇拟《尚书》的苏绰《大诰》留于《周书·苏绰传》中,其余全部亡佚。案北朝《尚书》学文献,李正奋《补魏书艺文志》有3种,徐仁甫《补北齐书艺文志》有0种,徐仁甫《补周书艺文志》有1种,徐崇《补南北史艺文志》北朝有4种,许锬辉《尚书著述考》中北朝有0种。本书根据前列各种目录书统计,去除朝代错误者,总结北朝时期《尚书》学文献存有1种,佚5种。

表 4-3-3　北朝《尚书》学文献分类统计表

北朝《尚书》6种	传说类		0	佚4种
	专题类	单篇	存1种	0
		音训	0	佚1种

如表4-3-3所示,北朝《尚书》学文献中仍以传说类文献为主,与两晋、南朝相同,不过数量远少于两晋、南朝。专题类文献只有一种音训和一种单篇,亦大逊于两晋、南朝。出现这种现象的原因,大概与北朝《易》学文献相似,详见《易》学文献的辨析,此不赘论。

二、西晋传汉《古文尚书》分析

西晋所立的官学四家中,贾、马、郑都是东汉的《古文尚书》学,王肃虽反对郑玄,却宗贾逵、马融,因此王肃之学亦为东汉《古文尚书》范畴。故西晋的《尚书》学就以东汉《古文尚书》为主,并延续了曹魏时的郑王之争,而不羼杂东晋所出的伪孔传。① 郑王之外有传习马融《尚书》者,如董景道"明马氏《尚书》,精究大义"②,不过这类学者没有留下《尚书》著作。

王肃所用的经本实际与郑玄注是一个版本系统,郑王的分歧主要在注。皮锡瑞说王肃"驳郑,或以今文说驳郑之古文,或以古文说驳郑之今文"③。就孔颖达《尚书正义》引王肃注222条,其中郑王皆有注的是121条,有50条同,71条异。④ 郑王注相异处,有对字词解释的相异,如《舜典》"纳于大麓",郑注"山足",王注"录"。有对义理解释的相异,如《舜典》"殛鲧于羽山"句,郑注说禹治水后才流四凶,王肃认为这个说法让禹陷于不孝,让舜陷于不义。王肃多用马融说驳斥郑玄,如《舜典》"群后四朝",郑注四朝为"四季朝",王注同于马注作"四面朝"。

王肃学出,同立于学官,郑王之争便开启。《三国志·魏志》记录甘露元年

---

① 同样由于对伪孔传的认识不同,一般学者认为西晋没有伪孔传,如陈梦家、刘起釪等。但是程元敏认为伪孔传是王肃后学所造,所以西晋已有之,并以皇甫谧《帝王世纪》为例。详下论东晋伪孔传部分,兹不赘述。
② 《晋书·董景道传》,第2355页。
③ (清)皮锡瑞:《经学历史》,第155页。
④ 程兴丽:《魏晋南北朝〈尚书〉学研究》,第178页。

(256)四月,讨论《尚书》郑王注异同,郑冲等人主郑学,庾峻主王学。① 晋代学者延续郑王之争,对郑王的内容有所讨论。例如以问答的形式,讨论郑王优劣者,有孔晁《尚书义问》、刘毅《尚书义》。吴范顺主郑学,而后刘毅、孔晁主王学。

西晋对《尚书》所作的注解文献,有一种地位比较特别,这就是乐安王友伊说撰《尚书义疏》。在经典的注解体裁上,东汉末年马融、郑玄已打破了两汉的师法、家法,混合今古,杂糅多家,这种解经方式经过魏晋进一步发挥,形成了许多"集注""集解"形式的传说著作。把这种集解性质的文字和经学教育中"讲义"性质的文字结合起来,就形成了"义疏体"文献。"义疏体"是南北朝时期为数较多的一种经学注释文献,也是此时最具特色的文献。可惜这类文献绝大多数已亡佚,今存完整者仅皇侃《论语义疏》一部著作。但我们从书名可知,西晋已有"义疏体"出现,"义疏体"并不是南朝的发明。确定"义疏体"起源的时间,可以帮助我们认识"义疏体"产生的原因和其性质。关于"义疏体"更详细的分析,详见后文《论语》一节。

西晋还有汉代《古文尚书》流传下来的白文著作,卫恒家传汉代《古文尚书》,卫恒便撰成《诏定古文官书》。陈梦家先生认为这是记录《古文尚书》异体的字书,当与晋世秘府藏《古文尚书》有关。

另东晋学者注《尚书》并非全然从伪孔,如李颙《集解尚书》,注《泰誓》引用的是西汉传的古文孔传。谢沈《尚书注》今存的佚文依郑注。姑附论于此。

三、类《尚书》文献分析

有一类与《尚书》同类型的文献,是西汉刘向根据中秘藏书整理的《周书》七十一篇。《汉书·艺文志》颜师古注:"刘向云'周时诰誓号令也,盖孔子所论百篇之余也。'今之存者四十五篇矣。"② 东汉古文家称之《周书》或《逸周书》,汉今、古文家均不习。《逸周书》今通行本亦十卷,七十篇目,《序》一篇,五十九篇文存(其中孔注剩四十二篇,无注者十七篇)。

关于上引颜师古注,黄怀信先生认为皆是刘向语,即刘向时已只有四十五篇,而七十一篇其中包括了没有内容只有题目的篇数,是刘向根据七十一篇《序》所作出的存、亡分类。七十一篇在刘向之前已编订并有《序》,作《序》和七十一篇编订大约在春秋周景王时周人所为。在西汉景帝、武帝时有汉人对四十五篇做过"解",西晋孔晁注亦只有四十五篇,而今本多出的无孔晁注的部分,则来自汲

---

① 《三国志·王肃传》,第135—138页。
② 《汉书·艺文志》,第1706页。

冢书。本书录此,以备一说。①

案《四库全书总目》云:

> 旧本题曰《汲冢周书》。考《隋经籍志》《唐艺文志》,俱称此书以晋太康二年得于魏安釐王冢中。则汲冢之说,其来已久。然《晋书·武帝纪》及《荀勖》《束晳传》,载汲郡人不准所得竹书七十五篇,具有篇名,无所谓《周书》。杜预《春秋集解后序》,载汲冢诸书,亦不列《周书》之目。是《周书》不出汲冢也。考《汉书·艺文志》先有《周书》七十一篇,今本比班固所纪惟少一篇。陈振孙《书录解题》,称凡七十篇,《叙》一篇在其末。京口刊本,始以《序》散入诸篇,则篇数仍七十有一,与《汉志》合。司马迁纪武王克商事,亦与此书相应。许慎作《说文》……马融注《论语》……郑玄注《周礼》……皆在汲冢前,知为汉代相传之旧。郭璞注《尔雅》,称《逸周书》。李善《文选注》所引,亦称《逸周书》。知晋至唐初,旧本尚不题"汲冢"。②

是考辨此《逸周书》之流传清晰。不过《四库全书总目》所说《束晳传》无所谓《周书》,是失检,西晋确有汲冢出土的《周书》,只是隋、唐史志将七十一篇误为汲冢出土。

《逸周书》记载周时诰誓号令,与《尚书》《周礼》的内容互有出入,汉人《礼记》《史记》《汉书》有采用其中的一些记载。《逸周书》能补充《尚书》等先秦典籍记载未备的一些内容,而汉人没有重视此书,孔晁的《逸周书注》就成为现存最早的注,并且在孔晁之后,清代以前,古注流传也只有孔晁一家,可见孔晁注实可宝贵。今存《逸周书》每篇篇题末的"解"字,前贤认为即孔晁作注时所加③。虽非百篇《尚书》之列,但亦《尚书》之类,姑论于此。

西晋还有三种关于《汲冢周书》的著作,续咸《汲冢周书释》、王接《汲冢周书论》、束晳整理的《汲冢周书》,本书将之列为《尚书》类的出土文献。

王接本传言:

> 时秘书丞卫恒考正汲冢书,未讫而遭难。佐著作郎束晳述而成之,事多证异义。时东莱太守陈留王庭坚难之,亦有证据。晳又释难,而庭坚已亡。

---

① 详见黄怀信《逸周书源流考辨》,西北大学出版社,1992年,第1、61、75、80、86页。黄先生认为《尚书》小序是孔子作,以此考订七十一篇序为春秋时周人作。案孔子作今传《书序》说,恐非是;然时代悬隔,典籍湮乱,所作皆是推测,姑录黄先生《逸周书》编订和篇目说以备考。

② 《四库全书总目》卷五〇,第445—446页。

③ 参见张舜徽《广校雠略》卷二,华中师范大学出版社,2004年,第40页。

散骑侍郎潘滔谓接曰:"卿才学理议,足解二子之纷,可试论之。"接遂详其得失。挚虞、谢衡皆博物多闻,咸以为允当。①

是当时议论《汲冢周书》者,还有卫恒、束皙、王庭坚。束皙对卫恒所整理者有所论难,王庭坚又难束皙。束皙对王庭坚作回应时,庭坚已亡,而王接所论,则是折中束皙、庭坚所论,接或承庭坚之论而难束皙。

另外北朝有一种仿《尚书》的著作,即北周苏绰的《大诰》,此文撰写于西魏时,西魏、北周的官方文笔皆依此体,可见这篇拟《尚书》文章的影响。

四、图谱、音训等《尚书》专题研究

《禹贡》是《尚书》中常单列出来研究的篇目。对《禹贡》作地图上的专门研究,两晋已有。如西晋裴秀的《禹贡地域图》,以《禹贡》为基准制图,还设定了制图的六个标准,启发后来宋代《禹贡》之研究,宋程大昌《禹贡山川地理图》、王柏《禹贡图说》均其后学。东晋绘画大家顾恺之也画有《夏禹治水图》。

东晋的《尚书》学,自伪孔传出后,开始有人以此为本治《书》。除了传说类的范宁《尚书注》,还有两种音训著作即徐邈《古文尚书音》、李轨《古文尚书音》。南齐王俭《尚书音义》亦是本于伪孔传所作的音训。而北朝《尚书》学著作中,还有对东汉《古文尚书》系统作音训者,即北魏刘芳《王肃注尚书音》。而刘芳的音注,是青齐地区的经学不同于北朝主流的又一例证。

五、南北朝不同宗主的《尚书》注本

自西晋出现义疏体的注释文献,南北朝《尚书》学都有义疏体著作。例如南朝梁巢猗《尚书义》、梁费甝《尚书义疏》,都是本伪孔传所作的经学讲义。巢猗、费甝任国子助教,则其书是国学讲稿一类比较浅显的经传兼释的注本。刘炫、刘焯的《尚书》学受费氏影响很大,孔颖达《正义》则本于二刘,因此费氏的著作借由《正义》而流传。

而南朝宋姜道盛《集释尚书》、梁孔子袪《集注尚书》,前贤以为也是义疏体著作,但无所依据。我们需要强调,南北朝不是所有传说类文献都是义疏体,例如孔子袪有《尚书义》《集注尚书》两种传说《尚书》的著作,显然"集注"与"义"是不同的体裁,"集注"不能等同"义疏"。

另外南朝还有一些注解《尚书》的著作,如梁武帝《尚书大义》、梁任孝恭《古文尚书大义》、梁孔子袪《尚书义》、陈张讥《尚书义》,以上所有这些著作均以伪孔

---

① 《晋书·王接传》,第1436页。

传为准,我们由此可见南朝主流的《尚书》学好尚。

北朝的《尚书》学传说著作很少,北魏卢景裕《尚书注》没有佚文留存,根据卢景裕从学于徐遵明推测,卢景裕的《尚书》学应该遵从郑学。北魏崔浩也有《尚书注》,但崔浩对马、郑、王、贾都有批评,那么他可能并不完全遵从东汉古文家的《尚书》说。

北朝的《尚书》义疏体著作有北周蔡大宝《尚书义疏》、北周萧璹《尚书义疏》。蔡大宝的《尚书义疏》与巢氏、费氏义疏并称,应该是宗伪孔传者。我们由此可见,北朝的《尚书》注本宗主比较多样化,这与我们前面所分析的伪孔传影响渐次扩大吻合。

本 章 小 结

通过上述对两晋南北朝《尚书》学文献的分析,可以看到同《易》学相似的一个特点是对汉魏学说的继承。西晋以东汉贾、马、郑和曹魏王肃立学,均主兼采今古的东汉古文学说。东晋伪孔传出,虽然是托名西汉孔安国的伪造之作,本质却是集成汉魏学说并与王肃说相似的一种晋代《尚书》著作,从这个角度看不属伪作。南朝郑、伪孔两立,但就著作来看似乎更重视伪孔,这直接影响了隋唐的《尚书》宗主取舍。北朝主郑玄说,但因地域和南北学术交流,产生了宗主各不相同的《尚书》著作。

汉代的今文家在曹魏已不立于学官,师法、家法逐渐散亡。但《经典释文序录》《隋书·经籍志》说众家之《书》并亡于永嘉丧乱,只能针对专门讲习且立于学官的今文师说,而如北魏崔浩治夏侯说,郑、王注保存的今文说等则不在此列。同样,隋唐以后虽专主伪孔,但郑、王之说也存在在伪孔传、陆德明《经典释文》、孔颖达《正义》等著作中。故可说汉魏的《尚书》旧说一直有传承,只是在晋南北朝时,治经风格由两汉时今文专家、今古兼采,发展为汉魏兼采,这是学术内部自然发展的体现。

两晋的《尚书》文献类型是较丰富的,既总结了汉魏经说,又开启了后来研究的类型。西晋的《尚书》文献以东汉古文为宗,延续了曹魏的郑王之争。还出现了优秀的图谱类著作,开后来研究《禹贡》单篇之先。对类似于《尚书》的文献,如《逸周书》《汲冢周书》的整理也不乏其人。西晋还出现了最早的以"义疏"题名的著作,为后来南北朝义疏体之先导。而东晋伪孔传出,学者们开始对其进行音训和注解,使得此书与东汉古文并行,到南朝以后渐渐后来居上。

而除所据版本不可考者,可知南朝伪孔传的影响已然比较大了。虽然国学一直郑、伪孔两立,但似乎《尚书》类文献的作者更倾向伪孔传。所以前贤总结说南朝崇伪孔,从上述统计的文献上来看,亦甚相符合,无怪乎进入隋唐,伪孔便独尊了,这是南朝已埋下的伏笔。

就统计来看,北朝《尚书》学文献数量虽然很少,但是宗主的流派却十分丰富,有主马融、郑玄者,有主今文夏侯者,有主王肃者,有主伪孔传者,这与北朝各地之间、南北之间学术交流有关。因此尽管史书言北朝尚郑康成《尚书》,也是大致上的说法,细考之则呈现一种多元丰富的画面。

第五章 两晋南北朝《诗经》学文献

第一节 《诗经》学文献溯源

一、《诗经》的来源与编订

《诗》在今天被认为是我国现存最早的一部诗歌总集。先秦以来,《诗》常常和《书》并称,作为周代王官之学的教材,作为贵族个人修养和政治外交的文献依据,作为诸子百家论学的理论来源,作为秦代焚禁的典籍之一,作为汉代经学原典之一。因此,在近代以前的历史里,《诗》不是一种单纯的文学作品,它是具有丰富的思想、教化、政治内涵的文献,由此形成了专门的《诗》学史和《诗》学文献,是经学史和经学文献的重要组成部分。

今天所见的《诗》,也和《书》一样起源很早,大概是两周时代产生的作品。今本《诗》有305篇,其中十五国风160篇,大小雅105篇,三颂40篇;另还有6篇有目无辞的笙诗。就《诗》的内容可推知原作者是不同时代、地方的人,由专人将这些诗篇编订为一本。诗篇的来源,有采诗和献诗,前者是中央派人到民间收集诗篇;后者是地方官吏收集诗篇或者臣下作诗献上,也有专为祭祀而作的诗篇,同样献上中央。如《汉书·食货志》云:

> 孟春之月,群居者将散,行人振木铎徇于路,以采诗,献之大师,比其音律,以闻于天子。故曰王者不窥牖户而知天下。①

《公羊传·宣公十五年》解诂云:

> 男女有所怨恨,相从而歌。饥者歌其食,劳者歌其事。男年六十、女年五十无子者,官衣食之,使之民间求诗。乡移于邑,邑移于国,国以闻于天子。故王者不出牖户,尽知天下所苦,不下堂而知四方。②

---

① 《汉书·食货志》,第1123页。
② 《公羊传·宣公十五年》,(清)阮元校刻:《十三经注疏》,第4965页。

这里体现了中央统治者采诗的流程,并说明采诗的目的是通过民间所采之诗来了解民风、民情,以便于治理天下。又《国语·周语》载邵公云:

> 故天子听政,使公卿至于列士献诗,瞽献典,史献书,师箴,瞍赋,矇诵,百工谏,庶人传语,近臣尽规,亲戚补察,瞽史教诲,耆艾修之,而后王斟酌焉,是以事行而不悖。①

这是详细列举了天子的各级官吏向天子进献各种文献以有助于政治改善的情况。《国语·晋语》范文子云:

> 吾闻古之王者,政德既成,又听于民,于是乎使工诵谏于朝,在列者献诗,使勿兜,风听胪言于市,辨袄祥于谣,考百事于朝,问谤誉于路,有邪而正之,尽戒之术也。②

这条材料同上引一样,也是说明献诗的目的在于供王者政治借鉴,而臣下也以这种方式表达对上的谏议,"主文谲谏"也确是后来《诗经》的一大特色。

从上文所引可见,采诗和献诗的诗篇都汇聚在太师那里。案《周礼·春官》中太师是属于大司乐属下的职官,"掌六律、六同,以合阴阳之声。教六诗,曰风,曰赋,曰比,曰兴,曰雅,曰颂。以六德为之本,以六律为之音"③。这里可以看到,太师的职责是掌管音律的制度,以此来编制乐曲。还负责王官教学中的《诗》教,尤其要注意这里出现的"六诗",就是后来经学中的《诗》之六义,风、雅、颂是《诗》的体裁,赋、比、兴是《诗》的笔法。太师还负责祭祀、大射等礼仪用乐,这也是《诗》之应用的一种。因此说太师将采诗、献诗途径而来的诗篇,进行文字和音乐的整理编订,然后用于王官教学和礼仪,应当是没有太大问题的。

案《尚书·舜典》中记载:

> 帝曰:"夔,命汝典乐教胄子:直而温,宽而栗,刚而无虐,简而无傲。诗言志,歌永言,声依永,律和声,八音克谐,无相夺伦,神人以和。"④

可以看到,贵族的诗乐教育是由来有自的,在周代太师那里更形成系统,并逐渐发展出较为固定的《诗》文本。《诗》教和《诗》乐的发展,使得贵族官吏深受《诗》的感染和熏陶。在春秋时就有引《诗》、赋《诗》的现象,即在政治、外交中使用《诗》来表达观点、证成所言,以至于出现因用《诗》得当而解决重大外交问题和用

---

① 徐元诰:《国语集解》,中华书局,2002年,第11—12页。
② 《国语集解》,第387—388页。
③ 《周礼·春官》,(清)阮元校刻:《十三经注疏》,第1717—1719页。
④ 《尚书·舜典》,(清)阮元校刻:《十三经注疏》,第276页。

《诗》不得当而招致杀身之祸的现象,这在《左传》《国语》中多有记载。

《左传·襄公二十九年》季札观鲁国之周乐,①所载的《诗》篇名、次序已和今本《诗》基本相同,说明《诗》编订成一定文本是比较早的。不过东周王官失守,《诗》免不了有散亡、淆乱,同时也进入到私学中。先秦诸子的文章中多有引《诗》,可见对《诗》的普遍学习。而孔子亦对《诗》有所整理。《论语·子罕》云:

  吾自卫反鲁,然后乐正,《雅》《颂》各得其所。②

《史记·儒林列传》说:

  孔子闵王路废而邪道兴,于是论次《诗》《书》,修起《礼》《乐》。③

又《史记·孔子世家》曰:

  古者诗三千余篇,及至孔子,去其重,取可施于礼义,上采契、后稷,中述殷、周之盛,至幽、厉之缺,始于衽席,故曰《关雎》之乱以为《风》始,《鹿鸣》为《小雅》始,《文王》为《大雅》始,《清庙》为《颂》始。三百五篇孔子皆弦歌之,以求合《韶》《武》《雅》《颂》之音。礼乐自此可得而述,以备王道,成六艺。④

可见孔子对《诗》所作的工作有:统一诗篇的文本,将重复的部分删去;整理《诗》的篇次、分类;整理《诗》的配乐,以使《诗》更好地与乐结合进行唱诵。关于最后一条资料,引出了孔子"删诗"说,为宋以降《诗》学争论的一个焦点。不过太史公明言"去其重",那么说孔子收集到同一诗篇的不同版本,对其进行文字的统一是可能的。

二、汉代今古文《诗》的流传

孔子所整理的《诗》,成为孔门教学的主要内容之一,《论语》中多有孔子强调《诗》教重要的言论。《诗》由孔门后学传承,在秦代,遭遇了和《书》一样的焚禁厄运,即"天下敢有藏《诗》《书》、百家语者,悉诣守、尉杂烧之。有敢偶语《诗》《书》者弃市"⑤。由此也可以看到,《诗》具有和《书》一样的政治教化的意义,才会被秦同时焚禁,这与现代纯文学上讲的诗歌有所不同,以纯文学的眼光来评论《诗》

---

① 《左传·襄公二十九年》,(清)阮元校刻:《十三经注疏》,第 4355—4359 页。
② (宋)朱熹:《四书章句集注》,中华书局,1983 年,第 113 页。
③ 《史记·儒林列传》,第 3115 页。
④ 《史记·孔子世家》,第 1936—1937 页。
⑤ 《史记·始皇本纪》,第 255 页。

学史并不准确。不过"以其讽诵,不独在竹帛"①,《诗》没有像《书》一样散亡,而当是完整保存下来(至于有目无辞的六笙诗,应是原本就没有歌辞的曲调)。

由于其赖讽诵而传,《诗》的传承较多,《诗》成为两汉今文经学分出师法最早的一种。②《汉书·艺文志》云:

> 汉兴,鲁申公为《诗》训故,而齐辕固、燕韩生皆为之传。或取《春秋》,采杂说,咸非其本义。与不得已,鲁最为近之。三家皆列于学官。又有毛公之学,自谓子夏所传,而河间献王好之,未得立。③

齐、鲁、韩三家是今文学,两汉立于学官。毛公是古文学,河间献王立为博士,但未为中央学官,两汉一直流传于民间。

今文三家明显体现出不同的地域性,这也是先秦、秦汉齐鲁之学有别的一个例证。三家各有发挥,《鲁诗》最为近古义。《毛诗》则是较早出现的一种古文经传,自称子夏所传,则传授不是非常明晰。汉代今文家以《鲁诗》为盛,申公学于浮丘伯,浮丘伯是荀卿门人,孔安国、刘向、韦贤等习《鲁诗》,《鲁诗》文帝时曾立博士。

《齐诗》由辕固生传夏侯始昌等人,始昌以阴阳五行说《诗》,成为《齐诗》一大特点,匡衡、翼奉、班固等习《齐诗》,《齐诗》景帝时曾立博士。燕人韩婴传《韩诗》,其后有王吉、盖宽饶、薛汉等习《韩诗》,《韩诗》文帝时曾立博士。

《毛诗》由鲁人毛公传下,其后谢曼卿、卫宏、贾徽等习《毛诗》。在陆玑《毛诗草木鸟兽虫鱼疏》和陆德明《经典释文序录》中有记载毛公的传《诗》系统,说法不同,都出于汉之后,说明《毛诗》在民间传习,不如三家《诗》立于学官传承明白。不过据汉人记载《毛诗》早出,是可靠的《诗》学。

故如《后汉书·儒林传》云"中兴后,郑众、贾逵传《毛诗》,后马融作《毛诗传》,郑玄作《毛诗笺》"④,自马郑之后《毛诗》大行。到了曹魏,《毛诗》立于学官,三家《诗》没有了学官的保证,便渐渐散亡。魏晋以后,《诗》的传授就以《毛诗》独尊了。

---

① 《汉书·艺文志》,第1708页。
② 严格意义上说,师法、家法与汉武帝置五经博士、弟子员以后具有利禄性质的经学博士官有关。本书这里所称师法为事后追述,以见其在两汉的整体情况。又沈文倬先生考证三家《诗》在武帝前是一经博士,属顾问性质,三家亦非同时任职,罢任后没有弟子继任。详见沈文倬《菿闇文存》,第508—511页。不过三家《诗》在两汉的立学,非关本书主旨,兹沿用习说,不详论两汉《诗经》立学。
③ 《汉书·艺文志》,第1708页。
④ 《后汉书·儒林传》,第2576页。

第二节 两晋南北朝《诗经》学的几个问题

一、今文三家衰落与毛《诗》独尊

两晋的《诗》立学,据王国维《汉魏博士考》考证曹魏所立官学《诗》博士为郑、王两家,①西晋官学继承曹魏亦此二家。王肃宗贾逵、马融,所用也是《毛诗》,故西晋郑、王两家都是传汉古文《毛诗》学,今文《诗》不立学官。

东晋初置博士九人,"时方修学校,简省博士,置《毛诗》郑氏"②,这时王肃《诗》已不在学官,郑氏独尊。故《隋书·经籍志》说:

> 《齐诗》魏代已亡,《鲁诗》亡于西晋,《韩诗》虽存,无传之者。唯《毛诗》、郑笺,至今独立。③

可见从曹魏时没有了官学保证,今文的《齐诗》已经没有了专门研习者来传其师说,西晋时《鲁诗》也是同样的命运,唯有《韩诗》虽无师传,还是有文献留下,《隋书·经籍志》于三家《诗》就只记载有《韩诗》一家,赵宋时又有散亡,到今天三家《诗》保存下来的文献只剩《韩诗外传》一种了。

还需注意,《隋志》所说"至今独立",是指到唐初,也就是说《毛诗》、郑笺独尊的格局从东晋、南北朝一直延续到唐初,这一点下文论南北朝《诗》学还将谈到。另外如史传云西晋的董景道"明《韩诗》,精究大义"④,可以看到三家虽衰弱,但仍有零星的研究者。且郑玄、王肃《诗》学均兼采今古,所以今文家说仍有保留,晋南北朝的学者祖述郑玄,也将这些今文说保存下来。从这个意义上,齐、鲁《诗》也没有完全消失。

前述《易》《尚书》,南北宗主皆不同,故历来研究还有争议。而南北朝的"《诗》则并主于毛公"⑤,因此对于这一时期的《诗》学,基本是没有争议的,大体即是三家《诗》绝无师说,曹魏、西晋曾盛行的王肃《诗》也衰落了,南北皆主毛传、

---

① 王国维:《观堂集林》卷四,第190页。
② 《晋书·荀崧传》,第1976页。
③ 《隋书·经籍志》,第918页。案此条亦见陆德明《经典释文序录》,云"《齐诗》久亡,《鲁诗》不过江东,《韩诗》虽在,人无传者。唯《毛诗》、郑笺独立国学,今所遵用"。以成书先后,陆氏所言当在前,并明言是"独立国学",在陈时亦如此。(唐)陆德明《经典释文序录疏证》,第82页。
④ 《晋书·董景道传》,第2355页。
⑤ 《隋书·儒林传序》,第1705页。李延寿《北史·儒林传序》沿用此语。

郑笺。前引《经典释文序录》与《隋书·经籍志》亦已证明,南朝是《毛诗》、郑笺独立于国学。

北朝《诗》学和南朝一样,同主毛郑,历来没有争议。《北齐书·儒林传》云:

> (徐遵明)《诗》《礼》《春秋》尤为当时所尚,诸生多兼通之。①

又说:

> 通《毛诗》者,多出于魏朝博陵刘献之。献之传李周仁,周仁传董令度、程归则,归则传刘敬和、张思伯、刘轨思。其后能言《诗》者,多出二刘之门。②

可见北朝的《诗》学传承较为明晰,均习《毛诗》。又《北史·儒林传序》云郑玄注《诗》"大行于河北"③;前引《经典释文序录》与《隋书·经籍志》《隋书·儒林传序》亦已证明,北朝《毛诗》、郑笺独立于国学。

二、两晋《诗》学郑王之争的余音

由上述可知,两晋《诗》学主要是《毛诗》内部的发展。不过两晋之间略有不同的是,郑王之争是曹魏经学的一个突出特点,《诗》学亦不能例外,西晋时《诗》之官学郑、王两立,《诗》学上也延续了曹魏的郑、王之争;而东晋郑笺独立,王学退却,当时的《诗》学及其文献就是围绕郑学展开的了。而《诗》之篇章保存完好,关于孔子删《诗》、大小《诗》序等问题也主要在唐宋以后展开,所以两晋的《诗》学也以继承汉魏的训诂之学为主。又两晋的《诗》学文献,在数量上并不突出。因此,两晋《诗》学在文献数量和研究内容上,似乎并无特别可论之处,故前贤较少注意这一时段的《诗》学。

西晋《诗》学的郑王之争根据前人说法,最具代表性的是孙毓、陈统二家。孙毓撰有《毛诗异同评》,陆德明说孙毓评毛、郑、王三家异同,朋于王。但就今存佚文来看,实际并不专主一家,而是以符合自己对经义的判断为准,甚至以郑义为长者最多。例如《邶鄘卫谱》郑玄云"自纣城而北谓之邶,南谓之鄘",王肃认为鄘在纣之西,孙毓说"据《鄘风·定之方中》,楚丘之歌,鄘在纣都之南,相证自明,而城以西无验"。④孙毓也有驳斥郑玄之说,如《唐风·椒聊》毛传释"朋"说"比也",郑笺"无朋,平均,不朋党",孙毓述毛传说"桓叔阻邑不臣,以孽倾宗,与潘父

---

① 《北齐书·儒林传》,第 583 页。案《北史·儒林传》此段相同。
② 《北齐书·儒林传》,第 583—584 页。案《北史·儒林传》此段相同。
③ 《北史·儒林传序》,第 2708 页。
④ 《毛诗正义·常棣》,(清)阮元校刻:《十三经注疏》,第 622 页。

比,至杀昭公而求入焉,能均平而不朋党乎"。①

当然,佚文并不代表全书的观点,佚文的引用者或许认同郑注而多挑从郑说者。但今存佚文中,孙毓有申说传笺者,有与传笺相异者,有同传异笺者,有异传同笺者等等。就王肃说而言,孙毓有赞成王说而驳斥传笺者,有传笺与王肃说同而孙毓赞成者,有王肃同笺异传而孙毓赞成王说者,有王肃不同传笺而孙毓驳斥王肃者等等。② 至少说明,孙毓并不固守王肃说,甚至不固守毛传,而是以自己的理解作为选择郑说、王说、毛传的判断标准。

陈统撰有《难孙氏毛诗评》,从题目看可知是驳难孙毓的著作,传统说法是孙毓朋于王肃,而陈统驳斥孙毓,自是党于郑玄。此书马国翰辑有 30 条佚文,但《续修四库全书总目》认为只有出自《隋书·音乐志》的 1 条确是陈统所论。此条释《周南·关雎》"钟鼓乐之",云:"皇后房内之乐,毛苌、侯苞、孙毓故事皆有钟声,而王肃之意乃言不可,陈统曰'妇人无外事而阴教尚柔,柔以静为体,不宜用于钟'。"这里陈统虽然驳斥孙毓,但却赞成王肃说。

根据二书的佚文,可见西晋经师并非局限郑王之说。就统计目录来看,能明确指为郑王之争的晋代《诗》学就这两家,还是根据陆德明所言,实际却并非如陆氏所说。因此我们不能认为两晋《诗》学只有郑王之争。

比较集中讨论此时《诗》学的如林叶连认为魏晋是经学中衰、清谈玄学盛行时代,这是继承皮锡瑞的观点,前文已辨此说不妥。林氏于晋只举孙毓、陈统、陆玑三家,案陆当入吴,则只举申郑申王的两家,但实际上晋《诗经》学者远不只此,恐有疏略之嫌。③ 本书统计两晋于《诗》有研究著作的学者还有江熙、谢沈、袁准、袁乔、刘昌宗、殷仲堪、郭璞、杨乂、蔡谟、干宝、徐广、徐邈、李轨、阮侃、江惇、晋明帝、卫协、束皙、夏侯湛等。

又如洪湛侯总结两晋《诗》学说:

> 晋代初期,诗学尚沿三国旧轨,多以争论郑王是非为事。当时申述王肃之学的以孙毓《毛诗异同评》为代表,时有郑玄学派学者陈统,著《难孙氏毛诗评》以申郑义。实际上魏晋时期的诗经学,大致皆斷斷于郑王两家之是非,不能复见两汉时期注重训诂、诗义研究的盛况。④

---

① 《毛诗正义·椒聊》,(清) 阮元校刻:《十三经注疏》,第 769—770 页。
② 参见刘运好《魏晋经学与诗学》,中华书局,2018 年,第 358—374 页,其对孙毓《诗》说与传笺、王肃说的异同有详细统计。
③ 林叶连:《中国历代诗经学》,第 145、149、166 页。
④ 洪湛侯:《诗经学史》,中华书局,2002 年,第 215 页。

很显然和林氏一样,洪氏把孙、陈二位的郑王之争,作为晋《诗》学的代表,并以之概括晋《诗》学的整体。此外,洪氏批评两晋《诗》学不复两汉盛况,其实重训诂主要是古文《诗》学,今文家如引它经为说、兼涉谶纬五行,恐怕不能在此之列,然今文家亦两汉大宗,岂可以古文家便概括整个两汉《诗》学,并以此为标准评价两晋《诗》学?下文将在对两晋《诗》学文献作统计、分析的基础上,来观察两晋《诗》学更全面的情况。

三、南朝《诗经》学的发展

关于南朝《诗经》学,还有一点需要辨明。前贤有云北朝《诗》学盛于南朝,如洪湛侯曰:

> 如果仅仅从比较南北朝的经学研究着眼,论其一端,则北朝经学盛于南朝。《诗》学研究,固亦如此。①

林叶连亦云南北朝各种文体欣欣向荣,使经学旁落一隅,北朝较南朝重视经学。② 案南北朝经学并未因当时文学的发达而衰落,前文已证,此不赘述。而就北朝《诗》学盛于南朝这一点,则需要辨明。

本书统计《诗》学文献,南朝有 40 种,北朝有 21 种。考虑到北朝儒者多研究、少著作,且北朝典籍和目录亡失多,故不能只以文献数量来看,就认为南朝《诗》学胜于北朝。但是通过对可见文献的数量之统计、对比,至少可以肯定北朝并不比南朝更重视《诗经》学,换言之即南朝至少和北朝一样重视《诗经》学。

此外,林氏于南朝只举周续之、梁简文帝、何胤、崔灵恩、雷次宗、张氏、舒援,北朝只举沈重。就其所列,似乎更能看出应是南朝《诗》学盛于北朝,而非反之;且南北朝《诗经》学者远不只此,亦有疏略之嫌。③ 就本书统计,南朝于《诗》有研究著作的学者还有伏曼容、业遵、关康之、梁武帝、张讥、全缓、顾越、何偃、谢昙济、刘瓛、孙畅之、阮珍之、陶弘景、顾欢、徐爰、陆探微、许懋;北朝有《诗》类著作的学者还有崔浩、张思伯、刘献之、刘轨思、刘醜、李铉、高允、刘芳、游肇、乐逊。下文将在对南朝《诗》学文献作统计、分析的基础上,来观察南朝《诗》学多样化的发展。

---

① 洪湛侯:《诗经学史》,第 225 页。
② 林叶连:《中国历代诗经学》,第 167、174 页。
③ 林叶连:《中国历代诗经学》,第 181—182 页。

第三节 两晋南北朝《诗经》学文献分析

一、两晋南北朝《诗经》学文献的数量、分类、存佚统计

两晋时期产生的《诗》学文献，绝大多数已经亡佚了，只有拟经类的束皙《补亡诗》一种完整保存下来，其他只有后人的辑佚。案两晋《诗》学文献，丁国钧《补晋书艺文志》有21种，文廷式《补晋书艺文志》有31种，秦荣光《补晋书艺文志》有33种，黄逢元《补晋书艺文志》有28种，吴士鉴《补晋书经籍志》有26种，周何《诗经著述考》中晋代有26种，刘毓庆《历代诗经著述考》中晋代有37种。本书根据前列各种目录书统计，去除重复著录和作者、朝代错误者，总结两晋时期《诗》学文献辑、存有8种，佚31种。

表5-3-1 两晋《诗》学文献分类统计表

两晋《诗经》39种	传说类		辑2种	佚17种
	专题类	图谱	0	佚6种
		音训	辑3种	佚5种
		拟经	存1种	佚1种
	通论类	议论	辑2种	佚2种

如表5-3-1所示，两晋《诗》学文献中传说类数量最多；音训和图谱类文献的数量大致相当，也不少；议论类的文献比较少，这是就文献形式来分。而根据内容来看，专题类文献中的音训文献也属于训释《诗》经传的性质；还有补亡诗两种，本书归为拟经著作。另外从书名来看，基本全都是《毛诗》著作，三家《诗》确乎师说全无了。

南朝的《诗》学文献，数量和两晋差不多，全都亡佚了，今存只有少数几种后人辑本。案南朝《诗》学文献，王仁俊《补宋书艺文志》有9种，聂崇岐《补宋书艺文志》有11种，高桂华《补南齐书经籍志》有4种，陈述《补南齐书艺文志》有3种，王仁俊《补梁书艺文志》有14种，徐仁甫《补陈书艺文志》有2种，徐崇《补南北史艺文志》南朝有10种，周何《诗经著述考》中南朝有32种，刘毓庆《历代诗经著述考》中南朝有33种。本书根据前列各种目录书统计，去除重复著录和作者、

朝代错误者，总结南朝时期《诗》学文献辑有 6 种，佚 34 种。

表 5-3-2　南朝《诗》学文献分类统计表

南朝《诗经》40 种	传说类		辑 3 种	佚 16 种
	专题类	图谱	0	佚 5 种
		音训	0	佚 1 种
		单篇	辑 3 种	佚 6 种
	通论类	议论	0	佚 6 种

如表 5-3-2 所示，南朝《诗》学文献中传说类文献的数量是最多的，与两晋的《诗》学文献一样。专题类文献的种类也同样丰富，除了有音训、图谱类著作，还有为数不少的专门说解《诗序》的著作，这是两晋所没有的，本书列为单篇类。而根据内容来看，注解《诗序》的单篇类文献也是传说性质，因此本书没有归之序跋类。另外从书名来看，同两晋一样，基本全是《毛诗》著作，三家《诗》只存一种大概为南北朝时期的佚名《韩诗图》，姑列于南朝；另有《业诗》一种，盖是业遵自创新说，不同于郑，然与三家关系如何，因此书久已亡佚，不得而知。

北朝传习《诗》者史传记载有不少，但北朝的《诗》学文献，数量却不多，大概只有南朝的一半，这是北朝经学文献的常见现象，与北朝的经籍保存和儒者的研究风气有关，前已论述。这一时期的《诗》学文献已全部亡佚，唯有后人零星辑佚。案北朝《诗》学文献，李正奋《补魏书艺文志》有 5 种，徐仁甫《补北齐书艺文志》有 2 种，徐仁甫《补周书艺文志》有 3 种，徐崇《补南北史艺文志》北朝有 10 种，周何《诗经著述考》中北朝有 16 种，刘毓庆《历代诗经著述考》中北朝有 13 种。本书根据前列各种目录书统计，去除朝代错误者，总结北朝时期《诗》学文献辑有 2 种，佚 19 种。

表 5-3-3　北朝《诗》学文献分类统计表

北朝《诗经》21 种	传说类		辑 1 种	佚 13 种
	专题类	音训	辑 1 种	佚 2 种
		单篇	0	佚 1 种
	通论类	议论	0	佚 3 种

如表5-3-3所示,北朝《诗》学文献中仍以传说类文献最多,与两晋、南朝相同,不过数量少于两晋、南朝。数量虽不多,但类型还是比较丰富的。专题类文献如音训、论说亦有几种。亦有专门研究《诗序》的单篇类文献。

二、《诗经》传说类文献体裁丰富多样

从上文统计表可知,两晋《诗》学文献以传说类为大宗。虽然这些文献仅从书名就能确定是宗毛传的著作,从宗主上显得单一,但是其传说的类型是比较多样。有继承汉魏传说方式的"注",有开启南北朝传说体裁大宗的"义疏",有补充全书传说的"拾遗""外传""杂义""异义"等,还有一种特别的名为"隐"的体裁。[①]

南朝的《诗》学传说类文献与两晋一样虽宗主单一,但类型也多样。从书名来看依然有名"注""集"者,有名"义疏"者,有名"检漏""杂义"者,亦有名为"隐"者,显然继承和发展了两晋的传说体裁。

北朝《诗》学文献中仍以传说类文献最多,类型比较丰富。从书名来看有名"注""章句"者,名"义疏"者,还有名"别义""拾遗"者,亦与南朝一样继承和发展了两晋的传说体裁。

"注"一类的文献晋代有江熙《毛诗注》、袁准《诗传》、袁乔《诗注》,南朝有宋周续之《毛诗注》、梁崔灵恩《毛诗集注》、梁何胤《毛诗总集》、梁伏曼容《毛诗集解》,北朝有北魏崔浩《毛诗注》等。

"义疏"类文献晋代有谢沈《毛诗义疏》、舒援《毛诗义疏》,南朝有梁张氏《毛诗义疏》、陈全缓《毛诗义疏》、陈顾越《毛诗义疏》,北朝有北周沈重《毛诗义疏》、北齐刘轨思《毛诗义疏》、北齐李铉《毛诗义疏》等。南朝还有以"义"为名的《诗》学著作,其中可能有义疏类作品,如陈张讥《毛诗义》。

其他杂注类的著作还有晋代的郭璞《毛诗拾遗》、杨乂《毛诗异义》、蔡谟《毛诗疑字议》,南朝的宋何偃《毛诗释》、梁谢昙济《毛诗检漏义》,北朝的北魏刘献之《毛诗章句疏》、北魏高允《毛诗拾遗》、北魏元延明《诗礼别义》、北齐张思伯《毛诗章句》等。

名"隐"的文献是两晋南北朝经学文献的一个特色。相关的著作,晋代有陈统《毛诗表隐》、干宝《毛诗音隐》、徐广《毛诗背隐义》,南朝有梁何胤《毛诗隐义》。

[①] 汉人服虔已有《春秋左氏音隐》一卷,不过此书见于两《唐志》著录,《隋志》、《释文序录》只作服虔《音》,可见服氏原书可能不名隐,此或为后人传抄,又于服《音》有所发隐,故改其名。

案姚振宗云：

> 何胤注书，于卷背书之，谓为隐义。"背隐义"之义，盖如此。由是推寻，则凡称"音隐""音隐义"之类，大抵皆从卷背录出，皆是前人隐而未发之义。当时别无书名，故即就本书加"隐"字以名之。①

姚氏此说得之。则"隐"有两层含义：就形式言是书于书卷背后的注解；就内容言是对前人说解的发隐补充，有注疏的性质。

干宝的《毛诗音隐》，文廷式引《毛诗释文·泮水》有一条佚文。解释"茆"，干宝云"今之鸭蹠草，堪为菹，江东有之"②，是对植物的训诂。这是释义，没有注音，未知是否属于《毛诗音隐》。

敦煌出土《诗经》卷子有卷背后作音的实物。例如伦敦英国国家图书馆藏S0010是《毛诗诂训传·邶风》残卷，正面写有《燕燕》的笺文"顽者兴戴"至《静女》"匪女之为，美人之怡"，背面是小字抄写的字音，字音在所注的经、传、笺字背后。王重民先生《敦煌古籍叙录》认为是六朝人抄写。潘重规先生《敦煌诗经卷子研究论文集》认为这就是《隋志》著录的《毛诗音隐》一类文献。③ S0010中《旄丘》"叔兮伯兮"一句，笺云"叔与伯与"，背有注音"羊诸反"④。巴黎法国国家图书馆藏P2669《毛诗诂训传》残卷的《大雅》，姜亮夫定为六朝写本，卷背也有注音，注音写在所注经、传、笺字的背面。⑤ P2669中《绵》"削屡冯冯"卷背注音"恭具"，是给别本"屡"注音，非此本"屡"。⑥

三、对《诗序》的专门研究

《毛诗》除了经文和毛公传之外，还有大序、小序，关于《毛诗序》的作者、产生时代、理论内容，历代研究都有不少争议。南北朝时期，经师们对《毛诗序》作了专门的研究，尤其南朝出现了不少对《诗序》进行解说的著作。如南朝有宋周续之《毛诗序义》、宋雷次宗《毛诗序义》、宋孙畅之《毛诗序义》、宋阮珍之《毛诗序

---

① （清）姚振宗：《隋书经籍志考证》，第130页。姚氏所言何胤事见《梁书·何胤传》。参见洪湛侯《诗经学史》，第253—254页。
② （唐）陆德明撰，黄焯汇校：《经典释文汇校》，中华书局，2006年，第234页。
③ 有学者比勘了该写本正面和背面的文字、注音，认为这不是一种著作，而是别抄的一本《毛诗音》在卷背。但无论如何，这种形式都与"隐"这种注解方式一致。参见许建平《敦煌〈诗经〉卷子研读札记二则》，《敦煌学辑刊》2004年第1期，第71—74页。
④ 张涌泉主编：《敦煌经部文献合集》第二册，中华书局，2008年，第684页。
⑤ 参见张锡厚《敦煌本〈毛诗诂训传〉的著录与整理研究》，《南京师范大学文学院学报》2004年第2期，第45—46页。
⑥ 张涌泉主编：《敦煌经部文献合集》第二册，第920—921页。

注》、南齐刘瓛《毛诗序义疏》、梁陶弘景《毛诗序注》,北朝有北魏刘献之《毛诗序义注》。

这些著作,从内容上看属于传说性质,是对大序、小序的注解。例如周续之《毛诗序义》佚文,解释"风雅"的含义云"夫风雅者体同。而由我化物则谓之风,物由我正则谓之雅。考之礼教,其归不殊"。① 刘瓛《毛诗序义疏》佚文,解"风,风也,教也。风以动之,教以化之",云"动物曰讽,托音曰讽"。解释《甘棠》的小序,分析《郑志》所载《甘棠》创作的时代。②

另外,对《诗序》的研究,还有北周沈重的说法较有影响。沈重有义疏和音训著作,没有单独的《诗序》著作。但《毛诗正义》引《郑志》郑玄答张逸曰"序,子夏所为,亲受圣人"③,而沈重曰"案郑《诗谱》意,大序是子夏作,小序是子夏、毛公合作。卜商意有不尽,毛更足成之"④。吴承仕认为:"魏晋以来,承用郑说,皆谓子夏作序"⑤,沈重也是其中之一。不过沈重在郑玄的基础上又有所发挥、创新,提出子夏、毛公合作说。沈重的这个说法,为后来《诗序》论辩的一个话题,影响颇大,南北经说的创新及影响可见一斑。

四、《诗图》文献发展

由于《诗经》包含不同时间、地点创作的诗歌,因此历来有对诗歌的时代、地点做专门的谱系研究。例如晋代谢氏《毛诗谱钞》,大概是根据东汉郑玄的《毛诗谱》所作的研究。

另外,古代有将诗歌与书画结合的传统,因此根据《诗经》的内容进行书画创作,也是一类《诗经》学的文献。如晋代有晋明帝《毛诗图》《豳风七月图》、卫协《毛诗北风图》《毛诗黍离图》,南朝有宋陆探微《毛诗新台图》。

五、音训、拟经等《诗经》研究

两晋南北朝时期,《诗经》作为有韵的诗歌,对《诗经》的读音研究比较多。陆德明云:"为《诗音》者九人:郑玄、徐邈、蔡氏、孔氏、阮侃、王肃、江惇、干宝、李轨。俗间又有徐爰《诗音》。"⑥可见两晋时为《诗经》作音训者有多家,有徐

---

① (清)王谟:《汉魏遗书钞》。
② (清)马国翰:《玉函山房辑佚书》。
③ 《毛诗正义·常棣》,(清)阮元校刻:《十三经注疏》,第870页。
④ (唐)陆德明撰,黄焯汇校:《经典释文汇校》,中华书局,2006年,第119页。
⑤ 《经典释文序录疏证》,第71页。
⑥ 《经典释文序录疏证》,第85页。

邈《毛诗音》、李轨《毛诗音》、阮侃《毛诗音》、江惇《毛诗音》、干宝《毛诗音隐》、刘昌宗《毛诗音》等。南北朝《诗经》音训文献较两晋为少,南朝只有宋徐爰《毛诗音》,北朝有北魏刘芳《毛诗笺音义证》、北魏元延明《毛诗音》、北周沈重《毛诗音》。

徐邈《毛诗音》佚文有专门注音者,如注"所以风天下",云"风,福凤反"。"窈窕淑女"笺"不嫉妒",注云"嫉,音自";"终风且霾",注霾云"莫戒反",马国翰认为这类读音"今废不行,偶或用之,必为世俗所骇",但徐邈作为晋代名儒,注解肯定有理据,徐邈的注音保存了一些古音。有音义兼注者,如"蔽芾甘棠",注云"必至切,小貌";"摽有梅",注云"被表切,落也"①。

另外,马国翰所辑沈重的《毛诗义疏》佚文中,还可见沈重注音用协音说,如"远送于南",注云"南,协句"②。这是自南北朝开始的一种音训新方法,后来朱子等人多用。不过此种方法实是不知音有古今变化,强以今音读古音,是错误的方法,清人已辨明之。

《诗经》有三百零五篇,古人说"诗三百"是举其成数,而在《毛诗》中多出六篇题目,是《南陔》《白华》《华黍》《由庚》《崇丘》《由仪》,被称为"笙诗",但没有诗文内容。六笙诗在《毛诗》中"有声亡辞",历来有争议,或云"亡辞"是亡失了辞,原本有辞;或云"亡"即"无",原本就没有辞。根据乡饮酒礼、燕礼中诗乐的运用来看,笙诗当是乐歌之间的吹奏曲,故原本无辞。

因此后来经师有对这六篇笙诗进行了补作和拟作。如晋代有束皙《补亡诗》、夏侯湛《周诗》。束皙的《补亡诗》,根据《文选》注说是束皙与同事修乡饮酒礼时,认为六诗没有音乐和歌词,所以补作歌诗以备礼用。束皙补诗皆是四言诗,每首诗前有一句小序,点名该诗主旨。以《崇丘》为例,其序云"崇丘,万物得极其高大也"。诗云:"瞻彼崇丘,其林蔼蔼。植物斯高,动类斯大。周风既洽,王猷允泰。漫漫方舆,回回洪覆。何类不繁,何生不茂。物极其性,人永其寿。恢恢大圆,茫茫九壤。资生仰化,于何不养。人无道夭,物极则长。"③

此外,南北朝还有对于《诗经》中的名物有专门考据的著作,例如佚名作《毛诗草虫经》,北魏游肇撰《白珪论》,是三国时陆玑《毛诗草木鸟兽虫鱼疏》这类《诗经》名物学专著的进一步发展。

---

① (清)马国翰:《玉函山房辑佚书》。
② (清)马国翰:《玉函山房辑佚书》。
③ 《六臣注文选》卷一九,第356—357页。

本 章 小 结

两晋南北朝的《诗》学,前贤评论认为是由汉人注经,变为六朝人疏注,魏晋以来郑王之争也是明注而已,南北朝学者几乎不能超越汉魏诸家说解一步,义疏的产生使经学由简约转向繁琐。而这一时期出现各学科专门研究,对后世考据学发展,有筚路蓝缕之功;义疏则对保存毛、郑之义有功。[①] 案两晋南北朝的义疏的确是保存了毛、郑之说,有功于后世;其实保存郑说,也是保留了一部分今文三家说,亦甚可贵。前文分析的各种新的体裁和内容的研究,如音训、名物、《诗序》,也正是后世考据之学的先导。

不过说此时以疏注为主,只能作为一种研究现象的描述,而不必作为判断研究成果优劣的标准。因为经学的研究是层层叠加的,随着时间推移,语言中音义的变化,后世必然对前一时代的注解有不明而需要解说处。汉人是在战国末、秦人的基础上解说,如郑笺是在毛传基础上,综合今文三家而作;两汉经学守师法、家法,亦是在前人基础上解经;今文家之间的论辩、今古文家的论辩,也不仅是就经文,而更多是就前人传说的论辩。到晋南北朝,就需在汉魏经说基础上进行解说了,这实是经学发展之必然。并且晋南北朝的《诗》学,也没有只是明注、墨守汉魏旧说。如前所述,此时是兼经、传、注而解说,兼采各家,断以己意。此外两汉今文家说经已至繁琐,说义疏使经学由简约转向繁琐似乎也不恰当。

虽然两晋《诗》学著作绝大部分已亡佚,但至少通过前述分析可知,此时《诗》学并没有仅仅停留在郑王之争上,而是对毛传、郑笺作了多方面的研究。虽然三家《诗》已基本无人专研,训释、解说都集中在毛郑《诗》学,但也不是仅仅祖述而已,而是根据前人的研究作了自己的别择取舍,并在字、音、名物等方面有所发展。另外还有图、谱、拟《诗》等别样形式的著作。可以说,两晋《诗》学文献也是在总结前人研究的基础上产生了自己时代所具有的特色,内容和形式都较为丰富。

由前述可以看到,南朝《诗》学文献在继承两晋的基础上又有所变化。义疏类文献增加,图谱、音训类减少。从内容来看对《诗序》的专门研究是两晋所无。这种对《诗序》的重视,盖为后来《诗序》研究之先声。南朝《诗》学对《毛诗》的序、经、传、笺都有训诂、名物的研究,可谓全面,故不能执玄学、清谈说南朝《诗》学

---

① 洪湛侯:《诗经学史》,第 230—235 页。

没落。

　　由上可见,北朝《诗》学具有北朝经学较一致的特点,即保守汉学,说经质朴。又有继承两晋并与南朝相似的特点,即不仅集成汉魏儒者之说,亦有形式和内容的创新。其义疏之作不逊南朝,也说明讲《诗》之风同盛行于南北。此外通过对南、北朝《诗》学文献的考察,也可以较确定地说南朝《诗》学不逊北朝。

　　总之可以说晋南北朝的《诗》学,如《易》学、《尚书》学一样,既对前人经说有集大成的总结,又通过自己的选择,发展出新的经说内容和体裁,为隋唐经学奠定基础。虽不能说《诗》学在晋南北朝很兴盛,但相对于之前之后,也绝非衰落。且颜之推曾说当时"士大夫子弟,数岁以上,莫不被教,多者或至《礼》《传》,少者不失《诗》《论》"[①],可见此时专门的《诗》学著作虽不算多,但《诗》为士大夫所必习,实深入到士大夫之文化生活中,岂可云衰乎?

---

① 《颜氏家训集解》,第143页。

第六章 两晋南北朝三《礼》学文献

第一节 三《礼》学文献溯源

一、三《礼》学文献的界定

礼是传统文化的核心,它分为几个层次:经典、礼制、王朝礼仪实践和民间礼俗。在中国的礼乐传统中,礼、乐、刑、政是一贯的,是从不同角度对社会进行治理,所以传统意义上的"礼"涵盖十分广泛,今天所讲的礼仪、礼节、礼貌只是其中的一部分。传统的礼在本质上是统治者风化天下的政治手段,而在民间是接受教化并结合实际所形成的社会运转机制。因此王者建立统治,皆需制礼作乐,而《仪礼》所记载的冠婚丧祭等制度则贯穿个人生命的始终,渗透到社会生活各个层面,对古代中国影响甚巨。

礼的几个层次中,经典是礼仪制度、思想、实践的历史和理论根据,在礼文化中是属于"不变之道"的核心地位。从汉代到晋南北朝,经学不断发展,逐渐形成了以"三《礼》"为主体的礼之经典体系,三《礼》即《周礼》《仪礼》《礼记》。围绕着三《礼》,产生了许多专经研究和三《礼》总义、通礼文献,这些都属于礼之经典研究范畴。以三《礼》为指导,各代又制定了当时施行的礼仪制度,民间礼俗也以经典和王朝礼制为参考并形成乡礼、家礼等礼制,这些官私制度所形成的文献则可归入史部讨论。

礼学在晋南北朝时期甚为发达,经典层面的三《礼》学更是两晋南北朝经学研究上最璀璨的明珠。如王应麟引朱熹言曰:"六朝人多精于礼,当时专门名家有此学,朝廷有礼事,用此等人议之。唐时犹有此意。"[①]这一点,连对六朝经学评价不高的清代今、古文学家也不得不承认,如钱福林说贺循、皇侃等人"各为《礼疏》,甚有美誉"[②];邵保初论南北儒林之卓绝者,亦以雷次宗、崔灵恩等说

---

① (宋)王应麟:《困学纪闻》卷五,(清)翁元圻等注,上海古籍出版社,2008年,第586页。
② (清)钱福林:《六朝经术流派论》。

《礼》为例①;洪震煊且说"三《礼》则崔灵恩最称精博"②;皮锡瑞则言"南学之可称者,惟晋宋间诸儒善说《礼》服"③。今人马宗霍承其说,亦云"南朝之学,经学之最可称者,要推三《礼》"④,今天的研究者都持这一看法。⑤ 至于此时礼学盛行的原因,前人普遍认为是社会动荡之时,汉人世族为保家门,异族统治者为汉化,以及儒学和佛教等其他学术的论争,故均重视礼学。

今人对这一时段礼学之研究众多,如《魏晋南北朝五礼制度考论》统计从20世纪初至2006年,中外学者发表的与魏晋南北朝礼学相关的论著约58种,这里面包括了对礼的几个层次的研究,角度来自现代学术范式的制度史、思想史、民俗学等领域。⑥ 在礼之经典方面,有专门研究南北朝三《礼》学的著述和内容的发展,⑦有对两晋南北朝中某一时期某类礼学文献的介绍,⑧还有对个人礼学著作的介绍。⑨ 可见由于三《礼》学在两晋南北朝极为发达,故今日两晋南北朝学术研究中礼学研究也非常丰富。

本书之主题是对礼学文献的面貌作整体的观察,以作为考察当时礼学发展的来自文献视角的一个补充。故着重于文献数量、类型、解经风格的论述,关于礼学思想、内容、制度则不过多涉及。为便于对比分析,下文将两晋南北朝的三《礼》学文献分为《周礼》、《仪礼》、《礼记》、三《礼》综论四个部分讨论。

二、晋前古文经《周礼》的流传

《周礼》亦名《周官》,⑩其作者与时代历来有争议,关于作者,有周公、战国法家、西汉初人、刘歆等说;相应地,关于成书时间,有西周、春秋战国、战国末至秦

---

① (清)邵保初:《六朝经术流派论》。
② (清)洪震煊:《六朝经术流派论》。
③ (清)皮锡瑞:《经学历史》,第118页。
④ 马宗霍:《中国经学史》,第79页。
⑤ 如王锷先生云就南北朝经学总体看,政府和经学家都非常重视三《礼》研究及其现实意义,其中尤其重视《丧服》和《礼记》。见焦桂美《南北朝经学史》,第19页。杨天宇先生云:"南朝经学,最可称道者,要数三《礼》学。"参见杨天宇《郑玄三礼注研究》,天津人民出版社,2007年,第93页。
⑥ 梁满仓:《魏晋南北朝五礼制度考论》,社会科学文献出版社,2009年,第2页。
⑦ 张帅:《南北朝三礼学研究》。
⑧ 濮传真:《北朝〈二戴礼记〉学》。
⑨ 陈金木:《皇侃之经学》。
⑩ 简博贤先生引诸家说认为唐人作疏,乃称《周礼》,此前《周礼》是《周官礼》的省称。杨天宇先生则认为是王莽居摄三年(8)称《周礼》,目的是提高其地位。详见简博贤《今存三国两晋经学遗籍考》,第376页;杨天宇《郑玄三礼注研究》,第64页。要之,称《周官》主其内容为讲职官,称《周礼》则根据其根本精神为论礼制。

汉之际、西汉诸说。其中周公作于周初、刘歆作于西汉二说为历代学者考证，基本不可据，其他诸说则各有理由。文献传承久远，代有兴衰，具体而肯定的结论难以做出，不过大体而稳妥的说法可以提出。

周代礼乐发达，无疑是有成体系的礼仪制度；从先秦文献记载来看，周公作为西周初年有重要政治影响的人物，主持制定王朝礼制也极有可能。如《论语·八佾》中孔子说"周监于二代，郁郁乎文哉！吾从周"①，就是说西周建立时制礼，是在夏商礼制上有所借鉴、损益。又太史克说"先君周公制周礼"②，也表达了东周时人对周公制礼的回顾。

就《周礼》的思想、制度来看又有战国时的特色。《周礼》中有一些职官，在出土的西周金文中有所据，有一些则在春秋金文中有所据。故可推测《周礼》和前述《诗》《书》一样，也是本之于西周留存的文献，经过春秋战国时人组织、整理，逐渐集结而成的文献，目前大多认为成书于战国。

《周礼》经过秦的焚禁，在汉代诸经书中最晚出。马融认为是因为"秦自孝公已下，用商君之法，其政酷烈，与《周官》相反。故始皇禁挟书，特疾恶，欲绝灭之，搜求焚烧之独悉，是以隐藏百年"③。前论诸经已经谈到，西汉初经书的发现及流传有先有后，有先出今文后出古文的《尚书》，有今、古文同时出的《诗》，《周礼》则属于古文。

《汉书·河间献王传》说：

> （献王）从民得善书，必为好写与之，留其真。献王所得书，皆古文先秦旧书《周官》《尚书》《礼》《礼记》《孟子》《老子》之属，皆经、传、说、记，七十子之徒所论。④

又《经典释文序录》云：

> 景帝时，河间献王好古，得古《礼》献之。或曰：河间献王开献书之路，时有李氏上《周官》五篇，失《事官》一篇，乃购千金不得，取《考工记》以补之。⑤

《隋书·经籍志》亦云：

> 汉时有李氏得《周官》，《周官》盖周公所制官政之法，上于河间献王，独

---

① 《四书章句集注》，第65页。
② 《左传·文公十八年》，（清）阮元校刻：《十三经注疏》，第4041页。
③ 《周礼·序周礼废兴》，（清）阮元校刻：《十三经注疏》，第1369页。
④ 《汉书·景十三王传》，第2410页。
⑤ 《经典释文序录疏证》，第87页。

阙《冬官》一篇，献王购以千金不得，遂取《考工记》以补其处，合成六篇奏之。①

《隋志》可能是祖述陆德明的说法，陆说在《汉书》基础上又加详细，根据上述材料可知《周礼》是与古文《尚书》同出的，其始出便是古文经本，所补《考工记》亦战国时的旧籍。

前论《尚书》已经谈到，献王献书之事，应确有其事，这也是《周礼》出现较为可靠的记载。此外还有壁中说、孔安国献书说，似皆为东汉后人因古文《尚书》的出现而附会，不可信据。马融且说：

> 孝武帝始除挟书之律，开献书之路，既出于山岩屋壁，复入于秘府，五家之儒莫得见焉。②

马融这里认为献书是在武帝时。案马说武帝除挟书律有误，汉惠帝已除挟书律，武帝时是开献书之路，马氏混淆先后。不过献王生活于景帝、武帝时，则献书在这一时期是成立的。马氏还进一步说明，此书献上后藏于秘府，当时治《礼》的高堂生、萧奋、后苍等今文家则没有看到。

和献上的古文《尚书》命运相似，汉成帝时刘向、歆父子整理中秘，方著录于目录。不过在汉平帝元始四年（4）征通《周礼》者时，《周官》还与《尔雅》并列，并不是《礼经》。③ 刘歆《移太常博士书》中所立博士，也无《周官》。到王莽篡汉时，或因能在《周官》中找到篡汉依据，刘歆便在其居摄期间奏以为经，置博士，《周礼》的地位提升了。④

虽然王莽很快覆灭，东汉所立博士均今文学，但是自刘歆将《周礼》由"记"升为"经"，并为之说解、传授，《周礼》也在民间流行开来。据马融言西汉末年战乱，刘歆的弟子死丧，仅剩下杜子春，杜氏在汉明帝永平初已年九十，郑众、贾逵往受业。⑤

余如东汉的郑兴、马融、卢植、郑玄等皆传《周礼》，尤其郑玄将之置于三《礼》之首，地位竟超过《仪礼》。不过即便在东汉，还是有不信《周礼》者，如"林孝存以为武帝知《周官》末世渎乱不验之书，故作《十论》《七难》以排弃之。何休亦以为

---

① 《隋书·经籍志》，第925页。
② 《周礼·序周礼废兴》，(清) 阮元校刻：《十三经注疏》，第1369页。
③ 《汉书·王莽传上》，第4069页。
④ (汉) 荀悦：《汉纪》卷二五，中华书局，2002年，第435页。
⑤ 《周礼·序周礼废兴》，(清) 阮元校刻：《十三经注疏》，第1369—1370页。

六国阴谋之书"①。

关于两汉今文、古文的问题,这里有必要再作一点讨论。汉代的《周官》,有"故书""今书"两类不同的本子,盖西汉秘府所藏为"故书",民间流行者为"今书"。"故书"可能是古文经本,"今书"应是当时人以隶书写定,但这只是文字的不同,与今文、古文学之争不同。

钱穆先生在其《两汉博士家法考》中认为《史记》《汉书·地理志》中所讲的"古文"指六艺王官之学,是法先王;诸子百家私学是今文,法后王,这是在秦时已有的分类,秦灭学主要就是灭的六艺之学,因为秦之政策是法后王。汉武帝表章六经,就是恢复六艺古文,司马迁也是尊奉的六艺古文,当时传承六艺之学最好的就是儒家,这是汉武帝时儒学地位上升的一个契机。武帝立五经博士、宣元以下博士增设、刘歆争立《左传》等博士,都是经学内部不同文献、不同学说针对博士这个利禄之途的纷争。西汉早期的经说是仅举大谊的训诂,传亦与训诂相去不远。章句则是博士官制度不断发展,在宣帝以后不断分家,然后形成的具文为说而支离、繁琐的说经方法。到东汉的博士官各家有师说、治章句者即今学,兼通多经、主训诂的学风则为古学。今学日衰于上,古学日盛于下,治今学者便涉及古学。东汉的古文字其实在小学中,且诸经都有古文文本。②

考钱先生所论,实有其发言动机,即针对晚清儒者强调汉今古文区别乃至偏颇的现象而论。如先生说"后世乃谓《公羊》为今学,《左氏》为古学;又谓经学至郑玄而今古家法始混,则皆无据之谈"③,就很显然可用以针对皮锡瑞之观点。所以钱先生从字面上区别了今、古学和今文、古文学。

但实际上就所谈内容来看,除开强分今古的偏颇现象,用清人习称的今文、古文学来指两汉的两种学风也并不和钱先生所论有根本冲突。前述几经已可看出,两汉的一些经书或口传、或译写,形成今文(隶书)的本子,又有陆续发现的古文(战国文字)的本子,这是文字上的区别,本子虽有异同,但是各经内部仍是相近的。

真正产生区别的是在博士官的利禄影响下,各种学说的争议,由此带来的经说风格的区别。尤其到了东汉,更明显分为两类,重训诂、兼诸经的学者要与博士官学抗衡,就要援用古文字说经,这自然牵涉了今古文文字问题,这一点钱先生也承认。

---

① 《周礼·序周礼废兴》,(清) 阮元校刻:《十三经注疏》,第1371页。
② 详见钱穆《两汉经学今古文平议》,第183—258页。
③ 钱穆:《两汉经学今古文平议》,第245页。

前论《尚书》也讲到,称官学三家《尚书》为今文,大概是晋代之事,汉人只称古文以区别三家;东汉古文《尚书》家有师说的部分,也只是今文二十九篇。因此后人用今文、古文学指代两种学风,也无大不妥,这不是到清人才发明的指称,只是晚清有过于强调的偏颇。故本书前后所论,亦沿习惯称呼,但核心在说经方法有别,影响各经传承,则不可不略辨于此。

曹魏时期,今文师说衰颓,古文学立于学官,《周礼》便为其中之一。此后两晋南北朝学官均立有郑玄注《周礼》。不过,相对于《仪礼》和《礼记》,晋南北朝的《周礼》文献并不发达,只在北周宇文泰命苏绰依《周礼》定制度时,才倍受重视,但这是政治上的应用,也没有产生许多文献。

三、晋前今文经《仪礼》的流传

《仪礼》之名乃是后起,黄以周云"郑氏师弟子并无《仪礼》之名也。《礼》注大题'仪礼',当是东晋人所加,东晋人盛称《仪礼》"①。阮元也说:

> 《礼经》在汉只称为《礼》,《艺文志》云"《礼古经》五十六卷"是也。亦曰《礼记》,熹平石经有《仪礼》,载洪适《隶释》,而戴延之谓之《礼记》是也。无称《仪礼》者。郑氏引此经直举篇名,亦不称《仪礼》。疑《仪礼》二字,郑学之徒加之,犹"郑氏笺"三字为雷次宗所加也。荀崧请置《仪礼》博士,盖自过江以后,《仪礼》之名始显。②

皮锡瑞则更详细区分三《礼》名义云:

> 三《礼》之名,起于汉末,在汉初但曰《礼》而已。汉所谓《礼》,即今十七篇之《仪礼》,而汉不名《仪礼》。专主经言,则曰《礼经》;合记而言,则曰《礼记》,许慎、卢植所称《礼记》,皆即《仪礼》与篇中之记,非今四十九篇之《礼记》也。其后《礼记》之名,为四十九篇之记所夺,乃以十七篇之《礼经》,别称《仪礼》。又以《周官经》为《周礼》,合称三《礼》。③

综上可以看出,汉代所讲的经学的《礼》主体就是《仪礼》,《周礼》和《礼记》在郑玄注后才与《仪礼》一道形成三《礼》的格局。并且这个格局,是自东汉末以来渐渐形成的,完成于东晋。这可说是晋人对两汉《礼》学的一种继承和发展。

上文已经谈到礼在先秦时内容是非常丰富的,不过由于礼的实践性和时代

---

① (清)黄以周:《礼书通故》,中华书局,2007年,第4页。
② 《仪礼注疏》卷一校勘记,(清)阮元校刻:《十三经注疏》,第2046页。
③ (清)皮锡瑞:《经学通论三》,第1页。

性,记录礼的内容和思想的文献也不易流传。《论语·八佾》中孔子就曾说过"夏礼吾能言之,杞不足征也;殷礼吾能言之,宋不足征也。文献不足故也,足则吾能征之"①,孔子这是指夏商两代已经不实施的礼的记录文献已难以考见。而《孟子·万章下》北宫锜问周室班爵禄之事,孟子曰"其详不可得闻也。诸侯恶其害己也,而皆去其籍"②,孟子这又是说周代的礼,由于诸侯的僭越,也败坏了,相应的记载其礼的文献也被诸侯灭去。

因此,史书就有关于孔子整理礼的记载。如《史记·儒林列传》说:

> 孔子闵王路废而邪道兴,于是论次《诗》《书》,修起《礼》《乐》。③

又《史记·孔子世家》说:

> 孔子不仕,退而修《诗》《书》《礼》《乐》,弟子弥众,至自远方,莫不受业焉。④

> 孔子之时,周室微而礼乐废,诗书缺。追迹三代之礼,序书传,上纪唐虞之际,下至秦缪,编次其事。故书传、礼记自孔氏。⑤

孔子对礼、乐是修起,其实就包括了实践的部分。在关于孔子的文献记载中,也多能看到孔子本人是如何以身作则实践礼乐的。不过除了实践部分,孔子对礼之文献也有所整理,根据前面所说,这里的"礼记"可能就包括类似《仪礼》一样的记录礼仪的文献。不过今传《仪礼》十七篇,恐怕只是孔子当时整理的一部分,并且也经过了儒门后学的整理。

今天所看到的《仪礼》文本,《墨子》《孟子》《荀子》等书已多见引用,只文字有不同,证其编订较早。沈文倬先生认为今天所见的《仪礼》文本,"是在公元前五世纪中期到四世纪中期这一百多年中,由孔子的弟子、后学陆续撰作的"⑥。考现存文献,在秦代的禁焚中,对《礼》如何处理并没有明文的规定。不过前文已说,诸侯"恶其害己,皆去其籍",这已经和秦后来焚各国史记的目的相似,那么记载先王之道的《礼》恐怕也在《诗》《书》一类的焚禁之列了。

因此到汉代,汉初所用是叔孙通杂采秦仪而修的礼,此后也有修订的新礼,古《礼》较之他经,就显得寥落了。案《史记·儒林列传》云:

---

① 《四书章句集注》,第 63 页。
② 《四书章句集注》,第 316 页。
③ 《史记·儒林列传》,第 3115 页。
④ 《史记·孔子世家》,第 1914 页。
⑤ 《史记·孔子世家》,第 1935—1936 页。
⑥ 沈文倬:《菿闇文存》,第 58 页。

> 诸学者多言礼,而鲁高堂生最本。礼固自孔子时而其经不具,及至秦焚书,书散亡益多,于今独有《士礼》,高堂生能言之。而鲁徐生善为容,孝文帝时,徐生以容为礼官大夫。传子至孙徐延、徐襄。襄,其天资善为容,不能通《礼经》;延颇能,未善也。襄以容为汉礼官大夫,至广陵内史。延及徐氏弟子公户满意、桓生、单次,皆尝为汉礼官大夫。而瑕丘萧奋以《礼》为淮阳太守。是后能言礼为容者,由徐氏焉。①

由此可见汉初最早传《礼》的是高堂生,《史记》说他传的是《士礼》。但是今本十七篇不仅有士礼,亦有天子诸侯礼。

沈先生据此认为是高堂生据民间尚使用的礼(七篇《士礼》、两篇《乡礼》、一篇《丧服》)和自己在秦火前学礼的记忆补出的七篇天子诸侯大夫礼。② 这一推论结合了礼的实践性,颇有理据,本书从之。又从上可见,汉代所言礼显然分为善于"容"(即礼的实践)和讲"经"(即礼的经本)两类,③在官职上也有所区分。

又《汉书·艺文志》云:

> 帝王质文世有损益,至周曲为之防,事为之制,故曰"礼经三百,威仪三千"。及周之衰,诸侯将逾法度,恶其害己,皆灭去其籍,自孔子时而不具,至秦大坏。汉兴,鲁高堂生传《士礼》十七篇。讫孝宣世,后仓最明。戴德、戴圣、庆普皆其弟子,三家立于学官。《礼》古经者,出于鲁淹中及孔氏,与十七篇文相似,多三十九篇。及《明堂阴阳》《王史氏记》所见,多天子诸侯卿大夫之制,虽不能备,犹愈仓等推士礼而致于天子之说。④

《汉志》此言礼在先秦、秦汉之际的遭遇,就是综合了上引孔子、孟子、《史记》诸家所说了。不过这里班固说是后仓等人推士礼以致天子,与沈先生推论有微异,但仓是高堂生所传,两说在根本上都说明一个问题,即汉初所传《礼》是残缺的孔门《礼》,其中一部分是出于汉人的推补。

高堂生所传是今文经,这里又提到了多出三十九篇的古文经。《汉书·河间献王传》说:

> (献王)从民得善书,必为好写与之,留其真。献王所得书,皆古文先秦旧书《周官》《尚书》《礼》《礼记》《孟子》《老子》之属,皆经、传、说、记,七十子

---

① 《史记·儒林列传》,第 3126 页。
② 沈文倬:《菿闇文存》,第 529 页。
③ 这就类似于乐,分为在乐官进行演奏的制氏之乐和儒者讨论的《大司乐》《乐记》文本。这是《礼》《乐》相对于其他经典所具有的更强的实践性决定的。参见后论《乐》一节。
④ 《汉书·艺文志》,第 1710 页。

之徒所论。①

而刘歆《移太常博士书》则说：

> 鲁恭王坏孔子宅，欲以为宫，而得古文于坏壁之中，逸《礼》有三十九，《书》十六篇。天汉之后，孔安国献之，遭巫蛊仓卒之难，未及施行。②

由此可见《仪礼》有五十六篇古文经，和《古文尚书》一样，或出于孔壁，或出自献王。其中十七篇与高堂生所传今文相似，而三十九篇则包含了更多礼的内容，尤其是高堂生所传士礼以外的天子诸侯卿大夫礼。不过跟《古文尚书》一样，这三十九篇无师说，而后来立于学官的《礼》只有十七篇。

又《汉书·儒林传》说孟卿事萧奋，以授后仓、闾丘卿。仓说《礼》数万言，号曰《后氏曲台记》，授闻人通汉、戴德、戴圣、庆普。由是礼有大戴、小戴、庆氏之学。③ 上引《汉志》也说高堂生传的十七篇到宣帝时，后仓最明，大小戴、庆氏三家立于学官。

不过《汉书·儒林传赞》说：

> 自武帝立五经博士，开弟子员，设科射策，劝以官禄，讫于元始，百有余年，传业者寖盛，支叶蕃滋，一经说至百余万言，大师众至千余人，盖禄利之路然也。初，《书》唯有欧阳，《礼》后，《易》杨，《春秋公羊》而已。至孝宣世，复立大、小夏侯《尚书》，大、小戴《礼》，施、孟、梁丘《易》，《穀梁春秋》。至元帝世，复立京氏《易》。平帝时，又立《左氏春秋》《毛诗》《逸礼》《古文尚书》，所以罔罗遗失，兼而存之，是在其中矣。④

这里要对《汉书》志、传记载的互歧作一梳理，才能清楚此后魏晋对两汉《礼》学有怎样的继承和发展。

从传来看，武帝立五经博士后，后仓的十七篇已为学官。到了西汉末，从后氏学分出大、小戴，大、小戴就取代了后氏学立于学官，到东汉亦如此，这是《仪礼》十七篇经学学官的宗主。至于庆氏，沈文倬先生认为东汉曹充、曹褒父子行的是不同二戴的杂有秦汉新礼的礼学，类似于叔孙通之礼，庆氏博士是太常汉仪博士，沈先生之说可备一解。⑤ 这样就解释了《汉书》志、传的矛盾，而《后汉书·

---

① 《汉书·景十三王传》，第2410页。
② 《汉书·楚元王传》，第1969页。
③ 《汉书·儒林传》，第3615页。
④ 《汉书·儒林传》，第3621页。
⑤ 沈文倬：《菿闇文存》，第551—554页。

儒林传》云"中兴以后,亦有大、小戴博士,虽相传不绝,然未有显于儒林者。建武中,曹充习庆氏学,传其子褒,遂撰《汉礼》"①,正好再次证明此点。

上引文云大、小戴《礼》并无显于儒林者,证古礼之寥落。不过东汉末郑玄"本习小戴礼,后以古经校之,取其义长者,故为郑氏学"②,郑注的《仪礼》到了魏晋以后,就有了更多关注。

到曹魏时,郑玄注《仪礼》立于学官,虽然郑注兼采古今,但主体仍是今文学,这是两汉今文学难得还立于学官的一种。此后两晋南北朝郑注《仪礼》一直立于学官,其中《丧服》之学尤为卓著,在三《礼》之中十分发达。

四、汉代《礼记》文献的形成

《礼记》之名今日专用于指戴圣所编之《小戴礼记》,与《周礼》《仪礼》并称三《礼》。上论《仪礼》时已经谈到,汉代有用《礼记》来指今之《仪礼》,不过《汉书·河间献王传》说:

> （献王）从民得善书,必为好写与之,留其真。献王所得书,皆古文先秦旧书《周官》《尚书》《礼》《礼记》《孟子》《老子》之属,皆经、传、说、记,七十子之徒所论。③

这里的《礼记》则与《礼》相区别,《礼》指古文《礼经》五十六篇（其中有与今《仪礼》相似的十七篇）,《礼记》则泛指各种对于《礼经》所作的"记"。可见作为最早的对《礼经》进行解释的文献,《记》有与《周官》《仪礼》同出的古文本子,在汉代就与《礼经》《周官》有所区别。

前论《周礼》《仪礼》已经提到,由于礼具有实践性,记载礼的文献也就很繁杂,并且各个时代的礼制有所损益,使得记录的文献之间也多有分歧。汉代最初传《礼》文本的是高堂生,所以他传的十七篇在汉代作为《礼经》立于学官。即使《逸礼》三十九篇已出现,由于无师说而没有得到流传,以至于有的篇目被降格为《礼记》之内容,如《投壶》《奔丧》篇。

此外,在《汉书·艺文志》中记载有多种《记》类的文献,如《记》百三十一篇,自注"七十子后学者所记也"④;《明堂阴阳》三十三篇,自注"古明堂之遗事"⑤;

---

① 《后汉书·儒林传》,第 2576 页。案:不过据《曹褒传》,曹氏也教授生徒,曹氏所传的庆氏学仍然讲后仓《仪礼》,只是可能掺杂的秦汉新礼成分多些。
② 《后汉书·儒林传》,第 2577 页。
③ 《汉书·景十三王传》,第 2410 页。
④ 《汉书·艺文志》,第 1709 页。
⑤ 《汉书·艺文志》,第 1709 页。

《王史氏》二十一篇,自注"七十子后学者"①,颜师古注"刘向《别录》云六国时人也"②;《曲台后仓》九篇;《中庸说》二篇,颜师古注"今《礼记》有《中庸》一篇,亦非本《礼经》,盖此之流"③;《明堂阴阳说》五篇;《乐记》二十三篇;《孔子三朝》七篇,颜师古注"今《大戴礼》有其一篇"④。

这些文献,有出于献王所献(如《记》百三十一篇),有出于西汉今文礼家所作(如《曲台后仓》九篇),戴德、戴圣从中选取数篇,编成解说《仪礼》的文本,其实就是编辑分散、单行的各种早期解《礼经》的《记》,用来作为解经的注本,有资料汇编的性质。所以今本《礼记》的内容有战国时儒门七十子后学所作的文献和古文《逸礼》,也有秦汉礼家解《礼经》的著作。⑤

案陆德明追述说:

> 《礼记》者,本孔子门徒共撰所闻以为此《记》,后人通儒各有损益,故《中庸》是子思伋所作,《缁衣》是公孙尼子所制。郑玄云《月令》是吕不韦所撰。卢植云《王制》是汉时博士所为。⑥

陆氏此说不确,《礼记》在汉以前是儒门各自为说的散篇,并非孔子门徒编撰成一书,后来汉礼家为解说《礼经》才编辑成册,不过陆氏此言可证今本《礼记》的多个来源。

《仪礼》十七篇简而奥,二戴为解《仪礼》,当是根据自己对《礼经》的理解来选择有助于疏通《礼经》的文献。⑦ 今传《礼记》内容庞杂,篇名、篇次都比较随意而无章法,段落之间的逻辑性也不强,都体现了这种传说资料的汇集性质。且二戴《记》的篇次、篇目也有异同,体现了各据家法而选择编辑《记》的特点。

关于二戴编辑《礼记》的记载,郑玄《六艺论》说"戴德传《记》八十五篇,则《大戴礼》是也;戴圣传《礼》四十九篇,则此《礼记》是也"⑧,这只是说二戴分别编辑成书。

---

① 《汉书·艺文志》,第1709页。
② 《汉书·艺文志》,第1710页。
③ 《汉书·艺文志》,第1710页。
④ 《汉书·艺文志》,第1717页。
⑤ 郭店楚简中就有与今《礼记》内容相似的篇目,如《缁衣》《性自命出》《六德》等。沈文倬先生认为除确定为秦汉人所作外,二戴《记》的成篇在《荀子》前,甚或有在《孟子》之前者。沈文倬《菿闇文存》,第55页。
⑥ 《经典释文序录疏证》,第91页。
⑦ 沈文倬先生列有"二戴《记》与《仪礼》对照表",以说明《礼记》是《仪礼》的传记。参见沈文倬《菿闇文存》,第40—44页。
⑧ 《礼记正义序》,(清)阮元校刻:《十三经注疏》,第2657页。

晋人却创新说，陈邵《周礼论序》云：

> 戴德删古《礼》二百四篇为八十五篇，谓之《大戴礼》；戴圣删《大戴礼》为四十九篇，是为《小戴礼》。后汉马融、卢植考诸家同异，附戴圣篇章，去其繁重及所叙略而行于世，即今之《礼记》是也。郑玄亦依卢、马之本而注焉。①

《隋书·经籍志》在此基础上更说：

> 戴德删其烦重，合而记之，为八十五篇，谓之《大戴记》。而戴圣又删大戴之书，为四十六篇，谓之《小戴记》。汉末马融，遂传小戴之学。融又定《月令》一篇、《明堂位》一篇、《乐记》一篇，合四十九篇；而郑玄受业于融，又为之注。②

案吴承仕以六事证上引陈邵所说有误，说"二戴撰记各不相谋；孰先孰后亦无明据。清儒戴震、钱大昕、臧镛堂、陈寿祺、吴文起、黄以周等始证明其非，今更无信从陈说者矣"③，可见晋唐人之臆说不可从。

不过，陈氏和《隋志》却说明了《小戴记》在东汉末的传习情况。《礼记》既是附经而行的《记》，其传抄也就不会十分严格，故陈氏提到了马融、卢植对《小戴记》文本的整理，直到郑玄注中还保留有"某或为某"之类的异文。④

郑玄在马、卢整理本的基础上作注，今本的《礼记》才定型，并作为三《礼》之一而地位有所提升。到了曹魏时，《小戴记》首次立于学官，与汉代《礼经》(《仪礼》)并列，这是礼学经典文献结构的一次大变化。而《大戴记》则缺乏关注，渐渐亡佚，到唐代只剩三十九篇。⑤

二戴《礼记》命运的悬殊，再次证明了汉代《礼记》作为《仪礼》之传说的性质，前文已说明郑玄是传小戴《仪礼》学者，所以自然为《小戴记》作注，郑注流行，《小戴记》也就越发受重视。而大戴《仪礼》，没有如郑玄般的继承人，自然《大戴记》

---

① 《经典释文序录疏证》，第91页。
② 《隋书·经籍志》，第925—926页。
③ （唐）陆德明：《经典释文序录疏证》，第92—94页。
④ 关于《礼记》的今古文问题，杨天宇先生认为汉代今古文之争是在哀帝时刘歆争立古文经开始，二戴编《礼记》是在此之前，混有古文很正常，本书从之。杨天宇《郑玄三礼注研究》，第155页。
⑤ 沈文倬先生从佚文和重出两方面推比，认为今本《大戴礼记》所阙，有的即是今本《礼记》之篇，由此认为晋、唐人所说戴圣删戴德书之说，当有所据，未必全出虚构。参见沈文倬《菿闇文存》，第39页。其实这一观察不大能证明戴圣删书说，二戴取材都是当时可见的礼类材料，有相同是自然之事。反而能据此推测因《小戴记》在六朝颇流行，当时人或许认为《大戴记》中与《小戴记》相同的篇目，既已见《小戴记》，就可有可无，这也体现了二戴《记》的兴衰。

就随之没落了。

第二节　两晋南北朝三《礼》学的几个问题

一、两晋南北朝三《礼》学的宗主

两晋继承曹魏，郑玄《礼》注一直立于学官。稍有区别的是，据王国维考证西晋三《礼》郑玄、王肃两立。① 东晋初元帝所立，《周官》《礼记》唯郑氏独立，荀崧上疏请增郑氏《仪礼》，诏可，会王敦难不行。② 不过《晋书·职官志》仍载元帝末增《仪礼》《春秋公羊》博士各一人，合为十一人，则东晋三《礼》皆郑学独立。③

立学如此，在礼制实践中，根据实际需要对于郑、王之义又各有取舍，如"晋初郊庙之礼，皆王肃说，不用郑义"④。太康初，挚虞讨论荀𫖮等撰《新礼》，于丧服之礼列郑、王之说，从王肃之义。⑤

另延昌二年(513)元珍上书提到，西晋武帝时程猗赞成王肃，上书说晋武帝，废郑玄之义。到太康中，许猛上书支持郑玄，晋武帝又采用郑义。当时实际的丧制王、郑各有人采用，而官方先用王义，后又改从郑义。⑥

不过宋武帝永初元年(420)，黄门侍郎王准之回顾两晋丧服制时说：

> 郑玄丧制二十七月而终，学者多云得礼。晋初用王肃议，祥禫共月，遂以为制。江左以来，唯晋朝施用；搢绅之士，犹多遵玄议。宜使朝野一体。⑦

这里王准之说明了东晋官方的丧制是沿用西晋，从王肃说二十五月而终，而东晋民间则用郑玄说。到宋初采用王准之建议，官民都用郑玄说。因此需要注意，礼的实际运用，和官学所立、学术所宗主，还是有所不同的，这是礼源于经典，又据现实所需而有变通的常态。

三《礼》是南北宗主一致的另一类经书，《隋书·儒林传》云南北"《礼》则同遵于郑氏"⑧。简博贤先生认为南北同遵郑氏的原因是"盖《礼》贵征实，虚玄新异，

---

① 王国维：《观堂集林》卷四，第 190 页。
② 《晋书·荀崧传》，第 1976—1978 页。
③ 《晋书·职官志》，第 736 页。
④ (清)皮锡瑞：《经学历史》，第 160 页。
⑤ 《晋书·礼志上》，第 581—582 页。
⑥ 《魏书·礼志四》，第 2796—2797 页。参见张焕君《情礼交融——丧服制度与魏晋南北朝社会》第一章，商务印书馆，2020 年。
⑦ 《宋书·礼志二》，第 392—393 页。
⑧ 《隋书·儒林传序》，第 1706 页。李延寿《北史·儒林传序》沿用此语。

非所尚也。是以南北学风,趣尚乖异;而说《礼》稽古,并从郑氏"①。

又《隋书·经籍志》云:

> 今《周官》六篇、古经十七篇、《小戴记》四十九篇,凡三种,唯郑注立于国学,其余并多散亡,又无师说。②

《经典释文序录》亦云:

> 今庆氏《曲台》久亡,大戴无传学者,唯郑注《周礼》《仪礼》《礼记》并列学官,而《丧服》一篇又别行于世。今三《礼》俱以郑为主。③

这是说汉代的《礼》家至隋唐时只剩郑玄注《周礼》《仪礼》《礼记》三种为官私学传习,如大戴有书而无说,庆氏书与师说俱亡,这和其他经书遭遇也一致。

不过《隋书·礼仪志》论祭天之礼,举郑学、王学二说,云"梁陈以降,以迄于隋,议者各宗所师,故郊丘互有变易"④,这是南朝礼制兼用郑、王二说之例。这一点也和两晋一样,需要区别礼之学术和实践。

北朝三《礼》学,与南朝同遵郑氏,其他礼家之说皆已散亡不传,前论南朝已说明,《北史·儒林传序》亦言郑玄注《礼》"大行于河北"⑤。《北齐书·儒林传》又云:

> (徐遵明)《诗》《礼》《春秋》尤为当时所尚,诸生多兼通之。三《礼》并出遵明之门。徐传业于李铉、祖儁、田元凤、冯伟、纪显敬、吕黄龙、夏怀敬。李铉又传授刁柔、张买奴、鲍季详、邢峙、刘昼、熊安生。安生又传孙灵晖、郭仲坚、丁恃德。其后生能通《礼经》者多是安生门人。诸生尽通小戴《礼》,于《周》《仪礼》兼通者十二三焉。⑥

是北朝后期的三《礼》学出于徐遵明,传授清晰,且似乎《礼记》学更盛于其他二《礼》。

而南朝丧服礼制自宋初采用郑玄说,北朝亦如此,如北魏孝文帝、宣武帝丧制皆用郑义。宣武帝景明二年(501)六月孙惠蔚上书提到为孝文帝服丧的时间问题,说当时"取郑舍王"。到延昌四年(515)正月宣武帝崩,崔亮上书论丧制,提

---

① 简博贤:《今存南北朝经学遗籍考》,第76页。
② 《隋书·经籍志》,第926页。
③ 《经典释文序录疏证》,第96页。
④ 《隋书·礼仪志一》,第107—108页。
⑤ 《北史·儒林传序》,第2708页。
⑥ 《北齐书·儒林传》,第583页。案《北史·儒林传》此段相同。

到"太和二十三年四月一日,高祖孝文皇帝崩,其年十月祭庙,景明二年秋七月祫于太祖,三年春禘于群庙",是遵从郑玄二十七月丧制,而宣武帝的丧制,也准此例。①

不过北魏虽在立学上独尊郑氏,然而在实践的礼制当中,王肃之学仍有影响。如孝文帝太和十三年(489),由孝文帝主持讨论郑玄与王肃义于禘祫之礼的短长,朝臣游明根、高闾等各持郑、王之义相对立,最后孝文帝断以"互取郑、王二义,禘祫并为一名,从王;禘是祭圆丘大祭之名,上下通用,从郑。便即施行,著之于令,永为世法"。② 这是明文规定兼用郑王二义。到了宣武帝景明二年(501)秘书丞孙惠蔚上言请用郑氏禘祫分祭,北海王详等支持,此时又弃王肃义而独用郑。③

另外,在战火连年的六朝时期,受动荡现实的影响,礼制也根据实际情况调整。例如《陈书·孔奂传》记载,梁朝后期"天下丧乱,皆不能终三年之丧,唯奂及吴国张种,在寇乱中守持法度,并以孝闻"④。这再次证明了在两晋南北朝时期,经典的礼与制度的礼并不是完全重合的,充分体现了礼的实践性。

还要注意,南北朝之三《礼》学虽同尊郑氏,但并非完全相同,对经本、经义的传承和理解有差异,我们这里举一个《仪礼》《礼记》文献的例子。南人戚衮曾就国子博士宋怀方质《仪礼》义,怀方是南来的北人,自北朝携有《仪礼》《礼记》疏,秘惜不传,及将亡,嘱咐家人云"吾死后,戚生若赴,便以《仪礼》《礼记》义本付之,若其不来,即宜随尸而殡"⑤。《戚衮传》引此是想说明衮受儒者极大的推许,但从这条材料还可以看出南北《礼》虽同尊郑氏,经本和解释仍有所区别,类似前述《诗经》。

也可见北人对其《仪礼》《礼记》经本和解义的自信。宋怀方所携之《仪礼》《礼记》疏,盖颇有胜于南朝者,故祕惜不传。也说明北朝的《仪礼》《礼记》不会太弱于南朝。不过北朝《仪礼》学文献延续了北朝其他经典研究著作一贯的风格,数量不多。

至于南人除戚衮外,其他人对宋怀方经义的态度,则有两种可能:一是南人不屑怀方之北学;一是自认逊于怀方而推崇其学。结合其他史传中南人对北人的态度来看,或许兼有之,故怀方不轻传人,以戚衮能欣赏其学而传之。宋怀方

---

① 《魏书·礼志二》,第2759—2762页。
② 《魏书·礼志一》,第2741—2743页。
③ 《魏书·礼志二》,第2759—2761页。
④ 《陈书·孔奂传》,第284页。
⑤ 《陈书·儒林传》,第440页。

授予戚衮后,便促进了南北《仪礼》学的交流,于其学有益。

二、两晋南北朝对《丧服》的特别重视

《仪礼》是两晋南北朝时期研究的热门,但实际上对《仪礼》全书进行研究的著作并不太多,只有北朝人对《仪礼》全经研究较多。《仪礼》在两晋南北朝之所以成为经学热门,是因为其中《丧服》一篇在此时讲论最为繁盛。

礼中的丧服制度,涉及三《礼》,但以《仪礼》之《丧服篇》为主。《丧服》讲"天子以下死而相丧,衣服、年月、亲疏隆杀之礼"①。马国翰《郑氏丧服变除辑序》说:"晋宋诸儒好治丧礼,于是郑注《丧服》别有单行之本。故隋唐《志》亦别著于录。"②马氏此说不甚确切,两晋南北朝诸儒好《丧服》,并非新出时尚,而是渊源有自。西汉时已有单说《丧服》的记载,如夏侯胜"善说《礼服》"③,萧望之"从夏侯胜问《论语》《礼服》,以《论语》《礼服》授皇太子"④。《通典》《礼记正义》也引有戴德的《丧服变除》一书。

今出土的武威汉简有两篇《服传》和一篇《丧服经》,证实至少在西汉成帝时《丧服》之单经、单传已流传。⑤ 至东汉亦如此,马融、郑玄、王肃均有单独的《丧服》著述见于《隋志》,这不是晋南北朝人所分出,而是本就有单行之例。在南北朝时,雷次宗、何佟之、王元规诸儒专讲《丧服》,北魏孝文帝曾于清徽堂讲《丧服》,都是对两汉《丧服》之学的延续和发扬。

不过对《丧服》特别重视的原因,除了《丧服》之学渊源有自之外,还可能是因为在战乱频仍、人们朝不保夕的两晋南北朝,死生之事最为紧要。而世家大族,更以丧礼来体现家族的亲缘关系和社会上层的礼仪制度。钱穆先生云:"当时门第制度鼎盛,家族间之亲疏关系,端赖丧服资识别,故丧服乃维系门第制度一要项。"⑥

另外,丧服的目的是"立纲纪,正名分,殊亲疏而别尊卑也。故《丧服》一篇,两言足以蔽之曰尊尊、亲亲而已"⑦。张焕君认为魏晋南北朝丧服制度最大的变

---

① 《仪礼注疏》,(清)阮元校刻:《十三经注疏》,第 2372 页。
② (清)马国翰:《玉函山房辑佚书》。
③ 《汉书·夏侯胜》,第 3155 页。
④ 《汉书·萧望之传》,第 3271、3282 页。
⑤ 沈文倬:《菿闇文存》,第 276—277 页。
⑥ 钱穆:《略论魏晋南北朝学术文化与当时门第之关系》,《中国学术思想史论丛(三)》,联经出版社,1998 年,第 254 页。
⑦ (清)崔述:《五服异同汇考·五服余论》,道光四年(1824)陈履和东阳县署刻本。

化是尊尊的弱化、亲亲的强化,可以称为"以情制服"。① 因此,《丧服》经典与两晋南北朝丧礼实践之间的差别,就成为这一时期《丧服》学反复讨论的内容,形成了大量的《丧服》研究著作。

三、《周礼》等经在十六国北朝的兴衰

北方的《周礼》传习在西晋灭亡后的十六国时期可谓不绝如缕。当时苻坚幸太学,悯礼乐遗阙。博士卢壶对曰:

> 废书既久,书传零落,比年辍撰,正经粗集,唯《周官礼注》未有其师。窃见太常韦逞母宋氏世学家女,传其父业,得《周官》音义。今年八十,视听无阙,自非此母无可以传授后生。②

苻坚从卢壶议,就宋氏家立讲堂,置生员百二十人,隔绛纱幔而受业,"《周官》学复行于世"③。

这段材料说明西晋末以来十六国战乱,严重影响了经学发展,尤其在官学几乎废绝。到苻坚时,社会暂时安定,官学也被重视起来,经年收集,经书已经比较齐全了,但是有书若无师说,则其学也不传,如今文学,这时的《周官》就面临这样的命运。为令《周官》学有所传习,竟要请年已八十的老妇来讲学,与当年伏生传《尚书》何其相似,可见当时《周官》学之衰!

不过从这里也可以看出,虽然受战乱影响,但是稍有安定,君臣上下便极重视经术,异族也不例外。传习《周官》者虽少,人们对它的重视却不减,因此一旦有可能,便提倡起来。正是十六国君臣、士人这样的努力,才使得北魏统一北方后,《周官》学能继续发展,并影响及于政治实践。

到了北魏,作为异族摹仿汉族制度的经典依据,《周礼》在政治上受到了一定程度的重视。如后妃制度,孝文帝初依《周礼》,置夫、嫔之列。④ 太和八年(484)夏六月诏置官班禄,也源本《周礼》食禄之典。⑤ 后来宇文泰更以汉魏官繁,思革前弊。

据《周书·卢辩传》云:

> 初,太祖欲行《周官》,命苏绰专掌其事。未几而绰卒,乃令辩成之。于

---

① 详见张焕君《情礼交融——丧服制度与魏晋南北朝社会》。
② 《晋书·列女传》,第2522页。
③ 《晋书·列女传》,第2522页。
④ 《魏书·李冲传》,第1181页。
⑤ 《魏书·高祖纪》,第153页。

是依《周礼》建六官,置公、卿、大夫、士,并撰次朝仪,车服器用,多依古礼,革汉魏之法,事并施行。辩所述六官,太祖以魏恭帝三年始命行之。自兹厥后,世有损益。于时虽行《周礼》,其内外众职,又兼用秦汉等官。①

这是在西魏文帝大统中时,苏绰、卢辩就依周制改创其事,然撰次未成,众务犹归台阁。到了西魏恭帝三年(556)春正月始毕,乃命行之。②

从这里可以看出,宇文泰依《周官》建立政治制度有一个从策划到实施的过程,充分说明了其政策制定的详细和慎重。此后朝廷既行《周礼》,公卿以下多习其业,③政治制度又促进了《周礼》的传习。这一制度并影响及于隋唐,可谓影响深远。

不过上述材料已经表明,制度的施行和经典也不是全然吻合的,需要结合现实和秦汉的政治实践经验来调整。故孙诒让云"北周、李唐,建官颁典,虽复依仿六职,而揆之《礼经》,多不相应"④,正可作这条材料的注脚。

北方自西晋灭亡,陷入混战,学术文化遭受巨大破坏,学问的传承赖私人授受,不过稍获安定,异族之主亦思振兴。前论《周礼》,已见一斑,此再补一例。前秦建元(371)七年,苻坚以高平苏通、长乐刘祥并为硕儒,尤精二《礼》,便任苏通为《礼记》祭酒,居东庠,刘祥为《仪礼》祭酒,处西序。每月朔旦苻坚率百官亲临讲论。⑤ 这是国家层面对郑注《礼》学的重视,北朝的《仪礼》《礼记》学便承此而发扬。

第三节　两晋南北朝三《礼》学文献分析

一、两晋南北朝三《礼》学文献的数量、分类、存佚统计

两晋时期产生的《周礼》学文献,全部亡佚,只有寥寥数种有后人辑佚。案两晋《周礼》学文献,丁国钧《补晋书艺文志》有8种,文廷式《补晋书艺文志》有12种,秦荣光《补晋书艺文志》有13种,黄逢元《补晋书艺文志》有6种,吴士鉴《补晋书经籍志》有13种,刘兆祐《周礼著述考》中晋代有11种,王锷《三礼研究论著

---

① 《周书·卢辩传》,第404页。
② 《周书·文帝纪》,第36页。
③ 《周书·熊安生传》,第812页。
④ (清)孙诒让:《周礼正义·略例十二凡》,中华书局,1987年,第6页。
⑤ (清)汤球:《十六国春秋辑补》卷三四,《广雅丛书》,民国九年(1920)番禺徐氏汇编重印本。

提要》中晋代有12种。本书根据前列各种目录书统计,去除作者、朝代错误者,总结两晋时期《周礼》学文献辑有5种,佚9种。

表 6-3-1-1　两晋《周礼》学文献分类统计表

两晋《周礼》14种	传说类		辑1种	佚5种
	专题类	音训	辑3种	佚1种
	通论类	议论	辑1种	佚3种

如表6-3-1-1所示,两晋《周礼》学文献总体数量较少,类型也不丰富,只有传说、音训和议论三类,三类的数量也大致相当。从文献统计来看,远不如其他二《礼》发达,这或与《周礼》地位提升需要有一过程有关,又或是《周礼》内容是讲职官,其实践、理论性都不强的缘故。传说类文献有"注""新说"等体裁,是继承汉儒训诂,又自有新解。音训文献留存佚文较多,体现了当时《周官》研究中音释的发达。问难、辨析异同的议论类著作亦有几种,是两晋常有的学风。

两晋时期产生的《仪礼》学文献,也全部亡佚,只有后人辑佚。案两晋《仪礼》学文献,丁国钧《补晋书艺文志》有23种,文廷式《补晋书艺文志》有26种,秦荣光《补晋书艺文志》有32种,黄逢元《补晋书艺文志》有16种,吴士鉴《补晋书经籍志》有20种,刘兆祐《仪礼著述考》中晋代有12种,王锷《三礼研究论著提要》中晋代有26种。本书根据前列各种目录书统计,去除许多重复著录及作者、朝代错误者,总结两晋时期《仪礼》学文献辑有13种,佚13种。

表 6-3-1-2　两晋《仪礼》学文献分类统计表

两晋《仪礼》26种	传说类		0	佚1种
	专题类	图谱	辑2种	佚3种
		分篇	辑11种	佚6种
		音训	0	佚3种

如表6-3-1-2所示,两晋的《仪礼》学文献为数不少,近乎《周礼》文献的两倍。可是东晋初元帝时竟没有与《周礼》《礼记》一起立《仪礼》博士,使人困惑。细考此时期的《仪礼》文献分类,或许可从中找到答案。就目录来看,这一时期关于《仪礼》全书的著作只有4种,其中3种是音训文献,对《仪礼》全书进行传说的

只有1种;此外有1种论冠礼,其余21种全是论《丧服》的著作,比重惊人。可见此时《仪礼》全书远不如《丧服》单篇受重视。

两晋时期产生的《礼记》学文献,全部亡佚,只有后人辑佚几种。案两晋《礼记》学文献,丁国钧《补晋书艺文志》有13种,文廷式《补晋书艺文志》有14种,秦荣光《补晋书艺文志》有16种,黄逢元《补晋书艺文志》有11种,吴士鉴《补晋书经籍志》有14种,黄俊郎《礼记著述考》中晋代有17种,王锷《三礼研究论著提要》中晋代有19种。本书根据前列各种目录书统计,去除几种重复著录及作者、朝代错误者,总结两晋时期《礼记》学文献辑有4种,佚15种。

表6-3-1-3　两晋《礼记》学文献分类统计表

两晋《礼记》19种	传说类		0	佚6种
	专题类	分篇	辑1种	佚2种
		音训	辑3种	佚6种
	通论类	议论	0	佚1种

如表6-3-1-3所示,两晋的《礼记》学文献数量多于《周礼》,少于《仪礼》。说明自郑玄注《小戴记》,曹魏立于学官,对其作专门研究的文献渐渐增多。案曹元弼将《礼记》的内容分为礼、学、政三大类,①以囊括其繁杂的内容(此三类实包含于广义的礼中),可见《礼记》涉及面广,对于爱好谈论的晋人,是很好的取材典籍,这或是《礼记》受重视的另一个原因。此时期的《礼记》文献数量,较之他经有一个特别之处,即音训文献最多,甚至超过传说类。总体的分类也不算丰富。不知这是否与《礼记》才受重视不久,内容庞杂,又混杂今古文,故以正文本音义为先。另外,仅有一种分篇文献属于《大戴记》,可见《大戴记》之衰。

两晋时期产生的三《礼》综论文献,全部亡佚,未有片言留存。案两晋三《礼》综论文献,丁国钧《补晋书艺文志》有17种,文廷式《补晋书艺文志》有23种,秦荣光《补晋书艺文志》有20种,黄逢元《补晋书艺文志》有19种,吴士鉴《补晋书经籍志》有17种,刘兆祐《三礼总义著述考》中晋代有7种,王锷《三礼研究论著提要》中晋代有12种。本书根据前列各种目录书统计,去除许多重复著录及作者、朝代错误者,总结两晋时期三《礼》综论文献辑有8种,佚8种。

---

①　(清)曹元弼:《礼经学·会通》,周洪校点,北京大学出版社,2012年,第242页。

表 6-3-1-4　两晋三《礼》综论文献分类统计表

两晋三《礼》综论 16 种	三礼总义	0	佚 2 种
	通礼	辑 8 种	佚 6 种

如表 6-3-1-4 所示，两晋的三《礼》综论文献比《周礼》文献稍多，可见对《周礼》的单独讨论虽相对其他二《礼》来说较少，但加上综合讨论的这些文献，对《周礼》的研究也比较丰富了。从书名来看显然是三《礼》总义的文献只有 2 种，其他则只能归为通礼类。这两小类文献数量的悬殊也恰好说明三《礼》的格局较通礼起源较晚。因为是对《礼》书的综合讨论，故以问答、议论为主，本书便不在其中再分小类，以免画蛇添足。

南朝的《周礼》学文献，全都亡佚了，今存只有 2 种后人辑本。案南朝《周礼》学文献，王仁俊《补宋书艺文志》有 0 种，聂崇岐《补宋书艺文志》有 0 种，高桂华《补南齐书经籍志》有 1 种，陈述《补南齐书艺文志》有 0 种，王仁俊《补梁书艺文志》有 1 种，徐仁甫《补陈书艺文志》有 0 种，徐崇《补南北史艺文志》南朝有 1 种，刘兆祐《周礼著述考》中南朝有 8 种，王锷《三礼研究论著提要》中南朝有 6 种。本书根据前列各种目录书统计，去除作者、朝代错误者，总结南朝时期《周礼》学文献辑有 2 种，佚 5 种。

表 6-3-2-1　南朝《周礼》学文献分类统计表

南朝《周礼》 7 种	传说类		0	佚 4 种
	专题类	分篇	0	佚 1 种
		音训	辑 2 种	0

如表 6-3-2-1 所示，南朝《周礼》学文献中传说类文献的数量最多，总数只有两晋的一半。与两晋的《周礼》学文献一样，种类也不丰富，专题类除了音训著作，就只有一种分篇类的出土文献。辑佚的著作较之两晋更少，只有音训类的两种。

南朝的《仪礼》学文献，全都亡佚了，今存只有后人辑本。案南朝《仪礼》学文献，王仁俊《补宋书艺文志》有 8 种，聂崇岐《补宋书艺文志》有 9 种，高桂华《补南齐书经籍志》有 11 种，陈述《补南齐书艺文志》有 14 种，王仁俊《补梁书艺文志》有 6 种，徐仁甫《补陈书艺文志》有 5 种，徐崇《补南北史艺文志》南朝有 9 种，刘兆祐《仪礼著述考》中南朝有 6 种，王锷《三礼研究论著提要》中南朝有 34 种。本书根据前列各种目录书统计，去除作者、朝代错误者，总结南朝时期《仪礼》学文献辑有 7 种，佚 33 种。

表 6-3-2-2　南朝《仪礼》学文献分类统计表

南朝《仪礼》40 种	传说类		0	佚 1 种
	专题类	分篇	辑 7 种	佚 31 种
		图谱	0	佚 1 种

如表 6-3-2-2 所示，南朝《仪礼》学文献亦以《丧服》单篇为大宗。与两晋的《仪礼》学文献相较，种类减少，更加集中在对《丧服》的研究上。对《仪礼》全书的研究只有传说类的 1 种，其余 39 种全是对《丧服》的研究，可见当时学术风尚之偏重，较之两晋更甚。

南北朝的《礼记》文本大同小异，见前《仪礼》部分所述。南朝的《礼记》学文献，没有足本留下，今存只有后人辑本。不过其中有皇侃《义疏》一种，却因作为孔颖达《正义》的基础，故存有大部分。案南朝《礼记》学文献，王仁俊《补宋书艺文志》有 3 种，聂崇岐《补宋书艺文志》有 6 种，高桂华《补南齐书经籍志》有 2 种，陈述《补南齐书艺文志》有 1 种，王仁俊《补梁书艺文志》有 7 种，徐仁甫《补陈书艺文志》有 3 种，徐崇《补南北史艺文志》南朝有 9 种，黄俊郎《礼记著述考》中南朝有 20 种，王锷《三礼研究论著提要》中南朝有 17 种。本书根据前列各种目录书统计，去除重复著录和作者、朝代错误者，总结南朝时期《礼记》学文献辑有 5 种，佚 17 种。

表 6-3-2-3　南朝《礼记》学文献分类统计表

南朝《礼记》22 种	传说类		辑 5 种	佚 11 种
	专题类	分篇	0	佚 3 种
		音训	0	佚 2 种
	通论类	议论	0	佚 1 种

如表 6-3-2-3 所示，南朝《礼记》学各类文献的数量分布与两晋不同，又恢复了以传说类为大宗的现象。同时音训类文献大大减少，除传说类文献外，其他类

型的文献数量都不多。这或许是因为两晋《礼记》音学成果丰富,到了南朝,便开始深入地对《礼记》内容作疏证;而只有在注疏成熟后,才能更进一步进行单篇研究和论难,因此这一时期的单篇和论难著作也很少。需要说明辑佚的5种文献中,有1种本非辑佚,而是残篇,但仅此一种,又与辑佚中的1种著作密切相关,姑且归入辑佚文献。从总体数量上看,南朝《礼记》学文献较两晋有进一步发展。

南朝的三《礼》综论文献,亦全亡佚,今存只有数种后人辑本。案南朝三《礼》综论文献,王仁俊《补宋书艺文志》有15种,聂崇岐《补宋书艺文志》有15种,高桂华《补南齐书经籍志》有13种,陈述《补南齐书艺文志》有8种,王仁俊《补梁书艺文志》有15种,徐仁甫《补陈书艺文志》有1种,徐崇《补南北史艺文志》南朝有18种,刘兆祐《三礼总义著述考》中南朝有26种,王锷《三礼研究论著提要》中南朝有44种。本书根据前列各种目录书统计,去除不少重复著录、当属仪注类及作者、朝代错误者,总结南朝时期三《礼》综论文献辑有7种,佚36种。

表6-3-2-4　南朝三《礼》综论文献分类统计表

南朝三《礼》综论 43种	三礼总义		辑1种	佚4种
	通礼		辑6种	佚32种

如表6-3-2-4所示,这一时期的三《礼》综论文献数量比对《仪礼》单经作研究的文献还多,较之《周礼》《礼记》类文献更是多出不少,可以看出礼之用"时"为大的特点,与现实礼用相结合的讨论是人们关注最多之处。与两晋的情况一样,三《礼》总义类文献数量远少于通礼文献。

前述几部经书的研究著作,南朝数量都远多于北朝,而北朝的《周礼》学文献,数量和南朝大致相当,这或许也可说明北朝《周礼》学较为发达。这一时期的《周礼》学文献已全部亡佚,唯有后人辑佚1种。案北朝《周礼》学文献,李正奋《补魏书艺文志》有3种,徐仁甫《补北齐书艺文志》有0种,徐仁甫《补周书艺文志》有2种,徐崇《补南北史艺文志》北朝有6种,刘兆祐《周礼著述考》中北朝有6种,王锷《三礼研究论著提要》中北朝有6种。本书根据前列各种目录书统计,总结北朝时期《周礼》学文献辑有1种,佚6种。

表6-3-3-1　北朝《周礼》学文献分类统计表

北朝《周礼》 7种	传说类		辑1种	佚2种
	专题类	音训	0	佚4种

如表 6-3-3-1 所示，北朝《周礼》学文献类型很简单，只有传说和音训两种，并且音训类数量还多于传说类。传说类文献从书名来看主要是义疏体裁，可见北朝的义疏学之发达。音训类文献比南朝还多，这是对两晋发达的音训学的继承。

北朝的《仪礼》学文献，全部亡佚，只有北齐黄庆的《仪礼章疏》因贾公彦作疏时本之，故赖贾疏而流传于今。案北朝《仪礼》学文献，李正奋《补魏书艺文志》有 4 种，徐仁甫《补北齐书艺文志》有 1 种，徐仁甫《补周书艺文志》有 5 种，徐崇《补南北史艺文志》北朝有 10 种，刘兆祐《仪礼著述考》中北朝有 0 种，王锷《三礼研究论著提要》中北朝有 7 种。本书根据前列各种目录书统计，总结北朝时期《仪礼》学文献佚 18 种。

表 6-3-3-2　北朝《仪礼》学文献分类统计表

北朝《仪礼》18 种	传说类		0	佚 3 种
	专题类	图谱	0	佚 1 种
		分篇	0	佚 12 种
		音训	0	佚 2 种

如表 6-3-3-2 所示，北朝《仪礼》学文献较两晋、南朝为少，数量只有南朝的一半不到，不过类型却比南朝丰富，对两晋有更强的继承色彩。其中有传说类的 3 种和音训类的 2 种文献是对《仪礼》全经的研究，而专门对《丧服》作研究的著述则有 13 种，这种比例较之两晋南朝要平衡得多。从这里可以看到北朝人对《仪礼》全经的重视，无怪乎后来唐人贾公彦作疏，要本于北齐人之章疏了。另外前引《北齐书·儒林传》说诸生尽通小戴《礼》，于《周礼》《仪礼》兼通者十二三，虽然从数量上看北朝《仪礼》文献比《礼记》多得多，但考虑到其中大多是专说《丧服》而非论《仪礼》全经，《北齐书》所言还是与文献数量不矛盾的。

北朝的《礼记》学文献，亦无足本留下，今存只有《大戴记》的一种残本和几种后人辑本《小戴记》著作。不过其中有熊安生《义疏》一种，因是孔颖达《正义》之主要参考，故存有许多。案北朝《礼记》学文献，李正奋《补魏书艺文志》有 6 种，徐仁甫《补北齐书艺文志》有 0 种，徐仁甫《补周书艺文志》有 4 种，徐崇《补南北史艺文志》北朝有 8 种，黄俊郎《礼记著述考》中北朝有 6 种，王锷《三礼研究论著提要》中北朝有 5 种。本书根据前列各种目录书统计，总结北朝时期《礼记》学文献辑、存有 5 种，佚 5 种。

表 6-3-3-3　北朝《礼记》学文献分类统计表

北朝《礼记》10种	传说类		辑、存 4 种	佚 3 种
	专题类	图谱	0	佚 1 种
		分篇	辑 1 种	0
		音训	0	佚 1 种

如表 6-3-3-3 所示，北朝《礼记》学文献的数量只有两晋、南朝的约一半，少了许多，这是北朝经学文献与晋、南朝相比的一般风格。依然以传说类文献最多，其他类型的文献数量都很少，原因当同于南朝。

北朝的三《礼》综论文献，全部亡佚，今也无一种辑本可见。案北朝三《礼》综论文献，李正奋《补魏书艺文志》有 4 种，徐仁甫《补北齐书艺文志》有 2 种，徐仁甫《补周书艺文志》有 0 种，徐崇《补南北史艺文志》北朝有 4 种，刘兆祐《三礼总义著述考》中北朝有 0 种，王锷《三礼研究论著提要》中北朝有 3 种。本书根据前列各种目录书统计，去除时代错误、重复著录者，总结北朝时期三《礼》综论文献佚 4 种。

表 6-3-3-4　北朝三《礼》综论文献分类统计表

北朝三《礼》综论 4 种	三礼总义	0	佚 3 种
	通礼	0	佚 1 种

如表 6-3-3-4 所示，北朝三《礼》综论文献数量很少，较之三《礼》各书的单独研究要少得多。相对于两晋、南朝的这类文献数量，更是少得可怜，而且未有片言留存。在其中分类上，有一个和两晋南朝不同之处，即三《礼》总义类文献要比通礼类多，这或许是因为北朝人更专注对经书的研究，论难的风气不如晋、南朝。

二、两晋南北朝《周礼》学文献的发展

两晋的《周礼》学文献，在三《礼》中最少。我们前面已经看到，十六国时期《周礼》的传授不绝如缕，到北魏才受到重视。因此在两晋的《周礼》文献中，只有传说、议论、音训三类著作。对《周礼》作传说的有干宝《周官礼注》、王懋约《周官宁朔新书》、宋氏《周官音义》等，属于质朴的训诂著作。给《周礼》作音训的著作

有干宝《周礼音》、徐邈《周礼音》、李轨《周礼音》等。对《周礼》进行理论探讨的著作有陈邵《周官礼异同评》、孙略《周官礼驳难》等。

南朝的《周礼》学，相对于其他二《礼》，也不甚发达。梁时吏部郎陆倕与仆射徐勉书荐沈峻时说：

> 凡圣贤可讲之书，必以《周官》立义，则《周官》一书，实为群经源本。此学不传，多历年世，北人孙详、蒋显亦经听习，而音革楚、夏，故学徒不至；惟助教沈峻，特精此书。宜即用此人，命其专此一学，周而复始，使圣人正典，废而更兴，累世绝业，传于学官。①

徐勉从陆倕建议，奏沈峻兼五经博士，于馆讲授，听者常数百人。

这段材料透露了几个信息：一是《周礼》在南朝的传习有盛衰的过程，陆倕所说多年不传，盖指精于此学及大范围学习的情况多年没有出现，因在陆倕之前亦有兼讲三《礼》的学者，《周礼》在其中是不可能不涉及的；二是在梁时，南朝的《周礼》学似乎不比北朝发达，所以请北人孙详、蒋显来讲此学，这从文献数量也可以看出，北朝的《周礼》文献和南朝差不多，不像其他一些经典数量远少于南朝；三是沈峻是南人，曾师事宗人沈骥士，骥士亦南人，则沈峻之《周礼》学自南朝，也说明了南朝的《周礼》仍是一直有所传习的，并且由于孙、蒋的语言问题，学徒显然更愿意听沈峻所讲，这说明沈峻的《周礼》学至少不逊于北人。

由此可以补充证明从文献数量所得的结论：《周礼》在南、北朝学术上均不如《仪礼》《礼记》发达，在南、北朝之间，《周礼》文献的发展水平差距不是非常大。

南朝只有几种传说类《周礼》著作，如梁崔灵恩《周官礼集注》、三种佚名的《周官礼义疏》。音训著作如陈戚衮《周礼音》。可见南朝《周礼》研究的稀缺。

我们前面提到北魏以来，北朝对《周礼》逐渐重视，尤其后期极重《周礼》，但我们要知道这种重视更多是将《周礼》应用在政治上，属于政治需求的传习。因此我们看北朝的《周礼》文献数量并没有特别突出。无论相对南北朝的《周礼》，还是相对北朝的其他经典，这再一次证明了考察实践中的礼与经典中的礼，要重视其不必然吻合性。只不过，北朝《周礼》学文献与南朝数量相当，这种情况很少见，北朝诸儒向来著述不多，此现象或可说明北朝的《周礼》研究相对南朝更兴盛。

北朝《周礼》学传说类著作有北魏刘芳《周官义证》、北周沈重《周官礼义疏》、北周熊安生《周礼义疏》。音训类著作则有北魏刘芳《郑玄注周官音》《干宝注周

---

① 《梁书·儒林传》，第679页。

官音》、北周沈重《周礼音》等。整体研究的类型单一、著作数量少。

三、两晋南北朝《仪礼》学文献偏重《丧服》

两晋对《仪礼》全经作研究的,只有一种传说类著作刘兆《仪礼注》,还有刘昌宗、李轨、范宣所作的三种《仪礼音》。南朝对《仪礼》全经作研究的只有一种传说文献——陈张冲《仪礼传》。北朝对《仪礼》全经作研究的著作稍多,有传说类的北魏刘芳《仪礼义证》、北齐黄庆《仪礼章疏》、北周沈重《仪礼义》,音训类的北魏刘芳《郑玄注仪礼音》、沈重《仪礼音》。

虽然两晋南北朝对《仪礼》全书进行研究的文献屈指可数,但《丧服》类文献蔚为大观。对《丧服》文献的研究,本书统列为分篇文献,归于《仪礼》类。两晋26种《仪礼》学著作,研究《丧服》的有21种。南朝40种《仪礼》学著作,研究《丧服》的有39种。北朝18种《仪礼》学著作,研究《丧服》的有13种。这样数量的对比,可以让我们直观感受到两晋南北朝在研究《仪礼》时,对《丧服》的偏重。

在两晋的《丧服》文献中,又分几种类型。有对经传作注者,这是继承了两汉的研究风格;有用图谱解释《丧服》者;有侧重于丧服仪式的著作;在《丧服》著作中,以议论类著作最为大宗,这是由于丧服制度既需要依据经典制定,又必须对现实中产生的种种新情况作出变通(尤其在两晋南北朝的离乱之世变故尤多),这就产生了许多论难,形成了不少含有问答体裁的著作。

南朝《丧服》类文献数量则近乎两晋的两倍,也分几种类型。有继承两汉学风对经传作注者,数量不少,并以宋人著作为最多,体现了南朝学风对两晋的继承;有用图谱解释《丧服》者,较两晋少许多;有侧重于丧服仪式的著作;有议论类著作,数量最多;除了以上与两晋类型相同的文献,还有较多的义疏类文献,这是南朝《丧服》学极具特色的一点,并以齐、梁、陈人著作居多,体现了南朝内部《丧服》学传说风格的继承与变迁。

北朝《丧服》类文献也分几种类型。有继承两汉学风作章句者;有图解《丧服》者;有侧重于丧服仪式者;有义疏类著作;亦以议论类著作数量最多。体现了北朝《丧服》学对两晋的继承,又有同于南朝的时代特色。

两晋南北朝对《丧服》的经、传作注的文献有晋代袁准《丧服经传注》、孔伦《丧服经传集注》、陈铨《丧服经传注》,南朝有宋裴松之《集注丧服经传》、宋雷次宗《略注丧服经传》、南齐田僧绍《集解丧服经传》、梁裴子野《丧服传》、梁伏曼容《丧服集解》,北朝有北齐李公绪《丧服章句》等。

南北朝还新出不少专讲《丧服》的义疏类著作,南朝有南齐司马宪《丧服经传义疏》、南齐楼幼瑜《丧服经传义疏》、南齐刘瓛《丧服经传义疏》、南齐沈骥士《丧服经传义疏》、梁何佟之《丧服经传义疏》、梁贺玚《丧服义疏》、梁皇侃《丧服文句义疏》、陈顾越《丧服义疏》、陈沈文阿《丧服经传义疏》等等,北朝有北周沈重《丧服经义》,数量不少。

对《丧服》的服制、礼制作图谱研究的有晋代贺循《丧服谱》、蔡谟《丧服谱》、崔游《丧服图》,南朝有南齐王俭《丧服图》,北魏崔逸《丧服图》等。

对《丧服》礼制的实施进行讨论的有晋代杜预《丧服要集》、刘智《丧服释疑》、贺循《丧服要记》、刘逵《丧服要记》,南朝有宋崔凯《丧服难问》、南齐王俭《丧服古今集记》、南齐王逡之《丧服世行要记》、梁皇侃《丧服答问目》、陈袁宪《丧礼五服》,北朝有北魏柳玄达《丧服论》、北魏卢道虔《难王俭丧服集记》、北魏索敞《丧服要记》、北齐张耀《丧服要问》、北周樊深《丧服问疑》等。

四、南北朝两种《礼记义疏》

唐代孔颖达在进行经学文献统一的工作时,其《礼记正义》选择了南北朝的两种《礼记义疏》作为基础,因此这两种义疏虽然亡佚,但大多数内容能够在孔颖达的《正义》中找到。孔颖达的《正义》此后成为《礼记》学的权威著作,因此我们也可以说南北朝的这两种《礼记义疏》尽管已经亡佚,但深刻影响了后世的《礼记》学。这两种著作是梁皇侃的《礼记义疏》和北周熊安生的《礼记义疏》。

梁皇侃撰《礼记义疏》有五十卷。案孔颖达《礼记正义序》云:

> 其见于世者唯皇、熊二家而已。皇氏虽章句详正,微稍繁广。又既遵郑氏,乃时乖郑义,此是木落不归其本,狐死不首其丘。然以熊比皇,皇氏胜矣。虽体例既别,不可因循,今奉敕删理,仍据皇氏以为本,其有不备,以熊氏补焉。必取文证详悉,义理精审,翦其繁芜,撮其机要。①

据此知在唐修正义时,六朝多家《礼记》著作已不常见,唯皇侃与熊安生二家最著,孔氏以皇疏为主,参以熊疏,则今《礼记正义》实有许多皇氏见解,只是经删改并没其名,难以考备。

此书盖亡于赵宋以后,清人马国翰自《礼记正义》《经典释文》辑出。皇疏以申明、补正经、注为主,释字词音义、名物制度、礼仪大义,又发凡起例、条分缕析,颇有创获。皇氏虽本郑注,却如上引孔颖达评论有异郑之处,还引王肃、庾蔚之、贺玚等说。皇氏师从贺玚,然有与师说不同处。不过皇疏也有违背经注、无据臆

---

① 《礼记正义序》,(清)阮元校刻:《十三经注疏》,第 2652 页。

说之误。①

北周熊安生撰《礼记义疏》四十卷。案孔颖达《礼记正义序》云：

> 其见于世者唯皇、熊二家而已。熊则违背本经，多引外义，犹之楚而北行，马虽疾而去逾远矣。又欲释经文，唯聚难义，犹治丝而棼之，手虽繁而丝益乱也。然以熊比皇，皇氏胜矣。虽体例既别，不可因循，今奉敕删理，仍据皇氏以为本，其有不备，以熊氏补焉。必取文证详悉，义理精审，翦其繁芜，撮其机要。②

是安生此书亦为孔氏《正义》之主要参考。既为孔氏所本，安生原书便亡佚，清人马国翰自《礼记正义》有辑佚。佚文亦以郑注为主，有貌似违郑实则引申之处。又讲乐律、名物等，自出己说，后儒如孔颖达等从之。亦有昧于古制，如孔序所说违背经义者。③ 此书广征博引，引有经传、注等，又引有当时南人之言。安生以郑注为主，还参考了纬书、服虔注，实广泛继承了两汉学问之大宗，尤为难得，不可以孔序评价为准。

五、两晋南北朝三《礼》文献的专题研究

两晋南北朝的三《礼》文献，除《丧服》外，还有一些讨论其他某种礼制的，如晋代王堪的《冠礼仪》，是讨论《仪礼》中冠礼的；虞潭的《投壶变》、郝冲的《投壶道》，都是讨论《礼记》所载的投壶礼。南朝宋戴颙撰《月令章句》，对《礼记》中的《月令》一篇作注解。南朝有一篇比较特别的出土文献《科斗书考工记》，是古墓出土的《周礼》所缺篇目。北朝有对《礼记》中的明堂制度作专门研究的，或以图讲说，或理论考证，如北魏封伟伯《明堂图说》、北魏李谧《明堂制度论》。

《礼记》的《中庸》一篇，经过宋儒程、朱等人的提倡、解说，被单独分出形成了经学的"四书"系列，影响及于宋代以后的经学。而对《礼记》中的《中庸》作专门研究者，则始于南朝，可见两晋南北朝经学中的思想研究，是宋明理学之先声。相关著作有南朝宋戴颙《礼记中庸传》、梁武帝《中庸讲疏》等。

当时人对《大戴礼记》也作了研究，例如晋代郭璞所撰《夏小正注》，是专门注解《大戴礼记》中的《夏小正》一篇。北朝有对《大戴礼记》作整体注释的文献——北周卢辩《大戴礼记注》，这是《大戴礼记》的唯一传世注本，尽管篇目散亡严重，

---

① 参见简博贤《今存南北朝经学遗籍考》，第81—86页；陈金木《皇侃之经学》，"皇侃之《礼记》学"一章。
② 《礼记正义序》，（清）阮元校刻：《十三经注疏》，第2652页。
③ 参见简博贤《今存南北朝经学遗籍考》，第88—93页。

但难能可贵。此书不见隋、唐《志》记载，卷数也不详。至唐已亡失大半，八十五篇中只剩三十九篇，其中又只有二十五篇有注。又无注者姓名，王应麟始考证为卢辩注。① 其注虽疏略，经、注亦有不少错讹，但恐与流传不广有关。注文平实有据，存有异文，广引诸经及儒道子书，还引有《韩诗》《白虎通》《五经异义》、纬书等，是继承了汉今古文之说，存亡继绝，功不可没。② 卢注明堂九室，谓法龟文，为朱子《河图》之说袭用，此又见六朝经学对宋明理学之影响。

六、蔚为大观的两晋南北朝三《礼》综论文献

将《周礼》《仪礼》《礼记》三种《礼》书结合，注解、讨论并直接题名"三礼"的文献，本书列为三《礼》总义类文献；通释《周礼》《仪礼》《礼记》之内容并结合各代礼制作理论研讨的文献，本书列为通《礼》文献，这两类文献并归为三《礼》综论类文献。自东汉末郑玄注《周礼》《仪礼》《小戴记》后，三《礼》开始并立而行，郑玄作有《三礼目录》，这是三《礼》总义类文献之发轫。

通礼类文献所涵盖的内容更多，不仅涉及礼的各种经典、记注，还结合古代礼事、现实礼制进行综合讨论，《汉书·艺文志》礼类载有《石渠议奏》三十八篇，就是经部通礼文献之源，到《隋书·经籍志》还载有戴圣撰《石渠礼论》四卷、《群儒疑义》十二卷，可见通礼性质的文献更早于三《礼》总义文献出现。

不过，对于通礼类文献的定义，则较为复杂。因为这类文献不仅是对经书内容的讨论，往往会涉及对史事、现实礼制的探讨，有时与史部仪注类的文献界限易混淆，故史志、目录分类往往互有异同。两晋南北朝的通礼类文献，由于绝大多数已亡佚，少数几种有残篇断简留存，所以从推断书名来分类更易致误。故本书以《隋书·经籍志》为主，其经部礼类两晋南北朝时段的文献全部收入（包括书名疑似仪注文献者），而不涉及史部仪注类文献（书名疑似通论者亦不归入），对各补志、目录书所载之去取亦准此区分。

两晋南北朝的三《礼》综论文献数量整体比较多，如两晋的三《礼》综论文献比《周礼》文献更多，南朝的三《礼》综论文献比《周礼》《礼记》多出不少，只有北朝三《礼》综论文献数量较少。

两晋的三《礼》总义类文献有 2 种，是范隆《三礼吉凶宗纪》、董景道《三礼通论》。通礼类文献相对来说比较多，有 14 种，如吴商《杂议》、卢谌《杂祭法》、干宝《后养议》、范汪《祭典》、范宁《礼杂问》、范宣《礼论难》、孙毓《五礼驳》、庾亮《杂乡

---

① （宋）王应麟：《困学纪闻》卷五，第 675 页。
② 参见濮传真《北朝〈二戴礼记〉学》，第 142 页。

射等议》,我们看内容涉及礼制的各种应用与经文的关系问题的讨论。例如卢谌《杂祭法》佚文讲四时祭品,如云"四时之祠皆用苦酒""夏祠秋祠皆用瓜""冬祠用柑"[①]等等。又如干宝《后养议》讨论的是西晋礼制的著名事件,即王昌是否应该为前母服丧服的问题。当时有几种观点,如王昌应为前母服,王昌不应为前母服,或折中为前母服降级的丧制。干宝则以郑玄说为主,又考虑人情,认为王昌不必追服。

南朝的三《礼》总义类文献有 5 种,有梁崔灵恩《三礼义宗》、梁陶弘景《三礼目录注》、梁贺琛《三礼讲疏》、陈戚衮《三礼义记》,其中有综合三《礼》讨论者,有对郑玄《三礼目录》作注解者,有用来讲三《礼》的讲义。如崔灵恩《三礼义宗》涵盖三《礼》的古今解说,还兼及《大戴记》等其他经书的礼说。

南朝的通礼类文献数量尤其可观,有 38 种,卷帙也颇多,如宋何承天撰《礼论》有三百卷之多,会通礼典,旁征博引,或引史事,或解释古礼,还记载前人讨论礼制之言。此外还有南齐王俭《礼义答问》、梁周舍《礼疑义》、梁贺㻛《礼论要钞》等等,内容与两晋的该类文献一致。如王俭《礼义答问》广引各种经典和前人看法,以辨析祫禘、郊祀等祭礼。

北朝的三《礼》总义类文献有 3 种,是北魏刘献之《三礼大义》、北魏元延明《三礼宗略》、北齐李铉《三礼义疏》,是对三《礼》的大概进行解说者,或是讲学所用的讲疏。北朝的通礼类文献只有 1 种,即北齐李公绪《礼质疑》,看书名盖为礼制疑难问题的讨论。

本 章 小 结

虽然两晋南北朝的三《礼》文献总体数量颇多,但其中又有侧重,《仪礼》文献最多,《周礼》最少;从时代上看,南朝最多,北朝最少。不过这一时期《周礼》学文献数量虽较少,但合于三《礼》中,也一同被重视,故其时《儒林传》中多言诸儒善三《礼》。

两晋南北朝的礼学沿着汉魏路数而下,既有继承,又有创新。郑玄注《礼》尚权威,持尊尊之说,本于旧解;王肃说《礼》崇人情,持亲亲之教,自出新意。[②] 西晋二说并立,此后官学虽独崇郑,而王说切合实情,晋南北朝诸儒也不能偏废。

---

① (清)马国翰:《玉函山房辑佚书》。
② 参见简博贤《今存三国两晋经学遗籍考》,第 282—290 页。

于是虽本郑注,却广采诸经及前贤之说,或尊尊或亲亲,皆无一定,要之重在切合实际,有助于礼之施用。两晋南北朝经说集大成的风格,又一次得到充分体现。并且由于礼与现实生活结合紧密,此时诸儒礼学更加生动而富有创造力,对前人经传注说进行增补、推衍、驳斥,比比皆是,且精义屡见(虽有违失,固所不免),无怪乎后人多赞叹、袭用此时之礼说。这些丰富的研究、热烈的讨论,便形成上述类型多样的礼学著述,成为两晋南北朝经学文献之大宗。

而对于这一时期研究相对较少的《周礼》,孙诒让指出"六朝、唐人礼议经疏,多与此经(《周礼》)关涉,义既精博,甄录尤详"①,也就是说《周礼》已融入广泛的礼说中,虽专经研究显得衰落,但对其的关注、研究实多。

这一时期的《丧服》学,则极为辉煌,对晋南北朝经学评价很低的皮锡瑞也认为:

> 古礼最重丧服,六朝人尤精此学,为后世所莫逮。自汉魏至六朝诸儒,多讲礼服。六朝尚清言习浮华之世,讲论服制,如此谨严,所以其时期功去官,犹遵古礼。除服宴客,致罣弹章,足见江左立国,犹知明伦理,重本原。故能以东南一隅,抗衡中原百余年也。②

皮氏之说,已将《丧服》研究之成绩与国家运数联系,足见此学不仅著述丰富,而且深刻影响了当时的社会生活。此说并非夸大,翻开这一时期史书,于《丧服》之研讨比比皆是,文献数量也证明此点。学术与实践的互动,使得此时期的《丧服》学既精深又切近,既严谨又生动。

还需要说明一点,马宗霍先生在其《中国经学史》中说:

> 盖汉人治经,以本经为主。所为传注,皆以解经。至魏晋以来,则多以经注为主,其所申驳,皆以明注。即有自为家者,或集前人之注,少所折衷;或隐前人之注,迹同攘善。其不依旧注者,则又立意与前人为异者也。至南北朝,则所执者更不能出汉魏晋诸家之外,但守一家之注而诠解之,或旁引诸说而证明之,名为经学,实即注学。于是传注之体日微,义疏之体日起矣。③

此段评论后人多沿用以说晋南北朝义疏之学,且多含批评之意。然而用之考察前述诸经,已不太相合;以之说《礼》经,更显不符。

---

① (清)孙诒让:《周礼正义·略例十二凡》,第5页。
② (清)皮锡瑞:《经学通论三》,第39—41页。
③ 马宗霍:《中国经学史》,第85页。

孙诒让论《周礼》已言"唐疏例不破注,而六朝义疏家则不尽然"①(并参见后《论语》一节)。其实隐前人之说在晋南北朝时突出表现在杜预注《左传》和郭璞注《尔雅》上,但亦多见于唐人;疏不破注也多见于唐人,时贤有认为这是孔颖达等撰《正义》之新特点。② 案孔颖达认为皇侃疏"既遵郑氏,乃时乖郑义,此是木落不归其本,狐死不首其丘"③,就已然承认唐人与六朝人疏作的区别,此为一显证。本书上述分析,亦可见晋南北朝人大抵引证有据,多创新说,并非"疏不破注"。

由上述分析可见,虽然两晋礼学总体发达,但并非三《礼》之研究皆齐头并进。从文献数量来看,《仪礼》类文献最多,《周礼》文献最少。不过三《礼》之间与综论类的数量差距并不大,说明两晋的《礼》学各类文献发展相对平均,这是对东汉末郑玄并列三《礼》的继承。而《大戴记》类文献数量的稀少,则是延续汉末学术好尚的结果。

文献的形式较为丰富,从形式上看有传说、图谱、分篇、音训、议论诸类,是对《礼》学文献的多角度研究。从研究风格上看,有继承两汉传注方法之著作,有打破旧说的新义,有对音训的特别重视,还有就礼义作旁征博引的问难。就内容来说,最大的特色仍然是对汉魏之学的集成,广引诸说,断以己见,既有继承,又有创新。这种集成的风格特别地反映在三《礼》综论文献上,以致此类文献数量还多于《周礼》类。还需注意这一时期《丧服》文献的发达,较《仪礼》全书远受重视。《丧服》文献也分几种类型,说明晋儒对《丧服》有着多角度审视。这一现象可证礼学文献的研究与礼的实践性有关,晋多战乱,时局不稳,其他礼仪往往不切实用,而丧礼则应用广泛、情况复杂,故需多加研讨。

南朝三《礼》文献内部的发展也不平均,三《礼》综论类的数量最多,《周礼》类最少。虽然《周礼》文献最少这一点与两晋相同,但数量只有两晋的一半,显出衰落的迹象。而《仪礼》、三《礼》综论类文献则多于两晋一倍左右,可见南朝礼学研究重点的倾斜。这种发展不平衡特别明显,《丧服》和三《礼》综论类文献数量是《周礼》类的六倍左右,于是两晋三《礼》学研究相对之下,就显得较为均衡了。

在研究形式和风格上,除继承两晋的特点外,还有更进一步发挥,如"隐义""义疏"类型的研究,是对礼学文献的更细化解读。内容也更广博,不仅继承汉魏学说,还对两晋诸儒之义多有折中,这集中体现在《丧服》文献和通礼类文献上,

---

① (清)孙诒让:《周礼正义·略例十二凡》,第2页。
② 参见乔秀岩《义疏学衰亡史论》,万卷楼图书股份有限公司,2013年,第118、127页。
③ 《礼记正义序》,(清)阮元校刻:《十三经注疏》,第2652页。

较之两晋这种广引群说和相互论难更加活跃,也更切合现实。而前贤说"南朝《礼记》与《丧服》注疏已基本摆脱了两晋时玄学谈资之用,回归到了经典本义的阐发中"①,这个说法不十分准确,南朝礼学研究并非"摆脱",而是沿着两晋之路进一步发展,两晋礼学也并非玄谈。

北朝三《礼》文献还是延续了一贯的风格,数量较之两晋、南朝都少许多。唯有《周礼》列外,这或许说明了政治上对《周礼》的重视,虽没有使得《周礼》研究文献多于两晋、南朝,但至少使其文献数量不逊于南朝。结合北朝诸儒不好著述和北朝文献散佚严重这两点来考虑,政治上的重视对《周礼》经典的研究仍或多或少有所促进。

北朝礼学内部发展,与两晋相似,较为平衡,只有三《礼》综论类文献相对稀少,或许与北朝人不好谈论有关,故具有论难性质的通论文献很少。研究形式和风格,也与南朝一样,既继承了两晋,又发展了"隐义""义疏"等新形式。不过比南朝更重视传说体裁,体现更多的两汉学风。音训文献也发达,这又比南朝更近于两晋之学。而对《大戴记》的研究,可谓存亡续绝,功不可没。

---

① 焦桂美:《南北朝经学史》,第99页。

第七章 两晋南北朝《春秋》学文献

第一节 《春秋》学文献溯源

一、《春秋》文本的形成及其性质

前论《尚书》文献已经谈到,中国很早就有史官记录政治大事,记录下来的材料有些被整理成《尚书》一类的档案文献,有些则被整理成《春秋》,成为史书性质的文献。先秦的典籍里多有提及习读《春秋》之事,如《国语》《战国策》《墨子》等,不过这些多泛指各国的史书,如《墨子·明鬼下》提及周之《春秋》、燕之《春秋》、宋之《春秋》、齐之《春秋》,① 还说曾见百国《春秋》。② 又不止《春秋》一种名字,晋之《乘》、楚之《梼杌》也是《春秋》一类史书。③

这些各国史书,是经学上《春秋》的资料来源,这也和《诗》《书》的情形类似,原始的材料经过孔子的整理形成经学意义上的原典。不过,孔子对《春秋》的整理,不仅仅是"论次",而是"作"。虽然孔子自谦"述而不作"④,但对这个"作"的含义可作弹性理解,即孔子根据已有的材料进行再创作,可以认为是记载历史的"述古",但实际上相比整理《诗》《书》,有更多孔子个人的创作成分,从这个意义上理解便是"作《春秋》"。

关于这点,孟子早已谈及,如《孟子·离娄下》云:

> 王者之迹熄而《诗》亡,《诗》亡然后《春秋》作。晋之《乘》,楚之《梼杌》,鲁之《春秋》,一也。其事则齐桓、晋文,其文则史。孔子曰:"其义则丘窃取之矣。"⑤

---

① (清)孙诒让:《墨子间诂》,中华书局,2001年,第226—233页。
② 《隋书·李德林传》,第1197页。
③ 《四书章句集注》,第295页。
④ 《四书章句集注》,第93页。
⑤ 《四书章句集注》,第295页。

《孟子·滕文公下》亦云：

> 世衰道微，邪说暴行有作，臣弑其君者有之，子弑其父者有之。孔子惧，作《春秋》。《春秋》，天子之事也。是故孔子曰："知我者其惟《春秋》乎？罪我者其惟《春秋》乎？"①

孟子这里说得很清楚，其事、其文，是指原始的史料、史书，具有质朴记录的性质，而修史书原本是天子之史官的职志。由于孔子之时，人心崩坏，邪说横行，孔子为了对社会人心进行劝诫，便以史料为基础作《春秋》，核心则在于孔子加入的"义"，这个核心出于孔子的创造。孔子不是史官，而作史书类型的《春秋》，所以会说"罪我者"；可是他为了挽救衰颓的世道，又必须借史事说明自己的主张，故说"知我者"。故而孔子曰："我欲载之空言，不如见之于行事之深切著明也。"②

《史记·孔子世家》追述说：

> 子曰："弗乎弗乎，君子病没世而名不称焉。吾道不行矣，吾何以自见于后世哉？"乃因史记作《春秋》。《春秋》之义行，则天下乱臣贼子惧焉。③
>
> 至于为《春秋》，笔则笔，削则削，子夏之徒不能赞一辞。④

据此，《春秋》为孔子晚年所作。他对史记一类的材料进行笔削，通过自己的书写来体现自己的理念。⑤ 这个理念就是《春秋》中的大义，亦即孔子自云"志在《春秋》"⑥的"志"；孔子通过笔削这样的"书法"来体现其中大义。

鲁哀公曾问孔子"《春秋》之记曰'冬十二月霣霜不杀菽'，何为记此"⑦，仲尼对曰：

> 此言可以杀而不杀也。夫宜杀而不杀，桃李冬实。天失道，草木犹犯干之，而况于人君乎！⑧

---

① 《四书章句集注》，第 272 页。
② 《史记·儒林列传》，第 3297 页。司马贞云此言出自《春秋纬》。案今人多不信纬书，然谶与纬其实有别，纬书往往保存有早期的经解记载，当分别观之。
③ 《史记·孔子世家》，第 1943 页。
④ 《史记·孔子世家》，第 1944 页。
⑤ 现代学者根据《春秋》中有孔子卒事、《论语》中没有谈及作《春秋》事，还有《春秋》文本体例不一、有阙文等情况，认为孔子没有作《春秋》。然而早期的文献均是传抄，流传过程中抄写者加入自己的内容，以及有错讹、缺漏，都是很常见的情况，现存出土文献早已证实此点。另外，关于《春秋》记录的下限，今古文有所不同，孔子作《春秋》的具体时间也有不同说法，但都差距不大，本书从略。
⑥ 《公羊传注疏序》，(清) 阮元校刻：《十三经注疏》，第 4759 页。
⑦ (清) 王先慎：《韩非子集解》，中华书局，1998 年，第 223 页。
⑧ (清) 王先慎：《韩非子集解》，第 224 页。

这里孔子通过史书记载的物候,来阐发自己关于人君如何治理得当的理念。于是经学意义上的《春秋》形成,孔子后学及历代经师继续沿着孔子的道路治《春秋》,就形成了《春秋》学及其文献。

二、《春秋》三《传》的流传与成书

由于孔子作《春秋》时,涉及当时的贵族,因此《春秋》的经文很短,没有具体的史事。通过《春秋》的微言所体现的大义和相关的史事,是口头传授。可是口头传授比著之于书更易致误,于是出现了最早对《春秋》经进行说解的"传"。《史记》记载孔子作《春秋》后之事说:

> 七十子之徒口受其传指,为有所刺讥褒讳挹损之文辞不可以书见也。鲁君子左丘明惧弟子人人异端,各安其意,失其真,故因孔子史记具论其语,成《左氏春秋》。①

由此可见左丘明作传所依据的材料,也是孔子曾使用的史料。左氏为了使孔子的《春秋》大义能通过事实来展现,而不会被歪曲,便据撰史料以为解经的传,因此《左传》解经的风格也就偏重叙事。②

又《汉书·艺文志》云:

> 及末世口说流行,故有《公羊》《穀梁》《邹》《夹》之传。四家之中,《公羊》《穀梁》立于学官,邹氏无师,夹氏未有书。③

这里说明直到战国之时,对《春秋》的解说大多还是在口头流传。到汉代,夹氏传说仍然没有形成文献,于是与没有师传授的邹氏一道,渐渐灭亡。《公羊》《穀梁》二《传》的情况则刚好相反。

徐彦《公羊疏》引戴宏序云:

> 子夏传与公羊高,高传与其子平,平传与其子地,地传与其子敢,敢传与其子寿,至汉景帝时,寿乃共弟子齐人胡毋子都著于竹帛。④

前人已指出根据所列诸人相距的时代,其中传授当有阙失,《四库全书总目》就认

---

① 《史记·十二诸侯年表》,第 509—510 页。
② 案:关于《左传》的作者是否是左丘明,及《左传》是否是《春秋》的传说,还是自为一书,历来也还有争议。然而《左传》本身是成于春秋末战国初则没有太大问题,具体的作者是谁,也不会太影响其价值。至于否定最初的《左传》是传说《春秋》之书,并无有力证据,且汉代以降,《左传》事实上已是解《春秋》之传,故此问题在讨论两晋南北朝经学时可以置而不论。
③ 《汉书·艺文志》,第 1715 页。
④ 《公羊传注疏序》,(清)阮元校刻:《十三经注疏》,第 4759 页。

为《传》中所提到的子司马子、高子等人,盖皆传授之经师①。总之,《公羊传》自战国口授传承,至汉景帝时著于竹帛,以隶书写成,是今文学,亦是齐学。

而杨士勋《穀梁疏》云:

> 穀梁子名俶,字元始,鲁人,一名赤。受经于子夏,为经作传,故曰《穀梁传》。传孙卿,孙卿传鲁人申公,申公传博士江翁。②

这个传授系统亦同上引《公羊传》一样,中间当有缺漏。而且这里的穀梁子作传,其实也当是口说的形式,即前引《汉志》所言。到了汉代,才由汉人以隶书著于竹帛,故《穀梁传》亦今文学,不过是鲁学。

《公羊》和《穀梁》都重视对《春秋》大义的发挥,都强调尊王,而前者更侧重大一统,后者更侧重日月时例,皆在言理,与《左传》重在叙事有别。郑玄《六艺论》云"《左氏》善于礼,《公羊》善于谶,《穀梁》善于经"③,也是说三书的区别。

到了汉代,《史记·儒林列传》说武帝时,"言《春秋》于齐鲁自胡毋生,于赵自董仲舒"④,二人都是《公羊》学者。胡毋生、董仲舒在景帝时就以治《春秋》为博士,只是这时还不是经学博士。公孙弘受业胡毋生,在武帝时"以《春秋》白衣为天子三公,封以平津侯。天下之学士靡然乡风"⑤,可见由于《春秋》与政治的密切关系,经学之中,其在汉代最先兴盛。公孙弘还建议为博士置弟子员,建立地方官学,把学习经学与仕途进取挂钩,这便开启了两汉经学繁盛之大幕。董仲舒之《公羊》学后传孟卿、眭弘,眭弘传严彭祖、颜安乐,严彭祖在宣帝时为博士,东汉时《公羊》立严、颜二家。《公羊》家用《春秋》来说灾异、决狱,都在政治上有深刻实践。不过此后则渐渐流于空谈,形成繁杂的经说,又与谶纬关系密切,东汉末以后渐渐衰落。

据《汉书·儒林传》云瑕丘江公受《穀梁》于鲁申公,武帝时与董仲舒议于帝前,江公不善谈,公孙弘又支持《公羊》学,故武帝尊《公羊》,由是《公羊》大兴。而当时的卫太子虽遵诏受《公羊》,私下却问江公《穀梁》学并善之。江公传荣广、皓星公,荣广数折眭弘,于是学《穀梁》者稍多。荣广传蔡千秋、周庆、丁姓,时宣帝闻其祖卫太子好《穀梁》,便扶持《穀梁》学。到了甘露三年(前50),⑥召五经名儒

---

① 《四库全书总目》卷二六,第210页。
② 《穀梁传注疏序》,(清)阮元校刻:《十三经注疏》,第5123页。
③ 《穀梁传注疏序》,(清)阮元校刻:《十三经注疏》,第5123页。
④ 《史记·儒林列传》,第3118页。
⑤ 《史记·儒林列传》,第3118页。
⑥ 《汉书·儒林传》作元年,《汉书·宣帝纪》作三年。

平《公》《穀》异同，这便是有名的石渠阁会议。此后《穀梁》被立于学官，大盛。① 不过到了东汉，《春秋》只立《公羊》，《穀梁》又归于寂寞。

又据《汉书·儒林传》云汉兴，张苍、贾谊、张敞等皆修《左传》，贾谊为《左传》训故，授贯公，贯公为河间献王博士。其后王莽、刘歆皆曾习《左传》，故平帝时《左传》曾立于学官。② 《左传》也因多古字、古音，而与《古文尚书》一道被归为古文经一类。东汉时，《左传》虽没有长久立于学官，但章帝等人好《左传》，传习《左传》者实际颇多。

其后贾逵、服虔等人为《左传》作注，其学更加流行。据《世说新语》记载：

> 郑玄欲注《春秋传》，尚未成时，行与服子慎遇宿客舍，先未相识，服在外车上与人说己注《传》意。玄听之良久，多与己同。玄就车与语曰："吾久欲注，尚未了。听君向言，多与吾同。今当尽以所注与君。"遂为服氏《注》。③

故服注虽与郑玄说有异同，然大抵为一家。东汉末年，服注《左传》就极为流行了。

到曹魏时期，郑玄没有专门的《左传》注，故在《春秋》上，王肃并未与郑学有大纷争。据王国维《汉魏博士考》考证曹魏所立官学《左传》博士为服、王两家，《公羊》为颜氏、汉何休两家，《穀梁》为汉尹更始一家，④两汉《春秋》今古文学都流传了下来。

第二节　两晋南北朝《春秋》学的几个问题

一、两晋南北朝《左传》传承的复杂状况

案东晋初荀崧上书回顾西晋立学云：

> 贾、马、郑、杜、服、孔、王、何、颜、尹之徒，章句传注众家之学，置博士十九人。⑤

据此可以推测，西晋初曾继承曹魏《左传》立服、王二学，其后立杜预《左传》，不过立杜氏后，是废王氏还是废服氏，则不知。若依王学在西晋的地位，或废服氏；然

---

① 《汉书·儒林传》，第3617—3618页。
② 《汉书·儒林传》，第3620页。
③ 余嘉锡：《世说新语笺疏·文学》，第227页。
④ 王国维：《观堂集林》卷四，第190页。
⑤ 《晋书·荀崧传》，第1977页。

此传又言东晋初置博士《左传》杜氏、服氏，若依东晋对西晋立学的继承而言，或又废王氏。又考陆澄与王俭书云东晋后期孝武帝太元时，《左传》立服虔，兼取贾逵《经》，这是由于服《传》当中虽然收有《经》，乃是为说解而引用，并不全，可见这时服《传》还是单独于《经》而行，故兼取贾逵《经》。

《左传》与前述《易》《尚书》一样，是南北宗主显然不同的一种经学文献。前引陆澄之言云"《左氏》太元取服虔，而兼取贾逵《经》"①，观此言似乎太元时《左传》只立有服氏。或许宋时亦同晋太元不立杜氏，至陆澄与王俭皆推崇杜注，齐永明时，《左传》立服、杜。

又《隋书·经籍志》云：

> 《穀梁》范宁注、《公羊》何休注、《左氏》服虔、杜预注，俱立国学。然《公羊》《穀梁》，但试读文，而不能通其义。后学三《传》通讲，而《左氏》唯传服义。至隋，杜氏盛行，服义及《公羊》《穀梁》浸微，今殆无师说。②

此处《隋志》所言较为模糊，根据前论宋齐时服、杜、何、范就已立国学。而《隋志》本为梁、陈、周、北齐、隋五代史志，盖梁陈所立《公羊》何氏、《左传》服、杜是承齐之立学，《穀梁》则立范氏。其言"后学三《传》通讲，《左传》唯传服义"，当如论其他经书的模式，指的是北朝，从文献数量来看，北朝三《传》通讲的《春秋》总义类文献也确实多于南朝。③

又《崔灵恩传》云：

> 灵恩先习《左传》服解，不为江东所行，及改说杜义，每文句常申服以难杜，遂著《左氏条义》以明之。时有助教虞僧诞又精杜学，因作《申杜难服》，以答灵恩，世并行焉。④

灵恩为北来学者，故宗服氏，此处说服注不为江东所行，盖指学者好尚杜氏，并不一定指国学独立杜氏。

因《王元规传》云：

> 自梁代诸儒相传为《左氏》学者，皆以贾逵、服虔之义难驳杜预，凡一百

---

① 《南齐书·陆澄传》，第684页。
② 《隋书·经籍志》，第933页。
③ 《隋志》此语焦桂美以为指南朝，潘忠伟则以为指北朝。见焦桂美《南北朝经学史》，第215页。潘忠伟《北朝经学史》，第310页。本书据《隋志》上下文体例及其他史料互证，作北朝解。
④ 《梁书·儒林传》，第677页。

八十条,元规引证通析,无复疑滞。①

由此可见,大概在崔灵恩提倡服注之后,梁陈学者亦有不少讲服氏,或许可以旁证梁陈服、杜两立。

隋代杜氏盛于服氏,至唐代杜氏独尊,服与《公》《穀》无师说。而《经典释文序录》云"《左氏》今用杜预注,《公羊》用何休注,《穀梁》用范宁注"②,盖指陈末立学,然陈末张冲《左传》著作,仍与杜氏立异,则《释文》所云,亦大概耳。由此可见服注在南朝地位渐渐下降,杜注渐兴最后至唐独尊的动态过程。③

北朝的《左传》宗主,与南朝不同。案《北史·儒林传序》云:

> 汉世,郑玄并为众经注解,服虔、何休,各有所说。玄《易》《诗》《书》《礼》《论语》《孝经》,虔《左氏春秋》,休《公羊传》,大行于河北。晋世,杜预注《左氏》。预玄孙坦,坦弟骥,于宋朝并为青州刺史,传其家业,故齐地多习之。④

前引《世说新语》已知,郑、服《左传》大体是一致的。所以北方《左传》宗服,亦类似其宗郑之学风。前引《隋书·经籍志》也已说明"后学三《传》通讲,而《左氏》唯传服义"⑤,北朝中后期国学《左传》独立服氏。

还需要注意地域上的经学宗主差异,服氏独立国学,但北朝仍有讲杜氏者,最具特色的便是青齐地区。宋时杜预后人在青州传家业(观其为刺史,或是在地方官学中倡导杜注),故青齐地区至北朝犹多讲习杜注,这也是青齐地区带有南学色彩之一例。

又《北齐书·儒林传》云:

> 河北诸儒能通《春秋》者,并服子慎所注,亦出徐生之门。张买奴、马敬德、邢峙、张思伯、张雕、刘昼、鲍长暄、王元则并得服氏之精微。又有卫觊、陈达、潘叔度虽不传徐氏之门,亦为通解。又有姚文安、秦道静初亦学服氏,后更兼讲杜元凯所注。其河外儒生俱伏膺杜氏。其《公羊》《穀梁》二传,儒者多不措怀。⑥

---

① 《陈书·儒林传》,第449页。
② 《经典释文序录疏证》,第111页。
③ 然而据《唐六典》,当时《左传》亦同用服虔、杜预注,观《隋书·经籍志》《旧唐书·经籍志》均著录有《左传》服虔注,说明孔颖达所修《正义》也只是相对地使杜预注独尊,服注的影响仍不可忽视。(唐)李林甫等:《唐六典》卷二一,第558页。
④ 《北史·儒林传序》,第2708页。
⑤ 《隋书·经籍志》,第933页。
⑥ 《北齐书·儒林传序》,第584页。

将此段材料结合前引《北史》《隋志》更加清楚,北朝《左传》宗服注,多出于徐遵明门下。除徐门之外,还有其他儒者亦通服注,可见服氏于北朝之盛行。

然而河外(盖指河南、青齐地区)则盛行杜氏,这与杜预后人的传学有关,这是北朝因地域而产生的学术宗主差异。北朝也有先习服氏,后兼讲杜注的情况,这是在时间上所展现的宗主之别。又张吾贵《左传》受之刘兰,后讲《左传》兼读杜、服,嘿栝两家,异同悉举,是张吾贵、刘兰皆兼习服、杜,因此《隋志》所说,当主要指国学独立服氏。① 后面还会提及北魏贾思同等人关于服、杜的论争。

因有史书的清楚记载,故而虽《隋书·儒林传》言"江左《左传》则杜元凯,河洛《左传》则服子慎"②,前贤大多不会据此而认为南北《左传》宗主是如此截然划分,《隋书》此言只是大概而已。

二、杜预对《左传》所作的全面研究

《左传》至杜预为一变,杜氏将《春秋》经与《左传》集合,"分经之年与传之年相附,比其义类,各随而解之"③,故名《集解》。为之注,虽袭用前人之说而没其名,如钱大昕便批评杜预"于前贤义训隐而不言"④。又于前儒多有批评,发为抑尊之说。作释例之书,对《左传》的义例、地理、历法、世系等等作研究,丰富了《左传》研究的角度。从文本结构、经说内涵及研究角度,都有创新,故云《左传》至杜预为一变。

我们可以看看下表(单行本或异名同书者不列入,辑佚的不同版本列入)杜预所作的《左传》类著作,涵盖了《左传》研究的各方面。

表 7-2-1

存目	
春秋左氏经传集解三十卷	晋杜预撰
春秋长历一卷	晋杜预撰,清王谟辑
春秋地名一卷	晋杜预撰

---

① 《魏书·儒林传》,第 1851 页。
② 《隋书·儒林传序》,第 1705 页。李延寿《北史·儒林传序》沿用此语。
③ 《左传正义序》,(清)阮元校刻:《十三经注疏》,第 3705 页。
④ (清)钱大昕:《潜研堂集·左氏传古注辑存序》,上海古籍出版社,2009 年,第 386 页。

续　表

存目	
春秋释例十五卷附校勘记二卷	晋杜预撰,清孙星华撰校勘记
春秋释例十五卷	晋杜预撰,清庄述祖校,清孙星衍校
战杀例补一卷世族谱补一卷	晋杜预撰,清孔继涵辑
佚目	
春秋世谱七卷	晋杜预撰
春秋古今盟会地图一卷	晋杜预撰
春秋左传音三卷	晋杜预撰
春秋左氏传评二卷	晋杜预撰
春秋经传长历无卷数	晋杜预撰
春秋释例地名谱一卷	晋杜预撰

根据杜预的《春秋左氏经传集解》后序和《晋书》本传记载,杜预的《左传》著作都完成于他参加平吴战争之后,可说是他平生研读《左传》后晚年的成熟之作。《春秋左氏经传集解》三十卷,孔颖达本之作《正义》,在唐时已成为《左传》注之权威。杜预认为前人流传下来的《左传》传说有十多家,但他们对左丘明的原意解释却不太恰当,并且杂引《公羊》《穀梁》,使解说更加混乱,因此杜预重作注解。[①] 其说不用谶纬,本于礼说,不用日月为例,避免了不少附会曲解。说《春秋》重在纠政事,贬退天子、诸侯、大夫、拨乱反正,与两汉说《春秋》尊王不同。然亦强经以就传,典制不详,训诂不精,有所致误。[②] 此书自唐以后研究繁多,本书不赘述。

又有义例类文献《春秋释例》十五卷。杜预"别集诸例及地名、谱第、历数,相与为部……各显其异同,从而释之"[③],因此叫《释例》。此书凡四十部,次第见孔颖达《正义》所引,[④]其后散佚,清人自《永乐大典》辑出,仍为十五卷。今本 1—4

---

① 《左传正义序》,(清) 阮元校刻:《十三经注疏》,第 3704 页。
② 参见简博贤《今存三国两晋经学遗籍考》,第五章第二节;赵伯雄《春秋学史》,山东教育出版社,2014 年,第四章第三节。
③ 《左传正义序》,(清) 阮元校刻:《十三经注疏》,第 3705 页。
④ 《左传正义序》,(清) 阮元校刻:《十三经注疏》,第 3705 页。

卷论释例，5—7卷论土地名，8、9卷论世族谱，10—15卷论长历。其书地名本之《泰始郡国图》，世族谱本之刘向《世本》，长历本之刘洪《乾象历》，皆本于前修，发明良多，虽于地理有疏略，于历法岁差、置闰有误，亦瑕不掩瑜。

观本传之意，《春秋长历》或别行，今有清人王谟辑佚此书之《序》，本书归之专题历法类，以见杜氏之创新。杜预对古今历法进行了比较，"据经传微旨证据，及失闰旨、考日辰朔晦，以相发明"①，把各种谬误摘出，考察春秋时的历法，形成《长历》一书。又《春秋古今盟会地图》一卷，《隋书·经籍志》云梁有，亡，不题撰人，丁辰认为此书单行久矣，②本书亦单列于专题地理类。《宋史·艺文志》还著录有《春秋世谱》七卷、《春秋谥法》一卷（实则《春秋释例》的《谥法篇》），亦单行之本，本书分别归为专题图谱类、礼俗类。《通志·艺文略》著录有《小公子谱》六卷，丁辰认为即《春秋世谱》，③然书名、卷数不同，或互有出入，本书姑且两列于图谱类。

《隋志》还著录有议论类文献《春秋左氏传评》二卷，两《唐志》同，盖杜预对《左传》的总论。《经典释文序录》、两《唐志》又有《春秋左氏传音》三卷，是杜氏亦有音学著作。杜氏于《左传》各方面皆作深究，正合其自言有"《左传》癖"，虽有袭没前贤之讥，然亦多创获，功不可没。

三、两晋南北朝《公羊传》《穀梁传》的传承

案东晋初荀崧上书回顾西晋立学云：

> 贾、马、郑、杜、服、孔、王、何、颜、尹之徒，章句传注众家之学，置博士十九人。④

从荀崧所言可知，西晋的《公羊》《穀梁》立学，也继承曹魏，有颜、何与尹氏。东晋初，《公羊》《穀梁》没有立学，荀崧于是上书建议立此二学博士，诏可立《公羊》博士，却以《穀梁》肤浅而不置；《公羊》亦以王敦难而没有立即置博士。不过《晋书·职官志》仍载元帝末增《仪礼》《春秋公羊》博士各一人，合为十一人，结合陆澄所言宋齐《公羊》立何氏，或是承东晋而来，则东晋《公羊》盖立何氏。⑤《穀梁》在太元时立有三国糜信注，是东晋后来仍立有《穀梁》博士。⑥

---

① （清）王谟：《汉魏遗书钞》。
② （清）丁国钧：《补晋书艺文志》，第19页。
③ （清）丁国钧：《补晋书艺文志》，第18页。
④ 《晋书·荀崧传》，第1977页。
⑤ 《晋书·职官志》，第736页。
⑥ 《南齐书·陆澄传》，第684页。

东晋太元时《穀梁》立麋氏,宋元嘉建学亦如之,后颜延之为祭酒,麋氏、范宁并立。陆澄认为《穀梁》小经,无需两立,范氏既善,可除麋氏;而王俭则认为可由旧式存麋略范,故齐永明时《穀梁》立麋氏。齐永明时,《公羊》立何氏,此似亦承宋立学。①。

又《隋书·经籍志》云:

>《穀梁》范宁注、《公羊》何休注、《左氏》服虔、杜预注,俱立国学。然《公羊》《穀梁》,但试读文,而不能通其义。后学三《传》通讲,而《左氏》唯传服义。至隋,杜氏盛行,服义及《公羊》《穀梁》浸微,今殆无师说。②

此处《隋志》所言较为模糊,根据前论宋齐时服、杜、何、范就已立国学。而《隋志》本为梁、陈、周、北齐、隋五代史志,盖梁陈所立《公羊》何氏、《左传》服、杜是承齐之立学,《穀梁》则立范氏。又根据南北朝《公羊》《穀梁》类文献稀少,并以中后期为甚,可知《隋志》所说但试读文而不通义的情况,正是指梁陈、周齐。至于其言"后学三《传》通讲,《左传》唯传服义",当如论其他经书的模式,指的是北朝,从文献数量来看,北朝三《传》通讲的《春秋》总义类文献也确实多于南朝。③

隋代杜氏盛于服氏,至唐代杜氏独尊,服与《公》《穀》无师说。而《经典释文序录》云"《左氏》今用杜预注,《公羊》用何休注,《穀梁》用范宁注"④,盖指陈末立学,不过《释文》所云,亦大概耳。

案《北史·儒林传序》云:

>汉世,郑玄并为众经注解,服虔、何休,各有所说。玄《易》《诗》《书》《礼》《论语》《孝经》,虔《左氏春秋》,休《公羊传》,大行于河北。晋世,杜预注《左氏》。预玄孙坦,坦弟骥,于宋朝并为青州刺史,传其家业,故齐地多习之。⑤

需要说明,这里的何休《公羊》大行河北,主要指何休之注在《公羊》学中占据了主流;而不是说到北朝时,《公羊》学本身还很兴盛。前引《隋书·经籍志》已经说明"《公羊》《穀梁》,但试读文,而不能通其义。后学三《传》通讲"⑥,北朝中后期《公》《穀》没落了,主要并于《春秋》总义中讲论。

---

① 《南齐书·陆澄传》,第684页。
② 《隋书·经籍志》,第933页。
③ 《隋志》此语焦桂美以为指南朝,潘忠伟则以为指北朝。见焦桂美《南北朝经学史》,第215页;潘忠伟《北朝经学史》,第310页。本书据《隋志》上下文体例及其他史料互证,作北朝解。
④ 《经典释文序录疏证》,第111页。
⑤ 《北史·儒林传序》,第2708页。
⑥ 《隋书·经籍志》,第933页。

又《北齐书·儒林传》云：

> 河北诸儒能通《春秋》者，并服子慎所注，亦出徐生之门……其河外儒生俱伏膺杜氏。其《公羊》《穀梁》二传，儒者多不措怀。①

可见《公》《穀》少有人专门关注。但不可以为专门研究者少，其时就忽略二《传》。刘兰是魏时名儒，而他却因排毁《公羊》、非董仲舒，见讥于世，这说明魏时《公羊》仍有经典地位，只是专门研究较少，多归于《春秋》总义通讲。②

四、范氏《穀梁》学及范宁对《穀梁传》的研究

两晋的《穀梁》学发达，对《穀梁传》进行注解的著作特别多，可称《穀梁》发展的一个高峰。其中产生了传世的权威注解——范宁《穀梁注》，此书与杜预《左传注》一道，成为可与汉儒注解媲美的著作，也是汉代《春秋》"注"类文献辉煌的遗响（这是就传说类文献的体裁来说）。《春秋穀梁传集解》十二卷，范宁撰。案杜预注以前，《左传》已有贾逵、服虔、王肃等汉魏精注，杜氏多袭用以成书，后出转精。而范宁注之前，虽有尹更始、糜信等注，却并不太好，因此范注较杜氏当更为用功。

据范宁《序》云，穆帝升平五年(361)其父范汪免官回吴郡，与其门生故吏、子侄等研讨经籍，考校三《传》。他们认为：

> 《左氏》则有服、杜之注，《公羊》则有何、严之训，释《穀梁》传者虽近十家，皆肤浅末学，不经师匠，辞理典据既无可观，又引《左氏》《公羊》以解此传，文义违反，斯害也已。于是乃商略名例，敷陈疑滞，博示诸儒同异之说。③

由此可见，范汪等人有意比较前儒之说，为《穀梁》作集解，且集解还有意广存诸儒异同之说。另外也重视《穀梁》之义例，故后来亦有范宁撰《穀梁》义例著作之单行本。

不过需要注意，这里虽然范氏批评前人引《左传》《公羊》为说，实当指曲解、牵强地引用，其实范注本身也兼采二《传》。在集解《穀梁》的过程中，范汪去世，范宁居丧中仍"与二三学士及诸子弟各记所识，并言其意。业未及终，严霜夏坠，从弟凋落，二子泯没，天实丧予，何痛如之！今撰诸子之言，各记其姓名，名曰《春

---

① 《北齐书·儒林传序》，第584页。
② 《魏书·儒林传》，第1851页。
③ 《穀梁传注疏序》，(清)阮元校刻：《十三经注疏》，第5127页。

秋穀梁传集解》"①。今集解中所引之"邵"即宁之从弟,"雍""凯"即宁泯没的二子。徐邈、江熙或许就是与范宁同时的二三学士。由此可见范宁此书实集众人智慧,成书不易。

范宁《序》又云:

> 凡传以通经为主,经以必当为理。夫至当无二,而三《传》殊说,庸得不弃其所滞,择善而从乎?既不俱当,则固容俱失。若至言幽绝,择善靡从,庸得不并舍以求宗,据理以通经乎?虽我之所是,理未全当,安可以得当之难,而自绝于希通哉!《左氏》艳而富,其失也巫。《穀梁》清而婉,其失也短。《公羊》辩而裁,其失也俗。若能富而不巫,清而不短,裁而不俗,则深于其道者也。故君子之于《春秋》,没身而已矣。②

此范氏对于三《传》之看法,三《传》各有优劣,应择善而从。故其于郑玄、何休、杜预之说亦多引用。且此言实开唐宋诸儒舍传求经之先河。范氏之注对《穀梁》经传有所申补,阐发其中的褒贬、书法。既继承了汉儒的尊王思想,又区别情况亦有抑尊之说,正是择善从理为说。③ 此书前贤论之已多,兹不赘述。

由于《穀梁》重在对《春秋》进行义理阐发,故范宁亦发明传例,以时、月、日例比次其事,既袭前说,又有发明,有近于穿凿者。《隋书·经籍志》载有宁撰《春秋穀梁传例》一卷。《隋志》又有议论类文献《薄叔玄问穀梁义》二卷(梁四卷),乃薄氏与范宁之问答,范当时已就集解与同时学人有所论答。又有丁国钧、吴士鉴《补晋书经籍志》据《群经音辨》著录范宁《穀梁音》一卷。

五、《公羊疏》作者徐彦的年代考订

北朝的《公羊》文献较南朝稍多,其中还有一种重要的传说类文献,即北朝徐彦撰《春秋公羊疏》二十八卷。此书乃今《十三经注疏》中《公羊传》的权威疏本,然其作者时代却不确定。《隋书·经籍志》有《春秋公羊疏》十二卷,与此书卷数差别甚大。此书据陈振孙云:

> 不著撰者名氏,《唐志》亦不载。《广川藏书志》云世传徐彦撰,不知何据。然亦不能知其定出何代。意其在贞元、长庆后也。景德中,侍讲邢昺校

---

① 《穀梁传注疏序》,(清)阮元校刻:《十三经注疏》,第5128页。
② 《穀梁传注疏序》,(清)阮元校刻:《十三经注疏》,第5126—5127页。
③ 参见简博贤《今存三国两晋经学遗籍考》,第五章第二节;赵伯雄《春秋学史》,第四章第四节。

定传之。①

《文献通考·经籍考》云：

> 《崇文总目》不著撰人名氏，援证浅局，出于近世。或云徐彦撰。皇朝邢昺等奉诏是正，始令太学传授，以备《春秋》三家之旨。②

是今最早见宋人所载，云徐彦作，并以为唐人，《四库全书总目》从之。《四库总目》认为此疏引孙炎《尔雅注》完本，因此在宋以前；引杨士勋《穀梁传疏》，因此在贞观之后；书中"多自设问答，文繁语复，与邱光庭《兼明书》相近，亦唐末之文体"③。

赵伯雄先生列举严可均、王鸣盛、阮元、姚振宗、潘重规等前贤之说定徐彦为北朝人。这其中严可均的说法颇为有理。严可均认为徐疏引书百三十多种，作者时代最晚的是郭璞、庾蔚之；另外把"司空掾"解释为"三府掾"，而三府掾这官职南朝和隋唐都没有，只有北齐有，因此严氏认为徐彦是北齐人。阮元则从文风来说，认为徐疏是六朝文风，非唐人风格。按《四库总目》所说的"自设问答，文繁语复"，正是本书反复提到的六朝注经风格，阮元之说有理。另外，潘重规先生《春秋公羊疏作者考》举出三个理由考证徐彦是北朝人：一是徐疏最晚引用的是刘宋庾蔚之《礼记略解》，书中引用的一些典籍隋唐时已亡佚；二是徐疏注音多用汉儒"读若"法，徐疏与《经典释文》相似者很少，而唐人注疏多用《释文》说；三是徐疏多用郑玄、服虔说，是北朝人的经学宗主。本书从徐彦是北朝人说。④

疏本何休之注，发挥何氏三科九旨之说，为何注作申释、补充，阐发经传义例。还驳斥不合何注之旧说、旧解，引古本、旧本正俗本之误。广引群书，中有《韩诗》、纬书，又用颜安乐、严彭祖、贾逵、郑众等汉人说，颇有北学风格，并及杜预、庾蔚之等近人说，或是北朝末年人作。此书历代研究颇多，兹不赘述。

第三节　两晋南北朝《春秋》学文献分析

一、两晋南北朝《春秋》学文献的数量、分类、存佚统计

两晋时期产生的《春秋》学文献，大多已亡佚，不过有两种重要的注本完整流

---

① （宋）陈振孙：《直斋书录解题》卷三，第52页。
② （元）马端临：《文献通考》卷一八一，第1567页。
③ 《四库全书总目》卷二六，第211页。
④ 详见赵伯雄《春秋学史》，第四章第七节。

传下来,成为后世传习的权威注解,并成为《十三经注疏》中的本子,这便是杜预注《左传》和范宁注《穀梁》。

案两晋《春秋》学文献,丁国钧《补晋书艺文志》中《左传》有26种,《公羊》有8种,《穀梁》有21种,《春秋》总义类有7种;文廷式《补晋书艺文志》中《左传》有27种,《公羊》有8种,《穀梁》有18种,《春秋》总义类有16种;秦荣光《补晋书艺文志》中《左传》有33种,《公羊》有11种,《穀梁》有22种,《春秋》总义类有11种;黄逢元《补晋书艺文志》中《左传》有20种,《公羊》有8种,《穀梁》有19种,《春秋》总义类有12种;吴士鉴《补晋书经籍志》中《左传》有23种,《公羊》有9种,《穀梁》有21种,《春秋》总义类有11种;李启原《左传著述考》中晋代有31种;周何《春秋公羊传著述考》中晋代有9种;周何《春秋穀梁传著述考》中晋代有21种。

本书根据前列各种目录书统计,去除许多重复著录、类型归属错误、作者朝代错误者,总结两晋时期《左传》类文献辑、存有9种,佚20种;《公羊传》类文献辑有3种,佚7种;《穀梁传》类文献辑、存有7种,佚15种;《春秋》总义类文献[①]辑有3种,佚11种。

表7-3-1-1 两晋《左传》类文献分类统计表

	传说类		辑、存4种	佚3种
两晋《左传》29种	专题类	历法	辑1种	0
		地理	辑1种	佚1种
		图谱	0	佚2种
		礼俗	0	佚1种
		音训	辑2种	佚5种
	通论类	义例	存1种	佚3种
		议论	0	佚5种

[①] 《春秋》总义类文献指综合三《传》、通讲《春秋》的经学著作,及《国语》、汲冢书等其他与《春秋》相关的文献。

表 7-3-1-2　两晋《公羊传》类文献分类统计表

两晋《公羊传》10种	传说类		辑 3 种	佚 2 种
	专题类	音训	0	佚 2 种
	通论类	序跋	0	佚 1 种
		议论	0	佚 2 种

表 7-3-1-3　两晋《穀梁传》类文献分类统计表

两晋《穀梁传》22种	传说类		辑、存 5 种	佚 9 种
	专题类	音训	0	佚 3 种
	通论类	义例	辑 1 种	0
		议论	辑 1 种	佚 3 种

表 7-3-1-4　两晋《春秋》总义类文献分类统计表

两晋《春秋》总义 14种	传说类		辑 1 种	佚 5 种
	国语类		辑 1 种	0
	专题类	汲冢春秋	0	佚 2 种
	通论类	议论	辑 1 种	佚 4 种

如表 7-3-1-1 所示，两晋《左传》类著作的传说类与音训类文献数量一样，可见其时《左传》音学之发达。专题类文献除音训外，还有不少分类，数量虽少，却能体现当时《左传》研究角度的多样性。议论类与义例类文献各有数种，也说明《左传》研究的类型丰富。这应该与《左传》本身含有丰富多样的史料之特点相关。

如表 7-3-1-2 所示，两晋《公羊传》类文献以传说类数量最多，音训类文献较之《左传》要少许多，文献类型也不丰富。总体数量较之《左传》《穀梁》要少许多。这应该与《公羊传》本身重在阐发义理，且篇幅短小有关。

如表 7-3-1-3 所示，两晋《穀梁传》类文献中传说类数量特别多，虽总体数量少于《左传》，传说类却比《左传》多出不少，可见两晋的《穀梁》研究，较为重视对《传》的整体解说。音训、议论类文献各有几种，都比《左传》要少。文献类型比《公羊传》丰富，比《左传》简单。虽然同是注重义理，两晋《穀梁传》远比《公羊传》受重视，这或许与《穀梁》语言清丽平实，而《公羊》更多神秘发挥有关，这是两晋学风好尚之体现。

如表7-3-1-4所示，两晋《春秋》总义类文献亦以传说类数量最多，总体数量比《公羊》还多，少于《穀梁》，可见此时《公羊》最不受重视，更多纳入总义之中讨论。另外《国语》由于记录了许多先秦史事，被称为《春秋》外传，本书从《隋书·经籍志》例归入《春秋》中。此外还有两种汲冢出土的《春秋》类文献，虽非此时代所作，但当时出土文献之记录实可宝贵，故本书录之。

南朝的《春秋》学文献，数量较两晋为少，并全都亡佚，今存只有少数几种后人辑本。案南朝《春秋》学文献，王仁俊《补宋书艺文志》中《左传》有1种，《公羊》有1种，《穀梁》有1种，《春秋》总义类有0种；聂崇岐《补宋书艺文志》中《左传》有2种，《公羊》有1种，《穀梁》有1种，《春秋》总义类有0种；高桂华《补南齐书经籍志》中《左传》有4种，《公羊》有1种，《穀梁》有0种，《春秋》总义类有1种；陈述《补南齐书艺文志》中《左传》有2种，《公羊》有1种，《穀梁》有0种，《春秋》总义类有1种；王仁俊《补梁书艺文志》中《左传》有15种，《公羊》有0种，《穀梁》有0种，《春秋》总义类有2种；徐仁甫《补陈书艺文志》中《左传》有3种，《公羊》有0种，《穀梁》有0种，《春秋》总义类有0种；徐崇《补南北史艺文志》南朝《左传》有10种，《公羊》有1种，《穀梁》有1种，《春秋》总义类有4种；李启原《左传著述考》中南朝有21种；周何《春秋公羊传著述考》中南朝有2种；周何《春秋穀梁传著述考》中南朝有1种。

本书根据前列各种目录书统计，去除重复著录、归类错误、作者朝代错误者，总结南朝时期《左传》类文献辑有2种，佚24种；《公羊传》类文献佚2种；《穀梁传》类文献佚1种；《春秋》总义类文献佚5种。

表7-3-2-1 南朝《左传》类文献分类统计表

南朝《左传》26种	传说类		辑2种	佚10种
	专题类	图谱	0	佚2种
		音训	0	佚1种
		专论	0	佚2种
	通论类	义例	0	佚4种
		序跋	0	佚2种
		议论	0	佚3种

表 7-3-2-2　南朝《公羊传》类文献分类统计表

南朝《公羊传》2种	传说类		0	佚1种
	专题类	音训	0	佚1种

表 7-3-2-3　南朝《穀梁传》类文献分类统计表

南朝《穀梁传》1种	传说类	0	佚1种

表 7-3-2-4　南朝《春秋》总义类文献分类统计表

南朝《春秋》总义5种	传说类		0	佚3种
	通论类	议论	0	佚2种

如表 7-3-2-1 所示，南朝《左传》类文献较两晋稍少，不过传说类数量则多于两晋，类型也没有两晋丰富，又以传说类文献为最多，可见南朝《左传》研究侧重于传说。音训类文献较之两晋少很多，可见经过两晋《左传》音学高峰后，南朝对《左传》音学已不甚重视。分类虽没有两晋多，仍有数种类型，说明南朝《左传》研究的类型也比较丰富。更进一步证明类型多样与《左传》本身内容丰富有关。

如表 7-3-2-2 所示，南朝《公羊传》类文献较两晋少得可怜，只有传说和音训类各一种。比之南朝《左传》也少了许多，非常符合前引《隋志》所说学者关注极少的情况。不过比《穀梁》要多出一种。

如表 7-3-2-3 所示，南朝《穀梁传》类文献只有传说类的一种，在数量上与两晋相比真是天渊之别，说明《穀梁》学在经过两晋的研究热潮之后，又重归寂寂。比此时的《公羊传》还要少，恢复到了汉代地位不如《公羊传》的状态。

如表 7-3-2-4 所示，南朝《春秋》总义类文献数量大概只有两晋的三分之一，不过比此时期的《公羊》《穀梁》要多几种，可见比之单独关注二《传》，学者更多三《传》通讲。总体来看南朝除了《左传》受重视程度与两晋相当外，《春秋》学总体上不如两晋发达，也没有两晋的《春秋》研究类型平衡。

北朝的《春秋》学文献，与其他经典一样，数量少于两晋、南朝。不过这一时期却有一种《春秋》学文献完整流传下来，成为后世《公羊疏》之权威，并成为《十三经注疏》中的疏本，此即徐彦《公羊疏》。案北朝《春秋》学文献，李正奋《补魏书艺文志》中《左传》有2种,《公羊》有1种,《穀梁》有1种,《春秋》总义类有5种;徐仁甫《补北齐书艺文志》中《左传》有2种,《公羊》有0种,《穀梁》有0种,《春秋》总义类有1种;徐仁甫《补周书艺文志》中《左传》有2种,《公羊》有0种,《穀梁》有0种,《春秋》总义类有0种;徐崇《补南北史艺文志》北朝《左传》有7种,《公羊》有2种,《穀梁》有1种,《春秋》总义类有7种;李启原《左传著述考》中北朝有7种;周何《春秋公羊传著述考》中北朝有2种;周何《春秋穀梁传著述考》中北朝有2种。

本书根据前列各种目录书统计,去除作者、朝代错误者,总结北朝时期《左传》类文献辑有2种,佚9种;《公羊传》类文献存1种,佚4种;《穀梁传》类文献佚1种;《春秋》总义类文献佚11种。

表7-3-3-1　北朝《左传》类文献分类统计表

北朝《左传》11种	传说类		辑1种	佚3种
	通论类	义例	0	佚1种
		议论	辑1种	佚5种

表7-3-3-2　北朝《公羊传》类文献分类统计表

北朝《公羊传》5种	传说类		存1种	佚1种
	专题类	音训	0	佚1种
	通论类	序跋	0	佚2种

表7-3-3-3　北朝《穀梁传》类文献分类统计表

北朝《穀梁传》1种	专题类	音训	0	佚1种

表7-3-3-4　北朝《春秋》总义类文献分类统计表

北朝《春秋》总义11种	传说类		0	佚6种
	通论类	义例	0	佚1种
		议论	0	佚3种
	国语类	音训	0	佚1种

如表7-3-3-1所示,北朝《左传》类文献数量还不到两晋、南朝的一半,类型也比两晋、南朝少许多,符合北朝文献数量上的一般风格。其中传说类数量少于议论类,说明此时学者对《左传》整体的解说不如对其中问题的论辩。类型的不丰富也体现北朝《左传》研究角度的单一。

如表7-3-3-2所示,北朝《公羊传》类文献数量虽然只有两晋的一半,却是南朝的两倍多,其中还产生了一种重要的《公羊疏》,说明北朝《公羊》学较南朝发达得多,这或许可作北朝经学更近于汉代经学之一例。类型也少于两晋,多于南朝。数量比之北朝《左传》少,也符合前引《北齐书》所说儒者多不措怀之情况,不过比此时的《穀梁》著作要多出不少。

如表7-3-3-3所示,北朝《穀梁传》类文献只有音训类的一种,与南朝数量一样,说明《穀梁》学在经过两晋研究高峰之后,于南北朝都甚为落寞。比北朝《公羊传》也少了不少,与南朝一样又恢复到了汉代地位不如《公羊传》的状态。可见与史书所说南北朝《公》《穀》研究皆少的情况是一致的。

如表7-3-3-4所示,北朝《春秋》总义类文献数量只略少于两晋,是南朝的两倍多,可见此时的学者更多地将《公》《穀》二《传》纳入三《传》通讲之中。类型也比较丰富,以传说类为多,亦有讨论音读(属《国语》类)、义例和论难类文献。这非常符合《隋志》所说"后学三《传》通讲"的情况,也证明《隋志》此语当指北朝。由此可见北朝《春秋》学总体上不如两晋发达,但与南朝《春秋》学各有千秋,这是除了学术宗主之差别外,南北朝《春秋》学文献在数量、类型上的差异。

二、继承汉魏旧说的《左传》研究著作

案孔子作《春秋》,微言大义,此大义在孔子处便是尊圣王,贬暴君,故在解说经义时也蕴含尊王与抑尊两种倾向。汉儒因所传师说及《春秋》学与两汉政治的关系,侧重尊王之义(在礼学上体现为尊尊)。晋南北朝诸儒自杜预而下,因学术内部穷则生变的原因及当时政治动荡的时代背景,侧重抑尊之义(在礼学上体现为亲亲)。① 两晋《左传》类文献中,有继承两汉学风多用贾、服之义者,有自杜预《集解》而后,近于杜氏之学者。我们可以看看这两类著作的大致情况。

采用汉魏《左传》经说的著作有晋孙毓《春秋左氏传义注》《春秋左氏传贾服异同略》,其说大多申说贾逵,驳斥服虔。马国翰认为孙毓解《毛诗》是申说王肃,而《左传》王肃说多主贾逵,服虔说则从郑玄,因此孙毓解《左传》也是党于王肃,申贾驳服。但与前论孙毓的《毛诗》说一样,孙毓的《左传》并非专为申说王肃,而

---

① 参见简博贤《今存三国两晋经学遗籍考》中论杜预《左传集解》一节。

以义长取之。

又有晋干宝《春秋左氏函传义》《春秋序论》,用术数阴阳解《左传》。如庄公二十五年夏六月辛未日食,及秋大水,伐鼓于社,这两条干宝用阴阳五行来解说,云"朱丝萦社。社,太阴也。朱,火色也。丝属离,天子伐鼓于社,责群阴也。诸侯用币于社,请上公也。伐鼓于朝,退自责也。此圣人厌胜之术"①。

到了南朝,学者们对杜注也有驳难,如梁崔灵恩《春秋经传解》《春秋左氏传立义》《春秋申先儒传论》。崔灵恩一开始学的服虔注《左传》,后来改说南朝流行的杜注。然而崔灵恩在讲说杜注时,却常常引用服虔之说来难杜注。其《春秋申先儒传论》本传作《左氏条例》,集中记录其"申服难杜"的观点。又有陈张冲《春秋义略》,据张冲本传说此书有与杜注不同者七十余事。

北朝坚持汉魏旧说者更多。北魏大经师徐遵明本传云:

> 知阳平馆陶赵世业家有《服氏春秋》,是晋世永嘉旧本,遵明乃往读之。复经数载,因手撰《春秋义章》为三十卷。是后教授,门徒盖寡,久之乃盛。遵明每临讲坐,必持经执疏,然后敷陈,其学徒至今浸以成俗。遵明讲学于外二十余年,海内莫不宗仰。②

此书是遵明隐居时所作,后执以讲课,开北朝讲经风气,又据前引《北齐书·儒林传》北朝中后期儒者多出遵明之门,故此书当影响极大。

北齐时,姚文安作《左传服解驳妄》以驳难服虔,李崇祖就作《左传服解释谬》来反驳姚文安。李崇祖的父亲李业兴是徐遵明弟子,崇祖传父业,于《左传》专究服注。还有徐遵明弟子北周乐逊撰《左氏春秋序论》《春秋序义》,综合贾逵、服虔之说,指出杜氏之误。北齐张思伯撰《左氏刊例》,张思伯也是徐遵明弟子,得服虔说之精微。

三、申说杜注的《左传》研究著作

晋代学习杜预的《左传》研究风格者有晋京相璠《春秋地名》,研究《左传》的地理。晋刘寔《春秋条例》,刘寔曾随杜预伐吴,或其《左传》学曾受杜预影响。

南朝受杜预《左传》学影响的作品更多,如陈沈文阿《春秋左氏经传义略》,是一种义疏类著作,申说杜注。陈王元规将沈文阿的著作进行了续补,撰有《续沈文阿春秋左氏传义略》,元规从沈文阿受业,盖承师说。王元规还有《左传音》《春秋发题辞》。王元规的本传说梁代以来有些经师申说贾逵、服虔之义来驳斥杜

---

① (清)马国翰:《玉函山房辑佚书》。
② 《魏书·儒林传》,第1855页。

预,王元规整理他们的驳难一百八十条,一一辩驳,是当时有名的主张杜注者。梁虞僧诞的《申杜难服》,据《梁书·崔灵恩传》说虞僧诞精通杜学,针对崔灵恩对杜注的批评,虞僧诞作了反驳。此外还有南齐萧子懋《春秋例苑》,可能是仿杜预的义例之作。

前引《北史·儒林传》曾提到,青齐地区学者多习杜氏。因此在北朝曾有过一场持续多年未有定论的服杜大论战。北魏时期的青齐人贾思同曾经给静帝讲杜注《左传》,与当时的国子博士、持服虔学者卫冀隆就服、杜之说互相论难,形成《春秋传驳》一书。按贾思同本传云:

> 思同之侍讲也,国子博士辽西卫冀隆为服氏之学,上书难《杜氏春秋》六十三事。思同复驳冀隆乖错者十一条。互相是非,积成十卷。诏下国学集诸儒考之,事未竟而思同卒。卒后,魏郡姚文安、乐陵秦道静复述思同意。冀隆亦寻物故,浮阳刘休和又持冀隆说。至今未能裁正焉。①

据此可见,这次论战持续时间长,到最先论战的二人都已去世,也都没有结果,可见北朝的杜氏学,仍是有不小影响的,其中青齐人士对杜学的传播发挥有很大作用。而且显然此后不仅青齐地区,北朝的其他地方也都有习杜氏者,前引《北齐书·儒林传》亦云姚文安、秦道静二人初习服氏,后兼讲杜氏,可见杜注在北方逐渐传播开来。北齐姚文安还作有《左传服解驳妄》,李崇祖作《左传服解释谬》反驳姚文安,也是这次大论争的产物。另外还有北朝苏宽《春秋左传义疏》,本于杜氏,专门驳斥贾逵、服虔。直到北周乐逊作《春秋序义》,又以贾、服说发杜氏违。可见关于服、杜之争在北朝持续的时间之长,讨论之热烈。

四、两晋南北朝《公羊传》《穀梁传》类文献

两晋的《公羊传》研究不如《左传》《穀梁传》,以传说类著作为多,如孔衍《春秋公羊传集解》、王愆期《春秋公羊经传注》、刘兆《春秋公羊传解诂》、高龙《春秋公羊传注》,其中王愆期的著作是续写他父亲王接的《公羊春秋注》。

王接本传说王接认为何休的训释"黜周王鲁",违背了根本,有不少问题,因此作《公羊春秋注》,多有新义。王愆期《春秋公羊经传注》的佚文说隐公元年,"王者谓文王",这里的文王指孔子,是用纬书的说法,具有汉代《公羊》学的特点。②

此外两晋还有江淳《春秋公羊音》、李轨《春秋公羊音》两种音训著作。又有

---

① 《魏书》,第 1616 页。
② (清)王仁俊:《玉函山房辑佚书续编三种》。

序论类的作品如卢钦《公羊序》、刘寔《春秋公羊达义》。王愆期和庾翼就《公羊传》有所探讨,成书《春秋公羊论》。

两晋的《穀梁》学,是《穀梁传》研究的一个高峰。此时尤其以传说类文献为多,除了流传至今的权威注本范宁《春秋穀梁传集解》外,还有徐乾《春秋穀梁传注》、徐邈《春秋穀梁传注》、郑嗣《春秋穀梁传说》、刘兆《春秋穀梁传解诂》、聂熊《穀梁春秋注》、郭琦《穀梁传注》、张靖《穀梁传注》、孔衍《春秋穀梁传》等等。

其中徐乾的注,佚文有错误者,质量不甚佳。而徐邈注,为范宁《集解》引用较多,徐邈本传说其书在当时为人重视。郑嗣的《穀梁》学,应学自范汪。聂熊是后赵石虎的国子祭酒,他的《穀梁注》作为教材立于学官。

音训方面,徐邈有《春秋穀梁音》,李轨也有《穀梁音》。议论类有《徐邈答春秋穀梁义》、张靖笺《春秋穀梁废疾》等。汉代何休作《穀梁废疾》批评《穀梁传》,郑玄针对何休作《起废疾》,张靖的著作大概是对何休、郑玄说进行通解的作品。

南朝只有宋齐时有《公羊传》《穀梁传》的研究著作,仅有宋周续之《公羊传》、南齐王俭《春秋公羊音》、宋孔默之《穀梁传注》三种传说和音训著作,全部亡佚,无所可考。

北朝的《公羊传》《穀梁传》的研究著作也稀少,不过徐彦的《春秋公羊疏》是流传至今的权威注本。其他还有北魏高允《公羊释》、北魏刘芳《何休注公羊音》、北魏刘芳《范宁注穀梁音》等,也已全部亡佚,无可考其内容。

五、两晋南北朝《春秋》总义类文献

将《春秋》三《传》合起来议论的著作称为"《春秋》总义类"文献,可以分为注解三《传》的传说类文献,研究某个主题的专题类文献,讨论三《传》义理和义例的通论类文献。另外,《国语》是属于《春秋》类型的文献,被称为"《春秋》外传",因此《国语》的研究著作也归入《春秋》文献中。

两晋的《春秋》总义类文献有十多种,以传说类最多,有刘兆《春秋公羊穀梁传》、氾毓《春秋释疑》、王长文《春秋三传》、范隆《春秋三传》、虞溥《春秋经传注》等。其中王长文《春秋三传》,仅见《华阳国志》记载,久已亡佚,内容无考,但《华阳国志》说此书是以经为主,对于三《传》有所摈弃,这便类似范宁舍传求经了。

对三《传》进行异同对比、评价论难的著作有江熙《春秋公羊穀梁二传评》、胡讷《春秋三传评》、郭瑀《春秋墨说》、刘兆《春秋调人》等。江熙的《春秋公羊穀梁二传评》为范宁注采用,今佚文取自范注,故皆解《穀梁传》。郭瑀是十六国时期河西地区的大儒,有弟子上千人,其《春秋墨说》在当时应较著名。刘兆本传说他欲合通三《传》,故作七万多字的《春秋调人》,旨在讨论三《传》异同,以同为主。

当时汲冢出土文献也有《春秋》类著作,《汲冢书国语》三篇讲晋楚故事,《汲冢书师春》一篇讨论《左传》的筮占问题。此外还有注解《国语》的著作孔晁《春秋外传国语注》。

南朝的《春秋》总义类文献只有5种,有传说类的南齐沈驎士《春秋要略》、梁崔灵恩《春秋公羊穀梁文句义》、梁刘之遴《春秋大意》。梁武帝与群臣有关于《春秋》的讲论之作《春秋答问》,还有议论类的著作梁刘之遴《三传同异》。

北朝的《春秋》总义类文献有十多种,也以传说类为多,如北魏李谧《春秋丛林》、北魏李彪《春秋三传合成》、北魏崔浩《春秋注》、北魏辛子馥《春秋三传总》等。李谧书考察诸经,比较三《传》事例。崔浩注据《魏书·高允传》说,与汉魏诸家多有不同。辛子馥的书未完成,其子辛德源后来盖续成之。

有专门讲《春秋》义例的北魏刘献之《春秋三传略例》,据献之本传说,献之讲《左传》只讲到隐公八年,把义例讲完便止,其书大概便是这样的"略例"。讨论三《传》异同的著作有北齐李铉《春秋二传异同》《春秋先儒异同》、北朝潘叔度《春秋成夺》。还有一种对《国语》进行音训的著作北魏刘芳撰《韦昭注国语音》。

本 章 小 结

两晋的《春秋》学发展均衡,三《传》均有类型多样的专门研究,也不乏通解三《传》之作。《左传》《穀梁》更产生了影响深远的权威著作。故可说《春秋》学是《礼》学之外,两晋又一种发达的经学。南北朝《春秋》学总体上不如两晋发达,南朝、北朝《春秋》学各有千秋,在文献数量、类型及学术宗主上皆有差异。《公羊》学在南朝专门研究颇少;北朝稍多,虽不如两晋,但产生了《公羊》类的权威疏作,影响极大,故北朝《公羊》学盛于南朝。《穀梁》学在经过两晋研究高峰之后,于南北朝都甚为落寞,又恢复到了汉代地位不如《公羊传》的状态。正如史书所说南北朝学者于《公》《穀》较少关注,多纳入三《传》通讲中。

而在内容上,两晋以继承汉魏的集注为主,南北朝多义疏之作。两晋既有旧解传承,又有杜、范新说;南朝和北朝的《左传》学,各自在服、杜间多有论争,故产生不少论难著作,因此前贤大多没有将南北朝《左传》学截然分为南宗杜注、北宗服注的格局。不过,王劭《史论》曾云:

> 魏晋浮华,古道夷替,洎王肃、杜预,更开门户,历载三百,士大夫耻为章

句。唯草野生以专经自许,不能究览异义,择从其善,徒欲父康成,兄子慎,宁道孔圣误,讳闻郑、服非。然于郑、服甚愤愤,郑、服之外皆仇也。①

后人有引其中"父康成"至"讳闻郑服非"一句,批评北朝儒者固守成说,然本书所见并非如此,则王劭此语不可不辨。

第一,王劭说魏晋浮华,士大夫耻为章句,观本书前述几经及《春秋》,显然不合;而王肃、杜预之作,虽有新说,亦多承旧注,颇为平实,若论浮华,不若王弼、何晏更似。第二,王劭说专守郑、服是草野生之所为,较为得实,前论已言及当时北朝儒者,确有不少狭隘、孤陋。然此风当时已招致批评,本书所论的许多儒者并无这种弊端,即如《左传》,北朝于服、杜还有大的争论,王劭此说不可普遍化,仅能代表北朝儒业不精者。第三,王劭是北齐、隋人,以修史闻名,其于魏晋经学有误解,情理之中②;而王劭此言,见唐人元行冲《释疑论》所引,行冲此文是为经义新编辩护而作,自然强调出新,故引王劭语,批评前人固陋守旧。是说此语者、引此语者,皆自有意图,不能全然以实录信之。

两晋的《左传》学,从学术宗主上看,在杜注出现之前,固然是习贾、服,兼采王肃,如孙毓、嵇康之作,即便杜注出现之后,东晋亦非专习杜氏,如干宝之作。当然两晋《左传》亦有与杜氏相似之作,或补充杜氏说,如京相璠、刘寔著作。从文献体裁和内容看,传说类的文献皆为注、解一类,是汉魏旧例,又发展出义例、地名、历法、谱系、音训等新的研究类型。《公羊》学文献传说类也是集解、注一类体裁,又有音训、序跋、议论类著作,形式仍比较丰富。从学术风格看对汉儒学说既有继承,如孔衍、王接子王愆期;又有创新,如王接既继承汉代《公羊》家对三《传》的看法,又在内容上有所创新,不满何休附会阴阳、偏离经传,而自出新解。

两晋是《穀梁》学发展的一个高峰,产生了不少文献。传说类文献的体裁还是集解、注、说、训等,亦有义例、议论、音训等其他类型文献。内容上有继承前儒之说,亦有创新,如聂熊、范宁、徐邈等人说解之作。《春秋》总义类有传说类的集解、注等体裁,有通评三《传》之作,还有《春秋》外传《国语》的注解,及出土文献汲冢书,体裁上于前有所继承,类型上较丰富。两晋的《春秋》学还在汇通三《传》基础上,开舍传求经之先导,如范宁、王长文等人的《春秋》观。

南朝《左传》类传说文献在体裁上有义疏体,亦有集解一类,类型还有义例、序跋、图谱、议论,比较丰富,还有以文学为主的专题类,较有特色。在学术宗主上有本于杜氏者,如沈文阿、王元规、萧子懋、虞僧诞等人之作,亦有本服氏的崔

---

① (后晋)刘昫等:《旧唐书·元行冲传》,中华书局,1975年,第3181页。
② 《隋书·王劭传》,第1601—1610页。

灵恩、张冲等人著作,可见南朝服、杜兼存,而杜氏较盛。《公羊》只有注、音各一种,《穀梁》只有注一种,作者皆宋齐人,梁陈无专人研究,即如《隋志》所说但试读文而不通其义。《春秋》总义文献也不多,有传说类的义疏体,还有一些议论性质的文献。

北朝的《左传》学文献类型、数量都少于两晋、南朝。其中传说文献有义疏、释等体裁,还有议论、义例等体裁,而议论类多于传说类,正可见北朝于《左传》宗主论争的激烈。在学术宗主上有本杜氏者,如苏宽、贾思同、姚文安、秦道静等人之作,有本服氏者如徐遵明、卫翼隆、李崇祖、乐逊、张思伯等人著作。《公羊》类文献较南朝为多,尤其有本何休注的徐彦疏,甚为重要,传说类文献有义疏、释等新旧体裁,还有音训、序跋等类型。《穀梁传》类文献只有音训类的一种,与南朝数量一样,即如《北齐书》所说儒者多不措怀。《春秋》总义类文献数量只略少于两晋,多于南朝不少,即《隋志》所说"后学三《传》通讲"的情况。北朝的《春秋》学文献,既对前儒有所继承,然亦有创新,如徐遵明、崔浩之著作。

第八章　两晋南北朝《论语》《孝经》学文献

第一节　两晋南北朝《论语》学文献

一、晋前《论语》的成书与流传

前论五经是经学文献之核心,自汉武帝专立五经博士时便地位尊崇。另有两种文献,在两汉虽未专设经学博士,却在当时传习甚广,此即《论语》《孝经》。王国维先生认为《论语》《孝经》,受经与不受经者皆诵习之,类似今日中学之科目,"且汉时但有受《论语》《孝经》、小学而不受一经者,无受一经而不先受《论语》《孝经》者"①,这里所谓一经即指五经中之一种,吴承仕先生同其说。② 两汉史书颇多载童子习《论》《孝》者,可证成王、吴之说,兹不赘引,故汉赵岐说《论语》是"五经之錧鎋,六艺之喉衿"③,可见对《论语》的重视。

《论语》是记载孔子言行的文献,关于书名与编者,有多种说法。班固认为"《论语》者,孔子应答弟子时人及弟子相与言而接闻于夫子之语也。当时弟子各有所记,夫子既卒,门人相与辑而论纂,故谓之《论语》"④,赵岐云"七十子之畴会,集夫子所言以为《论语》"⑤,这是较早关于《论语》得名及编纂者的说法,比较平实,可能也最接近原貌,即《论语》大概是孔子弟子从学时记录的笔记、资料,在孔子去世后,由其弟子、再传弟子编辑而成。⑥

由于本书所论为晋南北朝《论语》文献,故再略引此时人之观点以作比较。

---

① 王国维:《观堂集林》卷四,第178—180页。
② 《经典释文序录疏证》,第124页。
③ 《孟子注疏·题辞》,(清)阮元校刻:《十三经注疏》,第5792页。
④ 《汉书·艺文志》,第1717页。
⑤ 《孟子注疏·题辞》,(清)阮元校刻:《十三经注疏》,第5792页。
⑥ 时贤唐明贵根据《论语》内证及出土文献认为《论语》集结在公元前429至前402年间,由曾子门人子思编成,甚有理据。参见唐明贵《论语学史》,中国社会科学出版社,2009年,第55—67页。

晋人傅玄曰"昔仲尼既殁,仲弓之徒追论夫子之言,谓之《论语》"①,此犹承班固之言,以为追论之意,进而指明是弟子仲弓等人所编。而梁刘勰云:

> 圣哲彝训曰经,述经叙理曰论。论者,伦也,伦理无爽,则圣意不坠。昔仲尼微言,门人追记,故抑其经目,称为《论语》,盖群论立名,始于兹矣。②

这里的"论",实际上刘勰有两种读音。一是读四声,议论之论,是指解释经的论说,比经的地位低一级。一是读为"伦",指圣人提倡的伦理之意,与汉晋人说已不同。

梁人皇侃亦认为是孔子去世后,"门人痛大山长毁,哀梁木永摧,隐几非昔,离索行泪,微言一绝,景行莫书。于是弟子佥陈往训,各记旧闻,撰为此书。成而实录,上以尊仰圣师,下则垂轨万代"③,这与刘勰所说弟子追记孔子"微言"一致。皇侃又认为正是众人所记,体例、内容不一,"名故难求乎诸类,因题'论语'两字以为此书之名也"④,此说也同于前引汉人之说。

不过皇侃接下来引用了他所见对《论语》之名的几种解释,并加入自己的发挥,其云:

> 凡通此"论"字,大判有三途:第一舍字制音,呼之为"伦";一舍音依字而号曰"论";一云"伦""论"二称,义无异也。第一舍字从音为"伦",说者乃众,的可见者不出四家:一云"伦"者,次也,言此书事义相生,首末相次也;二云"伦"者,理也,言此书之中蕴含万理也;三云"伦"者,纶也,言此书经纶今古也;四云"伦"者,轮也,言此书义旨周备,圆转无穷,如车之轮也。第二舍音依字为"论"者,言此书出自门徒,必先详论,人人佥允,然后乃记,记必已论,故曰"论"也。第三云"伦""论"无异者,盖是楚夏音殊,南北语异耳,南人呼"伦事"为"论事",北士呼"论事"为"伦事",音字虽不同,而义趣犹一也。侃案:三途之说,皆有道理,但南北语异如何似未详,师说不取,今亦舍之,而从音、依字二途并录以汇成一义,何者? 今字作"论"者,明此书之出不专一人,妙通深远,非论不畅。而音作"伦"者,明此书义含妙理,经纶今古,自首臻末,轮环不穷。依字则证事立文,取音则据理为义,义文两立,理事双该。⑤

---

① 《六臣注文选》卷五四《辨命论》,第 1004 页。
② (梁)刘勰撰,詹锳义证:《文心雕龙义证·论说》,上海古籍出版社,1989 年,第 665—666 页。
③ (梁)皇侃:《论语义疏·序》,中华书局,2013 年,第 1—2 页。
④ 《论语义疏·序》,第 2 页。
⑤ 《论语义疏·序》,第 2—3 页。

这里皇侃从音、义两方面总结了当时所见的《论语》题解，同刘熙一样，"论"有两种读音，但释义则发展出更多，刘熙之说显然为其中一类，是刘熙观点亦当时习见。皇侃总结，读为"伦"有次序、伦理、经纶、轮转四种意思。读为"议论"之"论"，即议论本意。第三种观点认为两种读音是南北方言读音不同而已，都是讨论事情的意思。皇侃采用了前两种观点。

从皇侃总结的解释，可见汉以至南北朝，儒者对《论语》题名的不断发挥。最后皇侃总结各种说法为一，既蕴含其追论之本意，又有伦理、经纶之引申义。① 从对书名的理解之变迁，可见儒者对《论语》内容理解的变迁，换言之即《论语》虽在汉代已受重视，到南北朝其地位则更加提升，并被赋予更深意涵，这一点从下文《论语》的立学亦可得证。

孔门弟子编成《论语》后，口传、手抄以流传，其间自然会有变易、增删，到汉代有《古论》《齐论》《鲁论》之别，《汉书·艺文志》载有《古论》二十一篇，自注"出孔子壁中，两《子张》"②，如淳注云"分《尧曰》篇后子张问'何如可以从政'已下为篇，名曰《从政》"③；《齐论》二十二篇，自注"多《问王》《知道》"④；《鲁论》二十篇。可见汉代流行的三种《论语》在篇数上有不同。皇侃云《古论》以《乡党》为第二，《雍也》为第三，⑤这是三种《论语》篇次亦有别。

《论语》在经文上有较大不同，盖由于其口传、手抄流行广泛，大约在齐地流行的《论语》即《齐论》，鲁地流行的《论语》即《鲁论》，皆用汉代隶书写定，可称之今文。《古论》则《汉志》说出孔壁，然《汉志》将之附于《古文尚书》出孔壁之事，⑥记载殊有可疑，恐是对前人所述之增饰，同理荀悦《前汉纪·成帝纪》引刘向云《古论》与《古文尚书》同出孔壁亦如此。⑦ 实则《古论》不一定出自孔壁，但当确为古文书写，故谓之《古论》。

如本书前述五经博士不立《论语》，而《论语》又流行广泛，因此没有很清晰的传授脉络，《汉书·艺文志》对西汉《论语》的传授稍作说明：

> 汉兴，有齐、鲁之说。传《齐论》者，昌邑中尉王吉、少府宋畸、御史大夫贡禹、尚书令五鹿充宗、胶东庸生，唯王阳（即王吉）名家。传《鲁论语》者，常

---

① 皇侃此说，其后陆德明、邢昺皆承用之，可见影响之久远。
② 《汉书·艺文志》，第1716页。
③ 《汉书·艺文志》，第1717页。
④ 《汉书·艺文志》，第1716页。
⑤ 《论语义疏·序》，第4页。
⑥ 《汉书·艺文志》，第1706页。
⑦ 《汉纪》卷二五，第435页。刘、陈二先生皆认为《古论》不出孔壁，《汉志》《汉纪》皆有增益之语，参见刘起釪《尚书学史》，第112页；陈梦家《尚书通论》，第35页。

山都尉龚奋、长信少府夏侯胜、丞相韦贤、鲁扶卿、前将军萧望之、安昌侯张禹,皆名家。张氏最后而行于世。①

由引文可知两点,一是西汉《齐论》的传播不如《鲁论》,名家者只有王吉,《鲁论》则名家者众多,这为之后张禹以《鲁论》为基础,兼采《齐》《古》形成《张侯论》奠定基础。一是《汉志》没有《古论》传说类文献的记录,这里也只提及齐、鲁之说的传承,所谓"说"即传说,因此后来见于王肃《孔子家语后序》的孔安国《古文论语训》比较可疑,虽不一定出于王肃伪造,但可能也是后人伪托,《古论》的这种特点与同时的《古文尚书》《逸礼》均类似。

张禹所撰的《张侯论》后来影响最大,东汉包咸、周氏等人皆为之作章句,到郑玄以《张侯论》为基础,参考《齐》《古》为之作注,郑注就广为传习。而赵岐云:

> 汉兴,除秦虐禁,开延道德,孝文皇帝欲广游学之路,《论语》《孝经》《孟子》《尔雅》皆置博士,后罢传记博士,独立五经而已。②

可见文帝时所立的《论语》博士是传记博士,并非武帝以后专经教授、设弟子员的五经博士,《论语》此时附经而行。

又陆德明云"后汉包咸、周氏并为章句,列于学官"③,吴承仕先生认为此指当时行用的是包氏、周氏就《张侯论》所作的《章句》,而非指五经博士之学官,或者此学官指小学或地方学。曹魏时王肃亦注《论语》,本传云其"为《尚书》《诗》《论语》、三《礼》、《左氏》解,及撰定父朗所作《易传》,皆列于学官"④,观此似乎曹魏《论语》与五经并列国学,但无其他明文。⑤ 不过晋代、南北朝《论语》则确有明文曾立于学官,可见晋南北朝的《论语》地位几乎与经相当了。晋南北朝的《论语》地位更加上升,所产生的《论语》文献也颇多,《论语》学在晋南北朝为显学。

二、两晋南北朝《论语》的立学

西晋的立学是承曹魏,故并无明文可知《论语》是否立于国学。⑥ 但东晋则

---

① 《汉书·艺文志》,第 1717 页。
② 《孟子注疏·题辞》,(清)阮元校刻:《十三经注疏》,第 5793 页。
③ 《经典释文序录疏证》,第 124 页。
④ 《三国志·王肃传》,第 419 页。
⑤ 不知此处《论语》是连五经而言,实不立国学,还是立于官学中之小学;抑或确曾立国学,而晋承用之在国子助教所职掌中。
⑥ 西晋时《论语》《孝经》或许在国子助教处有掌,详见下南朝宋立学之注释。或许仍两汉之旧而不设。如有所立,或许兼置郑、王。

明文立有《论语》博士,据《晋书·荀崧传》云元帝初置《论语》《孝经》郑氏博士一人①,《论》《孝》小经,故共置一博士。其后南北朝沿用之,亦立《论语》国学博士。而同时《公羊》《穀梁》没有立学,案《公》《穀》为五经之学,尚未得立,时简省博士,却仍置《论语》,可见《论语》在东晋时地位与五经相畴。

又《隋书·经籍志》云:

> 汉末,郑玄以《张侯论》为本,参考《齐论》《古论》而为之注。魏司空陈群、太常王肃、博士周生烈,皆为义说。吏部尚书何晏,又为集解。是后诸儒多为之注,《齐论》遂亡,《古论》先无师说。②

这里《隋志》回顾了汉末以来《张侯论》的兴盛,曹魏时诸儒多以之为本进行传说。"是后诸儒"盖指承曹魏之后的晋人(或兼及南北朝人,因南北朝多用郑、何注,均本之《张侯论》),都为《张侯论》作注,可见或许在晋时《齐论》已亡(未知是否与永嘉南渡有关),无人说《古论》,③《古论》也渐渐亡佚于晋南北朝时。不过理同《周易》《诗经》,《齐》《古》之内容,当亦借《张侯论》及汉末、魏晋人留存,后又存于皇侃《义疏》与邢昺疏中,传至今日,非完全亡佚。

还可注意者,东晋所立《论语》是郑玄注,可见何晏等注此时并不比郑注更受重视。案《晋书·郑冲传》云:

> 初,冲与孙邕、曹羲、荀顗、何晏共集《论语》诸家训注之善者,记其姓名,因从其义,有不安者辄改易之,名曰《论语集解》。成,奏之魏朝,于今传焉。④

是何氏《集解》并非何晏一人所撰,故何晏虽擅玄谈,而《集解》实较多用汉人训释之法,多存汉儒旧说,虽有改易,亦著作之必然。故清儒虽对魏晋经学著作多所批评,也认为"《论语集解》独能存汉学之什一,其体例谨严,迥非王弼《易》注可比"⑤。是郑、何《论语》注的差异也没有郑玄、王弼《易》注差异大,不必作截然划分。

又两晋、南朝的《论语》著作,由于有皇侃《义疏》保存之功,故其辑佚著作以

---

① 《晋书·荀崧传》,第 1976 页。
② 《隋书·经籍志》,第 939 页。
③ 《隋志》说古论"先"无师说,不知是否类同《逸礼》,《古论》原本就无师说。然《隋志》又追述了孔安国为《古论》作传之事,因《隋志》并未载孔注《论语》,是此言盖袭用王肃、何晏等人之说,非亲见其书。
④ 《晋书·郑冲传》,第 993 页。
⑤ (清)邵保初:《六朝经术流派论》。

传说类为大宗。不过亦因皇侃《义疏》颇有发挥义理的玄学色彩,故其选择前人之说,以近于己之风格为主。因此就《论语》辑佚之作看,不能如《周易》一般,赖李鼎祚《周易集解》多存汉人家法,而可因之以区分两晋南北朝人对郑、王之学的宗主选择。兼之何、郑差异不如郑、王差异大,而《论语》一书本身,文义也较为浅近,故说解者自然多从义理阐发,因而下论两晋、南朝《论语》学,对汉学、玄学之流派只能做大致区分,不能像《周易》一样分别明白。

南朝的《论语》流传与立学,《隋书·经籍志》述之较详,其云:

> 梁、陈之时,唯郑玄、何晏立于国学,而郑氏甚微。周、齐郑学独立。至隋,何、郑并行,郑氏盛于人间。①

这里明言梁陈时,国学不仅如东晋立有《论语》郑氏博士,还立有何晏博士,且何氏盛于郑氏。不过隋时,郑氏又盛于何氏。

又《宋书·百官志》云:

> 国子助教十人。《周易》《尚书》《毛诗》《礼记》《周官》《仪礼》《春秋左氏传》《公羊》《穀梁》各为一经,《论语》《孝经》为一经,合十经,助教分掌。②

则宋时国子学立有《论语》《孝经》,并合由一位助教教授,其地位与其他五经相当。

案《晋书·职官志》曰武帝初立国子学时,设助教十五人,孝武帝太元十年(385)损国子助教员为十人,③由此可见宋初国子助教员数是根据东晋末所设。④ 齐《论语》立学虽不可考,然据东晋、宋及梁陈皆立学,齐当亦立学。回顾南齐时《穀梁》立博士,陆澄、王俭皆认为《穀梁》小经,无需两立,而梁陈《论语》博士竟两立,不以其为小经,可见南朝《论语》地位甚或超过其在东晋时。⑤ 而陆德明云何晏《集解》"正始中上之,盛行于世,今以为主"⑥,正说明陆氏书作于陈末,此时郑氏甚微。

---

① 《隋书·经籍志》,第939页。
② 《宋书·百官志》,第1228页。
③ 《晋书·职官志》,第736页。
④ 案:从此条大概可以推测,东晋末《论语》《孝经》也是由一位国子助教专掌。而西晋武帝初立十五助教时,或许《论语》《孝经》亦有助教所掌,只是不在太学十九博士之列。
⑤ 案:东晋《论语》和《孝经》才共置一郑氏博士,不如梁陈。不过南朝《论语》著作少于两晋,或是因为《论语》本小经,晋人讲解、发挥已很多,南朝人难有更多突破,故著作少于晋时。可见讲学与著作有时并非正相关。
⑥ 《经典释文序录疏证》,第125页。

南朝梁时，国子还立有一学与诸经并立，即梁武帝《孔子正言》，内容是发明孔子之旨，与《论语》相表里。案《南史·到溉传》曰：

> （溉）后为散骑常侍、侍中、国子祭酒，表求列武帝所撰《正言》于学，请置《正言》助教二人，学生二十人。尚书左丞贺琛又请加置博士一人。①

又《隋书·百官志》曰：

> 天监四年（505），置五经博士各一人。旧国子学生限以贵贱，帝欲招来后进，五馆生皆引寒门俊才，不限人数。大同七年（541），国子祭酒到溉等，又表立《正言》博士一人，位视国子博士，置助教二人。②

可见经由大臣提议，武帝撰《孔子正言》最后立于国子学，并仿五经置有博士、助教和学生，皆有定员。大同中，张绾出为豫章内史，在郡讲《制旨礼记》《正言》义，四姓衣冠士子，听者常数百人，说明地方官学亦讲《正言》。③

案《北史·儒林传序》云"汉世，郑玄并为众经注解，服虔、何休，各有所说。玄《论语》大行于河北"④，而《隋书·经籍志》云：

> 梁、陈之时，唯郑玄、何晏立于国学，而郑氏甚微。周、齐郑学独立。至隋，何、郑并行，郑氏盛于人间。⑤

是郑玄注《论语》在北方一直盛行，北朝也有置《论语》博士，北周、北齐国学独立郑注，盖因此郑氏虽在南朝后期弱于何氏，隋统一南北后，又转而兴盛。

《北齐书·儒林传序》又言"《论语》《孝经》，诸学徒莫不通讲"⑥，可见《论语》之普及，亦可证北朝《论语》著作甚少，并非因其不讲（如《公羊》《穀梁》二传之遭遇）。又北朝中后期讲《论语》者，多出徐遵明之门。而徐遵明将郑玄《论语序》的"八寸策"误作"八十宗"，曲为之说，史称"其僻也皆如此"⑦，可见北朝人说《论语》有粗疏之嫌。

---

① 《南史·到溉传》，第 679 页。
② 《隋书·百官志》，第 724 页。
③ 《梁书·张绾传》，第 504 页。
④ 《北史·儒林传序》，第 2708 页。
⑤ 《隋书·经籍志》，第 939 页。
⑥ 《北齐书·儒林传序》，第 583 页。案：《北齐书》此言后有云"诸儒如权会、李铉、刁柔、熊安生、刘轨思、马敬德之徒多自出义疏。虽曰专门，亦皆粗习也"，其中见史书记载作有《论语义疏》者唯李铉，此言盖不单指《论》《孝》，而是对此前论北朝诸生传经之总结。故史志、补志均不载除李铉外其他诸人有《论语》义疏之作，本书亦不计入。
⑦ 《北史·儒林传》，第 2720 页。

三、义疏体的源流考辨

义疏是晋南北朝特有的一种经学传说体裁,这里对义疏体的源与流及其本身的形式,作一专门讨论。关于义疏的来源,目前大概有两种代表性的看法:一是牟润孙先生之说,认为义疏源自南北朝的佛书,南北朝的儒家讲经也仿自佛家讲经;一是戴君仁先生之说,认为虽然从皇侃《论语义疏》来看,南北朝的义疏有取自佛疏特点(如分科段和一字分数义),但实源于儒家讲经和经学著述本身的传统。后之学者多出入牟、戴二家。① 两位先生所论已详,又引证材料多同,而诠释相左,本书先分条回顾二先生之看法,再附以己见。

牟先生认为:

> 僧徒之义疏或为讲经之记录,或为预撰之讲义,儒生既采彼教之仪式,因亦仿之有记录有讲义,乃制而为疏。讲经其因,义疏则其果也。②

戴先生则认为:

> 儒家的经疏和佛家的经疏,虽有其共同之点,但儒家的经疏,自有它本身的历史,由汉历晋,以至南北朝,逐渐衍变而成,不是单纯的由佛书产生出来的,可以说是二源的,也可以说是中印文化合产的。③

戴说成于牟说之后,故汲取了牟说又有所修正。这是二先生对义疏起源的总的看法异同,又用类似的材料各自证明这样的异同。

案今所见最早题"义疏"的著作是西晋伊说之《尚书义疏》(参见本书《尚书》一章),牟先生认为《隋志》所题有误,当从《旧唐志》作《尚书释义》。④ 然而古时书名不似今日涉及版权等问题而非常规范,一书的不同钞本题名有别极为常见,如《隋志》载刘瓛《周易乾坤义》,两《唐志》就作《周易乾坤义疏》,本书前论的不少著作也是"义"与"义疏"有通用。因此戴先生据《隋志》认为伊说的《尚书义疏》是义疏之最早者,而义疏、讲疏、述义、大义等等皆是义疏类文献的称呼⑤,说甚有理,本书从之。

---

① 如唐明贵、焦桂美认同牟先生之说,简博贤、王鹏凯认同戴先生之说。参见唐明贵《论语学史》,第178页;焦桂美《南北朝经学史》,第111—112页;简博贤《今存南北朝经学遗籍考》,第2页;王鹏凯《历代论语著述综录》,第27页。
② 牟润孙:《论儒释两家之讲经与义疏》,《注史斋丛稿》,中华书局,2009年,第88页。
③ 戴君仁:《经疏的衍成》,第106页。
④ 牟润孙:《论儒释两家之讲经与义疏》,第93页。
⑤ 戴君仁:《经疏的衍成》,第119—122页。

牟先生因否认晋有义疏之作(或是先设定南北朝义疏源自佛疏,进而证明晋之义疏是后人误题),因而接下来引述两汉讲经的材料,认为两汉讲经、论难的内容是师说家法,不是义理发挥,所以南北朝儒家采用的不是两汉仪式,而是释家仪式。①

牟先生此说实混淆了形式与内容,有割裂南北朝经学对汉魏经学继承之嫌。实际上经学的内容和形式是不断在发展变化的,南北朝经学完全可以既继承汉代讲经的形式,又吸收魏晋名理、玄学的内容。而戴先生亦根据牟先生所引材料,认为两汉的章句是讲义,是南北朝义疏之祖,两汉的经义辩难,不仅对后来义疏发生影响,还导致魏晋名理学的产生。② 本书绪论部分论玄学的兴起及与儒学的关系,可以旁证戴先生所说两汉经义辩难导致魏晋名理学产生。

为了更好说明两汉经学与义疏的关系,这里再将汉代讲经论难材料引述一二。《后汉书·儒林传序》云:

> 中元元年(56),初建三雍,明帝即位,亲行其礼。天子始冠通天,衣日月,备法物之驾,盛清道之仪。坐明堂而朝群后,登灵台以望云物。袒割辟雍之上,尊养三老五更。飨射礼毕,帝正坐自讲,诸儒执经问难于前,冠带缙绅之人,圜桥门而观听者,盖亿万计。③

《后汉书·侯霸传》曰:

> 成帝时,任霸为太子舍人。霸矜严有威容,家累千金,不事产业。笃志好学,师事九江太守房元,治《穀梁春秋》,为元都讲。④

《后汉书·桓荣传》曰:

> 车驾幸太学,会诸博士论难于前,荣被服儒衣,温恭有蕴藉。乘舆尝幸太常府,令荣坐东面,设几杖,会百官骠骑将军东平王苍以下及荣门生数百人,天子亲自执业,每言辄曰太师在是(《东观记》曰:时执经生避位发难,上谦曰太师在是也)。每大射养老礼毕,帝辄引荣及弟子升堂,执经自为下说。(荣卒)除兄子二人补四百石,都讲生八人补二百石,其余门徒多至公卿。⑤

《后汉书·丁鸿传》曰:

---

① 牟润孙:《论儒释两家之讲经与义疏》,第120—125页。
② 戴君仁:《经疏的衍成》,第107—114页。
③ 《后汉书·儒林传》,第2545页。
④ 《后汉书·侯霸传》,第901页。
⑤ 《后汉书·桓荣传》,第1250—1253页。

  鸿年十三,从桓荣受欧阳《尚书》,三年而明章句,善论难,为都讲。肃宗诏鸿与广平王羡及诸儒楼望、成封、桓郁、贾逵等,论定五经同异于北宫白虎观,使五官中郎将魏应主承制问难,侍中淳于恭奏上,帝亲称制临决。鸿以才高,论难最明,诸儒称之,帝数嗟美焉。①

《后汉书·杨震传》曰:

  后有冠雀衔三鳣鱼,飞集讲堂前,都讲取鱼进曰:蛇鳣者,卿大夫服之象也;数三者,法三台也;先生自此升矣。年五十,乃始仕州郡。②

由上述可见,至少在西汉成帝时,已设有都讲之职,此职与经解问答、论难相关。执经升座,亦有见于东汉。至于儒经的口说讲授,更是汉初今文经学的常见教学方式;上引《丁鸿传》中的白虎观会议,也是仿照西汉的石渠阁会议的,儒经论难,久有传统。

  因此,牟先生所说南北朝佛家特有并为南北朝儒家借用的都讲(问答)、升座、开题三大特点,③其实唯有开题一项目前未见两汉有相同或相似制度,此或为南北朝儒家对佛家之借鉴。上引材料虽不能确定说南北朝佛教讲经即是借鉴两汉儒家,然而也不能否认佛教进入中国后,翻译者会借用本土固有名词(如佛教初入中国时,亦附道而行。又如西人译 bible 为"圣经",亦借儒家之称呼来凸显其经典的地位)。戴先生认为"中国佛家讲经有都讲,虽其事实是佛家所本有,这个都讲名称,当是由儒家借过去的。并由佛家借用儒家都讲之名,正可证明儒家的都讲,原来也是司发问的"④,本书从之(两晋含有问答体之著作颇不少,详见前述几经)。

  既然汉代以来儒家均有讲经传统,⑤两晋南北朝持续这种传统亦顺理成章。虽然如本书前几经所述,两晋以"义疏"为名的著作并不多见,但有许多以"义"为名的文献,从文献体裁发展来看,可以认为义疏兴盛于南北朝而发轫于两晋,而两晋的"义"便是先声,正如戴先生所说"上承章句,下开义疏,当是晋人的经义"⑥。不否定晋人的义疏之作,就能梳理出从汉代到两晋再到南北朝讲经和经学著作体裁的衍变路径,因此义疏之体,恐怕主要还是来自经学文献内部的变化。

---

① 《后汉书·丁鸿传》,第 1263—1264 页。
② 《后汉书·杨震传》,第 1760 页。
③ 牟润孙:《论儒释两家之讲经与义疏》,第 110—113 页。
④ 戴君仁:《经疏的衍成》,第 116 页。
⑤ 参见刘卫宁《两晋南北朝儒经义疏研究》,暨南大学博士论文,2008 年,第 51 页。该文在牟、戴二先生引文基础上又补充了西汉和三国讲经之例。
⑥ 戴君仁:《经疏的衍成》,第 119 页。

戴先生最后认为南北朝义疏有取自佛疏特点，如分科段和一字分数义两例，因此得出前述结论说义疏是中印文化合产。① 案分科段和一字分数义两例，戴先生举的是隋代智者大师说经例，用以对比皇侃义疏。根据汤用彤先生的研究，科分之事起于晋代道安，盛于刘宋，戴先生据此认为是佛书影响儒书。然汉代章句便是分段解说，又何休说《公羊》已分三科九旨，很难说佛书翻译时有无借鉴。而说一字分数义之例，郑玄说《易》之一名便有三义，也很难说不是后儒说解一字数义之先导。因此本书认为，目前看来南北朝儒家讲经与义疏，可能是借鉴南北朝佛教讲经与讲疏的只有发题一项。②

我们再来就《隋书·经籍志》著录之书名，对传说体裁的衍变略作考察。《隋志》有三国时刘表撰《周易章句》，而曹魏董遇所作的《周易注》，《经典释文序录》著录为《章句》，可见章句这种体裁，到东汉末三国时还有，而在南朝人眼中，章句和注实为一类。《隋志》又有晋吕文优《尚书义注》，这是义、注合为书名，本质上当为注。

而吴范顺有《尚书义》，晋干宝有《周易爻义》，张璠集解的二十二家也有向秀、阮咸等十二家作《周易义》，说明三国、晋时，以"义"名书的传说文献也不少，晋车胤还注有《讲孝经义》，这已经是突出传说文献用于"讲"的作用了。

尤可注意的是《诗》类文献，有吴陆机《毛诗草木虫鱼疏》，这里的"疏"当作疏通之义，即对《诗》中的草木虫鱼等含义作疏通，亦即注之义；又有曹魏刘璠《毛诗义》、晋杨义《毛诗异义》；还有晋谢沈《毛诗义疏》，由《诗》类著作可以看到，三国两晋有这样"义""疏""义疏"并行的体裁，这时的"义疏"可能并非后来南北朝时发展成熟的讲疏形式，但是至少在书名的衍变上，是有所本的。

其后南北朝，"义"和"义疏"往往混用，实际上就是对前人体裁的继承，而内容格式则有所变化。这也正说明，章句、注、义、义疏，在汉末至南北朝的儒者眼中，是一脉相承的传说类文献。由此，也不必将义疏产生的主因归于佛书的影响。③

可以总结说，两晋南北朝的义疏远本汉儒经说和章句的形式，两晋多名"义"之著作，亦有名"义疏"的著作产生。到南北朝名"义疏"的著作就更多了，同时可能受佛家讲经的影响，还产生了发题和专为发题而撰的著述。义疏本身有预撰的讲义，或记录讲课内容的笔记两种性质（也是一本义疏著作形成的过程）。牟润孙先生曾据《说文解字》及段玉裁注说明"疏"字之初义为通，即疏通经传文义，引申为识记之义，④正说明义疏体著作具有这两种性质。

---

① 戴君仁：《经疏的衍成》，第122—124页。
② 参见牟润孙先生《论儒释两家之讲经与义疏》，第128—130页。
③ 至于佛书在翻译过程中，是否借鉴儒家典籍的命名方式，则有待日后详细对比考察。
④ 牟润孙：《论儒释两家之讲经与义疏》，第89—91页。

还需说明一点,古人对著作的命名并没有今天严格的规范,书籍传抄过程中也会出现改变题名的情况,所以会出现义、义疏、讲疏、述义、大义等等称呼,或时而通用,或时亦有别的情况,因为文献亡佚,无详细内容可考,也就只能灵活看待了。唐时修正义,及此后之注疏,皆为疏体之流衍。① 时贤认为刘焯、刘炫学术即旧义疏学之衰亡,孔颖达、贾公彦等整理编订旧疏更无太多创立,初唐以后义疏学就废绝了。②

四、两晋南北朝《论语》学文献的数量、分类、存佚统计

两晋时期产生的《论语》学文献,几乎全部亡佚,因有皇侃《论语义疏》完整流传,保存了一些经说,故今有数种后人之辑佚,另还有拟经一种即李轨《法言注》留存。案两晋《论语》学文献,丁国钧《补晋书艺文志》有46种,文廷式《补晋书艺文志》有39种,秦荣光《补晋书艺文志》有48种,黄逢元《补晋书艺文志》有45种,吴士鉴《补晋书经籍志》有45种,傅武光《论语著述考》中晋代有46种,王鹏凯《历代论语著述综录》中晋代有50种。本书根据前列各种目录书统计,去除许多重复著录及作者、朝代错误者,总结两晋时期《论语》学文献辑、存有19种,佚30种。

表 8-1-1 两晋《论语》学文献分类统计表

两晋《论语》49种	传说类		辑12种	佚10种
	专题类	音训	0	佚4种
		图谱		佚1种
		专论	辑1种	0
		拟经	存1种	0
	通论类	议论	辑5种	佚15种

---

① 本书仅从传说体裁的衍变来探讨义疏体的来源,及其与佛书的关系。至于义疏著作中所受佛教教义和说经方法的影响,则属于对内容的讨论。其实若论佛教教义、经说对晋南北朝(尤其南北朝)儒家著作的影响,又岂止限于义疏一种体裁?并且正如这一时期儒家著作的内容受到佛学影响并吸收了佛教观点,却不能说儒学来源于佛学,义疏的体裁问题也同样可作如是观。因此,本书不在此处赘述此时义疏著作的内容如何受到佛学之影响。不过,时贤通过对传说文献内容的考察认为,传统义疏学可以视为郑玄学术的延续发展,义疏学与郑学一脉相承,只是形式稍有变化,这一观察或许亦可为本书之旁证。参见乔秀岩《义疏学衰亡史论》,第266页。

② 乔秀岩:《义疏学衰亡史论》,第99、189页。

如表 8-1-1 所示,两晋《论语》学文献中传说类数量最多,其次是以阐发杂义为主的文献,本书仍归于议论类。音训类文献数量不多,图谱和专论、拟经类文献只各有一种,数量虽少,但也说明两晋《论语》文献的类型还是较为丰富的。各类文献数量分布不均,可见此时《论语》研究的重点还是在内容的训释、阐发上。

南朝的《论语》学文献,绝大多数都亡佚了,不过有流传至今的唯一一种义疏体文献——皇侃《论语义疏》,殊可宝贵,后人借此书亦辑佚有几种著作。案南朝《论语》学文献,王仁俊《补宋书艺文志》有 3 种,聂崇岐《补宋书艺文志》有 3 种,高桂华《补南齐书经籍志》有 6 种,陈述《补南齐书艺文志》有 6 种,王仁俊《补梁书艺文志》有 5 种,徐仁甫《补陈书艺文志》有 5 种,徐崇《补南北史艺文志》南朝有 12 种,傅武光《论语著述考》中南朝有 22 种,王鹏凯《历代论语著述综录》中南朝有 24 种。本书根据前列各种目录书统计,去除重复著录者,总结南朝时期《论语》学文献辑、存有 10 种,佚 20 种。

表 8-1-2 南朝《论语》学文献分类统计表

南朝《论语》30 种	传说类		辑、存 10 种	佚 18 种
	通论类	议论	0	佚 2 种

如表 8-1-2 所示,南朝《论语》学文献类型简单,几乎全部是传说类文献,辑佚著作也全是传说文献,原因主要是其中不少辑自皇侃《义疏》,片言只语无可考知全书,姑且均视作传说类文献。两种议论类文献属于《孔丛子》《孔子家语》一类,虽非专为《论语》所作,然亦传孔子之旨,本书依《隋书·经籍志》例附于《论语》,作杂论《论语》类。南朝《论语》学文献只有两晋的约五分之三,类型也没有两晋丰富,或许是因为《论语》本小经,两晋诠解已多,南朝专门著作便减少。此外,本书统计的两晋、南朝不少著作依据皇侃《义疏》,而皇疏中还有如张封溪、秦道宾、季彪等人始末不详,诸家志书均不著录,本书从之亦不计入,然从这里也可见南朝当有更多《论语》著作,今不可考知,当时却未必少于两晋。

北朝的《论语》学文献,数量很少,且全部亡佚,这是北朝经学文献的常见现象,前已论及这与北朝的经籍保存和儒者的研究风气有关。这一时期的《论语》学文献没有辑佚,因皇侃南人,作《义疏》取南朝可见著作之故。案北朝《论语》学文献,李正奋《补魏书艺文志》有 3 种,徐仁甫《补北齐书艺文志》有 1 种,徐仁甫《补周书艺文志》有 1 种,徐崇《补南北史艺文志》北朝有 5 种,傅武光《论语著述考》中北朝有 1 种,王鹏凯《历代论语著述综录》中北朝有 5 种。本书根据前列各种目录书统计,总结北朝时期《论语》学文献佚 6 种。

表 8-1-3　北朝《论语》学文献分类统计表

北朝《论语》6 种	传说类		0	佚 4 种
	专题类	拟经	0	佚 1 种
	通论类	议论	0	佚 1 种

如表 8-1-3 所示,北朝《论语》学文献中仍以传说类文献最多,另有议论和拟经类各一种,较南朝类型稍多。文献数量大大少于两晋、南朝,只有两晋的约十分之一。究其原因,除了北朝人不好著述外,还可见古时著作记载与流传之艰难。两晋、南朝《论语》著作,多赖皇侃《义疏》而传,假如皇疏也亡佚,本书所统计晋南朝著作将少许多。以此推知北朝经学著作及晋南朝其他数量稀少的著作,当有不少湮没无闻,难以考知,即便今统计数量较多的经学文献,盖亦有当时可见而后世不知者。所以本书统计之两晋南北朝经学著作,仅是当时所存之部分,实际当时经学,恐怕更兴盛。

五、存亡继绝的皇侃《论语》义疏

今存南北朝时期唯一的义疏体著作是梁皇侃撰《论语义疏》十卷。据皇侃本传言,侃撰《论语义》十卷,见重于世,此后隋唐皆传之,今存有敦煌出土唐抄本残卷,宋邢昺修《论语注疏》即以皇疏为本;唐代日本书目已著录此书,可知至少在唐时已传入日本,此后在日本有多种抄本、刻本流传。可见此书自撰成后便长久而广泛地流传,然而自邢昺疏成,皇疏影响渐渐减弱,大概在南宋时亡于中土。

清代雍正时,日本山井鼎所作《七经孟子考文》一书传入中国,乾隆间,翟灏通过杭世骏向汪启淑借得此书,因其中引有皇疏,遂与杭世骏研讨,认为皇疏尚存日本。此消息流传开来,鲍廷博便托汪鹏赴日时代购,乾隆二十九年(1764)汪鹏于日本购得此书,三十六年(1771)开四库馆,汪鹏献此书于当时的浙江布政使王亶望。

王氏将原本献上,修《四库全书》时抄写收入,武英殿内府刊本还覆刻日本原本;王氏又私刻书板,此书板后归之鲍廷博并收入《知不足斋丛书》,这几个本子对其中涉及的夷狄字眼、史事都有改易。而日本的抄本、刻本在流传中也有不少改易,如汪鹏购得的本子——根本逊志刊本,就是依邢昺《注疏》的体例改易皇疏,删改颇多,此后武内义雄据古钞本重新校刻,稍存旧式,不过据时贤陈金木考证武内义雄还漏见十三种版本,包括日本古钞本、刻本及敦煌残卷本。

通过今存皇疏,可以略考义疏之体制。敦煌本残卷于经注有删节,是皇疏的单行本。而皇侃的弟子陈代郑灼的《礼记子本疏义》则全载经注文字,与今通行的皇疏本同。即便是校勘较精的武内义雄本,与敦煌残卷对照,也删去不少疏语中"此明"以下总释全章(段)大义的文字,或散入其他疏语中,而敦煌残卷亦有删节。

根据现存的抄本、刊本,《论语义疏》有两种格式:一是属于"单疏",例如敦煌残卷,经文之下录注文首句,以"云云"概括,接着有"此明"二字来引起对全章大义的总释,然后解释经文、注文;一是与经、注合刊的疏文,疏文随经注而行。因书籍流传中的变易情况多见,所以最早的皇侃义疏原本是什么格式,从今天的抄本和刻本,还不能下定论。①

案皇侃自序说:"侃今之讲,先通何集,若江集中诸人有可采者,亦附而申之。其又别有通儒解释,于何集无妨者,亦引取为说,以示广闻也。"②在内容上,皇侃的《义疏》是在何晏《论语集解》基础上所作的疏,又吸收了江熙集解的十三家之说,此外还取当时通儒之说,以示广闻。皇疏保存了大量前儒之说,故《四库全书总目》说其书"存汉晋经学之一线"③,诚非虚誉。另外,我们从"侃今之讲"也可看出,义疏与讲经之间的关系,此义疏当是皇侃讲《论语》之作。

陈金木先生总结皇侃疏语有六种内容:"总括大意",即对一段经文作总括;"词义解释",即解释经、注的词句音义;"译文",即以当时语言翻译某段经文;"补充说明",即对关键问题进行解说;"援引注家",即采用别家解说为证;"疏解用语",即对疏文的作用进行说明的用语。④ 另外,疏文还对经文的文字有校勘,对句读有辨析,及发凡起例、考证典故等。时贤认为皇侃此疏为《论语》分科段,为其创新,并细化到经文字句的前后关系,又整理旧说,广存异闻,用心精勤。⑤ 皇氏疏语大多精详,不过解释亦有繁冗牵强、曲通旧说处。特别要注意,皇疏对经、注都有申说、驳斥、补充,申以己见,并非疏不破注。

在思想上,疏文带有明显的玄学色彩,引《老子》《庄子》等道家学说。如《八

---

① 参见陈金木《皇侃之经学》,"皇侃之《论语》学"章。
② 《论语义疏·序》,第6—7页。
③ 《四库全书总目》卷三五,第290页。
④ 陈金木:《皇侃之经学》,第224—225页。
⑤ 乔秀岩:《义疏学衰亡史论》,第29—30页。

俯》"夫子为木铎"一章,引孙绰说"玄风遐被,大雅流咏,千载之下,若瞻仪形"①,以"玄风"说孔子的风范。又如《先进》一章"回也其庶乎,屡空",疏云"其遗仁义,忘礼乐,隳支体,黜聪明,坐忘大通,此亡有之义也"②,用《庄子·大宗师》之言。另外,皇侃还采用了佛学、汉代阴阳五行等学说。皇疏自清代传回中国后,学者便多有研究,兹不赘述。

六、两晋南北朝其他《论语》学文献

除了对南朝特色经学文献有存亡继绝之功的皇侃《论语义疏》外,两晋南北朝的《论语》学文献还有一些特点。魏晋虽玄学兴盛,然说经者亦有不乐玄虚,而继承汉儒中质朴训解风格者。前论《周易》已见一斑,《论语》亦有此特色,主要集中在传说和议论两类文献中。且由于皇侃《论语义疏》的保存之功,这些著作留存佚文较多。不过由于上述《论语》本身经说特点、郑何区别以及文献保存等原因,显然继承汉学之风的著作不多,有部分著作无法考知其宗主。

继承汉儒《论语》学的传说类著作如晋代有范宁《论语范氏注》、袁乔《论语注》、虞喜《郑玄注论语赞》、宋纤《论语注》等等,南朝有宋颜延之《论语颜氏说》、梁武帝《论语梁武帝注》、陈沈文阿《论语义记》等。申说汉学的议论类著作晋代有栾肇《论语释疑》、郄原《论语通郑》,北朝有北周乐逊《论语序论》。

自何晏等集解《论语》,渗入玄理,王弼《论语释疑》更大畅玄说。此后晋代诸儒,多有承其流风者。只是其中或近何氏,虽有玄说,而多本前儒,说较平实;或近王弼,更多以玄学阐发大义,异说纷呈。这类文献也集中于传说和议论类。

具有玄学《论语》学特色的传说类著作如晋代卫瓘《论语集注》、孙绰《集解论语》、李充《论语注》、江熙《集解论语》等等,南朝有宋释慧琳《论语琳公说》、南齐沈骥士《论语要略》、梁太史叔明《论语集解》、陈周弘正《论语疏》等等,以玄理讨论《论语》的议论类著作如晋代有缪播《论语旨序》、郭象《论语体略》、庾翼《论语释》、庾亮《论语君子无所争》等。

此外,晋代还有音训《论语》的徐邈《论语音》,文学体裁的谢道韫《论语赞》。《法言》是西汉扬雄所作,其本传曰"人时有问雄者,常用法应之,撰以为十三卷,象《论语》,号曰《法言》"③,可知《法言》是拟《论语》所作,如其《太玄》拟《易》。有给《法言》作注的著作,是李轨的《法言注》,李轨注是今存《法言》最早注家,其后

---

① 《论语义疏》,第 79 页。
② 《论语义疏》,第 280 页。
③ 《汉书·扬雄传》,第 3580 页。

宋司马光、近人汪荣宝的注疏中都采用。其后北朝也有辛德源《法言注》。

第二节　两晋南北朝《孝经》学文献

一、汉代的今古文《孝经》

前论《论语》已经谈到，《孝经》在汉代是与《论语》并行、非常普及的一种儒家经典，学者均要诵习《孝经》，类似今日中学之科目，而两汉以孝治天下，其普及的程度恐怕更甚。《孝经》大概1 800字，结构精审，文虽小而意无穷，主要阐释"孝"之内涵，社会各阶层对孝的实践及其意义，并与礼乐刑政结合，具有个人修养和社会教化之功用。因此郑玄《六艺论》说："孔子以六艺题目不同，指意殊别，恐道离散，后世莫知根源，故作《孝经》以总会之。"①可见此经虽小，却与五经关系密切。

关于《孝经》的作者及产生时代，至今仍无定论。关于作者，大概有孔子、孔子弟子、曾子、曾子门人、子思、孟子、孟子弟子、乐正春弟子等诸多说法。战国时，便有文献征引《孝经》，可证其产生确早，而汉唐人多认为是孔子作，后起的诸种说法往往无根据。汉人近古，师承授受多有依据，本书从之，认为大概《孝经》是孔子口传，后弟子著于竹帛，从根本上说，即夫子之作。②故孔子曾云："吾志在《春秋》，行在《孝经》。"③

《孝经》成书后流传至汉代，也有今古文不同的本子。《汉书·艺文志》曰：

> 汉兴，长孙氏、博士江翁、少府后仓、谏大夫翼奉、安昌侯张禹传之，各自名家。经文皆同，唯孔氏壁中古文为异。"父母生之，续莫大焉"，"故亲生之膝下"，诸家说不安处，古文字读皆异。④

这是西汉传习今文《孝经》有名者。后《隋书·经籍志》还在长孙氏之前说"遭秦焚书，为河间人颜芝所藏，汉初，芝子贞出之，凡十八章"⑤，这大概补充了汉初的今文《孝经》出现的情况。

---

① 《孝经正义·御注序》下邢昺疏引，(清) 阮元校刻：《十三经注疏》，第5518页。
② 参见陈铁凡《孝经学源流》，台湾编译馆，1986年7月，第二篇第二章；舒大刚《中国孝经学史》，福建人民出版社，2013年，第二章第二、三、四节。舒先生辨证详悉，本书即从其说。
③ 《公羊传注疏序》，(清) 阮元校刻：《十三经注疏》，第4759页。此言出自《孝经纬钩命决》。
④ 《汉书·艺文志》，第1719页。
⑤ 《隋书·经籍志》，第935页。

此处《汉志》说古文出孔壁,此前则于《古文尚书》出孔壁一处提及有《古文孝经》。① 然《汉志》叙述《古文尚书》出孔壁的一段材料殊有可疑,有增饰前说之嫌,荀悦《前汉纪·成帝纪》引刘向云《古文孝经》与《古文尚书》同出孔壁亦如此②。

又许冲上《说文解字表》云:

> 慎又学《孝经》孔氏古文说,《古文孝经》者,孝昭帝时鲁国三老所献,建武时给事中议郎卫宏所校,皆口传,官无其说,谨撰具一篇并上。③

可见孝昭帝时,有鲁国三老献上《古文孝经》,且不管这个本子是否即《汉志》所说之孔壁本(此情况很像河间献王献的《古文尚书》,也不知与孔壁本有何关系),总之汉代是有古文经本的。唐代大历年间又有李士训所出土的石函素绢《古文孝经》,这是真本,而且只有经文,并流传至宋代,④可见汉代的《古文孝经》经本可能还不止一种。《隋书·经籍志》还记载刘向典校经籍时,以颜本与古文校对,除其繁惑,还是依从今文十八章,⑤故西汉仍以今文经本为主。到东汉,又有郑众、马融等人为《古文孝经》作注。

《孝经》今文分十八章,1798字;古文分二十二章,1872字。古文与今文相异的字有400多。古文将今文的《庶人章》分为二,《曾子敢问章》分为三,又多出《闺门》一章,章之次序也有不同。⑥ 东汉郑玄所注,即今文十八章。不过这个郑玄注在南齐时却曾遭质疑,到唐代仍有怀疑郑注者,而两晋南北朝皆以郑注为主,故这里有必要略加说明。案《后汉书·郑玄传》明言郑玄注有《孝经》,⑦又宋均《孝经纬注》引《六艺论》叙《孝经》云"玄又为之注"⑧,宋均是郑玄弟子,其说当可信。⑨

此外,因后来南朝梁立孔传于国学,这里还须提及传说中为孔安国所作的《古文孝经传》。上引许冲所说,许慎曾学"《孝经》孔氏古文说",对这里"说"字的

---

① 《汉书·艺文志》,第1706页。
② 《汉纪》卷二五,第435页。刘、陈二先生皆认为《古文孝经》不出孔壁,《汉志》《汉纪》皆有增益之语。参见刘起釪《尚书学史》,第112页;陈梦家《尚书通论》,第34页。
③ (汉)许慎撰,(清)段玉裁注:《说文解字注》,第787页。案:下文述许慎父子传卫宏《古文孝经》说并参见此处。
④ 详见舒大刚《中国孝经学史》,第217—220页。
⑤ 《隋书·经籍志》,第935页。
⑥ 详见陈铁凡《孝经学源流》,第64—75页;舒大刚《中国孝经学史》,第216—217页。
⑦ 《后汉书·郑玄传》,第1212页。
⑧ (宋)王溥:《唐会要》卷七七,中华书局,1955年,第1407页。
⑨ 陈铁凡先生辨正刘知幾疑郑玄注之误,广引前人之说,极详明有据,本书从之,兹不赘述。详见陈铁凡《孝经学源流》,第178—185页。

理解要结合下文,不是指孔安国对《古文孝经》的解说,而是指孔壁所出《孝经》古文,有卫宏校订、解说,许慎传卫宏之说,许冲又从父亲这里传卫宏说,便将其由口传而著之竹帛,并献上(类似《公羊传》之流传与写定)。由此可以推知,西汉秘府所藏之《古文孝经》当只是经文,孔安国没有对其作传,理同《古文尚书》《古文论语》。明确说孔氏有《孝经传》最早出现于王肃《孔子家语后序》,也同孔氏《论语训》一样,虽不一定出于王肃伪造,但可能是后人伪托,这个魏晋《伪古文孝经孔传》梁时立于国学,后亡佚,隋时刘炫又献《古文孝经孔传》,则又是另一伪本,详见后文。

案赵岐云:

> 汉兴,除秦虐禁,开延道德,孝文皇帝欲广游学之路,《论语》《孝经》《孟子》《尔雅》皆置博士,后罢传记博士,独立五经而已。①

可见文帝时所立的《孝经》博士和《论语》一样,也是传记博士,并非武帝以后专经教授、设弟子员的五经博士。不过汉平帝元始三年(3)在乡、聚的庠序置《孝经》师一人,这是将《孝经》官方教育推广到民间最基层;乡聚以上的郡国、县、道、邑、侯国设学、校,则置经师一人,这便是高级一点的五经师了,可见汉代对五经与《孝经》教学的定位。② 曹魏的太学十九经学博士没有立《孝经》,盖承汉遗制。

两晋南北朝时期,时局纷扰,父子、兄弟相残之事屡见不鲜。然而此时《孝经》学却延续两汉兴盛之局面,如继续实行鼓励孝悌的政策;皇室中皇帝、太子有数次讲《孝经》活动;东晋国学正式设立《孝经》博士,这是《孝经》首次置经学博士;晋皇甫谧、南齐张融均以《孝经》陪葬,梁皇侃常日诵《孝经》二十遍以拟《观世音经》,陈徐份跪诵《孝经》为父祈祷。③ 或许正是因为世事艰难,才使得当时的人们更深刻意识到提倡孝悌的必要和急迫,也因此对《孝经》的作用更为强调。对《孝经》的重视,也使得两晋南北朝时期产生了许多《孝经》学文献,其数量超过其前之汉与其后之隋唐。

二、两晋南北朝《孝经》的立学

西晋的立学是承曹魏,无明文可知《孝经》是否立于国学。④ 东晋则明文立

---

① 《孟子注疏·题辞》,(清)阮元校刻:《十三经注疏》,第5793页。
② 《汉书·平帝纪》,第355页。
③ 《晋书·皇甫谧传》,第1418页;《南齐书》,第729页;《梁书·儒林传》,第680页;《陈书》,第336页。
④ 西晋时《孝经》或许在国子助教处有掌,详见上《论语》一节南朝宋立学之注释。或许仍两汉之旧而不设。如有所立,或许兼置郑、王,王肃于《孝经》亦有解,且曹魏时当已流行。

有《孝经》博士,据《晋书·荀崧传》云元帝初置《论语》《孝经》郑氏博士一人①,《论》《孝》小经,故共置一博士。其后南北朝承之,亦立《孝经》国学博士。而同时《公羊》《穀梁》没有立学,案《公》《穀》为五经之学,尚未得立,时简省博士,却仍置《孝经》博士,可见《孝经》在东晋时地位与五经相畴。这时的《孝经》以郑注为尊,不过当时已出现伪孔传《古文孝经》,还在君臣讲学时有所论议,并由此产生了一些讲论文献。

南朝宋的《孝经》立学据《宋书·百官志》云:

> 国子助教十人。《周易》《尚书》《毛诗》《礼记》《周官》《仪礼》《春秋左氏传》《公羊》《穀梁》各为一经,《论语》《孝经》为一经,合十经,助教分掌。②

则宋时国子学立有《孝经》,与《论语》一道合由一位助教教授,其地位与其他五经相当,所立据东晋及南齐立学来看,当为郑注。

南齐永明时,《孝经》唯立郑学。当时陆澄领国子博士,谓尚书令王俭曰"《孝经》小学之类,不宜列在帝典"③,这是对《孝经》本身设置博士的质疑,细绎陆澄之意,并非轻视《孝经》,而是认为应该恢复两汉时的《孝经》官学地位。陆澄进而对郑注进行了质疑,认为"世有一《孝经》,题为郑玄注,观其用辞,不与注书相类。案玄自序所注众书,亦无《孝经》"④。观此,陆澄不仅认为《孝经》不当立国学博士,连郑注也有问题,更不能立在国学了。

陆澄与王俭此书,对《易》《春秋》和《孝经》的国学设置提出疑义,王俭赞成陆氏大多数提议,并施行之。然对于《孝经》,王俭提出不同看法,其云:

> 疑《孝经》非郑所注,仆以此书明百行之首,实人伦所先,《七略》《艺文》并陈之六艺,不与《仓颉》《凡将》之流也。郑注虚实,前代不嫌,意谓可安,仍旧立置。⑤

王俭这里首先强调了《孝经》的重要性,是自古已然的,在汉代的地位就不能等同小学。而郑注,前代并没有多大争议,因此王俭仍相信其为郑玄注,故南齐《孝经》仍旧唯立郑注。

此外,王俭这里提到汉代目录书将《孝经》并列于六经,是对其地位的认可,

---

① 《晋书·荀崧传》,第1976页。
② 《宋书·百官志》,第1228页。
③ 《南齐书·陆澄传》,第683页。
④ 《南齐书·陆澄传》,第684页。
⑤ 《南齐书·陆澄传》,第685页。

而王俭自己所撰之《七志》,更将《孝经》放在六艺之前,①正是体现这里他所认为的《孝经》是百行、人伦之首先,故书目中也当置于首。王俭于南齐儒学之发展关系重大,他的观点必然会影响当时儒学,据此可推知当时对《孝经》的重视甚或过于东晋。

至于陆澄对郑玄注提出的两点怀疑——不与郑玄其他注相类、郑玄自序没有说到作《孝经》注(此点为后来唐刘知幾继承),前者陈铁凡先生专门以《孝经》郑注与《诗》《礼》郑注作对比,足证相类者多②;后者陈先生引严可均、皮锡瑞、潘任之说,认为郑玄自序本无全篇流传,有所遗漏实属自然,结合今本《孝经》郑序,当在其注《礼》之余暇注《孝经》。③ 陈先生所言详明,均可辨陆澄之非,本书从之,兹不赘述。

又《隋书·经籍志》云:

> 梁代,安国及郑氏二家,并立国学,而安国之本,亡于梁乱。陈及周、齐,唯传郑氏。至隋,秘书监王劭于京师访得孔传,送至河间刘炫。炫因序其得丧,述其议疏,讲于人间,渐闻朝廷,后遂著令,与郑氏并立。儒者諠諠,皆云炫自作之,非孔旧本,而秘府又先无其书。④

这里说梁时,国学不仅如东晋立有《孝经》郑氏博士,还立有孔传博士,这个孔传当是前述魏晋时出现的伪孔传,结合《尚书》《论语》都在大致同时出现伪孔传,可以推测当时有这种假托孔安国的风气,只是不知三种伪孔传的伪造者是否有关系。

不过《古文孝经》的伪孔传却没有《尚书》伪孔传这么幸运,梁代的战乱使其亡佚,陈代仍然唯立郑玄注。而后隋代所出的孔传,因由刘炫传习,刘炫本人又因伪造文献的声名有亏,故这个刘炫本孔传,虽在隋代与郑注并立,却在当时就受到儒者的质疑,至唐仍有人怀疑它,其后唐玄宗御注出,郑注和伪孔传都渐渐亡佚了,其余如王肃、韦昭之解,更散灭无存。

南朝梁时,国子学《孝经》除郑、孔外,还立有一家,即梁武帝《制旨孝经》,这是以梁武帝注《孝经》之义来教学。案《梁书·武帝纪》曰中大通四年(532)"三月庚午,侍中、领国子博士萧子显上表置《制旨孝经》助教一人、生十人,专通高祖所

---

① 《经典释文序录疏证》,第18页。
② 陈铁凡:《孝经学源流》,第149—159页。
③ 陈铁凡:《孝经学源流》,第181—182页。
④ 《隋书·经籍志》,第935页。

释《孝经》义"①,是此年萧子显表请,随即设立国子助教专掌武帝《孝经》义的传授,有生员十人。而《南史·萧子显传》说"(中大通)三年(531),以本官领国子博士。武帝制《孝经义》未列学官,子显在职,表置助教一人、生十人"②,此所言当是先记述子显在三年(531)时领国子博士,在领博士职期间(即次年)表置《制旨孝经》助教。

案《北史·儒林传序》云"汉世,郑玄并为众经注解,服虔、何休,各有所说。玄《孝经》大行于河北"③,刘知幾也说郑注在"魏、齐则立于学官,著在律令"④,而《隋书·经籍志》云:

> 梁代,安国及郑氏二家,并立国学,而安国之本,亡于梁乱。陈及周、齐,唯传郑氏。至隋,秘书监王劭于京师访得孔传,送至河间刘炫。炫因序其得丧,述其议疏,讲于人间,渐闻朝廷,后遂著令,与郑氏并立。儒者諠諠,皆云炫自作之,非孔旧本,而秘府又先无其书。⑤

据此知郑注《孝经》在北方一直盛行,北朝也有置《孝经》博士,北周、北齐国学独立郑注,隋时,刘炫上新得孔传,在北方才有孔、郑并立,但学者大多不信之。《北齐书·儒林传序》又言"《论语》《孝经》,诸学徒莫不通讲"⑥,可见《孝经》之普及。

三、两晋南北朝皇家讲《孝经》及其著作

两晋南北朝,皇室都有讲《孝经》的传统,其中两晋时有六次皇帝、两次皇太子讲《孝经》的记载;南朝皇帝讲《孝经》三次,皇太子讲《孝经》十二次;北朝皇帝讲《孝经》四次,皇太子讲《孝经》一次。⑦ 围绕着皇家讲经活动,形成了一些《孝经》学著作。

东晋穆帝在永和十一年(355)、十二年(356)二月、升平元年(357)三月均有讲《孝经》活动⑧,是对《孝经》比较重视的帝王。《隋书·经籍志》载穆帝撰有《晋

---

① 《梁书·武帝纪》,第 76 页。
② 《南史·萧子显传》,第 1073 页。
③ 《北史·儒林传序》,第 2708 页。
④ 《唐会要》卷七七,第 1406 页。
⑤ 《隋书·经籍志》,第 935 页。
⑥ 《北齐书·儒林传序》,第 583 页。案:《北齐书》此言后有云"诸儒如权会、李铉、刁柔、熊安生、刘轨思、马敬德之徒多自出义疏。虽曰专门,亦皆粗习也",其中见史书记载作有《孝经义疏》者唯李铉、熊安生,此言盖不单指《论》《孝》,而是对此前论北朝诸生传经之总结。故史志、补志均不载除李铉、熊安生外其他诸人有《孝经》义疏之作,本书亦不计入。
⑦ 详见舒大刚《中国孝经学史》,第 155—157 页。
⑧ 前一次见《唐会要》卷七七,第 1406 页。后两次见《晋书·穆帝纪》,第 201—202 页。

孝经》,陆德明说"中朝穆帝集讲《孝经》,云以郑玄为主"①。

孝武帝在宁康三年(375)七月与九月、太元元年(376)均曾讲《孝经》②,《隋书·经籍志》著录孝武帝撰《孝经讲》《孝经议》。《世说新语》记载:

> 孝武将讲《孝经》,谢公兄弟与诸人私庭讲习。车武子难苦问谢,谓袁羊曰:"不问则德音有遗,多问则重劳二谢。"袁曰:"必无此嫌。"车曰:"何以知尔?"袁曰:"何尝见明镜疲于屡照,清流惮于惠风。"③

刘孝标于此段记载注引《续晋阳秋》曰:

> 宁康三年(375)九月九日,帝讲《孝经》。仆射谢安侍坐,吏部尚书陆纳兼侍中卞耽读,黄门侍郎谢石、吏部袁宏兼执经,中书郎车胤、丹阳尹王混摛句。④

《车胤传》亦云:

> 宁康初,以胤为中书侍郎、关内侯。孝武帝尝讲《孝经》,仆射谢安侍坐,尚书陆纳侍讲,侍中卞耽执读,黄门侍郎谢石、吏部郎袁宏执经,胤与丹阳尹王混摛句,时论荣之。⑤

结合这些材料来看,可知参与孝武帝讲经活动的有上述谢、车诸人,讲经时的各种职事(有执经、读经、问难、记录等)均由朝臣承担。他们会在私下预先演习(如谢氏兄弟之私庭讲习),也会商议讲经时问答的程度、方式并为之苦恼(如车、袁之对答),参与这种活动还会引起时论的赞叹。这些都说明当时帝王讲《孝经》是高规格的朝廷公共活动(注意谢公兄弟预先于"私庭"讲习,就是相对这种"公"的讲经),臣子以能参与为荣,并十分重视,预作准备,舆论也传为美谈,这无疑说明当时讲经活动并未流于形式,而是正式并有内容的讲论。

南朝的《孝经》学文献与两晋一样,也有围绕帝王讲经形成的文献,而且范围还扩大到皇太子、诸王讲《孝经》,展现了南朝皇室《孝经》学更加兴盛的局面。宋孝武帝时立长子刘子业为皇太子,大明四年(460)讲《孝经》于崇政殿,⑥有宋何

---

① 《经典释文序录疏证》,第 119 页。
② 第一次见《晋书·礼志上》,第 599 页。第二次见《晋书·孝武帝纪》,第 227 页。第三次见《唐会要》卷七七,第 1406 页。
③ 余嘉锡:《世说新语笺疏·言语》,第 171 页。案:这里的袁羊,刘孝标认为是袁乔,然据程炎震、余嘉锡说,当时袁乔已卒,不得与会,刘注失误。则此袁羊或当指袁宏。
④ 余嘉锡:《世说新语笺疏·言语》,第 171 页。
⑤ 《晋书·车胤传》,第 2177 页。
⑥ 《宋书·前废帝纪》,第 141 页。

约之撰《宋大明中东宫讲孝经义疏》。齐武帝长子文惠太子萧长懋,永明三年(485)冬十月,于崇政殿讲《孝经》,①有南齐周颙撰《齐永明三年东宫讲孝经义疏》。梁武帝撰有《孝经义疏》《制旨孝经义》,是梁武帝讲经、与群臣论难所作。梁武帝的太子萧统在天监八年(509)九月,于寿安殿讲《孝经》,有梁萧统撰《天监八年皇太子讲孝经义》。梁简文帝当太子时,也讲《孝经》,撰有《孝经义疏》。陈后主至德三年(585)十二月皇太子讲《孝经》,有陈徐孝克《孝经讲疏》。北朝时,东魏孝静帝元善见曾于显阳殿讲《孝经》,撰有《孝经讲议》。

参与帝王讲经活动的臣子或当时有所记录,或先有预撰,或受讲经启发而研习、著述,也有《孝经》类的著述。如晋代有车胤《孝经注》、谢安《孝经注》等,南朝有宋何承天《孝经注》、南齐李玉之《孝经义疏》、梁萧子显《孝经义疏》、陈张讥《孝经义》等,北朝有北魏崔浩《孝经解》、北周乐逊《孝经序论》。

四、两晋南北朝《孝经》学文献的数量、分类、存佚统计

两晋时期产生的《孝经》学文献,绝大多数已亡佚,唯两种有后人辑佚。案两晋《孝经》学文献,丁国钧《补晋书艺文志》有20种,文廷式《补晋书艺文志》有15种,秦荣光《补晋书艺文志》有21种,黄逢元《补晋书艺文志》有18种,吴士鉴《补晋书经籍志》有23种,汪中文《孝经著述考》中晋代有9种。本书根据前列各种目录书统计,去除几种重复著录及作者、朝代错误者,总结两晋时期《孝经》学文献辑有2种,佚17种。

表 8-2-1　两晋《孝经》学文献分类统计表

两晋《孝经》19种	传说类		辑2种	佚15种
	专题类	拟经	0	佚2种

如表8-2-1所示,两晋《孝经》学文献以传说类为主,另外有两种拟经文献,类型较两晋时期其他经典简单得多。在传说类文献中,有以"议"为名的文献,这种文献便来自当时的讲经记录,故实际是对《孝经》的解说,本书归之传说类,而不入议论类。从文献总体数量不多这一点来看,两晋的《孝经》虽然在地位上较汉魏更有提升,但可能因为这是小经,所以专门研究形成专书的情况不多。另外还有郭瑀撰《孝经错纬》一种,本书归入谶纬类,不计入上表中。

---

① 并见《南齐书·武帝纪》,第50页;《南齐书·礼志上》,第144页;《南齐书·文惠太子传》,第399页。

南朝的《孝经》学文献，绝大多数都亡佚了，只有后人辑佚的几种著作。案南朝《孝经》学文献，王仁俊《补宋书艺文志》有 1 种，聂崇岐《补宋书艺文志》有 4 种，高桂华《补南齐书经籍志》有 10 种，陈述《补南齐书艺文志》有 8 种，王仁俊《补梁书艺文志》有 20 种，徐仁甫《补陈书艺文志》有 6 种，徐崇《补南北史艺文志》南朝有 13 种，汪中文《孝经著述考》中南朝有 40 种。本书根据前列各种目录书统计，去除几种重复著录及时代错误者，总结南朝时期《孝经》学文献辑有 5 种，佚 43 种。

表 8-2-2　南朝《孝经》学文献分类统计表

	传说类		辑 5 种	佚 37 种
南朝《孝经》48 种	专题类	图谱	0	佚 2 种
	通论类	序跋	0	佚 1 种
		议论	0	佚 3 种

如表 8-2-2 所示，南朝《孝经》学文献数量和类型都比较丰富，是两晋《孝经》著作的两倍还多。以传说类文献为主，图谱、序跋、议论类著作各有几种，数量虽少，仍可说明南朝《孝经》学研究角度较为多样。简博贤先生将刘瓛、梁武帝、严植之、皇侃之《孝经》著作归于魏晋玄风下的朴学一类。① 案简先生如此归类，并非是说除此诸人之外，还有玄学化的《孝经》著作（如《周易》《论语》之分类），而是指在南北朝遗存的经籍中，解说《孝经》的著作比较朴实。这一点从简先生将皇侃《论语义疏》列入玄说风格一类，而其《孝经》著作则列于朴学也可得知，这应与《论语》《孝经》文本各自特点有关，《论语》的内容比较适合义理发挥，而《孝经》短小、内容朴实，对其的解说也就趋于质朴了。

北朝的《孝经》学文献，数量在北朝诸经文献中不算少，不过几乎全部亡佚，唯有敦煌出土的白文残卷一种，也没有后人的辑佚。案北朝《孝经》学文献，李正奋《补魏书艺文志》有 6 种，徐仁甫《补北齐书艺文志》有 1 种，徐仁甫《补周书艺文志》有 4 种，徐崇《补南北史艺文志》北朝有 9 种，汪中文《孝经著述考》中北朝有 5 种。本书根据前列各种目录书统计，总结北朝时期《孝经》学文献存 1 种，佚 14 种。

---

① 简博贤：《今存南北朝经学遗籍考》第四章第二节。

表 8-2-3　北朝《孝经》学文献分类统计表

北朝《孝经》15种	白文类		存 1 种	0
	传说类		0	佚 10 种
	通论类	议论	0	佚 3 种
	翻译类		0	佚 1 种

如表 8-2-3 所示,北朝《孝经》学文献中仍以传说类文献最多,另有白文、议论和翻译类数种,与南朝的分类种数相当,具体分类则有所不同,体现了南北朝《孝经》学研究的不同特色。文献数量只有南朝的三分之一还弱,不过只比两晋少几种,相较于其他经典北朝数量比两晋、南朝少得多的情况,可知北朝《孝经》学实为发达,才能与两晋数量相差无几。除传说类文献以外的其他几类文献,数量虽少,却已能体现北朝《孝经》所独具的特色,说明北朝《孝经》研究的角度也比较丰富。另外还有敦煌出土的 4 种《孝经》疏类著作残卷,均为唐写本,这些《孝经》疏类文献作者及撰作时代无考,不知是否在本书所统计的亡佚著作之中。因疏类著作以南北朝为大宗,本书将之附于北朝《孝经》学文献提要后,以备一观,不计入上表。

五、两晋南北朝各类型的《孝经》学文献

两晋南北朝《孝经》学在皇家讲经的示范之下,成为经学的热门。除了上述一些文献,还有不少给《孝经》作注解的传说之作,如晋代有谢万《集解孝经》、殷仲文《孝经注》、虞喜《孝经注》、殷叔道《孝经注》、王献之《孝经注》等等。

南朝《孝经》的传说类文献主要有注、集注、义疏三种体裁,这其实也是东汉、晋、南北朝的三种传说类文献之代表体裁。当然这三类体裁在南朝时往往内容相近,概念混用,不过仍各有侧重。如宋费沈《孝经注》、南齐王玄载《孝经注》、梁严植之《孝经注》、宋荀昶《集议孝经》、梁皇侃《孝经义疏》、梁贺玚《讲孝经义疏》《议孝经义疏》、陈顾越《孝经义疏》等等。

北朝《孝经》学的传说类著作还有北魏陈奇《孝经注》、北魏卢景裕《孝经注》、北周熊安生《孝经义疏》、北齐李铉《孝经义疏》等等。

晋时《孝经》学基本上都是传说类著作,大概因为《孝经》内容简易、平实,于传说中就可包含议论。不过晋人还有两种拟《孝经》的著作,体现当时《孝经》学研究仍有新视角。一是祈嘉仿《孝经》撰《二九神经》,二九得十八,即《孝经》今文

经的章数。二是仿《孝经》之名的一种兵书——《武孝经》,作者佚名。

南北朝还有一些其他体裁的《孝经》学著作,如议论类文献南朝有梁萧子显《孝经敬爱义》、梁明山宾《孝经丧礼服义》、北周樊深《孝经问疑》。图谱类著作南朝有宋谢稚《孝经图》。北朝还有一种白文类文献——北魏唐丰国写《孝经残本》。北朝鲜卑语是统治者所用语,故对《孝经》进行了鲜卑语的翻译,有北魏侯伏侯可悉陵翻译而成《国语孝经》。

本 章 小 结

总结两晋的《论语》著作,数量颇为不少,类型也较为丰富。其中传说类文献主要是对《论语》作的注或集解。名"注"的传说文献有7种,另有5种名"注"者出自辑佚,为猜测之题名;名"集解""集注""集义"者有6种。但是,如《隋志》著录李充《论语注》,《释文序录》就作《集注》,而《隋志》载盈氏《论语注》,两《唐志》作《论语集义》,所以很有可能只是题名不同,而实质多是集合诸家说解者,这也正符合两晋经学著作的特色。另外有不少以"释"为名的杂义、杂论著作,属于对传说的补充,计有9种。还有对《论语》音训的专著、图谱和"赞"说,在内容和形式上都丰富了晋时的《论语》研究。从内容上看也是丰富多样的,由于《论语》本身较为浅显,又有义理发挥的空间,因此也能像《周易》一样对其说解的风格作大致的区分(只是没有《周易》明晰,更倾向义理)。其中有对郑玄说继承、发扬者;有引入释道而流于玄虚者;有介于二者之间,虽主义理而语近平实者,或虽异于马、郑,但仍为汉儒解经路数者。因此可以说《论语》学在两晋是一个小高峰。

到南北朝,《论语》文献的数量和种类较两晋都有减少。从类型上看,南北朝都只有传说和议论两类,以传说为主。此时没有专门的音训文献产生,大概是因为《论语》本不难读,两晋《论语》音训已臻成熟,故此时音训皆散入注、疏中。图谱和专论文献两晋各有1种,可见并非晋代《论语》研究主流,南北朝没有,也很正常。南朝的2种议论类文献,均是《孔子家语》一类,严格说来南朝《论语》皆是传说文献;北朝也只有1种概论《论语》大义的议论类文献。所以可说南北朝《论语》文献发展的重点在传说上。

南朝的传说类《论语》著作,主要有"注""集注"和"义疏",体现了对两晋传说体裁的继承和衍变。以"注"为名的有5种,另有3种名"注"者出自辑佚,为猜测之题名,以"集注""集解"等为名的有2种;"义疏"类著作则有9种。从作者时代上看,注类文献以宋、南齐、梁为多,义疏体裁的著作以梁陈为多。从产生时代和数量上可见《论语》传说体裁从两晋到南朝的变化,对汉魏注解体裁的继承、淡化并渐渐兴起新的体裁。从内容上看,有对汉儒之说继承、发扬者,更多的则是引入释道而解说者,其中还有两种是僧人之作,可见此时玄学和佛学对《论语》学的影响有增强。

北朝的《论语》学著作数量很少,也没有佚文留存。传说类文献中有3种名"注",均为北魏人所作,从作者传记来看,主要是继承汉儒的注解方式或内容宗主,当然也有解说内容的创新和引入玄说的可能。义疏体著作只有北齐人所作1种,议论类著作有北周人所作1种,均当本之郑注。因此可以说北朝的《论语》学,专门研究者少,而《北齐书·儒林传序》说学徒莫不通讲《论语》,正是说《论语》是类似入门级别的文献,不好著述的北朝人自然也少有对其作专门研究者。此外,《论语》内容较浅,而便于发挥义理,更符合南朝人口味,北朝人相对不好谈论,因此解说者也少。颜之推曾说当时"士大夫子弟,数岁以上,莫不被教,多者或至《礼》《传》,少者不失《诗》《论》"①,颜氏曾居南朝,后又居北朝,其说盖可合南北而观之,是《论语》乃南北士子必读之书,影响深且广,这也是继承两汉的风格。

通过上述《孝经》学文献分析我们可以看到,两晋南北朝有多次的皇家讲经活动,围绕着皇家讲经形成了一批《孝经》学著作,其中尤以南朝最多。当然,晋南北朝皇室中骨肉相残的例子随处可见,与这一时期丰富的《孝经》学研究形成诡异的对比。如此吊诡的现象,自然令人质疑其时讲习《孝经》的实际成效,进而质疑当时的《孝经》学成果。对此,我们应当了解政治与学术并非随时同步发展,除开皇家讲经影响下形成的文献,晋南北朝私人研究和讲习《孝经》也非常发达(甚或可能皇室讲《孝经》习尚反受民间讲习风尚影响,这正是政局不稳,学存私门的表现),而且孝子之事迹见于史书记载者比比皆是,这都说明晋南北朝的对《孝经》思想的践行富有成效,而《孝经》学的研究也是成果丰硕。进一步说,在政治混乱、皇权斗争激烈的情况下,皇室才更迫切意识到《孝经》的教化作用,反而更重视《孝经》的讲习与实践。这一点,似乎可以从南朝皇太子讲《孝经》最多、北魏产生了目前已知最早的《孝经》翻译(注意是帝王敕令翻译)类文献等事例得到证明。

除了不少与皇家讲经有关的文献外,晋南北朝还有多种类型的传说类和其他类型的《孝经》学文献。传说类文献中包含有注、集解、义疏等既继承汉魏,又有所创新的体裁。其他类型的文献有拟经、图谱、专题议论、白文、翻译等类型,

---

① 《颜氏家训集解》,第143页。

虽然每种数量不多,但是如拟经、图谱、翻译类型的著作都是开风气之先,体现了晋南北朝对《孝经》研究的角度有了更多的探索和开拓;而白文残卷是现存最早之《孝经》白文,良可宝贵。此外,陆德明说《孝经》"先儒无为音者"①,吴承仕认为是因为《孝经》文字简易,无需作音,本书统计亦无音训著作。

案陈铁凡先生说"魏晋以降,纷扰连年,《孝经》研究,成就尤鲜"②,此说指晋南朝《孝经》学文献数量虽多,内容杂有佛老玄言,而北朝遵从汉魏遗轨,文献数量却少,故云成就尤鲜。陈先生此言实继承清儒崇汉学之立场而评说,似有偏颇之嫌。舒大刚先生则认为此时《孝经》学文献有作者多、层次高、著作数量大、超迈汉和唐,内容、形式多样等特点,并非成就少。③ 以本书上述考察,舒先生说得之,晋南北朝之《孝经》学不仅为此时之显学,其受重视的程度和所取得的成就也不输汉、唐。

---

① (唐)陆德明:《经典释文序录疏证》,第122页。
② 陈铁凡:《孝经学源流》,第167页。
③ 舒大刚:《中国孝经学史》,第163页。

第九章　两晋南北朝其他经学文献

第一节　两晋南北朝群经总义文献

一、两晋南北朝群经总义文献的界定、数量、分类、存佚统计

前论诸经,皆属专经,相对于专经文献,又有通论、通释诸经的文献,本书题作"群经总义"文献①。这类著作较早的有《汉书·艺文志》著录的《五经杂议》十八篇,这是汉宣帝时石渠阁经学会议的成果,《汉志》将其附于《孝经》文献。东汉这类文献开始增多,如班固《白虎通义》、许慎《五经异义》、郑玄《六艺论》等。到了修《隋书·经籍志》时,史臣将之附在《论语》类文献后。

由于两晋南北朝时期,群经总义文献有了进一步的发展,产生了一定数量的著作,本书便单列之,以见晋南北朝诸儒对这类文献的发展之功。另外在版刻未成熟前,经典的传播依赖于抄写,讹误较多,故汉唐时均有官方组织刊刻石经,以正文本。由于石经文献数量很少,本书将其归入群经总义文献中。

两晋时期产生的群经总义文献,全部亡佚,唯有后人辑佚数种。案两晋群经总义文献,丁国钧《补晋书艺文志》有6种,文廷式《补晋书艺文志》有7种,秦荣光《补晋书艺文志》有10种,黄逢元《补晋书艺文志》有7种,吴士鉴《补晋书经籍志》有6种,季旭昇《群经总义著述考》中晋代有9种。本书根据前列各种目录书统计,去除几种朝代错误者,总结两晋时期群经总义文献辑有4种,佚4种。

表9-1-1　两晋群经总义文献分类统计表

两晋群经总义 8种	通论杂论	辑3种	佚2种
	群经通释	辑1种	佚1种
	石经	0	佚1种

---

① 详见舒大刚《儒学文献通论》,第1465—1467页。书中详论取"群经总义"命名通解、通论群经的文献之原由,本书从之。

如表 9-1-1 所示,通论、杂论文献指主旨是对群经进行问题讨论的文献,相当于专经文献中的议论类;群经通释文献则重在对群经的注释、训解,相当于专经文献中的传说类。两晋的群经总义文献以通论、杂论为主,总体数量不多,或许是因为群经总义文献出现较晚,发展尚需时日。

南朝的群经总义文献,都已亡佚,只有后人辑佚几种。案南朝群经总义文献,王仁俊《补宋书艺文志》有 2 种,聂崇岐《补宋书艺文志》有 0 种,高桂华《补南齐书经籍志》有 1 种,陈述《补南齐书艺文志》有 0 种,王仁俊《补梁书艺文志》有 0 种,徐仁甫《补陈书艺文志》有 4 种,徐崇《补南北史艺文志》南朝有 9 种,季旭昇《群经总义著述考》中南朝有 19 种。本书根据前列各种目录书统计,去除重复著录者,总结南朝时期群经总义文献辑有 1 种,佚 19 种。

表 9-1-2 南朝群经总义文献分类统计表

南朝群经总义 20 种	通论杂论	0	佚 12 种
	群经通释	辑 1 种	佚 6 种
	术数	0	佚 1 种

如表 9-1-2 所示,南朝的群经总义文献数量是两晋的两倍还多。类型则亦以通论、杂论为主,没有石经文献,而有一种专门讨论经典中数学问题的著作,本书将之列为术数类。

北朝的群经总义文献,大多亡佚,唯有后人辑佚几种及术数类一种留存。案北朝群经总义文献,李正奋《补魏书艺文志》有 9 种,徐仁甫《补北齐书艺文志》有 0 种,徐仁甫《补周书艺文志》有 5 种,徐崇《补南北史艺文志》北朝有 10 种,季旭昇《群经总义著述考》中北朝有 15 种。本书根据前列各种目录书统计,去除几种重复著录者,总结北朝时期群经总义文献辑、存有 4 种,佚 12 种。

表 9-1-3 北朝群经总义文献分类统计表

北朝群经总义 16 种	通论杂论	辑 2 种	佚 6 种
	群经通释	辑 1 种	佚 2 种
	术数	存 1 种	佚 3 种
	石经	0	佚 1 种

如表9-1-3所示,北朝群经总义文献中仍以通论、杂论类文献最多,另有通释、术数和石经类数种,类型比两晋、南朝都要丰富。数量上只比南朝少几种,是两晋的两倍,考虑到北朝其他专经文献的数量往往比两晋、南朝少得多(北朝人有不好著述的特点),这里北朝群经总义文献数量与两晋、南朝的对比,可以看出北朝这类文献的相对发达。此外列入上表中的一种石经文献实际上没有完成,但考虑到石经刊刻的稀少和难度,本书仍将之计入,以便更全面展现北朝人对儒家经典的态度。

二、两晋南北朝群经总义文献分析

两晋通论诸经的著作有束皙《五经通论》、杨方《五经钩沉》、徐苗《五经同异评》等,我们看书名皆是对《易》《书》《诗》《礼》《春秋》五经体系经学文献的综合讨论,将五经进行对比、联系。有对五经文献进行注解的如戴逵《五经大义》,还有加以音训者如徐邈《五经音》。经学系统除了五经,加上《论语》《孝经》形成七经系统。傅咸《七经诗》是对七经所作的一组四言诗,用文学的形式阐述经学内容。裴頠为国子祭酒时,曾倡议刻写石经,称之《晋石经》。

南朝通论诸经的著作有宋孙畅之《五经杂义》、宋王焕《五经决录》、南齐虞愿《五经问问》、梁贺玚《五经同异评》,这些显然是以五经为讨论对象的著作。另外陈张讥撰有《游玄桂林》,清人姚振宗认为这也是讨论五经的著作。梁简文帝在当太子时,召集诸儒讲论经学,形成了多达百卷的《长春义记》。南朝对五经进行注解的著作有梁武帝《五经讲疏》、梁贺玚《五经义》、陈沈文阿《经典大义》《经典玄儒大义序录》等等。南朝还有一种特别的群经总义类著作,是梁鲍泉撰《六经通数》,根据书名应当是讨论经书中的数学问题,但具体是哪六经,因为此书早佚,没有佚文留存,故不可考了。

北朝通论五经的著作有北魏房景先《五经疑问》、北魏王神贵《五经辩疑》、北魏张凤《五经异同评》等;通论七经的著作有北周樊深《七经义纲》《七经论》、北周苏绰《七经论》等。北朝还有对六经体系即《诗》《书》《礼》《乐》《易》《春秋》进行通解通释的著作,即北魏常爽《六经略注》。通解五经的则有北周樊深《五经大义》、北周何妥《五经大义》。北周甄鸾的《五经算术》实际上是包括《论语》《孝经》在内,对七经里的数学问题进行讨论的著作,此书今存,尤为可贵。北魏元延明《五经宗略》、北魏信都芳《五经宗》也是两种对五经的数学进行探讨的著作。北魏孝明帝神龟元年(518),国子祭酒崔光曾倡议补刻汉魏石经,此次补刻最终没有完成,但校勘工作已展开,据此可知北魏有李郁等勘校的《北魏石经》。

第二节　两晋南北朝小学文献

一、小学文献的界定与流传

前论《论语》《孝经》已经提及，汉代受经学与不受经学者均要学习小学。"小学"相对于"大学"，最初主要指童蒙教育。① 在《汉书·艺文志》中将《仓颉》《急就》等字书列在六艺之末，说明汉代的小学类文献以教人识字的字书为主，所以《四库全书总目》说"古小学所教，不过六书之类"②。除了童蒙识字的字书外，汉代还有《说文解字》《尔雅》这些与经学研习密切相关的著作，属于经学研究之专门，又不只是童蒙识字层面的文献了。

到《隋书·经籍志》收入了除字书以外的训诂、音义、声韵著作，扩大了小学类文献的范围，仍列于经部文献之末。《四库全书总目》认为《隋志》收入的金石刻文、《唐志》增入的书法书品均非小学之初旨，宋以后又杂入蒙求一类著作，使小学文献定义越加不明。

因此《四库全书总目》将论幼仪、蒙求、论笔法等类型的文献别出，将小学文献分为训诂、字书、韵书三类，如此分类符合小学文献自汉代以来主要涵盖的内容，本书即依其分法而稍变类型名称，将小学类文献分为文字、音韵、训诂三类，文字偏重于字形、字义，音韵偏重于字音，训诂偏重于解释字词义，然而实际上往往一书中兼具三种内容，本书只就其所侧重而作大致分类。

此外《尔雅》虽在十三经之列，然其为训诂专书之祖，晋南北朝对其作专门研究的著作也不太多，故本书亦将之归入小学大类，但为凸显晋代《尔雅》学的重要成果，本书于音韵、文字、训诂三类外单列《尔雅》一类。

又北魏有数种以鲜卑语作的小学文献，实为此时期独特的著作，故本书亦单列一类。两晋南北朝小学文献中有一些与书法有关的著作（如《月仪》），因此时讨论书法的字体结构的著作仍与文字本身相关，多非纯书法艺术讨论，本书仍将之收入小学类。

两晋南北朝的小学文献沿两汉小学路数发展，以童蒙识字、经典训释、书法、文章的应用为主，产生了多种类型的小学文献，也对以《说文解字》《尔雅》为代表的文字、训诂之专门研究有所发展。

---

① 小学制度起源甚早，周初金文已有"小学"的名称，先秦、秦汉典籍则明确记载有小学制度。详见陈梦家《中国文字学》，中华书局，2011年，第151—152页。
② 《四库全书总目》卷四〇，第338页。

音韵学在这一时期发展迅速。关于反切和韵书的起源，历来有争议。案《隋书·经籍志》记载："自后汉佛法行于中国，又得西域胡书，能以十四字贯一切音，文省而义广，谓之婆罗门书，与八体六文之义殊别。"①后宋人沈括、郑樵、陈振孙等人据此认为反切起源西域，如《通志·艺文略》云"切韵之学，起自西域，旧所传十四字贯一切音，文省而音博，谓之婆罗门书。然犹未也，其后又得三十六字母，而音韵之道始备"②。

而《颜氏家训·音辞篇》《经典释文序录》认为是孙炎《尔雅音义》开始使用反切，孙炎是东汉末年人。章太炎先生则据《汉书·地理志》中的应劭注认为应劭时已有反切，③应劭也是东汉末年人，时代早于孙炎。今天的学者根据以上材料认为，东汉末年佛经的翻译使得中土受拼音文字影响产生了反切和韵书。④

但清代以来，另一些学者认为不能简单粗暴地把反切完全归因于佛经翻译的产物。如戴震批评郑樵、沈括等人轻信佛教徒自我吹捧的言论，混淆了反切产生的时代⑤；钱大昕讨论双声叠韵，认为这是后来反切产生的传统语音基础，是中国语言由现象提炼为理论的过程，"天下之口相似，古今之口亦相似也，岂古昔圣贤犹昧于兹，直待梵夹西来，方启千古之长夜哉"⑥。

有些学者把反切的起源上溯得更早。如顾炎武认为"反切之语，自汉以上即已有之"，他考察了《诗经》《左传》等经典的释义，推论"反语不始于汉末"。⑦ 俞正燮云："论者谓反切自西域入中国，且分别反切异义，乃不思之过……反切所出，自然之故……盖反切以双声叠韵……有字则有反切……知两合为反切，则缓读急读，古人用文字中自有反切，两合自反，则古人制文字中亦自有反切……反切，自中国之学。"⑧这是说反切根源于汉语的双声叠韵特点，所以有语言文字之始，便是反切之始。因此李荣先生断言沈括《梦溪笔谈》说切韵学本出于西域，是

---

① 《隋书·经籍志》，第947页。
② （宋）郑樵：《通志二十略》，中华书局，1995年，第1517页。
③ 章太炎：《国故论衡·音理论》，商务印书馆，2010年，第22页。
④ 参见何九盈《中国古代语言学史》，商务印书馆，2013年，第144页；王力《中国语言学史》，中华书局，2013年，第58页；林焘《中国语音学史》，语文出版社，2009年，第3页。
⑤ （清）戴震：《戴震集·书玉篇卷末声论反纽图后》，上海古籍出版社，2009年，第103—105页。
⑥ （清）钱大昕：《潜研堂文集》卷二五《杜诗双声叠韵谱序》，上海古籍出版社，2009年，第427页。
⑦ （清）顾炎武：《音学五书·音论》卷下"反切之始"条，中华书局，1982年。
⑧ （清）俞正燮：《癸巳类稿》卷七"反切证义"条，辽宁教育出版社，2001年，第230—233页。

没有根据的。① 张世禄先生云:"反切的应用和四声的分别,也是因适应中国语言文字的性质而起的。"②

关于佛教传入中国、佛经翻译的时间,及其对六朝音韵学发展的影响另需专门研究,但就本书前论经学发展而言,两晋南北朝时期经学处于主流地位,受佛教影响有限。反切基于汉语语音的特点,当是经学音训发展的自然产物,在魏晋南北朝时期进一步发展,这一时期的小学文献就产生了音韵类著作,这是这一时期相较两汉小学文献的新特色。

此后小学不断发展,到清代成为经学中一种专门又精深的学问,就和"小学"最初的含义有所不同了。清人于小学专精,因此对这一时期的小学类著作做了不少辑佚和研究工作,本书赖之可考两晋南北朝小学文献之大貌。

二、两晋南北朝小学文献的数量、分类、存佚统计

两晋时期产生的小学文献,大多亡佚,不过有 3 种文献留存,还有后人辑佚数种,留存佚文较多。案两晋小学文献,丁国钧《补晋书艺文志》有 30 种,文廷式《补晋书艺文志》有 28 种,秦荣光《补晋书艺文志》有 38 种,黄逢元《补晋书艺文志》有 29 种,吴士鉴《补晋书经籍志》有 33 种。本书根据前列各种目录书统计,去除其中十余种朝代、作者及归类错误者,总结两晋时期小学文献辑、存有 15 种,佚 15 种。

表 9‑2‑1　两晋小学文献分类统计表

	文字			辑、存 6 种	佚 10 种
	音韵			辑 2 种	0
两晋小学类 30 种	训诂			辑、存 4 种	佚 3 种
	尔雅	传说		存 1 种	佚 1 种
		专题	音训	辑 1 种	0
			图谱	辑 1 种	佚 1 种

如表 9‑2‑1 所示,两晋的小学文献数量无论辑存、亡佚,均以文字类最

---

① 李荣:《音韵存稿》,商务印书馆,1982 年,第 27 页。
② 张世禄:《中国音韵学史》,商务印书馆,1998 年,第 97 页。

多,这当是因为自汉以来小学类文献就以文字类为主。音韵类著作最少,这是因为音韵专书本就产生于魏晋时期,且这时音读还附于经义解释而行,故两晋专经文献中音训文献颇为发达,而小学文献中音韵类著作很少。《尔雅》类著作数量虽不多,但是却产生了现存最早的足本传说著作,此外还有专门以图解《尔雅》的著作,在《尔雅》学研究中极具特色。另有束晳《发蒙记》、顾恺之《启蒙记》等几种著作,《隋志》及诸补志列入小学类,然实属礼教类文献,故此处不计入。

南朝的小学文献,绝大多数都亡佚了,只留存有两种及几种后人辑佚的著作。案南朝小学文献,王仁俊《补宋书艺文志》有 5 种,聂崇岐《补宋书艺文志》有 6 种,高桂华《补南齐书经籍志》有 2 种,陈述《补南齐书艺文志》有 2 种,王仁俊《补梁书艺文志》有 22 种,徐仁甫《补陈书艺文志》有 1 种,徐崇《补南北史艺文志》南朝有 9 种。本书根据前列各种目录书统计,去除归类及作者错误者,总结南朝时期小学文献辑、存有 12 种,佚 32 种。

表 9-2-2　南朝小学文献分类统计表

	文字			辑、存 3 种	佚 19 种
	音韵			0	佚 5 种
南朝小学类 44 种	训诂			辑 5 种	佚 5 种
	尔雅	传说		辑 1 种	0
		专题	音训	辑 3 种	佚 1 种
			图谱	0	佚 2 种

如表 9-2-2 所示,南朝小学文献数量仍以文字类最多,原因不仅同于两晋,盖亦因其中有不少论书法字体(此时书法艺术兴盛)。类型与两晋相同,而数量较两晋更多。分类来看,南朝的《尔雅》与训诂类著作与两晋数量大致相当,而文字、音韵类则多出两晋不少,大概与书法和诗赋声韵的进一步发展有关。另外颜延之《庭诰》,诸补志、辑佚著作归在小学,实当属礼教类,此处不计入。

北朝的小学文献,全部亡佚,唯有后人辑佚几种。案北朝小学文献,李正奋《补魏书艺文志》有 15 种,徐仁甫《补北齐书艺文志》有 9 种,徐仁甫《补周书艺文志》有 2 种,徐崇《补南北史艺文志》北朝有 13 种。本书根据前列各种目录书统计,去除几种重复著录者,总结北朝时期小学文献辑有 6 种,佚 30 种。

表 9-2-3　北朝小学文献分类统计表

北朝小学类 36 种	文字	辑 3 种	佚 12 种
	音韵	辑 3 种	佚 3 种
	训诂	0	佚 2 种
	鲜卑语类	0	佚 13 种

如表 9-2-3 所示，北朝小学文献中仍以文字类文献数量最多，原因当同南朝。其次是鲜卑语类文献。总体数量比两晋要多，这在北朝经学文献中较为少见，可见北朝小学比较发达。种类上与两晋、南朝有明显不同的是没有《尔雅》类的著作，而专有一类鲜卑语著作，这是北朝小学文献独具特色之处。北朝音韵文献较两晋、南朝为多，这也跟北朝诗赋的发展有关，此点与南朝学风相类似，是南北朝共有的特色。

三、用途多样的两晋南北朝文字类文献

两晋的文字类著作有对前人字书作注解、仿效者，如郭璞《三苍注》是注解秦李斯《仓颉篇》、汉扬雄《训纂篇》、东汉贾鲂《滂喜篇》的字书。从佚文看郭璞注以解释字义为主，如"愚，无所知也，亦钝也，蠢愚也，憨也"，"索，尽也"；还有简单的名物解释，如"芸蒿，叶似斜蒿，可食，春秋有白蒻，可食也"；另有字音注释，如"䲢，子兖切"[①]。

吕忱《字林》，则是仿照《说文解字》而作。这是许慎作《说文》后，仿照《说文》的重要字书，直到唐代都颇具影响。《字林》模仿《说文》，分为五百四十部，以小篆作为字头。从佚文来看，有些字的解释与《说文》一致，或较《说文》有引申、补充，例如《说文》云"芥，菜也"，《字林》云"芥，辛菜也"。《字林》较《说文》收录了更多文字。除了新收的文字，有些用字也不同，如《说文》的"薑"，《字林》作"董"。《字林》后为六朝、唐人所重视，如郦道元《水经注》、颜之推《颜氏家训》、陆德明《经典释文》多有引用，唐代还与《说文》并立为书学博士。此书在宋以后亡佚，清人辑佚的佚文较多，可见其曾经的影响力。[②]

李虔《续通俗文》是续服虔《通俗文》之作。还有一些实用的识字类型字书，如葛洪《要用字苑》、杨方《少学》。从《要用字苑》的佚文看，因其实用功能，对字

---

① 引文均见（清）黄奭《黄氏逸书考》第 27 册，民国十四年（1922）王鉴补印本。
② 参见赵振铎《吕忱〈字林〉二三事》，《辞书研究》2007 年第 2 期。

义的解释简单,同时有注音,如"眨,庄狭反,目数开闭也";还有注明方言读音,如"鼾,呼干反,江南行此音"。① 十六国时期,异族为了学习汉字,也造有字书,如慕容皝《太上章》。

南朝的文字类著作仅有《玉篇》与周兴嗣的《千字文》现存。效仿前人者如陈顾野王在梁代时所撰《玉篇》,是仿《说文解字》而作,其后有梁萧恺《删改玉篇》。识字型的字书有宋谢康乐《要字苑》、梁邹诞生《要用字对误》、梁萧子范《千字文》等,其中以梁周兴嗣撰《千字文》最为出名。还有兼采古今、正俗文字的梁阮孝绪《文字集略》、梁刘歊《古今文字序》、梁丘陵《文字指要》。

《玉篇》是《说文解字》之后一种完整现存的字书。《玉篇》的部首起始,与《说文解字》相同,其部首共五百四十二部,比《说文》增多两部。增加的部首和文字,都是后起字,充分体现了文字的时代发展。《玉篇》对文字的解释,胡朴安先生总结为"先出音,次证,次案,次广证,次又一体"五例。以《古逸丛书》所收佚文为例,"讬,他各反。《公羊传》'讬不得已',何休曰'因讬以也',《论语》'可以讬六尺之孤'。野王案《方言》'讬,寄也',凡寄为讬。《广雅》'讬,依也,讬累也'。或为侂字,在人部"。② 唐代孙强增加了《玉篇》所收字数,宋代陈彭年等人重修《玉篇》删掉了原著的不少训诂内容,只剩注音和简义,使《玉篇》旧貌不存,殊为可惜。

南朝有数家《千字文》,惟周兴嗣书流传至今,是蒙学经典。周兴嗣的《千字文》,字体上有两种说法:一说以钟繇的残碑集字,一说以王羲之的书法集字。所收字数如其名有一千个,四言一句,次韵为二百五十句。第一到第三十六句,讲天地自然万物的时空变化。第三十七到第一零二句,以儒家伦理为准则讲述个人的修养、孝悌之义、处世之方。第一零三到一六二句讲文物制度。最后一部分为人物典故。全文以儒家由修己到治人到治国家天下的教育理念为主,并含有对自然与宇宙的思考。《千字文》不仅是当时和后来童蒙识字最常用的书籍,后世不少编书亦以《千字文》字序排序,许多著名书家如欧阳询、宋徽宗、鲜于枢、赵孟頫、文徵明等有书《千字文》传世,《千字文》还传入今日、韩等国,可见其影响之广泛。

北朝的文字类著述有为适用于当时而造者,尤其有为方便鲜卑族使用汉字而作,如北魏道武帝《众文经》、北魏太武帝《新字》、北齐宋世良《字略》、北齐颜之

---

① (清)马国翰:《玉函山房辑佚书》。
② 详见胡朴安《中国文字学史》第一编"顾野王之玉篇",上海书店,1984年。

推《训俗文字略》。宋世良《字略》的佚文,是对字义的简单解释及注音,如"睑,眼外皮也","决,绝也","峐,古开反"①,简洁实用。

还有蒙学字书如北魏陆暐《悟蒙章》。也有对前人字书进行研究者,如北魏崔浩《急就章解》、北魏刘芳《急就篇续注音义证》、北齐颜之推《急就章注》。也有仿照《说文解字》的著作如北魏江式《古今文字》、北魏阳承庆《字统》等。据江式本传所载,江式家传文字学,其六世祖江琼善篆书和训诂学,祖父江强善书法理论。江式善篆书,延昌三年(514)他上表说当时"文字改变,篆形谬错,隶体失真"②,时人说文字错误很多,于是江式打算继承祖业,对文字进行整理、撰述。江式撰成《古今文字》,以《说文》为主,广采五经、《尔雅》《方言》《广雅》《字林》等书,以篆体为首,兼采籀隶诸体,并对字义字音作注解。此书今只有江式本传所收这篇表文,清人马国翰辑入《玉函山房辑佚书》。

两晋南北朝书法艺术得到了极大的发展,这时期讨论书法字体的字书不少,如晋代有卫恒《四体书势》、成公绥《隶势》、索靖《月仪书》、王羲之《月仪书》,南朝有南齐王僧虔《评书》、南齐萧子良《古今篆隶文体》、梁萧子云《五十二体书》、梁庾肩吾《书品》等等,北朝有北齐颜之推《笔墨法》、北周赵文深《刊定隶书六体》。卫恒本传载有一篇文字,姚振宗认为即《四体书势》全文,马国翰根据裴松之《三国志》注,将之分为序古文、序篆书、序隶书、序草书四节。卫恒对篆书、草书的讨论取蔡邕、崔瑗之说,古文、隶书是自抒己见,内容是各类书体的历史、书写特点。如论篆书,从周代籀文讲到秦代李斯等人改作小篆,说篆书特点引蔡邕云"颓若黍稷之垂颖,蕴若虫蛇之焚缊"③。

四、新形成的两晋南北朝音韵类文献

魏晋在专经类著作的许多音训研究基础上发展出了专门的音韵文献,张世禄先生认为"音义一类的书,在体例上看来,就是从字书训诂进到韵书中间一种过渡的东西"④。而前面谈到魏晋时期音韵学上反切有了大发展,反切使学者们关注到韵部的整理归纳,这就形成了韵书。

晋代的音韵著作有王延《文字音》、吕静撰《韵集》。《文字音》大概即音义一类书,而《韵集》更近于韵书。《韵集》仿照曹魏李登的《声韵》而作,以五音分为五篇,不同于南朝的四声概念。根据书名来看,这里的五音用来讨论韵,但是否讨

---

① (清)黄奭:《黄氏逸书考》第 28 册。
② 《魏书·艺术传》,第 1963 页。
③ (清)马国翰:《玉函山房辑佚书》。
④ 张世禄:《中国音韵学史》,第 127 页。

论了声调、韵部的具体分类,则从佚文不可知。《韵集》今存佚文,大多采用反切,并解释字词意思,如"酵,古孝反,酒酵也";也用直音,如"杕,音次第之第"①。不过张世禄先生认为李登和吕静的书,都讨论了声调,是韵书最初发展的主要内容。②

五音是宫、商、角、徵、羽,这是中国传统音乐的概念,称之"五声音阶"。在音韵学中,也往往运用五音来分析语音,这跟汉语语音与音乐的天然关系有关,传统经学中诗乐是一体的,而《诗经》、乐府诗、词曲等文学体裁早期也是合乐而歌,这是汉语语音的音乐特性。因此在文学繁盛的魏晋南北朝时,文学创作促进了音韵学的发展。

文学家讨论押韵、声调,尤其南朝齐梁间兴起的"永明体"文学,促进了音韵文献的发展,韵书的分类从五音发展到四声,讲求文学创作中的平上去入四声调,韵书形成了韵部的分类。其时代表性的著作有南齐周颙《四声切韵》、南齐王斌《四声论》、梁沈约《四声》、梁夏侯咏《四声韵略》等。但这些著作全部亡佚,没有佚文可考。

北朝的音韵类著作有同南朝一样,受文学发展影响而讲究四声、韵部的著作,如北齐阳休之《韵略》、北齐李概《音谱》。案李概《续修音韵决疑序》将四声与五音结合讨论声调,而从今存李概《音谱》佚文,只能看到对字义的解释如"慸,痛也""搭,打也""獌,兽名"③,缺少对字音的解释,故《音谱》具体内容不可考。阳休之《韵略》的佚文也与《音谱》相似,只有一些对文字音义的解释,如"咬咬,鸟鸣也,音交","篦,蔓也。今蜀及关中亦谓篦为蔓"④。

由于此时有关五音、四声的韵书基本都亡佚了,因此当时四声说的具体内容是什么,五音与四声的关系及其在语言中如何运用,是中国音韵学史的一大难题,至今众说纷纭,此处不再赘述。

北朝还有对方音、俗音进行研究的著作如北朝王长孙《河洛语音》、北齐颜之推《证俗音字略》。颜之推《证俗音字略》分为三十五目,订正时俗文字的形、音、义。从佚文看,可见其时代性和地域性,如云"今谓女嫁后三日饷食为馂女","蝘蜓,山东谓之蜥蜴,音七锡,名敌反,陕以西谓之壁宫"⑤。

---

① (清)黄奭:《黄氏逸书考》第 29 册。
② 张世禄:《中国音韵学史》,第 143 页。
③ (清)黄奭:《黄氏逸书考》第 29 册。
④ (清)马国翰:《玉函山房辑佚书》。
⑤ (清)任大椿:《小学钩沉》卷十六,《续修四库全书》影嘉庆二十二年(1817)山阳王廷珍刊本。

五、方言、蒙学为多的两晋南北朝训诂类文献

两晋的训诂类著作,有一种足本留存,即郭璞撰《方言注》十三卷。《方言》是汉代扬雄的著作,仿《尔雅》而记录地方词语,并为之训诂,郭璞的注本是今存最早的《方言》注本。郭璞认为人们通过《方言》能了解各地方语言历史、名物风俗,非常可贵,而他"少玩雅训,旁味方言,复为之解。触事广之,演其未及,摘其谬漏。庶以燕石之瑜补琬琰之瑕,俾后之瞻涉者,可以广寤多闻尔"①。可见郭璞对《方言》作了解释古语,引申补充,修改错误等工作。解释《方言》中的古语时,郭璞采用了晋代当时的方言和书面的雅言。魏晋人的训诂重视音与义的配合,郭璞注《方言》也有注音,还提出了音的通转问题。郭璞的《方言注》不仅为《方言》进行了解说,也展现了晋代的方言特点,因此是研究汉晋方言变化的极其重要的资料。②

为蒙学所作的训诂书有王义《小学篇》、李彤《字指》、殷仲堪《常用字训》。《小学篇》今存佚文很少,只有单个的文字,和简单的训释字义,如"篦,刷也"③,"蟪蛄,会稽谓之蟷蛄"④,从佚文能看出蒙学书训释简单,并记录当时方言,具有实用性。《字指》佚文也都是简单的字词训释,如"映,半明也","嶷嶵,山峰貌";也有反映当时语言的名物训诂,如"鸸鹁,其鸟自呼,飞但南不北,形如雌雉","河内有郎亭,音颊"。⑤ 汲冢也曾出土类似《尔雅》的训诂书,晋人进行了整理注解,如续咸撰《汲冢古文释》,是对汲冢文献的古文进行训诂的著作。

南朝的训诂文献,有对前人著作的补充研究,如宋吴恭撰《字林音义》对西晋吕忱的《字林》作训诂。还有综括前人训诂成果的梁刘杳《要雅》、宋何承天《纂文》、宋颜延之《纂要》、梁元帝《纂要》。用于蒙学的著作有宋颜延之《诂幼》、宋荀楷《广诂幼》。

何承天的《纂文》囊括《三苍》《尔雅》等前人小学著作内容,兼具字书和训诂书的功能。今存《纂文》的佚文较多,主要有几种内容:一是训诂一些地理、名物,如"钜野湖泽广大,南通洙泗,北连清济","吴人以积土为垛也";一是解释历史人物,如"嫫母,丑人也。黄帝爱幸","汉光武时,颍川张仲师长二尺二寸";一是对许多少见的姓氏进行了记录,如陡、俾、滚等等;一是对文字进行了注音,如

---

① (晋)郭璞:《方言注·序》,《四部丛刊》影宋本。
② 详见陈新雄《训诂学》下册"郭璞《方言注》",学生书局,2005年。
③ (清)任大椿:《小学钩沉》卷十三。
④ (清)顾震福:《小学钩沉续编》卷三,《续修四库全书》影印光绪十八年(1892)刊本。
⑤ (清)黄奭:《黄氏逸书考》第28册。

"姥,姓,莫补切","緺,音娲";一是对古今字有所记录,如"娩,姓也,古万字","甀,氏,古气字";一是解释字词义,如"憁恫,急也","破,析也,破犹分也"。① 对于文字的各种音义,训释全面,兼及古今,注音的方式也有反切、直音多种。

梁元帝的《纂要》,也是模仿《尔雅》的训诂书。今存《纂要》佚文的训诂内容比较详尽,主要涉及天文、地理、物候以及一些人文音乐类的概念解释。例如解说方位云"东西南北曰四方,四方之隅曰四维。天地四方曰六合,天地二仪,以人参之曰三才。四方上下谓之宇,往古来今谓之宙……天谓之乾,地谓之坤。天员而色玄,地方而色黄。日月谓之两曜,五星谓之五纬",用语平实,其解释是古人的常识概念。有解释季节物候云:"疾雨曰骤雨,徐雨曰零雨,久雨曰苦雨……春曰青阳……天曰苍天,风曰阳风……草曰弱草,林曰茂林,鸟曰阳鸟……夏曰朱明……天曰昊天,风曰炎风……草曰茂草。"讲山川地理:"嵩泰衡华恒谓之五岳,江淮河济谓之四渎,上中下谓之三壤,山林、川泽、丘陵、坟衍、原隰为五土。"还有不少解释音乐概念:"齐歌曰讴,吴歌曰歈,楚歌曰艳……振旅而歌曰凯歌,堂上奏乐而歌曰登歌……古歌曲有阳陵、白露、朝日、鱼丽……古琴名有清角……号钟。"②

颜延之的《诂幼》,马国翰辑有 4 条佚文,是简单地解释音义,如"虴,虴蜢也,善跳,蜢音猛","弩,矢也","罗嗊,歌曲"。还有一条佚文"䮾,呼县反"③,既是《诂幼》佚文,也是荀楷《广诂幼》佚文,说明此二书不仅书名相似,性质内容也相似。

北朝的训诂书,是模仿扬雄《方言》而记录当时地方语言者,颇有特色,如北魏刘昞《方言》、北齐李公绪《赵语》。可惜北朝的训诂文献没有佚文可考。

六、经典注本传世的两晋南北朝《尔雅》类文献

两晋的《尔雅》著作,最为著名者乃郭璞之著述,此外有李轨撰《小尔雅略解》。郭璞有数种《尔雅》著作,且类型丰富,惜至今只有传说类的一种流传,即《尔雅注》三卷。陆德明评价说:"先儒多为亿必之说,乖盖阙之义,唯郭景纯洽闻强识,详悉古今,作《尔雅》注,为世所重,今依郭本为正。"④不仅陆德明以郭注为本,其后宋人邢昺作《尔雅疏》,亦以郭注为本,郭注也因此成为现存最早的《尔雅》注完本。《四库全书总目》评价说"璞时去汉未远,所见尚多古本,故所注多可

---

① (清)黄奭:《黄氏逸书考》第 28 册。
② (清)黄奭:《黄氏逸书考》第 28 册。
③ (清)马国翰:《玉函山房辑佚书》。
④ 《经典释文序录疏证》,第 145 页。

据,后人虽迭为补正,然宏纲大旨,终不出其范围"①,这是由于训诂之书本身必然解说朴实,而时代越远,字词含义变化越大,自以越近古而越得其实,因此郭注就成为《尔雅》注本之权威了。

郭注的《序》谈到郭璞对《尔雅》的认识:"夫《尔雅》者,所以通训诂之指归,叙诗人之兴咏,总绝代之离词,辩同实而殊号者也。"②《尔雅》是一本解释古代文献文辞的重要训诂著作,诸子九流的文章、六艺的经典释义,都有赖《尔雅》,读经者,写文章者,都得学习《尔雅》。另外通过《尔雅》还可积累草木鸟兽等博物学知识。郭璞认为《尔雅》是孔子之前便有的文献,汉代有些注家(今考有犍为文学、刘歆、樊光等人)宣扬此书。郭璞年少时便开始研读《尔雅》,沉研钻极十八年,见前人注《尔雅》的有十多家,但还不够详备,还有不少错误。因此郭璞"缀集异闻,会粹旧说,考方国之语,采谣俗之志,错综樊孙,博关群言,剟其瑕砾,搴其萧稂,事有隐滞,援据征之,其所易了,阙而不论。"③郭璞将前人如樊光、李巡、孙炎等注集合起来,又考察了方言、民俗,修订了旧注的错误,考订疑难问题,常识问题则略过,详略有别。郭注也有解释错误之处,另外郭注常用孙炎说而掩盖其名,为人诟病。

在郭璞《尔雅序》中还提到,除了《尔雅注》,郭璞又"别为音、图,用祛未寤"④,邢昺解释说"字形难识者,则审音以知之。物状难辩者,则披图以别之。用此音图,以祛除未晓寤者"⑤。目录书中记载郭璞撰有《尔雅音》《尔雅图》《尔雅图赞》。

清人马国翰、黄奭辑有郭璞的《尔雅音义》,所存佚文较多。马国翰以《尔雅》篇次进行辑佚,所收释义比较简单,突出注音。而黄奭将释义与注音逐条并列,所辑内容更多。郭璞的注音,直音与反切并用,如"乔,音桥,或音骄","昄,方满反"⑥。《尔雅图》已亡佚,根据上引邢昺的说法,图是表现所训诂事物的形态的,刘勰评价说"景纯注《雅》,动植必赞,义兼美恶,亦犹颂之变耳"⑦。《尔雅图赞》则是对所图画的事物的解释、评论,而且采用"赞"这种韵文的文学形式,文辞优美,又扩充了知识。例如"以玉者谓之珪"的赞语云:"玉作五瑞,辩章有国,君子

---

① 《四库全书总目》卷四〇,第339页。
② 《尔雅注疏·序》,(清)阮元校刻:《十三经注疏》,第5581页。
③ 《尔雅注疏·序》,(清)阮元校刻:《十三经注疏》,第5582页。
④ 《尔雅注疏·序》,(清)阮元校刻:《十三经注疏》,第5582页。
⑤ 《尔雅注疏·序》疏,(清)阮元校刻:《十三经注疏》,第5583页。
⑥ (清)马国翰:《玉函山房辑佚书》。
⑦ 《文心雕龙义证·颂赞》,第347页。

鸣佩,亦以表德,永观厥祭,时惟文则。"①

南朝的《尔雅》著作有几种类型,其中传说类文献有梁沈旋《尔雅集注》。南朝《尔雅》音训著作较多,有陈施乾《尔雅音》、陈谢峤《尔雅音》、陈顾野王《尔雅音》、陈江灌《尔雅音》。江灌还撰有《尔雅图》《尔雅赞》。北朝则没有《尔雅》研究的专著。

黄奭根据沈旋《尔雅集注》的佚文,认为此书是对汉晋《尔雅》注的一个总集,但有些释义则与前人不同,可能是沈旋自己的意思,或许与其父沈约的四声研究有关,但佚文太少不可详考了。② 今存沈旋集注,只有简单的音义,如"颃,静也,五罪反"③。陈代的施、谢、顾三家音,也只剩简单的音义注释的佚文,顾野王的释义相对更丰富一些,马国翰认为这三家音当中,施氏错误较多,谢氏、顾氏解说较佳。④

七、时代独有的两晋南北朝鲜卑语文献

案《隋书·经籍志》云:"后魏初定中原,军容号令,皆以夷语。后染华俗,多不能通,故录其本言,相传教习,谓之'国语'。今取以附音韵之末。"⑤因此《隋志》著录了十余种这类著作,这些著作从类型看有专门记录语言者,如佚名撰《国语》十五卷、《国语》十卷、《鲜卑语》五卷、《鲜卑语》十卷等。

有记录鲜卑语名物者,如北魏侯伏侯可悉陵《国语物名》《国语杂物名》;记录号令者,如北周武帝《鲜卑号令》;记录鲜卑歌词者,如《国语真歌》《国语御歌》。

从这些著作的书名来看,记录的内容是较为丰富和实用的,确实符合作语言教材使用的性质。这些文献都是具有官方修撰性质的小学教材(还有帝王自作者),目的在于保存鲜卑语言以教本族。然而由于族群的融合,鲜卑语渐渐不用,这些教材虽唐初犹存,后皆亡佚,今天没有佚文可考其内容。

第三节 两晋南北朝《乐》类文献

一、亡于六朝改作的《乐经》

两晋南北朝的经学文献,除了本书前述诸类之外,还有两类"消失"于此一时

---

① (清)黄奭:《黄氏逸书考》第 24 册。
② (清)黄奭:《黄氏逸书考》第 25 册。
③ (清)黄奭:《黄氏逸书考》第 25 册。
④ (清)马国翰:《玉函山房辑佚书》。
⑤ 《隋书·经籍志》,第 947 页。

期的文献,即《乐》类和谶纬文献。案《隋书·经籍志》和清人补志均将《乐》类文献列于《礼》类之后,取礼乐合一之意。但《乐经》本身充满争议,两晋南北朝的《乐》类文献既稀少又难以定义,因此本书在经部之末对《乐》类文献略作讨论。

在先秦典籍中,《乐》常与《诗》《书》等五经并提,如《庄子·天运》曰"丘治《诗》《书》《礼》《乐》《易》《春秋》六经,自以为久矣,孰知其故矣"①;郭店楚简《六德》云"观诸《诗》《书》亦在矣;观诸《礼》《乐》亦在矣;观诸《易》《春秋》亦在矣"②;《荀子·儒效篇》曰"故《诗》《书》《礼》《乐》之归是矣"③。到汉代,汉人将六种经典总称"六经""六艺",最典型的是《汉书·艺文志》之"六艺略"。从这里看,《乐经》当是与其他五经一样的儒家经典,只是汉初已经亡佚,故汉代实际只传有五经。例如沈约就说"秦代灭学,《乐经》残亡"④,刘勰也说"秦燔《乐经》"⑤,都认为《乐经》文本是因秦代焚书而亡。不过后儒又提出《乐经》原本无书的说法,如明代刘濂云"《乐经》不缺,三百篇皆《乐经》也"⑥,朱载堉赞成其说,认为"刘濂指《诗经》即《乐经》,其论甚精"⑦。

如果认为《乐经》原本就无书,那么也无法围绕《乐经》形成《乐》类文献,因此这里有必要对《乐经》的文本问题略作探讨,进而理解《乐经》何以"消失"于两晋南北朝时。前论五经已经指出,五经都来自周代旧典。而根据五经中与乐有关的记载如《周官·大司乐》《礼记·乐记》来看,《乐经》有周代旧典作为材料来源是极为可能的。又孔子"论次《诗》《书》,修起《礼》《乐》"⑧,礼具有实践性,而同样有文本载体,那么乐也很难说没有文本记载。此外,《乐》有《乐记》《乐纬》,经—记—纬是类同其他五经的一种完整的经学体系,这似乎也可旁证《乐经》曾经存在。那么根据五经中乐类材料推测,《乐经》可能包括乐官、乐律制度、乐器、乐谱等内容。

如果《乐经》具有文本形式,那么为何同遭秦火,五经都能在汉代继续流传以至今日,而《乐经》独亡?这实与音乐的演奏性有关,《乐经》的灭亡也不仅仅因为秦火。根据《汉书·礼乐志》记载,战国时期"诸侯逾越法度,恶礼制之害己,去其

---

① 王叔岷:《庄子校诠》,中华书局,2007年,第544页。
② 刘钊:《郭店楚简校释》,福建人民出版社,2003年,第108—109页。
③ (清)王先谦:《荀子集解》,中华书局,1988年,第133页。
④ 《隋书·音乐志》,第288页。
⑤ 《文心雕龙义证》,第232页。
⑥ (明)刘濂:《乐经元义·序》,影印《四库全书存目丛书》本。
⑦ (明)朱载堉:《乐律全书》卷五,影印《文渊阁四库全书》本。
⑧ 《史记·儒林列传》,第3115页。

篇籍。遭秦灭学,遂以乱亡"①,实践时融入礼中的乐自然遭遇同样处境,魏文侯最好古而子夏之说终不见纳,"自此礼乐丧矣"②。这说明在战国时代诸侯僭越的情况下,古乐已渐被弃,到秦代提倡法后王,自然更少用古乐。音乐必须要演奏,如果演奏传承中断,乐谱、乐理也难以流传。所以"汉兴,乐家有制氏,以雅乐声律世世在大乐官,但能纪其铿锵鼓舞,而不能言其义"③,这里"义"即乐之义理,恐怕也就是《乐经》文本的重要部分。也就是说,在汉初雅乐的乐义与演奏已经分途,乐官们只能演奏而不知其义,发挥乐义的责任由儒者承担,不过零散的乐义只能散入五经当中讲说了。④

据上述可以推测,《乐经》在经过战国、秦代的劫难后,其中的声乐部分由制氏等乐官传承,义理部分则散入五经由儒者传承。保存在五经中的乐义自然代有解说,不仅没有消亡,还更得引申、发挥。而乐官传承的声乐,则在历代改作中消亡。隋代牛弘追述说周代的六代之乐只有《韶》《武》流传,"秦始皇改周舞曰《五行》,汉高帝改《韶舞》曰《文始》,以示不相袭也"⑤。据此可知周代六舞到秦时,只剩《韶》《武》两种古乐,秦、汉初只改了名字("周舞"即《武》),并未改古乐声调。后来汉乐屡有制作,但都"递相因袭,纵有改作,并宗于《韶》"⑥,古乐的声调在两汉一直有传承。

三国时杜夔、邓静、尹胡、冯肃等恢复了汉代古乐,魏代袭用,晋武帝泰始初张华说"汉魏所用,虽诗章辞异,兴废随时,至其韵逗曲折,并系于旧,一皆因袭,不敢有所改"⑦。《晋书·乐志》亦云:"杜夔传旧雅乐四曲,一曰《鹿鸣》,二曰《驺虞》,三曰《伐檀》,四曰《文王》,皆古声辞。"⑧但曹魏太和中"左延年改夔《驺虞》《伐檀》《文王》三曲,更自作声节,其名虽存,而声实异"⑨,泰始五年(269)荀勖"除《鹿鸣》旧歌,更作行礼诗四篇"⑩,杜夔所传的四曲旧雅乐声调因改作而废弃。晋、宋、齐间造有不止一种武舞,宋以《凯容》代《韶》为文舞⑪,"后周所用者,皆是新造,杂有

---

① 《汉书·礼乐志》,第 1029 页。
② 《汉书·礼乐志》,第 1042 页。
③ 《汉书·礼乐志》,第 1043 页。
④ 《乐经》是否具有文本形式,其亡佚原因,其所包含的内容等问题,非本书重点,兹不赘述。详见汪舒旋《〈古乐经传〉通释·乐经导读》,四川大学出版社,2015 年。
⑤ 《隋书·音乐志》,第 349 页。
⑥ 《隋书·音乐志》,第 349 页。
⑦ 《隋书·音乐志》,第 350 页。
⑧ 《晋书·乐志》,第 684 页。
⑨ 《晋书·乐志》,第 684 页。
⑩ 《晋书·乐志》,第 685 页。
⑪ 《南齐书·乐志》,第 190 页。

边裔之声"①。由此可见,两晋南北朝时期古乐进一步被改为新声,古乐声调在这历代改作中逐渐消亡。《乐经》的义理部分既已散入五经,古乐声调既亡,从这个意义上可说《乐经》"消失"于这一时期。故《隋书·经籍志》总结说:

> 周人存六代之乐,曰《云门》《咸池》《大韶》《大夏》《大濩》《大武》。其后衰微崩坏,及秦而顿灭。汉初,制氏虽纪其铿锵鼓舞,而不能通其义。其后窦公、河间献王、常山王、张禹咸献《乐》书。魏晋已后,虽加损益,去正转远,事在《声乐志》。今录其见书,以补乐章之阙。②

本书据此以《隋志》所收为准,统计两晋南北朝属于《乐》类文献者,并分析如下。

二、两晋南北朝《乐》类文献的数量、分类、存佚统计

两晋时期产生的《乐》类文献,全部亡佚,唯有后人辑佚一种。案两晋《乐》类文献,丁国钧《补晋书艺文志》有 1 种,文廷式《补晋书艺文志》有 13 种,秦荣光《补晋书艺文志》有 9 种,黄逢元《补晋书艺文志》有 8 种,吴士鉴《补晋书经籍志》有 7 种。本书根据前列各种目录书统计,去除其中十余种朝代、归类错误者,总结两晋时期《乐》类文献辑有 1 种,佚 3 种。

表 9-3-1 两晋《乐》类文献分类统计表

	乐理	0	佚 2 种
两晋《乐》类 4 种	乐谱	0	佚 1 种
	琴学	辑 1 种	0

如表 9-3-1 所示,两晋的《乐》类文献数量很少。这里需要说明,文廷式、秦荣光、黄逢元诸家《补晋书艺文志》根据两《唐志》的《乐》类文献收录了数种礼仪用乐的歌辞,这类歌辞在《隋书·经籍志》当中属集部总集类。案《诗经》、乐府诗以及此后的唐诗、宋词、元曲,开始都是配乐的歌辞,其后则曲调亡失,成为文学作品,因此《隋志》将歌辞列入集部的归类更为合理,本书从之。故本书的《乐》类文献从《隋志》体例,收入论乐理(包括乐学思想和音律理论)、乐谱和琴学类著

---

① 《隋书·音乐志》,第 351 页。案:牛弘此处说梁、陈乐名虽随代而改,但声韵曲折"理应常同"。然据《南齐书·乐志》晋、宋乐曲即有新造,梁、陈继用晋、宋新造,未必古乐,牛弘此说亦有推"理"之意。

② 《隋书·经籍志》,第 927—928 页。

作。此外吴士鉴《补晋书经籍志》还收录了《阮咸谱》一类的 4 种著作,虽然这些曲谱和琴学著述一样,也是弹拨乐器的谱子,但在传统音乐理念中,琴乐属于雅乐正声,故琴学文献归之经部(如《隋书·经籍志》);而其他弹拨乐器则属于丝竹之列,其曲谱当归之子部艺术类,故此处亦不收入。

南朝的《乐》类文献,全都亡佚了,只有几种后人辑佚的著作。案南朝《乐》类文献,王仁俊《补宋书艺文志》有 1 种,聂崇岐《补宋书艺文志》有 5 种,高桂华《补南齐书经籍志》有 0 种,陈述《补南齐书艺文志》有 1 种,王仁俊《补梁书艺文志》有 4 种,徐仁甫《补陈书艺文志》有 1 种,徐崇《补南北史艺文志》南朝有 5 种。本书根据前列各种目录书统计,总结南朝时期《乐》类文献辑有 3 种,佚 9 种。

表 9-3-2　南朝《乐》类文献分类统计表

南朝《乐》类 12 种	乐理	辑 3 种	佚 2 种
	乐谱	0	佚 2 种
	琴学	0	佚 5 种

如表 9-3-2 所示,南朝《乐》类文献数量不多,但是两晋数量的三倍(其中主要是乐理和琴谱类较两晋为多),类型与两晋相同。

北朝的《乐》类文献,全部亡佚,唯有后人辑佚几种。案北朝《乐》类文献,李正奋《补魏书艺文志》有 3 种,徐仁甫《补北齐书艺文志》有 3 种,徐仁甫《补周书艺文志》有 3 种,徐崇《补南北史艺文志》北朝有 5 种。本书根据前列各种目录书统计,去除其中时代错误者,总结北朝时期《乐》类文献辑有 2 种,佚 9 种。

表 9-3-3　北朝《乐》类文献分类统计表

北朝《乐》类 11 种	乐理	辑 2 种	佚 7 种
	乐谱	0	佚 1 种
	琴学	0	佚 1 种

如表 9-3-3 所示,北朝《乐》类文献数量不少,将近两晋的三倍,与南朝数量相当,其中以乐理为主,可见北朝乐理文献之发达。种类则与两晋、南朝相同。

三、乐律、琴学发展的两晋南北朝《乐》类文献

两晋《乐》类文献讨论乐理的著作有元憼撰《乐略》《声律指归》。乐谱类的著

作有佚名撰《汉魏吴晋鼓吹曲》。琴学类著作有孔衍《琴操》，主要是琴歌、琴曲的解题。

《崇文总目》说孔衍的《琴操》"述诗曲之所从，总五十九章"①。陈振孙则云：

> 《琴操》一卷，不著名氏。《中兴书目》云："晋广陵守孔衍，以琴调《周诗》五篇，古操、引共五十篇，述所以命题之意。"今《周诗》篇同，而操、引才二十一篇，似非全书也。②

根据《崇文总目》所说，此书记录了琴歌、琴曲，并有解题以述琴歌的来源、含义。《中兴书目》所载更详，说明此书含有《周诗》五篇，这可能是将《诗经》中篇目配以琴曲的琴歌，也可能是后人拟《诗经》而作的琴歌；操、引则是琴曲的两种常见体裁，对比现今流传的操、引体裁看，可能即不配歌辞的曲子。今存佚文以琴曲解题为主，此书当主要记录琴歌、琴曲的解题。王谟云《初学记》所载诗歌五曲、十二操、九引，与陈振孙所说《周诗》五篇、操引二十一篇数目相合，王谟所辑便按此次第编排。

今《琴操》佚文，有论述琴之制作如"昔伏羲氏之作琴所以御邪僻防心淫，修身理性反其天真也。琴长三尺六寸六分象三百六十六日，广六寸象六合……大弦为君，小弦为臣，文王、武王加二弦以合君臣之恩"。论古琴诗歌五篇："一曰《鹿鸣》，二曰《伐檀》，三曰《驺虞》，四曰《鹊巢》，五曰《白驹》。"观诗歌名与《诗经》关系密切。又论十二操："一曰《将归操》，孔子所作。孔子之赵，闻杀窦鸣犊而作此曲。二曰《猗兰操》，孔子所作，伤不逢时也。三曰《龟山操》……四曰《越裳操》……五曰《拘幽操》……六曰《岐山操》……七曰《履霜操》……八曰《朝飞操》……九曰《别鹤操》……十曰《残形操》……十一曰《水仙操》……十二曰《怀陵操》。"③琴曲名与解题，大多与儒家圣贤相关，是属于表现儒家思想的琴曲。这十二支琴曲中仍有今日琴人常弹者，如《猗兰操》《朝飞操》《水仙操》等，不过琴曲历代有所流变，不可考今日同名琴曲，其曲调是否和孔衍时相同或相似。另外九引是《烈女引》《伯妃引》《贞女引》《思归引》，解题说皆是古代贤女所作，又有《霹雳引》《走马引》《箜篌引》《琴引》《楚引》。还有河间杂歌二十一章。佚文还有不少记录古圣贤与琴曲的故事，是可贵的琴学史资料。

南朝《乐》类文献讨论乐理的著作有梁武帝撰《乐社大义》《乐论》《钟律纬》，讲礼仪中的用乐、讨论乐律制度。天监元年（502），梁武帝召集群臣讨论古乐、乐

---

① （清）钱东垣：《崇文总目辑释》卷一。
② （宋）陈振孙：《直斋书录解题》卷一四，第384页。
③ （清）王谟：《汉魏遗书钞》。

律、乐制,有七十八家奏对,集成《乐义》一书。还有讨论古今乐理的陈释智匠撰《古今乐录》。乐谱类的著作有宋张解《宋元嘉正声伎录》、佚名撰《齐朝曲簿》。琴学类的著作有宋谢庄《琴论》、宋戴勃《琴谱新弄》、宋戴颙《琴谱新弄》《长弄》,是琴学理论、琴谱类的著作。

梁武帝《乐社大义》观书名,与祭祀所用音乐有关。今存佚文,有讨论梁武帝所作乐器者,如"立四器名之为通",为玄英通、青阳通、朱明通、白藏通,四通的名字显然与五行中的四方有关,每通有三弦,分别与十二律相应。又制十二笛,亦是十二律管。另外还讨论了武舞、文舞的理论思想,皇帝、皇太子出入的礼仪用乐,祭祀、宴会的用乐等等。按古乐定律,有用管、用弦及用钟几种方式,《钟律纬》观书名是专门论钟律。梁武帝在此书中讨论了晋宋等前朝用钟律的得失,并制作了更合古乐的新钟律。今存佚文主要是较验古律尺,如"晋泰始十年中书考古器揆校今尺长分半,所校古法有七品"①云云。释智匠的《古今乐录》如其名属于音乐史的著作,例如记载炎帝时有娀之女所作歌,隐士许由的事迹及其作歌,尧帝、周文王、秦始皇等人所作歌的相关故事,还有民歌如《莫愁乐》的来历,以及金、革、丝等八音乐器制作的历史及原理。还有许多佚文讨论六朝时的礼乐诗歌制作,是考察六朝礼乐歌诗的重要史料。②

北朝《乐》类文献讨论乐理的著作有北魏信都芳《乐书》、北齐李神威《乐书》,这类著作对古今乐学资料进行了收集和注解。还有讲乐律的北周沈重《乐律义》。北周沈重《钟律义》、北魏公孙崇《钟磬志》,讨论的是乐器的乐律、乐制。北周何妥《乐要》、北周斛斯徵《乐典》侧重实践中的雅乐制度讨论。乐谱类的著作有北周佚名撰《春官乐部》。琴学类的著作有北齐郑述祖《龙吟十弄》,这是一种琴谱。

信都芳擅长算数,因此其《乐书》应当讨论了不少乐律理论,今存佚文讨论古乐器形制,如云"雅乐部器随律定声,各得其所也。黄钟之均则用黄钟之器"③,讨论六种形制的钟、筑的形制、铎和铙的类型,另外还有佚文述古乐如黄帝乐《云门》的内涵。沈重《乐律义》今存佚文以钟律为基础,论述三百六十律的分类、生律规律,继承宋钱乐之的律学,是非常细致的律学研究。④

案《魏书·刘芳传》云:

---

① (清)马国翰:《玉函山房辑佚书》。
② (清)王谟:《汉魏遗书钞》。
③ (清)马国翰:《玉函山房辑佚书》。
④ (清)马国翰:《玉函山房辑佚书》。

> 先是，高祖于代都诏中书监高闾、太常少卿陆琇并公孙崇等十余人修理金石及八音之器，后崇为太乐令，乃上请尚书仆射高肇，更共营理，世宗诏芳共主之。①

又长孙稚、祖莹在上表中回顾：

> 太和中，命故中书监高闾草创古乐，闾寻去世，未就其功。闾亡之后，故太乐令公孙崇续修遗事，十有余载，崇敷奏其功。时太常卿刘芳以崇所作，体制差舛，不合古义，请更修营，被旨听许。②

《魏书·乐志》并曰：

> 先是，闾引给事中公孙崇共考音律，景明中，崇乃上言乐事。正始元年（504）秋，诏曰："太乐令公孙崇更调金石，燮理音准，其书二卷并表悉付尚书。夫礼乐之事，有国所重，可依其请，八座已下、四门博士以上此月下旬集太乐署，考论同异，博采古今，以成一代之典也。"③

由此可知，公孙崇本为给事中，当高闾主持修理乐器时引之以共同考定音律。考定工作尚未完成，高闾就去世了，此时公孙崇成为太乐令，继续这项工作。十余年后，公孙崇才撰成讨论金石音律之书二卷，并上请高肇等人共同校订，以作为官方音乐标准，《隋志》所载的《钟磬志》当即此书。刘芳指出公孙崇著作中的错误，并提请修改，既然朝廷听许刘芳所奏，那么刘芳对此书当有所订正。

第四节　两晋南北朝谶纬文献

一、谶纬的起源、兴盛和禁毁

两晋南北朝时期"消失"的另一种经学文献即谶纬文献。谶纬之学盛行东汉，至魏晋时犹称"秘学""内学"，在两晋南北朝屡遭禁止后，趋于没落，南北朝时"内学"之称已指佛学，其间盛衰消长，实由学术风尚与时势影响内外作用造成。

谶者，预言之类；纬者，相对于"经"而言，是一种解经的文献。谶起源甚早，秦人有"亡秦者胡"的预言，就是谶记的形式，往前追述可能与先秦方术士和更早的史官有关。而纬相对于经，其产生只能在经学出现之后的汉代。从形式上说，

---

① 《魏书·刘芳传》，第1225页。
② 《魏书·乐志》，第2830页。
③ 《魏书·乐志》，第2830页。

谶记多以简短诗句、韵语及图的形式作预言,而纬书则较多长篇大论以发明经义。不过西汉末到东汉,谶记、纬书大量流行,谶、纬的含义往往混淆使用。

汉代的谶纬之学是今文经学的重要部分,即儒学吸收战国阴阳家、燕齐方术士理论以讲天人感应、阴阳五行的产物。这个意义上的谶纬之学产生于西汉末的哀平时期,在东汉逐渐鼎盛,系统的谶纬文献也成熟于东汉。东汉通行的谶纬文献有81篇,其中七经纬(六经及《孝经》)36篇,《河图》《洛书》45篇;还有《尚书·中候》18篇及《论语谶》8篇也是东汉重要的谶纬文献。

这些文献内容博杂,包括天文、地理、历法、术数、占卜、制度、训诂、故事等,形成这些文献的材料来源亦当较早。东汉时儒者治学少有不涉及谶纬者,不仅解经要援引纬书,经学争议要以纬书为据来判断,谶纬还影响到国家政治。尽管当时有古文学者不信谶纬,然许多古文学者还是兼采谶纬说,如郑玄即为典型,这也是今古学合流的表征。①

谶纬之学虽在东汉盛极一时,今日却没有一种完整的谶纬文献留存,其间盛衰之关键便在两晋南北朝时期。案清人蒋清翊统计隋以前习谶纬者西汉9人、东汉111人、三国8人、两晋(含十六国)19人、南北朝11人、隋代4人,②以人数结合各代延续的时间长短作对比,可见自东汉以后,传习谶纬者人数较东汉大减,并呈持续下降的趋势。

根据蒋清翊的统计,两晋习谶纬者有何随、张华、郭璞、郑隐、葛洪、虞喜、范隆、杜夷、宋纤、郭瑀、陈训、戴洋、鲍靓、黄沈、黄泓、王嘉、臺产、竺昙摩罗刹、尹轨,南朝有周续之、顾越,北朝有李先、常爽、刘兰、刁冲、李业兴、徐之才、宋景业、沈重、熊安生。

此外两晋还可补充雷焕、郭文、王堕,南朝还可补充梁武帝、陈武帝、阮孝绪、庾诜,北朝还可补充燕凤、徐谦、封伟伯、陆旭、李公绪诸人。尽管蒋氏所收并不全面,本书补充亦有限,但两晋南北朝研习谶纬的人数远不逮东汉则毫无疑问;且研习者本不多,能够形成著述者便更屈指可数了。

上列诸人多出于儒林、隐逸、艺术(方伎)传中,可知儒者继续传习谶纬,而习道术者亦通之,这与《易》象数学渐流入道教相合,体现了两晋南北朝儒学自身的变化及其与道教的关系。③ 并且可以看到,南朝习谶纬者少于北朝,这是北朝学

---

① 谶纬之学的兴起及谶纬文献内容的具体情况,非本书主旨,兹不赘述。详见舒大刚《儒学文献通论》中《谶纬文献》一章。
② (清)蒋清翊:《纬学原流兴废考·师承篇》卷中,《续修四库全书》影印会稽徐氏藏本。
③ 姜忠奎先生曾对隋代至宋代习谶纬者作过考察,认为其人多与道教结合,正可证本书所言。详见姜忠奎《纬史论微》,上海书店出版社,2005年,第328—346页。

风更接近汉、晋的又一体现。两晋习谶纬者,有佛教沙门,说明这时进入中国并不久的佛教,还在吸收本土文化以推广自己的学说。可是到了南北朝,曾经用以指称谶纬的"内学"一词被用来称呼佛学,体现了晋到南北朝谶纬之学衰落、佛学兴盛的学术风尚变迁。

两汉提倡谶纬之学,与人主好尚、政治需要息息相关。王莽篡汉,就以谶纬之说造声势,光武帝建立东汉,更依凭谶纬获得舆论支持,因此西汉末以来人主对谶纬之学皆大力支持,不好谶纬者还不受重用。但事物往往有两面,政治上的利用与提倡使得谶纬之学盛极一时,也因政治上的禁止,使谶纬之学迅速衰落以致亡绝。

政权更迭时谶纬之说往往被用来制造舆论,因此谶纬学自身蕴含有不利统治稳定的因素,从晋以来,官方便多有禁止。如《晋书·石季龙载记》云"禁郡国不得私学星谶,敢有犯者诛"①;《苻坚载记》云"禁《老》《庄》、图谶之学"②;北魏太和九年(485)正月戊寅诏"图谶之兴,起于三季,既非经国之典,徒为妖邪所凭。自今图谶、秘纬及名为《孔子闭房记》者,一皆焚之,留者以大辟论"③。

《隋书·经籍志》亦云:

> 宋大明中始禁图谶,梁天监已后,又重其制。及高祖受禅,禁之逾切。炀帝即位,乃发使四出,搜天下书籍与谶纬相涉者,皆焚之,为吏所纠者至死。至是无复其学,祕府之内,亦多散亡。④

由此可见自晋到南朝、北朝,对谶纬屡有禁令,书籍焚毁,传者身死,这对谶纬之学及其文献打击甚大。如梁武帝禁蓄谶纬,阮孝绪家有其书,客有求而不与,为免祸均焚之⑤;元坦在北齐时因其子元世宝妄说图谶,而牵连下狱,并被发配⑥,都说明对谶纬的禁令确有实效。

不过两晋南北朝时期的统治者虽禁止传习谶纬,但多是禁民间私习、私藏,人主自身往往多好其说,并利用之为政治服务,这在诸史中屡见不鲜,兹不赘引。这正说明了这一时期统治者对谶纬的禁止主要出于政治目的,是为防止此学成为政权反对者手中的舆论武器。所以秘府藏书仍有谶纬文献,《隋书·经籍志》还载有数种。诸儒解说经义,也还有援引谶纬之说者,前述诸经亦已见之。前述

---

① 《晋书·石季龙载记》,第 2765 页。
② 《晋书·苻坚载记》,第 2897 页。
③ 《魏书·高祖纪》,第 155 页。
④ 《隋书·经籍志》,第 941 页。
⑤ 《南史·隐逸传》,第 1895 页。
⑥ 《北史·献文六王传》,第 694 页。

亦举出此时还有传习谶纬之人,谶纬学的许多内容也为道教吸收。从这些事例来看,谶纬之学及其文献并未真正亡绝。但是此时统治者禁令不断,专门传习者减少,新形成的谶纬文献也屈指可数,谶纬之学已失去生命力,从这个意义上可说其"消失"于此时。

二、两晋北朝谶纬文献的数量、分类、存佚统计

两晋时期产生的谶纬文献,全部亡佚。案两晋谶纬文献,丁国钧《补晋书艺文志》有3种,文廷式、秦荣光、黄逢元之《补晋书艺文志》和吴士鉴《补晋书经籍志》均无谶纬类。本书据丁国钧《补晋书艺文志》总结两晋时期谶纬文献佚3种。

表9-4-1 两晋谶纬文献分类统计表

两晋谶纬 3种	纬书	0	佚1种
	谶记	0	佚2种

如表9-4-1所示,两晋的谶纬文献数量屈指可数。由前述可知,谶和纬尽管可以互用,但细考之仍有别,故此处将依经而说,与经学关系更密切的文献列为纬书一类,以预言诗歌为主的著作则列为谶记一类。

北朝的谶纬文献,也全部亡佚。案北朝谶纬文献,李正奋《补魏书艺文志》有3种,徐仁甫《补北齐书艺文志》、徐仁甫《补周书艺文志》、徐崇《补南北史艺文志》均无谶纬类。本书根据李正奋《补魏书艺文志》及《隋书·经籍志》总结北朝时期谶纬文献佚3种。

表9-4-2 北朝谶纬文献分类统计表

北朝谶纬 3种	纬书	0	佚2种
	谶记	0	佚1种

如表9-4-2所示,北朝谶纬文献亦只有区区3种,数量与类型都与两晋相同。

三、零星的两晋北朝谶纬文献

我们把谶纬文献分成纬书和谶记,两晋的纬书类著作有郭瑀撰《孝经错纬》,是《孝经纬》文献。谶记类著作有王嘉《王子年歌》、郭文《郭文金雄记》,是诗歌类

的预言。

王嘉是符秦时人，言谶记多有应验，在《南齐书·祥瑞志》《南史·齐高帝纪》引有3条谶记，可能即《王子年歌》佚文。佚文是：

> 金刀治世后遂苦，帝王昏乱天神怒，灾异屡见戒人主，三分二叛失州土，三王九江一在吴，余悉稚小早少孤，一国二主天所驱。三禾掺掺林茂孽，金刀利刃齐刈之。欲知其姓草肃肃，谷中最细低头熟，鳞身甲体永兴福。①

佚文以句号分为3条并引如上，均为七言诗歌，内容是对宋、齐兴衰的预言，属于典型的谶记体式。

郭文是两晋之际的人，洛阳陷，入吴兴隐居。在《南齐书·祥瑞志》《南史·高帝纪》引有3条佚文，或属《郭文金雄记》。佚文云："铄金作刀在龙里，占睡上人相须起。当复有作肃入草。草门可怜乃当悴，建号不成易运沸。"②佚文是七言韵语，内容也是预言宋齐更替，与《王子年歌》相似，反映了当时一类流行的谶记。

南朝没有谶纬类文献，可见谶纬学的衰落。北朝有北魏陆旭《五星要决》《两仪真图》，陆旭本传说他好《易》、纬候之学，因此推测他的两本著作大概是涉及天文、《易》纬的纬书。北朝佚名撰《嵩高道士歌》，应当属于诗歌类型的谶记。

本 章 小 结

汉代产生的群经总义文献，在两晋有了进一步发展。不过数量不多，类型也和汉代一样，有通论、杂论经义者，有为经注作训诂者，亦有石经刊刻。到南北朝，群经总义文献相对两晋发展较大，文献数量增加不少，除了继承汉、晋的类型外，还有专论术数的著作。两晋的群经总义文献相对其专经文献来说，并不发达；南朝此类文献也不比专经文献更兴盛；而北朝在专经文献整体数量都不多的情况对比下，群经总义文献就显得比较发达了。这是晋、南朝、北朝各自内部经学文献发展的不同。

又两晋南北朝的群经总义文献，都以通论、杂论为主，本书所列有一些通释类的文献，其实也具有通论性质，这是由群经总义文献本就非"专经"，而是总汇"群经"的特点决定的，因此在缺乏佚文证明的情况下，本书只作大致的类型区

---

① 《南齐书·祥瑞志》，第351页。
② 《南齐书·祥瑞志》，第351页。

分。此外，诸儒史传中有将其各专经著作合称者，然实已分别著录于前述诸专经中，故不再录于此处，以免重复。

两晋南北朝的小学文献中，两晋的文字类文献有对前人字书作注释或续补者，有模仿《说文解字》体例并加入当代文字的著作，有专为当时实用的著作，有受书法创作影响而产生的字书。音韵类文献虽还未出现如南北朝一样分韵部、讨论四声的文献，但已注意到"韵"的问题，实开南北朝音韵著作之先。训诂类著作则有对前人训诂书作注释、申补者，有为当时蒙学实用而作者，还有汲冢出土并整理的训诂文献。《尔雅》类著作不仅产生了成为后世权威注本的传说文献，还有音、图、赞等多种类型及罕见的对《小尔雅》作注解的著述，展现出丰富的《尔雅》研究面貌。

南朝的文字类有本于《说文解字》而更结合当时文字状况所作者，有注重收入当时使用的俗字、集古今大成的著作，有不泥古而重实用的著述，产生了后世广为传习的童蒙字书《千字文》权威本，并因书法的兴盛而产生更多讨论书法字体、结构及评价前人书体的文献（也具有集成古今的性质），还有专收奇字、杂字的字书，南朝字书文献类型较两晋更加丰富。齐梁间繁盛的诗赋创作，促成了音韵学史上韵部和四声研究的产生，由此形成了数种讨论韵部、四声的音韵类著作，为后来隋唐韵书的修纂奠定基础。训诂类文献有仿《尔雅》者，有专为童蒙教育所作者，此时的训诂著作尤其以广博为特色（如何承天、刘杳、范岫等人著作），这与专经文献研究中训释往往广引群书的特点相一致。南朝的《尔雅》著作继承了两晋的类型，有集注、音、图、赞等多种形式，其中尤其以音训文献为多。

北朝的小学文献，打上了鲜卑族统治的鲜明烙印，体现了异族文化交融的特色。文字类著作中有为适应鲜卑人书写汉字而作者，有为童蒙教育、世俗使用而作者，也有为讨论书法字体而作者（不过较两晋、南朝少许多），亦有对前人字书作研究者，有本于前人而更加补充、创作者（也有集古今之成的特色）。音韵类文献亦有同于南朝而研究韵部、四声者，有专论俗字音、地方语音者。训诂类著作则是专门记录北朝的方言。北朝所独有的小学文献是记录鲜卑族语言的著作，记录的内容较为全面，这些著作的产生、使用和消失，展现了鲜卑族与汉文化遭遇并渐渐汉化的过程。

总之，两晋南北朝的小学文献，既有对前人的继承，也有属于自己时代的特点。并且由于小学文献适用范围更广，所以也更多体现了不同于汉、唐的时代、地域特色，两晋、南朝、北朝之间小学文献的时代、地域差异也更明显。这一时期的小学著作，也与各专经著作的特点相吻合。还要注意南北朝的音韵类著作虽受文学启发产生，然而史志既归之经部，本书亦列于经部，且可知在当时人观念中经学为文学之本源,受书法影响而产生的文字类著作亦作如是观。

《乐经》文献除去散入五经的义理部分,《乐经》声调亡于两晋南北朝时期。但是古乐的一些乐制、乐律等乐理知识仍有流传,因此两晋南北朝有关于乐理的著作,可说是《乐经》之流衍。礼仪用乐固然造为新声,但是所使用的律制、乐器等音乐基本元素也有所传承,故这一时期的官方礼仪乐谱,也可视为《乐》类文献。琴乐渊源甚早,一直属于雅乐,故琴学文献亦可作为《乐经》之衍生文献。虽然上述三种类型的《乐》类文献在两晋南北朝数量很少,但多保存了古乐声律、制度等资料,其存亡继绝之功不可没。

从两晋南北朝内部看,两晋的《乐》类文献总体数量和每类数量都很少,南北朝数量较两晋为多,尤其是乐理文献的增多,说明南北朝对雅乐的讨论较两晋热烈。其中北朝以乐理文献为大宗,并较南朝乐理著作数量多出不少,可见北朝对雅乐理论的研究相较晋、南朝尤为丰富。南朝的琴学文献则在这一时期最为丰富,较两晋、北朝多出不少。可见两晋南北朝《乐》类文献又各有时代、地方特点。

两晋南北朝谶纬文献的作者王嘉、郭文、嵩高道士都修道,可见晋南北朝时谶记与道教的关系密切。谶纬这时也有明显区分,谶记明显继承了汉代的特色,以诗句、韵语作政治预言;纬书则显然是配合《易》《孝经》的解经之作,这也是汉代纬书的本质。这一时期的谶纬文献虽然极少,但保持了其文献本身的特点,尚属醇正,颇有两汉学风。这寥寥数种著作,也体现了两汉谶纬之学日薄西山的命运。此外,新的谶纬文献只产生于两晋、北朝,这是北朝对两晋乃至两汉学风继承的体现。南朝没有新作产生,可见其时谶纬之学更为没落,对比代替谶纬成为"内学"的佛学之兴盛,其间世事流转、学术好尚变迁令人慨叹。

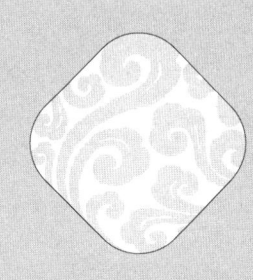

下编　两晋南北朝经学文献提要

第一章 两晋南北朝《易》学文献提要

第一节 两晋南北朝《易》学文献目录

一、两晋《易》学书目

（一）《周易》存目

书　名	卷数	作　者	辑存	备　　注
周易注	十卷	魏王弼、晋韩康伯撰	存	《周易正义》
周易义	无卷数	晋向秀撰	辑	清孙堂辑一卷（《汉魏二十一家易注》） 清马国翰辑一卷（《玉函山房辑佚书》） 清黄奭辑一卷（《汉学堂丛书》《黄氏逸书考》）
易义	无卷数	晋翟元撰	辑	清孙堂辑一卷（《汉魏二十一家易注》） 清马国翰辑一卷（《玉函山房辑佚书》） 清黄奭辑一卷（《汉学堂丛书》《黄氏逸书考》）
周易集解	十卷	晋张璠撰	辑	清孙堂辑一卷（《汉魏二十一家易注》） 清马国翰辑一卷（《玉函山房辑佚书》） 清黄奭辑一卷（《汉学堂丛书》《黄氏逸书考》）
周易注	十卷	晋干宝撰	辑	明姚士粦辑三卷（《盐邑志林》） 元屠曾辑、清孙堂补一卷（《汉魏二十一家易注》） 清马国翰辑三卷（《玉函山房辑佚书》） 清黄奭辑一卷（《汉学堂丛书》《黄氏逸书考》） 清汪□辑三卷（《易学六种》）
周易注	三卷	晋王廙撰	辑	清孙堂辑一卷（《汉魏二十一家易注》） 清马国翰辑一卷（《玉函山房辑佚书》） 清黄奭辑一卷（《汉学堂丛书》《黄氏逸书考》）

续表

书　名	卷数	作　者	辑存	备　　注
周易注	十卷	晋黄颖撰	辑	清马国翰辑一卷(《玉函山房辑佚书》) 清黄奭辑一卷(《汉学堂丛书》《黄氏逸书考》)
周易系辞注	二卷	晋桓玄撰	辑	清马国翰辑一卷(《玉函山房辑佚书》)
周易统略论	五卷	晋邹湛撰	辑	清马国翰辑一卷(《玉函山房辑佚书》)
易象妙于见形论	无卷数	晋孙盛撰	辑	清马国翰辑一卷(《玉函山房辑佚书》)
周易卦序论	无卷数	晋杨乂撰	辑	清马国翰辑一卷(《玉函山房辑佚书》)
通易论	一卷	晋阮籍撰	辑	清马国翰辑一卷(《玉函山房辑佚书》)
周易义	无卷数	晋张轨撰	辑	清马国翰辑一卷(《玉函山房辑佚书》)
古三坟	一卷	晋阮咸注	辑	明万历中新安程氏刻本1册(《汉魏丛书》) 明万历二十年(1592)刻本1册(《广汉魏丛书》) 清王谟辑一卷(《汉魏遗书钞》)
归藏(附连山易)	一卷	晋薛贞注	辑	清王谟辑一卷(《汉魏遗书钞》)
连山	一卷	晋司马膺注	辑	清马国翰辑一卷(《玉函山房辑佚书》)
周易李氏音	一卷	晋李轨注	辑	清马国翰辑一卷(《玉函山房辑佚书》)
周易徐氏音	一卷	晋徐邈注	辑	清马国翰辑一卷(《玉函山房辑佚书》) 清黄奭辑一卷(《黄氏逸书考》)
太玄经	十卷	汉扬雄撰、晋范望注	存	《四库全书》
太玄经	十四卷	汉扬雄撰、晋杨泉注	辑	清马国翰辑一卷(《玉函山房辑佚书》)
易洞林	无卷数	晋郭璞撰	辑	清刘学宠辑一卷(《青照堂丛书》摘次编第二函《诸经纬遗》) 清王谟辑一卷(《汉魏遗书钞》) 清黄奭辑一卷(《黄氏逸书考》) 清马国翰辑三卷附补遗一卷(《玉函山房辑佚书》) 清王仁俊辑一卷(《玉函山房辑佚书续编》)

续 表

书 名	卷数	作 者	辑存	备 注
周易注	十卷	晋范长生撰	辑	清孙堂辑一卷(《汉魏二十一家易注》) 清马国翰一卷(《玉函山房辑佚书》) 清黄奭辑一卷(《汉学堂丛书》《黄氏逸书考》)

(二)《周易》佚目

书 名	卷 数	作 者	备 注
周易爻义	一卷	晋干宝撰	《隋书·经籍志》
周易问难	二卷	晋干宝撰	《隋书·经籍志》
周易玄品	二卷	晋干宝撰	《隋书·经籍志》
周易宗塗	四卷	晋干宝撰	《隋书·经籍志》
京氏易注	无卷数	晋郭琦撰	《晋书》本传
周易注	十卷	晋荀辉撰	《隋书·经籍志》
周易系辞注	二卷	晋谢万撰	《隋书·经籍志》
周易系辞注	无卷数	晋袁悦之撰	《经典释文序录》
周易旨	六篇	晋李充撰	《晋书》本传
周易传	无卷数	晋袁准撰	《魏志·裴潜传》
周易卦象数旨	六卷	晋李颙撰	《隋书·经籍志》
周易象论	三卷	晋栾肇撰	《隋书·经籍志》
周易训注	无卷数	晋刘兆撰	《晋书》本传
周易论	四卷	晋范宣撰	《隋书·经籍志》
拟周易说	八卷	晋范氏撰	《隋书·经籍志》
周易论	一卷	晋宋岱撰	《隋书·经籍志》
周易难王辅嗣义	一卷	晋顾夷等撰	《隋书·经籍志》

续表

书　　名	卷　　数	作者	备　　注
周易略论	一卷	晋张璠撰	《旧唐书·经籍志》
周易谱	一卷	晋袁宏撰	《旧唐书·经籍志》《新唐书·艺文志》
周易论	一卷	晋应贞撰	《旧唐书·经籍志》
易论	无卷数	晋裴秀撰	《魏志·裴潜传》
周易庾氏义	无卷数	晋庾运撰	《经典释文序录》
周易张氏义	无卷数	晋张辉撰	《经典释文序录》
周易王氏义	无卷数	晋王宏撰	《经典释文序录》
周易王氏义	无卷数	晋王济撰	《经典释文序录》
周易卫氏义	无卷数	晋卫瓘撰	《经典释文序录》
周易杜氏义	无卷数	晋杜育撰	《经典释文序录》
周易杨氏义	无卷数	晋杨瓒撰	《经典释文序录》
周易邢氏义	无卷数	晋邢融撰	《经典释文序录》
周易裴氏义	无卷数	晋裴藻撰	《经典释文序录》
周易许氏义	无卷数	晋许适撰	《经典释文序录》
周易杨氏义	无卷数	晋杨藻撰	《经典释文序录》
通知来藏往论	无卷数	晋宣舒撰	《经典释文序录》
周易音	无卷数	晋袁悦之撰	《册府元龟》
周易解	无卷数	晋皇甫谧撰	《周易正义》
周易言不尽意论	无卷数	晋嵇康撰	《玉海》
周易象不尽意论	无卷数	晋殷融撰	《世说新语·文学篇》
周易髓	十卷	晋郭璞撰	《通志·艺文略》
周易音	无卷数	晋韩伯撰	赵汝楳《周易辑闻》

续 表

书　　名	卷　数	作　者	备　　注
周易音	无卷数	晋王廙撰	《周易释文》
难易无互体论	无卷数	晋荀顗撰	秦荣光《补晋书艺文志》
周易难答论	二卷	阮浑难，阮咸答	《周易著述考》
周易筮占	二十四卷	晋徐苗撰	《经义考》
周易林	六卷	晋郭璞撰	《周易著述考》
周易新林	九卷	晋郭璞撰	《隋书·经籍志》
易立成林	二卷	晋郭璞撰	《周易著述考》
周易玄义经	一卷	晋郭璞撰	《宋史·艺文志》
易斗图	一卷	晋郭璞撰	《隋书·经籍志》
易八卦命录斗内图	一卷	晋郭璞撰	《隋书·经籍志》
周易杂占	十卷	晋葛洪撰	《经义考》
易音	无卷数	晋干宝撰	《吴志》
大贤须易论	无卷数	晋殷融撰	秦荣光《补晋书艺文志》
通玄经	四卷	晋王长文撰	《经义考》
竹书易经	五篇	佚名撰	《周易著述考》
汲冢易繇阴阳卦	二篇	佚名撰	《周易著述考》
汲冢卦下易经	一篇	佚名撰	《周易著述考》
论易	二篇	佚名撰	《周易著述考》
易注	无卷数	晋刘炎撰	《三国志·管辂传》
四象论	无卷数	晋萧乂撰	秦荣光《补晋书艺文志》
六象论	无卷数	晋何襄城撰	秦荣光《补晋书艺文志》
拟周易义疏	十三卷	晋佚名撰	《隋书·经籍志》

二、南朝《易》学书目

(一)《周易》存目

书 名	卷数	作 者	辑存	备 注
周易系辞注	二卷	刘宋荀柔之撰	辑	清马国翰辑一卷(《玉函山房辑佚书》)
易经要略	无卷数	南齐沈骥士撰	辑	清马国翰辑一卷(《玉函山房辑佚书》)
周易乾坤义	一卷	南齐刘瓛撰	辑	清黄奭辑一卷(《汉学堂丛书》《黄氏逸书考》)
周易大义	二十一卷	梁武帝撰	辑	清马国翰辑一卷(《玉函山房辑佚书》)
周易讲疏	十六卷	梁褚仲都撰	辑	清马国翰辑一卷(《玉函山房辑佚书》) 清黄奭辑一卷(《汉学堂丛书》《黄氏逸书考》)
易义	无卷数	南朝庄氏撰	辑	清黄奭辑一卷(《黄氏逸书考》)
周易讲疏	十六卷	陈周弘正撰	辑	清马国翰辑一卷(《玉函山房辑佚书》)
周易讲疏	三十卷	陈张讥撰	辑	清马国翰辑一卷(《玉函山房辑佚书》)
周易系辞义疏	二卷	南齐刘瓛撰	辑	清孙堂辑一卷(《汉魏二十一家易注》) 清马国翰辑一卷(《玉函山房辑佚书》) 清王仁俊辑一卷(《玉函山房辑佚书续编》) 清黄奭辑一卷(《汉学堂丛书》《黄氏逸书考》)
周易系辞明氏注	无卷数	南齐明僧绍撰	辑	清马国翰辑一卷(《玉函山房辑佚书》)
周易集解	八卷	梁伏曼容撰	辑	清马国翰辑一卷(《玉函山房辑佚书》)
王弼易二系注	无卷数	南齐顾欢撰	辑	清黄奭辑4条(《易杂家注》)

(二)《周易》佚目

书 名	卷 数	作 者	备 注
周易系辞注	二卷	宋卞伯玉撰	王仁俊《补宋书艺文志》
周易系辞注	二卷	宋徐爰撰	王仁俊《补宋书艺文志》

续表

书　名	卷　数	作　者	备　注
周易义	一卷	宋范歆撰	王仁俊《补宋书艺文志》
周易疑通	五卷	宋何諲之撰	王仁俊《补宋书艺文志》
集周易义疏	十九卷	宋明帝撰	王仁俊《补宋书艺文志》
国子讲易议	六卷	宋明帝撰	王仁俊《补宋书艺文志》
难顾悦之易义	无卷数	宋关康之撰	王仁俊《补宋书艺文志》
易义	无卷数	南齐祖冲之撰	高桂华《补南齐书经籍志》
周易两系训注	无卷数	南齐沈骥士撰	高桂华《补南齐书经籍志》
周易论	三十卷	南齐周颙撰	高桂华《补南齐书经籍志》
注周易	九卷	南齐费元珪撰	高桂华《补南齐书经籍志》
注周易	八卷	南齐谢氏撰	高桂华《补南齐书经籍志》
注周易	六卷	南齐尹涛撰	高桂华《补南齐书经籍志》
周易四德例	一卷	南齐刘瓛撰	高桂华《补南齐书经籍志》
乾坤义	一卷	南齐李玉之撰	高桂华《补南齐书经籍志》
周易问答	一卷	南齐徐伯珍撰	高桂华《补南齐书经籍志》
永明国学讲周易讲疏	二十六卷	南齐佚名撰	高桂华《补南齐书经籍志》
周易义	三卷	南齐沈林撰	高桂华《补南齐书经籍志》
周易讲疏	十卷	梁元帝撰	王仁俊《补梁书艺文志》
易文言注	无卷数	梁范述曾撰	王仁俊《补梁书艺文志》
周易集注	三十卷	梁朱异撰	王仁俊《补梁书艺文志》
周易注	十卷	梁何胤撰	王仁俊《补梁书艺文志》
注周易系辞	二卷	梁宋褰撰	王仁俊《补梁书艺文志》
乾坤义	一卷	梁释法通撰	王仁俊《补梁书艺文志》

续表

书　名	卷　数	作　者	备　注
国子讲易议	六卷	梁佚名撰	王仁俊《补梁书艺文志》
周易义疏	十四卷	梁萧子政撰	王仁俊《补梁书艺文志》
周易系辞义疏	二卷	梁萧子政撰	王仁俊《补梁书艺文志》
周易系辞义疏	一卷	梁武帝撰	王仁俊《补梁书艺文志》
续朱异集注周易	一百卷	梁孔子祛撰	王仁俊《补梁书艺文志》
易林	二十卷	梁庾诜撰	王仁俊《补梁书艺文志》
周易讲疏	三十五卷	梁武帝撰	徐崇《补南北史艺文志》
易讲疏	无卷数	梁朱异撰	徐崇《补南北史艺文志》
易讲疏	无卷数	梁贺玚撰	徐崇《补南北史艺文志》
易音	无卷数	宋荀柔之撰	《周易著述考》
周易注	无卷数	宋雷次宗撰	《周易著述考》
周易占	一卷	宋张浩撰	《周易著述考》
易音	无卷数	宋徐爰撰	《周易著述考》
周易大义疑问	二十卷	梁武帝撰	《周易著述考》
易林	十七卷	梁简文帝撰	《经义考》《周易著述考》
连山	三十卷	梁元帝撰	《周易著述考》
洞林	三卷	梁元帝撰	《周易著述考》
筮经	十二卷	梁元帝撰	《周易著述考》
周易几义	一卷	梁萧伟撰	《周易著述考》
周易发义	一卷	梁萧伟撰	《周易著述考》
周易集林	十二卷又一卷	梁伏曼容撰	《旧唐书·经籍志》《新唐书·艺文志》《周易著述考》
易髓	三卷	梁陶弘景撰	《宋史·艺文志》《经义考》《周易著述考》

续表

书　名	卷　数	作　者	备　注
周易开题论序	十卷	南朝梁蕃撰	《新唐书·艺文志》《周易著述考》
周易文句义疏	二十卷	南朝梁蕃撰	《新唐书·艺文志》《周易著述考》
周易释序义	三卷	南朝梁蕃撰	《新唐书·艺文志》《周易著述考》
周易谱	一卷	梁沈熊撰	《经义考》
周易杂音	三卷	梁沈熊撰	《经义考》

三、北朝《易》学书目

(一)《周易》存目

书　名	卷数	作　者	辑存	备　注
周易义	无卷数	北齐刘昼撰	辑	清王仁俊辑一卷（《玉函山房辑佚书续编》）
周易义	无卷数	北朝王嗣宗撰	辑	清马国翰辑一卷（《玉函山房辑佚书》）
周易义	无卷数	北朝朱仰之撰	辑	清马国翰辑一卷（《玉函山房辑佚书》）
关氏易传	一卷	北魏关朗撰	辑	明钟人杰辑一卷（《唐宋丛书》） 清王谟辑一卷（《汉魏丛书》） 清张海鹏辑一卷（《学津讨原》）
周易注	无卷数	北魏刘昞撰	辑	清马国翰辑一卷（《玉函山房辑佚书》）
周易注	十卷	北魏卢景裕撰	辑	清马国翰辑一卷（《玉函山房辑佚书》） 清黄奭辑一卷（《汉学堂丛书》《黄氏逸书考》）
周易注	十卷	北朝王凯冲撰	辑	清马国翰辑一卷（《玉函山房辑佚书》）
卜筮书残	无卷数	北朝佚名撰	辑	罗振玉辑一卷（《吉石盦丛书初集》）
元包经	十卷	北周卫元嵩撰	存	《四库全书》
洞极经	无卷数	北魏关朗撰	辑	清马国翰辑一卷（《玉函山房辑佚书》）

续表

书　名	卷数	作者	辑存	备　注
周易注	十三卷	北魏崔觐撰	辑	清马国翰辑一卷(《玉函山房辑佚书》)
周易讲疏	十三卷	北周何妥撰	辑	清马国翰辑一卷(《玉函山房辑佚书》)
周易傅氏注	十三卷	北魏傅氏撰	辑	清马国翰辑一卷(《玉函山房辑佚书》)
周易姚氏注	七卷	北魏姚规撰	辑	清马国翰辑一卷(《玉函山房辑佚书》)

(二)《周易》佚目

书　　名	卷　数	作　者	备　注
周易注	十卷	北魏崔浩撰	李正奋《补魏书艺文志》
周易统例	十卷	北魏崔觐撰	李正奋《补魏书艺文志》
易集解	无卷数	北魏游肇撰	李正奋《补魏书艺文志》
王朗易传注	无卷数	北魏阚骃撰	李正奋《补魏书艺文志》
易注	无卷数	北齐权会撰	徐仁甫《补北齐书艺文志》
周易义例	无卷数	北齐李铉撰	徐仁甫《补北齐书艺文志》
周易系辞义疏	无卷数	北齐杜弼撰	徐仁甫《补北齐书艺文志》
周易义记	无卷数	北周萧岿撰	徐仁甫《补周书艺文志》
六象论	一篇	北周何妥撰	《经义考》《周易著述考》
周易私记	二十卷	北周释亡名撰	姚振宗《隋书经籍志考证》
周易大衍通统	一卷	北魏颜氏撰	姚振宗《隋书经籍志考证》
周易立成占	三卷	北魏颜氏撰	姚振宗《隋书经籍志考证》
周易孔子通覆决	三卷	北魏颜氏撰	姚振宗《隋书经籍志考证》
易林杂占	百余卷	北齐吴遵世撰	《北史·艺术传》

第二节　两晋南北朝《易》学文献提要

一、两晋《易》学文献

《周易义》无卷数，向秀撰。秀字子期，河内怀人，"清悟有远识，少为山涛所知，雅好老庄之学"①，为《庄子》作隐解，发明奇趣，振起玄风。雅好读书，"后注《周易》，大义可观，而与汉世诸儒互有彼此，未若隐《庄》之绝伦也"②。此书《经典释文》、孔颖达《周易正义》、李鼎祚《周易集解》均有引用。据前贤③校比清孙堂、马国翰、黄奭所辑向秀《易》注各条，多讲文字训诂，注文简洁，取资前儒有所依据，并未空谈玄理，亦取象数以释《易》，就象而言理。还将人事用于证《易》，以《易》指导人以达修齐治平之道。其说同于郑玄、虞翻、荀爽三家反而较多，然于《子夏易传》、王肃、王弼亦有所取，依文择义，与诸家互有异同。

《周易注》三卷，王廙撰。廙字世将，琅邪临沂人。王导从弟，元帝姨弟。少能属文，工书画，善音乐、射御等。元帝坐镇江左，王廙弃郡过江，元帝甚为器重。及王敦构祸，帝遣廙喻敦，既不能谏其悖逆，乃为敦所留，受任助乱，寻病卒。曾为荆州刺史等职，卒赠侍中、骠骑将军，谥曰康。④ 有《文集》三十四卷，还著有《周易音》。此书《经典释文》《周易正义》《周易集解》《太平御览》等有引，此书盖亡于南宋，今有清孙堂、马国翰、黄奭辑本。其解《易》用字、训字义，从马融、郑玄、王肃、王弼之费氏《易》。训字音亦用郑玄、王弼义。依卦说象，文辞斐然。然其取马融、郑玄、王弼诸儒，则未能通其象数、义理，但凭己意取舍。故清儒张惠言云："东晋以后言《易》者，大率以王弼为本，而附之以玄言，其用郑（玄）、宋（衷）诸家，小有去取而已，非能通其说，如王廙者是也。"⑤

《周易注》十卷，黄颖撰。颖南海人，尝为广州儒林从事。其《周易注》十卷，《经典释文》有所引用，宋时已亡佚，今有清马国翰、黄奭辑本。其解《易》用字、训

---

① 《晋书·向秀传》，第 1374 页。
② 余嘉锡：《世说新语笺疏·文学》注引《向秀别传》，中华书局，2007 年，第 243 页。
③ 参见简博贤《今存三国两晋经学遗籍考》，第 459—461 页；徐芹庭《魏晋七家易学之研究》，第 304—328 页；黄庆萱《魏晋南北朝易学书考佚》，第 237—249 页。
④ 《晋书·王廙传》，第 2002—2004 页。
⑤ （清）张惠言：《易义别录》卷一三，《皇清经解》卷一二四六，咸丰十年（1861）学海堂补刊本。参见简博贤《今存三国两晋经学遗籍考》，第 442—448 页；黄庆萱《魏晋南北朝易学书考佚》，第 498—516 页。

释,从郑玄为多,亦有取马融、王弼,而无象数之说,注释用语朴实。①

《周易系辞注》三卷,韩伯撰。伯字康伯,颍川长社人。及长,清和有思理,留心文艺,舅殷浩异其才。尝为豫章太守等职,卒赠太常。其注有《系辞》《说卦》《序卦》《杂卦》共三卷,又著有《易音》及《文集》十六卷。韩伯领中正时,曾斥崇尚老庄、脱落名教的周勰,故其注《易》,虽全用王弼忘象遗数、卦主、适时、初上无位之说,但主于儒家义理。于王肃《易》注亦有所取。② 此书后与王弼《易》注合刊,成为今日《周易》通行注本,影响及于后世颇大。

《周易系辞注》二卷,桓玄撰。玄字敬道,谯国龙亢人,晋大司马桓温第六子。尝为荆、江二州刺史。晋安帝元兴元年(402)举兵反,入建康,杀司马道子等,废帝自立为楚皇帝。元兴三年(404)为刘裕所杀。③ 著有《文集》二十卷。此书《经典释文》有引用,今有清马国翰辑本。其文字有同于马融、王肃,为费《易》;有同于陆绩、姚信,为孟《易》。训字则从马融、韩康伯。④

《周易系辞注》二卷,谢万撰。万字万石,陈郡人,谢安弟,曾任豫州刺史等职,卒赠散骑常侍。万才器隽秀而善自炫曜,故早有时誉,尝衣白纶巾与简文帝谈论。工言论,善属文,叙渔父、屈原、嵇康等为《八贤论》。⑤ 万注虽不存,其为玄言盖无疑。

《周易系辞注》无卷数,袁悦之撰。悦之字元礼,陈郡阳夏人,骠骑谘议参军。⑥ 悦之能长短说,甚有精理。悦之注虽不存,是亦玄言者。悦之还著有《周易音》无卷数。

《周易旨》六篇,李充撰。充字弘度,江夏人。幼好刑名之学,深抑虚浮之士,累迁中书侍郎。充注《尚书》及《周易旨》六篇、《释庄论》上下二篇、诗赋表颂等杂文二百四十首,行于世。⑦ 刑名与玄谈实为一脉,李充所尚可知也。

《周易谱》一卷,袁宏撰。宏字彦伯,侍中猷之孙。撰《后汉纪》三十卷及《竹林名士传》三卷、诗赋诔表等杂文凡三百首,传于世。⑧ 观其著作,似慕竹林名士

---

① 参见简博贤《今存三国两晋经学遗籍考》,第 448—451 页;黄庆萱《魏晋南北朝易学书考佚》,第 517—522 页。
② 参见简博贤《今存三国两晋经学遗籍考》,第 434—441 页;徐芹庭《魏晋七家易学之研究》,第 155—156 页。
③ 《晋书·桓玄传》,第 2585—2601 页。
④ 参见简博贤《今存三国两晋经学遗籍考》,第 452—454 页;黄庆萱《魏晋南北朝易学书考佚》,第 533—535 页。
⑤ 《晋书·谢安传》,第 2086—2087 页。
⑥ 《晋书·袁悦之传》,第 1975 页。
⑦ 《晋书·李充传》,第 2389—2391 页。
⑧ 《晋书·文苑传》,第 3291—3299 页。

之风,盖亦王弼流裔。

《易论》无卷数,裴秀撰。秀字季彦,河东闻喜人。祖茂,汉尚书令。父潜,魏尚书令。晋时加左光禄大夫,服寒食散,当饮热酒而饮冷酒,因此而卒。① 观秀服寒食散,是亦玄学中人。

《周易象不尽意论》《大贤须易论》无卷数,殷融撰。融字洪远,陈郡人。任太常卿等职。融二《论》,理义精微,谈者称焉。常与兄子殷浩清谈。②《晋书·殷仲堪传》载仲堪能清言,谈理与韩康伯齐名,而殷融即为仲堪祖。③ 是融为玄谈者盖无疑,且家传其学。

《周易言不尽意论》无卷数,嵇康撰。康字叔夜,谯国铚人。学不师受,博览无不该通,长好《老》《庄》。常修养性服食之事,善谈理,又能属文,其高情远趣,率然玄远。④ 嵇康是竹林七贤之一,其论《易》可知。⑤

以上为义理《易》的几类文献论述。就辑存几类文献来看,传说之《易》,其实本非纯为王弼玄学之《易》,更多是杂糅诸家,断以己说。再看《周易集解》十卷,张璠撰。璠安定人,尝任秘书郎参著作。除此书外,还著有《周易略论》一卷、《后汉纪》三十卷,有"良史"之称,其书已佚。其《周易略论》似为《周易集解》附录,《集解》宋时已亡,《经典释文》、李鼎祚《周易集解》、《史记集解》、《文选》李善注均有征引。其集解有名可考者为二十二家,见陆德明《经典释文》,有钟会(三国时人)、卫瓘、王宏、邹湛、向秀、阮咸、阮浑、杨乂、张轨、庾运、荀煇、张辉、应贞、王济、栾肇、杜育、杨瓒、宣舒、邢融、裴藻、许适、杨藻等。此二十二家,以重于义理、近于王弼者为主,但其中张轨、荀煇则明确主汉《易》。《集解》依向秀本,其于《易》文字有所校订,有从郑玄、马融、王肃、京房、荀爽、虞翻诸儒者。有训诂名物、解释词义文义者,非空谈义理。其解《易》象同王弼而异虞翻。⑥ 此书《经典释文》、李鼎祚《周易集解》、《史记集解》、《文选》李善注均有征引,今有清孙堂、马国翰、黄奭辑本。

仔细考察张璠所集诸家,如《周易卫氏义》无卷数,卫瓘撰。瓘字伯玉,河东安邑人。高祖暠,汉明帝时,以儒学自代郡征,至河东安邑卒,子孙遂家焉。瓘至孝过人,性贞静有名理。太康初,迁司空,为政清简,甚得朝野声誉。卒后追瓘伐

---

① 《晋书·裴秀传》,第1037—1040页。
② 余嘉锡:《世说新语笺疏·文学》引《晋中兴书》,第302页。
③ 《晋书·殷仲堪传》,第2192页。
④ 《晋书·嵇康传》,第1369—1374页。
⑤ 竹林七贤者,阮籍、山涛、向秀、刘伶、阮咸、王戎、嵇康,中有述《易》学者,见正文所论。
⑥ 参见黄庆萱《魏晋南北朝易学书考佚》,第268—300页。

蜀勋,封兰陵郡公,谥曰成,赠假黄钺。① 考其传所言"贞静有名理""为政清简",此当为主王弼义理学者。

《周易王氏义》无卷数,王宏撰。宏字正宗,高平人,魏侍中粲之从孙,王弼之兄。曾任司隶校尉等职,追赠太常。② 以宏之家世、家学,当亦王弼一系者。

《周易王氏义》无卷数,王济撰。济字武子,太原晋阳人,王浑子,善《易》及《庄》《老》,文词俊茂,伎艺过人,有名当世,与姊夫和峤及裴楷齐名。性豪侈,丽服玉食。历任侍中、国子祭酒等。③《三国志·王弼传》注引何劭《王弼传》云"太原王济好谈,病《老》《庄》,常云'见弼《易注》,所悟者多'"④,是明为王弼之学。然王济又言"弼所悟者多,何必能顿废前儒",是亦与王弼有异同。⑤

《周易论》一卷,又名《明易论》,应贞撰。贞字吉甫,汝南南顿人,魏侍中璩之子。自汉至魏,世以文章显,轩冕相袭,为郡盛族。贞善谈论,以才学称。曾任散骑常侍等职。以儒学与太尉荀顗撰定新礼,有《文集》行于世。⑥ 考其传所言"善谈论",此当为主义理学者。

《周易统略论》五卷,邹湛撰。湛字润甫,南阳新野人。少以才学知名,曾仕曹魏为太学博士,晋时任侍中、国子祭酒等。⑦ 此书今唯《经典释文》引有 2 条,其余已佚,清马国翰辑之。佚文为论难形式,同王弼之说而与虞翻、荀爽异。

其余如阮咸、阮浑有《周易难答论》二卷,阮浑难、阮咸答。阮浑,字长成,尝为冯翊太守,阮籍之子。阮咸,字仲容,陈留人,阮籍之兄子,尝为始平太守。⑧ 二子均为林下之士,所谈为玄理可知。

庾运,字玄度,新野人,官至尚书;张辉,字义元,梁国人,晋侍中、平陵亭侯;栾肇,字永初,太山人,晋太保掾、尚书郎;杜育,字方叔,襄城人,国子祭酒;杨瓒,晋司徒右长史。⑨ 邢融、裴藻、许适、杨藻则连生平一无所知。此诸人《易》学著作早佚,无片言留存,生平简略,难以考其家法,姑依张璠学术风格归之义理类。

然张璠所引荀煇却明是汉《易》之学。《周易注》十卷,荀煇撰。煇字景文,颍

---

① 《晋书·卫瓘传》,第 1055—1061 页。
② 《晋书·王宏传》,第 2332—2333 页。
③ 《晋书·王浑传》,第 1205—1206 页。
④ 《三国志·王弼传》,第 796 页。
⑤ 见《南齐书·陆澄传》陆澄与王俭书所引,第 684 页。
⑥ 《晋书·文苑传》,第 2370—2371 页。
⑦ 《晋书·文苑传》,第 2380 页。
⑧ 《晋书·阮籍传》,第 1362—1363 页。
⑨ (唐)陆德明:《经典释文序录疏证》,第 43—44 页。

川颍阴人。《三国志·荀彧传》注引《荀氏家传》曰："与贾充共定音律,又作《易集解》。"① 是煇为颍川荀氏,传荀氏象数之学。② 《周易卦序论》无卷数,杨乂撰。杨乂字玄舒,汝南人。曾任给事郎、司徒左长史。③ 著有《毛诗注》《文集》三卷。此书宋时亡佚,唐人徐坚《初学记》引有1条,今有清马国翰辑本。此书乃就《周易》六十四卦依序论其得名之故,是亦不明为玄学《易》者。④ 《通知来藏往论》无卷数,又名《通易象论》,宣舒撰。舒字幼骥,陈郡人,晋宜城令。⑤ 宣舒论象,似亦非空谈理而废象者。《周易义》无卷数,张轨撰。轨字士彦,安定乌氏人。汉常山景王张耳十七代孙。家世孝廉,以儒学显。少明敏好学,与同郡皇甫谧善。⑥ 轨以时方多难,阴图据河西,筮之,遇《泰》之《观》,乃投筴喜曰"霸者兆",于是求为凉州,是长于卜筮者。晋惠帝永宁初出为凉州刺史。征九郡胄子五百人,立学校,始置崇文祭酒,位视别驾,春秋行乡射之礼。谥曰武公。⑦ 张璠《集解》引此书,《经典释文》转引之,今有清马国翰辑本。其用字与子夏、班固、应劭、服虔、张晏、虞喜同,与王弼异,存古字古义,是守汉学者无疑。

由此可见,上述所谓义理《易》学,除议论类文献较为突出地对《易》的玄理阐发外,其实在传说《易》经、训释《易》传时,所谓的"玄学"《易》学家们是兼综汉魏以来诸儒的,于用字、字义、词义、名物训诂等皆是案文择义,不专一家,断以己意,与众家互有异同。这实是东汉末马、郑打破今古文师法、家法的注经风格的延续。而当以曹魏王弼《易》为代表的玄学说《易》风格出现后,两晋的儒者又将之糅合进原有的两汉《易》训之中,形成了上述的文献风格。接下来再分析象数《易》学文献,观察其是否有相似情况。

先考察传说类。《周易蜀才注》十卷,范长生撰。长生一名延久、九重,字元,涪陵丹兴人。自称蜀才,善天文,有术数,民奉之如神。成都王李雄尝拜为丞相,尊曰蜀贤,又尊为"四时八节天地太师",封西山侯,复其部曲,军征不预,租税皆入长生家。长生于青城山奉天师道,时蜀中战乱,曾率千余家避乱于青城山。⑧ 此书已

---

① 《三国志·荀彧传》,第316页。
② 《三国志·荀彧传》注引《荀氏家传》云荀融"与王弼、钟会俱知名,与弼、会论《易》《老》义,传于世",是荀融明为玄学《易》路数,故家学与个人好尚,时有不同。然荀煇既定音律,此非实学者所不能,故暂定其仍传荀氏家学。
③ 《经典释文序录疏证》,第44页。
④ 参见黄庆萱《魏晋南北朝易学书考佚》,第259—261页。
⑤ 《经典释文序录疏证》,第44页。
⑥ 《晋书·皇甫谧传》以张轨为皇甫谧门人。
⑦ 《晋书·张轨传》,第2221—2226页。
⑧ (晋)常璩撰,任乃强校注:《华阳国志》卷九,上海古籍出版社,1987年,第483—484页。

佚,《经典释文》《周易正义》等书尝引之,今有清孙堂、马国翰、黄奭辑本。

钱基博先生论三国《易》学云:"北士传马、郑而习费《易》,而吴蜀则守孟、京而薄马、郑。"①到蜀才则融合荀爽升降与虞翻卦变之说,二家皆为推象通辞之学。虞翻世传孟氏《易》,然亦取于京、费、荀、郑诸家;荀氏《易》学本为费氏学,亦多用京氏学,且多所取资诸家,蜀才注因之。大较言之,蜀才《易》注同虞多于同荀。其用字多主古文,间用假借字。主象数,多用升降、卦变、反卦、十二消息、往来应承、得位得中等以释《易》。然间亦以义理通之。蜀才说《易》之作,今存三十余条,大抵论卦变,参合多家,旁通异训。②

案升降指阳在下当升上,阴在上当降下,以喻君子当升,小人当降,扶阳而抑阴,蜀才用以解各卦由来,亦有阴升阳降,是于荀氏之说又有变化。卦变之说,荀爽已肇其端,虞翻集其大成,蜀才用卦变有:乾坤生卦(消息);临观生卦,四阴二阳之卦皆从此生;泰否生卦,三阴三阳之卦从此生;大壮遯生卦,四阳二阴之卦从此生;剥复生卦,一阳五阴之卦自此变来;夬姤生卦,五阳一阴之卦从此来。消息,消者消减,息者增加。十二消息亦名十二辟卦,辟者主、君也,阴阳递相盛衰,表示天时阴阳之变化和人事君子小人之盛衰。见下表:

十一月	十二月	一月	二月	三月	四月	五月	六月	七月	八月	九月	十月
建子	建丑	建寅	建卯	建辰	建巳	建午	建未	建申	建酉	建戌	建亥
䷗	䷒	䷊	䷡	䷪	䷀	䷫	䷠	䷋	䷓	䷖	䷁
复卦	临卦	泰卦	大壮	夬卦	乾卦	姤卦	遯卦	否卦	观卦	剥卦	坤卦
一阳生	二阳生	三阳生	四阳生	五阳生	六阳	一阴生	二阴生	三阴生	四阴生	五阴生	六阴

又反卦,一卦反面而成另一卦,如屯,倒反,为蒙。六十四卦之次序除八旁通卦外,皆以反卦两两相次。往来,由上卦降下卦曰来,由下卦升上卦曰往。下卦亦曰内卦,上卦亦曰外卦。得位得中,凡六爻之位,初三五为阳之位,二四上为阴之位,凡阳居阳位,或阴居阴位,皆谓之得位。得中者指二在内卦之中,五在外卦之中。应承,应者初与四,二与五,三与上,阴阳互异,内外相应,爻有阴阳,阳在阴上曰据,阴在阳下曰承。蜀才《易》注均有用之。

---

① 钱基博:《经学通志》,第 19 页。
② 参见简博贤《今存三国两晋经学遗籍考》,第 87—98 页;徐芹庭《魏晋七家易学之研究》,第 50—95 页。

《周易注》十卷，干宝撰。宝字令升，新蔡人，徙居吴郡海盐。祖统，吴奋武将军、都亭侯。宝曾任始安太守、散骑常侍等职。少勤学，博览书记，著有《晋纪》二十卷，其书简略，直而能婉，咸称良史。又著《搜神记》三十卷，刘惔谓鬼之董狐。有《文集》行世。性好阴阳术数，留思京房、夏侯胜等传。① 其《易》学著作丰富，有《周易注》十卷、《周易爻义》一卷、《周易宗塗》四卷、《周易音》无卷数②，其中《周易宗塗》《周易音》均早亡，无可考其内容。干宝《易》注，李鼎祚《周易集解》、陆德明《经典释文》引之，今有明姚士粦、清孙堂、马国翰、黄奭、汪氏辑本。

案张惠言《易义别录》云：

> （干宝）注《易》尽用京氏占候之法以为象，而援文武周公遭遇之期运一一比附之，《易》道猥杂，自此始矣。其所以为象者，非卦也，爻也。其所取于爻者，非爻也，干支也。由干支而有五行、四气、六亲、九族、福德、刑杀，此皆无与于卦者也。令升之为京氏《易》者非京氏也。今令升之注仅存者三十卦，而又不完，然其言文武革纣、周公摄成王者十有八焉，则是以《易》为周家纪事之书。京氏以《易》阴阳推后世灾变，令升以《易》辞推周家应期，故曰令升之为京氏《易》者非京氏也。③

干宝《易》注有解字义、言章法者，言《易》象较两晋其他《易》注为多，有用卦体、互体、卦象、反卦、消息及卦气、八宫卦世应游魂归魂及世卦起日例、八卦十二位、五德转移说者。而注《系辞》，言及五星、八卦休王之说。其注六爻，有言爻位之得失、敌应、乘据承、天地人、贵贱、远近者；有言爻体者；有言纳甲、纳支、纳支应时、卦身、纳支应情者；有言爻等者。④

又元胡一桂云：

> 干宝《周易传》十卷，复别出《爻义》一卷。宣和四年（1122）蔡攸上其书曰：其学以卦爻配月，或以配日时，传诸人事，而以前世已然之迹证之，训义颇有所据。⑤

案京房以星宿入《易》，创爻辰之说，分乾坤十二爻，以配十二辰。乾六爻自初至

---

① 《晋书·干宝传》，第 2149—2150 页。
② 《隋书·经籍志》有王氏撰《周易问难》二卷、佚名撰《周易玄品》二卷，后补志有认为皆为干宝作，"王"氏当作"干"氏，二书均佚，无可考其内容，姑存疑。
③ （清）张惠言：《易义别录》卷七。
④ 参见简博贤《今存三国两晋经学遗籍考》，第 102—118 页；黄庆萱《魏晋南北朝易学书考佚》，第 305—496 页；徐芹庭《魏晋七家易学之研究》，第 158—159 页。
⑤ （元）胡一桂：《周易启蒙翼传》中篇《易学传注》，《通志堂经解》，江苏广陵古籍刻印社影印同治十二年（1873）富文斋刊本，1996 年。

上,以配子寅辰午申戌;坤六爻自初至上,以配未巳卯丑亥酉。郑玄于乾六爻则从京氏,于坤六爻则值未酉亥丑卯巳。以爻辰配星象,则以十二辰之方位,配二十八宿之次。孟喜《卦气图》以坎离震兑为四正卦,余六十卦卦主六日七分,合周天之数。四卦主四时,爻主二十四气;十二卦主十二辰,爻主七十二候;六十卦主六日七分,爻主三百六十五日四分日之一。均以卦爻配天文、历法,干宝沿用之。

纳甲,卦或爻纳(配)干支,甲代表干支。京氏纳甲之法,本以占验灾异,魏伯阳遂取以比附月体盈亏、昏旦所见方向,丹家用之为行持进退之候。飞伏,卦见者为飞,不见者为伏,飞,来;伏,往。纳甲如表:

阳卦纳阳干(阳卦多阴)				阴卦纳阴干(阴卦多阳)			
乾	震	坎	艮	坤	巽	离	兑
☰	☳	☵	☶	☷	☴	☲	☱
内卦纳甲,外卦纳壬	纳庚	纳戊	纳丙	内卦纳乙,外卦纳癸	纳辛	纳己	纳丁

京房又创八宫卦变。其法以八纯卦为本,各自初爻依次积变,七变而成六十四卦,用以占验灾异。所变之爻为世,世之对为应。故初爻为世,则四爻为应。游魂同四世,应在初;归魂同三世,应在上,是为世应。八宫六十四卦,依世次阴阳,分主十二月,每月四卦,是为世卦起月例。孟喜卦气值月,卦值六日七分,每月五卦。干宝混合二种,确有猥杂之嫌。八宫卦变表:

八宫卦 卦变	乾	震	坎	艮	坤	巽	离	兑	世游归
初爻变	姤	豫	节	贲	复	小畜	旅	困	一世
二爻再变	遯	解	屯	大畜	临	家人	鼎	萃	二世
三爻再变	否	恒	既济	损	泰	益	未济	咸	三世

续　表

八宫卦\卦变	乾 ䷀	震 ䷲	坎 ䷜	艮 ䷳	坤 ䷁	巽 ䷸	离 ䷝	兑 ䷹	世游归
四爻再变	观	升	革	睽	大壮	无妄	蒙	蹇	四世
五爻再变	剥	井	丰	履	夬	噬嗑	涣	谦	五世
上爻不变四爻再变	晋	大过	明夷	中孚	需	颐	讼	小过	游魂
下体三爻皆变	大有	随	师	渐	比	蛊	同人	归妹	归魂

又象随卦变,为推象通辞之据。干氏《易》言某爻自某卦来者,实倒本为末,如乾坤诸爻皆云自某卦来者,是乾坤反生于他卦。干宝以子夏、马、郑、荀、虞、王肃、王弼等注《易》,然亦有引《老》《庄》为注者。

《易义》无卷数,翟元撰。元一名子玄,晋人,生平一无可考,盖隐者。此书《经典释文》、李鼎祚《周易集解》有征引。翟氏注《易》,与荀爽象数之学类似,并有取于子夏、郑玄、京房、马融、虞翻、王肃诸家,亦有自己异说者。以象数通《易》,有互体、卦变、旁通诸象,爻有三才之位,正位、中正、往来、据承及爻位贵贱等律则,讲十二辟卦消息,并以声训《易》。①

《京氏易注》无卷数,郭琦撰。琦字公伟,太原晋阳人。少方直,有雅量,博学,善五行,作《天文志》《五行传》,注《穀梁》《京氏易》百卷。乡人王游等皆就琦学。武帝用为佐著作郎。② 是明为继承京氏《易》学者。

《周易训注》无卷数,刘兆撰。兆字延世,济南东平人,汉广川惠王之后。博学洽闻,温笃善诱,从受业者数千人。③ 其撰《周易训注》,以正动二体互通其文,是亦论《易》之体、象者。

《周易解》无卷数,皇甫谧撰。谧幼名静,安定朝那人,汉太尉嵩之曾孙。出

---

① 参见徐芹庭《魏晋七家易学之研究》,第 98—123 页。
② 《晋书·郭琦传》,第 2436 页。
③ 《晋书·刘兆传》,第 2349—2350 页。

后叔父,徙居新安。年二十乃学,躬自稼穑,带经而农,遂博综典籍百家之言。沉静寡欲,始有高尚之志,以著述为务,自号玄晏先生。著《礼乐》《圣真》之论,又作《玄守论》《释劝论》,不仕,耽玩典籍,忘寝与食。尝反对蜀人文立废命士之贽礼,并引《易》为说,又作《笃终》论丧礼。谧所著诗赋诔颂论难甚多,又撰《帝王世纪》、《年历》、《高士》《逸士》《列女》等传、《玄晏春秋》,并重于世。门人挚虞、张轨、牛综、席纯,皆为晋名臣。① 《直斋书录解题》著录为十四卷,云皇甫谧:

> 其学得于常山抱犊山人,而莆阳游中传之,刘彝、钱藻皆为之序。山人者不知其名氏,盖隐者也。《通志》分为《易义》八卷、《补注》、《精微》,合三卷。②

张轨本传云与谧相友,此云为其门人,要之皆师友。谧之学又得之"山人",疑与道教有关。故此书盖为象数《易》类。

至于议论之类,《易象妙于见形论》无卷数,孙盛撰。盛字安国,太原中都人。十岁时渡江避难,及长,博学善言名理。尝奋掷麈尾与殷浩抗论,毛悉落饭中。曾为秘书监、给事中等。盛笃学不倦,自少至老,手不释卷。著《魏氏春秋》二十卷、《晋阳秋》三十二卷,咸称良史焉,有《文集》十卷。著医卜及《易象妙于见形论》,浩等竟无以难之,由是遂知名。③ 而《刘惔传》云刘惔性简贵,与王羲之雅相友善,尤好《老》《庄》,任自然趣。雅善言理,简文帝使惔与抗答,盛遂屈。④ 盛论《易》之言,引《易》以斥老子,于王弼援老、扫象有微词⑤,以《易》为说人事义理,于卦气、卦变之说亦赞成。其论多本《系辞》,谓《周易》妙于将其象寄见于形,由一象该众象,由一形兼众形。观器不如蓍龟,蓍龟不如六爻,六爻不执于一事一物,故可寄万事万物。⑥ 观孙盛虽亦谈名理,却与好老、庄之刘惔不同。其著医卜之书,又赞成象数,故亦象数《易》之流。其论今有清马国翰辑本。

《周易论》四卷,又名《周易论难》,范宣撰。又《拟周易说》八卷,范氏撰。姚振宗《隋书经籍志考证》认为或有范宁、范辑等说亦在内,非一人之作,总题范氏。《拟周易义疏》十三卷,佚名撰,姚振宗《隋书经籍志考证》疑即疏解范氏之义。宣字宣子,陈留人。年十岁诵《诗》《书》。言谈未尝及《老》《庄》,却能解客问《庄子》

---

① 《晋书·皇甫谧传》,第1409—1418页。
② (宋)陈振孙:《直斋书录解题》卷一,《丛书集成初编》据《聚珍版丛书》排印本,第11页。
③ 《晋书·孙盛传》,第2147—2148页。
④ 《晋书·刘惔传》,第1990—1991页。
⑤ 《三国志·王弼传》注引,第796页。
⑥ 参见黄庆萱《魏晋南北朝易学书考佚》,第525—526页。

内容。戴逵等来求学,有若齐、鲁。与时豫章太守范宁称为二范,江州人士化二范之风并好经学。① 可见二范均为守两汉儒学者。

《难易无互体论》无卷数,荀𫖮撰。𫖮字景倩,颍川人,魏太尉彧之子。性至孝,总角知名,博学洽闻,理思周密。晋侍中、太尉。难钟会《易》无互体,见称于世。明三《礼》,又撰《晋礼》。② 钟会字士季,颍川长社人。博学精练名理,尝论《易》无互体、才性异同,与王弼并知名。③ 是荀𫖮为传颍川荀氏之学者。

《周易难王辅嗣义》一卷,顾夷撰。《难王弼易义》四十余条,顾悦之撰。悦之字君叔,少有义行。为州别驾,历尚书右丞,顾恺之之父。④《四库全书总目》云悦之即顾夷之字。秦荣光亦以为顾夷、顾悦之为一人。然文廷式以为顾夷为荆州刺史,非顾恺之之父。《世说新语·文学》注引《顾氏谱》云"夷字君齐,吴郡人,辟州主簿,不就"⑤,似又作两人,姑存疑。是二书则径题难王弼者。

《六象论》无卷数,何襄城撰。《四象论》无卷数,萧乂撰。前书论实象、假象、偏象、圆象、义象、用象,后书难何氏所论而不取偏象、圆象。李颙《周易卦象数旨》六卷、栾肇《周易象论》三卷,则均推测为论《易》象数而近于汉儒者。

至于筮占类著作,如郭璞所撰《易》著作数种。郭璞字景纯,河东闻喜人。父瑗,尚书都令史。璞好经术,博学有高才,而讷于言论。曾任尚书郎。好古文奇字,妙于阴阳算历。精于卜筮的郭公客居河东,璞从之受业,得《青囊中书》九卷,由是遂洞五行、天文、卜筮之术,攘灾转祸,通致无方,虽京房、管辂不能过。好卜筮,本传载其占验数事。集前后筮验六十余事为《洞林》。又抄京、费诸家为《新林》十篇、《卜韵》一篇。注释《尔雅》《三苍》《方言》《穆天子传》《山海经》《楚辞》《子虚》《上林赋》数十万言,皆传于世。所作诗赋诔颂亦数万言。⑥ 郭璞著有筮占《易》著8种,其中唯1种有辑佚。胡一桂云:

> 景纯《洞林》,断法用青龙、朱雀、勾陈、腾蛇、白虎、玄武六神及太岁诸煞神、时日旺相等推算,灵验无比。《新林》十篇、《卜韵》一篇,大抵只用卦爻,不假文字,然杂以说相、葬法、行符、厌胜之术,往往流于技艺,而《易》道日以支离卑下矣。⑦

---

① 《晋书·范宣传》,第2360页。
② 《晋书·荀𫖮传》,第1150—1151页。
③ 《三国志·钟会传》,第784—795页。
④ 《晋书·顾悦之传》,第2048页。
⑤ 余嘉锡:《世说新语笺疏》,第319页。
⑥ 《晋书·郭璞传》,第1899—1910页。
⑦ (清)朱彝尊:《经义考》卷一一,上海古籍出版社,2010年,第165—166页。

是郭璞为由儒学杂入道教筮占者,实为象数流裔。郭璞《易洞林》有刘学宠、王谟、黄奭、马国翰辑本,王仁俊辑有《郭氏易占》,盖集合郭璞所有《易》占内容。

又如《周易杂占》无卷数,葛洪撰。洪字稚川,丹杨句容人。少好学,以儒学知名。性寡欲,究览典籍,尤好神仙导养之法。从祖玄,吴时学道得仙,号葛仙公,以其练丹秘术授郑隐,隐授洪。后学内学与医术于南海太守鲍玄。曾为司徒掾,迁谘议参军,与干宝相友善。晚年至罗浮山练丹。自号抱朴子,因以名书。并著有碑诔诗赋百卷,移檄章表三十卷,神仙、良吏、隐逸、集异等传各十卷,又抄五经、《史》、《汉》、百家之言,方技杂事三百一十卷,《金匮药方》一百卷,《肘后要急方》四卷。① 是洪著述丰富,乃儒道兼修者。又长于医卜,与干宝友善,则此书内容可以推知为集象数、筮占之大成者。

《周易筮占》二十四卷,徐苗撰。苗字叔胄,高密淳于人。累世相承,皆以博士为郡守。是博士济南宋钧弟子,号为儒宗。作《五经同异评》,又依道家著《玄微论》,前后所造数万言,皆有义味。② 是亦儒道兼综而著论卜筮者。

由上述可见,即便为继承两汉象数《易》学之作,其实亦兼采魏以来之玄学义理,综合诸家,不专一说,并下以己意,有所发挥。

最后再考察两晋时期的其他几类《易》学著作。音训文献有清人马国翰所辑的《周易李氏音》一卷、《周易徐氏音》一卷。李轨《晋书》无传,《经典释文》引其书有 7 条,云为江夏人,东晋祠部郎中、都亭侯,还注有《古文尚书音》、扬雄《法言》等。徐邈字仙民,东莞姑幕人。祖澄之永嘉之乱南渡江,家于京口。邈勤行励学,博涉多闻,为东州儒素。曾任中书舍人、散骑常侍。撰正五经音训,学者宗之。③ 似为朴实治学者,其音注盖为纯训诂之作。其余有 4 种已亡佚,作者散见上文。

拟《易》类著作存有一种,即范望注扬雄《太玄经》十卷首一卷。范望字叔明。此书为范望综合宋衷、陆绩二家之注,以陆为本,兼采宋义对《太玄》进行训释。④《四库全书》收入子部术数类,可见其主要为汉象数《易》之风格。还有杨泉撰《太玄经》十四卷,清马国翰有辑本。泉字德渊,吴人,入晋不应征,为处士。⑤ 此书是仿扬雄《太玄》而作。泉还撰有《物理论》十六卷、《集》二卷,是亦治

---

① 《晋书·葛洪传》,第 1911—1913 页。
② 《晋书·儒林传》,第 2351 页。
③ 《晋书·儒林传》,第 2356 页。
④ (清)朱彝尊:《经义考》卷二六九,第 4830 页。
⑤ (清)严可均:《全三国文》卷七五,《全上古三代秦汉三国六朝文》,中华书局,1958 年,第 1453 页。

朴学者。还有新的拟《易》著作如王长文撰《通玄经》四卷。长文字德叡,广汉郪人。少以才学知名,闭门自守,不交人事。著《通玄经》,拟《易》,有《文言》《卦象》,可用卜筮,时人比之《太玄》。①

至于考证古《易》类,有《古三坟》一卷,阮咸注,今有清王谟辑本。《四库全书总目》云:

> 案三坟之名见于《左传》,然周、秦以来经传子史从无一引其说者,不但汉代至唐咸不著录也。此本晁公武《读书志》以为张商英得于比阳民舍,陈振孙《书录解题》以为毛渐得于唐州,盖北宋人所为。其书分《山坟》《气坟》《形坟》,以《连山》为伏羲之《易》,《归藏》为神农之《易》,《乾坤》为黄帝之《易》,各衍为六十四卦,而系之以传,其名皆不可训。又杂以《河图代姓纪》及策辞政典之类,浅陋尤甚。至以燧人氏为有巢氏子、伏羲氏为燧人氏子,古来伪书之拙莫过于是。至明何镗刻入《汉魏丛书》,又题为晋阮咸注,伪中之伪,益不足辨矣。②

《左传》所载《三坟》乃《书》类而非《易》类,此处托于三《易》,亦可见其伪。本书录于此以与其他考证古《易》类著作做对比。

《归藏》(附《连山》)一卷,晋太尉参军薛贞注。此书今有清王谟辑本。《隋书·经籍志》云:

> 《归藏》汉初已亡。案晋《中经》有之,唯载卜筮,不似圣人之旨。以本卦尚存,故取贯于《周易》之首,以备殷《易》之缺。③

陈振孙云:

> 今惟存《初经》《本蓍》《齐母》三篇,错谬不可读,非古全书也。④

朱彝尊云:

> 《归藏》隋时尚存,至宋犹有《初经》《齐母》《本蓍》三篇。又按《归藏》之书有《本蓍篇》,亦有《启筮篇》;有《齐母经》,亦有《郑母经》,今见于郭景纯《山海经注》。《隋志》谓《归藏》汉初已亡,故班固《艺文志》不载。又谓晋《中

---

① 《晋书·王长文传》,第2138—2139页。
② 《四库全书总目》卷一〇,第88—89页。
③ 《隋书》,中华书局,1973年,第913页。
④ (宋)陈振孙:《直斋书录解题》卷一,第4页。陈振孙将《唐志》所载司马膺注《归藏》十三卷亦归入此。

经簿》有之,斯景纯得援之以释《山经》也。①

《续修四库全书总目·经部》云:

> 《太平御览》卷八十二引《归藏》'昔桀筮伐唐而枚占于荧惑',近人王国维治殷墟甲骨文,谓卜词之'汤'皆作'唐',证《御览》所引者确为殷代古经。②

是《古三坟》以《连山》为伏羲之《易》、《归藏》为神农之《易》虽伪,但此处《归藏》为殷《易》却基本可以确定,两晋之人不仅引用之,还注解之,且宋时犹存有遗说,当无疑议。《隋志》云唯载卜筮,正符合《易》本初之貌,亦可证《周易》之十翼,确为孔子及后学所补充,是对《周易》由卜筮之书到儒家经典的改造。

《连山》一卷,司马膺注,司马膺始末未详。此书今有清马国翰辑本。《续修四库全书总目·经部》认为此书《隋书·经籍志》以前皆不著录,此为《北史·刘炫传》所说刘炫伪造的《连山易》,③因暂无更多证据,姑存疑。此书《新唐书·艺文志》有著录。司马膺还注有《归藏》十三卷,已佚。

汲冢书之发现,是此时出土文献发展一大事件。《竹书易经》五篇、《汲冢易繇阴阳卦》二篇、《汲冢卦下易经》一篇、《论易》二篇均为汲冢出土材料,并为晋人所整理者。杜预云:

> 汲郡汲县有发其界内旧冢者,大得古书。《周易》及纪年最为分了。《周易上下篇》与今正同。别有《阴阳说》而无《彖》《象》《文言》《系辞》,疑于时仲尼造之于鲁,尚未播之于远国也。④

《晋书·束晳传》云:

> 太康二年,汲郡人不準盗发魏襄王墓,或言安釐王冢,得竹书数十车。其《易经》二篇,与《周易》上下经同。《易繇阴阳卦》二篇,与《周易》略同,《繇辞》则异。《卦下易经》一篇,似《说卦》而异。《公孙段》二篇,公孙段与邵陟论《易》。武帝以其书付祕书校缀次第,寻考指归,而以今文写之。晳在著作,得观竹书,随疑分释,皆有义证。⑤

---

① (清)朱彝尊:《经义考》卷三,第 31—32 页。
② 中科院图书馆整理:《续修四库全书总目·经部》,中华书局,1993 年,第 2 页。案《续四库提要》此处认为王国维"执单词以为证据,亦不敢从也",本书以为典籍散佚,若可证一斑亦当从之。
③ 中科院图书馆整理:《续修四库全书总目·经部》,第 2 页。
④ 《左传·后序》,(清)阮元校刻:《十三经注疏》,第 4751 页。
⑤ 《晋书·束晳传》,第 1432—1433 页。

由此可见，汲冢古《易》是属于《周易》，但与晋时《周易》互有异同。相同处可以说明《周易》的经是早已形成并有一定规制，而《周易》的传则在此时仍处于形成过程中。尤其是其传多阴阳说，而不同于今之《易传》，更可证明两点：一是今之十翼是孔子及后学所形成，二是《易》与先秦阴阳家的关系渊源甚早。由此两点亦可见至少在东周时期，《周易》就有了象数、义理两大路径。① 汲冢书出土后，晋人将其收入中秘，进行整理并译写为"今文"（当时通行的字体），与当时流传之《周易》还作了对比研究，惜乎今亦不传，只能从史载片语作一点推测。

另还有宗主不明的著作如《易传》无卷数，袁准撰。袁准事迹见下《诗》一节。此书久佚，内容无考，从袁准生平亦难知其家法。《周易论》一卷，宋岱撰。宋岱曾为荆州刺史，在惠帝太安二年（303）三月李特攻陷益州时击特并斩之。② 此书《新唐志》作《通易论》，题宋处宗撰，盖宋岱字处宗。《易注》无卷数，刘炎撰。刘炎因犯太子讳，改名刘邠，官至太子仆。此书见《三国志·管辂传》注引，③ 似以玄理为主，然又兼顾象数。

二、南朝《易》学文献

《易经要略》无卷数，南齐沈驎士撰。驎士字云桢，吴兴武康人。少好学，七岁能玄言，及长，博通经史，有高尚之心。家贫，织帘诵书，口手不息，乡里号为织帘先生。宋元嘉末，文帝令尚书仆射何尚之抄撰《五经》，访举学士，县以驎士应选，尚之令子从沈驎士、黄叔度学。驎士尝苦无书，因游都下，历观四部毕，称疾归乡，作《玄散赋》以绝世。隐居余不吴差山，讲经教授，从学者数十百人，各营屋宇，依止其侧。驎士无所营求，以笃学为务，恒凭几鼓琴，负薪汲水，并日而食。曾遭火，烧书数千卷，当时驎士已年过八十，犹耳聪目明，灯下细书，抄成二三千卷。著述甚丰，有《周易两系训注》《庄子内篇训注》《礼记要略》《春秋要略》《尚书要略》《论语要略》《孝经要略》《丧服经传义疏》《老子要略》及《文集》六卷。④ 传见《南齐书·高逸传》《南史·隐逸传》。此书于《隋书·经籍志》不载，盖久已亡佚。清人马国翰、黄奭自李鼎祚《周易集解》辑得1条。此条借龙比喻君子之德，假象以推明人事，深切著明，傍依而有理据。是继承王弼虚象而说理的路数。其

---

① 孔子、荀子皆强调善《易》者不占，是孔子及其后学所作《易传》虽亦论象，但要在讲义理，以义理来指导人的修齐治平。
② 《晋书·惠帝纪》《李特载记》，第100、3029页。
③ 《三国志·方技传》，第823页。
④ 《南齐书·高逸传》，第943—944页；《南史·隐逸传》，第1890—1892页。

释文本于《礼记》《论语》《说文》，又引《文言》证明，①本传言其于都下遍观群书，晚年仍能抄书千卷，故其注可谓博学洽闻。

《周易讲疏》十六卷，梁褚仲都撰。褚仲都吴郡钱塘人，善《周易》，为当时最，天监中历官五经博士。② 仲都事迹见《梁书·孝行传》褚修传中。子修、同县全缓③皆从其受业。著有《周易讲疏》十六卷、《论语义疏》十卷。此书唐时犹存，殆亡于赵宋。孔颖达云江南义疏十余家，辞义虚浮，多不取，而引褚疏独多，有19条，其中从之者14条。《经典释文》、唐史征《周易口诀义》、清余萧客《古经解钩沉》亦有引，清人马国翰、黄奭辑之。其注颇似两晋传王学者，即释文义、句义不主一家，或同于王弼，或同于郑玄，或与两家皆异。释字义有本《说文》，亦有同郑玄、刘瓛、庄氏、翟玄、伏曼容者。④ 以卦辞系文王作，同马融、郑玄、陆绩等。多以卦爻之象讲论人事之宜，不用汉儒六日七分之说，而创七月之新解。释字音义、句义，创以己说，亦有错误。褚氏的讲疏还有三条兼疏王弼注，是可大致归为王学者。⑤

《周易集解》八卷，梁伏曼容⑥撰。曼容字公仪，平昌安丘人。早孤，少笃学，善《老》《易》，聚徒教授以自业。宋时任南海太守等职，齐时曾任武昌太守、中散大夫等职，梁时为临海太守，天监元年，卒官。宋明帝好《周易》，时集朝臣于清暑殿讲，曼容为执经。宋明帝又恒以曼容方嵇康，赠之嵇康画像，可见曼容有林下风采。齐永明初曾为皇太子侍讲，并与王俭、陆澄等共撰《丧服义》。齐明帝时不重儒术，曼容就在家，有宾客辄于听事升高坐为讲说，生徒常数十百人。可见曼容在宋齐时是有影响力的一位大儒，不仅私人有所教授，于官方、皇家亦有儒学教育活动。著有《毛诗集解》《丧服集解》《老子义》《庄子义》《论语义》等。⑦ 曼容又传经业于子晖。晖梁武帝时兼五经博士，与徐勉、周舍总知五礼，又曾任国子

---

① 参见简博贤《今存南北朝经学遗籍考》，第193—195页；黄庆萱《魏晋南北朝易学书考佚》，第554—555页。
② 《梁书·孝行传》，第657页。
③ 全缓传见《陈书·儒林传》，第443页；《南史·儒林传》，第1750页。传言全缓梁时尝任国子助教，专讲《诗》《易》。陈太建中迁始兴王府谘议参军。治《周易》《老》《庄》，时人言玄者咸推之。是能传褚仲都之业，为玄学者。
④ 与时代相近之人相同，有可能：一、见其人书；二、不谋而合。因资料缺乏，难以确证为何种情况，姑存疑。
⑤ 参见简博贤《今存南北朝经学遗籍考》，第47—61页；黄庆萱《魏晋南北朝易学书考佚》，第599—623页。
⑥ 伏曼容卒于天监元年，是梁建立之年，且在宋齐均为官，故曼容本当为宋齐时人，此处从《梁书》题为梁人。
⑦ 《梁书·儒林传》，第662—663页；《南史·儒林传》，第1730—1731页。

博士,子挺亦传其经业。挺七岁通《孝经》《论语》,天监时在家讲《论语》,听者倾朝,挺三世同时聚徒教授,罕有其比,是其家学亦盛。① 传见《梁书·儒林传》《南史·儒林传》。此书《隋书·经籍志》已云亡,李鼎祚《周易集解》、陆德明《经典释文》各引1条,清人马国翰、黄奭辑之。其释字义本于《左传》《序卦》,同于许慎、《九家易》;引《尚书大传》为说,今本无之,可谓引喻鸿通。其说蛊卦,专明人事,非玄言者。于涣卦爻辞一条,用字同王肃,解字义以己意。② 书名"集解",是兼采诸家,断以己说者。传言曼容多伎术,通音律、射驭、风角、医算,又尝云"何晏疑《易》中九事。以吾观之,晏了不学也。故知平叔有所短"。③ 由此可知曼容并非多持玄言者,说《易》不仅切于人事,甚或兼通象数。曼容还有《周易集林》十二卷又一卷,著录于《旧唐书·经籍志》之五行家,为筮占类著作,更可证其说《易》非仅玄言也。

《易义》无卷数,南朝庄氏撰。庄氏失名。此书《隋书·经籍志》、两《唐志》均不载,孔颖达《周易正义》引有20条,史徵《周易口诀义》、明何楷《古周易订诂》亦皆有引,盖唐时尚存,清人马国翰、黄奭有辑佚。佚文释字义,本于郑玄,亦采王弼说。与褚仲都同常用刘瓛说。分《系辞》下为九章,同周弘正数。用七月之说,同褚仲都。庄氏与褚仲都,皆"江南义疏十有余家"之代表人物。

《周易讲疏》十六卷,陈周弘正撰。弘正字思行,汝南安城人。弘正幼孤,与弟弘让、弘直,俱为伯父周舍所养。年十岁,通《老子》《周易》,周舍赞其神情颖晤,清理警发。为河东裴子野婿。年十五,季春补国子生,便于国学讲《周易》,诸生传习其义,孟冬应举,起家梁太学博士。梁时历任国子博士、国子祭酒等职。在当时城西的士林馆讲授,听者倾朝野。陈时曾任国子祭酒。陈太建五年(573)于东宫侍讲《论语》《孝经》。卒谥简子。著有《论语疏》十一卷、《庄子疏》八卷、《老子疏》五卷、《孝经疏》二卷、《集》二十卷。④ 传见《陈书》《南史》本传。

弘正少时便于国子学讲《周易》,此书盖即其于国子学讲学之讲疏,影响应该较大。此书陆德明《经典释文》、孔颖达《周易正义》、史征《周易口诀义》、明何楷《古周易订诂》皆有引,清人马国翰、黄奭辑之。周氏《讲疏》,析《乾文言》为六节,分《系辞》上为十二节、下为九节,自出新意,孔颖达从之。以天道、人事、相因、相

---

① 《南史·儒林传》,第1731—1733页。
② 参见简博贤《今存南北朝经学遗籍考》,第202—205页;黄庆萱《魏晋南北朝易学书考佚》,第592—597页。
③ 《南史·儒林传》,第1731页。
④ 《陈书》,第305—310页。《南史》,第897—900页。

反、相类、相病六门主摄《序卦》，并分析《序卦》有然后、而后、不可、不可以、不可不、必、必有、必有所、莫若等例，以一中约之。又多以人事义理讲《易》。用字、释字词义、释句义多采郑玄，亦多衍王弼、韩伯之义，又有引《老子》为说。断句亦采纬书及马融、王肃说。与同时之褚仲都、庄氏、何妥等稍有异同，大义相近。要之出入诸家，依违采择，断以己意，间有误释。① 观本传言弘正善清谈，梁末为玄宗之冠，梁元帝甚重之，赞其于义理清转无穷。兼明释典，虽硕学名僧，莫不请质疑滞。又博物知玄象，善占候，大同末，尝与弟弘让预言梁侯景之乱。是三教兼通，汉魏并用，其《讲疏》亦沿两晋兼综之风。

其余如《周易集注》三十卷、《易讲疏》无卷数，梁朱异撰。异字彦和，吴郡钱唐人。顾欢为其外祖。既长，遍治五经，尤明《礼》《易》，涉猎文史杂艺，长于博弈书算。梁武帝召使说《孝经》《周易》义，甚悦之。任太学博士，武帝讲《孝经》，使异执读。历任侍中、中领军等职。大同六年（540）于仪贤堂述梁武《老子义》，朝士及道俗听者千余人，为一时之盛。又与贺琛于士林馆讲武帝《礼记中庸义》，皇太子更召异于玄圃讲《易》。② 传见《梁书》《南史》本传。案传言其撰有《礼》《易》讲疏及仪注、文集百余篇，此二书盖即其中之作。

《续朱异集注周易》一百卷，梁孔子袪撰。子袪会稽山阴人，少孤贫好学，耕耘樵采，常怀书诵读，勤苦自励，遂通经术，尤明《古文尚书》。初为长沙嗣王侍郎兼国子助教，讲《尚书》四十遍，听者常数百人。后任通直正员郎等职。曾助贺琛撰《梁官》。梁武帝撰《五经讲疏》及《孔子正言》，使子袪检书为义证，书成又令与朱异、贺琛于士林馆执经。著有《尚书义》二十卷、《尚书集注》三十卷、《续何承天集礼论》一百五十卷。③ 传见《梁书·儒林传》《南史·儒林传》。观子袪注《古文尚书》及续朱异之《易注》，姑列入王学之类。

《周易注》十卷，梁何胤撰。胤字子柔，一字胤叔，庐江灊人。父祖皆为官。兄求、点皆隐士，点善谈论，素有玄风，兄弟克终皆隐，世谓"何氏三高"。胤长而好学，师事刘瓛，受《易》及《礼记》《毛诗》，又入钟山定林寺听内典，其业皆通，刘瓛与周颙深器重之。齐时曾任国子博士、中书令等职，继王俭、张绪撰新礼，因是郁林王后之从叔而受重用。齐明帝时隐遁会稽若邪山云门寺，世号何点为大山，胤为小山、东山。梁武帝时屡征不就，武帝便遣何子朗、孔寿等六人于东山受学。后又迁秦望山建学舍，晚年归吴，居虎丘西寺讲经论。著有《毛诗总集》六卷、《毛

---

① 参见简博贤《今存南北朝经学遗籍考》，第62—75页；黄庆萱《魏晋南北朝易学书考佚》，第627—648页。
② 《梁书·儒林传》，第537—540页；《南史》，第1518页。
③ 《梁书·儒林传》，第680页；《南史·儒林传》，第1743—1744页。

诗隐义》十卷、《礼记隐义》二十卷、《百法论注》一卷等书。① 传见《南齐书·高逸传》《梁书·处士传》《南史·何尚之传》。案胤虽受学刘瓛，但传言何氏自晋以来皆奉佛法，胤祖父何尚之在宋元嘉时于鸡笼山设立的四馆中主持玄学馆，②胤本人盖亦玄释并修，姑将此书归为王学。

《周易义疏》十四卷、《周易系辞义疏》二卷，梁萧子政撰。姚振宗引《南史·萧子恪传》云"子恪兄弟十六人，并入梁，有文学者子恪、子质、子显、子云、子晖五人"，以为子政盖其兄弟之一。③ 案子恪兄弟是齐高帝孙，并有文史之学，子政若为其中之一，其《易》学盖亦近王学。

此外还有国子学的讲疏一类，如宋明帝集群臣讲《周易义疏》十九卷（一本作二十卷）、《国子讲易议》六卷（姚振宗认为此书亦似宋国学所讲）、《齐永明国学讲周易讲疏》二十六卷、梁《国子讲易议》六卷。宋明帝尝于华林园含芳堂讲《周易》，常自临听，袁粲执经；又在清暑殿集朝臣讲《周易》，伏曼容执经，这些活动大概即形成上述文献。④ 又有梁蕃《周易开题论序》十卷，姚振宗云梁蕃始末未详，疑即梁代诸藩王，如南平王之类。⑤ 开题是南朝时流行的讲经方式，此书盖即为讲《易》而作。梁蕃还有《周易文句义疏》二十卷、《周易释序义》三卷。

分述类文献有《周易系辞注》无卷数，南齐顾欢撰。欢字景怡，一字玄平，吴兴盐官人。家世寒贱，父祖皆农夫。八岁，诵《孝经》《诗》《论语》。及长，笃志好学，躬耕诵书。从吴兴东迁邵玄之受五经文句。同郡顾顗之请欢授诸子及孙宪之经句。隐遁不仕，于剡天台山开馆聚徒，受业者常近百人。早孤，因怀念父母，门人诵《诗》废《蓼莪篇》。欢口不辩，善于著笔，著有《尚书百问》一卷、《老子义疏》一卷、《老子义纲》一卷、《夷夏论》一卷、《集》三十卷、《毛诗集解叙义》一卷，还著有《三名论》辨才性，有注《论语》者存于皇侃《论语义疏》中。⑥ 传见《南齐书·高逸传》《南史·隐逸传》。此书本传又名《王弼易二系注》，是明为续王弼之作。此书《经典释文》引有3条，其中1条为注《说卦》，《周易正义》引有1条，清人黄奭辑之入《易杂家注》中。其注有释字义，有解句义，《周易正义》所引1条同王弼，《经典释文》3条中断句、释字义则同于马融、

---

① 《南齐书·高逸传》，第937—938页；《梁书·儒林传》，第732—739页；《南史·何尚之传》，第787—794页。
② 《南史·何尚之传》，第799页；《宋书·雷次宗传》，第2293页。
③ （清）姚振宗：《隋书经籍志考证》，清华大学出版社，2014年，第82页。子恪等人传见《梁书》、《南史》本传。
④ 《宋书·明帝纪》《袁粲传》，第170、2231页；《梁书·儒林传》，第663页。
⑤ （清）姚振宗：《隋书经籍志考证》，第79页。
⑥ 《南齐书·高逸传》，第928—935页；《南史·隐逸传》，第1874—1880页。

郑玄、虞翻、荀爽、董遇、姚信、蜀才。① 本传言其年二十余，即从大儒雷次宗谘玄儒诸义。晚节服食，不与人通。事黄老道，解阴阳书，为数术多效验，传还载其元嘉末预言宋文帝太子刘劭弑逆事，及欢卒时异象。齐高帝还曾赐欢麈尾、素琴。其《夷夏论》亦以支持道教为主。是欢治《易》兼存义理、象数欤？佚文过少，无法详考，姑存疑。但可以推测，南朝时玄学和术数已经很好地融合于道教之中，儒者兼修道教，故治《易》理数兼用。

《周易系辞注》无卷数，南齐明僧绍撰。僧绍字休烈，一字承烈，平原鬲人。宋元嘉中举秀才，明经有儒术。隐居长广郡崂山，聚徒立学。宋明帝泰始二年（466）魏克河北，乃渡江。屡征不就，齐高帝尝赐竹根如意、笋箨冠，隐者以为荣。著有《周易系辞注》《孝经注》一卷。② 传见《南齐书·高逸传》《南史》本传。此书在《经典释文序录》所列注《系辞》十家之列，《经典释文》引有3条，有清人马国翰、黄奭辑本。佚文只是考证《系辞》文字与读音，有同于荀爽、荀柔之、王肃、桓玄、卞伯玉者，有自下其意者，而没有详细注语，故难考其《易》学源流。③ 案僧绍长兄僧胤能言玄，次弟僧皓亦好学，子元琳、仲璋、山宾并传家业，山宾最知名，是僧绍有家学，且玄儒兼习。僧绍尝与沙门释僧远交往，建栖霞寺居之，并撰《正二教论》，支持佛教，驳斥顾欢《夷夏论》，是又习佛。本传还载泰始末年，岷益山崩、淮水竭，僧绍与弟论山川变化与政治兴亡关系，预言宋之将亡，又类于汉儒灾异之说。盖亦如前论南朝学者，出入诸家，断以己意，三教兼综。

《易文言注》无卷数，梁范述曾撰。述曾字子玄，一字颖彦，吴郡钱唐人。幼好学，从余杭吕道惠受五经，略通章句。齐时任永嘉太守等职，梁时为太中大夫。著有杂诗赋数十篇。④ 传见《梁书·良吏传》《南史·循吏传》。此书观书名是专就《文言》所作的注，或许以义理为主。

其余如徐爰《周易系辞注》二卷（徐爰生平见后）、卞伯玉《周易系辞注》二卷、宋褰《周易系辞注》二卷，盖皆王学之流。卞伯玉济阴人，宋东阳太守、黄门郎，严可均《全宋文》收有其《菊赋》《祭孙叔敖文》等文，⑤ 有隐者之风。宋褰，梁太中大夫。《隋书·经籍志》系宋褰、卞伯玉于韩伯后，盖亦宗王学者。

---

① 参见简博贤《今存南北朝经学遗籍考》，第196—198页；黄庆萱《魏晋南北朝易学书考佚》，第543—545页。
② 《南齐书·高逸传》，第927—928页；《南史》，第1241—1242页。
③ 参见简博贤《今存南北朝经学遗籍考》，第199—201页；黄庆萱《魏晋南北朝易学书考佚》，第548—551页。
④ 《梁书·良吏传》，第769—770页；《南史·循吏传》，第1714—1715页。
⑤ （清）严可均：《全宋文》卷四〇，《全上古三代秦汉三国六朝文》，第2661—2662页。

论难类文献如《难顾悦之易义》无卷数,宋关康之撰。康之字伯愉,河东杨人。世居京口,寓属南平昌。少笃学,曾除武昌国中军将军,后弃绝人事,守志闲居。著有《毛诗义》,论释经籍疑滞。弟子以业传受,尤善《左氏春秋》。晋陵顾悦之难王弼《易》义四十余条,康之申王难顾,远有情理(顾悦之难王弼《易》见前)。① 传见《宋书·隐逸传》《南史·隐逸传》。案康之所论,明为申王。又本传言颜延之等当时名士十多人入山见之,康之散发被黄布帊,席松叶,枕石而卧,是持玄学者。还尝就沙门支僧纳学,妙尽其能,是又兼通释氏。

《周易论》三十卷,南齐周颙撰。颙字彦伦,汝南安城人。少为族祖朗所知,宋时曾任成都令等职,齐时历任中书郎兼著作、国子博士等。② 传见《南齐书》《南史》本传。案传言颙音辞辩丽,发口成句,兼善《老》《易》,是能玄谈。又泛涉百家,工书法。尝难顾欢《夷夏论》,著《三宗论》,亦长于佛理。是儒释道三教兼综。又颙为周舍父,舍善言谈,博学多通,尤精义理,论修国史尝引《易》为说以喻人事。③ 舍侄即周弘正(弘正学术见前),故其《易》学有家学,此书盖王学流裔。

《周易问答》一卷,南齐徐伯珍撰。伯珍字文楚,东阳太末人。少孤贫,诵书不辍。叔父璠之与颜延之友善,还祛蒙山立精舍讲授,伯珍往从学。积十年,究寻经史,游学者多依之。受业生凡千余人。尝训答顾欢《尚书》滞义,甚有条理,儒者宗之。好释氏、老庄,兼明道术。岁尝旱,伯珍筮之,如期而雨。居九岩山,史载屡有祥瑞,时人呼其兄弟四人为"四皓"。④ 传见《南齐书·高逸传》《南史·隐逸传》。《隋书·经籍志》载此书题伯珍为扬州从事,盖伯珍尝短期任此职。观伯珍传,是儒释道兼综者。颜延之尝废郑玄,贵玄言,徐璠之与其友善,盖学术亦相类。伯珍从璠之学,亦通玄言,是传家学。既好老庄,又有道术,筮占、祥瑞,皆汉儒常为之,是亦理数兼用。

《周易几义》一卷、《周易发义》一卷,梁萧伟撰。萧伟是梁文帝第八子,封南平王,卒谥元襄。幼清警好学,趋贤重士,性多恩惠,尤愍穷乏。晚年崇佛,尤精玄学,著《二旨义》,别为新通。又制《性情》《几神》等论,周舍、殷钧等并名精解而不能屈。⑤ 传见《梁书》《南史》本传。伟既尤精玄学,此二书为王学后裔无疑。

由此可见,南朝的义理《易》学,直接继承了两晋的义理路数,不仅兼综汉魏以来诸儒既有之说,于两晋及同时代人亦有吸收。于文字、字义、词义、名物训诂

---

① 《宋书·隐逸传》,第 2296—2297 页;(唐)李延寿:《南史·隐逸传》,第 1871 页。
② 《南齐书》,第 730—733 页;《南史》,第 894—895 页。
③ 《梁书》,第 375—376 页;《南史》,第 896 页。
④ 《南齐书·高逸传》,第 945—946 页;《南史·隐逸传》,第 1889—1890 页。
⑤ 《梁书》,第 103—109 页;《南史》,第 1292 页。

等亦案文择义,断以己意,不专一家。义理《易》学者所兼通的老庄,也不仅是指义理玄言,而是将筮占、风角、纬候等术数融合进来。结合了老庄玄言和术数的正是在南北朝时期更加发展成熟的道教。由此可以观察到,两汉儒学中的阴阳五行等术数内容这时流入道教,而儒者仍在传习。儒家讲经也更发达,形成了义疏、讲疏之类的讲经文献。接下来再分析象数《易》学文献,看看是否有相似情况。

先考察传说类。《周易大义》二十一卷、《周易讲疏》三十五卷,梁武帝萧衍撰。萧衍字叔达,南兰陵中都里人,汉相国萧何后人。少而笃学,洞达儒玄,博学多通,好筹略,有文武才干。齐时,竟陵王萧子良开西邸招文学,衍与沈约、谢朓等并游焉,号为八友。修饰国学,增广生员。曾令贺玚、明山宾等人制五礼。立士林馆,令朱异、贺琛、孔子祛等讲述。史言当时四方郡国,趋学向风,云集于京师。晚笃信佛法,造大爱敬寺、智度寺,于重云殿、同泰寺讲佛法,听者常万余人,曾三次舍身同泰寺。善骑射,工书法,棋登逸品。①

《隋书·经籍志》载其著述还有《周易系辞义疏》一卷、《尚书大义》二十卷、《毛诗发题序义》一卷、《毛诗大义》十一卷、《礼记大义》十卷、《中庸讲疏》一卷、《制旨革牲大义》三卷、《乐社大义》十卷、《乐论》三卷、《钟律纬》六卷、《孝经义疏》十八卷、《孔子正言》二十卷、《通史》四百八十卷②、《老子讲疏》六卷、《梁武帝兵书钞》一卷、《梁武帝兵书要钞》一卷、《围棋品》一卷、《棋法》一卷、《文集》十卷、《诗赋集》二十卷、《杂文集》九卷、《净业赋》三卷、《历代赋》三十二卷、《围棋赋》一卷、《梁武连珠》一卷、《梁武帝制旨连珠》十卷。本纪还云造《毛诗答问》《春秋答问》,制《涅槃》《大品》《净名》《三慧》诸经义记数百卷,又撰《金策》三十卷。其著作涉及经史子集四部,儒释道三家,真可谓博学通览、著述惊人。传见《梁书》《南史》本纪。

《周易系辞义疏》《周易讲疏》唐时已亡,《周易大义》宋时盖亡,《经典释文》引有4条,清人马国翰、黄奭辑之。其中有论《易》学源流,辨析明白。其解字音,自出新意,然不辨四声,注有误,③亦有同于马融、徐邈者。用字则同于王弼。严可均辑其《净业赋》依人事以说《易》义,其《天象论》论天象以《易》为基础,皆有卓识,然亦有援儒以证佛之嫌。④ 本纪言其于阴阳纬候,卜筮占决,并悉称善。又

---

① 《梁书》,第1—2、96—97页;《南史》,第222—225页。
② 本纪言其躬制赞、序,当非其亲撰。
③ 此条黄庆萱先生认为梁武注有误,宗王弼。简博贤先生以为从郑玄说,无误。因资料缺乏,故从黄说。
④ 参见简博贤《今存南北朝经学遗籍考》,第98—102页;黄庆萱《魏晋南北朝易学书考佚》,第582—589页;(清)严可均《全梁文》卷一、卷六,《全上古三代秦汉三国六朝文》,第2949、2981—2982页。

载天监中,沙门释宝誌曾有预言,武帝令周舍记录之。至中大同元年(546),同泰寺遭火灾,应验,武帝令太史令虞履筮之,自解其义。其《金策》盖即筮占、纬候之书。是又善于汉《易》阴阳谶纬之说,故列其于象数家。

《周易讲疏》三十卷,陈张讥撰。讥字直言,清河武城人。幼聪俊,年十四,通《孝经》《论语》。梁大同中,召补国子《正言》生,尝与武帝论《乾坤文言》,迁士林馆学士,于士林馆与简文帝讲《孝经》。陈时曾任东宫学士、国子博士等职。著有《尚书义》十五卷、《毛诗义》二十卷、《孝经义》八卷、《论语义》二十卷、《老子义》十一卷、《庄子内篇义》十二卷、《外篇义》二十卷、《杂篇义》十卷、《玄部通义》十二卷、《游玄桂林》二十四卷,陈后主敕人就其家写入秘阁。① 传见《陈书·儒林传》《南史·儒林传》。

此书盖亡于赵宋,孔颖达《周易正义》引有6条,陆德明《经典释文》引"师说"者有13条,清人马国翰、黄奭辑之。本传言讥笃好玄言,受学于周弘正。侯景围城时,犹侍哀太子于武德后殿讲《老》《庄》。陈时于温文殿讲《庄》《老》,于家中亦教授《周易》《老》《庄》,陆德明、朱孟博、一乘寺沙门法才、法云寺沙门慧休、至真观道士姚绥,皆传其业。陈后主尝赐讥麈尾。著述中亦解《老》《庄》。故其颇善于玄言,说《易》有与周弘正相近者。然本传又言陈天嘉中,迁国子助教,与周弘正在国学论《周易》,弘正乃屈,是又与弘正大不同。佚文释卦爻同郑玄,释乾文言为疏王弼,然多异王同郑。释字音、义有从马融、郑玄、王肃、干宝、虞翻。说解文字,多用本字本义。说解《易》浅明易晓,有用史事以证《易》,诸儒之说穿凿附会者不从,说义明达者即从之。② 要之亦祖述诸家,取舍唯义,《续四库全书提要》以为"讥之学实康成之嫡派"③。

其余如《周易注》无卷数,宋雷次宗撰。次宗字仲伦,豫章南昌人。少事沙门释慧远,笃志好学,尤明三《礼》、《毛诗》。元嘉十五年(438),征至京师,开馆于鸡笼山,聚徒教授,置生百余人,朱膺之、庾蔚之以儒学总监诸生。后又征诣京邑,于钟山西岩下开招隐馆,为皇太子、诸王讲《丧服》经。子肃传其业。著有《丧服经传略注》一卷、《豫章古今记》一卷等。④ 传见《宋书·隐逸传》《南史·隐逸传》。案鸡笼山开馆时,并立儒玄文史四馆,次宗既主儒学,以别玄学,则其《周易注》或近于郑学。

---

① 《陈书·儒林传》,第443—445页;《南史·儒林传》,第1750—1752页。
② 参见简博贤《今存南北朝经学遗籍考》,第16—25页;黄庆萱《魏晋南北朝易学书考佚》,第653—666页。
③ 中科院图书馆整理:《续修四库全书总目·经部》,第23页。
④ 《宋书·隐逸传》,第2292—2294页;《南史·隐逸传》,第1867—1868页。

《易义》无卷数,南齐祖冲之撰。冲之字文远,范阳蓟人。少稽古,有机思。宋元嘉中造新历,升明中改良指南车。特善算,解钟律,当时独绝。又造千里船、水碓磨等。著有《易义》《老义》《庄义》《论语释》《孝经释》《九章算术注》《缀述》数十篇。① 传见《南齐书·文学传》《南史·文学传》。观冲之既解律历、精算术,则此书盖象数之类。

《易讲疏》无卷数,梁贺玚撰。玚字德琏,会稽山阴人。晋司空循之玄孙,世以儒术显,伯祖道养工卜筮,祖道力善三《礼》,父损亦传家业。少聪敏,齐时刘瓛器重之,荐为国子生,举明经,后为太学博士。天监初为太常丞,武帝召其说《礼》义,预华林讲。四年(505)开五馆,以玚兼五经博士,撰《五经义》。武帝创定礼乐,玚所建议多见施行。玚尤精于《礼》,馆中常生徒百数,弟子明经封策至数十人。子革、季,弟子琛,并传其业。② 传见《梁书·儒林传》、《南史》本传。传言其著《礼讲疏》《易讲疏》《老子讲疏》《庄子讲疏》《朝廷博议》数百篇、《宾礼仪注》一百四十五卷。贺玚既家世儒学,伯祖又善卜筮,故将此书归于象数之学。

又有费元珪《周易注》九卷、谢氏《周易注》八卷、尹涛《周易注》六卷。费元珪,陆德明云"蜀人,齐安西参军"③。三书均在蜀才《易注》之下,盖皆蜀人欤?姑以之归入象数类。

分述类文献有荀谅《周易系辞注》二卷。宋荀谅,字柔之,颍川颍阴人。宋奉朝请。《宋书》《南史》无传,事迹见《经典释文序录》。还著有《易音》。此书宋时已亡,清人马国翰自《经典释文》辑出3条,均论用字、字音和字义。其用字有同于荀爽(亦同明僧绍)、陆绩、姚信、桓玄,训字义与郑玄同,亦有新说。或荀氏后学欤?惜乎只言片语,难以考证。④

《周易乾坤义》一卷、《周易系辞义疏》二卷,南齐刘瓛撰。瓛字子圭,沛郡相人,晋丹阳尹惔六世孙。少笃学,博通五经。宋大明四年(459)举秀才,聚徒教授,常有数十人。齐高帝践阼(479),召瓛入华林园问政,答以"政在《孝经》",帝曰"儒者之言,可宝万世"。儒学冠于当时,京师士子贵游莫不下席受业,当世推其大儒,以比古之曹、郑。刘绘、范缜、何胤皆从瓛受业。梁天监元年,下诏为瓛

---

① 《南齐书·文学传》,第903—906页;《南史·文学传》,第1773—1774页。
② 《梁书·儒林传》,第672—673页;《南史》,第1507—1508页。
③ 《经典释文序录疏证》,第47页。
④ 参见简博贤《今存南北朝经学遗籍考》,第191—192页;黄庆萱《魏晋南北朝易学书考佚》,第537—539页。简博贤先生推测荀谅或为荀爽后人而传其家学,却又将其《系辞注》归入王学流裔。盖因资料缺乏,难以考证荀谅是否为荀学传人,而晋、南朝注《系辞》者多为王弼续注,故归入王学。本书据佚文内容,仍归入汉学荀爽一类。

立碑,谥曰贞简先生。① 著有《周易四德例》一卷、《毛诗序义疏》一卷、《毛诗篇次义》一卷、《孝经刘氏说》、《文集》三十卷。传见《南齐书》《南史》本传。

张惠言《易义别录》辑《乾坤义》7条,《系辞义疏》上7条、下1条。孙堂《汉魏二十一家易注》辑《乾坤义》8条(含《同人》1条),《系辞义疏》5条。马国翰辑《乾坤义》7条(含《同人》1条),《系辞义疏》9条。黄奭辑《乾坤义》9条(含《同人》1条),《系辞义疏》5条、补遗4条。四家辑自李鼎祚《周易集解》、孔颖达《周易正义》、陆德明《经典释文》、玄应《一切经音义》、《文选》李善注、董真卿《周易会通》(《同人》1条)。《魏晋南北朝易学书考佚》自唐释慧琳《一切经音义》增补为《乾坤义疏》8条,《系辞义疏》17条,并认为《同人》1条有疑,但不可遽断其伪,刘瓛或作有《周易注》。

其疏用字本王弼,释字义本马融,解释词义、句义,悉据郑玄。其《乾坤义疏》释乾坤之义,多用《周易》经文解说,亦用《诗经》《礼记》《左传》等经为说。有用郑玄、宋衷说,亦有采王弼说,用《老子》义。《周易系辞义疏》释字义用《穀梁传》《玉篇》《说卦》等说。有同马融、虞翻、王肃、干宝、韩伯,有近于京房、荀爽者,有自出己意者,意义明白,多与上下文义相贯。然亦如晋、南朝诸儒,有误解前儒之说者。其后褚仲都、庄氏,每用刘说。②《南齐书》史臣称"刘瓛承马、郑之后,一时学徒以为师范"③,梁元帝亦云"沛国刘瓛,当时马郑"④,梁武帝析《易》疑义,雅相推揖。是瓛之学问从马、郑,其影响于当时,亦相当于马、郑。梁武帝推揖其义,是亦证为郑学流裔。

余如李玉之《乾坤义》一卷、释法通《乾坤义》一卷,《隋书·经籍志》均收在刘瓛《乾坤义》条下,姑归于象数学。李玉之,南齐临沂令,卒赠给事中。⑤ 梁释法通,本姓褚,河南阳翟人,家世衣冠,礼义相袭。⑥

至于议论之类,梁武帝有《周易大义疑问》二十卷。案周弘正尝启梁武帝《周易》疑义五十条,又请释乾坤二系辞,武帝诏答曰:

> 近搢绅之学,咸有稽疑,随答所问,已具别解。知与张讥等三百一十二

---

① 《南齐书》,第677—680页;《南史》,第1235—1238页。
② 参见简博贤《今存南北朝经学遗籍考》,第4—15页;黄庆萱《魏晋南北朝易学书考佚》,第559—574页。
③ 《南齐书》,第687页。
④ (梁)元帝:《金楼子·兴王篇》卷一,《龙溪精舍丛书》,民国六年(1917)潮阳郑氏刻本。
⑤ 《南齐书·崔慧景传》,第875—877页。
⑥ (梁)释慧皎:《高僧传》卷八,汤用彤校注,中华书局,1992年,第339—340页。

  人须释《乾》《坤》《文言》及《二系》,万机小暇,试当讨论。①

又本纪言"王侯朝臣皆奉表质疑,高祖皆为解释"②,故此书当是回答诸臣对其《周易大义》的疑问所作。

  《周易疑通》五卷,宋何諲之撰。何諲之正史无传,严可均《全齐文》将之归于南齐,云永明中为太常丞,收有其论藉田、祭、服章、配飨礼制四条,从郑玄、《白虎通》说。③ 然南北朝礼家同尊郑氏,故无可从议礼考其《易》路数,姑归于此。此书唐初已亡。

  筮占类著作如《周易占》一卷,宋张浩撰。浩吴郡吴人,张畅子,张融兄,官至义阳王昶征北谘议参军。④ 传附见《宋书·张畅传》《南史·张畅传》。案张融撰有《少子》五卷,在《隋书·经籍志》道家类。融本传言同郡道士陆修静曾赠其麈尾,临终遗命手执《孝经》《老子》《法华经》,亦修道者。⑤ 故张浩此书或有家学欤?

  《易林》十七卷,梁简文帝萧纲撰。萧纲字世缵,武帝第三子。幼而敏睿,九流百氏,经目必记,篇章辞赋,操笔立成。著有《昭明太子传》五卷、《诸王传》三十卷、《礼大义》二十卷、《老子义》二十卷、《庄子义》二十卷、《长春义记》一百卷、《法宝连璧》三百卷、《谢客文泾渭》三卷、《玉简》五十卷、《光明符》十二卷等。⑥ 传见《梁书》《南史》本纪。观本纪言其博综儒书,善言玄理,而此书则是筮占类著作。

  《洞林》三卷、《筮经》十二卷,梁元帝萧绎撰。萧绎字世诚,梁武帝第七子。聪悟俊朗,年五岁能诵《曲礼》。既长好学,博综群书,下笔成章,才辩敏速,冠绝一时。著有《孝德传》三十卷、《忠臣传》三十卷、《丹阳尹传》十卷、《汉书注》一百十五卷、《周易讲疏》十卷、《内典博要》一百卷、《连山》三十卷、《玉韬》十卷、《金楼子》十卷、《补阙子》十卷、《老子讲疏》四卷、《全德志》一卷、《怀旧志》一卷、《荆南志》一卷、《江州记》一卷、《贡职图》一卷、《古今同姓名录》一卷、《式赞》三卷、《文集》五十卷。⑦ 传见《梁书》《南史》本纪。案本纪云元帝于伎术无所不该,凡所筮占皆然,尝从刘景受相术,是长于术数之《易》者。此二书皆为筮占类文献。

  《易髓》三卷,梁陶弘景撰。弘景字通明,自号华阳隐居,丹阳秣陵人。幼有

---

① 《陈书》,第 307—308 页。
② 《梁书》,第 96 页。
③ (清)严可均:《全齐文》卷二四,《全上古三代秦汉三国六朝文》,第 2925—2926 页。
④ 《宋书》,第 1607 页;《南史》,第 833 页。
⑤ 《南齐书》,第 721—729 页;《南史》,第 833—837 页。
⑥ 《梁书》,第 346—348 页;《南史》,第 233 页。
⑦ 《梁书》,第 113—136 页;《南史》,第 234—246 页。

异操,年十岁得葛洪《神仙传》,昼夜研寻,便有养生之志。及长,读书万余卷,善琴棋,工草隶。齐高帝时尝为奉朝请。后于句容之句曲山立馆。始从东阳孙游岳受符图经法,遍历名山,寻访仙药。又尝以修道所须造浑天象。天监四年(505)移居积金东涧,善辟谷导引之法。曾诣鄮县阿育王塔,自誓受佛教五大戒。卒后诏赠中散大夫,谥曰贞白先生。① 传见《梁书·处士传》《南史·隐逸传》。著有《孝经集注》、《论语集注》、《帝代年历》、《学苑》一百卷、《本草经集注》七卷、《效验方》、《肘后百一方》、《古今州郡记》、《图像集要》、《玉匮记》、《七曜新旧术疏》、《占候》、《合丹法式》等。史言其性好著述,尤明阴阳五行、风角星算、山川地理、方图产物、医术本草。又言其以图谶应梁武帝禅代,梁武帝早年便与之游,及即位后,书问不绝,时人谓为山中宰相。妙解术数,制诗预言侯景之乱。是此书长于筮占可知。

《易林》二十卷,梁庾诜撰。庾诜字彦宝,新野人。幼聪警笃学,该综经史百家,纬候书射、棋算机巧冠绝一时。晚年尤遵释教,宅立道场,六时礼忏,每日诵一遍《法华经》。梁武帝少与诜善,卒谥贞节处士。著有《帝历》二十卷、《续伍端休江陵记》一卷、《晋朝杂事》五卷、《总抄》八十卷。② 传见《梁书·处士传》《南史·隐逸传》。案传言其善纬候、算术,子曼倩亦善算术,此书当即其纬候筮占之研究著作。

由上述可见,与两晋象数《易》学文献佚文所呈现的面貌不同,南朝的这一部分《易》学文献其实就佚文来看,已经和象数差距较远。与第二部分宗王弼学者的区别更多在于采用的训释所祖述的偏重不同,偏于汉儒(如郑玄)之说。而实质却仍是沿用汉魏儒者之义进行训诂、说理。当然尚需注意一点,前引南朝诸儒的史传中,多有通术数者,而今观其《易》作,不见术数之论。盖今日佚文只能从唐人著作辑出,而唐人撰书,有所取舍,偏重义理,遗其象数,故佚文多论理。这一点更多反映的是唐人《易》学观点,不能只据佚文,判断南朝《易》学单讲义理。上述作者中,有释教沙门,而作筮占文献者,往往亦兼通释道,此亦同前一类义理《易》学者,三教并遵。

最后再考察南朝时期的其他几类著作。义例类文献有刘瓛《周易四德例》一卷,已亡佚。音训文献全部亡佚,作者书名可考的仅有3种,宋荀谚《易音》无卷数,宋徐爰《易音》无卷数,梁沈熊《周易杂音》三卷。徐爰,字长玉,南琅邪开阳人。曾任尚书左丞、太中大夫等职。③ 传见《宋书·恩倖传》《南史·恩倖传》。沈熊,《梁

---

① 《梁书·儒林传》,第 742—743 页;《南史·隐逸传》,第 1897—1900 页。
② 《梁书·儒林传》,第 750—752 页;《南史·儒林传》,第 1904—1905 页。
③ 《宋书·恩倖传》,第 2306—2312 页;《南史·恩倖传》,第 1917—1919 页。

书·沈峻传》言峻任国子助教时开讲肆,熊执经下坐,北面受业。① 峻是沈骑士门人,则熊盖传骑士之学者。沈熊还有图谱类著作《周易谱》一卷,并佚。

南朝考证古《易》类文献作者可知者只有梁元帝《连山》三十卷,无佚文可考。《隋书·经籍志》列入子部五行家,元帝另有筮占类《易》著两种,此盖多涉及筮占。《酉阳杂俎·贬误篇》载元帝此书每卦引《归藏》斗图,似乎有纬书的内容,又与焦赣《易林》相类。② 案《金楼子·著书篇》云:

> 《连山》三秩三十卷,金楼年在弱冠,著此书。至于立年,其功始就,躬亲笔削,极有其劳。③

可见此书成书历年,元帝颇为用心。又《金楼子·立言篇下》引《周礼》筮人掌夏商周三《易》,又引杜子春以《连山》为伏羲《易》、《归藏》为黄帝《易》,而引《礼记》言坤乾断《归藏》殷制、《连山》夏书,殊为有据。④

另有宗主不明的著作如《周易义》一卷,宋范歆撰。范歆始末不详,《隋书·经籍志》题宋陈令。此书唐初尚存,后佚,内容无可考。《周易义》三卷,南朝沈林撰。沈林始末未详,姚振宗疑是沈洙之讹。⑤ 沈洙字弘道,吴兴武康人。少好学,通三《礼》、《左传》,五经章句、子史诸书皆精习。梁时为尚书祠部郎、国子博士。独积思经术,朱异、贺琛嘉美之。异、琛在士林馆讲制旨义,洙常为都讲。陈时任大匠卿、光禄卿等职,与沈文阿同掌礼仪。⑥ 若如姚振宗推测此是沈洙书,以沈洙为纯儒的身份,可能近于象数之学,然而无法肯定是沈洙书,只能存疑。

三、北朝《易》学文献

《周易注》十三卷,北魏傅氏撰。傅氏始末未详,马国翰断为齐、梁间人,姚振宗以其在崔觐、卢景裕之列而断为北魏、北齐间人。此书唐时尚存,《经典释文》引有3条,清人马国翰、黄奭辑之。佚文均为讨论用字、假借字及字义,议论平实,有近于郑玄、王肃者,有自出新意者。⑦

---

① 《梁书·儒林传》,第679页。
② (唐)段成式:《酉阳杂俎续集》卷四,方南生点校,中华书局,1981年,第234页。
③ (梁)元帝:《金楼子·著书篇》卷五。
④ (梁)元帝:《金楼子·立言篇下》卷四。
⑤ (清)姚振宗:《隋书经籍志考证》,第81页。
⑥ 《南史·儒林传》,第1744—1747页。
⑦ 参见简博贤《今存南北朝经学遗籍考》,第205—208页;黄庆萱《魏晋南北朝易学书考佚》,第676—679页。简博贤先生认为其解经虽略蹈汉学门径,实与汉学不同,故当是王学流裔。

《周易义》无卷数,北齐刘昼撰。刘昼字孔昭,渤海阜城人。少孤贫好学,从同乡李铉受三《礼》,就马敬德习《服氏春秋》。举秀才不第而制《六合赋》,又作《高才不遇传》三篇。孝昭、武成时上书非世要,不见收采,编所上之书为《帝道》。又著《金箱璧言》以指机政之不良。自谓博物奇才,言好矜大,而容止舒缓,举动不伦,由是无复仕进。① 传见《北齐书·儒林传》《北史·儒林传》。此书清王仁俊从《刘子》中辑出 2 条。解释句义,语言平实,重在疏通文义,切于人事。② 案今还存有《刘子》十卷,考其内容玄儒兼用,切论人事,则其论《易》或主于义理。

《周易讲疏》十三卷,北周何妥撰。何妥字栖凤,西城人。父细胡,通商入蜀,遂家郫县,号为西州大贾。少机警,八岁游国子学。江陵平,入周,周武帝时为太学博士。隋文帝初为国子博士,后任国子祭酒。任龙州刺史时,有负笈游学者,妥皆为讲说教授之。卒谥肃。著有《孝经义疏》三卷、《封禅书》一卷、《乐要》一卷、《集》十卷。③ 传见《隋书·儒林传》《北史·儒林传》。此书盖亡于宋以后,李鼎祚《周易集解》、孔颖达《周易正义》引有数十条。《周易正义》引何氏言,常与张讥、周弘正、褚仲都、庄氏并称。其释字词义、句义有从郑玄、虞翻者,有从王弼者,亦有自出新意。释《文言》《系辞》主于人事义理和史事,间有引爻辰之说。④ 妥曾与杨伯丑论《易》,伯丑笑妥用郑玄、王弼之言,伯丑说《易》辞义皆异先儒,⑤是可见妥讲《易》以郑、王同主。传言妥少好音律,曾于太常考定钟律,作清平瑟三调,又作鞞、铎、巾、拂四种八佾舞。又撰有《庄子义疏》四卷,并与沈重等撰《三十六科鬼神感应等大义》九卷。是既通音律近于汉学律历之学,讲鬼神感应近于汉人天人感应说,又讲庄子玄学,盖亦南朝学者常见之玄儒兼修。何妥还著有议论类的《六象论》一篇。

《周易注》十卷,北朝王凯冲撰。王凯冲始末未详。此书见《新唐书·艺文志》著录,李鼎祚《周易集解》引有 4 条,清马国翰辑之,处于卢景裕后,姑列入北朝。⑥ 其注解释句义,循文解说,语言平实,故马国翰认为宗王弼之学。

《周易义》无卷数,北朝王嗣宗撰。王嗣宗始末未详。此书陆德明《经典释文》引有 3 条,清马国翰辑之,次于王凯冲后,姑列入北朝。⑦ 陆德明引其说,与

---

① 《北齐书·儒林传》,第 589—590 页;《北史·儒林传》,第 2729—2730 页。
② (清)王仁俊:《玉函山房辑佚书续编三种》经编《易》类,上海古籍出版社,1989 年。
③ 《隋书·儒林传》,第 1709—1715 页;《北史·儒林传》,第 2753—2759 页。案何妥传在《隋书》,但其为由南朝入北朝之典型儒者,故本书收入以作例子。
④ 参见焦桂美《南北朝经学史》第四章第二节。
⑤ 《北史·艺术传》,第 2956 页。
⑥ (清)马国翰:《玉函山房辑佚书》经编《易》类,同治十三年(1874)匡源刊本。
⑦ (清)马国翰:《玉函山房辑佚书》经编《易》类。

徐邈、梁武帝并称。佚文则均为释字音、用字,难考家法。

《周易义》无卷数,北朝朱仰之撰。朱仰之始末未详。此书李鼎祚《周易集解》引有2条,清马国翰辑之,次于王嗣宗后,姑列入北朝。① 佚文解《系辞》《说卦》各1条,均为解释句义,亦循文解说而已。

其余如《周易义记》无卷数,北周萧詧撰。詧字仁远,嗣父萧督位,在位二十三年,卒谥孝明皇帝。机辩有文学,善于抚御,孝悌慈仁,有君人之量,性尤俭约,境内称治。著有《文集》《孝经义记》《大乘幽微》《小乘幽微》。② 传见《周书》《北史》本传。观其所著兼有儒释,盖梁之论《易》义理学者。

《周易私记》二十卷,北周释亡名撰。释亡名俗姓宋,南郡人。事梁元帝,梁亡出家,客蜀,卫元嵩为其弟子。周天和二年(567)宇文护迎亡名入长安。著有《孝经私记》四卷、《至道论》等佛论十二卷、《文集》十卷。③ 传见《隋书经籍志考证》集部别集类。亡名既为沙门,其《易》作或亦讲义理者。

又分述类文献有《周易系辞注》无卷数,北齐杜弼撰。弼字辅玄,中山曲阳人。幼聪敏,家贫无书,寄郡学受业。以军功起家,孝昌初,除太学博士。曾任曲城令、御史、太中大夫、中书令、胶州刺史。儒雅宽恕,尤晓吏职,为吏民所怀。卒谥文肃。④ 传见《北齐书》《北史》本传。案传言弼曾与魏帝讨论《庄子》、佛法性,受赐《地持经》。带经在军旅,注老子《道德经》二卷,时人称其息栖儒门,驰骋玄肆。武定六年(548)东魏帝集名僧于显阳殿说佛理,敕弼升师子座敷演,昭玄都僧达、僧道顺问难,莫有能屈。好名理,探味玄宗,老而愈笃,注《庄子·惠施篇》《易系辞》,名《新注义苑》。是此书为其晚年作,弼既儒释道皆通,则注《易》当本义理。

由此可见,北朝的义理《易》学,有明显属南人北归之《易》学者,也有继承西晋玄儒双修之《易》学者。与南朝义理学极为相似,亦兼采多家,说义平实,切于人事。接下来再分析象数《易》学文献。

先考察传说类。《周易注》无卷数,北魏刘昞撰。昞字彦明,敦煌人。父宝,以儒学称。昞是博士郭瑀学生,尝隐居酒泉,弟子受业者五百余人。李暠时为儒林祭酒、抚夷护军等职,虽有政务,手不释卷,为经典作注记。沮渠蒙逊时为秘书郎,专管注记,蒙逊还筑陆沉观请其讲学,号"玄处先生",学徒数百,月致羊酒。沮渠牧犍尊为国师,命官属以下皆北面受业焉。时同郡索敞、阴兴为助教。魏平

---

① (清)马国翰:《玉函山房辑佚书》经编《易》类。
② 《周书》,第863—865页;《北史》,第3090—3092页。
③ (清)姚振宗:《隋书经籍志考证》,第2132—2133页。
④ 《北齐书》,第346—353页;《北史》,第1986—1990页

凉州,拜乐平王从事中郎。著有《略记》八十四卷、《凉书》十卷、《敦煌实录》二十卷、《方言》三卷、《靖恭堂铭》一卷、《韩子注》、《人物志注》、《黄石公三略注》。① 传见《魏书》《北史》本传。此书唐时犹存,《经典释文》引有1条,清人马国翰、黄奭辑之。用字假借,自出己意。而字义则与荀爽、王弼相近。类似汉初儒家训诂举大义,而不涉及象数。②

《周易注》七卷,北魏姚规。姚规始末未详,马国翰断为齐、梁间人,姚振宗以为北魏、北齐间人。《隋书·经籍志》在卢景裕前,故本书列入北魏。此书李鼎祚《周易集解》引有1条,清人马国翰、黄奭辑之。此条言大有卦"互体有兑",是持《易》象互体说者,并引《说卦》解象。议论平实,又不同郑玄、虞翻。③

《周易注》十三卷,北魏崔觐撰。崔觐始末未详。《隋书·经籍志》在姚规条下,姚振宗亦断为北魏、北齐间人,故列入北魏,当即《北齐书·儒林传》所云受学于徐遵明之清河崔瑾。此书唐时尚存,孔颖达《周易正义》、李鼎祚《周易集解》各引1条,清人马国翰、黄奭辑之。其解释《易》之一名三义,同于郑玄,本于《易纬·乾凿度》。释《乾文言》义近郑玄,是守郑学者。④

《周易注》十卷,北魏卢景裕撰。景裕字仲儒,范阳涿人。少聪敏,专经为学,不营世事,惟在注解。北魏时曾任国子博士。东魏天平中与魏收等同征赴邺,寓僧寺,讲听不已。后为齐神武所俘,使教诸子。齐文襄又令景裕解所注《易》。虽不聚徒教授,所注《易》大行于世。注有《周易》《尚书》《孝经》《论语》《礼记》《老子》,其《毛诗》《春秋左氏》未讫。⑤ 传见《魏书·儒林传》、《北史》本传。此书作者《隋书·经籍志》题为卢氏,马国翰、姚振宗均认为即卢景裕。此书盖亡于宋时,李鼎祚《周易集解》引有20条,孔颖达《周易正义》引有1条,清人马国翰、黄奭辑之。佚文中有采消息、卦变、互体之说,类于郑玄、荀爽、虞翻。更多则以经注经,以释义为主,并有近于王弼者,亦自出新意并致误。⑥ 史言景裕受郑《易》于徐遵明,权会、郭茂传其学,后北朝能言《易》者多出郭茂之门,可见景裕《易》学

---

① 《魏书》,第1160—1161页;《北史》,第1267—1268页。案:据传言刘昞主要生活的时代和取得的经学成就在十六国,当属十六国学者。
② 参见简博贤《今存南北朝经学遗籍考》,第103—105页;黄庆萱《魏晋南北朝易学书考佚》,第669—670页。
③ 参见简博贤《今存南北朝经学遗籍考》,第105—107页;黄庆萱《魏晋南北朝易学书考佚》,第671—672页。
④ 参见简博贤《今存南北朝经学遗籍考》,第108—109页;黄庆萱《魏晋南北朝易学书考佚》,第673—675页。
⑤ 《魏书·儒林传》,第1859—1860页;《北史》,第1098—1099页。
⑥ 参见简博贤《今存南北朝经学遗籍考》,第110—119页;黄庆萱《魏晋南北朝易学书考佚》,第683—703页。

在北朝的影响是较大的。而传言其情均郊野,贞素自得,由是世号居士,理义精微,吐发闲雅,并注《老子》,似兼习玄言。又好释氏,通其大义,天竺胡沙门道悕每论诸经论,辄托景裕为之序。则正合其佚文郑王兼采,以平实释义为主。景裕盖亦三教兼遵者。

其余如《周易注》十卷,北魏崔浩撰。浩字伯渊,清河人。少好文学,博览经史,玄象阴阳,百家之言,无不关综,研精义理,时人莫及。明元帝初拜博士祭酒,授明元经书。历任侍中、司徒等职。神䴥二年(429)主持修撰《国书》三十卷,著作令史太原闵湛、赵郡郗标素谄事浩,乃请立石铭,刊载《国书》及所注《五经》,浩赞成之,太平真君十一年(450)因此被诛。① 传见《魏书》《北史》本传。案史传言明元帝好阴阳术数,闻浩说《易》及《洪范》五行,善之,因命浩筮吉凶,参观天文,考定疑惑。浩综覈天人纲纪,所处决多应验。明元又诏浩学天文、星历、易式、九宫。浩明识天文星变,上《五寅元历》,太武每幸浩第,多问以异事。观浩传,实以善占阴阳而受北魏诸帝任用,传中数举其占验事。又言浩能为杂说,不长属文,而留心于制度、科律,作《家祭法》,义理可观。是此书当继承汉儒阴阳术数之说。还需注意一点,传先言浩不好《老》《庄》,认为仲尼从老聃习礼,老子无此败先王教法之书,似乎为醇儒。然而太武帝初,浩服食养性,以寇谦之有《神中录图新经》师之。又非毁佛法,焚烧释典,更与寇谦之促成太武灭佛。是浩初时不好老庄玄言,后来信奉道教,实因道教中服食修炼之术本与阴阳术数同为一源。又明元即位时,敕浩解《急就章》《孝经》《论语》《诗》《尚书》《春秋》《礼记》《周易》,永兴三年(411)成书。而浩《易注序》则称与魏平凉州后入京的张湛等人论《易》,众劝浩成注。② 是浩前后两次注《易》,此十卷恐是后者,即太武帝太平真君之时。序又称以《左传》卦解之,是注《易》以经解经,有汉学之风。

《王朗易传注》无卷数,北魏阚骃撰。阚骃字玄阴,敦煌人。父祖有名于西土。博通经史,聪敏过人,时人谓之宿读。沮渠蒙逊拜为祕书考课郎中加奉车都尉,给文吏三十人,典校经籍,刊定诸子三千余卷。沮渠牧犍拜尚书。魏平姑臧,为乐平王丕从事中郎。撰有《十三州志》。③ 传见《魏书》《北史》本传。传言其注王朗《易》传,学者借以通经,是其时凉州有一批传习王肃《易》学者。

《易集解》无卷数,北魏游肇撰。游肇字伯始,广平任人。袭父游明根爵。幼为中书学生,博通经史及《苍》《雅》《林》说。历任秘阁令、相州刺史等职。持法仁

---

① 《魏书》,第807—827页;《北史》,第772—790页。
② 《魏书·张湛传》,第1154页。
③ 《魏书》,第1159—1160页;《北史》,第1267页。案:据传言阚骃主要生活的时代和取得的经学成就亦在十六国,当属十六国学者。

平，方正刚直，有惠政，卒谥文贞。治《周易》《毛诗》，尤精三《礼》。著有《冠婚仪》《白珪论》及诗赋表启凡七十五篇。① 传见《魏书》《北史》本传。史言其为儒者，动存名教，观其治学经历，此书恐亦为主郑玄者。

《易注》无卷数，北齐权会撰。权会字正理，河间郑人。少受郑《易》，该洽《诗》《书》、三《礼》。东魏时为四门博士，北齐时任中散大夫。参掌虽繁，教授不阙，动必稽古，辞不虚发，由是为儒者所宗。贵游子弟或就其宅，或寄宿邻家，承间受其学业。注《易》一部，行于世。② 传见《北齐书·儒林传》《北史·儒林传》。案传言会兼明风角，妙识玄象，但不传子及弟子。每占筮，大小必中，但用爻辞象象，以辨吉凶，《易》占之属，都不经口，史传载其验事。是此书主于象数，但本于《易》象本身，又不同于流为谶纬五行、近于道教之《易》占。

分述类文献有颜氏《周易大衍通统》一卷，姚振宗认为颜氏即颜恶头。北魏颜恶头，章武郡人。妙于《易》筮，史传多载其占验事，后为尔朱仲远所杀。③ 传见《北史·艺术传》。观此书书名当为专论《周易》术数者。

筮占类著作如《关氏易传》一卷，北魏关朗撰。朗字子明，河东解人。其六代祖渊在三国时避乱徙家于汾河。其家业儒，有经济大器，以古算示人，而不求宦达。太和末孝文帝曾问朗《老》《易》义，朗寄言玄宗，实陈王道，劝孝文以慈俭清静为本，加之以礼乐刑政，帝然之，以为堪比管仲，并非仅为占算。孝文帝令朗与王虬撰《疑筮论》数十篇，即《关氏易传》。孝文帝与王虬卒后，朗隐居临汾山，授门人《春秋》《老》《易》，号关先生学，王虬长子彦师之。王氏家传关朗《易》，王彦是隋代大儒王通曾祖，王通《赞易》即传其说。卒后，河东立祠祭之。著有《文集》行世。④ 传见唐赵蕤所撰《关朗传》。此书唐代赵蕤作注时已亡佚过半，现有一卷，讲论《易》之卜百年、大衍义、乾坤策义、盈虚、阖辟、理性、时变、动静、神义等，是专言《易》之筮占方法和意义的著作。案传言王彦请朗占，言无不应，但必先人事而后语卦，认为圣人即人事以申天命，悬历数以示将来，人谋与龟策相表里。

---

① 《魏书》，第1215—1218页；《北史》，第1253—1254页。
② 《北齐书·儒林传》，第592—593页；《北史·儒林传》，第2733—2734页。
③ 《北史·艺术传》，第2931—2932页。
④ （北魏）关朗：《关氏易传》卷首，《丛书集成新编》第十四册，新文丰出版公司，1985年。案《四库全书总目》言"是书《隋志》《唐志》皆不著录。晁公武《读书志》谓李淑《邯郸图书志》始有之。《中兴书目》亦载其名，云阮逸诠次刊正。陈师道《后山丛谈》、何薳《春渚纪闻》及邵博《闻见后录》皆云阮逸尝以伪撰之稿示苏洵，则出自逸手，更无疑义。逸与李淑同为神宗时人，故李氏书始有也。《吴莱集》有此书后序，乃据文中子之说力辨其真，文士好奇，未之深考耳。"见（清）永瑢等：《四库全书总目》卷七，第48页。是疑为阮逸伪撰，但未有更确实证据，姑列为关朗所作。

是筮占切于人事,更近于《易》占之本,而不类汉儒风角、纬候之远于《易》者。

《易林杂占》百余卷,北齐吴遵世撰。遵世字季绪,勃海人。少学《易》,于恒山从隐居道人游处,明占卜,北魏、北齐时在京师以卜筮知名。① 此书仅见遵世《北史》本传记载,盖集前人筮占经验及其筮占之记录,书名谓"杂占",当涉及筮占的方方面面,故卷帙颇多。

《卜筮书残》,民国时罗振玉据唐写本影印,存三百余行,是此书的第二十三卷,末有阙佚,罗氏于日本访得。罗振玉根据用字习惯定为六朝之书而初唐写之,隋唐以来诸目录不载。观其佚文,皆是卜筮之用,本于阴阳五行,与四时、方位结合以论吉凶。②

其余还有颜氏《周易立成占》三卷、颜氏《周易孔子通覆决》三卷,姚振宗以为皆颜恶头作,并认为后者是本于谶纬,辗转附益流为术数者。③

由上述可见,北朝的这一部分《易》学文献显然分成了两类,一种接近于南朝学风,用汉魏儒者之义进行平实的训诂、说理,即便涉及象数,也是本于《易》而远于占。另一类则继承了孟京《易》说,援引阴阳五行、天文纬候说《易》,而这一类往往又与道教相关。

最后再考察北朝时期的其他两类著作。义例类文献有《周易义例》无卷数,北齐李铉撰。铉字宝鼎,勃海南皮人。九岁入学,书《急就篇》,月余便通。家贫,常春夏务农,冬乃入学。年十六,从李周仁受《毛诗》《尚书》,刘子猛受《礼记》,房虬受《周官》《仪礼》,鲜于灵馥受《左氏春秋》。以乡里无可师者,诣徐遵明受业五年,常称高第。年二十三,自潜居撰定《孝经义疏》《论语义疏》《毛诗义疏》《三礼义疏》及《三传异同》《周易义例》合三十余卷。年二十七,归养二亲,教授乡里,生徒恒数百人,燕赵间能言经者,多出其门。后以乡里寡文籍,游京师读所未见书。除太学博士,齐神武令教诸子。览《说文》《仓》《雅》,删正六艺经注中谬字,名曰《字辨》。又为国子博士,与魏收等议礼律,文宣令授废帝经。④ 传见《北齐书·儒林传》《北史·儒林传》。既为遵明弟子,则其《周易义例》当传遵明之学,宗主郑玄。另有崔觐《周易统例》十卷,崔觐始末详前。

北朝拟《易》类文献有存本《元包经》一种,辑本《洞极经》一种。北魏关朗传有《洞极经》。《洞极经》是关氏秘存,在关渊举家迁徙时,所藏书皆散佚,唯存此书。关朗师事崆峒山秩先生,先生为《洞极经》作《翼》以名其大端,作《则》以指诸

---

① 《北齐书·方伎传》,第 677 页;《北史·艺术传》,第 2936—2937 页。
② 罗振玉:《吉石盦丛书初集》,民国五年(1916)刊本。
③ (清)姚振宗:《隋书经籍志考证》,第 1481 页。
④ 《北齐书·儒林传》,第 584—585 页;《北史·儒林传》,第 2726—2727 页。

人事，使其内容焕然可详。朗学成而归，先生则飞升，观此先生是道教中人。朗又编先生余论为《洞极论》十一篇，并自作传以释其蕴，为图以序其篇，摹仿《易》之经、十翼、注的结构。主旨以生、资、育三极摹仿《易》之经卦，又以河图论其卦本，胡一桂评价说"论述圣人本河图以画卦"①，故其中涉及的河图、洛书说法后常为宋人祖述。此书有元胡一桂、清马国翰辑本。

《元包经》十卷，北周卫元嵩撰。元嵩蜀郡成都人。本河东人，远祖从宦，遂家于蜀。少出家为释亡名弟子，聪颖不偶。周天和二年（567）亡名入长安，元嵩移居野安寺。后以蜀土狭小，不足展怀，游长安，上表议减僧寺，并还俗，后又入道教。周武纳其言并敬事之，赐爵持节蜀郡公，周武灭佛，缘此而起。唐代什邡县有紫极观，中有卫真人墓，宋代此处为什邡县廨，并有卫先生祠，正月当地作卫先生生日，道众毕会。元嵩还著有《齐三教论》七卷。② 传见《元包经》杨楫序。此书始著录于《新唐书·艺文志》，今传五卷是后人刻本合并，唐苏源明传，李江注，宋张行成总义。论太阴（应坤宫八卦）、太阳（应乾宫八卦）、少阴（应兑宫八卦）、少阳（应艮宫八卦）、仲阴（应离宫八卦）、仲阳（应坎宫八卦）、孟阴（应巽宫八卦）、孟阳（应震宫八卦），又有运蓍、说原解说其卦体原理。以坤为首，祖《归藏》，又祖京房《易》传八宫卦。文字、音义奇诡，纷隐不明。传言其不事生产，潜心至道，明明阳历算，著《千字诗》预言周、隋兴废，并有征验。虽初入佛门，但实是儒道双修，其《易》为汉儒传统。

---

① （元）胡一桂：《周易启蒙翼传》外篇《洞极真经》。
② （北周）卫元嵩：《元包经》，《丛书集成初编》，商务印书馆排印《学津讨原》本。案元嵩始末及与周武帝灭佛关系，详见余嘉锡《余嘉锡论学杂著》"卫元嵩事迹考"，中华书局，2007年，第236—264页。

第二章　两晋南北朝《尚书》学文献提要

第一节　两晋南北朝《尚书》学文献目录

一、两晋《尚书》学书目

（一）《尚书》存目

书　名	卷数	作　者	辑存	备　注
伪孔安国传《尚书》	二十卷		存	即孔颖达《尚书正义》本
禹贡地域图	十八幅	晋裴秀撰	辑	清王谟辑《禹贡九州岛制地图论》《重订汉唐地理书钞》
尚书注	十卷	晋范宁注	辑	清王仁俊辑一卷（《玉函山房辑佚书续编》）
古文尚书音	一卷	晋徐邈撰	辑	清马国翰辑一卷（《玉函山房辑佚书》）
古文尚书舜典注	一卷	晋范宁撰	辑	清马国翰辑一卷（《玉函山房辑佚书》）
尚书注	十五卷	晋谢沈撰	辑	黄逢元《补晋书艺文志》
集解尚书	十一卷	晋李颙撰	辑	清王仁俊辑一卷（《玉函山房辑佚书续编》）
逸周书注	十卷	晋孔晁撰	存	
诏定古文官书	一卷	晋卫恒撰	辑	清马国翰辑一卷（《玉函山房辑佚书》）

（二）《尚书》佚目

书　名	卷数	作　者	备　注
夏禹治水图	一卷	晋顾恺之撰	《经义考》引《宣和书谱》
尚书注	无卷数	晋李充撰	《晋书·李充传》《旧唐书·经籍志》《新唐书·艺文志》《经义考》《补晋书艺文志》

续表

书　名	卷数	作　者	备　注
汲冢周书论	无卷数	晋王接撰	光绪《山西通志》
汲冢周书释	十卷	晋续咸撰	光绪《山西通志》
尚书义疏	四卷	晋伊说撰	《隋书·经籍志》《旧唐书·经籍志》《新唐书·艺文志》《通志》
尚书义注	三卷	晋吕文优撰	《隋书·经籍志》《旧唐书·经籍志》《新唐书·艺文志》《经义考》
尚书逸篇注	二卷	晋徐邈撰	《新唐书·艺文志》《经义考》《补晋书艺文志》
尚书释问	一卷	晋虞喜撰	《两浙著述考》
尚书新释	二卷	晋李颙撰	《隋书·经籍志》《旧唐书·经籍志》《新唐书·艺文志》《经义考》《补晋书艺文志》
尚书要略	二卷	晋李颙撰	《旧唐书·经籍志》《新唐书·艺文志》《经义考》《补晋书艺文志》
古文尚书音	一卷	晋李轨撰	《经义考》
尚书义	二卷	晋范顺、晋刘毅撰	《隋书·经籍志》
尚书义问	三卷	晋孔晁撰	《隋书·经籍志》
汲冢杂书	十九篇	佚名撰	《补晋书艺文志》
古文尚书经文	无卷数	佚名撰	《补晋书艺文志》

二、南朝《尚书》学书目

（一）《尚书》存目

书　名	卷数	作　者	辑存	备　注
《舜典孔传》	一篇	齐姚方兴撰	存	即孔颖达《尚书正义·舜典》
尚书义疏	十卷	梁费甝撰	辑	孔颖达《尚书正义·五子之歌》引1条

（二）《尚书》佚目

书　名	卷数	作　者	备　注
集释尚书	十一卷	宋姜道盛撰	《隋书·经籍志》《经典释文序录》
尚书亡篇序注	一卷	梁刘叔嗣撰	《隋书·经籍志》《通志》《经义考》

续 表

书　名	卷　数	作　者	备　注
尚书注	二十一卷	梁刘叔嗣撰	《隋书·经籍志》《经义考》
尚书新集序	一卷	梁佚名撰	《隋书·经籍志》《经义考》
尚书百问	一卷	南齐顾欢撰	《隋书·经籍志》《经义考》
尚书要略	无卷数	南齐沈骥士撰	乾隆重修《浙江通志》
尚书大义	二十卷	梁武帝撰	《梁书·武帝纪》《隋书·经籍志》
尚书百释	三卷	梁巢猗撰	《隋书·经籍志》、《旧唐书·经籍志》、《新唐书·艺文志》、《日本国见在书目》、王仁俊《补梁书艺文志》
尚书义	三卷	梁巢猗撰	《隋书·经籍志》、《旧唐书·经籍志》、《新唐书·艺文志》、王仁俊《补梁书艺文志》
尚书义疏	七卷	梁佚名撰	《隋书·经籍志》
古文尚书大义	二十卷	梁任孝恭撰	《旧唐书·经籍志》、《新唐书·艺文志》、《通志》、《经义考》
尚书音义	四卷	南齐王俭撰	《旧唐书·经籍志》、《新唐书·艺文志》、《通志》、王仁俊《补梁书艺文志》
尚书义	二十卷	梁孔子祛撰	《梁书》本传、《南史·儒林传》《旧唐书·经籍志》《新唐书·艺文志》《经义考》
集注尚书	三十卷	梁孔子祛撰	《梁书》本传、《南史·儒林传》、《旧唐书·经籍志》、《新唐书·艺文志》、《经义考》
尚书义	十五卷	陈张讥撰	《经义考》、民国《山东通志》、徐仁甫《补陈书艺文志》、徐崇《补南北史艺文志》
尚书逸篇	二卷	齐梁间佚名撰	《隋书·经籍志》《经义考》
注尚书序	一卷	梁陶弘景撰	《尚书著述考》
尚书滞义训答	无卷数	南齐徐伯珍撰	《南齐书》本传

三、北朝《尚书》学书目

（一）《尚书》存目

书　名	卷　数	作　者	辑存	备　注
大诰	一篇	北周苏绰撰	存	《周书》本传、《北史》本传

(二)《尚书》佚目

书　名	卷　数	作　者	备　注
尚书注	无卷数	北魏崔浩撰	《魏书·崔浩传》
王肃注尚书音	一卷	北魏刘芳撰	李正奋《补魏书艺文志》
尚书注	无卷数	北魏卢景裕撰	李正奋《补魏书艺文志》
尚书义疏	无卷数	北周萧璝撰	张鹏一《隋书经籍志补》
尚书义疏	三十卷	北周蔡大宝撰	徐仁甫《补周书艺文志》

第二节　两晋南北朝《尚书》学文献提要

一、两晋《尚书》学文献

《隋书·经籍志》载梁有《尚书义问》三卷，题为郑玄、王肃及晋五经博士孔晁撰。孔晁正史无传。晁，又作鼂、朝，三字并通。《晋书·傅玄传》中晋武帝诏原孔晁轻慢之罪，则晁为晋初人。① 严可均《全晋文》云孔晁在泰始初为五经博士。② 此书观其书名当是孔晁采郑玄及王肃论《尚书》之义，参以己意，自作问答，唐初已亡。姚振宗云"王肃《圣证论》附马昭驳、孔晁答、张融评，晁朋于王，盖王之及门弟子"③，马国翰亦云"孔晁说党于王，则晁固王学辈之首选"④。著有《尚书义问》三卷、《春秋外传国语注》二十卷、《逸周书注》十卷、《晋明堂郊社议》三卷等。另，孔晁的《逸周书注》十卷属于类《尚书》的传说文献，汉人没有重视《逸周书》，则孔晁注实可宝贵。

刘毅，字仲雄，东莱掖人。汉城阳景王章之后。魏末曾辟司隶都官从事，晋时历任国子祭酒、博士祭酒等职，卒赠仪同三司。⑤ 传见《晋书》本传。《隋书·经籍志》载有《尚书义》二卷，吴太尉范顺问，刘毅答，亡。案《隋志》校记已改为

---

① 《晋书·傅玄传》，第1320页。
② （清）严可均：《全晋文》卷七三，《全上古三代秦汉三国六朝文》，第1879页。
③ （清）姚振宗：《隋书经籍志考证》，第102页。
④ （清）马国翰：《圣证论辑序》，《玉函山房辑佚书》，光绪九年（1883）长沙娜嬛馆刊本。
⑤ 《晋书·刘毅传》，第1271—1279页。

"吴太尉范顺",本作"范顺问,吴太尉刘毅答",侯康、姚振宗考证范顺为吴时太尉,又作范慎,顺、慎通。① 本传未言刘毅撰《尚书义》,但观其曾任国子祭酒,当亦通经之士。《隋书·经籍志》此条属王肃《尚书》驳议下,在《尚书王氏传问》后,可见和前述孔晁书一样是关于郑王之学的问答。

以上二书均为议论类著作。西晋的传说类《尚书》著作则有《隋书·经籍志》所载《尚书义疏》四卷,乐安王友伊说撰。姚振宗云伊说始末未详,"盖晋初与燕王师王懋约撰《周官》《礼记宁朔新书》者,同时为二王师友者也。据《开元姓纂》,伊氏大抵是山阳郡人,与蜀伊籍同族"②。据《晋书·文六王传》乐安王鉴,武帝初时封,武帝为鉴和燕王机选师友,下诏"乐安王鉴、燕王机并以长大,宜得辅导师友,取明经儒学,有行义节俭,使足严惮"③,是伊说乃西晋人。伊说还撰有《周官礼注》十二卷。此义疏唐初已亡,既作于西晋,当本东汉《古文尚书》学。程元敏先生考证此书为"中国经学史上第一部题为义疏之经学著作"④,开此后经学义疏之风,故意义重大。

图谱类文献有《禹贡地域图》十八幅,裴秀撰。裴秀始末见上《易》一节。案其本传言:

> 秀儒学洽闻,且留心政事。又以职在地官,以《禹贡》山川地名,从来久远,多有变易。后世说者或强牵引,渐以闇昧。于是甄摘旧文,疑者则阙,古有名而今无者,皆随事注列,作《禹贡地域图》十八篇,奏之,藏于秘府。⑤

此为其作书本末。这是对《尚书》中《禹贡》的单篇研究,亦是图谱之作,启发后来宋代《禹贡》之研究。此书亡佚已久,清人王谟有辑,佚文实为存于其本传中之《序》。其《序》叹现有地图不设分率、不考正准望、不备载名山大川,皆不精审可据。于是秀便:

> 上考《禹贡》山海川流,原隰陂泽,古之九州,及今之十六州,郡国县邑,疆界乡陬,及古国盟会旧名,水陆径路。⑥

是以《禹贡》为基准。秀在《序》中又讨论了制图的六个标准,即:

> 一曰分率,所以辨广轮之度也。二曰准望,所以正彼此之体也。三曰道

---

① (清)姚振宗:《隋书经籍志考证》,第 103 页。
② (清)姚振宗:《隋书经籍志考证》,第 105—106 页。
③ 《晋书·文六王传》,第 1138 页。
④ 程元敏:《尚书学史》,第 1076 页。
⑤ 《晋书·裴秀传》,第 1039 页。
⑥ 《晋书·裴秀传》,第 1040 页。

里,所以定所由之数也。四曰高下,五曰方邪,六曰迂直,此三者各因地而制宜,所以校夷险之异也。①

这是非常详细而可行的制图方法,实为模范,宋程大昌《禹贡山川地理图》、王柏《禹贡图说》均其后学。

西晋还有三种关于《汲冢周书》的著作。《汲冢周书释》十卷,续咸撰。续咸,字孝宗,上党人。好学,师事京兆杜预,专《春秋》、郑氏《易》,教授常数十人。永嘉中,历廷尉平、东安太守。又为刘琨从事中郎,后没石勒,勒以为理曹参军。卒时石虎赠仪同三司。著有《远游志》十卷、《异物志》十卷、《汲冢古文释》十卷,行于世。② 此书见雍正《山西通志》所载,未言何据,姑列之以备考。

《汲冢周书论》无卷数,王接撰。王接字祖游,河东猗氏人。父蔚,世修儒史之学。王接于西晋惠帝时除中郎,补征虏将军司马。接学博通,特精《礼》《传》。注《公羊春秋》,多有新义。又撰《列女后传》七十二人,有杂论议、诗赋、碑颂、驳难十余万言,丧乱尽失。根据王接本传可以推测,当时议论《汲冢周书》者还有卫恒、束皙、王庭坚。束皙对卫恒所整理者有所论难,王庭坚又难束皙。束皙对王庭坚作回应时,庭坚已亡,而王接所论,则是折中束皙、庭坚所论,接或承庭坚之论而难束皙。③

又《晋书·束皙传》言束皙整理的汲冢书中有:

> 又杂书十九篇:《周食田法》,《周书》,《论楚事》,《周穆王美人盛姬死事》。④

文廷式认为此十九篇亦为《尚书》类的文献。⑤

西晋有白文《尚书》一种,即卫恒撰《诏定古文官书》一卷,清人马国翰有辑,题汉卫宏撰。恒字巨山,卫瓘子。历任秘书丞、黄门郎等。恒善草隶书,作《四体书势》。据恒自言魏初传古文者,出于邯郸淳。卫恒祖敬侯写淳《尚书》,是卫恒家传《古文尚书》。⑥ 陈梦家先生认为这是记录《古文尚书》异体的字书,《隋书·经籍志》收录的题为东汉卫宏撰的《古文官书》一卷当为卫恒作,当与晋世秘府藏《古文尚书》有关,本书从之。⑦ 又秦荣光《补晋书艺文志》收有另一种白文即《古

---

① 《晋书·裴秀传》,第 1040 页。
② 《晋书·儒林传》,第 2355 页。
③ 《晋书·王接传》,第 1436 页。
④ 《晋书·束皙传》,第 1433 页。
⑤ (清)文廷式:《补晋书艺文志》,清华大学出版社,2012 年,第 171 页。
⑥ 《晋书·卫恒传》,第 1061 页。
⑦ 详见陈梦家《尚书通论》,第 306—308 页。

文尚书》经文,这是根据《隋书·经籍志》所说的晋世秘府所藏的孔氏旧本,当是可靠的真古文经本,本书从之著录。①

又有《尚书释问》一卷,《隋书·经籍志》作虞氏撰,姚振宗云不详何人,《两浙著述考》题晋虞喜撰,言本于《隋志》,②此书久佚。虞喜,字仲宁,会稽余姚人。传言喜专心经传,兼览谶纬,著《安天论》以难浑、盖。又撰有《毛诗略释》、《孝经注》、《志林》三十篇。凡所注述数十万言,行于世。③ 考之并未有《尚书》类著作。案《两浙著述考》并未言据何原因定虞氏为虞喜,姑附存于此。

东晋的《尚书》学,自伪孔传出后,开始有人以此为本治《书》。如《尚书注》十卷,范宁撰。范宁字武子,南阳顺阳人。其父范汪少孤,过江依外家新野庾氏。范宁少笃学,多所通览。历任中书侍郎、豫章太守等职。宁在任时重视修建地方官学,史传称"自中兴已来,崇学敦教,未有如宁者也"④。除此书外,范宁最重要的著作是《春秋穀梁传注》,见于今传十三经注疏中。

此书《释文序录》题作《集解》,盖亦集合前人所注。前引《释文》与《正义》已提到范宁所注的伪孔传是梅赜最初献上的本子,其中缺了《舜典》一篇,范宁采马、郑所注为补。范宁先是将此隶古定文字改为今文(范宁所处时代通行的文字),然后为其作注。《隋书·经籍志》云梁有,亡,盖此书唐初已罕见,而亡佚于赵宋。清人马国翰从刘昭《后汉书注》、释玄应《一切经音义》、《太平御览》等书辑有 12 条,文廷式据《玉海》补 2 条、慧琳《大藏音义》补 1 条。⑤ 宁注多本马、郑,亦以己意断之,故虽说是以伪孔传为据,但仍为东汉《古文尚书》学之流衍。

《隋志》还录有范宁《古文尚书舜典注》一卷,这当是从十卷注本中分出,以补伪孔传所阙的,并非范宁自己另外所注单篇本。⑥ 此书亦亡,但刘宋裴骃的《史记集解》中《五帝本纪》《尧典》等篇虽用伪孔传,《舜典》则用马、郑注为主的一个注本,陈梦家先生认为此即范宁注本,故说此一卷内容大部分保存在《史记集解》中。⑦

---

① (清)秦荣光:《补晋书艺文志》,清华大学出版社,2012 年,第 16 页。
② (清)姚振宗:《隋书经籍志考证》,第 108 页。宋慈抱:《两浙著述考》,浙江人民出版社,1985 年,第 182 页。
③ 《晋书·儒林传》,第 2349 页。
④ 《晋书·范宁传》,第 1985 页。
⑤ (清)文廷式:《补晋书艺文志》,第 170 页。
⑥ 简博贤先生云"范宁复为伪古文《舜典》注解,谓之《古文尚书舜典注》,是又谬于立名矣",是误解范宁,此一卷是当时人从范注十卷摘出,非范自己为之。见简博贤《今存三国两晋经学遗籍考》,第 216—217 页。
⑦ 参见陈梦家《尚书通论》,第 232—233 页。

又如《古文尚书音》一卷,徐邈撰。徐邈事迹见上《易》一节。前论伪孔传已谈到,徐邈所注是伪孔传早先的本子,其中也阙《舜典》一篇,所以关于《舜典》的部分徐邈用的是王肃注本。陆德明《经典释文》对徐邈这个音注本有所继承,今可据敦煌本《经典释文》考见。① 此书今有清人马国翰从《经典释文》《集韵》《六经正误》等书辑出为一卷,佚文对经文、序和伪孔传都做了音释,其中还多用郑、王之注。文廷式认为"盖至范、徐信伪古文,而其书遂盛传南北矣"②。此外徐邈还撰有《尚书逸篇注》三卷,《新唐书·艺文志》收录,《太平御览》引有3条,不过此书有疑问,说见后南朝《尚书》学。

另有《古文尚书音》一卷,李轨撰。李轨始末见上《易》一节。《经典释文序录》云:"为《尚书音》者四人,孔安国、郑玄、李轨、徐邈。案汉人不作音,后人所托。"③李轨所注的本子和徐邈一样本于伪孔传,陆德明作《释文》亦有参考。

不过东晋也非伪孔传一枝独秀,郑注既立学官,亦有从郑学者。如《集解尚书》十一卷,李颙撰。案《晋书·李充传》云:"子颙,亦有文义,多所述作,郡举孝廉。"④又《经典释文序录》云:"字长林,江夏人,东晋本郡太守。"⑤此书《释文序录》作《古文尚书注》十卷,丁辰疑李书本有《录》一卷,《隋志》并数之,故云十一卷。⑥ 案《尚书·泰誓正义》曰:"李颙《集注尚书》于伪《泰誓》篇每引'孔安国曰'。计安国必不为彼伪书作传,不知颙何由为此言。"⑦这里孔颖达所说的伪《泰誓》,指西汉后得河内本《泰誓》,其引孔安国说非今伪孔传。⑧ 由此书可以推知:一是并非伪孔传出,而东晋的《尚书》注本皆依伪孔传本;二是除了今传伪孔传本,晋时大概还有其他讬名西汉孔安国的本子。此书唐初尚存,今已佚,清人王仁俊自孔颖达《正义》有辑1条。李颙另撰有《尚书新释》二卷,刘起釪先生以为是义疏体,⑨未详何据,不当以东晋南北朝的注解著作都是义疏体,还需视书本身内容而定。颙还撰有《尚书要略》二卷,并久已亡佚。又《尚书注》无卷数,李充撰。充为颙父,事迹见上《易》一节。此书不知是否与李颙所用《尚书》本相同,

---

① 参见陈梦家《尚书通论》,第63、234页;程元敏《尚书学史》,第1042—1044页。
② (清)文廷式:《补晋书艺文志》,第171页。
③ 《经典释文序录疏证》,第68页。
④ 《晋书·文苑传》,第2391页。
⑤ 《经典释文序录疏证》,第67页。
⑥ (清)丁国钧:《补晋书艺文志》,清华大学出版社,2012年,第10页。
⑦ 《尚书·泰誓上》,(清)阮元校刻:《十三经注疏》,第382页。
⑧ 陈梦家先生据此条,及魏何晏、郑冲等《论语集解》引孔安国注亦不同伪孔传本,认为西晋初至东晋初,郑冲至梅颐一系《古文尚书》是马、郑流派,两晋引孔安国注,可能是此派所为。即这是不同今存伪孔传的另一个伪孔安国传本。详见陈梦家《尚书通论》,第232页。
⑨ 刘起釪:《尚书学史》,第205页。

姑附于颛后。

《尚书注》十五卷,谢沈撰。谢沈字行思,会稽山阴人。少孤,博学多识,明练经史。曾任尚书度支郎、著作郎。撰有《毛诗注》二十卷、《晋书》三十余卷、《后汉书》百卷等。① 此书《释文序录》除十五卷外还收有《录》一卷。黄逢元《补晋书艺文志》收有《太平御览》三十七"徐州土戠坟"引沈注曰"戠音志",是音依郑注。②

《尚书义注》三卷,吕文优撰。吕文优始末未详。此书所据是伪孔传本,还是郑本,已不可考,亡佚已久。刘起釪先生认为此书是义疏体,③未详何据,盖因其在《隋志》中列于义疏之作一类。

还有一种图谱类著作即《夏禹治水图》一卷,顾恺之撰。此书见《经义考》引《宣和画谱》云:"顾恺之,字长康,小字虎头,无锡人。义熙中,为散骑常侍,今御府所藏有《夏禹治水图》。"④则此画宋时尚存。恺之是东晋著名画家,传见《晋书·文苑传》。

二、南朝《尚书》学文献

南朝以梁的《尚书》学文献为最多,刘宋只有姜道盛撰《集释尚书》十一卷这一种。姜道盛事迹,见《经典释文序录》云:"天水人,宋给事中,字道盛。作集解十卷。"⑤又《宋书·刘怀肃传》云:

> 诏曰:"故晋寿太守姜道盛,前讨仇池,志输诚力,即戎著效,临财能清。近先登浊水,殒身锋镝,诚节俱亮,矜悼于怀。可赠给事中,赐钱千万。"道盛注《古文尚书》,行于世。⑥

可知姜道盛本为晋寿太守,因讨仇池而阵亡,给事中是卒后赠官。又知道盛所注为《古文尚书》,盖本伪孔传。刘起釪先生以为是义疏,⑦未言何据,观其题名当非义疏,而是继承魏晋集注形式的著作。

南朝的《尚书》义疏类著作,就题目来看可以确定的有梁巢猗撰《尚书义》三卷(两《唐志》作《尚书义疏》十卷)、梁费甝撰《尚书义疏》十卷、佚名撰《尚书义疏》

---

① 《晋书·谢沈传》,第2151—2152页。
② (清)黄逢元:《补晋书艺文志》,清华大学出版社,2012年,第160页。参见程元敏《尚书学史》,第1012—1013页。
③ 刘起釪:《尚书学史》,第205页。
④ (清)朱彝尊:《经义考》,第1734—1735页。
⑤ 《经典释文序录疏证》,第68页。
⑥ 《宋书·刘怀肃传》,第1406页。
⑦ 刘起釪:《尚书学史》,第205页。

七卷,另外陈张讥撰《尚书义》十五卷可能亦为义疏类。

案巢猗始末未详,《隋书·经籍志》题梁国子助教。巢氏另有《尚书百释》三卷,刘起釪先生以为是义疏,未言何据,姚振宗归为问答、驳难、杂义之属,① 按《隋书·经籍志》分类规律,本书从姚说。又孔颖达《尚书正义序》云:"其为《正义》者,蔡大宝、巢猗、费甝,诸公旨趣,多或因循,怙释注文,义皆浅略。"② 是巢猗义疏,孔颖达得见,当本伪孔传。巢猗既是国子助教,则其书特点或即孔颖达所说,当为国学讲稿一类比较浅显的经传兼释的注本。巢氏书均久佚。

费甝的义疏同样有巢猗义疏这样的特色。案《经典释文序录》云:"梁国子助教江夏费甝作义疏,行于世。"③ 是费氏之书当与巢猗书类似,本伪孔传,为国学讲疏一类。又《北齐书·儒林传》云:"武平末,河间刘光伯、信都刘士元始得费甝《义疏》,乃留意焉。"④ 是二刘的《尚书》学深受费氏影响,二刘著作为孔颖达《正义》所本,故费氏书虽久已不存,其影响却远。《尚书义疏》十卷,今《尚书·五子之歌正义》引有1条,其余均亡。

陈张讥撰《尚书义》十五卷,刘起釪、程元敏以为是义疏,未言何据。考张氏有《周易讲疏》,明题义疏类,而此书在张讥本传中则作《周易义》,是此《尚书义》或同理可推知。⑤ 张讥始末见上《易》一节。另有《尚书广疏》十八卷,《经义考》据《崇文总目》著录为陈张讥撰,而《宋史·艺文志》作冯继先撰。案《崇文总目辑释》作"伪蜀冯继先撰,以孔颖达《正义》为本,小加己意"。⑥ 是《经义考》误题作者,当为后蜀冯继先所作。

《尚书大义》二十卷,梁武帝撰,武帝事迹见上《易》一节。案武帝有《周易大义》《周易讲疏》两种著作,是前者可能不是义疏形式,姚振宗亦将之归为问答、驳难、杂义之属。⑦ 不过《梁书·刘之遴传》云"是时《周易》《尚书》《礼记》《毛诗》并有高祖义疏"⑧,则或许武帝另有《尚书》义疏类著作。又《尚书·泰誓正义》曰:

> 梁主兼而存之,言本有两《泰誓》,古文《泰誓》伐纣事,圣人取为《尚书》;

---

① 刘起釪:《尚书学史》,第205页。(清)姚振宗:《隋书经籍志考证》,第105页。
② 《尚书正义序》,(清)阮元校刻:《十三经注疏》,第233页。
③ 《经典释文序录疏证》,第69页。
④ 《北齐书·儒林传》,第583页。
⑤ 刘起釪:《尚书学史》,第205页。程元敏《尚书学史》,第1163页。
⑥ (清)朱彝尊:《经义考》卷七八,第1460页。《宋史·艺文志》,第13页。(清)钱东垣《崇文总目辑释》卷一,《汗筠斋丛书》第一集,嘉庆三年(1798)嘉定秦氏刊本。
⑦ (清)姚振宗:《隋书经籍志考证》,第105页。
⑧ 《梁书·刘之遴传》,第574页。

今文《泰誓》观兵时事,别录之以为《周书》。①

这里可见梁武帝解《尚书》所用是伪孔传本,他称为古文。他所说的今文,是西汉的河内本,即今文三家所用,梁武帝把此本归入《周书》。此又为南朝今文仍存之一证。②

《古文尚书大义》二十卷,梁任孝恭撰。任孝恭,字孝恭,临淮人。幼孤,精力勤学,家贫无书,常崎岖从人假借。每读一遍,讽诵略无所遗。曾任奉朝请、司文侍郎等职。孝恭少从萧寺云法师读经论,明佛理。侯景寇乱时为景所害。有《文集》行于世。③ 传见《梁书·文学传》《南史·文学传》。观其书题"古文",盖亦宗伪孔传。

《尚书要略》无卷数,南齐沈驎士撰,驎士事迹见上《易》一节。《尚书注》二十一卷,梁刘叔嗣撰。刘氏始末未详,《隋书·经籍志》题梁五经博士。刘氏还另有《尚书亡篇序注》一卷,是专门对"亡篇"所作的注。汉人根据汉代所传百篇书序,专门区分出今文二十九篇的存篇,汉古文的十六篇逸篇,和有目无经的亡篇。刘氏针对此专作注,或许宗马、郑。④ 另有《尚书新集序》一卷,《经义考》误为刘叔嗣撰,⑤案《隋书·经籍志》此书是归于《尚书亡篇序注》条下,刘氏《尚书注》后,故朱彝尊误连读,当为佚名所作。后二书唐初已亡。

《尚书义》二十卷、《集注尚书》三十卷,梁孔子袪撰。孔氏始末见上《易》一节。前书刘起釪、程元敏均认为是义疏,⑥盖相对于后书为"集注"而言,可认为前书是义疏类。而后书刘先生亦以为是义疏,未言何据,本书不从,集注与义疏注解的方式仍然有别。又史传言孔子袪"尤明《古文尚书》。兼国子助教,讲《尚书》四十遍,听者常数百人"⑦,则子袪所宗亦伪孔传。

此外属于单篇类的文献还有《注尚书序》一卷,梁陶弘景撰。此书《经义考》据元道士刘大彬《茅山志》著录,云"贞白注《诗》《书》序"⑧。此乃道门中人所作经义。陶弘景始末见上《易》一节。又有《尚书逸篇》二卷,齐梁间佚名撰。《隋书·经籍志》云:"又有《尚书》逸篇,出于齐梁之间,考其篇目,似孔壁中书之残缺

---

① 《尚书·泰誓上》,(清)阮元校刻:《十三经注疏》,第382页。
② 参见陈梦家《尚书通论》,第57页。
③ 《梁书·文学传》,第726页;《南史·文学传》,第1784页。
④ 参见陈梦家《尚书通论》,第305页。
⑤ (清)朱彝尊:《经义考》卷七八,第1457页。
⑥ 参见刘起釪《尚书学史》,第205页。程元敏《尚书学史》,第1163页。
⑦ 《梁书·儒林传》,第680页。
⑧ (清)朱彝尊:《经义考》卷九七,第1828页。

者,故附《尚书》之末。"①当指此二卷,这大概是汉代壁中古文遗存的真本,一直藏于皇家图书中。案姚振宗云:

> 此疑是《佚周书》之佚出者。《南史·刘显传》云:"任昉尝得一篇缺简,文字零落,示诸人,莫能识。显见,云是《古文尚书》所删逸篇。昉检《周书》,果如其说。"疑昉所得之一篇,并入徐注二卷中。②

是又结合上一小节徐邈注逸篇为说,可备一解。由此可知汉代古文真本唐初尚存,故伪孔传造假,不能离真古文太远。

议论类著作还有《尚书百问》一卷,南齐顾欢撰,此书刘起釪先生以为是义疏,未言何据,姚振宗归为问答、驳难、杂义之属,③按《隋书·经籍志》分类规律,本书从姚说。又《尚书滞义训答》无卷数,南齐徐伯珍撰。考《南齐书·徐伯珍传》云:"吴郡顾欢摘出《尚书》滞义,伯珍训答甚有条理,儒者宗之。"④盖是回答顾欢《尚书百问》一书之作。顾欢、徐伯珍事迹均见上《易》一节。

南朝《尚书》还有音训著作一种,即《尚书音义》四卷,南齐王俭撰。王俭字仲宝,琅邪临沂人。幼专心笃学,尚阳羡公主,拜驸马都尉。宋时曾任秘书丞、吏部郎等职,南齐时任尚书令、国子祭酒等职,卒赠太尉,谥文宪。传言俭寡嗜欲,以经国为务,手笔典裁,为当时所重。又云:

> 先是宋孝武好文章,天下悉以文采相尚,莫以专经为业。俭弱年便留意三《礼》,尤善《春秋》,发言吐论,造次必于儒教,由是衣冠翕然,并尚经学,儒教于此大兴。⑤

观此则俭乃醇儒,于南朝经学居功至伟。撰有《丧服古今集记》三卷、《礼论要钞》十卷、《礼答问》三卷、《七志》四十卷、《元徽四部书目》四卷、《文集》五十一卷等。⑥ 传见《南齐书》《南史》本传。案程元敏先生引《南齐书》中王俭论礼制时所引《尚书》3条,考证为皆据伪孔传,盖其音训亦本伪孔传。⑦

三、北朝《尚书》学文献

《大诰》一篇,北周苏绰撰,此文存于苏绰本传中。苏绰,字令绰,武功人。绰

---

① 《隋书·经籍志》,第915页。
② (清)姚振宗:《隋书经籍志考证》,第96—97页。
③ 刘起釪:《尚书学史》,第205页。(清)姚振宗:《隋书经籍志考证》,第105页。
④ 《南齐书·高逸传》,第945页。
⑤ 《南史》,第595页。
⑥ 《南齐书》,第433—438页;《南史》,第590—596页。
⑦ 参见程元敏《尚书学史》,第1129页。

少好学,博览群书,尤善算术。西魏时历任著作佐郎、司农卿等职,参与了西魏的许多政策制定,为宇文泰倚重。其中最著名者为"六条诏书",论强国富民之道,西魏、北周政治遂以为法式。绰还著有《佛性论》《七经论》,并行于世。① 传见《周书》《北史》本传。史传言晋末以来,文章竞为浮华,宇文泰欲革俗弊,在西魏帝庙祭时,令苏绰仿《尚书》文体撰拟《大诰》一篇行之。自是之后,西魏、北周的文笔皆依此体,可见这篇拟《尚书》的影响。

传说类文献则有《尚书注》无卷数,北魏卢景裕撰。卢景裕事迹见上《易》一节。此书仅见景裕本传所载,盖亡佚甚久。景裕《易》学受自徐遵明所讲郑《易》,则或许其《尚书》学亦与遵明同遵郑氏。

《尚书注》无卷数,北魏崔浩撰。崔浩事迹见上《易》一节。此书仅见崔浩本传所载,盖亦久已亡佚。崔浩于五经皆有所注,并刊于石碑。传言崔浩善说《洪范》五行,则宗今文夏侯家,恰与其象数《易》学相辅相成。又《魏书·高允传》言当时的著作令史闵湛、郄摽"上疏言马、郑、王、贾虽注述六经,并多疏谬,不如浩之精微"②,此虽为谄事浩之语,然也可以看出崔浩所习与东汉古文家有所不同。

《尚书义疏》三十卷,北周蔡大宝撰。蔡大宝,字敬位,济阳考城人。少孤,笃学不倦,善属文,博览群书,学无不综。仕萧詧、萧岿,历任中书监、中权大将军等职,军国之事,咸委决焉。卒赠司徒,谥文凯,配食詧庙。著有《尚书义疏》三十卷、《文集》三十卷,并行于世。③ 传见《周书》《北史》本传。案上引孔颖达《尚书》正义序已知,蔡大宝之义疏与巢氏、费氏义疏并称,盖皆一类著作,宗伪孔传者。

此外张鹏一《隋书经籍志补》独著录北周萧瓛撰《尚书义疏》无卷数一种。④ 萧瓛,字钦文,萧岿第三子。幼有令誉,能属文,特为岿所爱,任荆州刺史。入陈,授侍中、吴州刺史等。及陈亡,御隋师,战败亡。⑤ 传见《周书》《北史》本传。此书唯见张鹏一著录,未言何所据,姑列于此。

北朝还有音训著作一种,即《王肃注尚书音》一卷,北魏刘芳撰。刘芳,字伯文,彭城人,汉楚元王之后。少时为平齐民,虽处穷窘中,而笃志坟典。昼则佣书,以自资给,夜则读诵,终夕不寝,著《穷通论》以自慰。与德学大僧,多有还往。仕魏历任中书博士、国子祭酒、太常卿等职,卒赠镇东将军、徐州刺史,谥文贞。撰有《郑玄注周官音》《郑玄注仪礼音》《干宝注周官音》《王肃注尚书音》《何休注

---

① 《周书》,第381—395页;《北史》,第2229—2243页。
② 《魏书·高允传》,第1069—1070页。
③ 《周书》,第868—869页;《北史》,第3095—3096页。
④ (清)张鹏一:《隋书经籍志补》,清华大学出版社,2013年,第190页。
⑤ 《周书》,第867—827页;《北史》,第3095页。

公羊音》《范宁注穀梁音》《韦昭注国语音》《范晔后汉书音》各一卷,《辨类》三卷,《毛诗笺音义证》十卷,《礼记义证》十卷,《急就篇续注音义证》三卷,《周官义证》《仪礼义证》各五卷,《徐州人地录》二十卷,著述非常丰富,遍涉经史。① 传见《魏书》《北史》本传。

当时学者于太学的三字石经若有文字不正的问题,问于芳皆得解答,故时人号为刘石经。芳又曾授皇太子经,参订朝廷礼乐。是刘芳乃北魏大儒,亦是青齐地区的儒者代表之一。传言芳特精经义,兼览《苍》《雅》,尤长音训,观刘芳著作于经史多有音注。此书题目已言本于王肃,王肃《书》学在南北朝虽不立学官,但是两晋学官有讲,而伪孔传又与之相近,可见还是有所传习的,刘芳此书即为一例,不过此时专本王肃者已不多了。又焦桂美认为刘芳是南学,此需要稍作说明。刘芳本传载,南朝王肃来奔,当时人皆礼重王肃,以其为南学可观。而芳与王肃论经义,肃叹服其解《三礼》精妙,是芳之学与南学主流亦有不同。② 而上节论北朝《易》曾引《北齐书·儒林传序》说到王弼《易》为河南、青齐间传,是青齐地区又有不同北学主流者,以此观刘芳音注,所本不是河洛所宗之郑学,是又青齐不同北学之一证。综上可见青齐地区在学风上与南北皆有小异,又于二者皆有所采,是较为特殊的一个地区,这也符合其地理位置处于南北间的特点(青齐地区曾属于南朝,后又归北朝)。

---

① 《魏书》,第 1219—1227 页;《北史》,第 1541—1550 页。
② 参见焦桂美《南北朝经学史》,第 68 页;潘忠伟《北朝经学史》,第 195 页。

第三章 两晋南北朝《诗经》学文献提要

第一节 两晋南北朝《诗经》学文献目录

一、两晋《诗经》学书目

(一)《诗经》存目

书 名	卷数	作 者	辑存	备 注
毛诗音	二卷	晋徐邈撰	辑	《敦煌秘籍留真新编》三卷(残) 清马国翰辑一卷(《玉函山房辑佚书》)
毛诗异同评	十卷	晋孙毓撰	辑	清马国翰辑三卷(《玉函山房辑佚书》) 清王谟辑一卷(《汉魏遗书钞》) 清黄奭辑一卷(《汉学堂丛书》《黄氏逸书考》)
难孙氏毛诗评	四卷	晋陈统撰	辑	清马国翰辑一卷(《玉函山房辑佚书》)
毛诗拾遗	一卷	晋郭璞撰	辑	清马国翰辑7条(《玉函山房辑佚书》)
毛诗音隐	一卷	晋干宝撰	辑	文廷式《补晋书艺文志》
毛诗义疏	二十卷	晋舒援撰	辑	清马国翰辑3条(《玉函山房辑佚书》)
毛诗音	无卷数	晋刘昌宗撰	辑	《颜氏家训·书证篇》
补亡诗	六首	晋束皙撰	存	《文选·诗甲》

(二)《诗经》佚目

书 名	卷数	作 者	备 注
毛诗注	二十卷	晋江熙撰	《经义考》《补晋书艺文志》《隋书·经籍志》《授经图义例》

续 表

书　名	卷数	作者	备　注
毛诗注	二十卷	晋谢沈撰	《经义考》《两浙著述考》《补晋书艺文志》《隋书·经籍志》
毛诗释义	十卷	晋谢沈撰	《经义考》《两浙著述考》《补晋书艺文志》《隋书·经籍志》《旧唐书·经籍志》《新唐书·艺文志》《通志·艺文略》《国史经籍志》《授经图义例》
毛诗义疏	十卷	晋谢沈撰	《经义考》《两浙著述考》《补晋书艺文志》《隋书·经籍志》
毛诗外传	无卷数	晋谢沈撰	《两浙著述考》
毛诗答问、驳谱	合八卷	晋谢沈撰	《两浙著述考》
毛诗谱钞	一卷	晋谢沈撰	《经义考》《补晋书艺文志》《隋书·经籍志》《通志·艺文略》《国史经籍志》《授经图义例》
诗传	无卷数	晋袁准撰	《补晋书艺文志》
诗注	无卷数	晋袁乔撰	《经义考》《补晋书艺文志》
毛诗表隐	二卷	晋陈统撰	《经义考》《补晋书艺文志》《隋书·经籍志》《旧唐书·经籍志》《新唐书·艺文志》《通志·艺文略》《国史经籍志》《授经图义例》
毛诗略	四卷	晋郭璞撰	《经义考》、《隋书·经籍志》、《授经图义例》、光绪《山西通志》
毛诗辨异	三卷	晋杨乂撰	《经义考》《补晋书艺文志》《隋书·经籍志》《通志·艺文略》《国史经籍志》《授经图义例》《旧唐书·经籍志》《新唐书·艺文志》
毛诗异义	二卷	晋杨乂撰	《经义考》《补晋书艺文志》《隋书·经籍志》《通志·艺文略》《国史经籍志》《授经图义例》
毛诗杂义	五卷	晋杨乂撰	《经义考》《补晋书艺文志》《隋书·经籍志》
毛诗疑字议	无卷数	晋蔡谟撰	《初学记·文部》《经义考》《补晋书艺文志附录》
毛诗音	无卷数	晋蔡氏撰	《经义考》《补晋书艺文志附录》
毛诗略释	四卷	晋虞喜撰	《补晋书艺文志》《经义考》《两浙著述考》

续表

书名	卷数	作者	备注
毛诗杂义	四卷	晋殷仲堪撰	《经义考》《补晋书艺文志》《隋书·经籍志》
毛诗义疏	十卷	晋殷仲堪撰	《授经图义例》
毛诗背隐义	二卷	晋徐广撰	《经义考》《补晋书艺文志》《隋书·经籍志》
毛诗音	无卷数	晋李轨撰	《经义考》《补晋书艺文志补遗》
毛诗音	无卷数	晋阮侃撰	《经义考》《补晋书艺文志》
毛诗音	无卷数	晋江惇撰	《经义考》《补晋书艺文志》
毛诗音	无卷数	晋孔氏撰	《经义考》《补晋书艺文志附录》
诗注	无卷数	晋刘昌宗撰	《颜氏家训·书证篇》
毛诗图	二卷	晋明帝撰	文廷式《补晋书艺文志》
豳风七月图	一卷	晋明帝撰	《经义考》
毛诗北风图	一卷	晋卫协撰	《经义考》
毛诗黍离图	一卷	晋卫协撰	《经义考》
毛诗义	无卷数	晋释惠远撰	《补晋书艺文志》
周诗	六首	晋夏侯湛撰	《西晋文纪》

二、南朝《诗经》学书目

(一)《诗经》存目

书名	卷数	作者	辑存	备注
毛诗序义疏	三卷	南齐刘瓛等撰	辑	清马国翰辑2条(《玉函山房辑佚书》)
毛诗序义	无卷数	宋周续之撰	辑	清王谟辑一卷(《汉魏遗书钞》)
毛诗注	无卷数	宋周续之撰	辑	清马国翰辑6条(《玉函山房辑佚书》)
毛诗十五国风义	二十卷	梁简文帝撰	辑	清马国翰辑1条(《玉函山房辑佚书》)

续表

书　名	卷　数	作　者	辑存	备　　注
毛诗集注	二十四卷	梁崔灵恩撰	辑	清马国翰辑一卷(《玉函山房辑佚书》) 清王仁俊辑一卷(《玉函山房辑佚书续编》)
毛诗隐义	十卷	梁何胤撰	辑	清马国翰辑一卷(《玉函山房辑佚书》)

(二)《诗经》佚目

书　名	卷　数	作　者	备　　注
毛诗音	无卷数	宋徐爰撰	《经义考》
毛诗引辨	一卷	宋孙畅之撰	《经义考》《隋书·经籍志》《授经图义例》
毛诗序义	七卷	宋孙畅之撰	《经义考》《隋书·经籍志》《授经图义例》
毛诗释	一卷	宋何偃撰	《经义考》《隋书·经籍志》《授经图义例》
毛诗序义	二卷	宋雷次宗撰	《经义考》、《隋书·经籍志》、《通志·艺文略》、《国史经籍志》、《授经图义例》、清光绪《江西通志》
毛诗义	一卷	宋雷次宗撰	《经义考》《隋书·经籍志》
毛诗序注	一卷	宋阮珍之撰	《经义考》《隋书·经籍志》《授经图义例》
业诗注	二十卷	宋业遵撰	《经义考》《隋书·经籍志》《旧唐书·经籍志》《新唐书·艺文志》《通志·艺文略》《国史经籍志》《授经图义例》
毛诗义	无卷数	宋关康之撰	《经义考》、王仁俊《补梁书艺文志》
毛诗篇次义	一卷	南齐刘瓛撰	《经义考》、《隋书·经籍志》、《授经图义例》、清光绪《安徽通志》、王仁俊《补梁书艺文志》
毛诗集解叙义	一卷	南齐顾欢等撰	《经义考》、《两浙著述考》、《隋书·经籍志》、《通志·艺文略》、《国史经籍志》、《授经图义例》、雍正《浙江通志》
毛诗新台图	一卷	宋陆探微画	《经义考》
毛诗问答	无卷数	梁武帝撰	《梁书》本纪

续表

书　　名	卷数	作　者	备　注
毛诗发题序义	一卷	梁武帝撰	《经义考》《隋书·经籍志》《通志·艺文略》《国史经籍志》《授经图义例》
毛诗大义	十一卷	梁武帝撰	《经义考》《隋书·经籍志》《通志·艺文略》《国史经籍志》《授经图义例》
毛诗大义	十三卷	梁佚名撰	《隋书·经籍志》
毛诗序注	一卷	梁陶弘景撰	《经义考》《隋书·经籍志》《授经图义例》
毛诗义注	五卷	梁崔灵恩撰	《旧唐志》、《唐书艺文志》、《授经图义例》、民国《山东通志》
毛诗检漏义	二卷	梁谢昙济撰	《经义考》《隋书·经籍志》《授经图义例》
毛诗总集	六卷	梁何胤撰	《经义考》、《隋书·经籍志》、《授经图义例》、光绪《安徽通志》
风雅比兴义	十五卷	梁许懋撰	《经义考》，清宣统《畿辅通志》
毛诗义疏	五卷	梁张氏撰	《经义考》《隋书·经籍志》《旧唐书·经籍志》《新唐书·艺文志》《通志·艺文略》《国史经籍志》《授经图义例》
毛诗义注	四卷	梁佚名撰	《经义考》《隋书·经籍志》
毛诗杂义注	三卷	梁佚名撰	《经义考》《隋书·经籍志》
毛诗义疏	无卷数	陈全缓撰	《经义考》、《两浙著述考》、雍正《浙江通志》（《毛诗义》二十卷）、《授经图义例》
毛诗义疏	无卷数	陈顾越撰	《经义考》、《两浙著述考》、《海宁州志》、徐仁甫《补陈书艺文志》、徐崇《补南北史艺文志》
毛诗集解	无卷数	梁伏曼容撰	《梁书》本传
毛诗义	二十卷	陈张讥撰	《经义考》
毛诗草虫经	一卷	南北朝佚名撰	《经义考》
毛诗释疑	一卷	南北朝佚名撰	《经义考》《隋书·经籍志》《通志·艺文略》《国史经籍志》《授经图义例》
韩诗图	十四卷	南北朝佚名撰	《经义考》

续表

书　名	卷数	作者	备　注
毛诗图	三卷	梁佚名撰	王仁俊《补梁书艺文志》
毛诗孔子经图	十二卷	梁佚名撰	王仁俊《补梁书艺文志》
毛诗古圣贤图	二卷	梁佚名撰	王仁俊《补梁书艺文志》

三、北朝《诗经》学书目

（一）《诗经》存目

书　名	卷　数	作　者	辑存	备　注
毛诗笺音义证	十卷	北魏刘芳撰	辑	清马国翰辑一卷(《玉函山房辑佚书》) 清王谟辑一卷(《汉魏遗书钞》)
毛诗义疏	二十八卷	北周沈重撰	辑	清马国翰辑二卷(《玉函山房辑佚书》) 清王谟辑一卷(《汉魏遗书钞》) 清王仁俊辑一卷(《玉函山房辑佚书续编》)

（二）《诗经》佚目

书　名	卷数	作　者	备　注
毛诗拾遗	无卷数	北魏高允撰	《魏书》本传、清宣统《畿辅通志》
毛诗注	无卷数	北魏崔浩撰	《魏书》本传、徐崇《补南北史艺文志》
毛诗谊府	三卷	北魏元延明撰	《经义考》《隋书·经籍志》《旧唐书·经籍志》《新唐书·艺文志》《通志·艺文略》《国史经籍志》《授经图义例》
诗礼别义	无卷数	北魏元延明撰	徐崇《补南北史艺文志》
毛诗序义注	一卷	北魏刘献之撰	《经义考》、清宣统《畿辅通志》
毛诗章句疏	三卷	北魏刘献之撰	徐崇《补南北史艺文志》
毛诗音	无卷数	北魏元延明撰	《诗经著述考》

续表

书名	卷数	作者	备注
白珪论	无卷数	北魏游肇撰	《诗经著述考》
毛诗义疏	无卷数	北齐刘轨思撰	《经义考》
毛诗义疏	无卷数	北齐李铉撰	清宣统《畿辅通志》
毛诗章句	无卷数	北齐张思伯撰	《经义考》、清宣统《畿辅通志》
毛诗音	二卷	北周沈重撰	《两浙著述考》、《周书》《北史》本传、《两浙著述考》
毛诗序论	无卷数	北周乐逊撰	徐仁甫《补周书艺文志》
毛诗义疏	无卷数	北朝刘醜撰	《经义考》
毛诗义疏	二十卷	北朝佚名撰	《经义考》《隋书·经籍志》
毛诗义疏	二十九卷	北朝佚名撰	《经义考》《隋书·经籍志》
毛诗义疏	十卷	北朝佚名撰	《经义考》《隋书·经籍志》
毛诗义疏	十一卷	北朝佚名撰	《经义考》《隋书·经籍志》
毛诗义疏	二十八卷	北朝佚名撰	《经义考》《隋书·经籍志》

第二节　两晋南北朝《诗经》学文献提要

一、两晋《诗经》学文献

前贤认为,西晋《诗经》学郑王之争的代表是孙毓、陈统二家,二人各有著作。《毛诗异同评》十卷,孙毓撰。案《隋书·经籍志》此条题毓是长沙太守,别集类《孙毓集》又题汝南太守。《经典释文序录》云:"字休朗,北海平昌人,长沙太守。"①《三国志·魏志·臧霸传》云孙观之子毓嗣,亦至青州刺史,裴注云:"孙观字仲台,泰山人。封吕都亭侯。"②严可均《全晋文》云:"孙毓字仲,泰山人。魏时

---

① 《经典释文序录疏证》,第80页。
② 《三国志·臧霸传》,第539页。

嗣父观爵吕都亭侯,仕至青州刺史。一云字休朗,北海平昌人。入晋为太常博士,历长沙、汝南太守。"①大概以严可均综合各家所述为毓之事迹。毓著有《集》六卷、《孙氏成败志》三卷、《五礼驳》、《春秋左氏传义注》十八卷等。

《毛诗异同评》赵宋时已亡,清人马国翰从《经典释文》《毛诗正义》中辑出三卷,黄奭亦有辑佚。陆德明说孙毓评毛、郑、王三家异同,朋于王,其后《四库全书总目》、马国翰辑序皆主此说,就佚文考之,此说有偏颇。在佚文中,孙毓有评郑王异同,而以王义为长者;有评郑王异同,而以郑义为长者;有评毛郑异同,而以郑义为长者。总之以郑义为长者为多。实际上孙毓并不专主一家,亦非墨守传笺,而是以符合自己对经义的判断为准,不能确定的则阙疑,这和晋《易》学所呈现的风格亦相符合,确是晋代《诗》学新著。因此虽然今人洪湛侯说"马(国翰)谓孙毓朋王,盖从《释文序录》而来,陆氏当年曾见原书,其言或另有所据"②,这种推测有一定道理,本书还是更认同简博贤先生所说:"毓评三家,虽瑕瑜不掩;然不得于心,则不畅于言;盖其慎也。昔人谓毓朋于王,岂知毓哉。"③

《难孙氏毛诗评》四卷,陈统撰。《经典释文序录》云:"徐州从事陈统,字元方。难孙申郑。"④此书久佚,清人马国翰从《毛诗正义》等书中辑出30条,然《续四库总目提要》认为其中只有《隋书·音乐志》所载一条明为陈统所论,其他皆国翰"强辑成卷,其失甚矣"⑤。《隋书·音乐志》这一条论皇后房中用乐有无钟的问题,陈统说同王肃、郑玄,不同毛公、侯苞、孙毓。陈统还有《毛诗表隐》二卷,唐初已亡。

从上述可见,孙书佚文已说明孙氏并非单纯"朋于王";陈书仅存一条佚文也显示虽是难孙氏,却与王肃亦同,也不全是"申郑难王"。所以前贤所言,大抵皆祖述陆德明所说,恐有不妥。此二书佚文至少说明西晋儒者并非仅仅是抱持郑王之说互相争辩而已,而是在经传和前人笺注基础上有自己的鉴别、选择。这种风格在前述《易》《尚书》文献就已屡次言及。就统计目录来看,能明确指为郑王之争的晋代《诗》学就这两家,还是根据陆德明所言,实际却并非如陆氏所说。而其他文献,则无法从其佚文、书名和作者考知具有郑王之争的特点。

两晋《诗经》"注"一类的文献有江熙撰《毛诗注》二十卷,《经典释文序录》云

---

① (清)严可均:《全晋文》卷六七,《全上古三代秦汉三国六朝文》,第1846页。
② 洪湛侯:《诗经学史》,第218页。
③ 简博贤:《今存三国两晋经学遗籍考》,第258页。
④ 《经典释文序录疏证》,第80页。
⑤ 中科院图书馆整理:《续修四库全书总目·经部》,第307页。

熙"字太和,济阳人,东晋兖州别驾"①,此书唐初已亡。谢沈撰《毛诗注》二十卷,谢沈始末见上《尚书》一节。沈还著有《毛诗释义》十卷、《毛诗义疏》十卷、《毛诗外传》无卷数,均唐初已亡。沈一人而有多种著作,一为继汉儒之"注",一为开南北朝儒之"义疏",还有"释义""外传"盖属杂义之属,形式多样。又有袁准《诗传》无卷数,准字孝尼,陈郡阳夏人,以儒学知名,官至给事中,著有《丧服经传注》一卷、《仪礼音》一卷、《袁子正论》二十卷、《袁子正书》二十五卷、《集》一卷等,传见《晋书·袁瓌传》。② 袁准是曹魏袁涣子,故《三国志·袁涣传》注引《袁氏世纪》根据袁准的《自序》云准"著书十余万言,论治世之务,为《易》《周官》《诗》传,及论五经滞义,圣人之微言,以传于世"③。是准之《诗》作,当非空谈义理或者是专为训诂,应是简明务实之作。又袁瓌子袁乔撰《诗注》无卷数,乔字彦叔,曾为桓温司马领广陵相,卒赠益州刺史,谥曰简。④ 传见《晋书·袁瓌传》。传言乔此书与其《论语注》等皆行于世,今已佚。还有刘昌宗《诗注》无卷数,《经典释文序录》载昌宗撰有《周礼音》一卷、《仪礼音》一卷、《礼记音》五卷,刘氏始末不详,陆德明列于李轨、徐邈间,盖亦晋人,《颜氏家训·书证篇》引有刘氏《诗注》1 条。

"义疏"类文献除上述谢沈所著,还有舒援撰《毛诗义疏》二十卷。舒援始末不详,孔颖达《毛诗正义序》中所列有此书,《续四库全书总目》认为是晋宋间人。此书唐以后亡,清人马国翰从《毛诗正义》《礼记正义》辑出 3 条,本之郑笺释字义。还有殷仲堪撰《毛诗义疏》十卷,《授经图义例》有载,未言何据,姑列于此。另黄逢元《补晋书艺文志》还载有释慧远《毛诗义》,晋南北朝时"义"与"义疏"区分并不明显,有时同指一书,有时又体裁有别,大概"义"介于"注"与"义疏"之间,视具体情况而或近于"注"或近于"义疏"。案《经典释文序录》云周续之"及雷次宗俱事庐山慧远法师"⑤,故慧远《诗》义盖近于周、雷,故此处将慧远书归于"义疏"一类。

其他杂注类的著作还有郭璞撰《毛诗拾遗》一卷。郭璞始末见上《易》一节。清人马国翰从《北堂书钞》《初学记》《艺文类聚》《经典释文》《毛诗正义》辑有 7 条,其中有只称郭氏的也算作此书,而与郭璞《尔雅》音注的内容区别开。所辑的内容,基本上类似陆玑《疏》,是对《诗》中名物的解释。有释音、释义,或同于陆玑,或异于陆玑,有得有失。还引其他经书如《左传》为证,或同于毛,或异于毛

---

① 《经典释文序录疏证》,第 83 页。
② 《晋书·袁瓌传》,第 2170 页。
③ 《三国志·魏志》,第 336 页。
④ 《晋书·袁瓌传》,第 2167—2169 页。
⑤ 《经典释文序录疏证》,第 80 页。

郑,亦得失兼有。①

杨乂撰《毛诗辨异》三卷、《毛诗异义》二卷、《毛诗杂义》五卷,杨乂始末见上《易》一节。蔡谟撰《毛诗疑字议》无卷数,谟字道明,陈留考城人,世为著姓。历任扬州刺史、司徒等职。后废职在家终日讲诵,教授子弟。卒赠侍中、司空,谥文穆,《晋书》有传。② 传言蔡谟博学,于礼仪制度多所议定。著有《文集》《汉书集解》。其《毛诗疑字议》见《初学记·文部》所引一条释"佩"③,是专释《诗》之字义兼释名物的著作。

又《隋书·经籍志》郭璞《毛诗拾遗》条下有《毛诗略》四卷,无撰人。此《毛诗略》四卷,《经义考》、刘毓庆作郭璞撰,盖误读;黄逢元、丁国钧、吴士鉴均疑即虞喜书,而刘毓庆认为虞喜此书是疏释郭璞《毛诗略》,故名《毛诗略释》。④ 就书名言,《晋书·虞喜传》言喜"释《毛诗略》",则喜书名当为《毛诗略释》,刘毓庆所言有理。但根据《隋书·经籍志》著录规则,此《毛诗略》四卷当为佚名作,应从黄、丁、吴说;与虞喜之书是否有关,只能阙疑。虞喜始末见上《尚书》一节。

又有殷仲堪撰《毛诗杂义》四卷,仲堪陈郡人,能清言、善属文。曾任振威将军、荆州刺史等职。为桓玄所逼自杀,传见《晋书·殷仲堪传》。⑤ 此书唐初已亡。

名"隐"的文献,除上述陈统撰《毛诗表隐》二卷,还有干宝撰《毛诗音隐》一卷、徐广撰《毛诗背隐义》二卷。干宝的《毛诗音隐》,文廷式引《毛诗释文·泮水》有一条佚文。干宝始末见上《易》一节。徐广,字野民,东莞姑幕人,徐邈弟。家世好学,至广尤精,百家数术,无不研览。晋孝武帝时曾任秘书郎、校秘书。宋时历任著作郎、秘书监等职。著有《晋纪》四十六卷、《答礼问》等书。⑥ 传见《晋书》本传。文廷式于徐广书云"'背'疑'音'字之讹"⑦,此是误解。"隐"一是说书于书卷背后的注解,二是说对前人说解的发隐补充。根据书名,上述文献对《毛诗》的音和义作有解释。

音训类著作有《毛诗音》二卷,徐邈撰,《隋书·经籍志》同时还著录有十六卷本,题"徐邈等"撰,盖即释文所说诸家之集合。徐邈始末见上《易》一节。徐氏于

---

① 参见简博贤《今存三国两晋经学遗籍考》,第 140—144 页。
② 《晋书·蔡谟传》,第 2033—2041 页。
③ 《初学记》卷二六,第 627 页。
④ 参见刘毓庆《历代诗经著述考(先秦—元代)》,第 85 页。
⑤ 《晋书·殷仲堪传》,第 2192—2199 页。
⑥ 《晋书·徐广传》,第 2158—2159 页。
⑦ (清)文廷式:《补晋书艺文志》,第 174 页。

诸经皆有音注,是晋代音学大家。此书已佚,清人马国翰、黄奭从《颜氏家训》《匡谬正俗》《经典释文》等书中辑出一卷。又有敦煌出土的唐写本《毛诗音残》三卷,王重民定为徐邈所作,此较马、黄所辑多出不少,并可补正辑佚的一些错误,还可考见唐代徐氏著作的抄写情况,十分珍贵。① 又徐邈所注的读音,有些已经不用了,通过这些可以考察当时读音及经典注经的历史演变,是非常宝贵的音学资料。

李轨撰《毛诗音》无卷数,见上引《释文序录》所云,盖已合入《隋志》十六卷中,李轨始末见上《易》一节。阮侃撰《毛诗音》无卷数,陆德明云"阮侃字德恕,陈留人,河内太守"②,又《世说新语·贤媛篇》注引《陈留志名》"阮共字伯彦,尉氏人。少子侃,字德如,与嵇康为友。仕至河内太守"③。此是阮侃大概始末,其《毛诗音》或亦在十六卷本中。《毛诗音》无卷数,江惇撰。惇字思俊,陈留圉人,父江统。性好学,儒玄并综。著《通道崇检论》斥放达不遵礼教者,世咸称之。④ 又陆德明云:"江惇字思俊,河内人,东晋征士。"⑤此书或亦在十六卷本中。文廷式根据《孙晷传》认为江氏之学出自孙晷,姑备一说。⑥ 孔氏、蔡氏始末不详,既置于徐邈、阮侃间,姑列为晋人。文廷式根据《晋书·许孜》传认为是豫章太守会稽孔冲,许孜曾从冲习《诗》《书》等;刘毓庆则认为是《晋书·儒林传》之孔衍,两说皆为推测,本书阙疑。⑦

刘昌宗撰《毛诗音》无卷数,《颜氏家训·书证篇》王利器注引卢文弨说颜师古《匡谬正俗》引有刘氏此书两条,《集韵》还引有刘氏著《尚书音》《左传音》,是长于音学者。⑧

图谱类文献则有《隋书·经籍志》著录谢氏撰《毛诗谱钞》一卷,丁辰、吴承仕认为是谢沈作。《两浙著述考》著录有谢沈《毛诗答问驳谱》合八卷,云未见,未知是否即前书并结合其他人类似著作而成一本,姑列于此。观其书名,盖为敷衍郑玄《毛诗谱》之作。

晋明帝有《毛诗图》二卷、《豳风七月图》一卷,卫协画《毛诗北风图》一卷、《毛

---

① 中科院图书馆整理:《续修四库全书总目·经部》,第308页。
② 《经典释文序录疏证》,第85页。
③ 余嘉锡:《世说新语笺疏·贤媛》,第789页。
④ 《晋书·江统传》,第1539页。
⑤ 《经典释文序录疏证》,第85页。
⑥ (清)文廷式:《补晋书艺文志》,第174页。
⑦ (清)文廷式:《补晋书艺文志》,第174页。刘毓庆:《历代诗经著述考》,第89页。
⑧ 《颜氏家训集解》,第436页。

诗黍离图》一卷。晋明帝，字道畿，有文武才略，雅好文辞。① 传见《晋书·明帝纪》。案唐张彦远《历代名画记》云：

> （晋明帝）善书画，有识鉴，最善画佛像。彦远曾见晋帝《毛诗图》，旧目云羊欣题字，验其迹，乃子敬也。《豳诗七月图》、《毛诗图》二，传于世。②

是此画唐时犹存，张彦远曾亲见并为之鉴定。

卫协，事迹不详，是西晋著名的画家。案《太平广记》云：

> 太和中，（唐）文宗好古重道，以晋明帝（朝）卫协画《毛诗图》草木鸟兽、古贤君臣之象不得其真，遂召（程）修己图之。③

又唐裴孝源《贞观公私画史》云：

> 《毛诗北风图》（梁太清作谢稚画）、《毛诗黍离图》（梁太清止有此图）、《下庄刺二虎图》、《吴王舟师图》、《列女图》（张彦远《名画记》又有《小列女图》《楞严七佛图》），右五卷卫协画，隋朝官本。④

是卫协所画至隋代皆为官方所存，唐文宗时犹藏皇家。

此外还有束皙《补亡诗》、夏侯湛《周诗》两种补六笙诗，属于拟经类文献。束皙，字广微，阳平元城人。博学多闻，少在国学，便为当时博士曹志称赞。曾任博士、尚书郎。后罢官归家，教授门徒。著有《三魏人士传》《七代通记》《晋书·纪》《晋书·志》，遇乱亡失；《五经通论》《发蒙记》《补亡诗》《文集》数十篇，行于世。⑤ 传见《晋书·束皙传》。《补亡诗》六首，今见《文选·诗甲》，案注云："四言并序。《补亡诗序》曰：'皙与同业畴人肄修乡饮之礼，然所咏之诗，或有义无辞，音乐取节阙而不备。于是遥想既往，存思在昔，补著其文以缀旧制。'"⑥这是束皙自述作《补亡诗》之本意。《南陔》《白华》《华黍》《由庚》《崇丘》《由仪》六笙诗，在《毛诗》中"有声亡辞"。根据乡饮酒礼、燕礼中诗乐的运用来看，笙诗当是乐歌之间的吹奏曲，故原本无辞。据此本书将束皙《补亡诗》归入拟经类。

夏侯湛字孝若，谯国谯人。历任尚书郎、散骑常侍等职。著有《论》三十余篇。⑦ 传见《晋书》本传。传言夏侯湛幼有盛才，文章宏富，善构新词。湛作《周

---

① 《晋书·明帝纪》，第158—159页。
② （唐）张彦远：《历代名画记》卷五，影印《文渊阁四库全书》本。
③ （宋）李昉等：《太平广记》卷二一三，中华书局，1961年，第1632页。
④ （唐）裴孝源：《贞观公私画史》，影印《文渊阁四库全书》本。
⑤ 《晋书·束皙传》，第1427—1434页。
⑥ 《六臣注文选》卷一九，第356页。
⑦ 《晋书·夏侯湛传》，第1491—1499页。

诗》成,示潘岳,潘岳认为其诗不仅温雅且见孝悌之性,故作《家风诗》和之。《周诗》见《西晋文纪》载,云:

> 叙曰:《周诗》者,《南陔》《白华》《华黍》《由庚》《崇丘》《由仪》六篇,有其义而亡其辞,湛续其亡,故云《周诗》也。①

据夏侯湛《周诗序》,此亦与束皙《补亡诗》一样,是补六笙诗的拟经之作,不过已经亡佚。

二、南朝《诗经》学文献

南朝以"注""集"为名的著作有《毛诗注》无卷数,宋周续之撰。续之字道祖,雁门广武人。年十二学于范宁所开之郡学,数年通五经、纬候,名冠同门,号曰"颜子"。闲居读《老》《易》,入庐山事沙门释慧远。宋武帝曾为续之开馆东郭外,招集生徒,并见诸生,问续之《礼记》义,续之辨析精奥,称为该通。② 传见《宋书·隐逸传》《南史·隐逸传》。陆德明云"周续之与雷次宗,同受慧远法师《诗》义"③,是续之《毛诗注》本慧远法师传。此书久佚,清人马国翰从《颜氏家训》《北堂书钞》《匡谬正俗》等书辑出6条。佚文有释《诗》序,对毛传、郑笺作音义,对错兼有。说《诗》风雅之义,结合礼义,有所创新。④ 故传言其注嵇康《高士传》,又通《毛诗》六义及《礼论》《公羊传》,皆传于世,是善说《诗》之六义者。

《毛诗集注》二十四卷,梁崔灵恩撰。灵恩乃清河武城人,少笃学,从师遍通五经,尤精三《礼》、三《传》。先在北仕为太常博士,天监十三年(514)由北入梁。历任国子博士、桂州刺史等。聚徒讲授,听者常数百人。史称其性拙朴无风采,及解经析理,甚有精致,具有北学风格。著有《周礼集注》四十卷、《三礼义宗》四十七卷、《左氏经传义》二十二卷、《左氏条例》十卷、《公羊穀梁文句义》十卷等书。⑤ 传见《梁书·儒林传》《南史·儒林传》。此书亡于赵宋,清人马国翰从《经典释文》《毛诗正义》《吕氏家塾读诗记》中辑出,不过从《吕氏家塾读诗记》辑出的部分恐是伪作。马国翰辑序云:

> 其引郑笺,多与今本不同,而往往胜于今本。则知由俗儒讹传,犹赖此以存其旧。又其书虽以毛为主,间取三家。盖其时韩诗尚存,齐、鲁之义则

---

① (明)梅鼎祚:《西晋文纪》卷一二,影印《文渊阁四库全书》本。
② 《宋书·隐逸传》,第2280—2281页;《南史·隐逸传》,第1865页。
③ 《经典释文序录疏证》,第80页。
④ 参见简博贤《今存南北朝经学遗籍考》,第120—123页。
⑤ 《梁书·儒林传》,第676—677页;《南史·儒林传》,第1739页。

从古籍引述得之,尤足资学者之考订云。①

马氏所云,是崔氏集注的两大特点:一是保存了一些郑笺原本用字,可以用以订正为俗儒所误传的字,这可见崔氏经学不同俗儒,确有精到之处。二是取三家《诗》说,这自然是继承了郑玄兼采今古的路子,这体现了崔氏"集注"广采诸家的特点,于今文《诗》学自也有存亡续绝之功。此外,崔氏集注本于毛、郑,然亦有不同郑说者,或有同于王肃说者,亦见其博采众家,去取由己,这也是晋南北朝经学的大致风格。② 崔氏还有《毛诗义注》五卷,亦久佚。

又有梁何胤撰《毛诗总集》六卷,唐初已亡,胤事迹见上《易》一节。梁伏曼容撰《毛诗集解》无卷数,曼容事迹亦见上《易》一节,此书早佚。又《隋书·经籍志》在刘瓛《毛诗序义疏》下有《毛诗杂义注》三卷,高桂华《补南齐书经籍志》误认为刘氏撰,据《隋志》著录体例,此当为佚名撰。还有佚名撰《毛诗义注》四卷。

除《毛诗》类著作外,还有《业诗注》二十卷,宋业遵撰。案陆德明云"业遵字长儒,燕人,宋奉朝请,注《礼记》十二卷"③,《隋书·经籍志》云"又有《业诗》,奉朝请业遵所注,立义多异,世所不行"④,此为业遵大概始末。观《隋志》所言"又有"是在叙述三家及《毛诗》后,又以业遵姓氏冠书名,例同韩、毛,则业遵所说《诗》盖不遵郑笺,甚或有异毛传,且与三家亦有不同。故而《隋志》将其附于《诗》之末尾,与前四家《诗》相别。此书《隋志》言世所不行,则见之者少,久已亡佚,不可考其内容与汉代四家有何异同,不过亦是南朝《诗》学的一例创新。

以"义"为名的著作有《毛诗义》一卷,宋雷次宗撰,此书唐初已亡。《毛诗义》无卷数,宋关康之撰,传言此书于经籍疑滞,多所论释。《毛诗大义》十一卷,梁武帝撰,武帝于诸经多有大义,此书唐初犹存,后亡佚。唐初还有佚名撰《毛诗大义》十三卷,未知与武帝此书是否有关,姑列于此。《毛诗义》二十卷,陈张讥撰,此书可能与其《尚书义》类似,属于义疏类体裁。次宗、康之、武帝、张讥事迹均见上《易》一节。

以"义疏"为名者有梁张氏撰《毛诗义疏》五卷,唐时犹存,后亡佚。《毛诗义疏》无卷数,陈全缓撰,《毛诗正义序》中列近代为义疏者有全缓。缓字弘立,吴郡钱唐人。幼受《易》于博士褚仲都,治《周易》《老》《庄》,时人言玄者咸推之。梁时曾任奉朝请、国子助教等职,专讲《诗》《易》。陈时任镇南始兴王府谘议参

---

① (清)马国翰:《玉函山房辑佚书》。
② 参见简博贤《今存南北朝经学遗籍考》,第129—136页。
③ 《经典释文序录疏证》,第100页。
④ 《隋书·经籍志》,第918页。

军。① 传见《陈书·儒林传》《南史·儒林传》。观传所言,是缓于《诗》有所专研,其义疏盖国子讲学时所用。

《毛诗义疏》无卷数,陈顾越撰。越字思南,吴郡盐官人。所居新坡黄冈,世有乡校,由是顾氏多儒学。家传儒学,并专门教授。少孤,勤苦聪慧,游学都下,于微言玄旨、九章七曜、音律图纬,尽其精微。梁太子詹事周舍甚赏之,命与兄子周弘正、周弘直游。特善庄老,尤长论难。梁时曾任五经博士、国子博士,陈时历任东宫侍读、国子博士等职。著有《丧服》《毛诗》《老子》《孝经》《论语》等义疏四十余卷,诗颂、碑志、笺表凡二百余篇。② 传见《陈书·儒林传》《南史·儒林传》。案传言越遍该经艺,深明《毛诗》,傍通异义,此或说其《毛诗义疏》兼采三家,然此书久佚,无可考也。

《毛诗隐义》十卷,梁何胤撰。此书久已亡,清人马国翰从《经典释文》辑出 24 条,有为传、笺作注者,音、义兼训,还有为经作音注者。本于郑玄,旁引他说,亦有与同时代人如沈重说同,有得有失。③

其他杂义类的文献有《毛诗释》一卷,宋何偃撰。偃字仲弘,庐江灊人,父何尚之。历任侍中、吏部尚书等职。素好谈玄,注《庄子·逍遥篇》传于世。卒赠散骑常侍、金紫光禄大夫,谥靖子。④ 传见《宋书》《南史》本传。观传言其好玄言,其《诗》作只一卷,盖即论《诗》之杂义,内容简略,此书唐初已亡。《毛诗检漏义》二卷,《隋书·经籍志》题梁给事郎谢昙济撰。据姚振宗考证,《南齐书》本附谢昙济于《周颙传》后,今本则脱去数语。昙济在齐武帝、明帝时曾任给事中、国子助教,还代周颙撰《孝经义疏》,得与太子讲席,儒者荣之。⑤ 观其书名,可知是杂义类著作,此书唐初已亡。

南朝《诗》学文献出现了不少对《诗序》进行解说的著作,从内容上看也属于传说性质。此类文献有《毛诗序义》无卷数,宋周续之撰,此书清人王谟辑有一卷,前述马国翰所辑或有此书内容在内。《毛诗序义疏》三卷,南齐刘瓛等撰。案《经典释文序录》云"宋征士雁门周续之、豫章雷次宗、齐沛国刘瓛并为《诗序义》"⑥,是《隋书·经籍志》所题"刘瓛等"当是此诸家所论的集合。刘瓛始末见上《易》一节。此书唐时犹存,清人马国翰从《经典释文》《毛诗正义》中辑出 2 条,

---

① 《陈书·儒林传》,第 443 页;《南史·儒林传》,第 1750 页。
② 《陈书·儒林传》,第 445 页;《南史·儒林传》,第 1752—1754 页。
③ 参见简博贤《今存南北朝经学遗籍考》,第 126—128 页。
④ 《宋书》,第 1607—1609 页;《南史》,第 785—786 页。
⑤ (清)姚振宗:《隋书经籍志考证》,第 131 页。
⑥ 《经典释文序录疏证》,第 80 页。

注《诗》大序和《甘棠》序,承前人之说,亦与郑玄有不同。①

又有《毛诗序义》二卷,宋雷次宗撰,此书唐初尚存。《毛诗序义》七卷,宋孙畅之撰,畅之始末未详,《隋书·经籍志》题奉朝请。《毛诗序注》一卷,《隋书·经籍志》题宋交州刺史阮珍之撰,珍之始末未详。《毛诗序注》一卷,梁陶弘景撰,弘景始末见上《易》一节。弘景还有《注尚书序》一卷,可见其虽为道门中人,于儒经大义有所心得。畅之、珍之、弘景三书唐初已亡。

其他单篇类文献还有《毛诗十五国风义》二十卷,梁简文帝撰,简文帝事迹见上《易》一节。此书盖亡于唐以后,唐成伯玙《毛诗指说》引有1条,属《陈风·墓门》,讨论《诗》之情志,是属义理发挥,清人马国翰辑之。此书专门说解十五国风,故入单篇类。《毛诗集解叙义》一卷,《隋书·经籍志》题南齐顾欢等撰,或许是对某种多人合作的《毛诗集解》本子的总序、总义,故题"等撰",然此书唐初犹存,今已佚,不可考其内容矣。《隋志》题顾欢为首,欢或为主事者,顾欢始末见上《易》一节。《毛诗发题序义》一卷,梁武帝撰,观书名盖讲《诗》前有一发题,此书是对发题作的总序、释义,此书唐初尚存。

南朝的音训文献较两晋少了许多,只有一种即宋徐爰撰《毛诗音》无卷数,爰事迹见上《易》一节。案陆德明云"俗间又有徐爰《诗音》"②,即此著作。爰于《易》亦有音训,盖专治经学音训者。

图谱类文献有《毛诗新台图》一卷,宋陆探微画。案唐裴孝源《贞观公私画史》云:

> 《建安山阳二王像》、《沈昙庆醉像》、《麻超之徐僧宝像》(梁太清目中无),《灵台寺瑾统像》、《毛诗新台图》、《蔡姬荡舟图》(梁太清目中无),《刘亮骝马图》、《高丽赭白马图》、《蝉雀图》、《斗鸭图》(梁太清目中无),《猕猴图》。右十二卷并摹写本,非陆真迹。与前十三卷共二十五卷,题作陆探微画,隋朝官本亦有梁陈题记。③

是陆氏此画有隋朝官本,唐文宗时犹藏皇家,但已非真迹,而是后人摹写,真迹盖早亡。又《韩诗图》十四卷,《经义考》置于唐以前,盖以为南北朝所作;而唐张彦远《历代名画记》则将之置于古之秘画珍图一类,本书姑列于此。④ 此外还有《毛诗图》三卷、《毛诗孔子经图》十二卷、《毛诗古圣贤图》二卷,《隋书·经籍志》不列

---

① 参见简博贤《今存南北朝经学遗籍考》,第26—28页。
② 《经典释文序录疏证》,第85页。
③ (唐)裴孝源:《贞观公私画史》。
④ (唐)张彦远:《历代名画记》卷三。

撰人,唐初已亡,或为南北朝人画;郑樵《通志·艺文略》则认为皆萧梁人作,姑置于此。①

议论、杂论类的文献亦有不少。如《毛诗引辩》一卷,宋孙畅之撰,唐初已亡,据书名或是论辩一类著作。南齐刘瓛撰《毛诗篇次义》一卷,唐初亦亡,观书名大概是讨论诗篇次序。《毛诗问答》无卷数,梁武帝撰,武帝于诸经皆有讲说,于《易》亦有问答类著作,此盖亦类似著作。《风雅比兴义》十五卷,梁许懋撰,懋字昭哲,高阳新城人。少孤,笃志好学,十四岁入太学,受《毛诗》,且领师说,晚而覆讲,座下听者常数十百人,因撰《风雅比兴义》十五卷,盛行于世。尤晓仪注之学,多参与梁朝制礼,还曾参录《长春义记》,号为"经史笥"。历任国子博士、中庶子等。还著有《述行记》四卷、《集》十五卷。② 传见《梁书》《南史》本传。观传所言,此书当是其在太学学习、讲学时所用,据书名盖专论风、雅、比、兴等《诗》之六义。还有《毛诗释疑》一卷,《隋书·经籍志》无撰人,唐初犹存,盖六朝《诗》之杂论,姑列于此。又《毛诗草虫经》一卷,《经义考》录于《韩诗图》前,似亦南北朝佚名之作,清人马国翰有辑本,是继承陆玑名物考订之路数。

三、北朝《诗经》学文献

北朝名"注"的著作有北魏崔浩撰《毛诗注》无卷数,浩事迹见上《易》一节。此书见于崔浩史传所载,曾与崔浩其他经注,并刊于石碑。又《魏书·高允传》言当时的著作令史闵湛、郗摽"上疏言马、郑、王、贾虽注述六经,并多疏谬,不如浩之精微"③,此虽为谄事浩之语,然也可推测崔浩所注或虽本《毛诗》,但与马、郑、王不同,浩善阴阳术数,其《诗》说盖兼采三家说欤?惜其书早佚,不可得知。

《毛诗章句》无卷数,北齐张思伯撰。思伯河间乐城人,北齐武平初曾任国子博士。④ 传见《北齐书·儒林传》《北史·儒林传》。思伯《诗》学出于刘献之,上已引述,是北朝《诗》学主流学者。传言思伯善说《左氏传》,次马敬德,撰《刊例》十卷行于时;治《毛诗》章句,以《诗》《左传》教齐安王廓,则此书当是思伯教学所作。

《毛诗章句疏》三卷,北魏刘献之撰。献之博陵饶阳人,少孤贫,好《诗》、《传》,曾学于渤海程玄,后遂博览众书。献之不好名法之言,教学重视德行,是淳

---

① (宋)郑樵:《通志二十略》,第1465页。案:黄逢元认为《毛诗图》三卷、《毛诗古圣贤图》二卷,疑即卫协所图。(清)黄逢元:《补晋书艺文志》,第163页。
② 《梁书》,第575—579页;《南史》,第1486—1487页。
③ 《魏书·高允传》,第1069—1070页。
④ 《北齐书·儒林传》,第594页;《北史·儒林传》,第2734页。

朴儒者。其讲《左传》只到隐公八年，认为义例已明无需再讲。与中山张吾贵并称儒宗，生徒虽少于吾贵，却皆通经之士。著有《三礼大义》四卷、《三传略例》三卷、《毛诗序义注》一卷、《毛诗章句疏》三卷，行于世。① 传见《魏书·儒林传》《北史·儒林传》。观《毛诗章句疏》书名，亦当是对《毛诗》所作的章句，又用以讲学，故具有讲疏的性质。传言魏承丧乱之后，五经大义虽有师说，而诸生多有滞义，咸决于献之，可见其儒学地位及经学之明。又前述可知献之为北朝《诗》学之祖，则此书影响当不小。传言献之于六艺之文虽不悉注，然所标宗旨，颇异旧义，则其说《毛诗》，亦当自有新义，惜无佚文可考。

此外北朝《诗》学名"义疏"者颇为不少，有《毛诗义疏》二十八卷，北周沈重撰。重字德厚，吴兴武康人。专心儒学，从师千里，博览群书，尤明《诗》《礼》及《左氏春秋》。梁武帝时任国子助教、五经博士。后事梁主萧詧，历任中书侍郎、都官尚书等职，又于合欢殿讲《周礼》。北周武帝时诏重至京师，讨论五经、校定钟律，并于紫极殿讲三教义，三教至者二千余人，重枢机明辩，为诸儒所推。曾任露门博士，于露门馆为皇太子讲论。后又归梁主萧岿，任太常卿。北周静帝时，又至长安。隋初卒，隋文帝赠使持节、上开府仪同三司、许州刺史。著有《周礼义》三十一卷、《仪礼义》三十五卷、《礼记义》三十卷、《毛诗义》二十八卷、《丧服经义》五卷、《周礼音》一卷、《仪礼音》一卷、《礼记音》二卷、《毛诗音》二卷，皆行于世。② 传见《周书·儒林传》《北史·儒林传》。

重之《毛诗义疏》久已亡，清人马国翰从《经典释文》辑出音义二卷；王谟亦自《经典释文》《初学记》辑有一卷而不辑入有音无义者，因重《毛诗音》亦早亡佚。在《毛诗正义》引《郑志》里，郑玄说《诗序》是子夏所作，沈重更进一步提出大序是子夏作，小序是子夏、毛公合作。沈重的这个说法成为后来《诗序》的一个重要论题。

所辑佚文中还可见沈重注音用协音说，这是自南北朝刀始的一种音训新方法，后来朱子等人多用。不过此种方法实是不知音有古今变化，强以今音读古音，是错误的方法，清人已辨明之。沈重音义本《说文》《尔雅》，亦有精到可据者；存有异文，可资考订。③ 传言重学业该博，为当世儒宗，所撰述者咸得其指要，皆行于世；又重本南学，在南北间往还，故此书在当时影响当极大。传又言重于阴阳图纬、道经释典皆有研习，则或许其《诗》学中亦有用三家说。

《毛诗义疏》无卷数，北齐刘轨思撰。前引《北齐书·儒林传》可知轨思是张

---

① 《魏书·儒林传》，第1849—1850页；《北史·儒林传》，第2713—2714页。
② 《周书·儒林传》，第808—811页；《北史·儒林传》，第2741—2742页。
③ 参见简博贤《今存南北朝经学遗籍考》，第29—33页。

思伯同门，言《诗》者多出二刘之门，则轨思此书影响当亦不小，应是其讲学所用。《毛诗正义序》说近代为义疏者，便有刘轨思，则其书唐代犹存。《毛诗义疏》无卷数，北朝刘醜撰。《毛诗正义序》云近代为义疏者，有刘醜，则其书唐代亦存。《毛诗义疏》无卷数，北齐李铉撰，李铉始末见上《易》一节。据其传言此书是李铉在徐遵明门下时撰定，当传遵明《诗》学，此书盖为铉教学之讲义。

此外《隋书·经籍志》还著录有《毛诗义疏》二十卷、《毛诗义疏》二十九卷、《毛诗义疏》十卷、《毛诗义疏》十一卷、《毛诗义疏》二十八卷，作者失名，盖均为南北朝人撰。姚振宗认为此五家大抵皆北朝人，因据前引《北齐书·儒林传》《毛诗正义序》所言诸家，在《隋志》中只录有何胤、舒援、刘炫三家，其他皆不见。本书从姚氏说列于此，至于是否和上述刘轨思、李铉所作重合，因无佚文，只能阙疑。

杂义类的著作有《毛诗拾遗》无卷数，北魏高允撰。允字伯恭，勃海人。少孤，年十余曾为沙门，未久还俗。好文学，担笈负书，千里就学。博通经史、天文、术数，尤好《公羊传》。年四十余时在家教授，受业者千余人。曾授景穆帝经学，甚见礼待。后又请郡国立学，献文帝从之，是北魏郡国有学之始。历任中书博士、中书监等职，卒赠侍中、司空公、冀州刺史，谥曰文。真君中以狱讼留滞，始令中书以经义断诸疑事，允据律评刑，是将经义用为政事实践。著有《左氏释》《公羊释》《毛诗拾遗》《论杂解》《议何郑膏肓事》《算术》《文集》等。① 传见《魏书》《北史》本传。案传言高允与崔浩论历数，长于崔浩，明阴阳灾异，不亚崔浩。崔浩是善历数、阴阳者，则高允亦长于阴阳历数，不知其说《诗》是否兼采三家，观书名"拾遗"，为杂义一类，或即拾三家之遗。传又言其雅信佛道，时设斋讲，好生恶杀，是于当时诸学皆有涉猎，其说经或亦具有集成之特点。

《诗礼别义》无卷数，北魏元延明撰。延明博极群书，聚书万余卷，袭父爵为安丰王，后南奔萧衍。著有《五经宗略》《诗礼别义》《帝王世纪注》《列仙传注》《古今乐事》《九章十二图》及《器准》九篇。算学家信都芳曾在其馆，注其《古今乐事》、《九章十二图》、《器准》九篇，行于世。② 传见《魏书·安丰王传》《北史·安丰王传》。据《诗礼别义》书名，似为讨论《诗》之礼用的杂义类著作。

音训类文献有《毛诗笺音义证》十卷，北魏刘芳撰。刘芳始末见上《尚书》一节。此书两《唐志》不载，《颜氏家训》《太平御览》《匡谬正俗》《文选注》皆有引，盖亡佚于唐后。清人马国翰、黄奭有辑佚。刘芳此书如其名，为郑笺作音、义注释，有申郑异毛者。其经文多用南朝本订正北朝本，颇有所得，虽间有释字义误者，

---

① 《魏书》，第1067—1090页；《北史》，第1117—1132页。
② 《魏书·安丰王传》，第530页；《北史·安丰王传》，第687—688页。

亦瑕不掩瑜。① 案刘芳是平齐民，其释《诗》兼采南北正为青齐儒学特色之一证。

又北周沈重撰有《毛诗音》二卷，见上。《诗经著述考》著录有北魏元延明撰《毛诗音》无卷数，录自《国立北平图书馆善本书目》，称未见，不知是否后人伪讬，姑列于此。②

专论《诗序》的单篇有《毛诗序义注》一卷，北魏刘献之撰，观上述献之事迹，此书在当时亦广为传习。

议论类的文献有北魏元延明撰《毛诗谊府》三卷，此书唐时犹存，或为杂论之作。北魏游肇撰《白珪论》无卷数，游肇事迹见上《易》一节，此或为论《诗》中名物之作。

又《毛诗序论》无卷数，北周乐逊撰。逊字遵贤，河东猗氏人。北魏时就徐遵明学《孝经》《丧服》《论语》《诗》《书》《礼》《易》《左氏春秋》大义。西魏时曾任中散大夫、太学助教等职。教授宇文泰诸子，逊讲《孝经》《论语》《毛诗》及服虔所注《春秋左氏传》。北周时任太学博士、露门博士等职，教授皇子。卒赠东扬、蒲、陕州刺史。著有《孝经序论》《论语序论》《毛诗序论》《左氏春秋序论》十余篇，又著《春秋序义》，通贾、服说，发杜氏违，辞理并可观。③ 传见《周书·儒林传》《北史·儒林传》。观书名盖乐逊讲《诗经》时所作的概论、义例一类著作。

---

① 参见简博贤《今存南北朝经学遗籍考》，第137—140页。
② 周何：《诗经著述考(一)》，台湾编译馆，2004年，第1717页。
③ 《周书·儒林传》，第814—818页；《北史·儒林传》，第2745—2747页。

第四章 两晋南北朝三《礼》学文献提要

第一节 两晋南北朝三《礼》学文献目录

一、两晋三《礼》学书目

（一）《周礼》存目

书　名	卷数	作　者	辑存	备　　注
周官礼注	十二卷	晋干宝撰	辑	清王谟辑一卷（《汉魏遗书钞》） 清马国翰辑一卷（《玉函山房辑佚书》） 清黄奭辑一卷（《汉学堂丛书》《黄氏逸书考》）
周官礼异同评	十二卷	晋陈邵撰	辑	清马国翰辑1条（《玉函山房辑佚书补遗》）
周礼徐氏音	一卷	晋徐邈撰	辑	清马国翰辑一卷（《玉函山房辑佚书》）
周礼李氏音	一卷	晋李轨撰	辑	清马国翰辑一卷（《玉函山房辑佚书》）
周礼音	三卷	晋刘昌宗撰	辑	清马国翰辑二卷（《玉函山房辑佚书》）

（二）《周礼》佚目

书　名	卷　数	作　者	备　　注
周官礼注	十二卷	晋伊说撰	《隋书·经籍志》《旧唐书·经籍志》《新唐书·艺文志》《补晋书艺文志》《经义考》
周官宁朔新书	八卷	晋王懋约撰	《隋书·经籍志》《旧唐书·经籍志》《新唐书·艺文志》《补晋书艺文志》《国史经籍志》《经义考》
周官传	无卷数	晋袁准撰	《补后汉书艺文志》《补晋书艺文志》

续表

书　名	卷数	作者	备　注
周礼详解	无卷数	晋陈邵撰	清《江南通志》
周官礼驳难	四卷	晋孙略撰	《隋书·经籍志》
周官驳难	三卷	晋孙琦问,晋干宝驳,晋虞喜撰	《隋书·经籍志》
周官论评	十二卷	晋傅玄撰	《新唐书·艺文志》《国史经籍志》《经义考》,清、民国《陕西通志》,《补晋书艺文志》
周礼音	无卷数	晋干宝撰	《隋书经籍志补》
周官音义	无卷数	晋宋氏撰	《经义考》《补晋书艺文志》

(三)《仪礼》存目

书　名	卷数	作者	辑存	备　注
丧服要集	二卷	晋杜预撰	辑	清马国翰辑12条（《玉函山房辑佚书》）
丧服经传注	一卷	晋袁准撰	辑	清马国翰辑10条（《玉函山房辑佚书》）
丧服经传集注	一卷	晋孔伦撰	辑	清马国翰辑5条（《玉函山房辑佚书》）
丧服经传注	一卷	晋陈铨撰	辑	清马国翰辑27条（《玉函山房辑佚书》）
丧服释疑	二十卷	晋刘智撰	辑	清王谟辑18条（《汉魏遗书钞》） 清马国翰辑18条（《玉函山房辑佚书》）
出后者为本父母服议	一卷	晋王廙撰	辑	清王仁俊辑1条（《玉函山房辑佚书续编》）
孙曾为后议	一卷	晋何琦撰	辑	清王仁俊辑1条（《玉函山房辑佚书续编》）
丧服谱	一卷	晋蔡谟撰	辑	清马国翰辑13条（《玉函山房辑佚书》）
丧服谱	一卷	晋贺循撰	辑	清马国翰辑3条（《玉函山房辑佚书》） 清王仁俊辑一卷（《玉函山房辑佚书续编》）
丧服要记	十卷	晋贺循撰	辑	清马国翰辑26条（《玉函山房辑佚书》）
丧服要纪注	五卷	晋谢徽撰	辑	清马国翰辑5条（《玉函山房辑佚书》）
凶礼	一卷	晋孔衍撰	辑	清马国翰辑3条（《玉函山房辑佚书》）
丧服除变	一卷	晋葛洪撰	辑	清马国翰辑3条（《玉函山房辑佚书》）

(四)《仪礼》佚目

书　名	卷数	作者	备　注
仪礼注	无卷数	晋刘兆撰	《补晋书艺文志》
冠礼仪	一篇	晋王堪撰	《经义考》《补晋书艺文志》
丧服仪	一卷	晋卫瓘撰	《隋书·经籍志》《通志·艺文略》《国史经籍志》《经义考》《补晋书艺文志》
丧服要记	二卷	晋刘逵撰	《经义考》《补晋书艺文志》
丧服要略	一卷	晋环济撰	《隋书·经籍志》《通志·艺文略》《补晋书艺文志》《国史经籍志》《经义考》
丧纪礼式	无卷数	晋杜龚撰	《补晋书艺文志》
丧服杂记	二十卷	晋伊氏撰	《经义考》《补晋书艺文志》
丧服图	一卷	晋崔游撰	《旧唐书·经籍志》《新唐书·艺文志》《通志·艺文略》《补晋书艺文志》《国史经籍志》《经义考》
丧服图	无卷数	晋贺循撰	《补晋书艺文志》
丧服图	无卷数	晋蔡谟撰	《补晋书艺文志》
仪礼音	一卷	晋刘昌宗撰	《通志》《经义考》《补晋书艺文志》《国史经籍志》
仪礼音	一卷	晋李轨撰	《补晋书艺文志》《通志》《国史经籍志》《经义考》
仪礼音	无卷数	晋范宣撰	《仪礼释文》

(五)《礼记》存目

书　名	卷数	作者	辑存	备　注
礼记音	二卷	晋范宣撰	辑	清马国翰辑12条(《玉函山房辑佚书》)
礼记音	三卷	晋徐邈撰	辑	清马国翰辑三卷(《玉函山房辑佚书》)
礼记音	五卷	晋刘昌宗撰	辑	清马国翰辑13条(《玉函山房辑佚书》)
投壶变	一卷	晋虞潭撰	辑	清马国翰辑11条(《玉函山房辑佚书》)、《经义考》

（六）《礼记》佚目

书　名	卷数	作　者	备　注
约礼记	十篇	晋王长文撰	《华阳国志》
礼记宁朔新书注	八卷	晋王懋约撰	《经义考》《隋书·经籍志》《旧唐书·经籍志》《新唐书·艺文志》《国史经籍志》
礼记音	一卷	晋孙毓撰	《经义考》《补晋书艺文志》《山东通志》
礼记音	一卷	晋缪炳撰	《经义考》《补晋书艺文志》
礼记音	二卷	晋蔡谟撰	《经义考》《补晋书艺文志》
礼记音	二卷	晋曹躭撰	《经义考》《补晋书艺文志》《安徽通志》《国史经籍志》
礼记音	二卷	晋尹毅撰	《经义考》《旧唐书·经籍志》《新唐书·艺文志》
夏小正注	无卷数	晋郭璞撰	《补晋书艺文志》
投壶道	一卷	晋郝冲撰	《经义考》
礼记音	二卷	晋李轨撰	《七录》
礼记注	无卷数	晋司马彪撰	《礼记著述考》
礼记注	无卷数	晋淳于纂撰	《礼记著述考》
礼记注	无卷数	晋曹述初撰	《礼记著述考》
礼记注	无卷数	晋刘世明撰	《礼记著述考》
刘隽礼记评	十一卷	晋虞喜撰	《礼记著述考》

（七）三《礼》综论存目

书　名	卷数	作　者	辑存	备　注
五礼驳	无卷数	晋孙毓撰	辑	清王谟辑9条（《汉魏遗书钞》）
礼杂问	十卷	晋范宁撰	辑	清马国翰辑9条（《玉函山房辑佚书·补遗》）
杂议	十二卷	晋吴商撰	辑	清马国翰辑6条（《玉函山房辑佚书·补遗》）

续　表

书　名	卷数	作　者	辑存	备　注
礼论答问	十三卷	晋徐广撰	辑	清马国翰辑8条(《玉函山房辑佚书》)
杂祭法	六卷	晋卢谌撰	辑	清马国翰辑23条(《玉函山房辑佚书》)、《七录》
祭典	三卷	晋范汪撰	辑	清马国翰辑9条(《玉函山房辑佚书》)、《七录》
礼论难	无卷数	晋范宣撰	辑	清马国翰辑18条(《玉函山房辑佚书·补遗》)
后养议	五卷	晋干宝撰	辑	清马国翰辑一卷(《玉函山房辑佚书》)

（八）三《礼》综论佚目

书　名	卷　数	作　者	备　注
三礼吉凶宗纪	无卷数	晋范隆撰	《经义考》《补晋书艺文志》
三礼通论	无卷数	晋董景道撰	《经义考》《陕西通志》
礼论答问	九卷	晋范宁撰	《旧唐书·经籍志》《补晋书艺文志》《清史稿艺文志》《补晋书艺文志》
礼难	十二卷	晋吴商撰	《隋书·经籍志》
礼议杂记故事	十三卷	晋吴商撰	《隋书·经籍志》《补晋书艺文志》
杂事	二十卷	晋吴商撰	《隋书·经籍志》《补晋书艺文志》
七庙议	一卷	晋干宝撰	《隋书·经籍志》
杂乡射等议	三卷	晋庾亮撰	《隋书·经籍志》

二、南朝三《礼》学书目

（一）《周礼》存目

书　名	卷数	作　者	辑存	备　注
周礼音	无卷数	南朝聂氏撰	辑	清马国翰辑10条(《玉函山房辑佚书》)
周礼音	无卷数	陈戚衮撰	辑	清马国翰辑一卷(《玉函山房辑佚书》)

(二)《周礼》佚目

书　名	卷　数	作　者	备　注
周官礼集注	二十卷	梁崔灵恩撰	《隋书·经籍志》、《经义考》、民国《山东通志》
周官礼义疏	十九卷	南朝佚名撰	《隋书·经籍志》《经义考》
周官礼义疏	十卷	南朝佚名撰	《隋书·经籍志》《经义考》
周官礼义疏	九卷	南朝佚名撰	《隋书·经籍志》《经义考》
科斗书考工记	一篇	佚名撰	高桂华《补南齐书经籍志》

(三)《仪礼》存目

书　名	卷　数	作　者	辑存	备　注
集注丧服经传	一卷	宋裴松之撰	辑	清马国翰辑1条(《玉函山房辑佚书》)
略注丧服经传	一卷	宋雷次宗撰	辑	清马国翰辑一卷(《玉函山房辑佚书》) 清王谟辑一卷(《汉魏遗书钞》) 清黄奭辑一卷(《黄氏逸书考》)
丧服难问	六卷	宋崔凯撰	辑	清马国翰辑17条(《玉函山房辑佚书》)
周氏注	无卷数	宋周续之撰	辑	清马国翰辑3条(《玉函山房辑佚书·补遗》) 清王谟辑3条(《汉魏遗书钞》)
逆降义	三卷	宋颜延之撰	辑	清马国翰辑1条(《玉函山房辑佚书·补遗》)
丧服古今集记	三卷	南齐王俭撰	辑	清马国翰辑9条(《玉函山房辑佚书》)
丧服世行要记	十卷	南齐王逡之撰	辑	清马国翰辑1条(《玉函山房辑佚书》)

(四)《仪礼》佚目

书　名	卷　数	作　者	备　注
丧服要记注	十卷	宋庾蔚之撰	《经义考》、聂崇岐《补宋书艺文志》
丧服	三十一卷	宋庾蔚之撰	《补宋书艺文志》

续表

书　　名	卷　数	作　者	备　　注
丧服世要	一卷	宋庾蔚之撰	《经义考》《补宋书艺文志》
丧服集议	十卷	宋费沈撰	《经义考》《补宋书艺文志》
集注丧服经传	二卷	宋蔡超撰	《通志·艺文略》《经义考》《补宋书艺文志》《国史经籍志》
丧服经传注	一卷	宋刘道拔撰	《隋书·经籍志》《经义考》《补宋书艺文志》
丧服传	一卷	梁裴子野撰	《隋书·经籍志》、《通志·艺文略》、《国史经籍志》、《经义考》、王仁俊《补梁书艺文志》、徐崇《补南北史艺文志》
丧礼五服	七卷	陈袁宪撰	《隋书·经籍志》、《通志·艺文略》、《经义考》、徐仁甫《补陈书艺文志》
丧礼钞	三卷	宋王隆伯撰	《隋书·经籍志》《通志·艺文略》《国史经籍志》《经义考》
仪礼传	八十卷	陈张冲撰	《经义考》
集解丧服经传	二卷	南齐田僧绍撰	《隋书·经籍志》《通志·艺文略》《补南齐书艺文志》《国史经籍志》《经义考》
逆降义	一卷	南齐田僧绍撰	《补宋书艺文志》、高桂华《补南齐书经籍志》、陈述《补南齐书艺文志》
丧服经传义疏	五卷	南齐司马宪撰	《隋书·经籍志》《补南齐书艺文志》《经义考》
丧服经传义疏	二卷	南齐楼幼瑜撰	《隋书·经籍志》《补南齐书艺文志》《经义考》
丧服经传义疏	一卷	南齐刘瓛撰	《隋书·经籍志》《补南齐书艺文志》
丧服经传义疏	一卷	南齐沈骥士撰	《隋书·经籍志》《补南齐书艺文志》《经义考》
丧服答要难	一卷	南朝袁祈撰	《隋书·经籍志》《旧唐书·经籍志》《通志·艺文略》《国史经籍志》《经义考》
丧服图	一卷	南齐王俭撰	《隋书·经籍志》《通志·艺文略》《补南齐书艺文志》《国史经籍志》《经义考》
南齐五服制	一卷	南齐佚名撰	陈述《补南齐书艺文志》
丧服制要	一卷	南朝徐氏撰	《隋书·经籍志》

续表

书　名	卷　数	作　者	备　注
丧服要问	六卷	南朝刘德明撰	《隋书·经籍志》
丧服义疏	二卷	梁贺瑒撰	《隋书·经籍志》《通志·艺文略》《国史经籍志》《经义考》
丧服治礼仪注	九卷	梁何胤撰	《隋书·经籍志》《旧唐书·经籍志》《新唐书·艺文志》《国史经籍志》《经义考》
丧服经传义疏	一卷	梁何佟之撰	《隋书·经籍志》《通志·艺文略》《国史经籍志》《经义考》《安徽通志》
丧服文句义疏	十卷	梁皇侃撰	《隋书·经籍志》《通志·艺文略》《国史经籍志》《经义考》《江南通志》
丧服答问目	十三卷	梁皇侃撰	《隋书·经籍志》《通志·艺文略》《国史经籍志》《经义考》
丧服集解	无卷数	梁伏曼容撰	《补南北史艺文志》
丧服仪	无卷数	梁庾曼倩撰	王仁俊《补梁书艺文志》
丧服义疏	无卷数	陈顾越撰	《补南北史艺文志》
丧服义	十卷	陈谢峤撰	《隋书·经籍志》《通志·艺文略》《国史经籍志》《经义考》
丧服义	三卷	陈张冲撰	《隋书经籍志补》《经义考》《江南通志》
丧服经传义疏	四卷	陈沈文阿撰	《旧唐书·经籍志》《新唐书·艺文志》《通志·艺文略》《国史经籍志》《经义考》
丧服发题	二卷	陈沈文阿撰	《旧唐书·经籍志》《新唐书·艺文志》《通志·艺文略》《经义考》

(五)《礼记》存目

书　名	卷数	作　者	辑存	备　注
礼记略解	十卷	宋庾蔚之撰	辑	清马国翰辑一卷(《玉函山房辑佚书》)
礼记隐义	二十卷	梁何胤撰	辑	清马国翰辑一卷(《玉函山房辑佚书》) 清王仁俊辑一卷(《玉函山房辑佚书续编》)

续表

书　名	卷数	作　者	辑存	备　注
礼记新义疏	二十卷	梁贺玚撰	辑	清马国翰辑一卷（《玉函山房辑佚书》）
礼记义疏	五十卷	梁皇侃撰	辑	清马国翰辑四卷（《玉函山房辑佚书》）
残本礼记子本疏义	一卷	陈郑灼撰	存	《罗雪堂先生全集》七编

（六）《礼记》佚目

书　名	卷　数	作　者	备　注
礼记义疏	三卷	宋雷肃之撰	《经义考》《补宋书艺文志》《江西通志》
礼记注	十二卷	宋业遵撰	聂崇岐《补宋书艺文志》
礼记音	二卷	宋徐爰撰	清王仁俊《补宋书艺文志》
礼记要略	无卷数	南齐沈骥士撰	《补南北史艺文志》
摭遗别说	一卷	南齐楼幼瑜撰	《经义考》
礼记义	十卷	梁何佟之撰	《经义考》《旧唐书·经籍志》《新唐书·艺文志》《安徽通志》《江南通志》《国史经籍志》
礼记隐	二十六卷	南朝佚名撰	《经义考》《旧唐书·经籍志》
礼记大义	十卷	梁武帝撰	《经义考》《隋书·经籍志》《江南通志》《国史经籍志》
礼大义	二十卷	梁简文帝撰	《经义考》
礼记讲疏	一百卷	梁皇侃撰	《旧唐书·经籍志》《新唐书·艺文志》《江南通志》
礼记义	四十卷	陈戚衮撰	《经义考》《补南北史艺文志》
礼记义记	无卷数	陈沈文阿撰	《补南北史艺文志》
礼记音	二卷	陈王元规撰	《补南北史艺文志》
礼记中庸传	二卷	宋戴颙撰	《隋书·经籍志》、《旧唐书·经籍志》、《新唐书·艺文志》、清王仁俊《补宋书艺文志》

续表

书 名	卷 数	作 者	备 注
月令章句	十二卷	宋戴顒撰	《旧唐书·经籍志》《补宋书艺文志》《新唐书·艺文志》《安徽通志》《国史经籍志》
中庸讲疏	一卷	梁武帝撰	徐崇《补南北史艺文志》
私记制旨中庸义	五卷	梁佚名撰	《隋书·经籍志》

(七) 三《礼》综论存目

书 名	卷 数	作 者	辑存	备 注
三礼义宗	三十卷	梁崔灵恩撰	辑	清王谟辑一卷(《汉魏遗书钞》) 清马国翰辑四卷(《玉函山房辑佚书》) 清黄奭辑一卷(《汉学堂丛书》《黄氏逸书考》) 清王仁俊辑一卷(《玉函山房辑佚书续编》)
礼论条牒	十卷	宋任预撰	辑	清马国翰辑2条(《玉函山房辑佚书》)
礼论	三百卷	宋何承天撰	辑	清马国翰辑15条(《玉函山房辑佚书》)
礼义答问	八卷	南齐王俭撰	辑	清马国翰辑6条(《玉函山房辑佚书》)
礼论钞略	二卷	南齐荀万秋撰	辑	清马国翰辑2条(《玉函山房辑佚书》)
礼统	十二卷	梁贺述撰	辑	清马国翰辑一卷(《玉函山房辑佚书》) 清王谟辑一卷(《汉魏遗书钞》)
礼疑义	五十二卷	梁周舍撰	辑	清马国翰辑4条(《玉函山房辑佚书》)

(八) 三《礼》综论佚目

书 名	卷 数	作 者	备 注
三礼目录注	一卷	梁陶弘景撰	《经义考》
三礼讲疏	无卷数	梁贺琛撰	《补南北史艺文志》
三礼义记	无卷数	陈戚衮撰	《经义考》《补南北史艺文志》

续表

书　名	卷　数	作　者	备　注
三礼大义	十三卷	南朝佚名撰	《隋书·经籍志》
礼议	二卷	宋傅隆撰	《新唐书·艺文志》、清王仁俊《补宋书艺文志》
祭法	五卷	宋傅隆撰	《隋书·经籍志》、清王仁俊《补宋书艺文志》
礼论帖	三卷	宋任预撰	《隋书·经籍志》《旧唐书·经籍志》《新唐书·艺文志》
礼论钞	六十六卷	宋任预撰	《旧唐书·经籍志》《新唐书·艺文志》
答问杂仪	二卷	宋任预撰	《隋书·经籍志》
礼论	无卷数	宋周续之撰	清王仁俊《补宋书艺文志》
礼论	无卷数	宋文帝撰	徐崇《补南北史艺文志》
分明士制	三卷	宋何承天撰	《隋书·经籍志》、清王仁俊《补宋书艺文志》
礼论	十卷	宋关康之撰	徐崇《补南北史艺文志》
释疑	二卷	宋郭鸿撰	《隋书·经籍志》、清王仁俊《补宋书艺文志》
礼论钞	二十卷	宋庾蔚之撰	《隋书·经籍志》《旧唐书·经籍志》《新唐书·艺文志》
礼答问	六卷	宋庾蔚之撰	《隋书·经籍志》
礼论	五十八卷	南齐丘季彬	《隋书·经籍志》
礼议	一百三十卷	南齐丘季彬	《隋书·经籍志》
礼统	六卷	南齐丘季彬	《隋书·经籍志》
礼论要钞	十卷	南齐王俭撰	《隋书·经籍志》
礼论条目	十三卷	南齐王俭撰	高桂华《补南齐书经籍志》
礼答问	三卷	南齐王俭撰	《隋书·经籍志》
礼论	八十卷	南齐王俭撰	《南史》本传
礼捃遗	三十卷	南齐楼幼瑜撰	高桂华《补南齐书经籍志》
礼论	无卷数	梁范岫撰	徐崇《补南北史艺文志》
礼答问	十卷	梁何佟之撰	《隋书·经籍志》《旧唐书·经籍志》《新唐书·艺文志》

续　表

书　名	卷　数	作　者	备　注
礼杂问答钞	一卷	梁何佟之撰	《隋书·经籍志》《通志》
礼议	无卷数	梁何佟之撰	徐崇《补南北史艺文志》
礼论要钞	一百卷	梁贺玚撰	《隋书·经籍志》《旧唐书·经籍志》《新唐书·艺文志》
礼讲疏	无卷数	梁贺玚撰	徐崇《补南北史艺文志》
制旨革牲大义	三卷	梁武帝撰	《隋书·经籍志》
礼讲疏	无卷数	梁朱异撰	王仁俊《补梁书艺文志》
杂礼仪问答	四卷	南朝戚寿德撰	王仁俊《补梁书艺文志》
礼答问	五十卷	梁何胤撰	《隋书·经籍志》
续何承天集礼论	一百五十卷	梁孔子祛撰	王仁俊《补梁书艺文志》
礼杂私记	五十卷	梁元帝撰	《金楼子·著书篇》

三、北朝三《礼》学书目

（一）《周礼》存目

书　名	卷数	作　者	辑存	备　注
周官礼义疏	四十卷	北周沈重撰	辑	清马国翰辑一卷（《玉函山房辑佚书》）

（二）《周礼》佚目

书　名	卷　数	作　者	备　注
周官义证	五卷	北魏刘芳撰	《北史》本传
郑玄注周官音	一卷	北魏刘芳撰	李正奋《补魏书艺文志》
干宝注周官音	一卷	北魏刘芳撰	李正奋《补魏书艺文志》
周礼音	一卷	北周沈重撰	《北史》本传

续表

书　名	卷　数	作　者	备　注
周礼义疏	二十卷	北周熊安生撰	《北史》本传
周礼音	一卷	北朝王晓撰	《周礼著述考》

（三）《仪礼》存目

无。

（四）《仪礼》佚目

书　名	卷　数	作　者	备　注
仪礼义证	五卷	北魏刘芳撰	《北史》本传
仪礼章疏	无卷数	北齐黄庆撰	贾公彦《仪礼疏序》
郑玄注仪礼音	一卷	北魏刘芳撰	李正奋《补魏书艺文志》
丧服论	无卷数	北魏柳玄达撰	《魏书》本传
难王俭丧服集记	七十余条	北魏卢道虔撰	《北史》本传
丧服章句	一卷	北齐李公绪撰	徐仁甫《补北齐书艺文志》
丧服图	一卷	北魏崔逸撰	《隋书·经籍志》《经义考》
丧服要记	无卷数	北魏索敞撰	李正奋《补魏书艺文志》
仪礼音	二卷	北周沈重撰	徐崇《补南北史艺文志》
丧服经义	五卷	北周沈重撰	徐仁甫《补周书艺文志》
仪礼义	三十五卷	北周沈重撰	徐崇《补南北史艺文志》
丧服仪注	五卷	北周萧大圜撰	徐仁甫《补周书艺文志》
士丧礼要决	二卷	北周萧大圜撰	徐崇《补南北史艺文志》
丧服疑问	一卷	北周樊深撰	徐仁甫《补周书艺文志》
丧服记	十卷	北朝王氏撰	《隋书·经籍志》
丧服五要	一卷	北朝严氏撰	《隋书·经籍志》
驳丧服经传	一卷	北朝卜氏撰	《隋书·经籍志》
丧服要问	二卷	北齐张耀撰	《隋书·经籍志》

(五)《礼记》存目

书　名	卷数	作　者	辑存	备　注
礼记义证	十卷	北魏刘芳撰	辑	清马国翰辑6条(《玉函山房辑佚书》)
礼记义疏	四十卷	北周沈重撰	辑	清马国翰辑一卷(《玉函山房辑佚书》)
礼记义疏	四十卷	北周熊安生撰	辑	清马国翰辑四卷(《玉函山房辑佚书》)
明堂制度论	一卷	北魏李谧撰	辑	清马国翰辑一卷(《玉函山房辑佚书》)
大戴礼记注	无卷数	北周卢辩撰	存	传世二十五篇

(六)《礼记》佚目

书　名	卷数	作　者	备　注
礼记注	无卷数	北魏崔浩撰	李正奋《补魏书艺文志》
礼记注	无卷数	北魏卢景裕撰	李正奋《补魏书艺文志》
礼记讲议	无卷数	东魏孝静帝撰	《北齐书·李绘传》
礼记音	二卷	北周沈重撰	徐仁甫《补周书艺文志》
明堂图说	六卷	北魏封伟伯撰	李正奋《补魏书艺文志》

(七)三《礼》综论存目

无。

(八)三《礼》综论佚目

书　名	卷数	作　者	备　注
三礼大义	四卷	北魏刘献之撰	《经义考》
三礼宗略	二十卷	北魏元延明撰	《隋书·经籍志》《旧唐书·经籍志》《新唐书·艺文志》《经义考》
三礼义疏	无卷数	北齐李铉撰	徐仁甫《补北齐书艺文志》
礼质疑	五卷	北齐李公绪撰	徐仁甫《补北齐书艺文志》

第二节 两晋南北朝《周礼》学文献提要

一、两晋《周礼》学文献

两晋传说类的文献有《周官礼注》十二卷,干宝撰。干宝始末见上《易》一节。此书《隋志》《新唐志》均作十二卷,而《经典释文序录》作十三卷,不知《释文》是否多出一卷叙录。此书盖亡于宋,清人王谟、马国翰、黄奭据《经典释文》《初学记》等书有辑佚。其解释字词义本郑注,亦有释字词义、职官不同郑玄者,得失互见。释名物、职官有用当时的名物、职官类比。① 又干注分职,自出新意,不守郑玄法。案马国翰云注本用字有些与郑本不同,盖参用贾、马之本②;孙诒让云"贾逵、马融、干宝三家佚诂,亦多存古训"③,则可见干宝兼采东汉古文家,非仅专守郑学者。《经典释文》于"宫正"下所说"此以下郑总列六十职序,干注则各于其职前列之"④,或许陆氏犹见干注全书,而贾疏不称引,⑤是此书至陈隋犹有完帙。又北周斛斯徵精于三《礼》,当时有种乐器,或自蜀得之,众皆不识,斛斯徵说是錞于,众不信,徵就依干宝《周礼注》以芒筒捋之,其声极振,众乃叹服。⑥ 这说明干宝注不仅至北周都还流行,而且其注为北周人所相信;文物与干宝说相合,也说明干注之精到。干宝还撰有《周礼音》无卷数。

《周官宁朔新书》八卷,王懋约撰。此书《隋书·经籍志》列于干宝注下,当是传说一类。《隋志》题晋燕王师王懋约撰;《旧唐志》题司马伷序,王懋约注;《新唐志》作司马伷《周官宁朔新书》八卷,王懋约注。《经义考》据司马伷传,此书以宁朔命名,认为当从《唐志》,是司马伷撰而王懋约为之注。⑦ 此书题名"新书",同时代人王懋约又为之注,则或许内容颇有新意,非祖述前说者,惜已无片言留存,无从考之。司马伷字子将,起家为宁朔将军。武帝时封琅邪王,平吴时孙皓降于

---

① 参见简博贤《今存三国两晋经学遗籍考》,第 377—380 页;柯金虎《魏晋南北朝礼学书考佚》,台湾政治大学中国文学研究所博士论文,1984 年,第 304—306 页。
② (清) 马国翰:《玉函山房辑佚书》。
③ (清) 孙诒让:《周礼正义·略例十二凡》,第 4 页。
④ (唐) 陆德明撰,黄焯汇校:《经典释文汇校》,第 241 页。
⑤ (清) 王谟:《汉魏遗书钞》,嘉庆三年(1798)金溪王氏刊本。
⑥ 《周书·斛斯徵传》,第 432 页。
⑦ (清) 朱彝尊:《经义考》,第 2252 页。

仙。是晋元帝祖父。① 传见《晋书》本传。王懋约,姚振宗云始末未详。② 其为燕王师,则与伊说同时,又与陈邵同事。《周官传》无卷数,袁准撰,准始末见上《诗》一节。案《三国志·魏志》袁涣传注引《袁氏世纪》根据袁准的《自序》云准"著书十余万言,论治世之务,为《周官传》,以传于世"③,据此当是务实之作。

《周官音义》无卷数,宋氏撰。宋氏不知何郡人,家世以儒学称。父授之《周官》音义,谓之家世学《周官》,无男而授之,勿令绝世。当时天下丧乱,而宋氏讽诵不辍。宋氏以此授子韦逞,逞学成名立,仕为苻坚太常。苻坚幸太学,感叹礼乐阙废,当时的博士卢壸举荐宋氏,于是在宋氏家立讲堂,置生员,传习《周官》。号宋氏为宣文君。④ 是宋氏所讲,是家传《周官》学,此《周官音义》盖其讲学内容,渊源有自。

《周官礼注》十二卷,伊说撰。说始末见上《尚书》一节。此书早佚,无可考其内容。陈邵撰《周官详解》无卷数,清《江南通志·艺文志》有载,⑤未详何据,姑列于此。

音训类著作还有《周礼音》一卷,徐邈撰。邈事迹见上《易》一节。此书《隋书·经籍志》不载,盖久佚,《经典释文序录》载之。清人马国翰自《经典释文》《集韵》有辑。此书亦如其《诗音》,多古音,有得有失。亦有自出新意之用字,《集韵》采用其说。⑥

《周礼音》一卷,李轨撰。轨事迹见上《易》一节。此书已佚,清人马国翰自《经典释文》《集韵》有辑。《续四库全书总目》云此书有古音、转音,除为郑玄注作音外,还为杜子春、郑兴、郑众注作音。⑦ 马氏辑序云其书释音有同徐邈、聂氏者,"音多与时行者不同,要必有所师受"⑧。是李轨对东汉儒者《周礼》注皆有研习,并自成一家,与同时代人互有异同。

《周礼音》三卷,刘昌宗撰。刘氏始末见上《诗》一节。此书《经典释文序录》载一卷,清人马国翰有辑,辑序云"《唐志》不著录,而陆德明《释文》引述独多。今佚,从《释文》《集韵》辑为二卷。刘书固博采兼收而不谐时用者,亦不少"⑨。此

---

① 《晋书·宣五王传》,第1121页。
② (清)姚振宗:《隋书经籍志考证》,第144页。
③ 《三国志·魏志》,第336页。
④ 《晋书·列女传》,第2521—2522页。
⑤ (清)赵宏恩等:《江南通志》卷一九〇,影印《文渊阁四库全书》本。
⑥ 中科院图书馆整理:《续修四库全书总目·经部》,第461—462页。
⑦ 中科院图书馆整理:《续修四库全书总目·经部》,第462页。
⑧ (清)马国翰:《玉函山房辑佚书》。
⑨ (清)马国翰:《玉函山房辑佚书》。

书马氏辑有五百多条,是音训著作留存较多的一种。

议论类著作有《周官礼异同评》十二卷,陈邵撰。邵字节良,东海襄贲人。以儒学征为陈留内史,累迁燕王师。泰始中为给事中,卒于官。① 传见《晋书·儒林传》。《隋书·经籍志》题陈邵为"晋司空长史",盖任此职时撰此书。此书盖亡于宋,清人马国翰有辑。今仅存1条,语多有失。如论戴德删古《礼》二百四篇为八十五篇,为大戴《礼》;戴圣删大戴《礼》为四十九篇,为小戴《礼》。《续四库全书总目》云大戴取诸多书,小戴之外,大戴还有许多遗文,是陈邵此说有误。② 不过此说《经典释文序录》《隋书·经籍志》《通典》等都有引用,可见其影响。又据姚振宗云:

> 《释文序录》引邵《周礼论序》,但节取其言大小戴《记》一事,无一语涉及是书者。据两《唐志》则是书似与傅玄同撰。傅与邵同时。③

据姚氏所说,今之佚文确实不能体现《异同评》一书,邵本传言撰《周礼评》甚有条贯,行于世,可能还有其他精到的论点。案董逌《广川藏书志》评《周礼》贾公彦疏云"公彦此疏,据陈邵《异同评》及沈重《义》为之"④,则其影响较远。又此书《旧唐书·经籍志》作《周官论评》十二卷,陈邵驳,傅玄评;《新唐书·艺文志》作傅玄《周官论评》十二卷,陈邵驳,是姚氏有上述推测。不过陈邵本传未言傅玄有参与,《晋书·傅玄传》亦未言及此事,或史书失载,或后人合并故《隋志》亦不题傅玄。

《周官礼驳难》四卷,孙略撰。《隋书·经籍志》在此条下又录《周官驳难》三卷,孙琦问,干宝驳,晋散骑常侍虞喜撰。案两《唐志》作《周官驳难》五卷,孙略问,干宝答。不知《隋志》所载是一本书的两个版本,还是两《唐志》将之合并。亦不知孙琦是否为孙略之误,还是别有一人。两晋素有论学之风,此二书盖当时干宝、孙略、虞喜、孙琦等人论辩之集结,故可能有卷数、署名不同的本子。孙略,字文度,吴人。终日屡空,怡然自足。辟命皆不就。妻是虞预女,共安俭约。⑤ 传见《太平御览·逸民部》。虞喜始末见上《尚书》一节,虞预是虞喜弟。孙琦,姚振

---

① 《晋书·儒林传》,第2348页。
② 中科院图书馆整理:《续修四库全书总目·经部》,第462—463页。
③ (清)姚振宗:《隋书经籍志考证》,第146页。
④ (元)马端临:《文献通考》卷一八一,中华书局,1986年,第1557页。案:孙诒让认为"董氏谓贾兼据陈邵《周礼异同评》,则肊撰,不足据也",但孙氏没有提出证据,故本书姑列董氏之言以备一说。孙诒让:《周礼正义·略例十二凡》,第2页。
⑤ (宋)李昉等:《太平御览》卷五〇三,中华书局影印上海涵芬楼影宋本,1960年,第2299页。

宗云始末不详,殆亦同志友善者。①

二、南朝《周礼》学文献

南朝传说类文献有《周官礼集注》二十卷,梁崔灵恩撰。灵恩事迹见上《诗》一节。此书灵恩本传作四十卷,《隋志》《新唐志》作二十卷,盖分合不同,至唐犹为完帙,后乃亡佚。传言灵恩尤精三《礼》,又其《毛诗集注》保存正字,不同俗儒,释义精到,则其《周礼集注》或许有同样风格。

《隋书·经籍志》还载有《周官礼义疏》十九卷、《周官礼义疏》十卷、《周官礼义疏》九卷三种传说文献,均无撰人。姚振宗认为北朝除沈重外无以《周礼》名家者,南朝则沈峻父子为最著,而沈重与峻同族,又于梁武帝时同为五经博士,此三书盖出沈氏之门。② 本书从之,姑列于南朝。

音训类文献有《周礼音》无卷数,陈戚衮撰。衮字公文,吴郡盐官人。少聪慧,游学京都,受三《礼》于国子助教刘文绍。梁时曾任太学博士、员外散骑常侍等职,陈时任国子助教。衮在梁时撰《三礼义记》,战乱亡失,有《礼记义》四十卷行于世。③ 传见《陈书·儒林传》《南史·儒林传》。戚衮此书见《经典释文序录》,亡佚已久,清人马国翰自《经典释文》《集韵》辑有一卷。本传言衮在梁武敕策《孔子正言》《周礼义》《礼记义》时,对高第。尝就国子博士北人宋怀方问《仪礼》义,并得其《仪礼》《礼记》疏本。又简文帝为太子时,招玄儒论辩,衮答对如流,简文叹赏。是衮于当时为精于礼学的儒者,惜其书均不传。

《周礼音》无卷数,南朝聂氏撰。此书《隋志》《唐志》均无记载,清人马国翰自《经典释文》辑出 10 条,《续四库全书总目》补 1 条。《释文》所引在沈重前,沈重有依聂氏说者,故聂氏或梁陈间人。马国翰辑序中认为此聂氏是晋国子祭酒聂熊,然仅为猜测。④

另有一篇《科斗书考工记》,高桂华《补南齐书经籍志》有载。此据《南齐书·文惠太子传》言而载。当时襄阳有人盗发古墓,据称是楚王墓,出土的竹简中有十余枚,抚军王僧虔考证是科斗书《考工记》,《周官》所阙文。⑤ 则此是当时出土文献,僧虔能识古文,并对《周礼》内容熟悉,可见当时读《周礼》者不为少。今人据此证明《考工记》亦战国文献。

---

① (清)姚振宗:《隋书经籍志考证》,第 146 页。
② (清)姚振宗:《隋书经籍志考证》,第 147—148 页。
③ 《陈书·儒林传》,第 440 页;《南史·儒林传》,第 1747—1748 页。
④ (清)马国翰:《玉函山房辑佚书》。
⑤ 《南齐书·文惠太子传》,第 398 页;《南史·王昙首传》,第 602 页。

三、北朝《周礼》学文献

北朝传说类文献有《周官礼义疏》四十卷,北周沈重撰。沈重始末见上《诗》一节。本传言重撰《周礼义》三十一卷,盖即此书,《隋志》《唐志》均作四十卷,与本传分卷有所不同。案董逌《广川藏书志》评《周礼》贾公彦疏云"公彦此疏,据陈邵《异同评》及沈重《义》为之"①,是此书在唐代尚流行,盖宋以后亡。清人马国翰自《经典释文》《集韵》辑有一卷,序云:

> 书以义疏名而仅详字音,与《毛诗义疏》同。意其书以音附疏,引者略取尔。其义疏固散见于贾疏,特无从区别,为可憾也。②

案重本传言其撰有《周礼音》一卷,《经典释文序录》云"近有戚衮作《周礼音》,沈重撰《周礼》《礼记》音"③,是沈重有专门的《周礼》音训著作,而且在陆德明时还流行南方,马氏所辑为或其中内容。孙诒让亦认为:

> 唐修经疏大都沿袭六朝旧本。贾疏原出沈氏,全书绝无援引沈义,而其移改之迹,尚可推案。④

则重义疏内容,散见贾疏,名为亡佚,实际上保存不少。其音郑注为多,间存异音,又注明北人之音,对当时不同读音有所辨正,符合沈重南人兼于北之讲学身份。⑤

《周官义证》五卷,北魏刘芳撰。芳始末见上《尚书》一节。此书见刘芳本传所载,并有《郑玄注周官音》一卷、《干宝注周官音》一卷,均早亡佚。案传言当时南人王肃,精于三《礼》,与芳论《礼》,甚为叹服,是芳对《礼》颇有研究。又言芳尤长音训,观其为《周官》的两种注都有音释,在诸经中于《周礼》研究最多,则其书盖颇有价值。

《周礼义疏》二十卷,北周熊安生撰。安生字植之,长乐阜城人。少好学,初从陈达受三《传》,又从房虬受《周礼》,并通大义。后事徐遵明多年,东魏时受《礼》于李铉,遂博通五经。专以三《礼》教授,弟子自远方至者千余人。北齐河清中为国子博士。时北周朝廷制度行《周礼》,有不能详辨的滞义数十条,天和三年(568)尹公正使齐,问于齐人,安生为之演说,咸究根本,公正叹服。北

---

① (元)马端临:《文献通考》卷一八一,第1557页。
② (清)马国翰:《玉函山房辑佚书》。
③ 《经典释文序录疏证》,第101页。
④ (清)孙诒让:《周礼正义·略例十二凡》,第2页。
⑤ 简博贤:《今存南北朝经学遗籍考》,第77—79页。

周平齐,安生随周武帝至长安,于大乘佛寺参议五礼,后拜露门博士。安生学为儒宗,受其业而知名者有马光、张黑奴、窦士荣、孔笼、刘焯、刘炫等。撰有《周礼义疏》二十卷、《礼记义疏》四十卷、《孝经义疏》一卷,行于世。① 传见《周书·儒林传》《北史·儒林传》。观安生传所言,是最精于三《礼》。传又言其讨论图纬,捃摭异闻,则或许安生讲《礼》仿郑玄,参考汉今文家言,故涉及"图纬""异闻"。又言先儒所未悟者,皆发明之,则安生《礼》著博采前人之说以外,亦自有新意,不囿于成说。

《周礼音》一卷,北朝王晓撰。此书陆德明说:"云定郑氏音。北土,江南无此书,不详何人。"② 观陆氏此言,是在江南并未见其书,而有所闻,故说"云"以示其内容为传闻。此书《通志·艺文略》作《周官音训三郑异同辨》二卷,不知郑氏是否亲见其书,如其所题,则王晓书不仅训郑玄注音,还比较郑兴、郑众注之音训异同,是对汉儒注释总结性的音学著作。

第三节　两晋南北朝《仪礼》学文献提要

一、两晋《仪礼》学文献

两晋传说类的一种文献是刘兆撰《仪礼注》无卷数。兆事迹见上《易》一节。此书久佚,不见隋、唐《志》著录,只在唐释慧苑《华严经音义》卷一、卷二引有2条解释字义,丁国钧《补晋书艺文志》据此著录。③

音训类著作有《仪礼音》一卷,刘昌宗撰。昌宗于《周礼》亦有音作,马国翰辑有500多条,是这一时期留存音训著作佚文很多的一种,不知其中是否混有《仪礼音》的佚文,惜今已无考。《仪礼音》一卷,李轨撰。李轨于《周易》《古文尚书》《诗经》《周礼》均有音作,是以音训著称者。《仪礼音》无卷数,范宣撰。宣始末见上《易》一节。此书不见隋、唐《志》著录,只在《仪礼释文》中有引,丁国钧《补晋书艺文志》据此著录。④ 两晋见于目录的关于《仪礼》全书的著作仅有此4种,或还有不见志书记载者,惜今已难考见。

对《丧服经传》作注者有《丧服经传注》一卷,袁准撰。此书丁辰云《旧唐志》作《丧服纪》,《新唐志》作《仪礼注》是误为全书注,《通志·艺文略》列《丧

---

① 《周书·儒林传》,第812—813页;《北史·儒林传》,第2743—2745页。
② 《经典释文序录疏证》,第100页。
③ (清)丁国钧:《补晋书艺文志》,第134页。
④ (清)丁国钧:《补晋书艺文志》,第134页。

服注》《仪礼注》两书尤误。① 此书亡于唐以后,清人马国翰自《礼记正义》《通典》辑有10条。马氏辑序云:《通典》"又引解说丧服凡六事,或称袁准《正论》,或称袁准《论》。准别著《袁子正论》列儒家,虽非本注之文,而发明丧服义,实出一人之手而自成一家之言,并据辑录。(所论)不免勇于臆断,开后人改经之渐"②。说礼服问题间有驳经传和郑注之说,又有自创新说,例如关于"舅之与姨"为何异服的问题提出从母又是庶母,而加服之说③。其说又或不同于马融、王肃、贺循,或同于傅玄、范宁。故简博贤先生认为"自王肃发覆亲亲之微义,而议礼之家蹊径别辟矣。袁准不党王氏,然疑经驳传,务申亲亲大义,固王学之流裔也"④。

《丧服经传集注》一卷,孔伦撰。《经典释文序录》云孔伦"字敬序,会稽人,东晋庐陵太守。集众家注"⑤。此书丁辰云《旧唐志》作《丧服纪》,《新唐志》作《仪礼注》是误为全书注,《通志·艺文略》列《丧服注》《仪礼注》两书尤误。⑥ 此书亡于唐以后,清人马国翰自《经典释文》《通典》辑有5条。其说句义、丧服基本遵郑,间有从王肃说而得之,亦有驳马融之说。大体简明得当,择善而从。故马氏辑序云:"简当不支,深得古圣人委曲层折之精心,惜不得全注而玩索之。"⑦简博贤先生亦认为其以尊统亲,深得传旨,盖郑玄之流裔。⑧

《丧服经传注》一卷,陈铨撰。铨始末未详。此书丁辰云《旧唐志》作《丧服纪》,《新唐志》作《仪礼注》是误为全书注,《通志·艺文略》列《丧服注》《仪礼注》两书尤误。⑨ 此书亡于宋,清人马国翰自《通典》辑有27条。马氏辑序云:"观《释文》序次在晋孔伦《集注》下,宋裴松之《集注》上,当为晋宋间人。喜攻康成,其人大抵为王学之徒,然立论亦有理据。"⑩就其佚文来看,有驳郑而可备一说者,有释词解传用郑玄说者,亦有总结服制义例者。说义简明,得失互见,但并

---

① (清)丁国钧:《补晋书艺文志》,第13页。
② (清)马国翰:《玉函山房辑佚书》。
③ 详见张焕君《情礼交融——丧服制度与魏晋南北朝社会》,第203—205页。
④ 简博贤:《今存三国两晋经学遗籍考》,第295页。参见柯金虎《魏晋南北朝礼学书考佚》,第228—240页。
⑤ 《经典释文序录疏证》,第98页。
⑥ (清)丁国钧:《补晋书艺文志》,第13页。
⑦ (清)马国翰:《玉函山房辑佚书》。
⑧ 参见简博贤《今存三国两晋经学遗籍考》,第307—310页;柯金虎《魏晋南北朝礼学书考佚》,第318—320页。
⑨ (清)丁国钧:《补晋书艺文志》,第13页。
⑩ (清)马国翰:《玉函山房辑佚书》。

非一味驳郑。①

图谱类著作有《丧服谱》一卷，贺循撰。循字彦先，会稽山阴人，汉庆普之后，世传礼学。尝为武康令、太常等职，卒谥穆，赠司空。② 传见《晋书》本传。此书清人马国翰辑《通典》所引贺循论宗义二条、袷祭图一条，认为"服必以宗起例，以图表明"③，是《丧服谱》佚文。贺循传有家学，其论礼必有可观，惜其书早佚。

《丧服谱》一卷，蔡谟撰。谟事迹见上《诗》一节。此书亡于唐以后，清人马国翰自《晋书·礼志》《通典》辑有13条。佚文皆问难礼中疑义，故多问答之体。其说引经断制，有驳斥郑义而近于王，有本于郑注者，亦有自创之说，有得有失，范宁有同其说者。④ 马国翰辑序云："书以谱名，宜有图格，今不可见。"⑤本传载其多参与朝廷订制礼乐事，是精于礼者。

《丧服图》一卷，崔游撰。游字子相，上党人。少好学，儒术甄明。曹魏时曾任相府舍人、氐池长，晋武帝泰始初拜郎中。年七十余犹笃学不倦，撰《丧服图》行于世。⑥ 传见《晋书·儒林传》。刘渊曾从崔游习京氏《易》、马氏《尚书》，是崔游兼治汉今古文学，是当时大儒。此书《隋书·经籍志》作贺游，两《唐志》均作崔游，姚振宗据此认为《隋志》误，本书从之。又《通志·图谱略》载有贺循、蔡谟撰的两种《丧服图》无卷数，未言何据，姑列于此。

侧重丧服仪式的著作有《丧服仪》一卷，卫瓘撰。瓘始末见上《易》一节。观此书名，盖重在丧服仪式的讨论。《丧纪礼式》无卷数，杜龚撰。《华阳国志·后贤志》云杜龚字敬修，蜀郡人，为汉嘉太守，著《蜀后志》志赵廞、李特叛乱之事，及《丧纪礼式》，后生有取。⑦ 观此书名，盖为丧礼仪式的记录。

议论类著作有《丧服要集》二卷，杜预撰。预字元凯，京兆杜陵人。博学多通，历任镇南大将军、司隶校尉等职，平吴有功，卒谥成，赠征南大将军、开府仪同三司。著有《春秋左氏经传集解》三十卷、《春秋释例》十五卷、《春秋长历》一卷、《集》十八卷等书。⑧ 传见《晋书》本传。此书《两唐志》作《丧服要集议》三卷，盖论议之作，亡于宋。清人马国翰自《北堂书钞》《通典》等辑有12条。就佚文看其

---

① 参见简博贤《今存三国两晋经学遗籍考》，第311—317页；柯金虎《魏晋南北朝礼学书考佚》，第321—335页。
② 《晋书·贺循传》，第1824—1830页。
③ （清）马国翰：《玉函山房辑佚书》。
④ 参见柯金虎《魏晋南北朝礼学书考佚》，第339—352页。
⑤ （清）马国翰：《玉函山房辑佚书》。
⑥ 《晋书·儒林传》，第2352页。
⑦ （晋）常璩撰，任乃强校注：《华阳国志校补图注》卷一一，第660页。
⑧ 《晋书·杜预传》，第1025—1034页。

论有同于郑、王者,循前人之说,亦有自出新意,得失互见。① 武帝泰始十年(274)论皇太子谅闇而已,本传评其短丧之议,讥之。马国翰以为此事当时人已有争议,杜预因使博士段畅采典籍为之证据,故作此书。②

《丧服释疑》二十卷,刘智撰。智字子房,平原高唐人,兄刘寔。少贫苦,然读诵不辍,竟以儒行称。曾任秘书监、太常等职。卒谥成。③ 传见《晋书·刘寔传》。此书《隋书·经籍志》题孔智撰,然据刘智本传,《隋志》误。清人王谟、马国翰自《通典》辑有18条,盖亡于唐以后。此书多问答之体,其解字义有从王肃者,论丧服、庙制皆本于情理,有不同经传之处,根据现实情况论服制,发为新说,其说后庾蔚之有从之,得失互见。④ 本传言管辂极赞赏刘氏兄弟,又云其《丧服释疑论》多所辨明,则其全书或有更多精到之言。

《丧服要记》十卷,贺循撰。《丧服要记》于《两唐志》载有谢徽、庾蔚之两种注本,《隋书·经籍志》有十卷和六卷两种本子,可能即是《唐志》载的两种注本。清人马国翰自《通典》《礼记正义》《北堂书钞》《太平御览》辑有26条。其论服制多本郑注,亦有同王肃、刘智,辨郑注之互歧同于谯周,释字义或近杜预,又有自出新说者,其后虞喜、殷仲堪有同其说。贺循论礼,本于郑,而对郑、王有所折中,于先儒马融、卢植、射慈等说亦兼采,择善而从。⑤ 故传言循少玩篇籍,善属文,博览众书,尤精《礼》《传》,朝廷疑滞皆谘于循,循依经礼而对,为当世儒宗。

《凶礼》一卷,孔衍撰。衍字舒元,鲁国人,孔子二十二世孙。少好学,年十二能通《诗》《书》。曾任中书郎、太子中庶子等职。石勒尝至山阳,敕其党以衍在而不得妄入。博览过于贺循,凡所撰述,百余万言。⑥ 传见《晋书·儒林传》。此书久佚,清人马国翰自《通典》辑有3条。佚文论宗庙藏主室;又论父子乖离,莫知存亡,义同刘智丧服不宜在身;又禁招魂,贺循、干宝等同其说。⑦ 传言东晋初庶事草创,衍经学深博,练识旧典,朝仪轨制多取正焉,是精于礼者。

《丧服变除》一卷,葛洪撰。洪始末见上《易》一节。此书久佚,清人马国翰自《通典》《仪礼释文》辑有3条。马国翰云其说庐楣制度甚详,引述古法必有依据,又释字义同王肃、袁准、孔伦等人,是洪说亦同当时论《礼》之风。

---

① 参见柯金虎《魏晋南北朝礼学书考佚》,第217—227页。
② (清)马国翰:《玉函山房辑佚书》。
③ 《晋书·刘寔传》,第1198页。
④ 参见柯金虎《魏晋南北朝礼学书考佚》,第241—253页。
⑤ 参见柯金虎《魏晋南北朝礼学书考佚》,第266—290页。
⑥ 《晋书·儒林传》,第2359页。
⑦ 参见柯金虎《魏晋南北朝礼学书考佚》,第309—311页。

《丧服要记注》五卷,谢徽撰。徽始末不详,注贺循之书,两《唐志》有载,盖晋宋之间人。清人马国翰自《通典》辑有5条。马氏辑序云:"博引经传,并即贺与人答问之语,反复推究,亦留心典故者。"①

王廙撰《出后者为本父母服议》一卷,王仁俊辑自《通典》1条,所论折中情理。廙始末见上《易》一节。何琦撰《孙曾为后议》一卷,王仁俊辑自《通典》1条,援亲亲之义为说。琦字万伦,庐江灊人。曾任宣城泾县令。好学博古,耽玩典籍,以琴书自娱,善养性,老而不衰。恒以述作为事,著《三国评论》,凡所撰录百余篇皆行世。② 传见《晋书·孝友传》。

《丧服要记》二卷,刘逵撰。逵字渊林,济南人。元康中为尚书郎,历黄门侍郎、侍中。③ 据《左思传》张载、刘逵曾注左思《三都赋》,卫权为《三都赋》作略解,其序称张、刘"并以经学洽博,才章美茂,咸皆悦玩,为之训诂"④,则逵书当有可观,惜其已亡。《丧服要略》一卷,环济撰。《隋书·经籍志》题环济为晋太学博士,并于史部杂史类录有其著《帝王要略》十二卷,纪帝王、天官、地理、丧服,此书盖其中内容之别行,唐时已亡。《丧服杂记》二十卷,伊氏撰。丁辰、文廷式、秦荣光均认为即伊说,说始末见上《尚书》一节。观书名盖记录丧服的一些杂仪或问题。

还有一种分篇类著作是王堪撰《冠礼仪》一卷。王堪,东平人,永康初为司隶校尉,永安初为尚书令,统行台。⑤ 此书《通典》有引,文廷式《补晋书艺文志》据以收录,姑列于此。

二、南朝《仪礼》学文献

南朝传说类的一种文献是陈张冲撰《仪礼传》八十卷。冲字叔玄,吴郡人。仕陈为左中郎将,非其所好,乃覃思经典,撰有《春秋义略》、《丧服义》三卷、《孝经义》三卷、《论语义》十卷、《前汉音义》十二卷,后仕隋为汉王侍读。⑥ 传见《隋书·儒林传》《北史·儒林传》。此书见《经义考》载,未言何据,姑列于此。此书卷帙颇多,疑八十或是十八之误,《仪礼》十七篇加序录正十八篇,然无据,只作猜测。

---

① (清)马国翰:《玉函山房辑佚书》。
② 《晋书·孝友传》,第2292—2293页。
③ (清)严可均:《全晋文》卷一百五,《全上古三代秦汉三国六朝文》,第2064页。
④ 《晋书·文苑传》,第2376页。
⑤ (清)严可均:《全晋文》卷一一三,《全上古三代秦汉三国六朝文》,第2107页。
⑥ 《隋书·儒林传》,第1724页;《北史·儒林传》,第2768页。案:冲传见《隋书》,据本书例当入隋,然其《左传》著作颇可考知陈时学风好尚,故本书列入以作比较。

《丧服》传注类的文献有《集注丧服经传》一卷,宋裴松之撰。松之字世期,河东闻喜人,裴骃之父。年八岁通《论语》《毛诗》,博览坟籍。晋时尝为员外散骑侍郎、尚书祠部郎等职,宋时历任国子博士、永嘉太守等职。著有《晋纪》《三国志注》等书。① 传见《宋书》《南史》本传。此书《通典》引有 2 条,其中一条与何承天论礼,马国翰辑入何氏《礼论》。另一条与江氏问答大功嫁娶,辑入此书,其中有引宗涛之说,是集注性质,说本情理。本传言其尝论礼仪用乐,朝廷用之,是亦知礼者。

《略注丧服经传》一卷,宋雷次宗撰。次宗事迹见上《易》一节。此书久佚,清人王谟、黄奭、马国翰自《仪礼注疏》《通典》辑有 30 余条。次宗之学宗郑氏,皮锡瑞云"宋初雷次宗最著,与郑君齐名,有雷、郑之称"②。观其佚文,有驳当时沿袭旧说以申郑注,笃实得理。又有补经、注之阙,于经传体例多有发明,文笔隽逸,后儒多从其说。不过亦有释义违背郑义,及误郑注为传等错误。不过总体说义精审,瑕不掩瑜。③ 次宗本传云元嘉二十五年(448),曾于招隐馆为皇太子诸王讲《丧服》经。不过马国翰引释慧皎《高僧传》云雷次宗、宗炳同受《丧服》于释慧远,次宗著义疏题"雷氏",宗炳因寄书嘲之没慧远之名,"若然则次宗此注适类郭象注《庄》,全袭向秀。而远法师以象数之徒,能研穷乎儒经之义,不涉玄虚,力抉微奥,宜乎名高莲社,而为渊明所钦企"④。

《丧服注》无卷数,宋周续之撰。续之始末见上《诗》一节。此书《经典释文序录》有载,久佚,清人王谟、马国翰自《通典》引有 3 条。佚文多问答之体,论说本于人情。本传言宋武帝尝问续之《礼记》义,又著《礼论》,是长于礼学者。

《丧服》三十一卷,宋庾蔚之撰。蔚之字季随,颍川人,宋员外散骑常侍。⑤ 庾氏有不少礼类著作,详见后。此书《隋书·经籍志》载,唐初已佚。观书名盖为《丧服》作传注,或许还有问答释疑,故卷帙不少,惜其久佚,仅为猜测。《宋书·臧焘徐广傅隆传》史臣曰庾蔚之等"皆讬志经书,见称于后学。蔚之略解《礼记》,并注贺循《丧服》行于世"⑥,又《宋书·雷次宗传》云元嘉十五年(438)雷次宗于鸡笼山馆教授,朱膺之、庾蔚之以儒学总监诸生,是庾氏笃守经学,说礼有名当时。

---

① 《宋书》,第 1698—1701 页;《南史》,第 862—864 页。
② (清)皮锡瑞:《经学历史》,第 170 页。
③ 参见简博贤《今存南北朝经学遗籍考》,第 147—153 页。
④ (清)马国翰:《玉函山房辑佚书》。
⑤ 《经典释文序录疏证》,第 100 页。
⑥ 《宋书》,第 1553 页。

《集注丧服经传》二卷，宋蔡超撰。此书《旧唐志》作《丧服纪》，《新唐志》作《仪礼注》是误为全书注。超字希远（据《经典释文序录》），济阳考城人。少有才学，尝为南郡内史，南郡王义宣反，为朱修之所杀，超等伏诛。①《丧服经传注》一卷，宋刘道拔撰。刘氏彭城人，宋海丰令。② 此书唐初已亡。

《丧服传》一卷，梁裴子野撰。子野字几原，河东闻喜人，裴骃之孙，子野兄弟四人并有盛名。少好学，善属文，末年深信释教。尝为著作郎、鸿胪卿等职，卒赠散骑常侍，谥贞子。著有《续裴氏家传》二卷、《众僧传》二十卷、《百官九品》二卷、《附益谥法》一卷、《宋略》二十卷、《方国使图》一卷、《文集》二十卷，并行于世。③ 传见《梁书》《南史》本传。此书本传作《集注丧服》二卷，则知是集注性质，《隋书·经籍志》的一卷盖合并而成。子野又有专门论谥法的著作，则其对丧礼颇有钻研。

《集解丧服经传》二卷，南齐田僧绍撰。田僖之，字僧绍，冯翊人，齐东平太守。④ 此书《旧唐志》作《丧服纪》，《新唐志》作《仪礼注》是误为全书注。《丧服集解》无卷数，梁伏曼容撰。曼容事迹见上《易》一节。此书仅见曼容本传载。

图谱类著作只有南齐王俭撰《丧服图》一卷，亡佚已久，无可考其内容。

侧重丧服仪式的著作有《南齐五服制》一卷，南齐佚名撰，观此书盖讨论南齐五服制度之作。《丧服治礼仪注》九卷，梁何胤撰。胤始末见上《易》一节。观此书名，即为丧服礼的仪注而作。《丧服仪》无卷数，梁庾曼倩撰。曼倩字世华，新野人。尝为梁元帝谘议参军。著有《丧服仪》《文字体例》《庄老义疏》《算经注》《七曜历术注》等书。⑤ 传见《梁书·处士传》《南史·隐逸传》。此书盖亦专论丧服之礼仪。

议论类著作有《丧服难问》六卷，宋崔凯撰。凯始末不详。此书唐以后亡，清人马国翰自《通典》辑有17条。佚文本于经、注，有引蔡谟之言，有同庾蔚之说，间下己意，马氏辑序云"其书委曲发明，与刘智《释疑》相伯仲"⑥。

《丧服古今集记》三卷，南齐王俭撰。俭始末见上《尚书》一节。此书清人马国翰自《通典》辑有9条，然王俭于礼多有著作，马氏所辑其中只有《隋书·礼仪

---

① 《宋书·南郡王义宣传》，第1799、1807页。
② 《经典释文序录疏证》，第98页。
③ 《梁书》，第441—444页；《南史》，第865—867页。
④ （唐）陆德明：《经典释文序录疏证》，第98页。
⑤ 《梁书·儒林传》，第752页；《南史·儒林传》，第1905页。
⑥ （清）马国翰：《玉函山房辑佚书》。参见柯金虎《魏晋南北朝礼学书考佚》，第492页。

志》一条明引此书。其论本郑玄,深合礼义,有同吴商之论。① 本传云俭长于礼学,谙究朝仪,每博议,证引先儒,罕有其例,是精于礼学者。

《丧服世行要记》十卷,南齐王逡之撰。逡之字宣约,琅邪临沂人。少礼学博闻,至年老手不释卷。国学久废,齐建元二年(480)逡之曾上书建议立学。历任国子博士、侍中等职。撰有《永明起居注》。② 传见《南齐书·文学传》、《南史》本传。此书《隋书·经籍志》题王逸撰,而逡之本传言右仆射王俭重儒术,逡之以著作郎兼尚书左丞,参定齐国礼仪。王俭撰《古今丧服集记》,逡之难俭十一条,更撰《世行》五卷。则此书是逡之作,两《唐志》所题正确。清人马国翰辑有《南齐书·礼志》载逡之与王俭问答 1 条为此书佚文,问皇太子穆妃服,王俭答本郑玄义,褚渊等从王俭义。

《逆降义》三卷,宋颜延之撰。延之字延年,琅邪临沂人。少孤贫,好读书,无所不览,文章冠绝当时,与谢灵运并称颜、谢。曾任国子祭酒、秘书监等职,卒谥宪子,赠散骑常侍。③ 传见《宋书》《南史》本传。此书清人马国翰自《通典》辑有 1 条,盖亡于唐后。佚文为问答之语,辨甥侄名义,涉及丧服,释字义精妙,贾公彦说与其相发明。④

《丧服要记注》十卷,宋庾蔚之撰,此书是注贺循书,行于当时。蔚之还撰有《丧服世要》一卷,唐初已亡。《丧服集议》十卷,宋抚军司马费沈撰,此书唐初已亡。《丧礼钞》三卷,宋王隆伯撰。隆伯始末不详,姚振宗据《宋书·庐江王祎传》认为可能是宋末时曾担任都令的王隆伯。⑤ 此书盖丧礼的杂义之钞。

《丧服答问目》十三卷,梁皇侃撰。皇侃,吴郡人。少好学,师事贺玚,尤明三《礼》、《孝经》、《论语》。起家兼国子助教,于学讲说,听者数百。曾于寿光殿讲《礼记义》,梁武帝善之,加员外散骑侍郎。日诵《孝经》二十遍,拟《观世音经》。著有《礼记义疏》五十卷、《论语义疏》十卷,并见重于世,学者传之。⑥ 传见《梁书·儒林传》《南史·儒林传》。此书据书名即知是关于丧服的问答之作。

《丧礼五服》七卷,陈袁宪撰。宪字德章,陈郡阳夏人。幼好学,大同八年(542)被召为国子《正言》生,尝执麈尾与周弘正、何妥等酬对。梁时曾任太子舍

---

① 参见柯金虎《魏晋南北朝礼学书考佚》,第 493—494 页。
② 《南齐书·文学传》,第 902 页;《南史》,第 666 页。
③ 《宋书》,第 1891—1904 页;《南史》,第 877—881 页。
④ 中科院图书馆整理:《续修四库全书总目·经部》,第 612 页。
⑤ (清)姚振宗:《隋书经籍志考证》,第 173 页。
⑥ 《梁书·儒林传》,第 680—681 页;《南史·儒林传》,第 1744 页。

人,陈时任散骑常侍、侍中等,隋时任昌州刺史、晋王府长史,卒赠大将军,谥曰简。① 传见《陈书》《南史》本传。观此书名当是专就丧礼之五服作解答的著作。

《丧服要问》六卷,南朝刘德明撰。案《南史·刘虬传》云虬字灵预,一字德明,南阳涅阳人。少抗节好学,宋泰始中尝为当阳令,齐时诏征国子博士不就,精信释氏,注《法华经》,自讲佛义,是儒释兼修者。② 姚振宗疑是此人。《丧服答要难》一卷,南朝袁祈撰。袁祈始末不详。两《唐志》此书还题有赵成问,盖即书名所示就丧服之义作问答之书。《丧服制要》一卷,南朝徐氏撰,姚振宗以为盖南朝人。《逆降义》一卷,南齐田僧绍撰,此书盖为对逆降之义的专门讨论。

除了上述同两晋一样类型的《丧服》著作外,南朝还新出不少专讲《丧服》的义疏类著作,十分具有南北朝学风特色。这类文献有《丧服经传义疏》五卷,南齐司马宪撰。宪字景思,河内温人。官至殿中郎,有口才,使魏见称于北。③ 案齐永明初,王俭曾令伏曼容、司马宪、陆澄共撰《丧服义》,姚振宗以为即是此书。④ 此书唐初已亡,观其卷帙盖说解甚详。

《丧服经传义疏》二卷,南齐楼幼瑜撰。幼瑜字季玉,东阳太末人。以儒学著,尝聚徒教授,官至给事中,著有《礼捃遗》三十卷。⑤ 传见《南齐书·高逸传》《南史·隐逸传》。《丧服经传义疏》一卷,南齐刘瓛撰,瓛始末见上《易》一节。《丧服经传义疏》一卷,南齐沈骥士撰,沈氏始末亦见上《易》一节。以上三书,唐初均已亡。《丧服义》三卷,陈张冲撰,此书仅见冲本传所载。

《丧服经传义疏》一卷,梁何佟之撰。佟之字士威,庐江灊人。少好三《礼》,师心独学,手不辍卷,读礼论三百篇。齐时为国子祭酒、骁骑将军等,梁时任尚书左丞,卒赠黄门侍郎。著有《礼义》百余篇。⑥ 传见《梁书·儒林传》《南史·儒林传》。本传言何氏齐时尝为国子助教,为诸生讲《丧服》,后参与了南齐国家的吉凶礼则决疑,名重于世,为京师硕儒。梁朝初建,何氏又依《礼》定议。是何佟之乃专精礼学者,其书必有可观,惜久佚。

《丧服义疏》二卷,梁贺玚撰。玚始末见上《易》一节。据本传,贺玚乃贺循玄孙,祖贺道力善三《礼》,父贺损亦传家业,是家传《礼》学,甚有渊源。而玚本人亦尤精《礼》学,梁武帝尝召其说《礼》义,馆中生徒常数百人,是以《礼》学影响当时

---

① 《陈书》,第 311—314 页;《南史》,第 718—721 页。
② 《南史》,第 1248—1249 页。
③ 《南史·文学传》,第 1771 页。
④ (清)姚振宗:《隋书经籍志考证》,第 157 页。
⑤ 《南齐书·高逸传》,第 946 页;《南史·隐逸传》,第 1890 页。
⑥ 《梁书·儒林传》,第 663—664 页;《南史·儒林传》,第 1734—1735 页。

儒林者。则此书当有可观，惜其早亡。《丧服文句义疏》十卷，梁皇侃撰，此书卷帙颇多，盖解说丧服极详细。

《丧服义疏》无卷数，陈顾越撰。越事迹见上《诗》一节，此书见于顾越本传记载，久已亡佚。《丧服义》十卷，陈谢岐撰。谢岐，会稽山阴人，笃学，为世通儒。①《隋书·经籍志》云谢岐为陈国子祭酒，则此书或为其于国学讲学之用。

《丧服经传义疏》四卷、《丧服发题》二卷，陈沈文阿撰。文阿字国卫，吴兴武康人。父沈峻梁时名儒，祖舅太史叔明、舅王慧兴并通经术，文阿传其业，精研章句，治三《礼》、三《传》，博采先儒异同，自为义疏。梁时曾任国子助教、五经博士、国子博士兼掌礼仪，助简文帝撰《长春义记》。陈时任国子博士，亦参与制定礼仪，并于东宫讲《孝经》《论语》，卒赠廷尉卿。著有《春秋义记》《礼记义记》《孝经义记》《论语义记》共七十余卷，《经典大义》十八卷，并行于时，儒者多传其学。② 传见《陈书·儒林传》《南史·儒林传》。观沈氏本传所言，其精于礼学，并常以之教授，则此《义疏》为讲《丧服》之讲义，而《发题》则为讲课开题的讲稿。此二书唐时尚存，其后亡佚。又本传言沈氏还撰有"仪礼八十余条"（《南史》），《陈书》作"仪礼八十余卷"，诸志书无有载沈氏作《仪礼》八十余卷者，盖当从《南史》作八十余条，且此处"仪礼"当作礼仪解，即泛论礼仪制度。

三、北朝《仪礼》学文献

北朝传说类文献有《仪礼义证》五卷，北魏刘芳撰。此书见刘芳本传所载，前论刘芳《周礼》著作已知，刘氏精于礼学，惜此书早佚。

北齐黄庆撰《仪礼章疏》无卷数，据贾公彦《仪礼疏序》云："其为章疏则有二家，信都黄庆者，齐之盛德；李孟悊者，隋曰硕儒。庆则举大略小，经注疏漏，犹登山远望而近不知。《丧服》一篇，凶礼之要，是以南北二家章疏甚多。时之所以皆资黄氏。"③当时对《仪礼》全经的说解之作很少，贾公彦的疏仅据黄、李二家章疏撰成，足见黄氏书当时影响颇大，其说并通过贾疏流传下来。

《仪礼义》三十五卷，北周沈重撰。前论《周礼》已录沈重作《周礼义疏》，则此书盖亦为重讲《仪礼》之义疏，故卷帙颇多。重学兼南北，又善礼学，此书当有可观，惜其早佚，唐人贾公彦作疏时已不得见。

音训类著作有《郑玄注仪礼音》一卷，北魏刘芳撰，芳于诸经多有音训，此书早佚。《仪礼音》二卷，沈重撰，重于《周礼》亦有音作，是长于《礼》音。

---

① 《陈书·谢岐传》，第 232 页。
② 《陈书·儒林传》，第 434—436 页；《南史·儒林传》，第 1741—1743 页。
③ 《仪礼注疏》，（清）阮元校刻：《十三经注疏》，第 2037 页。

《丧服》篇的传注类文献有《丧服章句》一卷，北齐李公绪撰。公绪字穆叔，赵郡人。性聪敏，博通经传。北魏末曾任冀州司马，后去官不仕。尤善天文、阴阳图纬之学，尝预测北齐之亡。① 潜居著书，撰有《典言》十卷、《礼质疑》五卷、《古今略记》二十卷、《玄子》五卷、《赵记》八卷、《赵语》十二卷，并行于世，此《丧服章句》亦其中之一。

图谱类著作有《丧服图》一卷，北魏崔逸撰。崔景儁，博陵安平人。好古博涉，经明行修，曾任中书博士、国子博士等职，卒赠廷尉少卿。案崔景儁受敕接萧赜使节，孝文帝赐名为逸，姚振宗认为即此人。② 崔逸曾与著作郎韩兴宗参定朝仪，是知礼者，此书盖即其作。

论丧服仪式的著作有《丧服仪注》五卷，北周萧大圜撰。大圜字仁显，梁简文帝子。幼聪敏，年四岁能诵《三都赋》《孝经》《论语》。梁时曾任丹阳尹、宁远将军，屏绝人事，恒以读《诗》《礼》《书》《易》为事，答梁元帝问五经，元帝叹美之。入北周为车骑大将军，尝入麟趾殿为学士，见《梁武帝集》四十卷、《简文集》九十卷各一本，抄之。隋时任西河郡守。务于著述，撰有《梁旧事》三十卷、《寓记》三卷、《文集》二十卷。③ 传见《周书》《北史》本传。其《丧服仪注》盖结合实际讨论丧服礼仪。

义疏类著作有《丧服经义》五卷，北周沈重撰。重于《仪礼》全书有音义之作，此又专论《丧服》，盖更详明，或为其讲学之作。

议论类文献有《丧服论》无卷数，北魏柳玄达撰。柳玄达河东南解人，颇涉经史，与裴叔业由南齐入北，北魏景明初任辅国将军、司徒谘议参军。著有《大夫论》《丧服论》，约而易寻。④ 此书仅见玄达传。《难王俭丧服集记》七十余条，北魏卢道虔撰。道虔字庆祖，范阳涿人。粗闲经史，兼通算术。历任驸马都尉、幽州刺史等职。卒赠尚书右仆射、司空公、瀛州刺史，谥文恭。传言道虔好《礼》学，难王俭《丧服》说，王俭说见前文，未知道虔所说如何。⑤

《丧服要记》无卷数，北魏索敞撰。索敞字巨振，敦煌人。沮渠牧犍时，索敞尝为刘昞的助教。专心经籍，尽传昞之业。凉州平，入北魏，以儒学为中书博士，笃勤训授，讲授十余年，贵游子弟皆敬惮威严。后任扶风太守，卒赠平南将军、凉

---

① 《北齐书》，第 396 页；《北史》，第 1211 页。
② 《魏书》，第 1251 页；《北史》，第 1163 页。
③ 《周书》，第 756—759 页；《北史》，第 1063—1065 页。
④ 《魏书》，第 1576 页。
⑤ 《北史》，第 1077—1078 页。

州刺史,谥曰献。撰有《文字论》。① 传见《魏书》《北史》本传。本传言索敞以丧服散在众篇,遂撰比为此书,是此书以《丧服》为中心并参合其他经传所成,盖论丧服礼极详,惜早佚。

《丧服要问》二卷,北齐张耀撰。耀字灵光,上谷昌平人。曾任秘书丞、尚书右丞。好读《春秋》。卒赠燕州刺史,谥贞简。② 《隋书·经籍志》只题张耀撰,姚振宗云始末未详,不知是否此人,姑列于此。《士丧礼要决》二卷,北周萧大圜撰,此书亦见其本传,早佚。大圜于《丧服》有两种著作,前文著录一种侧重仪注,为现实之用,此则或为讨论经典且重在士丧礼,大圜亦究心《丧服》之学者。

《丧服问疑》一卷,北周樊深撰。樊深字文深,河东猗氏人。弱冠好学,从师于河西,讲习五经不倦。魏时为中散大夫。后改易姓名,游学汾晋间,习天文历算。入周,宇文泰使其于东馆教诸将子弟,儒者推其博物,后为国子博士、太学博士。撰有《孝经问疑》一卷、《七经异同说》三卷、《七经义纲略论》三十一卷。③ 传见《周书·儒林传》《北史·儒林传》。传言樊深专经,又涉史书、小学、阴阳卜筮,但讷于言辞,不为当时所称,则其《丧服问疑》为解经传之疑,盖深有可观。此书《隋书·经籍志》作樊氏撰。

王氏撰《丧服记》十卷、严氏撰《丧服五要》一卷、卜氏撰《驳丧服经传》一卷,姚振宗云皆不详何人,"按此三家次北周樊文深之前,则皆似北朝人"④,本书姑列于此。

此外,《隋书·经籍志》还有 2 种《仪礼》义疏著作、13 种《丧服》著作,均无撰人姓名,或其中有以上两晋南北朝诸家之作而其名亡失者。可见晋南北朝关于《丧服》类的著作之多,《仪礼》义疏类著作也盛行。

第四节　两晋南北朝《礼记》学文献提要

一、两晋《礼记》学文献

这一时期的传说类文献全部亡佚,亦无后人辑本,只有一种见于《隋书·经籍志》记载。这或许跟晋、唐时代悬隔,而南北朝《礼记》传说类文献较为丰富,故而两晋此类文献散佚较多有关。但也说明两晋对《礼记》作传说的文献本身就不

---

① 《魏书》,第 1162—1163 页;《北史》,第 1270 页。
② 《北齐书》,第 361—362 页。
③ 《周书·儒林传》,第 811—812 页;《北史·儒林传》,第 2742—2743 页。
④ （清）姚振宗:《隋书经籍志考证》,第 170 页。

发达。见于《隋志》记载的一种是《礼记宁朔新书注》八卷，王懋约撰。此书《隋志》还记载有二十卷本。两《唐志》著录二十卷本，并题有司马伷之名，同前《周官宁朔新书》例。案《旧唐书·元行冲传》载元行冲《释疑论》曰：

> 郑学之徒有孙炎者，虽扶玄义，乃易前编。自后条例支分，箴石间起。马伷增革，向逾百篇。叶遵删修，仅全十二。①

元氏此论是针对当时儒者对他改编《礼记》进行攻击所作的辩护。当时元氏奉旨集学者就魏徵所注《类礼》作《义疏》，并欲立于学官。但书成后却为以尚书左丞张说为代表的一些儒者反对，认为孙炎所撰、魏徵注的《类礼》，改变了《礼记》原貌，扰乱经典，此书最终未能立于学官。元氏患诸儒排己，于是作《释疑论》。可见上引诸人，都是对《礼记》作改编整理者。其中马伷即司马伷，其书正如其书名，颇有新义，且增加不少，篇幅甚多。

《约礼记》十篇，王长文撰。长文事迹见上《易》一节。此书见于《华阳国志·王长文传》，传云"又撰《约礼记》，除烦举要，凡十篇，皆行于时"②。观传所言，则此书是对《礼记》作的选编，实为一种特别的著作。此书不见《隋志》，盖亡佚甚久，或仅行于西晋蜀中。

《礼记注》无卷数，司马彪撰。彪字绍统，晋宗室。少笃学，博览群籍。曾任秘书郎、秘书丞等。撰有《庄子注》《九州春秋》《续汉书》等。③ 传见《晋书》本传。彪此书见吴士鉴《补晋书经籍志》引自《太平寰宇记》。然检《太平寰宇记》"磁州滏阳县九侯城"条下云：

> 《礼记》曰"脯鬼侯"，谓此也。按《隋图经》云临水县分侯城，即司马彪注云邺西有九侯城，盖鬼侯国是也，一作鬼口。④

唯有此条似为吴士鉴所据。考《后汉书·地理志》冀州魏郡下云"邺有故大河……有九侯城"⑤，刘昭注曰"徐广曰一作鬼侯"⑥。则此或为乐史作《寰宇记》时误将司马彪《地理志》中刘昭注作司马彪注。本书姑列于此。

《礼记注》无卷数，淳于纂撰。纂西晋初人，事迹不详。此书见文廷式《补晋书艺文志》据宋卫湜《礼记集说》所引著录。案《通典》论"生不及祖父母不税服

---

① 《旧唐书·元行冲传》，第3179页。
② （晋）常璩撰，任乃强校注：《华阳国志校补图注》卷一一，第645页。
③ 《晋书·司马彪传》，第2141—2142页。
④ （宋）乐史：《太平寰宇记》卷五六，影印《文渊阁四库全书》本。
⑤ 《后汉书·儒林传》，第3431页。
⑥ 《后汉书·儒林传》，第3432页。

议"条下引有淳于纂问淳于睿之事,据《礼记》为说。① 卫湜《集说》即据《通典》此条引。②

《礼记注》无卷数,曹述初撰。严可均云:"述初,元兴末为太常博士。"③此书见文廷式《补晋书艺文志》据宋卫湜《礼记集说》所引著录。案《通典》卷七三、九五、九六、一〇一引有曹氏论,其中卷七三引曹氏《集解明宗义》一条论公子二宗之服,④为卫湜《集说》卷八五引。⑤

《礼记注》无卷数,刘世明撰。世明西晋人,事迹不详。此书见文廷式《补晋书艺文志》据宋卫湜《礼记集说》所引著录。案《通典》卷一〇三载有刘世明答陈氏问"久丧不葬服议"一条,⑥卫湜《集说》卷八三引之⑦。

然朱彝尊云:"卫氏《集说》援引解义,凡一百四十四家,不专采成书也。如文集、语录、杂说及群经讲论,有涉于《礼记》者,皆裒辑言。今以《经籍》《艺文志》暨诸家书目未著于录者疏之,晋有淳于纂、曹述初、刘世明。"⑧故上述三书可能并不一定是《礼记注》类文献。本书姑列于此。

这一时期的《礼记》音训文献特别发达,辑佚的《礼记》文献也以此类最多。有《礼记音》二卷,范宣撰。宣始末见上《易》一节。此书早佚,清人马国翰自《经典释文》《集韵》辑有12条。《续四库全书总目》云佚文"可以考见字之本音及转音,与徐邈书相伯仲"⑨,辨别读音细致,有与徐邈音相近者。本传言范宣尤善三《礼》,是其《礼记音》当有可观。

《礼记音》三卷,徐邈撰。徐氏于《周礼》亦有音训,是长于《礼》音。此书两《唐志》并同《隋志》记载,是亡于赵宋。清人马国翰自《经典释文》《集韵》辑为三卷,并云"《释文》引之,较诸家为多"⑩。其中有些兼训字音、义,有些则只有读音,未知是《释文》引用时没有引部分字义,还是徐氏原注就或有释字义,或不释字义。《礼记音》五卷,刘昌宗撰。昌宗于三《礼》皆有音作,其中《周礼》音所存尤多,是刘氏乃极擅长《礼》音者。此书盖亡于唐以后,清人马国翰自《经典释文》

---

① 《通典》卷九八,第2620页。
② (宋)卫湜:《礼记集说》卷八二,影印《文渊阁四库全书》本。
③ (清)严可均:《全晋文》卷一四一,《全上古三代秦汉三国六朝文》,第2273页。
④ (唐)杜佑:《通典》卷七三,第1997页。
⑤ (宋)卫湜:《礼记集说》卷八五。
⑥ (唐)杜佑:《通典》卷一〇三,第2696页。
⑦ (宋)卫湜:《礼记集说》卷八三。
⑧ (清)朱彝尊:《经义考》,第2629页。
⑨ 中科院图书馆整理:《续修四库全书总目·经部》,第542页。
⑩ (清)马国翰:《玉函山房辑佚书》。

《集韵》所引辑有 13 条。马氏辑序云："与范宣、徐邈二家音相比次,其音有昔行而今废者,要不可不知其所出也。"① 是刘氏此书颇存旧音。

其他音训著作还有《礼记音》一卷,孙毓撰。毓始末见上《诗》一节。此书《经典释文》有载,而《隋志》云梁有,亡。《礼记音》一卷,缪炳撰。炳始末未详。《礼记音》二卷,蔡谟撰。孙毓、缪炳、蔡谟之音作唐代均已亡佚。《礼记音》二卷,曹耽撰。陆德明曰:"(耽)字爱道,谯国人,东晋安北谘议参军。"② 严可均云:"永和中为太学博士,升平中迁尚书郎,后为安北谘议参军。"③ 此书亦见两《唐志》,《新唐志》作三卷。《礼记音》二卷,尹毅撰。陆德明曰:"(尹毅)天水人,东晋国子助教。"④ 此书《释文序录》作一卷,两《唐志》同《隋志》作二卷。《礼记音》二卷,李轨撰。轨于三《礼》皆有音作,是亦长于《礼》音者。此书两《唐志》亦著录。

议论类的著作有《刘隽礼记评》十一卷,虞喜撰。此书见秦荣光《补晋书艺文志》著录,未言何据。案《隋书·经籍志》在《礼记》类最末著录有《礼记评》十一卷,刘隽撰。刘氏始末未详,两《唐志》为十卷,又列于曹魏董勋之后。秦氏所言当为此书,不过不知是误题虞喜,还是别有所据,姑列于此。

分篇类著作有《投壶变》一卷,虞潭撰。潭字思奥,会稽余姚人,虞翻之孙。曾任南康太守、侍中等职,卒赠左光禄大夫,谥孝烈。⑤ 传见《晋书》本传。此书见于《隋书·经籍志》子部兵家类,实为专释投壶礼之作。清人马国翰自《太平御览》辑有 11 条,文颇讹阙难解,盖释音义、名物、度数等。又《隋志》此类还著录有《投壶道》一卷,郝冲撰。冲始末未详。两《唐志》子部杂艺术类则著录为《投壶经》一卷,郝冲、虞潭注,则两《唐志》将郝、虞二人书合并,郝冲或与虞潭同时。

属于对《大戴记》内容作研究的一种文献是《夏小正注》无卷数,郭璞撰。璞始末见上《易》一节。此书丁国钧、秦荣光《补晋书艺文志》据《太平广记》所引葛洪《神仙传》著录。《太平广记》神仙条下论郭璞云"注《夏小正》"⑥,丁、秦二志即据此。璞是长于术数者,其注必有可观,惜早佚。案《隋书·经籍志》载有戴德撰《夏小正》一卷,可见对《夏小正》作专门研究,亦早有渊源。

二、南朝《礼记》学文献

南朝传说类文献有《礼记略解》十卷,宋庾蔚之撰。此书《隋书·经籍志》作

---

① (清)马国翰:《玉函山房辑佚书》。
② 《经典释文序录疏证》,第 100 页。
③ (清)严可均:《全晋文》卷一三三,《全上古三代秦汉三国六朝文》,第 2223 页。
④ 《经典释文序录疏证》,第 100 页。
⑤ 《晋书·虞潭传》,第 2012—2014 页。
⑥ 《太平广记》卷一三,第 95 页。

庾氏撰，两《唐志》有载，盖亡于赵宋。清人马国翰自《礼记正义》《经典释文》《史记正义》辑有百条。佚文以申补郑注为主，征引有据，议礼制较重古义。还勘正俗本经、注的错误，正断句、读音。又不固守郑说，有采卢植、王肃之说，有自出新意，然有得有失。① 其后贺玚、皇侃、熊安生取其说，孔颖达于其解丧礼引用颇多，可见其说礼自有精到之处。

《礼记隐义》二十卷，梁何胤撰。案《毛诗》一节已引《梁书·何胤传》说明名为"隐"，有"卷背书之"之意，敦煌《诗经》卷子已证明此说。今人又谓"'隱（隐）'即'檃'之借字，为矫正之义"②，实可指此种文献之内涵。此书清人马国翰、王仁俊自《经典释文》《礼记正义》辑有数十条。佚文解释经字词、郑注，平实通畅。以郑注为主，而引《左传》、杜注等他说为证，并引申论礼制。存有异义，可据之考古器物之制，还以当时异族风俗来推证古制。不过所用经本有误，解经注亦有失，要之得大于失。③ 本传言何胤《礼记》受自刘瓛，是亦大儒。

《礼记新义疏》二十卷，梁贺玚撰。此书盖亡于唐以后，清人马国翰自《经典释文》《礼记正义》辑有 47 条。马氏辑序称其所辑有显言贺玚者，有只称贺氏、贺云者，马氏将除贺循外的贺氏全部辑入此书，范围甚广。④ 佚文多申补郑注，亦引他经详细解说，通达平实。释字词辨析疑似，择善而从。还多作礼制的古今对比。亦有曲护郑注、误读郑义等失误。不过得多失少，清人多从其说。其书名既有"新"字，自有新说。⑤ 贺玚是皇侃师，皇侃为《礼记》学名家，贺玚之义疏亦当佳作。

《礼记义疏》五十卷、《礼记讲疏》一百卷，梁皇侃撰。在唐修正义时，六朝多家《礼记》著作已不常见，唯皇侃与熊安生二家最著，孔氏以皇疏为主，参以熊疏，则今《礼记正义》实有许多皇氏见解，只是经删改并没其名，难以考备。此二书盖亡于赵宋以后，清人马国翰自《礼记正义》《经典释文》辑出四卷，虽缺略仍多，尚可见皇疏之大概。皇疏以申明、补正经、注为主，广引《左传》《汉官仪》等典籍为证。释字词音义、名物制度、礼仪大义，又发凡起例、条分缕析，颇有创获。皇氏虽本郑注，却如上引孔颖达评论有异郑之处，还引王肃、庾蔚之、贺玚等说。皇氏

---

① 参见简博贤《今存南北朝经学遗籍考》，第 154—159 页。
② 戴君仁：《经疏的衍成》，《经学论文集》，台北黎明文化事业股份有限公司，1981 年，第 119 页。
③ 参见简博贤《今存南北朝经学遗籍考》，第 161—167 页；柯金虎《魏晋南北朝礼学书考佚》，第 538 页。
④ （清）马国翰：《玉函山房辑佚书》。
⑤ 参见简博贤《今存南北朝经学遗籍考》，第 35—40 页。柯金虎《魏晋南北朝礼学书考佚》，第 519 页。

师从贺玚,然有与师说不同处。不过皇疏也有违背经注、无据臆说之误。① 要之皇氏礼学师从名师,本人亦尤明三《礼》,其书流传较久,诚是《礼记》学名著,纵有失误,瑕不掩瑜。

《残本礼记子本疏义》一卷,陈郑灼撰。灼字茂昭,东阳信安人。幼聪慧,励志儒学,少受业于皇侃。梁时尝任国子博士、中书通事舍人等职,陈时曾任安东、镇北谘议参军。② 传见《陈书·儒林传》《南史·儒林传》。此书见《续四库全书总目》所录罗振玉影印本。③ 原为六朝写本,是《丧服小记》残卷,藏于早稻田大学,罗氏据之影印。其书每见"灼案"字,罗氏据此定为郑灼所钞之皇侃《义疏》。"灼案"诸条,钞义疏时所增,或许即《讲疏》一百卷一类。书名为"子本",或即郑灼以皇侃义疏为宗主,以自己所增注为分支之意。郑灼所增,多设问答之语,并引庾蔚之、贺玚、崔灵恩等人之说,颇有理据。此本存六朝义疏旧貌,能订正今本《礼记》的误字,对比此卷与《正义》,还能考见孔氏删改的痕迹,十分可贵。本传言灼尤明三《礼》,梁简文帝在东宫时,雅好经术,引灼为西省义学士,是灼此书虽本皇侃,亦自有精义。又云灼少时家贫,日夜抄义疏,笔毫尽,每削用之,则此书或抄于此时。

《礼记义疏》三卷,宋雷肃之撰。肃之是大儒雷次宗之子,颇传次宗之业,官至豫章郡丞。④ 次宗尤明三《礼》,肃之传其业,其义疏盖有可观,惜唐初已亡。《礼记注》十二卷,宋业遵撰。遵始末见上《诗》一节。此书盖亡于赵宋。案元行冲《释疑论》曰:

> 郑学之徒有孙炎者,虽扶玄义,乃易前编。自后条例支分,箴石间起。马伷增革,向逾百篇。叶遵删修,仅全十二。⑤

前已说明元氏此论是为改编《礼记》作辩护,此所说"叶遵",即业遵;所谓"仅全十二",即业氏删改、自注《礼记》而成十二卷。业遵注《诗》,自成一家,其《礼记注》又如元行冲所说,则遵盖不守陈规,好为新说者,惜其书俱已佚,无可考知内容。《礼记要略》无卷数,南齐沈驎士撰。驎士事迹见上《易》一节。此书仅见驎士本传记载。

《礼记义》十卷,梁何佟之撰。此书《隋书·经籍志》作何氏,两《唐志》作何佟

---

① 参见简博贤《今存南北朝经学遗籍考》,第81—86页。陈金木《皇侃之经学》,"皇侃之《礼记》学"一章。
② 《陈书·儒林传》,第441页;《南史·儒林传》,第1748页。
③ 中科院图书馆整理:《续修四库全书总目·经部》,第545页。
④ 《宋书·隐逸传》,第2294页。
⑤ 《旧唐书·元行冲传》,第3179页。

之。观佟之本传,是精于礼学者,此书或有可观。《礼记大义》十卷,梁武帝撰。武帝始末见上《易》一节。武帝长于经学,此书唐时犹存,后亡佚,惜无片纸留下,无可考其内容。《礼大义》二十卷,梁简文帝撰。简文帝事迹见上《易》一节。此书载于简文帝本纪,而《隋书·经籍志》有《礼大义》十卷,无撰人,姚振宗以为或为简文帝之书遗存,本书姑列之。

《礼记义》四十卷,陈戚衮撰。前引戚衮本传言衮曾得北人本《礼记》,又云其《礼记义》四十卷行于世,则衮之书当参合南北之优点,有精妙之论。《礼记义记》无卷数,陈沈文阿撰。此书只见文阿《南史》本传载,久已亡佚。文阿亦精于礼学,惜其书早亡。《礼记隐》二十六卷,南朝佚名撰。此书于《旧唐志》中列在徐爰、庾蔚之之间,又以"隐"为名之书多见于六朝,本书姑列于南朝。

音训类的著作有《礼记音》二卷,宋徐爰撰。爰事迹见上《易》一节。爰于《易》《诗》皆有音作,是亦长于音学者,此书唐时犹存。《礼记音》二卷,陈王元规撰。元规字正范,太原晋阳人。少好学,从沈文阿受业,年十八通《左传》《孝经》《论语》《丧服》。梁时曾任宣城王府记事参军,陈时任国子助教、国子祭酒等职,隋时任秦王府东閤祭酒。著有《春秋左氏传义略》十卷、《续经典大义》十四卷、《孝经义记》二卷、《左传音》三卷等书。① 传见《陈书·儒林传》《南史·儒林传》。案本传说梁简文帝在东宫常令之讲论。陈时在江州,四方学徒来从学者常数十百人。是元规为当时名儒。又云陈后主为太子时,元规授其《礼记》《左传》《丧服》等义。而陈时朝廷议吉凶大礼,元规常参与。则元规亦长于礼学,惜其书唐初已不见。

议论类的一种著作是《摭遗别说》一卷,南齐楼幼瑜撰。此书姚振宗以为即其本传所载《礼捃遗》三十卷书之余,故名"别说"。②

分篇类文献有《月令章句》十二卷,宋戴颙撰。颙字仲若,谯郡铚人,父逵、兄勃皆隐者,会稽剡县多名山,世居此。少传父琴书之业,兄勃造琴曲新弄五部,颙造十五部及长弄一部,并传世。后居吴,述庄周大旨,著《逍遥论》,注《礼记中庸》篇。后居京口,鼓新声变曲如《游弦》《广陵》《止息》三调,皆与世异。宋文帝以其好音,长给正声伎一部,颙合《合尝》《白鹄》二声以为一调,号为清旷。又善制佛像,为时人叹服。③ 案此书姚振宗认为即《隋书·经籍志》所载汉蔡邕所作者,《旧唐志》因后一条是戴颙《中庸传》,遂以声近而误将此书冠为戴颙作,《新唐志》

---

① 《陈书·儒林传》,第448—449页;《南史·儒林传》,第1755—1756页。
② (清)姚振宗:《隋书经籍志考证》,第190页。
③ 《宋书·隐逸传》,第2276—2278页;《南史·隐逸传》,第1866—1867页。

沿袭《旧志》之讹。① 佚名撰《新唐志注》亦持此论,说甚有理。② 但因《旧唐志》载所存见书,姑且列之以存疑。

"中庸"之名义,前引《汉书·艺文志》已见有专书论说之,说明对此观念的重视,渊源已久。而《小戴记》中之《中庸》一篇,经赵宋时程朱等大儒的提倡,成为四书之一,影响甚巨。不过对《小戴记》中之《中庸》作专门研究者,则始于南朝,此又可见晋南北朝经学中义理思维之发挥,实后世宋明理学之先导。见于史志所载有《礼记中庸传》二卷,戴颙撰。此书《隋书·经籍志》、两《唐志》皆著录之。观戴氏本传,其实儒释道兼修者,而近于道。可以推测戴氏注《中庸》是因其哲理丰富,那么他的传注,恐亦玄学之风格。

其后有《中庸讲疏》一卷,梁武帝撰。大同十年(544),张绾、朱异、贺琛等人在城西的士林馆为学者递日讲武帝此作,影响当颇为广泛。③ 惜此书唐时已亡,无可见其内容。《私记制旨中庸义》五卷,梁佚名撰。姚振宗云梁时"奉述制旨诸义者不一其人,此不知何人所作,盖讲疏之属也"④,则此书为就梁武帝《中庸讲疏》所作进一步阐发的讲义类著作。

三、北朝《礼记》学文献

北朝传说类的文献有《礼记义证》十卷,北魏刘芳撰。案芳于三《礼》皆有义证,另两书早佚,唯有此书见于《隋书·经籍志》和两《唐志》,至赵宋乃亡。清人马国翰自《礼记正义》辑有 6 条。马氏辑序云此书《正义》只称刘氏,其佚文中引《周官》《孟子》等说,"多引证以明其义,与命书之旨合"⑤,而隋、唐《志》礼类中除刘昌宗音、刘隽《礼记评》外无其他刘氏,佚文非音非评,故定为刘芳之作。佚文以郑注为主,有申郑而义精,有释名物而得,后二刘从之;有从郑而误,有自出新意而误。《续四库全书总目》还补充马氏漏辑 1 条,说亦有误。⑥ 则 7 条之中,5 条有误,不似刘芳长于经学的风格,盖孔颖达所引,有所选择,义同大众者略之,较突出的新说、误说则选出以申、驳之。

《礼记义疏》四十卷,北周沈重撰。此书本传载为三十卷,唐后乃亡,清人马国翰自《经典释文》《礼记正义》辑有 49 条。《续四库全书总目》云:"是书所辑亦

---

① (清)姚振宗:《隋书经籍志考证》,第 183 页。
② 佚名:《新唐书艺文志注》,朱新林等整理,清华大学出版社,2012 年,第 26 页。
③ 《梁书·张绾传》,第 504 页;《梁书·朱异传》,第 538 页。
④ (清)姚振宗:《隋书经籍志考证》,第 195 页。
⑤ (清)马国翰:《玉函山房辑佚书》。
⑥ 中科院图书馆整理:《续修四库全书总目·经部》,第 544 页。

音多于义,与《诗疏》同。盖其音屡为《释文》称引,其义则辄为孔疏删削故也。"①佚文于经、注之字皆有音释,本之郑注,亦有其所创协音之说,还有注明当时读音和旧音。专为释义者有 7 条,说义平实,申明经注,亦有自出己义之误。② 重于三《礼》皆有义疏,是极明礼学者。

《礼记义疏》四十卷,北周熊安生撰。安生此书亦为孔颖达《礼记正义》之主要参考。既为孔氏所本,安生原书便亡佚,清人马国翰自《礼记正义》辑有四卷,较马氏辑皇侃疏少百余条,可证孔氏《礼记正义序》言以皇疏为主,熊疏为辅。佚文亦以郑注为主,有貌似违郑实则引申之处。又讲乐律、名物等,自出己说,后儒如皇侃、孔颖达等从之。亦有昧于古制,如孔序所说违背经义者。③ 此书广征博引,引有《易》《书》《春秋》、三《礼》等经传,还引有《孝经》纬书、《石氏星经》、《左传》服虔注等,又引有当时南人如贺氏之言。安生本传言其"专以三《礼》教授,弟子自远方至者千余人,乃讨论图纬,捃摭异闻,先儒所未悟者,皆发明之"④,正与其《礼记义疏》佚文所呈现的特点相吻合。安生以郑注为主,还参考了纬书、服虔注,实广泛继承了两汉学问之大宗,尤为难得,不可以孔颖达《礼记正义序》的评价为准。

《礼记注》无卷数,北魏崔浩撰。浩始末见上《易》一节。此书见于崔浩本传所载,与崔浩其他经注,并刊于石碑,盖亦多发新说者,或与郑注多有不同,然早佚,不可考见。《礼记注》无卷数,北魏卢景裕撰。景裕事迹见上《易》一节。此书亦仅见景裕本传所载。卢氏兄弟分别对二戴《礼记》作注,是究心礼学之家。

《礼记讲议》无卷数,东魏孝静帝撰。据《北史·李绘传》云孝静帝元善见曾"于显阳殿讲《孝经》《礼记》,绘与从弟骞、裴伯茂、魏收、卢元明等俱为录议,简举可观"⑤,则当时先由孝静帝讲《孝经》《礼记》,然后论议,由李绘等人记录下讲经和论难的内容。此书不见史志记载,盖未曾流传。

以上都是对《小戴记》进行的传说,还有一种传说类文献则是针对《大戴记》所作的注,《大戴礼记注》传世者唯此一家。《大戴礼记注》无卷数,北周卢辩撰。辩字景宣,范阳涿人,累世儒学。少好学,博通经籍。北魏时曾为太学博士;随孝武帝至长安,西魏时任国子祭酒、尚书令等职,北周时曾任大将军、宜州刺史等

---

① 中科院图书馆整理:《续修四库全书总目·经部》,第 544 页。
② 参见简博贤《今存南北朝经学遗籍考》,第 42—46 页。
③ 参见简博贤《今存南北朝经学遗籍考》,第 88—93 页。
④ 《周书·儒林传》,第 812 页。
⑤ 《北史·李绘传》,第 1207 页。

职,卒谥曰献。① 传见《周书》《北史》本传。本传言卢辩尝授西魏太子及诸王经业,又参与朝廷制定礼章,西魏、北周依《周礼》而定的官制亦卢辩制成,是卢辩为当时大儒,并擅于礼学、礼仪。又言其在北魏任太学博士时,以《大戴记》未有解诂,便注之。兄卢景裕见后,称赞其注《大戴记》之功,可与郑注《小戴记》媲美。《魏书·儒林传序》亦云永熙中,诏令卢辩于显阳殿讲《大戴礼·夏小正》篇。② 可见卢辩对《大戴记》确特有研究,还以之讲授于官学,不仅注书且讲书,实于保存和发扬《大戴记》有大功。

音训类的一种文献是《礼记音》二卷,北周沈重撰。重于《周礼》亦有音,是对礼音有所钻研,然此书仅见沈重本传及《经典释文序录》所载,恐唐前已亡。

图谱类的一种文献是《明堂图说》六卷,北魏封伟伯撰。伟伯字君良,勃海蓚人。博学,弱冠为太学博士,每预朝廷大事。为元怿《孝经解诂》作难例九条,发起隐漏。讨论《礼》《传》《诗》《易》疑事数十条,儒者称之。又撰有《封氏本录》六卷,及杂文数十篇。当时朝廷将经始明堂,广集儒者讨论明堂制度,久不能定,伟伯乃搜检经纬,作此书上之。③ 则此书当本之经典,又针对现实制度而作,并引有纬书,是亦有收录汉今文说。又伟伯之父封轨,亦曾参与朝廷对明堂的讨论,是伟伯之书或参有其父意见。讨论《礼》经及礼仪制作,以图为说可事半功倍,伟伯诚明礼者,惜此书仅见其本传所载,亡佚甚久。

分篇类的一种著作是《明堂制度论》一卷,北魏李谧撰。谧字永和,赵郡人。少好学,通诸经百家,初师事四门小学博士孔璠,年十三通《论》《孝》《诗》《书》,擅历术。后曾向刘芳问经之音,得刘芳赞赏。以琴书为业,有绝世之心,早卒,朝廷赠谧曰贞静处士,并表其门曰"文德",里曰"孝义"。撰有《春秋丛林》十二卷。④ 传见《魏书·处士传》、《北史》本传。本传言李谧览《考工记》《大戴礼·盛德篇》,以明堂制有异,便参合《小戴记》,作《明堂制度论》。此论见李谧本传所载,清人马国翰辑为一卷。其论于二戴《记》及蔡邕之说有所修正折中,然亦有悖经说之处。⑤

《隋书·经籍志》还载有佚名撰《礼记音义隐》七卷,案以"隐"为名的著作常见于六朝,姑附录于此。又佚名撰《礼记义疏》三十八卷、《礼记疏》十一卷,案孔颖达《礼记正义序》云:

---

① 《周书》,第 403—404 页;《北史》,第 1099—1101 页。
② 《魏书·儒林传》,第 1842 页。
③ 《魏书》,第 766—767 页;《北史》,第 899—900 页。
④ 《魏书·处士传》,第 1932—1939 页;《北史》,第 1225—1232 页。
⑤ 参见中科院图书馆整理《续修四库全书总目·经部》,第 576 页。

> 爰从晋宋,逮于周隋,其传礼业者,江左尤盛。其为义疏者,南人有贺循、贺玚、庾蔚(之)、崔灵恩、沈重、(范)宣、皇甫侃〔皇侃〕等;北人有徐道明〔徐遵明〕、李业兴、李宝鼎、侯聪、熊安(生)等。①

姚振宗据此认为庾、崔、范、贺玚、皇、沈之《礼记》著作《隋志》有载,则"此二家大抵是北朝人为多"②,本书亦附录于此。还有佚名撰《礼大义章》七卷,姚振宗认为或是当名《礼大义义章》,类似徐遵明《春秋义章》之类的讲疏,或是当名《大义章句》,为梁武帝、简文帝而作,③盖六朝人著述题名之风格,本书亦附录之。

第五节　两晋南北朝三《礼》综论文献提要

一、两晋三《礼》综论文献

两晋三《礼》总义类的两种文献是《三礼吉凶宗纪》无卷数,范隆撰。隆字玄嵩,雁门人。幼孤,疏族范广养之,隆奉广如父。好学修道,博通经籍,颇习秘历阴阳之学,知天下之乱,隐居不仕。后与朱纪依于刘渊,任大鸿胪。卒时刘聪赠太师。④ 传见《晋书·儒林传》。本传言其著《春秋三传》,撰《三礼吉凶宗纪》,甚有条义。观其兼习阴阳之术,则此书盖宗郑玄而有涉今文谶纬之说。此书仅见本传记载。

《三礼通论》无卷数,董景道撰。景道字文博,弘农人。少好学,千里追师,昼夜诵读,不与人交。西晋末隐居商洛山及渭汭,以琴书自娱,刘渊、刘聪、刘曜屡征不就。⑤ 传见《晋书·儒林传》。本传言其明《春秋》三《传》、京氏《易》、马氏《尚书》、《韩诗》,皆精究大义,是于汉今文学极为擅长,在两晋较为少见,惜其今文学无著作留下,亦明东汉古文学,是专精儒术者。而三《礼》则专遵郑氏,并著《礼通论》非驳诸儒,广演郑旨,此其著书大略及此书内容概况。而此书仅见本传所载,早佚,其详细内容无可考矣。

通礼类文献有《杂议》十二卷,吴商撰。严可均云:"商仕魏,入晋为国子博

---

① 《礼记正义序》,(清)阮元校刻:《十三经注疏》,第2652页。案:圆括号内为补字,方括号内为改正的名字。
② (清)姚振宗:《隋书经籍志考证》,第193页。
③ (清)姚振宗:《隋书经籍志考证》,第194页。
④ 《晋书·儒林传》,第2352—2353页。
⑤ 《晋书·儒林传》,第2355页。

士。惠帝初迁助教,出为益寿令。"①案当为益阳令。此书两《唐志》作《杂礼义》十一卷,不知卷帙是否有合并,盖亡于赵宋,清人马国翰自《通典》辑有6条。佚文皆论丧服,有论经之谬,有用刘表说,或本礼义,或变礼以全人情。② 引《春秋》以论合闰,"王俭称其允协情理,王彪之以为不合卜远之理,夫固各有所见。若折成洽嫡孙出母之难,卓识不灭"③。吴商还著有《礼难》十二卷、《礼议杂记故事》十三卷、《杂事》二十卷,其中《礼议杂记故事》两《唐志》作十一卷,盖唐后亡佚,其余则唐初已亡。

《杂祭法》六卷,卢谌撰。谌字子谅,范阳涿人。好老庄,善属文。西晋时为太尉掾。洛阳陷,随父卢志北投刘琨,中途父母兄弟俱为刘聪所杀。仕刘琨为从事中郎。琨死,南路阻绝,投辽西段末波。石虎破辽西,以为国子祭酒、中书监等,后于襄国遇害。谌名家子,以事外族为辱。撰《祭法》,注《庄子》,及文集,皆行于世。④ 传见《晋书》本传。此书两《唐志》著录于史部仪注类,本书从《隋书·经籍志》录于经部,盖亡于赵宋。清人马国翰自《艺文类聚》《北堂书钞》《初学记》等书辑有23条。佚文多叙四时祭品,间及祭处、祭法,以类相次,祭品食物与季节对应。马氏辑序以为可以与《周官》笾人、醢人诸职参观以见古今之变。⑤

《后养议》五卷,干宝撰。此书唐初已亡,清人马国翰自《晋书·礼志》辑有一卷。马氏辑序云:"此书论列为人后者养亲丧祭之礼。曰议者,集诸儒之议以成书也。"⑥马氏所辑是论西晋王昌为母服之事,是晋时论礼服有名的事件,干宝所论为事后追述,故历述前人说而评议之。干宝之说以郑玄为主,本于人情,认为礼之根本是伦理和顺,故礼有权、变,认为王昌不必追服,得变礼之中。⑦ 此类文献干宝还撰有《七庙议》一卷,《隋书·经籍志》云梁有,亡,而姚振宗以为梁所有的这一卷,当是两《唐志》史部仪注类中蔡谟《七庙议》三卷之佚存者⑧,姑备一说。

《祭典》三卷,范汪撰。汪字玄平,南阳顺阳人。少孤,过江依外家新野庾氏。长而博学多通,善谈名理。历任武陵内史、安北将军等职,卒赠散骑常侍,谥曰

---

① (清)严可均:《全晋文》卷四四,《全上古三代秦汉三国六朝文》,第1712页。
② 参见柯金虎《魏晋南北朝礼学书考佚》,第258—264页。
③ (清)马国翰:《玉函山房辑佚书》。
④ 《晋书·卢谌传》,第1259页。
⑤ (清)马国翰:《玉函山房辑佚书》。
⑥ (清)马国翰:《玉函山房辑佚书》。
⑦ 参见柯金虎《魏晋南北朝礼学书考佚》,第307—308页。
⑧ (清)姚振宗:《隋书经籍志考证》,第213页。

穆。著有《尚书大事》二十卷、《范氏家传》二卷、《集》一卷等。① 传见《晋书》本传。范汪任东阳太守时，在郡大兴学校，甚有惠政，晚年免官居吴，从容讲肆，于儒学教育、推广甚有功。此书《新唐志》列在史部仪注类，盖亡于赵宋，清人马国翰自《北堂书钞》《初学记》《通典》等辑有 9 条。佚文中有名《祠制》条，盖此书中篇名，亦列四时祭品。马氏辑序赞其与子范宁论"小宗可废大宗不可废"，"引经决断，析理极精"②，其家学可媲美刘向、歆父子。

《礼杂问》十卷，范宁撰。范宁事迹见上《尚书》一节。两《唐志》作《礼问》九卷，未知是篇卷合并还是有所亡佚。清人马国翰自《通典》辑有 9 条。佚文为范宁与当时名流关于礼制的问答，针对晋代现实发论，并以时事举例。大抵用郑玄义，说有同王肃、范宣等人，亦多推论，得大于失，马辑序云"论皆禀经协理，不愧儒宗"③。此外两《唐志》还有《礼论答问》九卷，亦题范宁撰，未知与《礼杂问》是一书两个版本还是两书，姑列之。

《礼论难》无卷数，范宣撰。此书见本传所载，久佚。清人马国翰自《礼记正义》《通典》《晋书·礼志》辑有 18 条，《续修四库全书总目》纠正其中错误 2 条。佚文申明郑注，偶用王肃、蔡谟说，亦有驳蔡谟而同袁准，有准之情理，自出新说，后庾蔚之、何承天用其说。④ 多问答之语，即书名论难之义。《续四库全书总目》云"是书杂论礼意，或推阐古义，或斟酌时制，颇能自申其说，而间或失之迂回"⑤，或本经，或通变，颇协情理。

《五礼驳》无卷数，孙毓撰。此书唯见《通典》有载，清人王谟自《通典》辑有 7 条，自《礼记正义》辑有 2 条。佚文同其书名，是对嘉礼、凶礼等礼仪的驳难、讨论。案五礼之目，在晋南北朝时多为仪注类文献，是当时礼制实践的记录，但《续修四库全书总目》录于经部，本书姑列于此。

《礼论答问》十三卷，徐广撰。广事迹见上《诗》一节。此书在《隋书·经籍志》中还有八卷本，又有《礼答问》二卷（自注残缺），梁十一卷。在两《唐志》中又作《礼论问答》九卷。姚振宗根据徐广本传皆题《答礼问》百余条，认为"论"字当衍。⑥ 此书见于隋、唐《志》有多个版本，可见流传颇广，赵宋乃佚，后补志有误列

---

① 《晋书·范汪传》，第 1982—1984 页。
② （清）马国翰：《玉函山房辑佚书》。
③ （清）马国翰：《玉函山房辑佚书》。参见柯金虎《魏晋南北朝礼学书考佚》，第 374—380 页。
④ 参见柯金虎《魏晋南北朝礼学书考佚》，第 357—370 页。
⑤ 中科院图书馆整理：《续修四库全书总目·经部》，第 611 页。
⑥ （清）姚振宗：《隋书经籍志考证》，第 202 页。

为多书者,有归于刘宋者。清人马国翰自《通典》辑有 8 条。佚文如其书名,以问答体为多,针对当时礼事而问答。大抵准之前儒,缘情立说,间下己意,允协情理,得大于失。①

《杂乡射等议》三卷,庾亮撰。亮字元规,颍川鄢陵人。善谈论,性好庄老。历任中书监、豫州刺史等职,卒赠太尉,谥文康。② 此书《隋书·经籍志》载梁有,亡。案《通典》载:"晋咸康五年(339)春,征西庾亮行乡射之礼,依古周制,亲执其事,洋洋然有洙泗之风。"③丁辰据此条认为是书成于彼时。④ 若如丁辰所言,则此书"依古周制"当是指依《礼》经而制礼,用经典指导礼仪实践。此书似亦可列入史部仪注类,本书姑从《隋志》列于此。

二、南朝三《礼》综论文献

南朝三《礼》总义类文献有《三礼义宗》三十卷,梁崔灵恩撰。此书《梁书》本传作四十七卷,《南史》本传、《隋书·经籍志》、两《唐志》、《崇文总目》并作三十卷,未知是分卷不同还是《梁书》误。《崇文总目》云:"其书合《周礼》、《仪礼》、二戴之学敷述贯串,该悉其义,合一百五十六篇。推衍闳深,有名前世云。"⑤而晁公武曰:"此书在唐一百五十篇(孙猛校证云袁本作一百五十二篇),今存者一百二十七篇,凡两戴、王、郑异同,皆援引古谊,商略其可否,为礼学之最。"⑥陈振孙则云:"凡一百四十九条。其说推本三《礼》,参取诸儒之论,博而覈矣。案本传四十七卷,《中兴书目》一百五十六篇,皆与今卷篇数不同。"⑦由此可见此书渐次亡佚之大略,可能最终亡于元代。从以上诸儒所言,可知其书论礼颇为精妙,故较同时代其他此类书籍,亡佚稍晚,今存佚文也较多。《礼记正义》《通典》《太平御览》《玉海》等书皆有引用,清人王谟、马国翰、黄奭、王仁俊均有辑佚,其中马氏辑有四卷,厘为《周礼》一卷、《仪礼》一卷、《礼记》二卷。马氏辑序云杜佑讥其不达古今丰约之别,不详《周礼》,肆臆度之说,"则训解间有可议。然其宏通博洽,自不能掩"⑧。《玉海》云此书"始于明天地以下岁祭,终于明《周礼》《仪礼》《礼记》

---

① 参见柯金虎《魏晋南北朝礼学书考佚》,第 381—385 页。
② 《晋书·庾亮传》,第 1915—1924 页。
③ 《通典》卷七七,第 2105 页。
④ (清)丁国钧:《补晋书艺文志》,第 15 页。
⑤ (清)钱东垣:《崇文总目辑释》卷一。
⑥ (宋)晁公武撰,孙猛校证:《郡斋读书志校证》,上海古籍出版社,1990 年,第 74 页。
⑦ (宋)陈振孙:《直斋书录解题》卷二,第 47 页。
⑧ (清)马国翰:《玉函山房辑佚书》。

废兴义"①,可见全书内容大概的布局。其说不仅解《小戴记》,还包括《大戴记》,又引有《公羊传》、纬书等其他经书和谶纬说,非常符合崔氏自北而来的北学风格,即更多采用两汉学说。申补郑注,兼采郑众、王肃、贺循、傅咸等诸家说,亦断以己意,大抵得大于失。②

《三礼目录注》一卷,梁陶弘景撰。弘景始末见上《易》一节。此书是对郑玄《三礼目录》所作的注,唐初已亡。《三礼讲疏》无卷数,梁贺玚撰。玚字国宝,会稽山阴人。曾任太学博士、尚书左丞等职。③ 传言贺玚幼从伯父贺场受经业,长而尤精三《礼》。初贺场教授乡里,场卒后学徒又依贺玚。一直参与朝廷礼仪事,凡郊庙诸仪多所创定,又奉诏撰有《新谥法》,唐时犹施用。是玚乃专精礼学者,不仅长于经义,还切合实用。本传又言玚撰《三礼讲疏》《五经滞义》及诸仪注凡百余篇,是玚此书或即其讲学所撰,还另撰有仪注类著作。又言玚世习礼学,究其精微,占述先儒,听者终日不疲,则玚此书集合前人之说,颇有精义,惜其早佚,仅见本传记载。《三礼义记》无卷数,陈戚衮撰。此书见于衮本传,言衮在梁时撰《三礼义记》,战乱亡失,是无流传,然毕竟曾成书,姑列于此。《隋书·经籍志》还载有《三礼大义》十三卷,南朝佚名撰。姚振宗据《唐日本国书目》载《三礼大义》三十卷,梁武帝撰,疑此即梁武帝书,十三卷为三十卷之误,本书以此列在南朝。④

通礼类的文献有《礼论》三百卷,宋何承天撰。何承天东海郯人。幼丧父,母徐广姊,博学,承天幼渐训义,儒史百家莫不该览。晋时曾任太学博士、钱唐令等职,宋时为国子博士、御史中丞等。⑤ 传言承天宋初为尚书祠部郎,与傅亮共撰朝仪,后任著作佐郎并撰国史,元嘉十九年(442),皇太子讲《孝经》,承天与颜延之同执经。是承天精究经史,长于礼制,是当时大儒。传又言先是《礼论》有八百卷,承天删减合并,以类相从,定为三百卷。还撰《春秋前传》十卷、《春秋前传杂语》九卷、《宋元嘉历》二卷等,并传于世。此书两《唐志》作三百七卷,盖多出目录卷数,后佚。清人马国翰自《礼记正义》《太平御览》《初学记》《通典》等辑有15条。此书卷帙颇多,观佚文可知其会通礼典,委曲详明,旁征博引,除引经传,还引史事为说,释古礼制。又引贺循、蔡谟、徐邈、范宣等前贤之说,语多问答之体,

---

① (宋)王应麟:《玉海》卷三九,中文出版社,1977年,第776页。
② 参见简博贤《今存南北朝经学遗籍考》,第177—187页;焦桂美《南北朝经学史》,第254—266页。
③ 《梁书》,第540—550页;《南史》,第1509—1513页。
④ (清)姚振宗:《隋书经籍志考证》,第209页。
⑤ 《宋书》,第1701—1711页;《南史》,第868—870页。

所论足为典要。其中还引有伪孔传《尚书》，可见宋时伪孔已较为流行于南朝。《隋书·经籍志》在此书后列有任预、庾蔚之、王俭、贺玚、荀万秋、丘季彬等人著作，据题名来看，盖如姚振宗所说"大抵皆因何承天之书而辗转钞录者，别为一类"①，可见承天此书影响当时颇大。何承天还有《分明士制》三卷，《隋志》云梁有，亡。姚振宗以为盖说《周官·司徒》之义，"前人无说，莫能详也"②，是亡佚已久，无人得见。

《礼论条牒》十卷，宋任预撰。《隋书·经籍志》题任预为宋太尉参军。此书亦见两《唐志》，《周礼注疏》《礼记正义》各引1条，清人马国翰辑之。佚文一论帝王改乐，一论稷坛，引史事及纬书为说，本于经传，颇有理据。《隋志》还载有任预撰《礼论帖》三卷（梁四卷），亦见两《唐志》。又载任预撰《答问杂仪》二卷，亦见《册府元龟》。两《唐志》还载有任预撰《礼论钞》六十六卷，姚振宗以为《隋志》有佚名撰《礼论钞》六十九卷，即《唐志》此书加《礼论帖》三卷，推测甚有理。③ 是任氏诸书盖详略不同，互有删节，唐时犹存，后乃亡佚。任氏亦当时专究礼者，惜事迹不详。

《礼论钞略》二卷，南齐荀万秋撰。万秋字元宝，颍川颍阴人。宋时曾任晋陵太守，齐时为御史中丞。④ 此书两《唐志》作《礼杂钞略》二卷，清人马国翰自《通典》辑有2条，云是荀氏在宋孝武帝时任殿中曹郎，议郊庙乐制之说。当时荀氏提出郊庙宜设乐，引《易》《周官》等经及汉晋史事为说，平实有据，竟陵王诞等五十一人并同其议。本传言其因才学自显，则礼论自有可观。

《礼义答问》八卷，南齐王俭撰。此书两《唐志》作《礼仪答问》十卷，《旧唐志》又有《礼仪问答》十卷，《新唐志》又有《礼杂答问》十卷，盖皆一书而不同本子，清人马国翰自《南齐书·礼志》辑有6条。佚文主要是关于郊祀、祫禘等祭祀及舆服制度的讨论，王俭论中广引《易》《书》《礼》等经典，还引《大戴记》、纬书之说，又援马融、卢植、郑玄、蔡邕、王肃、徐邈、挚虞等前儒之说及汉晋史事为证，最后择善而从，断以己意，以实用为本，灵活变通，时人多从其说。故马氏辑序说其"会通典礼，因时制义"⑤，而俭本传亦云"俭长礼学，谙究朝仪，每博议证引先儒，罕有其例"⑥，诚为得之。

---

① （清）姚振宗：《隋书经籍志考证》，第201页。
② （清）姚振宗：《隋书经籍志考证》，第213页。
③ （清）姚振宗：《隋书经籍志考证》，第200页。
④ 《宋书·荀伯子传》，第1629页；《南史·荀伯子传》，第857页。
⑤ （清）马国翰：《玉函山房辑佚书》。
⑥ 《南齐书·王俭传》，第436页。

此外王俭所撰通论类著作,《隋书·经籍志》还载有《礼答问》三卷,不知是否此书之删节版。又有《礼论要钞》十卷(梁三卷),案本传言"何承天《礼论》三百卷,俭抄为八帙,又别抄条目为十三卷。朝仪旧典,晋宋来施行故事,撰次谙忆,无遗漏者"①,姚振宗据此认为王俭还作有《礼论》八十卷(六朝人多以十卷为一帙)②。又王应麟说唐时杜之松向王绩"借王俭《礼论》,则谓'往于处士程融处曾见此本。观其制作,动多自我,周孔规模,十不存一'"③,则《礼论》一书唐时犹存,其后乃亡。观此,则《礼论要钞》十卷或为《礼论》八十卷之删节,俭还别有《礼论条目》十三卷。传言俭弱年便留意三《礼》,其礼类著述颇多,且结合礼仪实践,是深明礼学者。至于杜之松对《礼论》评价不高,则是唐人对六朝礼学看法,此不置论。

《礼疑义》五十二卷,梁周舍撰。舍字升逸,汝南安成人,父周颙。性俭素,义该玄儒,博穷文史,善诵诗书,音韵清辩。齐时为太学博士、太常丞,梁时任中书侍郎、太子詹事等职,卒赠护军将军、侍中,谥简子。有《文集》二十卷。④ 传见《梁书》《南史》本传。此书两《唐志》作五十卷,或不计目录、序言,后亡佚,清人马国翰自《北史·宇文恺传》《册府元龟》《通典》《南史·司马筠传》辑有4条,马氏辑序称此书记礼之疑义,亦《礼论》之类。⑤ 佚文言宗庙、祭祀、冕服和丧服,有本郑注,有别创新说,得失互见。⑥ 传言齐时北魏名儒吴苞南来讲学,舍累折之,由是名为口辩。又梁初为尚书祠部郎,时天下草创,礼仪损益多自舍出。是周舍究心儒学,于礼仪颇有造诣。案《梁书·孔休源传》云休源为尚书左丞时,当时的太子詹事周舍撰《礼疑义》,自汉魏至齐梁并搜采,休源所有奏议,咸预编录。⑦ 是其书成于周舍晚年,内容还包括了当时人的礼论,范围甚广,故卷帙较多。

《礼统》十二卷,梁贺述撰。贺述始末不详,《新唐志》次于贺玚、崔灵恩之间,姑作梁人。此书《旧唐志》作十三卷,《新唐志》作十二卷,《隋志》不著录,盖唐后亡佚,清人王谟、马国翰自《太平御览》《艺文类聚》《北堂书钞》等有辑佚。马氏辑序云:"玩其体例,仿《白虎通义》为之统括礼制,此取名于统之义乎?"⑧其辨名物、释礼名,多本三《礼》、《白虎通》、纬书、郑注,故《续四库全书总目》云"其书以

---

① 《南史·王俭传》,第 595 页。
② (清)姚振宗:《隋书经籍志考证》,第 200 页。
③ (宋)王应麟:《困学纪闻》卷五,第 586 页。
④ 《梁书》,第 375—377 页;《南史》,第 895—897 页。
⑤ (清)马国翰:《玉函山房辑佚书》。
⑥ 参见中科院图书馆整理《续修四库全书总目·经部》,第 614 页。
⑦ 《梁书》,第 520 页。
⑧ (清)马国翰:《玉函山房辑佚书》。

同声相谐,推论称名辨物之意。凡所训释,大率塙有根据,而往往不能得其出处。虽属梁人之作,颇似汉代之书"①。是此著作风格较为特别,《旧唐志》列于北魏元延明之前,或贺述是北朝人,故其学多宗两汉。

其余通论类文献还有《礼论》无卷数,宋文帝撰。宋文帝刘义隆,武帝第三子。博涉经史,善隶书,聪明仁厚,雅重文儒,躬勤政事,性存俭约。② 此书见《宋书·傅隆传》载元嘉十四年(437)文帝以新撰《礼论》付隆,使更下意,隆呈上五十二事。不知此与何承天所据《礼论》八百卷及删后的三百卷有无关系,存疑。

《礼议》二卷,宋傅隆撰。隆字伯祚,北地灵州人。少孤贫,有学行,不好交游。晋时曾任员外散骑侍郎、给事中等职,宋时历任御史中丞、义兴太守等。③ 传见《宋书》《南史》本传。此书两《唐志》载有一卷,其后亡佚。《隋志》又载《祭法》五卷,云梁有,亡。本传言其归老在家,手不释卷,博学多通,常手抄书籍,特精三《礼》,则此二书或其晚年在家所著,亦杂采诸说之作。

《礼论》无卷数,宋周续之撰。此书见续之本传云著《礼论》④,传于世,然史志无载,亡佚已久。续之通五经、纬候,读《老子》,其论礼盖亦兼采诸说。《礼论》十卷,宋关康之撰。康之事迹见上《易》一节。此书见《南史》康之本传,云齐高帝赏爱此书,遗诏以之陪葬,⑤是此书当有可观,然不见史志,亡佚甚久。《释疑》二卷,宋郭鸿撰。鸿始末未详,《隋书·经籍志》次在何承天、徐广之间,盖亦晋宋之际人。此书《隋志》云梁有,亡。《礼论钞》二十卷,宋庾蔚之撰。此书亦见两《唐志》,或为就何承天《礼论》钞录者。蔚之还有《礼答问》六卷,亦见《隋志》。

《礼论》五十八卷,南齐丘季彬撰。丘氏始末未详,《隋书·经籍志》题尚书仪曹郎,列荀万秋后,盖亦南齐人。此书亦何承天《礼论》钞录者。丘氏还著有《礼议》一百三十卷、《礼统》六卷,前者卷帙颇多,或广征博引,后者不知是否与前列贺述之书类似。三书唐初均已亡,惜无可深考。《礼捃遗》三十卷,南齐楼幼瑜撰。此书见本传所载,《南史》本传作《礼捃拾》,盖杂论礼之类。

《制旨革牲大义》三卷,梁武帝撰。案《梁书·武帝纪》云天监十六年(517)夏四月甲子初,去宗庙牲;冬十月,去宗庙荐修,始用蔬果。⑥ 是书即为此事而作,盖当时要用素食代替荤腥作为祭祀物品,是礼仪制度的一大变化,与武帝信奉佛

---

① 中科院图书馆整理:《续修四库全书总目·经部》,第613页。
② 《宋书·文帝纪》,第71页;《南史·文帝纪》,第54页。
③ 《宋书》,第1550—1552页;《南史》,第443—444页。
④ 《宋书·隐逸传》,第2281页。
⑤ 《南史·隐逸传》,第1871页。
⑥ 《梁书·武帝纪》,第57页。

法有关,为了在礼典中寻找到理论依据而作此书。

《礼杂私记》五十卷,梁元帝撰。梁元帝始末见上《易》一节。此书见《金楼子·著书篇》所载,有十七卷未成,① 盖亦礼论杂钞一类著作,不见其他史志、目录,或亡于元帝自焚书时。

《礼论》无卷数,梁范岫撰。范岫字懋宾,济阳考城人。早孤,外祖颜延之赞赏其好学。宋时为奉朝请,齐时曾为国子博士、御史中丞等职,梁时历任度支尚书、祠部尚书等职。撰有《文集》《礼论》《杂仪》《字训》行于世。② 传见《梁书》《南史》本传。案本传言岫博涉多通,尤悉魏晋以来吉凶故事,则其《礼论》内容可推知。

《礼答问》十卷,梁何佟之撰。此书《隋志·经籍志》著录,并云梁二十卷,两《唐志》同十卷。又有《礼杂问答钞》一卷,唐时已亡,不知是否为《礼答问》的节本。《梁书》本传还有《礼义》无卷数,《南史》本传作《礼议》,有百余篇,或唐初已佚,或《隋志》所载二书原在此之中。佟之少好三《礼》,熟读礼论,其通礼著作盖亦广博之类。

《礼论要钞》一百卷,梁贺玚撰。此书两《唐志》亦载,或为就何承天《礼论》的删节钞录。玚又有《礼讲疏》无卷数,见本传所载。案本传言贺玚尤精于《礼》,馆中生徒常百数,弟子明经对策至数十人。③ 则玚此书为《礼》之讲义,受众颇多,惜早佚,不见史志、目录记载。《礼讲疏》无卷数,梁朱异撰。朱异始末见上《易》一节。此书见异本传,异于《礼》尤明,曾为太学博士,此或即其讲义。

《礼答问》五十卷,梁何胤撰。此书《隋书·经籍志》云梁有,亡,本传作五十五卷。《续何承天集礼论》一百五十卷,梁孔子祛撰。子祛事迹见上《易》一节。此书见其本传所载,既为续何氏书,卷帙亦繁,则其风格当与何书相似。《杂礼仪问答》四卷,南朝戚寿撰。戚寿始末不详。此书《旧唐志》录于徐广、颜延之之间,似为宋人;而《新唐志》作《杂礼义问答》,录于何佟之、贺玚之间。要之为南朝人著作,唐后亡佚,无可深考。

三、北朝三《礼》综论文献

北朝三《礼》总义类文献有《三礼大义》四卷,北魏刘献之撰。献之事迹见上《诗》一节。此书见献之本传所载,言其书行于世,而《隋书·经籍志》有佚名撰

---

① (梁)元帝:《金楼子·著书篇》卷五。
② 《梁书》,第 391—392 页;《南史》,第 1467—1468 页。
③ 《梁书·儒林传》,第 672 页。

《三礼大义》四卷，朱彝尊、姚振宗皆认为即刘氏书，[①]若此则是书唐初犹存。《三礼宗略》二十卷，北魏元延明撰。延明始末见上《诗》一节。本传言延明撰有《五经宗略》，此书或其中之一，两《唐志》亦载，唐时犹存。《三礼义疏》无卷数，北齐李铉撰。此书见李铉本传载，为其早年所作，其后或用之讲学。

通礼类文献有一种即《礼质疑》五卷，北齐李公绪撰。此书见公绪本传所载。案本传言公绪尤善天文、阴阳图纬之学，不知其通论礼学，是否兼有纬书之说。

[①] （清）姚振宗：《隋书经籍志考证》，第209页。

第五章　两晋南北朝《春秋》学文献提要

第一节　两晋南北朝《春秋》学文献目录

一、两晋《春秋》学书目

（一）《左传》存目

书　名	卷数	作者	辑存	备　注
春秋左氏传义注	十八卷	晋孙毓撰	辑	清马国翰辑8条（《玉函山房辑佚书》）
春秋左氏经传集解	三十卷	晋杜预撰	存	《十三经注疏》 《鸣沙石室古籍丛残》
春秋左氏函传义	十五卷	晋干宝撰	辑	清马国翰辑2条（《玉函山房辑佚书》）
春秋左氏全综	无卷数	晋刘兆撰	辑	清王仁俊辑1条（《玉函山房辑佚书续编》）
春秋长历	六卷	晋杜预撰	辑	《微波榭丛书》 清王谟辑一卷（《汉魏遗书钞》）
春秋地名	三卷	晋京相璠撰	辑	清王谟辑一卷（《汉魏遗书钞》《重订汉唐地理书抄》） 清洪颐煊辑一卷（《问经堂丛书》） 清马国翰辑一卷（《玉函山房辑佚书》） 清黄奭辑一卷（《汉学堂丛书》《黄氏逸书考》）
春秋释例	十五卷	晋杜预撰	存	《四库全书》《武英殿聚珍版丛书》 清孙星华撰校勘十五卷附校勘记二卷（《武英殿聚珍版书》） 清庄述祖校，清孙星衍校（《岱南阁丛书》《古经解汇函》）

续　表

书　　名	卷数	作　者	辑存	备　　注
春秋左氏传音	三卷	晋徐邈撰	辑	清马国翰辑一卷(《玉函山房辑佚书》)
春秋左氏传音	三卷	晋嵇康撰	辑	清马国翰辑6条(《玉函山房辑佚书》)

(二)《左传》佚目

书　　名	卷数	作　者	备　　注
春秋世谱	七卷	晋杜预撰	《宋史·艺文志》《经义考》
春秋古今盟会地图	一卷	晋杜预撰	《隋书·经籍志》、丁国钧《补晋书艺文志》
春秋左氏传音	三卷	晋杜预撰	《旧唐书·经籍志》、《新唐书·艺文志》、丁国钧《补晋书艺文志》、《经义考》
春秋左氏传评	二卷	晋杜预撰	《隋书·经籍志》、丁国钧《补晋书艺文志》、《经义考》
春秋谥法	一卷	晋杜预撰	《宋史·艺文志》
小公子谱	六卷	晋杜预撰	《通志·艺文略》
春秋释滞	十卷	晋殷兴撰	《隋书·经籍志》《旧唐书·经籍志》《新唐书·艺文志》《经义考》
春秋条例	十一卷	晋刘寔撰	《隋书·经籍志》、《旧唐书·经籍志》、《新唐书·艺文志》、丁国钧《补晋书艺文志》、《经义考》
左氏牒例	二十卷	晋刘寔撰	《新唐书·艺文志》《经义考》
刘寔等集解春秋序	一卷	晋佚名撰	《隋书·经籍志》、丁国钧《补晋书艺文志》、文廷式《补晋书艺文志》、《经义考》
左氏训注	十三卷	晋孔衍撰	《阙里文献考》
春秋左氏传贾服异同略	五卷	晋孙毓撰	《隋书·经籍志》《旧唐书·经籍志》《新唐书·艺文志》《经义考》
春秋序论	二卷	晋干宝撰	《隋书·经籍志》《旧唐书·经籍志》《新唐书·艺文志》《经义考》

续表

书　名	卷数	作者	备　注
左传钞	无卷数	晋黄容撰	《华阳国志》、丁国钧《补晋书艺文志》、《经义考》
春秋经例	十二卷	晋方范撰	《隋书·经籍志》《旧唐书·经籍志》《新唐书·艺文志》《经义考》
春秋左氏传音	四卷	晋曹耽撰	《隋书·经籍志》、丁国钧《补晋书艺文志》、《经义考》
左传音	三卷	晋孙毓撰	《授经图义例》
春秋左氏传音	四卷	晋荀讷撰	《隋书·经籍志》《旧唐书·经籍志》《新唐书·艺文志》《经义考》
春秋左氏传音	三卷	晋李轨撰	《隋书·经籍志》《旧唐书·经籍志》《授经图义例》
春秋释难	三卷	晋范坚撰	《隋书·经籍志》

(三)《公羊》存目

书　名	卷数	作者	辑存	备　注
春秋公羊传集解	十四卷	晋孔衍撰	辑	清王仁俊辑1条(《玉函山房辑佚书续编》)
春秋公羊经传注	十三卷	晋王愆期撰	辑	清王仁俊辑1条(《玉函山房辑佚书续编》)
春秋公羊传解诂	无卷数	晋刘兆撰	辑	清王仁俊辑一卷(《玉函山房辑佚书续编》) 民国龙璋辑一卷(《小学搜佚下补编》)

(四)《公羊》佚目

书　名	卷数	作者	备　注
春秋公羊达义	三卷	晋刘寔撰	《隋书·经籍志》《旧唐书·经籍志》《新唐书·艺文志》
公羊春秋注	无卷数	晋王接撰	丁国钧《补晋书艺文志》、《经义考》
春秋公羊论	二卷	晋庾翼问，王愆期答	《隋书·经籍志》《旧唐书·经籍志》《新唐书·艺文志》

续表

书　名	卷数	作　者	备　注
春秋公羊传注	十二卷	晋高龙撰	《隋书·经籍志》《旧唐书·经籍志》《新唐书·艺文志》《经义考》
公羊序	无卷数	晋卢钦撰	《左传正义序》孔疏，吴士鉴《补晋书经籍志》
春秋公羊音	一卷	晋江淳撰	《隋书·经籍志》、丁国钧《补晋书艺文志》、《经义考》
春秋公羊音	一卷	晋李轨撰	《隋书·经籍志》、丁国钧《补晋书艺文志》、《经义考》

（五）《穀梁》存目

书　名	卷数	作　者	辑存	备　　注
春秋穀梁传注	十三卷	晋徐乾撰	辑	清马国翰辑7条（《玉函山房辑佚书》）
春秋穀梁传注	十二卷	晋徐邈撰	辑	清马国翰辑一卷（《玉函山房辑佚书》）
春秋穀梁传集解	十二卷	晋范宁撰	存	《十三经注疏》《鸣沙石室古籍丛残》《敦煌秘籍留真新编上卷》
答薄氏驳穀梁义	二卷	晋范宁撰	辑	清王谟辑一卷（《汉魏遗书钞》）清马国翰辑一卷（《玉函山房辑佚书》）
春秋穀梁传说	无卷数	晋郑嗣撰	辑	清马国翰辑20条（《玉函山房辑佚书》）
春秋穀梁传解诂	无卷数	晋刘兆撰	辑	清王仁俊辑一卷（《玉函山房辑佚书续编》）民国龙璋辑一卷（《小学搜佚下补编》）
春秋穀梁传例	一卷	晋范宁撰	辑	清王谟辑一卷（《汉魏遗书钞》）清黄奭辑一卷（《汉学堂丛书》《黄氏逸书考》）

（六）《穀梁》佚目

书　名	卷数	作　者	备　注
穀梁传注	十卷	晋张靖撰	《隋书·经籍志》、《旧唐书·经籍志》、《新唐书·艺文志》、丁国钧《补晋书艺文志》、《经义考》
春秋穀梁废疾笺	三卷	晋张靖撰	《隋书·经籍志》、《旧唐书·经籍志》、《新唐书·艺文志》、丁国钧《补晋书艺文志》

续 表

书 名	卷数	作者	备 注
春秋穀梁传	十四卷	晋孔衍撰	《隋书·经籍志》、《旧唐书·经籍志》、《新唐书·艺文志》、丁国钧《补晋书艺文志》、《经义考》
春秋穀梁传	四卷	晋四家撰	《隋书·经籍志》、丁国钧《补晋书艺文志》、《经义考》
春秋穀梁传	十六卷	晋程阐撰	《隋书·经籍志》、《旧唐书·经籍志》、《新唐书·艺文志》、丁国钧《补晋书艺文志》、《经义考》
春秋穀梁传	十卷	晋胡讷撰	《隋书·经籍志》、丁国钧《补晋书艺文志》、《经义考》
徐邈答春秋穀梁义	三卷	晋徐邈撰	《隋书·经籍志》《经义考》
春秋穀梁传集解	十卷	晋沈仲义撰	《旧唐书·经籍志》《新唐书·艺文志》《经义考》
穀梁传义	三卷	晋萧邕撰	《旧唐书·经籍志》《新唐书·艺文志》《经义考》
春秋穀梁传	五卷	晋孔氏撰	《隋书·经籍志》、丁国钧《补晋书艺文志》
穀梁春秋注	无卷数	晋聂熊撰	《晋书·石季龙载记》、丁国钧《补晋书艺文志》、《经义考》
穀梁传注	无卷数	晋郭琦撰	《晋书》本传、丁国钧《补晋书艺文志》
春秋穀梁音	一卷	晋徐邈撰	《旧唐书·经籍志》《新唐书·艺文志》
穀梁音	一卷	晋范宁撰	丁国钧《补晋书艺文志》
穀梁音	无卷数	晋李轨撰	丁国钧《补晋书艺文志》

(七)《春秋》总义存目

书 名	卷数	作 者	辑存	备 注
春秋公羊穀梁传	十二卷	晋刘兆撰	辑	清王谟辑一卷(《汉魏遗书钞》) 清马国翰辑一卷(《玉函山房辑佚书》)
春秋公羊穀梁二传评	三卷	晋江熙撰	辑	清马国翰辑19条(《玉函山房辑佚书》)
春秋外传国语注	二十卷	晋孔晁撰	辑	清马国翰辑一卷(《玉函山房辑佚书》)

（八）《春秋》总义佚目

书　　名	卷数	作者	备　　注
春秋释疑	无卷数	晋氾毓撰	《晋书》本传、丁国钧《补晋书艺文志》、文廷式《补晋书艺文志》、《经义考》
春秋三传	十二篇	晋王长文撰	《华阳国志》、丁国钧《补晋书艺文志》、《经义考》
春秋调人	无卷数	晋刘兆撰	《晋书》本传、《经义考》
春秋三传评	十卷	晋胡讷撰	《旧唐书·经籍志》《新唐书·艺文志》《经义考》
春秋集三师难	三卷	晋胡讷撰	《隋书·经籍志》、丁国钧《补晋书艺文志》、《经义考》
春秋集三传经解	十卷	晋胡讷撰	《隋书·经籍志》《旧唐书·经籍志》《新唐书·艺文志》《经义考》
春秋经传注	无卷数	晋虞溥撰	《晋书》本传、丁国钧《补晋书艺文志》、《经义考》
春秋墨说	无卷数	晋郭瑀撰	《晋书》本传、丁国钧《补晋书艺文志》、《经义考》
春秋三传	无卷数	晋范隆撰	《晋书》本传
汲冢书国语	三篇	佚名撰	《晋书·束晳传》
汲冢书师春	一篇	佚名撰	《晋书·束晳传》

二、南朝《春秋》学书目

（一）《左传》存目

书　　名	卷数	作者	辑存	备　　注
春秋左氏经传义略	二十五卷	陈沈文阿撰	辑	清马国翰辑一卷（《玉函山房辑佚书》）
续沈文阿春秋左氏传义略	十卷	陈王元规撰	辑	清马国翰辑3条（《玉函山房辑佚书》）

（二）《左传》佚目

书　　名	卷数	作者	备　　注
春秋木图	无卷数	宋谢庄撰	《经义考》、徐崇《补南北史艺文志》
春秋左氏区别	三十卷	宋何始真撰	《隋书·经籍志》《旧唐书·经籍志》《新唐书·艺文志》《经义考》

续表

书　名	卷　数	作　者	备　注
春秋序注	一卷	宋贺道养撰	聂崇岐《补宋书艺文志》
春秋左氏经传通释	四卷	南齐王延之撰	《隋书·经籍志》《旧唐书·经籍志》《新唐书·艺文志》
春秋旨通	十卷	南齐王延之撰	《隋书·经籍志》《旧唐书·经籍志》《新唐书·艺文志》
春秋释例引序	一卷	南齐杜乾光撰	《隋书·经籍志》《经义考》
春秋例苑	三十卷	南齐萧子懋撰	《南齐书》本传
春秋经传说例疑隐	一卷	梁吴略撰	《隋书·经籍志》《旧唐书·经籍志》《新唐书·艺文志》《通志·艺文略》《经义考》
春秋经传解	六卷	梁沈宏撰	《旧唐书·经籍志》《新唐书·艺文志》《经义考》
春秋文苑	六卷	梁沈宏撰	《隋书·经籍志》《旧唐书·经籍志》《新唐书·艺文志》
春秋嘉语	六卷	梁沈宏撰	《隋书·经籍志》《旧唐书·经籍志》《新唐书·艺文志》
春秋五辩	二卷	梁沈宏撰	《隋书·经籍志》
春秋左传例苑	十九卷	梁简文帝撰	《隋书·经籍志》《旧唐书·经籍志》《新唐书·艺文志》《经义考》
春秋左氏图	十卷	梁简文帝撰	《隋书·经籍志》《经义考》
左氏	无卷数	梁刘之遴撰	《经义考》
春秋经传解	六卷	梁崔灵恩撰	《隋书·经籍志》《经义考》
春秋申先儒传论	十卷	梁崔灵恩撰	《隋书·经籍志》《旧唐书·经籍志》《新唐书·艺文志》
春秋左氏传立义	十卷	梁崔灵恩撰	《隋书·经籍志》《旧唐书·经籍志》《新唐书·艺文志》《经义考》
春秋序	一卷	梁崔灵恩撰	《隋书·经籍志》《经义考》
左氏经传义	二十二卷	梁崔灵恩撰	王仁俊《补梁书艺文志》
申杜难服	无卷数	梁虞僧诞撰	《两浙著述考》、徐崇《补南北史艺文志》

续 表

书 名	卷 数	作 者	备 注
春秋义略	三十卷	陈张冲撰	《隋书·经籍志》《旧唐书·经籍志》《新唐书·艺文志》《经义考》
左传音	三卷	陈王元规撰	《经义考》、徐崇《补南北史艺文志》、《两浙著述考》
春秋发题辞	无卷数	陈王元规撰	《陈书》本传

（三）《公羊》存目

无。

（四）《公羊》佚目

书 名	卷 数	作 者	备 注
公羊传	无卷数	宋周续之撰	王仁俊《补宋书艺文志》
春秋公羊音	二卷	南齐王俭撰	《旧唐书·经籍志》《新唐书·艺文志》

（五）《穀梁》存目

无。

（六）《穀梁》佚目

书 名	卷 数	作 者	备 注
穀梁传注	无卷数	宋孔默之撰	《宋书》本传、《两浙著述考》、聂崇岐《补宋书艺文志》

（七）《春秋》总义存目

无。

（八）《春秋》总义佚目

书 名	卷 数	作 者	备 注
春秋要略	无卷数	南齐沈骥士撰	《南齐书》本传、陈述《补南齐书艺文志》
春秋答问	无卷数	梁武帝撰	徐崇《补南北史艺文志》

下编 两晋南北朝经学文献提要

续表

书　名	卷数	作者	备　注
春秋大意	无卷数	梁刘之遴撰	《梁书》本传、《经义考》
三传同异	无卷数	梁刘之遴撰	《梁书》本传、《经义考》
春秋公羊穀梁文句义	十卷	梁崔灵恩撰	《梁书》本传、徐崇《补南北史艺文志》

三、北朝《春秋》学书目

（一）《左传》存目

书　名	卷数	作者	辑存	备　注
春秋传驳	十卷	北魏贾思同撰	辑	清马国翰辑一卷（《玉函山房辑佚书》） 清王谟辑一卷（《汉魏遗书钞》）
春秋左传义疏	无卷数	北朝苏宽撰	辑	清马国翰辑25条（《玉函山房辑佚书》）

（二）《左传》佚目

书　名	卷数	作者	备　注
春秋义章	三十卷	北魏徐遵明撰	《魏书》本传、《经义考》、张鹏一《隋书经籍志补》
左氏释	无卷数	北魏高允撰	《魏书》本传、徐崇《补南北史艺文志》
议何郑膏肓事	无卷数	北魏高允撰	《魏书》本传、徐崇《补南北史艺文志》
左传服解驳妄	无卷数	北齐姚文安撰	《北史·李崇祖传》、徐崇《补南北史艺文志》、《经义考》
左传服解释谬	无卷数	北齐李崇祖撰	《北史》本传、徐崇《补南北史艺文志》、《经义考》
左氏刊例	十卷	北齐张思伯撰	《北史》本传、徐崇《补南北史艺文志》、《经义考》
左氏春秋序论	无卷数	北周乐逊撰	《北史》本传、《经义考》
春秋序义	无卷数	北周乐逊撰	《北史》本传、《经义考》
春秋序注	一卷	北朝田元休撰	《隋书·经籍志》《授经图义例》

(三)《公羊》存目

书　名	卷　数	作　者	辑存	备　注
春秋公羊疏	二十八卷	北朝徐彦撰	存	《十三经注疏》

(四)《公羊》佚目

书　名	卷　数	作　者	备　注
公羊释	无卷数	北魏高允撰	《魏书》本传、徐崇《补南北史艺文志》
何休注公羊音	一卷	北魏刘芳撰	《魏书》本传、徐崇《补南北史艺文志》
春秋公羊例序	五卷	北朝刁氏撰	《隋书·经籍志》
春秋公羊解序	一卷	北朝鲜于公撰	《隋书·经籍志》

(五)《穀梁》存目

无。

(六)《穀梁》佚目

书　名	卷　数	作　者	备　注
范宁注穀梁音	一卷	北魏刘芳撰	《魏书》本传、李正奋《补魏书艺文志》

(七)《春秋》总义存目

无。

(八)《春秋》总义佚目

书　名	卷数	作　者	备　注
春秋三传总	无卷数	北魏辛子馥撰	《魏书》本传、《经义考》、徐崇《补南北史艺文志》
春秋三传略例	三卷	北魏刘献之撰	《魏书》本传、《经义考》、徐崇《补南北史艺文志》
春秋丛林	十二卷	北魏李谧撰	《隋书·经籍志》《旧唐书·经籍志》《新唐书·艺文志》《经义考》

续表

书　　名	卷数	作　者	备　　注
春秋三传合成	十卷	北魏李彪撰	《魏书》本传、徐崇《补南北史艺文志》
春秋注	无卷数	北魏崔浩撰	徐崇《补南北史艺文志》
韦昭注国语音	一卷	北魏刘芳撰	《魏书》本传、徐崇《补南北史艺文志》
春秋二传异同	十二卷	北齐李铉撰	《旧唐书·经籍志》《新唐书·艺文志》《经义考》
春秋先儒异同	三卷	北齐李铉撰	《通志·艺文略》《授经图义例》
春秋三传集注	三十卷	北朝辛德源撰	《北史》本传、《经义考》、徐崇《补南北史艺文志》
春秋经合三传	十卷	北朝潘叔度撰	《隋书·经籍志》《旧唐书·经籍志》《新唐书·艺文志》《经义考》
春秋成夺	十卷	北朝潘叔度撰	《隋书·经籍志》《旧唐书·经籍志》《新唐书·艺文志》《经义考》

第二节　两晋《春秋》学文献提要

一、两晋《左传》类文献

两晋南北朝的《左传》学文献,自杜预《左传集解》出现,有不少以杜注为基础进行研究,但持汉代贾、服之义者也不少。

继承汉魏学风的传说类文献有《春秋左氏传义注》十八卷,孙毓撰。毓事迹见上《诗》一节。此书两《唐志》作三十卷,《释文序录》作二十八卷,《隋书·经籍志》之十八卷盖为二十八卷之误。此书亡于赵宋,清人马国翰自《左传正义》辑有 8 条。马氏辑序云:"似《义注》及《贾服异同略》二书大旨申贾而驳服,盖服虔注受于郑康成而王肃说多主贾逵,孙朋于王,犹评《诗》之见也。"《义注》佚文用字、解词义则大抵同于贾逵,亦有自为其说,多驳服氏说,其说有误者不少,亦有新解而可备一说者。① 不过前论孙氏《毛诗异同评》已谈到孙毓并非简单朋于王者,而是以义长为去取标准。则此处孙毓驳服,或并非如马氏所云因朋于王之故,而

---

① 参见简博贤《今存三国两晋经学遗籍考》,第 172—177 页。

是孙氏就说义上更赞同贾逵,非意气之争也。孙毓还有议论类的《春秋左氏传贾服异同略》五卷,两《唐志》同著录。又有音训类的《左传音》三卷,见《授经图义例》载,未言何据,姑列于此。

《春秋左氏全综》无卷数,刘兆撰。兆始末见上《易》一节。刘兆本传云其"为《春秋左氏》解,名曰《全综》,《公羊》《穀梁》解诂皆纳经传中,朱书以别之"①,是此书以《左传》为本,兼采《公》《穀》。此书不见《隋志》等所载,亡佚已久,清人王仁俊自《玉篇》辑有1条,题为《左传刘氏注》,解释字义,无可详考其内容。

《春秋左氏函传义》十五卷,干宝撰。宝始末见上《易》一节。此书两《唐志》作十六卷,名《春秋义函传》,干宝本传作《春秋左氏义外传》,《册府元龟》卷六百五有"干宝《春秋左氏承传义》十五卷",盖亦此书,清人马国翰自《左传正义》《通典》辑有2条。干宝留思京房、夏侯胜之学,"其说伐鼓于社,以为厌胜,盖二子之绪论"②,观其佚文,还以数字说年岁,以阴阳说礼,诚如马氏所言,亦同其解《周易》皆传两汉学风。干宝还有议论类的《春秋序论》二卷,盖总论《春秋》之义,两《唐志》作一卷。

《左传》至杜预为一变,杜氏将《春秋》经与《左传》集合,故名集解。为之注,虽袭用前人之说,而没其名。又于前儒多有批评,发为抑尊之说。作释例之书,对《左传》的义例、地理、历法、世系等等作研究,丰富了《左传》研究的角度。从文本结构、经说内涵及研究角度,都有创新,故云《左传》至杜预为一变。杜预事迹见上《礼》一节。《春秋左氏经传集解》三十卷,孔颖达本之作《正义》,在唐时已成为《左传》注之权威。其说不用谶纬,本于礼说,不用日月为例,避免了不少附会曲解。说《春秋》重在纠政事,贬退天子、诸侯、大夫,拨乱反正,与两汉说《春秋》尊王不同。然亦强经以就传,典制不详,训诂不精,有所致误。③ 此书自唐以后研究繁多,本书不赘述。又有义例类文献《春秋释例》十五卷,此书凡四十部,次第见孔颖达《正义》所引,④其后散佚,清人自《永乐大典》辑出,仍为十五卷。今本1—4卷论释例,5—7卷论土地名,8、9卷论世族谱,10—15卷论长历。其书地名本之《泰始郡国图》,世族谱本之刘向《世本》,长历本之刘洪《乾象历》,皆本于前修,发明良多,虽于地理有疏略,于历法岁差、置闰有误,亦瑕不掩瑜。

观本传之意,《春秋长历》或别行,今有清人王谟辑佚一卷,本书归之专题历

---

① 《晋书·儒林传》,第2350页。
② (清)马国翰:《玉函山房辑佚书》。
③ 参见简博贤《今存三国两晋经学遗籍考》,第五章第二节;赵伯雄《春秋学史》,山东教育出版社,2014年,第四章第三节。
④ 《左传正义序》,(清)阮元校刻:《十三经注疏》,第3705页。

法类，以见杜氏之创新。又《春秋古今盟会地图》一卷，《隋书·经籍志》云梁有，亡，不题撰人，丁辰认为此书单行久矣①，本书亦单列于专题地理类。《宋史·艺文志》还著录有《春秋世谱》七卷、《春秋谥法》一卷，亦单行之本，本书分别归为专题图谱类、礼俗类。《通志·艺文略》著录有《小公子谱》六卷，丁辰认为即《春秋世谱》②，然书名、卷数不同，或互有出入，本书姑且两列于图谱类。《隋志》还著录有议论类文献《春秋左氏传评》二卷，两《唐志》同，盖杜预对《左传》的总论。《经典释文序录》、两《唐志》又有《春秋左氏传音》三卷，是杜氏亦有音学著作。杜氏于《左传》各方面皆作深究，正合其自言有"《左传》癖"，虽有袭没前贤之讥，然亦多创获，功不可没。

杜氏同时，亦有研究《左传》地理者，即《春秋地名》三卷，《隋书·经籍志》题晋裴秀客京相璠等撰，是不止京氏一人所作。京相璠始末不详。此书两《唐志》亦载，《元和姓纂》云"晋有樗里璠著《春秋土地记》三卷"③，实为京相璠之误，不过据此可知京相璠为济南人。《水经注》《初学记》《太平寰宇记》等有引，盖赵宋以后亡佚，清人王谟、洪颐煊、马国翰、黄奭皆有辑佚。佚文与杜预地记有相同之处，有杜氏阙而此书详者，或成书于杜书之后，所论大抵确切，亦有失误。④

其他传说类文献有《左氏训注》十三卷，孔衍撰。衍始末见上《礼》一节。此书见孔继汾《阙里文献考》所载，姚振宗以为"或其家传中有之"⑤，又见清《山东通志》有载，然未注明来源，姑列于此。《左传钞》无卷数，黄容撰。容巴西人，曾为蜀郡太守。好述作，著有《家训》《梁州巴纪》《姓族》《左传钞》凡数十篇。⑥ 此书仅见《华阳国志》有载，盖为《左传》解说一类著作。

其他音训类文献有《春秋左氏传音》三卷，嵇康撰。康事迹见上《易》一节。此书《隋书·经籍志》题为曹魏人嵇康撰，本书归于晋。此书唐后亡佚，清人马国翰自《经典释文》《史记索隐》辑有6条。佚文存有古音，可资考订，亦兼采《公》《榖》。⑦《春秋左氏传音》三卷，徐邈撰。邈事迹见上《易》一节。此书两《唐志》同著录。清人马国翰自《经典释文》《集韵》辑有一卷。佚文以释宣成襄昭四公为多，无释桓闵哀三公者。有单释字音，有兼释字音义，存有异文、或读，可资考订。观《释文》所引较多，是于《左传》音颇有所得。

---

① （清）丁国钧：《补晋书艺文志》，第19页。
② （清）丁国钧：《补晋书艺文志》，第18页。
③ （唐）林宝：《元和姓纂》卷二，中华书局，1994年，第225页。
④ 参见简博贤《今存三国两晋经学遗籍考》，第557—562页。
⑤ （清）姚振宗：《隋书经籍志考证》，第286页。
⑥ （晋）常璩撰，任乃强校注：《华阳国志校补图注》卷一一，第660页。
⑦ 中科院图书馆整理：《续修四库全书总目·经部》，第672页。

曹躭撰《春秋左氏传音》、荀讷撰《春秋左氏传音》，此二书《隋书·经籍志》、两《唐志》合并著录为四卷，盖二人同为东晋穆帝时人。曹氏事迹见上《礼》一节。荀讷，陆德明云"字世言，新蔡人，东晋尚书左民郎"①，严可均云"讷为庾亮征西掾，穆帝时为太常博士，领国子祭酒"②。此二书后亡佚，未有佚文。《春秋左氏传音》三卷，李轨撰。轨始末见上《易》一节。此书《旧唐志》作李弘范撰，盖李轨字弘范。轨于诸经多有音作，此书当有可观，惜两《唐志》虽载，后乃亡佚。

其他义例类文献有《春秋条例》十一卷，刘寔撰。寔字子真，平原高唐人。少贫苦好学，博通古今，崇尚俭素，躬行礼教，自少及老笃学不倦，尤精三《传》。三国时曾任魏尚书郎、吏部郎等职，晋时历任国子祭酒、太尉，卒谥元。③ 传见《晋书》本传。据本传刘寔曾随杜预伐吴，或其《左传》学曾受杜预影响。此书两《唐志》作十卷，本传作二十卷，盖卷数分合不同，后乃亡佚。《新唐志》还载有《左氏牒例》二十卷，与本传《春秋条例》二十卷之书名不同而卷数合，不知是否一书二名，姑两列之。《隋书·经籍志》又载《刘寔等集解春秋序》一卷，姚振宗云"此不知何人集刘寔等诸家所解为是书"④。《春秋经例》十二卷，方范撰。方范始末不详。此书《旧唐志》作《春秋左氏经例》十卷，《新唐志》作《经例》六卷，知是书论《左传》义例，卷数递减或是唐时已有散佚，今无片言遗存。

其他议论类著作有《春秋释滞》十卷，殷兴撰。严可均云："（殷兴）云阳人，吴零陵太守殷礼子，仕吴为无难督，入晋迁尚书左丞。有《春秋释滞》十卷、《通语》十卷。"⑤此书两《唐志》作《春秋左氏释滞》，知为《左传》类著作，观书名盖为解释《左传》中疑难问题之作，亡佚久矣，无可确考。《春秋释难》三卷，范坚撰。坚字子常，南阳顺阳人，范汪之叔。博学善属文，永嘉时避乱江东。历任佐著作郎、护军长史等职。⑥ 此书《隋志》列在殷兴书后，知是《左传》类著作，盖专门讨论《左传》中疑难问题者。

二、两晋《公羊传》类文献

两晋的《公羊》学文献，虽然数量不多，还是有几种类型，亦有辑佚遗文略可考察。此时《公羊》文献以传说类最多，有《春秋公羊传集解》十四卷，孔衍撰。此

---

① 《经典释文序录疏证》，第114页。
② （清）严可均：《全晋文》卷一三三，《全上古三代秦汉三国六朝文》，第2223页。
③ 《晋书·刘寔传》，第1190—1198页。
④ （清）姚振宗：《隋书经籍志考证》，第259页。
⑤ （清）严可均：《全晋文》卷八一，《全上古三代秦汉三国六朝文》，第1928页。
⑥ 《晋书·范坚传》，第1989—1990页。

书两《唐志》亦著录,后亡佚,清人王仁俊自《左传正义序》孔疏辑有 1 条。佚文论获麟、作《春秋》之说,发挥《公羊》之义,聊备一说。《春秋公羊经传注》十三卷,王愆期撰。愆期字门子,河东猗氏人,王接之子,东晋时为散骑常侍、辰阳伯。① 传云其流寓江南,遂缘本父意而注《公羊》,盖即此书。此书《释文序录》、两《唐志》皆作十二卷,《隋志》或多《录》一卷。此书唐后亡佚,清人王仁俊自《尚书·泰誓正义》辑有 1 条。佚文释王者谓文王之义,以文王指孔子,用纬书之说,是合汉儒说《公羊》风格。《春秋公羊传解诂》无卷数,刘兆撰。据兆本传其《春秋》著作乃三《传》通讲,是此书当在其总义之中,而清人王仁俊、民国龙璋据《玉篇》《一切经音义》有专门辑佚,佚文多解释字词义,姑列为一书。

《公羊春秋注》无卷数,王接撰。接始末见上《尚书》一节。本传云其特精三《传》,而"常谓《左传》辞义赡富,自是一家书,不主为经发。《公羊》附经立传,经所不书,传不妄起,于文为俭,通经为长。任城何休训释甚详,而黜周王鲁,大体乖硋,且志通《公羊》而往往还为《公羊》疾病"②,于是更注《公羊》,多有新义。此书只见王接本传所载,而前列其子王愆期著作,即缘王接本意所作,则王接之书实已包括在王愆期著作中而载于史志。观本传所言,则接认为《左传》自为一书,是继承汉代《公羊》家常见看法。又疾何休之说偏离经传,是不认同汉《公羊》家后来附会过多阴阳谶纬之说。因此王接虽精于三《传》,但更认同《公羊》为解经之作,于汉人之说有扬弃,故其注当既承前说,又如传言多有新义,是晋时究心《公羊》学者。而前列王愆期书盖亦有此特色,惜乎书皆不传。《春秋公羊传注》十二卷,高龙撰。高龙,陆德明曰"字文,范阳人,东晋河南太守"③。此书两《唐志》误题高袭撰。

音训类著作有《春秋公羊音》一卷,江淳、李轨各撰有一卷。江淳,《经典释文序录》作江惇,始末见上《诗》一节。二人都长于音学,然此二书唐后已亡,无可考矣。

序跋类著作有《公羊序》无卷数,卢钦撰。钦字子若,范阳涿人。祖卢植,家世以儒业显。钦笃志经史,曹魏时曾任琅邪太守、吏部尚书等职,晋时历任平南将军、尚书仆射等,卒赠卫将军、开府仪同三司,谥曰元。集所著诗赋论难数十篇为《小道》一书。④ 此书见吴士鉴《补晋书经籍志》著录,所据为《左传正义序》孔

---

① 《晋书·王接传》,第 1436 页;《经典释文序录疏证》,第 115 页。
② 《晋书·王接传》,第 1435—1436 页。
③ 《经典释文序录疏证》,第 115 页。
④ 《晋书·卢钦传》,第 1255 页。

颖达疏引。① 其云孔子因鲁史记而修《春秋》，制素王之道，是祖述贾逵、郑玄之说，传汉人遗风。未知此序是单独为《公羊》所作以阐发其观点，还是卢钦自为《公羊》作注而以此为序，姑置于此以备考。

议论类文献有《春秋公羊达义》三卷，刘寔撰。此书两《唐志》作《公羊违义》，并题刘晏注。据刘寔本传云其"尤精三《传》，辨正《公羊》，以为卫辄不应辞以王父命，祭仲失为臣之节，举此二端以明臣子之体，遂行于世"②，或当从《唐志》作"违义"，以合本传言其辨正之义。姚振宗云刘晏或唐人，③则此书至唐犹有讲说并为之作注者。《春秋公羊论》二卷，庾翼问，王愆期答。翼字稚恭，颍川鄢陵人，庾亮弟。曾任南蛮校尉、辅国将军、荆州刺史等职，卒赠车骑将军，谥曰肃。④ 此书两《唐志》作《难答问》，可见是论难一类著作。

三、两晋《穀梁传》类文献

两晋的《穀梁》学发达，对《穀梁传》进行注解的著作特别多，可称《穀梁》发展的一个高峰。《春秋穀梁传集解》十二卷，范宁撰。宁事迹见上《尚书》一节。范宁父亲范汪等人有意比较前儒之说，为《穀梁》作集解，且集解还有意广存诸儒异同之说。另外也重视《穀梁》之义例，故后来亦有范宁撰《穀梁》义例著作之单行本。范宁此书实集众人智慧，成书不易。

范宁认为三《传》各有优劣，所以应当取其所长，故其于郑玄、何休、杜预之说亦多引用。而且实开唐宋儒者舍传求经之先河，范氏之注对《穀梁》经传有所申补，阐发其中的褒贬、书法。既继承了汉儒的尊王思想，又区别情况亦有抑尊之说，正是择善从理为说。⑤

《隋书·经籍志》载有宁撰《春秋穀梁传例》一卷，两《唐志》不载，或许已散入注疏中。清人王谟、黄奭自杨氏《疏》中均辑有一卷。《隋志》又有议论类文献《薄叔玄问穀梁义》二卷（梁四卷），乃薄氏与范宁之问答，后亡佚，清人王谟、马国翰自杨士勋《疏》有辑佚。马氏辑序云：

> 范作《集解》，叔玄有所驳问，范随问逐条答之，仿郑氏《释废疾》之体例也。杨士勋《疏》引十二节，全载问答者四节，内有一节明载薄氏驳，隐括范

---

① 《左传正义序》，（清）阮元校刻：《十三经注疏》，第3705页。
② 《晋书·刘寔传》，第1197页。
③ （清）姚振宗：《隋书经籍志考证》，第252页。
④ 《晋书·庾翼传》，第1931—1935页。
⑤ 参见简博贤《今存三国两晋经学遗籍考》第五章第二节；赵伯雄《春秋学史》第四章第四节。

答,其八节皆载范答薄氏语。大指论辨义例。叔玄未详何人,与范同时治《穀梁》之学者也。①

据此则范氏当时已就集解与同时学人有所论答,佚文多辨析《穀梁》义例。又《穀梁音》一卷,丁国钧、吴士鉴《补晋志》据《群经音辨》著录。案《群经音辨》收有范宁音1条,未知是否是宁音训专书,姑录于此。②

《春秋穀梁传注》十三卷,徐乾撰。严可均云"乾,太元中太学博士,安帝时进给事中"③,陆德明曰"字文祚,东莞人"④,有《集》二十一卷。此书两《唐志》亦著录,清人马国翰自范宁《穀梁注》辑6条、杨士勋《疏》辑1条。佚文论《春秋》书法日与不日之例,亦有1条解释句义,有援《公羊》说例,有致误者。⑤ 徐氏此书或属范宁认为不佳之作之列。

《春秋穀梁传注》十二卷,徐邈撰。本传云"所注《穀梁传》,见重于时"⑥,两《唐志》亦著录。《隋书·经籍志》又载邈撰《春秋穀梁传义》十卷,两《唐志》同,姚振宗认为"《传义》似义疏、讲疏之类"⑦,本书据此两列之。清人马国翰自《穀梁注疏》《北堂书钞》《初学记》辑有一卷,合二书题之。徐邈注明史有阙文,孔子因史书修《春秋》,不拘褒贬之例,避免了《传》之附会。亦依《传》说日、月例,及名称、礼制之例。又据《左》《公》订正《穀梁》。说皆得失互见。⑧ 马氏辑序云:"范为《集解》引述独多,则以其书辞理典据实有可观。"⑨《范宁传》云范宁《集解》为世所重,"既而徐邈复为之注,世亦称之"⑩,观此似成书于范书后,或范氏后又取徐氏书改订其注。两《唐志》还载有徐氏《春秋穀梁音》一卷;《隋志》又有《徐邈答春秋穀梁义》三卷,盖亦徐邈答他人问难之作,两书俱久佚。

《春秋穀梁传说》无卷数,郑嗣撰。郑嗣始末不详。此书《隋志》《唐志》皆不载,清人马国翰自范宁《集解》辑有20条。马氏云:"以范《序》考之,当是宁父汪门生故吏,当时亦有撰著,而名不及江、徐,故《志》佚之也。"⑪其说精审,通于变

---

① (清)马国翰:《玉函山房辑佚书》。
② (宋)贾昌朝:《群经音辨》卷一,影印《文渊阁四库全书》本。
③ (清)严可均:《全晋文》卷一三八,《全上古三代秦汉三国六朝文》,第2258页。
④ 《经典释文序录疏证》,第117页。
⑤ 参见简博贤《今存三国两晋经学遗籍考》,第490—493页。
⑥ 《晋书·儒林传》,第2358页。
⑦ (清)姚振宗:《隋书经籍志考证》,第291页。
⑧ 参见简博贤《今存三国两晋经学遗籍考》,第495—505页。
⑨ (清)马国翰:《玉函山房辑佚书》。
⑩ 《晋书·范宁传》,第1989页。
⑪ (清)马国翰:《玉函山房辑佚书》。

例,亦采《公羊》说,瑕瑜互见。① 《春秋穀梁传解诂》无卷数,刘兆撰。据兆本传其《春秋》著作乃三《传》通讲,是此书亦当在其总义之中,而清人王仁俊、民国龙璋据《玉篇》有辑佚,佚文多解释字词义,姑列为一书。

《穀梁春秋注》无卷数,聂熊撰。熊清河人,曾仕后赵石虎为国子祭酒、中书监,后仕慕容儁为秘书监。② 此书见《晋书·石季龙载记》云季龙虽无道,然颇慕经学,遣国子博士诣洛阳写石经,又于秘书校中经,聂熊时为国子祭酒,作此书并列于学官。③ 可见此书在后赵颇有影响,熊注盖亦与前儒有所不同,故不取前儒之说而以聂书立学官。《穀梁传注》无卷数,郭琦撰。琦始末见上《易》一节。此书仅见郭琦本传所载。郭氏习京氏《易》,善天文、五行,此书或多用汉儒旧说。④

《穀梁传注》十卷,张靖撰。严可均云"靖,泰始末太常博士"⑤,《隋书·经籍志》题晋堂邑太守。此书两《唐志》作《集解》十一卷,或亦集诸家之说为解,不知是否在范宁所说肤浅末学之十家中。《隋志》又载《春秋穀梁废疾》三卷,题何休撰,郑玄释,张靖笺。此书《旧唐志》误作张靖箴,《新唐志》误作张靖成。案何休作《穀梁废疾》以难《穀梁传》,郑玄针对何氏书作《起废疾》,以反驳何休观点,张靖盖集何、郑之说并为之笺注。张靖既有《穀梁注》之专书,则为专究《穀梁》学者,或持说与郑玄相近。此二书皆亡于唐后,无可考知其内容。

《春秋穀梁传》十四卷,孔衍撰。此书《经典释文序录》作《集解》十四卷,两《唐志》作《训注》十三卷,卷数盖有《录》无《录》之别。衍于三《传》皆有集解,惜均不传。《春秋穀梁传》十六卷,程阐撰。阐始末不详,《隋志》列于胡讷后、孔衍前,姑置于晋。两《唐志》作《集注》,亦晋人解《穀梁》之常见体裁。《春秋穀梁传》十卷,胡讷撰。胡讷,严可均云"永和末太学博士"⑥。此书《经典释文序录》作《集解》,《隋志》云梁有,亡。《春秋穀梁传》五卷(残缺,梁十四卷),此书《隋书·经籍志》题孔君指训(又作指训、措训)。案元程端学《春秋本义》卷十四引有孔晁解《穀梁》中论地震一条,余萧客据此以为是孔晁《指训》,姑备一说。⑦ 《隋志》又有《春秋穀梁传》四卷,残缺,题张、程、孙、刘四家集解,朱彝尊云四家是张靖、程阐、

---

① 参见简博贤《今存三国两晋经学遗籍考》,第506—509页。
② 《晋书·石季龙载记》、《晋书·慕容儁载记》,第2797、2843页。
③ 《晋书·石季龙载记》,第2774页。
④ 《晋书·隐逸传》,第2436页。
⑤ (清)严可均:《全晋文》卷七八,《全上古三代秦汉三国六朝文》,第1910页。
⑥ (清)严可均:《全晋文》卷一三三,《全上古三代秦汉三国六朝文》,第2223页。
⑦ (元)程端学:《春秋本义》卷一四,影印《文渊阁四库全书》本。参见姚振宗《隋书经籍志考证》,第288页。

孙毓、刘瑶，①刘瑶当是刘兆，此书盖时人集解四家说，姑列于此。《春秋穀梁传集解》十卷，沈仲义撰，仲义始末不详，两《唐志》次于徐邈后，或亦晋人。

音训类文献还有《穀梁音》无卷数，李轨撰。此书丁国钧《补晋书艺文志》据《经典释文·穀梁音义》所引一条著录。议论类文献还有《旧唐志》载《穀梁传义》三卷，题萧邕注，次于张靖、徐邈之间。此书《新唐志》作《问传义》，次于沈仲义、刘兆之间，知是问答类著作。萧邕始末不详，姚振宗以为似即《隋志》所载《徐邈答春秋穀梁义》三卷，说颇有理。②

四、两晋《春秋》总义类文献

两晋《春秋》总义类文献也有几种类型。传说类有《春秋公羊穀梁传》十二卷，刘兆撰。案两《唐志》有刘兆撰《三家集解》十一卷，当即兆本传所说《春秋左氏全综》，而此书或是《全综》中朱书部分之别行。此书《经典释文》《玉篇》等有引，清人王谟、马国翰有辑。马氏辑序云："辑录十节，皆训《公》《穀》之义，与今本文异者足资参考。"③

《春秋释疑》无卷数，氾毓撰。氾毓字稚春，济北卢人。奕世儒素，客居青州，毓不蓄门人，清净自守。本传言其"合三《传》为之解注，撰《春秋释疑》《肉刑论》，凡所述造七万余言"④，是书仅见此记载，亡佚久矣。《春秋三传》十二篇，王长文撰。长文始末见上《易》一节。案《华阳国志》云："以为《春秋三传》，传经不同，每生讼议，乃据经摭传，著《春秋三传》十二篇。"⑤观此言则此书或亦以经为主，于三《传》有扬弃，亦类范宁舍传求经之风格。此书不见志书所载，亡佚甚久。《春秋三传》无卷数，范隆撰。隆事迹见上《礼》一节。本传言其著《春秋三传》，甚有条义，是亦通解三《传》之作，然早已亡佚。《春秋集三传经解》十卷，胡讷撰。此书两《唐志》作《春秋三传经解》十一卷，或多《录》一卷，盖集诸家三《传》之说，唐后亡佚。《春秋经传注》无卷数，虞溥撰。溥字允源，高平昌邑人。专心坟籍，历任尚书都令史、鄱阳内史，任内史时大修庠序，广招学徒，使地方官学颇有可观。本传云其"注《春秋经传》"⑥，或即三《传》通讲，仅见此载，亡佚甚久，无可详考。

议论类文献有《春秋公羊穀梁二传评》三卷，江熙撰。熙事迹见上《诗》一节。

---

① （清）朱彝尊：《经义考》，第3215页。
② （清）姚振宗：《隋书经籍志考证》，第291页。
③ （清）马国翰：《玉函山房辑佚书》。
④ 《晋书·儒林传》，第2351页。
⑤ （晋）常璩撰，任乃强校注：《华阳国志校补图注》卷一一，第645页。
⑥ 《晋书·虞溥传》，第2141页。

此书《隋书·经籍志》无撰人,两《唐志》题江熙撰,盖亡于赵宋。清人马国翰据范宁注辑有 19 条,马氏云"范解亟取其说而无所斥驳"①,因采自范注,故佚文皆释《穀梁》,间取《公羊》,疏说《传》义,评说得失互见。②《春秋三传评》十卷,胡讷撰。此书两《唐志》同载,盖赵宋已亡,观书名是评论三《传》得失。《隋志》还有胡讷撰《春秋集三师难》三卷,盖亦类似前书,唐初已亡。《春秋墨说》无卷数,郭瑀撰。瑀字元瑜,敦煌人。少东游张掖,师事郭荷,尽传其业,精通经义,善谈论,多才艺,善属文。③ 本传言其撰《春秋墨说》《孝经错纬》,弟子著录千余人,是亦十六国时河西大儒,其著作盖传汉学,观书名或为发明三《传》异同之书。《春秋调人》无卷数,刘兆撰。兆本传云:"以《春秋》一经而三家殊途,诸儒是非之议纷然,互为仇敌,乃思三家之异,合而通之。《周礼》有调人之官,作《春秋调人》七万余言,皆论其首尾,使大义无乖,时有不合者,举其长短以通之。"④观此则是书乃评三《传》异同之作,《志书》不载,或散入刘兆其他著作中。

《春秋》外传之《国语》类有《春秋外传国语注》二十卷,孔晁撰。晁事迹见上《尚书》一节。此书两《唐志》作二十一卷,盖合《录》言之,清人马国翰自《左传正义》、宋庠《国语补音》辑有 36 条。佚文释字词音义、句义,说解平实。

此外文廷式《补晋书艺文志》据《束皙传》著录有《汲冢书国语》三篇、《汲冢书师春》一篇。案《束皙传》此《国语》三篇言楚晋事,《师春》一篇书《左传》诸卜筮,"师春"似作者名。⑤ 观此则前者属《春秋》外传之类,后者为《左传》专题类之研究。此虽非晋人著作,然亦经晋人整理,而史书记录出土文献情况,亦需重视,本书且录于此。

第三节　南朝《春秋》学文献提要

一、南朝《左传》类文献

南朝《左传》文献类型也较为丰富,尤以传说类文献为多。有《春秋左氏经传义略》二十五卷,陈沈文阿撰。文阿事迹见上《礼》一节。此书两《唐志》作二十七

---

① （清）马国翰:《玉函山房辑佚书》。
② 参见简博贤《今存三国两晋经学遗籍考》,第 513—517 页。
③ 《晋书·隐逸传》,第 2454—2455 页。
④ 《晋书·儒林传》,第 2350 页。
⑤ 《晋书·束皙传》,第 1433 页。

卷,陆德明云:"梁东宫学士沈文阿撰《春秋义疏》,阙下袟,陈东宫学士王元规续成之。"①据此,文阿此书或作于梁时,盖即其本传云《春秋义记》,为义疏之作,或是为博士时讲学之用。据本传其《春秋义记》行于时,儒者多传其学,则当为完成之作,陈时便已残缺,故王元规续成。清人马国翰自《左传正义》《经典释文》《集韵》辑有61条。佚文大抵申杜注,甚为详审,又引《穀梁》为说,然亦有曲为杜说,引证有误者。② 马氏辑序云:"说义引礼为多,鲁禘用乐以康成说非《左氏》意,盖又旁参王肃之学者。"③

《续沈文阿春秋左氏传义略》十卷,陈王元规撰。元规事迹见上《礼》一节。前引陆德明说可知此书是续沈氏之作,元规从沈文阿受业,盖承师说。本传言其作《春秋义记》十一卷,当为此书。清人马国翰自《经典释文》辑有3条,1条辨名字,2条释音,本于杜注,得失互见。④ 元规又有《左传音》三卷,《经典释文序录》载之,或后合于其《义略》,这是南朝唯一一种《左传》音训文献。元规本传又有《春秋发题辞》无卷数,盖即讲学之前的发题,与义疏并行。本传又云"自梁代诸儒相传为《左氏》学者,皆以贾逵、服虔之义难驳杜预,凡一百八十条,元规引证通析,无复疑滞"⑤,是元规乃专攻杜氏学者,有名当时。

《春秋序注》一卷,宋贺道养撰。道养会稽山阴人,贺循孙,严可均云"道养,道期弟。为太学博士,有《贺子述言》十卷、《集》十卷"⑥。《宋书·臧焘徐广傅隆传》史臣曰贺道养等"皆托志经书,见称于后学"。⑦ 此书或为注解杜氏《序》之作。《春秋左氏经传通解》四卷、《春秋旨通》十卷,南齐王延之撰。延之字希季,琅邪临沂人。宋时曾任吏部尚书、吴兴太守、右仆射等职,齐时历任镇南将军、中书令、右光禄大夫,卒赠散骑常侍,谥简子。⑧ 传见《宋书》《南史》本传。此二书两《唐志》题王延之撰,《隋志》题王述之,本书从《唐志》著录。《左氏》无卷数,梁刘之遴撰。之遴字思贞,南阳涅阳人。历任太学博士、中书侍郎、太常卿,后为湘东王萧绎毒杀。⑨ 传见《梁书》《南史》本传。此书见其本传著录,案本传云:

> 是时《周易》《尚书》《礼记》《毛诗》并有武帝义疏,惟《左氏传》尚阙,之遴

---

① 《经典释文序录疏证》,第114页。
② 参见简博贤《今存南北朝经学遗籍考》,第211—219页。
③ (清)马国翰:《玉函山房辑佚书》。
④ 参见简博贤《今存南北朝经学遗籍考》,第220—222页。
⑤ 《陈书·儒林传》,第449页。
⑥ (清)严可均:《全宋文》卷四三,《全上古三代秦汉三国六朝文》,第2673页。
⑦ 《宋书》,第1553页。
⑧ 《宋书》,第584—586页;《南史》,第652—653页。
⑨ 《梁书》,第572—574页;《南史》,第1249—1252页。

乃著《春秋大意》十科、《左氏》十科、《三传同异》十科。合三十事以上之，武帝大悦。①

观此之遴此书当为义疏一类著作。武帝评价其著作比事论书，辞旨微远，编年之教，言阐义繁。此书早佚，仅能从本传稍推测其内容而已。

《春秋经传解》六卷、《春秋左氏传立义》十卷，梁崔灵恩撰。灵恩事迹见上《诗》一节。后书两《唐志》作《左传经传义》。盖前书是注解类著作，后书是义疏类著作。灵恩本传有《左氏经传义》二十二卷，或即此二书原本，然卷数不同，或有详略不同，本书单列之。灵恩又有《春秋申先儒传论》十卷，两《唐志》作《春秋申先儒传例》，知为义例类著作，当即本传所说《左氏条例》十卷。据灵恩本传云：

> 灵恩先习《左传》服解，不为江东所行；及改说杜义，每文句常申服以难杜，遂著《左氏条义》以明之。②

此《条义》当即《条例》，是知此书当为申服之作，不仅明例，还有论难性质，故隋、唐《志》径题"申先儒"。《隋志》又还有灵恩撰序跋类著作《春秋序》一卷，或是其注经传之《序》。惜灵恩以上诸作皆早亡佚。

《春秋经传解》六卷，梁沈宏撰。严可均云："宏，吴兴武康人，天监初五经博士。"③《梁书·沈峻传》言峻任国子助教时开讲肆，宏执经下坐，北面受业。④ 观此沈宏乃沈峻学生，又同乡里同族。此书见两《唐志》载。《春秋义略》三十卷，陈张冲撰。冲始末见上《礼》一节。此书盖义疏之体，据冲本传云"撰《春秋义略》，异于杜氏七十余事"⑤，则或为习服氏者，据此可见即便陈末也并非杜氏唯尊，惜此书唐后已佚，无可考矣。

图谱类著作有《春秋木图》无卷数，宋谢庄撰。庄字希逸，陈郡阳夏人。七岁能属文，通《论语》，历任左卫将军、侍中、国子博士、中书令等职，卒赠右光禄大夫，谥宪子。⑥ 传见《宋书》《南史》本传。案本传云：

> 分《左氏》经传，随国立篇，制木方丈，图山川土地，各有分理，离之则州别郡殊，合之则宇内为一。⑦

---

① 《梁书·刘之遴传》，第574页。
② 《梁书·儒林传》，第677页。
③ （清）严可均：《全梁文》卷五九，《全上古三代秦汉三国六朝文》，第3300页。
④ 《梁书·儒林传》，第679页。
⑤ 《隋书·儒林传》，第1724页。
⑥ 《宋书》，第2167—2177页；《南史》，第553—557页。
⑦ 《宋书》，第2167页。

据此略知谢庄此木图著作的形制。《春秋左氏图》十卷,梁简文帝撰。简文帝始末见上《易》一节。此书见《隋志》载。

专题类文献有《春秋文苑》六卷、《春秋嘉语》六卷,梁沈宏撰。此二书《隋志》皆不题撰人,两《唐志》作沈宏撰。观书名盖专论《左传》文例之著作,近于文学。《隋志》又有《春秋五辩》二卷,题沈宏撰,观书名乃论难之类。宏当是长于《左传》的学者。

议论类的文献还有《春秋左氏区别》三十卷,宋何始真撰。始真,《隋书·经籍志》题宋尚书功论郎,盖明帝时人,撰有《晋起居注抄》五十一卷。① 此书两《唐志》作十二卷,不知《隋志》三十卷是否是十三卷之误。此书唐后亡佚,观书名亦分辨《左氏》,或是论难类著作。《申杜难服》无卷数,梁虞僧诞撰。据《崔灵恩传》云:

> 灵恩先习《左传》服解,不为江东所行,及改说杜义,每文句常申服以难杜,遂著《左氏条义》以明之。时有助教虞僧诞又精杜学,因作《申杜难服》,以答灵恩,世并行焉。僧诞,会稽余姚人,以《左氏》教授,听者亦数百人。其该通义例,当时莫及。②

据此则僧诞此书专为申杜而作,发明义例,然久已亡佚。

序跋类著作还有《春秋释例引序》一卷,南齐杜乾光撰。杜乾光始末不详,《隋书·经籍志》题齐正员郎,此书在杜预《春秋释例》条下,盖为杜书而作,唐初已亡。

义例类著作有《春秋例苑》三十卷,南齐萧子懋撰。晋安王子懋字云昌,武帝第七子。廉让好学,武帝尝赐之杜预手定《左传》及《古今善言》。本传云永明八年(490)撰《春秋例苑》三十卷奏上,武帝藏之秘阁。③ 据此,此书当仿杜预之作,子懋是传杜氏学者。《春秋左传例苑》十九卷,梁简文帝撰。此书《隋志》佚名,两《唐志》题简文帝撰,十八卷。姚振宗以简文帝初封亦为晋安王,疑本为萧子懋书而《唐志》误题,④说亦有理,然卷数差异较大,本书仍两列之。《春秋经传说例疑隐》一卷,梁吴略撰。《隋志》、两《唐志》皆不题吴略朝代,《通志·艺文略》题梁,未言何据,姑从之。观书名或是对杜预释例的发隐,且以"隐"为名,多见南朝,吴略当为南朝人。

---

① (清)姚振宗:《隋书经籍志考证》,第 255 页。
② 《梁书·儒林传》,第 677 页。
③ 《南齐书》,第 1110—1112 页;《南史》,第 708—710 页。
④ (清)姚振宗:《隋书经籍志考证》,第 253 页。

二、南朝《公羊传》《穀梁传》类文献

南朝的《公》《穀》二《传》数量极少,而且皆为宋齐人作,可见梁陈二《传》专门研究之落没。《公羊传》类文献有《公羊传》无卷数,宋周续之撰。续之始末见上《诗》一节。此书见续之本传所载,云传于世,然隋、唐《志》不著录,恐传播未久。《春秋公羊音》二卷,南齐王俭撰。俭事迹见上《尚书》一节。此书两《唐志》有载,然今已无佚文可考。

《穀梁传》类文献有《穀梁传注》无卷数,宋孔默之撰。默之鲁郡鲁人,尝为广州刺史,守儒学,注《穀梁春秋》。① 是书仅见此著录,盖不久行。

三、南朝《春秋》总义类文献

南朝《春秋》总义类文献中属于传说性质的文献有《春秋要略》无卷数,南齐沈骥士撰。骥士始末见上《易》一节。此书见骥士本传,未言为三《传》中何《传》作,或注解《左传》,或三《传》通解,亡佚甚久,无可考知,姑置于总义类。《春秋公羊穀梁文句义》十卷,梁崔灵恩撰。此书见灵恩本传著录,观书名亦义疏类著作,不知后来是否散入前述灵恩《左传》著作。《春秋大意》无卷数,梁刘之遴撰。传云:

> 是时《周易》《尚书》《礼记》《毛诗》并有武帝义疏,惟《左氏传》尚阙,之遴乃著《春秋大意》十科、《左氏》十科、《三传同异》十科。合三十事以上之,武帝大悦。②

据此,是书盖通讲三《传》之义疏,以与《左氏》十科区别。而《三传同异》无卷数,则为评论三《传》之著作,归于议论类。此二书亦仅见之遴本传载。

议论类著作还有《春秋答问》无卷数,梁武帝撰。武帝事迹见上《易》一节。此书见武帝本纪所载,盖与诸臣讲论之作。

第四节　北朝《春秋》学文献提要

一、北朝《左传》类文献

北朝的《左传》文献比之两晋、南朝种类和数量都少不少,传说类的文献有

---

① 《宋书·隐逸传》,第2284页。
② 《梁书·刘之遴传》,第574页。

《春秋左传义疏》无卷数,北朝苏宽撰。苏宽始末不详,孔颖达《正义序》中提及其有义疏。清人马国翰自《左传正义》辑有 25 条,马氏序云孔颖达谓苏宽全不体本文,唯攻贾服,故"《正义》每引之以与杜氏相证。《疏》有释卫冀隆难杜二条,意苏为北儒贾思同、秦道静之流"①,马氏此言可概括佚文内容。

《春秋义章》三十卷,北魏徐遵明撰。遵明字子判,华阴人。幼孤好学,从屯留王聪习《毛诗》《尚书》《礼记》,又从张吾贵、孙买德受业,后认为真师在自心,故隐居读《孝经》《论语》《毛诗》《尚书》、三《礼》,以教授为业,成为魏代大儒,后为乱兵所害。② 传见《魏书·儒林传》《北史·儒林传》。据遵明本传说,遵明习服虔说,隐居时作《春秋义章》,并以服虔说教授学生,影响极大。然此书不见隋、唐《志》,可见北朝经籍留存之艰难。据传所说,此书是西晋留存的服注本子,当多存古义。而遵明师从多人,皆半途而止,最后认为当本于自心,则其说服注应亦有自为新说者。

《左氏释》无卷数,北魏高允撰。允事迹见上《诗》一节。此书见高允本传所载。高允曾在家教授,此书或有一定影响。又有议论类著作《议何郑膏肓事》无卷数,亦见本传所载。何休有《左氏膏肓》,是驳《左氏》之误,郑玄又作《箴膏肓》以维护《左传》,观高允书名当是平议何休、郑玄之说。而本传云高允尤好《公羊传》,则此书或更倾向何休。《春秋序注》一卷,北朝田元休撰。此书见《隋书·经籍志》所载,元休始末未详,姚振宗根据《北史·儒林传》有徐遵明弟子田元凤,认为"或其昆季行"③,本书据此列入北朝。观书名不知是为何人《春秋序》作注,或亦北朝人而习杜氏并为其《序》作注欤?

其他议论类的著作有《春秋传驳》十卷,北魏贾思同撰。思同字士明,齐郡益都人。雅好经史,历任中散大夫、襄州刺史、黄门侍郎、侍中等职,卒赠尚书右仆射、青州刺史等,谥文献。④ 传见《魏书》《北史》本传。本传云思同曾为侍讲,授静帝《杜氏春秋》,思同是青齐人,自习杜氏。思同与当时的国子博士、持服虔学者卫冀隆就服、杜之说互相论难,形成《春秋传驳》一书。据此,此十卷并非思同一人所撰,而是北魏当时关于服杜两家的一次论战的总集。在贾思同去世后,姚文安、秦道静还在提倡贾思同的学说。而卫冀隆去世后,刘休和又坚持卫冀隆的学说。双方辩驳之作不见史志,清人王谟、马国翰对诸人的讨论有所辑佚,其中马氏自《左传正义》辑有 9 条,佚文有卫氏难、秦氏释 5 条,卫氏难、苏氏释 2 条,

---

① (清)马国翰:《玉函山房辑佚书》。
② 《魏书·儒林传》,第 1855—1856 页;《北史·儒林传》,第 2720 页。
③ (清)姚振宗:《隋书经籍志考证》,第 260 页。
④ 《魏书》,第 1615—1616 页;《北史》,第 1733 页。

卫氏难、佚名释2条。据佚文卫氏所难多得；而驳卫者曲护杜注，失经传之旨，其中还引伪孔《尚书》为证，一来可见其误，二来可见当时北朝已有习伪孔传者。大抵卫氏难杜甚有理据，说义精审，而贾、秦等人为尊杜说而失误不少，偶有得之，亦失大于得。①

《左传服解驳妄》无卷数，北齐姚文安撰；《左传服解释谬》无卷数，北齐李崇祖撰。文安魏郡人，始末不详，北魏末儒者，于《左传》先习服注，后兼习杜氏，能参与贾思同等人的论难，当时或亦在国学任教职或学习。崇祖字子述，上党长子人，父李业兴是徐遵明弟子，亦当时名儒，崇祖传父业，于《左传》专究服注。此二书见《北史·李崇祖》传云："姚文安难服虔《左传解》七十七条，名曰《驳妄》。崇祖申明服氏，名曰《释谬》。"②观此则二书是前述贾思同、卫翼隆等人论争之延续，再次可见这场论争的持久和激烈。

《左氏春秋序论》无卷数、《春秋序义》无卷数，北周乐逊撰。逊事迹见上《诗》一节。此二书见乐逊本传云著《左氏春秋序论》；又著《春秋序义》，"通贾、服说，发杜氏违，辞理并可观"③。乐逊是徐遵明弟子，其《左传》学亦尊服氏，故其论《左传》本于贾、服，而于杜氏当有驳难。此二书或亦魏末服、杜之论争之余响。

义例类的著作有《左氏刊例》十卷，北齐张思伯撰。思伯始末见上《诗》一节。此书亦见张氏本传云："善说《左氏传》，为马敬德之次。撰《刊例》十卷，行于时。"④又《北齐书·儒林传》云思伯传徐遵明学，得服氏之精微，则此书当本于服解，总结其义例，惜早佚，无可考矣，不知较杜氏释例如何。

二、北朝《公羊传》《穀梁传》类文献

北朝的《公羊》文献较南朝稍多，其中还有一种重要的传说类文献，即北朝徐彦撰《春秋公羊疏》二十八卷。疏本何休之注，发挥何氏三科九旨之说，为何注作申释、补充，阐发经传义例。还驳斥不合何注之旧说、旧解，引古本、旧本正俗本之误。广引群书，中有《韩诗》、纬书，又用颜安乐、严彭祖、贾逵、郑众等汉人说，颇有北学风格，并及杜预、庾蔚之等近人说，或是北朝末年人作。

传说类文献还有《公羊释》无卷数，北魏高允传。此书见高允本传所载，允曾在家教授，或以此书为教本。本传又云高允尤好《公羊传》，则当于此书用功颇深，惜亡佚久矣，只言无存。

---

① 参见简博贤《今存南北朝经学遗籍考》，第223—227页。
② 《北史·儒林传》，第2725—2726页。
③ 《周书·儒林传》，第818页。
④ 《北齐书·儒林传》，第594页。

音训类文献有《何休注公羊音》一卷,北魏刘芳撰。芳始末见上《尚书》一节。此书仅见芳本传。

序跋类文献有《春秋公羊例序》五卷,刁氏撰。姚振宗云《北史·儒林传》载徐遵明弟子李铉传业刁柔,柔东魏末为国子博士,不知是否此刁氏,本书据此列入北朝。① 观书名或为论《公羊》义例之序。《春秋公羊解序》一卷,鲜于公撰。姚振宗云《北史·李铉传》《李业兴传》中之鲜于灵馥似即此人,鲜于灵馥亦魏末大儒,成名在徐遵明前,称公为尊称,本书据此列入北朝。② 观书名是对《春秋公羊解》所作的序。

北朝的《穀梁》文献只有北魏刘芳撰《范宁注穀梁音》一卷,见芳本传载,则北朝《穀梁》亦有用范注。《隋书·经籍志》有佚名《穀梁音》一卷,列于范宁注下,云梁有,亡。姚振宗以为似即刘芳书,③若此则刘芳书唐初已无存。

三、北朝《春秋》总义类文献

北朝通讲《春秋》的著作不少,与此时《左传》文献数量相当。传说类文献有《春秋丛林》十二卷,北魏李谧撰。谧事迹见上《礼》一节。此书《隋志》不著撰人,两《唐志》题李谧撰。案谧本传云"鸠集诸经,广校同异,比三《传》事例,名《春秋丛林》,十有二卷"④,则李谧所注当广引诸说,比辑异同,而此书唐后亡佚。《春秋三传合成》十卷,北魏李彪撰。彪字道固,顿丘卫国人。少孤贫,笃学不倦。历任中书教学博士、秘书丞、散骑常侍等职。⑤ 传见《魏书》《北史》本传。此书见彪本传载述三《传》,成十卷,然不见史志所载,久佚。《春秋注》无卷数,北魏崔浩撰。浩事迹见上《易》一节。此书当为崔浩注五经并刊于石碑之一种。又《魏书·高允传》言当时的著作令史闵湛、郗标"上疏言马、郑、王、贾虽注述六经,并多疏谬,不如浩之精微"⑥,可见崔浩所说当与汉魏诸家有不同,盖三《传》兼采,故列于总义类。

《春秋三传总》无卷数,北魏辛子馥撰。子馥字元颖,早有学行,曾任员外散骑常侍、徐州开府长史、清河太守等职。⑦ 传见《魏书》《北史》本传。本传云:"子

---

① (清)姚振宗:《隋书经籍志考证》,第 276 页。
② (清)姚振宗:《隋书经籍志考证》,第 278 页。
③ (清)姚振宗:《隋书经籍志考证》,第 290 页。
④ 《魏书·逸士传》,第 1938 页。
⑤ 《魏书》,第 1381—1398 页;《北史》,第 1452—1465 页。
⑥ 《魏书·高允传》,第 1069—1070 页。
⑦ 《魏书》,第 1028—1029 页;《北史》,第 955 页。

馥以三《传》经同说异，遂总为一部，《传》注并出，校比短长，会亡，未就。"①则此书是三《传》兼采，以经为主，亦似范宁注《穀梁》意，然未完成，故无流传。《春秋三传集注》三十卷，北朝辛德源撰。德源字孝基，陇西狄道人，父辛子馥。沉静好学，博览书记。北齐时任员外散骑侍郎、中书舍人等职，北周时任宣纳上士，隋时任蜀王谘议参军。撰有《法言注》二十三卷、《集》二十卷、《政训》二十卷、《内训》二十卷。② 传见《隋书》《北史》本传。本传言德源在政务闲暇时撰此书，而其父子馥注三《传》之作没有最终完成，此书或是德源续父作，并合其父所作部分。

议论类的著作有《春秋二传异同》十二卷、《春秋先儒异同》三卷，北齐李铉撰。铉始末见上《易》一节。案本传云其年二十三时撰有《三传异同》，然合其他五种著作共三十余卷，故当为后书。后书见《通志·艺文略》著录。前书《旧唐志》作十一卷，《新唐志》作十二卷，观卷数当与后书别为一书，或专论《公》《穀》二《传》。二书并久佚。

《春秋经合三传》十卷、《春秋成夺》十卷，北朝潘叔度撰。据《北齐书·儒林传》云潘叔度虽不出徐遵明之门，亦对服氏《左传》有通解，③则此二书《左传》部分当从服氏。前书两《唐志》作《春秋合三传通论》，是知为通论三《传》之作。后书两《唐志》作《春秋成集》，据《隋志》书名亦当为论三《传》异同之书。二书唐后均亡佚。

义例类著作有《春秋三传略例》三卷，北魏刘献之撰。献之始末见上《诗》一节。此书见献之本传所载，言其书行于世。又云献之"每讲《左氏》，尽隐公八年便止，云义例已了，不复须解"④，则此书当类似，只讲三《传》义例之大概，故云《略例》。

音训类著作有《韦昭注国语音》一卷，北魏刘芳撰。此书仅见芳本传，属《春秋》外传类之作。

---

① 《魏书》，第1029页。
② 《隋书》，第1422—1423页；《北史》，第1824—1825页。案：德源传见《隋书》，据本书例当入隋，然与其父之书甚为相关，故本书列之以作比较。
③ 《北齐书·儒林传序》，第584页。
④ 《魏书·儒林传》，第1850页。

第六章 两晋南北朝《论语》学文献提要

第一节 两晋南北朝《论语》学文献目录

一、两晋《论语》学书目

（一）《论语》存目

书　名	卷数	作者	辑存	备　注
论语集注	六卷	晋卫瑾撰	辑	清马国翰辑15条（《玉函山房辑佚书》）
论语旨序	三卷	晋缪播撰	辑	清马国翰辑15条（《玉函山房辑佚书》）
论语缪氏说	一卷	晋缪协撰	辑	清马国翰辑一卷（《玉函山房辑佚书》）
论语注	十卷	晋李充撰	辑	清马国翰辑一卷（《玉函山房辑佚书》）
郑玄注论语赞	九卷	晋虞喜撰	辑	清马国翰辑2条（《玉函山房辑佚书》）
集解论语	十卷	晋孙绰撰	辑	清马国翰辑一卷（《玉函山房辑佚书》）
集解论语	十卷	晋江熙撰	辑	清马国翰辑二卷（《玉函山房辑佚书》）
论语范氏注	一卷	晋范宁撰	辑	清马国翰辑一卷（《玉函山房辑佚书》）
论语蔡氏注	一卷	晋蔡谟撰	辑	清马国翰辑8条（《玉函山房辑佚书》）
论语注	十卷	晋梁觊撰	辑	清马国翰辑2条（《玉函山房辑佚书》）
论语注	十卷	晋袁乔撰	辑	清马国翰辑19条（《玉函山房辑佚书》）
论语注	十卷	晋张凭撰	辑	清马国翰辑12条（《玉函山房辑佚书》）
论语释疑	十卷	晋栾肇撰	辑	清马国翰辑16条（《玉函山房辑佚书》）
论语体略	二卷	晋郭象撰	辑	清马国翰辑9条（《玉函山房辑佚书》）

续 表

书 名	卷数	作 者	辑存	备 注
论语释	一卷	晋虞翼撰	辑	清马国翰辑1条(《玉函山房辑佚书》)
论语殷氏解	一卷	晋殷仲堪撰	辑	清马国翰辑9条(《玉函山房辑佚书》)
论语隐义注	三卷	晋佚名撰	辑	清马国翰辑3条(《玉函山房辑佚书》) 清王谟辑一卷(《汉魏遗书钞》) 清王仁俊辑一卷(《玉函山房辑佚书续编》)
论语赞	无卷数	晋谢道韫撰	辑	《艺文类聚》卷五五
法言注	一卷	晋李轨撰	存	《四部丛刊》

(二)《论语》佚目

书 名	卷数	作 者	备 注
论语隐	一卷	晋郭象撰	《隋书·经籍志》
论语集义	八卷	晋崔豹撰	《隋书·经籍志》《旧唐书·经籍志》《新唐书·艺文志》
新书对张论	十卷	晋虞喜撰	《隋书·经籍志》
论语注	十卷	晋盈氏撰	《隋书·经籍志》《旧唐书·经籍志》《新唐书·艺文志》
论语注	无卷数	晋王珉撰	《论语义疏》
论语注	无卷数	晋江淳撰	《论语义疏》
论语注	无卷数	晋周瓌撰	《论语义疏》
论语注	十卷	晋孟整撰	《隋书·经籍志》《旧唐书·经籍志》《新唐书·艺文志》
论语注	十卷	晋尹毅撰	《隋书·经籍志》《旧唐书·经籍志》《新唐书·艺文志》
论语注	十卷	晋阳惠明撰	《隋书·经籍志》《旧唐书·经籍志》《新唐书·艺文志》
论语释	一卷	晋张凭撰	《隋书·经籍志》
论语驳序	二卷	晋栾肇撰	《隋书·经籍志》《旧唐书·经籍志》《新唐书·艺文志》
论语藏集解	一卷	晋应琛撰	《隋书·经籍志》
论语释	一卷	晋曹毗撰	《隋书·经籍志》

续 表

书　名	卷数	作　者	备　注
论语君子无所争	一卷	晋庾亮撰	《隋书·经籍志》
论语音	无卷数	晋李充撰	《经典释文》
论语释	一卷	晋李充撰	《隋书·经籍志》
论语释	一卷	晋王蒙撰	《隋书·经籍志》
论语释	一卷	晋蔡系撰	《隋书·经籍志》
论语释	一卷	晋张隐撰	《隋书·经籍志》
论语通郑	一卷	晋郄原撰	《隋书·经籍志》
论语注	无卷数	晋宋纤撰	《晋书》本传
论语音	二卷	晋徐邈等撰	《隋书·经籍志》《旧唐书·经籍志》《新唐书·艺文志》
古论语义注谱	一卷	晋徐氏撰	《隋书·经籍志》《旧唐书·经籍志》《新唐书·艺文志》
论语音	无卷数	晋卫瓘撰	《经典释文》
论语音	无卷数	晋缪播撰	《经典释文》
论语论释	一卷	晋姜处道撰	《论语著述考》
论语标指	一卷	晋司马氏撰	《论语著述考》
论语修郑错	一卷	晋王氏撰	《隋书·经籍志》
续注论语	十卷	晋史辟原撰	《通志·艺文略》

二、南朝《论语》学书目

（一）《论语》存目

书　名	卷数	作　者	辑存	备　注
论语颜氏说	一卷	宋颜延之撰	辑	清马国翰辑16条(《玉函山房辑佚书》)
论语琳公说	一卷	宋释慧琳撰	辑	清马国翰辑4条(《玉函山房辑佚书》)

续 表

书　名	卷数	作者	辑存	备　注
论语顾氏注	一卷	南齐顾欢撰	辑	清马国翰辑8条(《玉函山房辑佚书》)
论语要略	无卷数	南齐沈骥士撰	辑	清马国翰辑7条(《玉函山房辑佚书》)
论语沈氏说	一卷	南齐沈峭撰	辑	清马国翰辑1条(《玉函山房辑佚书》)
论语熊氏说	一卷	南齐熊埋撰	辑	清马国翰辑6条(《玉函山房辑佚书》)
论语梁武帝注	一卷	梁武帝撰	辑	清马国翰辑3条(《玉函山房辑佚书》)
论语集解	十卷	梁太史叔明撰	辑	清马国翰辑2条(《玉函山房辑佚书》)
论语义疏	十卷	梁褚仲都撰	辑	清马国翰辑1条(《玉函山房辑佚书》)
论语义疏	十卷	梁皇侃撰	存	《四库全书》

(二)《论语》佚目

书　名	卷数	作者	备　注
论语补阙	二卷	宋明帝撰	《隋书·经籍志》
论语注	十卷	宋孔澄之撰	《隋书·经籍志》
论语疏	八卷	宋张略等撰	《隋书·经籍志》
论语释	无卷数	南齐祖冲之撰	高桂华《补南齐书经籍志》
论语注	十卷	南齐虞遐撰	高桂华《补南齐书经籍志》
论语注	十卷	南齐许容撰	高桂华《补南齐书经籍志》
论语略解	十卷	南齐释僧智撰	《隋书·经籍志》
论语述义	十卷	梁戴诜撰	《旧唐书·经籍志》《新唐书·艺文志》
孔子正言	二十卷	梁武帝撰	《隋书·经籍志》《旧唐书·经籍志》《新唐书·艺文志》
集注论语	十卷	梁陶弘景撰	《隋书·经籍志》

续表

书　　名	卷数	作　者	备　　注
孔志	十卷	梁刘被撰	《隋书·经籍志》
论语注	十卷	梁曹思文撰	《隋书·经籍志》
论语注	无卷数	梁江避撰	《梁书·何逊传》
论语义	无卷数	梁伏曼容撰	徐崇《补南北史艺文志》
论语讲疏文句义	五卷	陈徐孝克撰	《隋书·经籍志》
论语疏	十一卷	陈周弘正撰	徐仁甫《补陈书艺文志》
论语义	二十卷	陈张讥撰	徐仁甫《补陈书艺文志》
论语义记	无卷数	陈沈文阿撰	《南史》本传
论语义疏	无卷数	陈顾越撰	《南史》本传
论语义疏	二卷	陈张冲撰	《隋书·经籍志》

三、北朝《论语》学书目

（一）《论语》存目

无。

（二）《论语》佚目

书　名	卷　数	作　者	备　　注
论语解	无卷数	北魏崔浩撰	《魏书》本传
论语注	无卷数	北魏陈奇撰	《魏书》本传
论语注	无卷数	北魏卢景裕撰	《魏书》本传
论语义疏	无卷数	北齐李铉撰	徐仁甫《补北齐书艺文志》
论语序论	无卷数	北周乐逊撰	徐仁甫《补周书艺文志》
法言注	二十三卷	北朝辛德源撰	徐崇《补南北史艺文志》

第二节　两晋南北朝《论语》学文献提要

一、两晋《论语》学文献

继承汉儒《论语》学的传说类著作有《论语范氏注》一卷,范宁撰。范宁事迹见上《尚书》一节。此书见于皇侃《义疏》、《经典释文》、《史记集解》所引,亦是江熙集解十三家之一,清人马国翰辑有 48 条。佚文训诂具有典则,解经间与旧注不同,不随俗说,而发前人所未发。马国翰认为《隋书·经籍志》范廙《论语别义》十卷或是范宁之误,①本书从之。案范宁乃东晋时反对玄风之代表,故其说义理,当不多涉玄虚。

《论语注》十卷,袁乔撰。乔始末见上《诗》一节。此书两《唐志》同载,后亡佚。案皇侃《义疏》引有袁氏说,其序又说江熙所集的十三家中,有晋江夏太守陈国袁宏,字叔度。袁乔是陈国人,字彦叔,尝为江夏相,传言其《诗注》《论语注》皆行于世。而袁宏是袁乔从侄,字彦伯,以文学知名,撰有《后汉纪》三十卷、《竹林名士传》三卷及诗赋杂文三百首传于世,不曾为江夏太守。②因此马国翰认为袁宏是袁乔之误,便据皇疏辑有 19 条,本书从马氏说。而丁辰虽认为马说有理,仍两列之,丁氏盖误。③佚文大多阐释句义,简当有法,不涉玄谈。④观本传乔又注《诗》,盖于经学有所得,传汉儒学风。

《郑玄注论语赞》九卷,虞喜撰。喜始末见上《尚书》一节。此书两《唐志》作十卷,或多《录》一卷,清人马国翰自皇侃《义疏》辑有 2 条。佚文引《说苑》以"隐规郑失,且以补子雍之缺也"⑤,观书名当为郑注作申补。又据本传言喜专心经传,兼览谶纬,是其说亦汉学流风。喜还有《新书对张论》十卷,此书《册府元龟》作《新书讨张论语》⑥,未知"对"与"讨"孰是,因此从书名也无可考其内容,姑且归入议论类。

《论语注》无卷数,宋纤撰。纤字令艾,敦煌效谷人。少有远操,隐居酒泉南山,明究经纬,弟子受业三千余人。注《论语》,及为诗颂数万言。年八十犹笃学

---

① （清）马国翰：《玉函山房辑佚书》。
② 《晋书·文苑传》,第 3291—3299 页。
③ （清）丁国钧：《补晋书艺文志》,第 25 页。
④ 参见中科院图书馆整理《续修四库全书总目·经部》,第 854 页。
⑤ （清）马国翰：《玉函山房辑佚书》。
⑥ （宋）王钦若等：《册府元龟》卷六〇五,中华书局,1960 年,第 7266 页。

不倦,后张祚征为太子太傅,纤不食而卒,谥玄虚先生。① 此书仅见宋纤本传所载。又观本传所言其事迹,当为河西传汉学者,其注盖本郑玄。

《论语注》十卷,孟整撰。案陆德明曰孟整"一云孟陋"②,是知《隋志》所载孟整即孟陋。孟陋字少孤,武昌人。少而贞立,以文籍自娱。③ 此书两《唐志》作九卷,后亡佚。案本传云时人称孟陋学为"儒宗",博学多通,长于三《礼》,注《论语》行于世,则其说或近汉儒。

议论类的文献还有《论语释疑》十卷,栾肇撰。栾肇始末见上《易》一节。此书两《唐志》作《论语释》,是江熙集解十三家之一,清人马国翰自皇侃《义疏》、《史记集解》辑有16条。佚文皆对章句进行说解,阐发议论,论辩颇详,说义平实,有本包氏之说。观其书名,即主于解释疑义,故归之议论类。案肇著有《周易象论》专论象数,其说《论语》或亦传汉学家法。肇又有《论语驳序》二卷,两《唐志》作《论语驳》,知是论难之作,亦早佚。

《论语通郑》一卷,郗原撰。原始末未详。此书《隋书·经籍志》云梁有,亡。案《郑玄传》有门人山阳郗虑,晋人郗鉴是其玄孙,姚振宗认为郗原或为郗虑后人,郗鉴同族。④ 观书名当为申说郑玄者,与姚氏考证相合,本书从之。

有玄学特色的传说类著作有《论语集注》六卷,卫瓘撰。瓘事迹见上《易》一节。此书《隋书·经籍志》著录六卷,又云晋有八卷,当是据晋时书目;而《经典释文序录》著录八卷;两《唐志》著录十卷,盖是同晋时八卷本加上宋明帝补阙的二卷。是江熙集解十三家之一,清人马国翰自皇侃《义疏》、《史记集解》辑有15条。其解《论语》颇有与前人句读不同而解义不同者,皇侃申说卫氏,马国翰认为其义为长,故宋明帝心折其说而为之补编。⑤ 书名集注,盖全书亦多聚前人之说,惜无可考。据本传卫瓘家世儒学,而为人贞静有名理,故其说于义理颇有新解,或亦兼玄学而说近平实者。瓘又有《论语音》无卷数,见《经典释文》有载。⑥

《集解论语》十卷,孙绰撰。绰字兴公,太原中都人。幼与兄孙统过江,居于

---

① 《晋书·隐逸传》,第2453页。
② 《经典释文序录疏证》,第127页。
③ 《晋书·隐逸传》,第2442—2443页。
④ 《后汉书·郑玄传》,第1212页;《晋书·郗鉴传》,第1796页;(清)姚振宗《隋书经籍志考证》,第346页。
⑤ (清)马国翰:《玉函山房辑佚书》。
⑥ 卫瓘、李充、缪播三人之《论语音》,见丁国钧、黄逢元、吴士鉴《补晋书艺文志》据《经典释文》之引用著录,然《释文》所引之音,可能是三人其他《论语》著作中所附音训。不过《隋志》于徐邈《论语音》云"徐邈等撰",明非徐邈一人之音作,而《隋志》所载为集合多人著作,或即卫、李、缪等人著作,故本书从丁氏等人著录。

会稽,历任太学博士、廷尉卿等职。① 此书两《唐志》同著录,是江熙集解十三家之一,清人马国翰自皇侃《义疏》、《经典释文》辑有 32 条。案本传云绰博学善属文,少有高尚之志,于时文士,绰为其冠,故马国翰评论其注云"蕴味宏深,而词饶清丽"②。

《论语注》十卷,李充撰。充始末见上《易》一节。此书两《唐志》同《隋志》,《经典释文序录》作《集注》,可见性质与何晏等集解一样,亦在江熙集解十三家之一,清人马国翰自皇侃《义疏》、《史记集解》辑有 51 条。其说有从郑玄、王弼等说,有用老子之言,亦自有新解。③ 本传言充好刑名学,深抑虚浮之士,而刑名、玄学原出为一,可知充既反对玄学中流于空谈者,又采玄说入于儒学。充注佚文所存较多,可见晋、南朝人对其说较为认同,即儒学与不虚浮的玄学之结合(其实亦即前文所说,这种玄学是儒学发展的一种新形态)。充还有《论语释》一卷,《隋书·经籍志》云梁有,亡。观其书名、卷帙,当为杂议《论语》之作,本书归之议论类。又有《论语音》无卷数,见《经典释文》引用。观此,充于《论语》颇有研究。

《论语蔡氏注》一卷,蔡谟撰。谟始末见上《诗》一节。此为江熙集解十三家之一,清人马国翰自皇侃《义疏》辑有 8 条。马氏辑序云:"其辨正时说,多有可取。皇序称蔡公为此书为圆通之喻,著述之义见于兹矣。"④其说亦有取前人,如从王肃说,亦用史事参证。《论语注》十卷,梁觊撰。梁觊,陆德明曰"天水人,东晋国子博士"⑤,即皇侃《义疏》所引之梁冀。此书两《唐志》同著录,清人马国翰据皇疏辑有 2 条。佚文阐发大义,说与郑玄不同。⑥《论语缪氏说》一卷,缪协撰。协始末不详,此书唯见皇侃《论语义疏》引有 27 条,清人马国翰据之辑为一卷。佚文之句读、释词义、句义均多新解,亦有远本汉人之说者,兼涉玄言,通达明畅。⑦

《集解论语》十卷,江熙撰。江熙始末见上《诗》一节。此书两《唐志》同《隋志》,《经典释文序录》作十二卷,或多出《录》《序》。据皇侃《论语义疏序》称江熙集解有十三家(详见本书所述各著作),而皇疏本之何晏集解,兼采江集,可见江书影响较大。清人马国翰自皇疏辑有 90 多条,皆明标江熙者,属江氏自己的注

---

① 《晋书·孙绰传》,第 1544—1547 页。
② (清)马国翰:《玉函山房辑佚书》。
③ 参见中科院图书馆整理《续修四库全书总目·经部》,第 853 页。
④ (清)马国翰:《玉函山房辑佚书》。
⑤ 《经典释文序录疏证》,第 127 页。
⑥ 参见中科院图书馆整理《续修四库全书总目·经部》,第 853 页。
⑦ 参见中科院图书馆整理《续修四库全书总目·经部》,第 851 页。

说。佚文主说义理,有申说郑义,有自为新说,亦兼玄言。① 观江氏所集诸家,多有玄风,熙亦与之相近。

《论语注》十卷,张凭撰。凭字长宗,官至吏部郎、御史中丞。② 此书久佚,清人马国翰自皇侃《义疏》辑有12条。佚文解释词义、句义,好立异说,与郑玄说有别,有失经旨。③ 据本传言张凭曾与刘惔、王濛清言,旨意深远,惔颇欣赏之,言于简文帝,简文帝与之语,赞其勃窣为理窟,证之佚文可见为清谈家说《论语》者。张凭还有杂义、杂论类的《论语释》一卷。《论语殷氏解》一卷,殷仲堪撰。仲堪事迹见上《诗》一节。此书唯见皇侃《义疏》引用,清人马国翰据之辑有9条。其说多涉玄言,本传说其能清言,好读《道德论》,则其说《论语》风格可知矣。

还有江淳、周瑰、王珉各自所撰之《论语注》无卷数,均见于皇侃《论语义疏》所列江熙集解十三家中。江淳始末见上《诗》一节,本传言其儒玄并综,认为隐显殊途,但均应遵礼教,是其说《论语》或近李充之类。周瑰字道夷,陈留人,晋散骑常侍,其说《论语》内容无可考。王珉字季琰,琅邪人,王导之孙。历任国子博士、中书令等职。④ 案本传云其少有才艺,善行书,少时曾与外国沙门讲佛经,则其说《论语》或类同皇侃杂有释家言。

议论类文献还有《论语旨序》三卷,缪播撰。播字宣则,兰陵人。历任侍中、中书令等,后为东海王越所杀,怀帝赠卫尉。⑤ 此书两《唐志》作二卷,是江熙集解十三家之一,清人马国翰自皇侃《义疏》、《经典释文》辑有15条。佚文多解句义、段落义,其说因人设教,探本穷源,阐明圣贤微言,发陶染情性之说。⑥ 佚文符合其书名,即叙论《论语》大的宗旨。案本传言播才思清辩,是善名理者。播又有《论语音》无卷数,见《经典释文》有载。

《论语体略》二卷,郭象撰。象字子玄,少有才理,好《老》《庄》,能清言。官至黄门侍郎。⑦ 此书两《唐志》亦载,是江熙集解十三家之一,清人马国翰自皇侃《义疏》辑有9条。佚文语涉玄虚,说义畅达,亦有远本汉人说有理据者。⑧ 郭象曾窃向秀《庄子注》为己注,其说大畅玄风,是郭象为当时玄学代表人物,其说《论语》自多玄学成分。观其书名以"体略",自以阐发心得为主,故卷帙亦不多。郭

---

① 参见中科院图书馆整理《续修四库全书总目·经部》,第854页。
② 《晋书·张凭传》,第1992页。
③ 参见中科院图书馆整理《续修四库全书总目·经部》,第855页。
④ 《晋书·王导传》,第1758页。
⑤ 《晋书·郭象传》,第1636—1637页。
⑥ 参见中科院图书馆整理《续修四库全书总目·经部》,第851页。
⑦ 《晋书·郭象传》,第1396—1397页。
⑧ 参见中科院图书馆整理《续修四库全书总目·经部》,第852页。

象还有《论语隐》一卷,《隋书·经籍志》云梁有,亡。观其书名,当如《体略》,是发挥《论语》之隐义,重在阐释义理。

《论语隐义注》三卷,佚名撰。此书《隋志》、两《唐志》均不题撰人,两《唐志》作《论语义注隐》,清人马国翰认为是对郭象《论语隐》作注,《唐志》题名误倒,本书姑从之,录于晋代。马氏自《白帖》《太平御览》辑有3条,认为"其语鄙俚似小说,与郭氏《体略》不类,应皆是注者以异闻附益"①。此书王谟、王仁俊亦有辑。

《论语释》一卷,庾翼撰。翼事迹见上《春秋》一节。此书清人马国翰自皇侃《义疏》辑有1条。马氏辑序云:"文笔秀整,大似论体,岂其摘取发挥,似后世制义耶?"②据此此书似专门阐发议论之作,本书归于玄学流裔者。《论语释》一卷,蔡系撰。蔡系字子叔,陈留考城人,是蔡谟少子,官至抚军长史。③ 此书亦江熙集解十三家之一。此书内容无可考,观书名当为杂义、杂论一类,据《蔡谟传》说蔡系有才学文义,则其说《论语》或涉玄学。《论语释》一卷,曹毗撰。曹毗字辅佐,谯国人。少好文籍,善属词赋。曾任太学博士、下邳太守等职,所著文笔十五卷传于世。④ 观曹毗之传,其说《论语》或非纯儒。《论语释》一卷,王濛撰。濛字仲祖,太原晋阳人,哀靖皇后父。曾任中书郎、司徒左长史等职。⑤ 案本传云濛善隶书,与刘惔齐名友善,为风流之宗,孙绰评价其"能言理",则其说《论语》当颇有玄风。以上四书《隋书·经籍志》云梁有,亡。

《论语君子无所争》一卷,庾亮撰。亮事迹见上《礼》一节。此书《隋书·经籍志》云梁有,亡。观书名当为专论"君子无所争"这一议题,又本传云庾亮性好庄老,其论风格可略知矣。《论语修郑错》一卷,王氏撰。此书《隋志》录在郄原、姜处道之间,盖晋人之作。观书名当为专论郑玄注之误者,亦杂义之属。

风格不明的传说类著作有《论语集义》八卷,崔豹撰。豹字正熊,燕国人。惠帝时任太傅丞,又曾任尚书左中兵郎。⑥ 此书《隋书·经籍志》云梁有十卷,《释文序录》、两《唐志》并十卷。观书名当集注之作,然书之内容则无可考。《论语注》十卷,盈氏撰。盈氏始末不详,《隋书·经籍志》列此书在孙绰、孟整之间,盖晋人。此书两《唐志》作《论语集义》,是亦集注之类。

《论语注》十卷,尹毅撰。毅始末见上《礼》一节。此书两《唐志》同著录。《论

---

① (清)马国翰:《玉函山房辑佚书》。
② (清)马国翰:《玉函山房辑佚书》。
③ 《晋书·蔡谟传》,第2041页。
④ 《晋书·文苑传》,第2386—2388页。
⑤ 《晋书·外戚传》,第2418—2419页。
⑥ 《经典释文序录疏证》,第127页;余嘉锡《世说新语笺疏·文学》,第108页。案:李慈铭云太傅无丞,当是太仆丞。

语注》十卷,阳惠明撰。惠明始末不详,此书两《唐志》作《论语义注》十卷,畅惠明撰。《续注论语》十卷,史辟原撰。此书见《通志·艺文略》载,录于孙绰、虞喜间,盖为晋人作,而史辟原始末不详。以上三书均久佚,内容无可考。

议论类文献有《论语释》一卷,张隐撰。隐始末不详,姚振宗云《陶侃传》有"侃命张夔子隐为参军"①,不知是否此张隐。此书《隋书·经籍志》云梁有,亡,是早佚而不可考其内容。《论语藏集解》一卷,应琛撰。琛始末不详,《隋书·经籍志》列在郭象、曹毗之间,盖为晋人。书名亦难解,姚振宗以为是《论语行藏集解》,集"用之则行,舍之则藏"②之解说,本书姑列为杂论类。

《论语论释》一卷,姜处道撰。姜氏始末未详。案《旧唐志》郭象《论语体略》后有佚名撰《论语杂义》十三卷,姚振宗认为似即《隋志》中张凭、郭象、应琛、曹毗、庾亮、李充、庾翼、王濛、蔡系、张隐、郤原、王氏、姜处道十三家,③说甚有理。则姜氏盖晋人,此书乃杂论之作。《论语标指》一卷,司马氏撰。司马氏不详何人,或晋室宗亲。观书名当论《论语》大旨。

其他类型的著作还有音训类的《论语音》二卷,晋徐邈等撰。此书两《唐志》题徐邈撰,而《经典释文序录》题徐邈《音》一卷,可见二卷本当为集合徐邈及他人著作,《唐志》有误。

图谱类著作有《古论语义注谱》一卷,徐氏撰。徐氏不详何人,此书两《唐志》次于晋代诸人中,丁国钧认为即徐邈撰,④本书姑录于此。此书久佚,观书名或是《古论语》传说者的传授谱。

专论类的文献有《论语赞》无卷数,谢道韫撰。道韫陈郡人,谢安是其叔父,王凝之是其夫。聪识有才辩,时人称有林下之风,居会稽,家门整肃,所著诗赋诔颂皆传世。⑤ 此书丁国钧《补晋书艺文志》据《艺文类聚》所引著录,⑥文廷式认为其引似未备,疑道韫本每章赞之,⑦本书据此录之。其赞先引《论语》之言,然后赞以骈文,是近文学,本书列之专论类。

拟经类的一种文献是李轨《法言注》。李轨始末见上《易》一节。案李轨所注,《隋书·经籍志》著录为"《扬子法言》十五卷、《解》一卷,扬雄撰,李轨注"⑧,

---

① 《晋书·陶侃传》,第 1776 页;(清) 姚振宗:《隋书经籍志考证》,第 346 页。
② (清) 姚振宗:《隋书经籍志考证》,第 345 页。
③ (清) 姚振宗:《隋书经籍志考证》,第 347 页。
④ (清) 丁国钧:《补晋书艺文志》,第 26 页。
⑤ 《晋书·列女传》,第 2516—2517 页。
⑥ (唐) 欧阳询:《艺文类聚》卷五五,上海古籍出版社,1982 年,第 985 页。
⑦ (清) 文廷式:《补晋书艺文志》,第 197 页。
⑧ 《隋书·经籍志》,第 998 页。

《经义考》和《四库全书总目》据此认为李轨所撰是《法言解》一卷。① 而《旧唐志》作李轨注《扬子法言》十三卷,陈振孙亦云:

> 《法言注》十三卷、《音义》一卷,晋尚书郎李轨宏范注。此本历景祐、嘉祐、治平三降诏,更监学馆阁两制校定,然后颁行。与建宁四注本不同。钱佃得旧监本刻之,与《孟》《荀》《文中子》为四书。②

其后清嘉庆二十四年(1819)秦恩复重刻宋治平监本,③是此本一直流传。那么《隋志》所言,或是李轨之注单行为《解》一卷,不与《法言》合并,似两汉经传旧例;或是此《解》一卷即陈振孙所言《音义》一卷,而李轨注本在十五卷中。李氏注是今存《法言注》最早者,其后为宋司马光集注、汪荣宝义疏所采用,汪氏评价李注说"细观李祠部注,虽时或右道左儒,失子云本指,而古言古义往往而在,有不可废者。乃兼存李注,并为校释"④,可见李注之内容和影响。

二、南朝《论语》学文献

继承汉儒《论语》学的传说类著作有《论语颜氏说》一卷,宋颜延之撰。延之事迹见上《礼》一节。案颜延之说《论语》仅见皇侃《论语义疏》有引(邢昺《正义》乃从皇疏引),清人马国翰自皇疏辑有 16 条。佚文以阐发大义为主,多本前人,虽有取玄说,大抵皆随文衍义,未畅玄言。⑤ 故马氏辑序云:"览是编者,应叹江左之士,说经锵锵,非徒以错彩镂金,齐名康乐已也。"⑥

《论语梁武帝注》一卷,梁武帝撰。梁武帝事迹见上《易》一节。此书不见隋、唐《志》记载,唯《经典释文》、唐李匡义《资暇集》引有 3 条,清人马国翰辑之。其用字、释字词义本于郑玄,存汉儒古义。⑦ 此风格与武帝解《易》亦同。武帝还有

---

① 《四库全书总目》卷九一,第 772 页。(清)朱彝尊:《经义考》,第 5029 页。
② (宋)陈振孙:《直斋书录解题》卷九,第 263—264 页。
③ 《书目答问》云秦恩复有仿宋大字本,又徐养原校李赓芸刻本。范希曾补正云《音义》不著撰人,考李轨多有音学之作,或此《音义》亦其所作,如陈振孙所著录。范氏又言此后有杭州局《二十二子》重刻秦本,《四部丛刊》影印秦本。详见(清)张之洞撰,范希曾补正《书目答问补正》,上海古籍出版社,2001 年,第 146 页。
④ 汪荣宝:《法言义疏》自序,中华书局,1987 年,第 1 页。陈仲夫的《点校说明》还引有汪氏早先评价李注之言,云"李辞华妙,颇乖义法",可见李注正东晋著书风格。
⑤ 参见简博贤《今存南北朝经学遗籍考》,第 250—251 页。据陆澄与王俭书,颜延之为祭酒时曾黜郑玄《易》注,独尊王弼,陆澄说其意在贵玄。若据此则颜延之说《论语》当颇有玄风,然佚文则不然,盖亦类何晏集解《论语》者,梁武帝说《周易》《论语》亦相似。可见仅据史传,不一定能确知其注解风格,惜著述散佚,不可详考,据史传而推测,错漏恐多,无可奈何。
⑥ (清)马国翰:《玉函山房辑佚书》。
⑦ (清)马国翰:《玉函山房辑佚书》。

《孔子正言》二十卷，《隋志》归之《孔子家语》一类，两《唐志》并载。据《孔子祛传》言武帝撰《孔子正言》时，专使子祛检阅群书，以为义证①，可见此书与武帝五经讲疏风格一致，都广引前人诸说。书成后，孔子祛、朱异、贺琛于士林馆递日执经。又武帝《撰孔子正言竟述怀诗》云：

> 志学耻传习，弱冠阙师友。爱悦夫子道，正言思善诱。删次起实沈，杀青在建酉。孤陋乏多闻，独学少击叩。仲冬寒气严，霜风折细柳。白水凝涧溪，黄落散堆阜。康哉信股肱，惟圣归元首。独叹予一人，端然无四友。②

姚振宗据此诗考证武帝删次《孔子正言》在大同六年(540)，次年杀青，到溉、贺琛表立博士。八年(542)武帝又对《孔子正言》作章句，置有博士生徒，"终武帝之世，为是学得选举因而起家者，不知若干人，张讥、袁宪、戚衮其最著者也"③。是此书在武帝时影响极大，实不知前述马国翰所辑3条，是否此书内容，难于考证，姑且两列。

《论语义记》无卷数，陈沈文阿撰。文阿始末见上《礼》一节。此书唯见文阿《南史》本传，亡佚久矣，内容难考，陈时文阿曾于东宫讲《孝经》《论语》，此书当为其讲经之作。案文阿犹精三《礼》、三《传》，家世儒学，乃醇儒，其说《论语》盖亦汉学后裔。

《论语义疏》二卷，陈张冲撰。冲始末见上《礼》一节。案此书《隋书·经籍志》题二卷，而冲本传作《论语义》十卷，故姚振宗认为《隋志》中有佚名撰《论语义疏》八卷，合此二卷正当冲本传所言卷数。④ 据冲传，其于《春秋》《丧服》《孝经》《论语》《汉书》皆有著作，是专心经史者，其《论语》义或不涉玄言。

梁皇侃撰《论语义疏》十卷。皇侃事迹见上《礼》一章。今存有敦煌出土唐抄本残卷，宋邢昺修《论语注疏》即以皇疏为本，大概在南宋时亡于中土。清代乾隆二十九年(1764)汪鹏于日本购得此书，修《四库全书》时抄写收入。皇侃的《义疏》是在何晏《论语集解》基础上所作的疏，又吸收了江熙集解的十三家之说，此外还取当时通儒之说，以示广闻。其解《论语》，有分章断句、校正文字、起例发凡，既有援引诸家解释字词音义，又总结文意、申以己见，多存旧说、佚事。并引《老子》《庄子》等道家学说，及佛学、汉代阴阳五行说。皇疏自清代传回中国后，

---

① 《梁书·儒林传》，第680页。
② 《艺文类聚》卷五五，第985页。
③ （清）姚振宗：《隋书经籍志考证》，第357页。参见《陈书·张讥传》，第443页；《陈书·戚衮传》，第440页；《陈书·袁宪传》，第312页。
④ （清）姚振宗：《隋书经籍志考证》，第351页。

学者便多有研究,兹不赘述。

有玄学特色的传说类著作有《论语琳公说》一卷,宋释慧琳撰。慧琳秦郡秦县人,俗姓刘,少出家,住冶城寺。有才章,兼内外之学,尝著《均善论》行于世,旧僧谓其贬黜释氏,宋文帝见论赏之,元嘉中参与朝廷大事,宾客辐凑,势倾一时,会稽孔觊谓之"黑衣宰相"。注《孝经》《庄子·逍遥篇》传于世。① 传见《宋书·夷蛮传》《南史·夷貊传》。其《论语说》仅见皇侃《义疏》、邢昺《正义》引有 4 条,清人马国翰辑之。其说释义、句读颇与旧说不同,马氏云"说甚新巧,有思致"②。观史传之言,慧琳兼习儒、道,其说《论语》盖以汇通三教,故多新说。

《论语要略》无卷数,南齐沈骥士撰。骥士事迹见上《易》一节。此书见骥士本传著录。朱彝尊《经义考》著录有沈骥士《论语训注》,未言何据,盖即此书。皇侃《义疏》引沈居士说有 7 条,清人马国翰以为即骥士,据此辑之。佚文阐发大义,明畅有据,有本孔注、江熙注,有据情理创为新说。③ 马氏辑序云"其说亦涉玄宗,而文笔清俊可喜"④,与其《易经要略》风格亦同。

《论语顾氏注》一卷,南齐顾欢撰。顾欢事迹见上《易》一节。此书唯见皇侃《义疏》引有 8 条,清人马国翰辑之。佚文多涉玄虚,正如本传云顾欢亦修道家者,而其论说之言则"清辨滔滔,其味隽永"⑤。

《论语集解》十卷,梁太史叔明撰。叔明吴兴乌程人,吴太史慈后人,沈峻舅,曾师事沈骥士。少善《庄》《老》,兼通《孝经》《论语》《礼记》,精解三玄,冠绝当世,每讲说听者常五百余人。曾任国子助教,邵陵王纶在江州、郢州时,均携叔明,所至辄讲授,江外人士皆传其学。⑥ 此书《隋书·经籍志》云梁有,亡,唯皇侃《义疏》引有 2 条,清人马国翰辑之。佚文皆阐发义理,马氏云"语涉冲虚,出入释氏,与王弼、郭象二家相近"⑦,观叔明本传正与此合。

《论语义疏》十卷,梁褚仲都撰。仲都事迹见上《易》一节。此书两《唐志》作《讲疏》,盖其讲学之用,今唯有皇侃《义疏》引有 1 条,清人马国翰辑之。佚文说义平实,本之何晏,不同马融、王肃。⑧ 仲都《易》学近于王弼,其说《论语》盖亦近何晏。

---

① 《宋书·夷蛮传》,第 2388—2391 页;《南史·夷貊传》,第 1963—1964 页。
② (清)马国翰:《玉函山房辑佚书》。
③ 参见简博贤《今存南北朝经学遗籍考》,第 233—236 页。
④ (清)马国翰:《玉函山房辑佚书》。
⑤ (清)马国翰:《玉函山房辑佚书》。
⑥ 《梁书·儒林传》,第 679 页;《南史·儒林传》,第 1741 页。
⑦ (清)马国翰:《玉函山房辑佚书》。
⑧ 参见简博贤《今存南北朝经学遗籍考》,第 248 页。

《论语补阙》二卷,宋明帝撰。宋明帝刘彧,字休炳,文帝第十一子。帝好读书,爱文义,在藩时撰《江左以来文章志》,又续卫瓘所注《论语》二卷,行于世。① 前已述卫瓘书八卷,《隋书·经籍志》另著录明帝补阙二卷,两《唐志》著录十卷则并明帝二卷在内。案卫瓘书乃采玄学而说近平实者,明帝补阙盖风格近之。

《论语略解》十卷,南齐释僧智撰。《高僧传》"南齐京师谢寺释慧次"条下云"时谢寺又有僧宝、僧智,长乐寺法珍、僧向、僧猛、法宝、慧渊,并一代英哲,为时论所宗"②,由此知僧智曾居于京师谢寺,为当时名僧。此书《隋书·经籍志》云梁有,亡,以僧家说《论语》,盖引释以入儒。

《论语义》无卷数,梁伏曼容撰。曼容始末见上《易》一节。此书唯见曼容本传所载,久佚,观书名当为讲疏一类,盖其讲学之作。案曼容说《易》主于义理,其解《论语》或亦主玄风。《集注论语》十卷,梁陶弘景撰。弘景始末见上《易》一节。此书《隋书·经籍志》云梁有,亡。案本书将陶弘景《易》作归于象数类,因其主筮占。然弘景是梁代道教名士,其说《论语》恐兼及玄言。《论语述义》十卷,梁戴诜撰。诜始末未详。案《太平御览》引《老氏圣纪》云刘缓、戴诜造访道士孟道养,相与言论玄理,各叹伏,以为迈绝,③由此可见戴诜是长于玄言者,其说《论语》或玄儒兼综。又刘缓为梁人,④姚振宗据此认为诜亦梁人,⑤本书从之。

《论语讲疏文句义》五卷,陈徐孝克撰。孝克,东海郯人,兄徐陵。少为《周易》生,有口辩,能谈玄理,长而遍通五经,博览史籍,善属文。后居钱塘,与诸僧讨论释典,遂通三论。每日旦讲佛经,晚讲《礼》《传》,道俗受业者数百人。陈至德中,皇太子释奠,孝克发《孝经》题。隋时文帝曾召其讲《金刚般若经》,侍东宫讲《礼》《传》。梁时为太学博士,陈时曾任国子博士、国子祭酒等职,隋时任国子博士。⑥ 传见《陈书》《南史》本传。此书《隋书·经籍志》题残缺,是唐初已无完本,观书名当是对讲疏再作的文句疏通,只是不知是孝克对自己所作讲疏的再疏通,还是对他人《论语讲疏》的文句义疏。据传所言,孝克是儒释兼奉者,则其《论语》当类似皇侃,引释说儒。

《论语疏》十一卷,陈周弘正撰。弘正始末见上《易》一节。此书唯见弘正本

---

① 《宋书·明帝纪》,第 170 页;《南史·明帝纪》,第 84 页。
② (梁)释慧皎:《高僧传》卷八,第 326 页。
③ 《太平御览》卷六六六,第 2975 页。
④ 《梁书·文学传》,第 692 页。
⑤ (清)姚振宗:《隋书经籍志考证》,第 1124 页。
⑥ 《陈书》,第 337—338 页;《南史》,第 1527—1528 页。

传所载,弘正尝于陈太建五年(574)于东宫侍讲《论语》《孝经》,则此书或是其讲义之作。案弘正乃梁末玄宗之冠,兼明释典,则其《论语》著作当同其《周易》著述,主于义理,兼采释道。

风格不明的传说类文献有《论语沈氏说》一卷,南朝沈峭撰。峭始末未详,其说皇侃《义疏》引有1条,清人马国翰辑之。马氏以为似是梁沈峻,因沈峻为江左经师中著名者,"峭""峻"二字形近,马说有理。佚文说义理,言语平实,然仅有片言,难考其家法。《论语熊氏说》一卷,南朝熊埋撰。埋始末不详,其说唯见皇侃《义疏》引有6条,清人马国翰辑之。佚文皆为解说文义,平实晓畅,大抵允当,皇侃从之。①然亦难据佚文断其家法。

《论语注》十卷,宋孔澄之撰。陆德明云澄之"字仲渊,会稽人,宋新安太守"②。此书《隋书·经籍志》云梁有,亡,内容无可考。《论语疏》八卷,宋张略等撰。张略始末未详,《隋书·经籍志》题张略是宋司空法曹,又题"等",知非张略一人之作。此书似唐初犹存,无可详考。

《论语释》无卷数,南齐祖冲之撰。冲之事迹见上《易》一节。案此书仅见冲之本传,亡佚甚久。冲之善历算、钟律及工程制造,于《老》《庄》亦有著作,盖亦玄儒并兼。本书将其《易义》归之象数类,然《论语》本多义理阐释的空间,故不轻下断言。《论语注》十卷,南齐虞遐撰。虞遐,陆德明云"会稽人,齐员外郎"③。《论语注》十卷,南齐许容撰。许容始末未详。此二书久佚,不知其内容所宗。

《论语注》十卷,梁曹思文撰。严可均云:"齐永泰时领国子助教,梁受禅,为尚书论功郎。"④此书《隋书·经籍志》云梁有,亡,难考其内容。《论语注》无卷数,梁江避撰。江避,济阳人,尝为南平王大司马府记室,博学有理思,注《论语》《孝经》,有文集。⑤ 此书仅见《何逊传》记载,亡佚甚久,亦不知其内容。

《论语义》二十卷,陈张讥撰。张讥始末见上《易》一节。此书仅见张讥本传所载,讥曾任国子博士,此书或即讲疏之类。案张讥虽好玄言,又是周弘正之徒,然其《周易》著作,则为郑玄之嫡派,是其《论语义》之宗主,亦难轻下论断。《论语义疏》无卷数,陈顾越撰。顾越事迹见上《诗》一节。此书唯见越《南史》本传所载,或亦顾越任博士时讲学之用。案本传言顾越善庄老,长于论难,又言其精通历算、图纬,则其学兼儒道,其《论语义疏》亦不可断言家法。

---

① 参见中科院图书馆整理《续修四库全书总目·经部》,第856页。
② 《经典释文序录疏证》,第128页。
③ 《经典释文序录疏证》,第128页。
④ (清)严可均:《全梁文》卷五四,《全上古三代秦汉三国六朝文》,第3272页。
⑤ 《梁书·文学传》,第693页;《南史·何承天传》,第871页。

还有一种附《论语》的著作,即梁刘被撰《孔志》十卷。刘被,《隋书·经籍志》题梁太尉参军。此书唐初已亡。案《册府元龟》云"汉孔鲋,为陈胜博士,撰《论语义疏》三卷"①,又云"刘被为太尉参军,撰《论语孔志》十卷,述孔鲋《义疏》"②。《史记·儒林传》曰:"陈涉之王也,而鲁诸儒持孔氏之礼器往归陈王。于是孔甲为陈涉博士,卒与涉俱死。"③《集解》引徐广曰:"孔子八世孙,名鲋字甲也。"④《隋志》将此书置于题名孔鲋的《孔丛子》下,姚振宗据以上所引认为刘被从《孔丛子》及他书选材,编为孔鲋《义疏》,又申述其义为十卷,⑤姚说可备一解。因汉时无义疏体著作,故孔鲋《论语义疏》或为姚氏所猜测由刘被所辑,或为托名之晋南北朝人作;若《论语义疏》为他人托名,刘被《孔志》盖为解此他人伪作之《义疏》,一如南朝人为伪孔传《尚书》作疏。

三、北朝《论语》学文献

传说类著作有《论语解》无卷数,北魏崔浩撰。浩事迹见上《易》一节。此书仅见崔浩本传记载,奉明元帝命所作,成于永兴三年(411),书佚已久,结合崔浩其他经作来看,或述汉儒家法。然据《陈奇传》说,陈奇的《论语注》义多与郑玄异,往往与崔浩同,而崔浩其他经解也是多与前儒马、郑等人有别,则崔浩此作当多创新之处。不过,崔浩虽晚年奉道教,却是术数之路,不好老庄、释家,故其《论语解》当仍为汉人说解风格。

《论语注》无卷数,北魏陈奇撰。陈奇字修奇,河北人。少孤,爱玩经典,博通坟籍,常非马融、郑玄解经失旨,志在著述五经。始注《孝经》《论语》,颇传于世,为搢绅所称。受召至京师,尝于秘书校雠古籍。时游雅赞扶马、郑,而陈奇与之论辩,雅因此与奇有隙,后二人又数度驳难,奇终为游雅陷害而死。⑥ 传见《魏书·儒林传》《北史·儒林传》。观传之言,此书是陈奇早年著作,是他为注五经而作的先行准备,撰作时已存意要不同于马、郑。不过本传又言奇善于《易》占,并举有实例;而其《论语注》与郑玄义多不同,往往与崔浩义同,可见陈奇当与崔浩路数一样,虽在注解的内容上不同马、郑,但风格则是解经为主,亦汉儒风格。此书仅见陈奇本传所载,亡佚已久。案本传说陈奇始注《论语》,颇传于世,为士

---

① 《册府元龟》卷六〇五,第 7258 页。
② 《册府元龟》卷六〇六,第 7273 页。
③ 《史记·儒林列传》,第 3116 页。
④ 《史记·儒林列传》,第 3117 页。
⑤ (清)姚振宗:《隋书经籍志考证》,第 353 页。
⑥ 《周书·儒林传》,第 1846—1848 页;《北史·儒林传》,第 2712—2713 页。

人称道;然又说陈奇外甥常矫之,传掌奇之《论语注》,未能行于世。盖奇此书,修成后便有流行,但是后来游雅对陈奇进行打压,其流传渐少,常矫之仕历郡守,未曾为学官,故传掌陈奇此书而未能发扬,此书就不再行于世了。

《论语注》无卷数,北魏卢景裕撰。景裕始末见上《易》一节。此书仅见景裕本传所载,姚振宗认为《隋书·经籍志》所载卢氏注《论语》七卷即景裕书。[①] 案本传载景裕受徐遵明《易》学,但亦注《老子》、好释氏,其《易注》虽本郑玄,亦有从王弼,则其说《论语》风格或相似。

《论语义疏》无卷数,北齐李铉撰。铉事迹见上《易》一节。此书仅见李铉本传,是其年二十三,从学徐遵明时潜居撰成,其后李铉归乡里教授,盖用此书为讲义之一。观李铉受学经历,此书当本郑注。

议论类的一种著作是《论语序论》无卷数,北周乐逊撰。逊始末见上《诗》一节。此书仅见乐逊本传所载,盖论述《论语》大旨之作。案乐逊从徐遵明受《论语》,此书亦当郑玄流裔。

拟经类的一种著作是《法言注》二十三卷,北朝辛德源撰。德源事迹见上《春秋》一节。此书仅见德源本传所载,观其卷帙,所注当详,惜无法与晋李轨注参考其同异。

---

① (清)姚振宗:《隋书经籍志考证》,第337页。

第七章　两晋南北朝《孝经》学文献提要

第一节　两晋南北朝《孝经》学文献目录

一、两晋《孝经》学书目

（一）《孝经》存目

书　名	卷数	作　者	辑存	备　　注
孝经注	一卷	晋殷仲文撰	辑	清马国翰辑3条（《玉函山房辑佚书》）
集解孝经	一卷	晋谢万撰	辑	清马国翰辑3条（《玉函山房辑佚书》）

（二）《孝经》佚目

书　名	卷数	作　者	备　　注
晋孝经	一卷	晋穆帝撰	《隋书·经籍志》
孝经议	一卷	晋孝武帝撰	《隋书·经籍志》
孝经讲	一卷	晋孝武帝撰	《隋书·经籍志》
孝经注	一卷	晋车胤撰	《隋书·经籍志》
孝经讲义	四卷	晋车胤撰	《旧唐书·经籍志》《新唐书·艺文志》
集议孝经	一卷	晋袁宏撰	《隋书·经籍志》
孝经注	无卷数	晋谢安撰	杨逢源《补晋书艺文志》
孝经注	无卷数	晋虞喜撰	《晋书》本传
孝经注	无卷数	晋庾氏撰	《经典释文序录》

续 表

书　名	卷数	作　者	备　注
孝经注	一卷	晋杨泓撰	《隋书·经籍志》
孝经注	一卷	晋虞盘佐撰	《隋书·经籍志》《旧唐书·经籍志》《新唐书·艺文志》
孝经注	一卷	晋孙氏撰	《隋书·经籍志》
孝经注	一卷	晋殷叔道撰	《隋书·经籍志》《旧唐书·经籍志》《新唐书·艺文志》
孝经注	无卷数	晋王献之撰	《孝经正义》
孝经注	一卷	晋孔光撰	《隋书·经籍志》《旧唐书·经籍志》《新唐书·艺文志》
二九神经	无卷数	晋祈嘉撰	《晋书》本传
武孝经	无卷数	晋佚名撰	《抱朴子内篇·遐览》

二、南朝《孝经》学书目

（一）《孝经》存目

书　名	卷数	作　者	辑存	备　注
齐永明中诸王讲孝经义疏	一卷	南齐佚名撰	辑	清马国翰辑14条（《玉函山房辑佚书》）
孝经刘氏说	一卷	南齐刘瓛撰	辑	清马国翰辑5条（《玉函山房辑佚书》）
孝经义疏	十八卷	梁武帝萧衍撰	辑	清马国翰辑4条（《玉函山房辑佚书》）
孝经注	一卷	梁严植之撰	辑	清马国翰辑5条（《玉函山房辑佚书》）
孝经义疏	三卷	梁皇侃撰	辑	清马国翰辑18条（《玉函山房辑佚书》）

（二）《孝经》佚目

书　名	卷数	作　者	备　注
孝经注	一卷	宋费沈撰	《隋书·经籍志》
孝经注	一卷	宋何承天撰	《隋书·经籍志》

续表

书　　名	卷数	作　者	备　　注
孝经注	二卷	宋荀昶撰	《隋书·经籍志》
集议孝经	一卷	宋荀昶撰	《经典释文序录》《经义考》
孝经注	一卷	宋释慧琳撰	《隋书·经籍志》
宋大明中东宫讲孝经义疏	一卷	宋何约之撰	《隋书·经籍志》《旧唐书·经籍志》
孝经图	一卷	宋谢稚撰	《隋书·经籍志》《经义考》
齐永明三年东宫讲孝经义疏	一卷	南齐周颙撰	《隋书·经籍志》
孝经注	一卷	南齐王玄载撰	《隋书·经籍志》
孝经注	一卷	南齐明僧绍撰	《隋书·经籍志》
孝经注	无卷数	南齐祖冲之撰	徐崇《补南北史艺文志》
孝经要略	无卷数	南齐沈骥士撰	徐崇《补南北史艺文志》
孝经义疏	二卷	南齐李玉之撰	《隋书·经籍志》
孝经义	无卷数	南齐陆澄撰	《经义考》
皇太子讲孝经义	三卷	梁佚名撰	《隋书·经籍志》
天监八年皇太子讲孝经义	一卷	梁萧统撰	《隋书·经籍志》
孝经义疏	五卷	梁简文帝撰	《隋书·经籍志》
孝经敬爱义	一卷	梁萧子显撰	《隋书·经籍志》
孝经义疏	一卷	梁萧子显撰	《隋书·经籍志》
讲孝经义疏	一卷	梁贺玚撰	《隋书·经籍志》
议孝经义疏	一卷	梁贺玚撰	《隋书·经籍志》
集注孝经	一卷	梁陶弘景撰	《隋书·经籍志》
孝经注	一卷	梁江系之撰	《隋书·经籍志》
孝经注	一卷	梁江避撰	《隋书·经籍志》
孝经说	无卷数	梁刘贞简撰	《孝经正义序》疏引

续表

书　　名	卷数	作　者	备　注
孝经注	一卷	梁曹思文撰	《隋书·经籍志》
孝经注	一卷	梁释慧始撰	《隋书·经籍志》
孝经序	一卷	梁诸葛循撰	《隋书·经籍志》
孝经发题	四卷	梁太史叔明撰	《旧唐书·经籍志》《新唐书·艺文志》
孝经义	一卷	梁太史叔明撰	《隋书·经籍志》
孝经丧礼服义	十五卷	梁明山宾撰	《梁书》本传
孝经义疏	一卷	梁赵景韶撰	《隋书·经籍志》《经义考》
孝经义疏	无卷数	陈顾越撰	《南史》本传、《经义考》
孝经义	三卷	陈张冲撰	《经义考》
孝经义	八卷	陈张讥撰	《陈书》本传、《经义考》
孝经义记	无卷数	陈沈文阿撰	《南史》本传、《经义考》
孝经私记	二卷	陈周弘正撰	《经义考》
孝经讲疏	六卷	陈徐孝克撰	徐仁甫《补陈书艺文志》
孝经义记	二卷	陈王元规撰	《经义考》
制旨孝经义	无卷数	梁武帝撰	《南史》本纪
孝经义	一卷	南朝佚名撰	《隋书·经籍志》
孝经玄	一卷	南朝佚名撰	《隋书·经籍志》
孝经孔子图	二卷	南朝佚名撰	《隋书·经籍志》

三、北朝《孝经》学书目

（一）《孝经》存目

书　　名	卷数	作　者	辑存	备　注
孝经残本	一卷	北魏唐丰国写	存	陈铁凡《敦煌本孝经类纂》

(二)《孝经》佚目

书 名	卷 数	作 者	备 注
孝经注	无卷数	北魏陈奇撰	《经义考》
孝经解	无卷数	北魏崔浩撰	李正奋《补魏书艺文志》
孝经注	无卷数	北魏卢景裕撰	李正奋《补魏书艺文志》
孝经解诂	无卷数	北魏元怿撰	《魏书·封伟伯传》
孝经解诂难例	无卷数	北魏封伟伯撰	《魏书》本传
国语孝经	一卷	北魏侯伏侯可悉陵撰	《隋书·经籍志》
孝经讲议	无卷数	东魏孝静帝撰	《北齐书·李绘传》
孝经义疏	无卷数	北齐李铉撰	徐仁甫《补北齐书艺文志》
孝经问疑	一卷	北周樊深撰	《经义考》
孝经义疏	一卷	北周熊安生撰	《经义考》
孝经义记	无卷数	北周萧岿撰	徐仁甫《补周书艺文志》
孝经序论	无卷数	北周乐逊撰	《经义考》
孝经义疏	二卷	北周何妥撰	《北史》本传
孝经私记	四卷	北周释亡名撰	《隋书·经籍志》

第二节　两晋南北朝《孝经》学文献提要

一、两晋《孝经》学文献

《晋孝经》一卷,穆帝撰。晋穆帝司马聃,字彭子,康帝子。穆帝有三次讲《孝经》活动,①此书盖即其讲《孝经》之讲义或记录。此书《隋书·经籍志》云梁有,亡。案刘知幾《上孝经注议》云:"晋穆帝永和十一年及孝武帝太元元年,再聚群

---

① 前一次见《唐会要》卷七七,第 1406 页。后两次见《晋书·穆帝纪》,第 201—202 页。

臣共论经义。有荀昶者,撰集《孝经》诸说,始以郑氏为宗。"①陈铁凡先生据此认为,这两次共论经义,殆即论孔郑之得失,②其说有理。但本书认为刘知幾的发言本来就以批驳郑注、独尊孔传为目的,刘氏所追述的孔传在东晋之影响,恐怕有所夸大。根据南朝(包括东晋)立学直到梁代才并立孔传,以及诸儒对孔传少有提倡来看,应当不是到刘宋初荀昶作集注时,才"始"以郑氏为宗。所以陆德明说"中朝穆帝集讲《孝经》,云以郑玄为主"③,陆氏这里用"云"字,盖当时相承旧说,恐得其实。因此《隋志》所载此一卷,当本之郑注讲说。

《孝经讲》一卷、《孝经议》一卷,孝武帝撰。晋孝武帝司马曜,字昌明,简文帝子。孝武帝有三次讲《孝经》活动。④ 案《隋书·经籍志》著录"武帝时送总明馆《孝经讲》《议》各一卷"⑤,并云梁有,亡。姚振宗认为总明馆始于宋明帝泰始六年(470),至齐武帝永明三年(485)省,此条脱误,殆不可晓,或是晋帝所讲,宋、齐时敕送总明馆收藏。⑥《隋志》所记载的两种著作,大概就是当时讲经的讲义或记录,从书名看《讲》可能是讲义,《议》可能是讲时的论难记录。

《孝经注》一卷,车胤撰。胤字武子,南平人。躬勤不倦,博学多通,少时家贫,典故"囊萤映雪"中的囊萤照书便是车胤的故事。曾任国子博士、吏部尚书等职,后为元显所逼自杀。⑦ 传见《晋书》本传。此书《隋书·经籍志》云梁有,亡,或与孝武帝所讲内容相近。《旧唐志》还著录有《讲孝经义》四卷,题"车胤等注",《新唐志》径题"车胤"盖误,因为结合前述孝武帝讲经材料,此四卷书大概是孝武帝讲《孝经》之内容的整理本,车胤等参与讲经的臣子为之作注,故卷帙较多,应从《旧唐志》所题,车胤当是主其事者,而《隋志》著录一卷则是车氏私撰。

《集议孝经》一卷,袁宏撰。宏事迹见上《易》一节。此书《经典释文序录》作袁宏《孝经注》,而《隋书·经籍志》误题"袁敬仲"撰,盖因汉卫宏字敬仲而误,袁宏字彦伯。此书唐初尚存,观书名为"集议",内容可能也是对孝武帝讲经时众人论议的汇集。

《孝经注》无卷数,谢安撰。安字安石,陈郡人。少有重名,善行书,能清言。历任尚书仆射、中书监等职,东晋淝水一战大胜苻坚,便由谢安主持成事,卒赠太

---

① 《唐会要》卷七七,第1406页。
② 陈铁凡:《孝经学源流》,第147页。
③ 《经典释文序录疏证》,第119页。
④ 第一次见(唐)房玄龄等《晋书·礼志上》,第599页。第二次见(唐)房玄龄等《晋书·孝武帝纪》,第227页。第三次见《唐会要》卷七七,第1406页。
⑤ 《隋书·经籍志》,第934页。
⑥ (清)姚振宗:《隋书经籍志考证》,第320—321页。
⑦ 《晋书·车胤传》,第2177—2178页。

傅，谥文靖。① 传见《晋书》本传。案邢昺《孝经正义·五刑章》之解刑法"三千"所引有谢安说，②据此谢安于《孝经》有说解，佚文与袁宏、殷仲文等皆同，盖亦因孝武帝讲经而著，或即前述谢氏兄弟私下讲习之作，故流传不广，内容当是东晋讲《孝经》之主流。

上述著作，明显乃因皇帝讲经而形成，此外两晋还有一些《孝经》学著述，虽无明文表明是由皇帝讲经促成，或许也受这样的风气影响，其中有些观点相同，正说明这一点。如《集解孝经》一卷，谢万撰。万事迹见上《易》一节。此书两唐志作《孝经注》，清人马国翰自邢昺《孝经正义》辑有3条，并附有谢安注1条。佚文以说义为主，有异于汉儒说而为邢昺所驳者，有同于先儒及时人者，解说大抵中规中矩。

《孝经注》一卷，殷仲文撰。仲文陈郡人，殷仲堪是其从兄，仲文又是桓玄姐夫。少有才藻，善属文，为世所重。历任新安太守、东阳太守等职，曾随桓玄叛乱，复又投朝廷，后为刘裕所杀。③ 此书两《唐志》同载，清人马国翰自邢昺《孝经正义》辑有3条。佚文均为解说句义，其说多与时人同，有两条邢昺正义不从其说，而说"至德要道"则精辟有理，宋人周敦颐本之，④是说义有本而平实，得失互见。

《孝经注》无卷数，虞喜撰。喜事迹见上《尚书》一节。此书仅见虞喜本传所载，传言此作行于世，盖当时曾流传，不久便亡佚。《孝经注》一卷，杨泓撰。杨泓，陆德明曰"天水人，东晋给事中"⑤。此书《隋书·经籍志》云梁有，亡。《孝经注》一卷，虞盘佐撰。虞盘佐，陆德明曰"字弘猷，高平人，东晋处士"⑥。陆德明说作者名虞盘佑，盖虞盘佐之误，两《唐志》同《隋志》著录为虞盘佐之作。

《孝经注》一卷，殷叔道撰。据《晋书·安帝纪》云："(义熙)三年春二月己酉，车骑将军刘裕来朝。诛东阳太守殷仲文、南蛮校尉殷叔文、晋陵太守殷道叔、永嘉太守骆球。"⑦而《宋书·武帝纪》云："府将骆冰谋作乱，将被执，单骑走，追斩之。诛冰父永嘉太守球。球本东阳郡史，孙恩之乱，起义于长山，故见擢用。初桓玄之败，以桓冲忠贞，署其孙胤。至是冰谋以胤为主，与东阳太守殷仲文潜相

---

① 《晋书·谢安传》，第2072—2076页。
② 《孝经正义》，(清)阮元校刻：《十三经注疏》，第5558页。
③ 《晋书·殷仲文传》，第2604—2605页。
④ (清)马国翰：《玉函山房辑佚书》。
⑤ 《经典释文序录疏证》，第120页。
⑥ 《经典释文序录疏证》，第120页。
⑦ 《晋书·安帝纪》，第259页。

连结。乃诛仲文及仲文二弟。凡桓玄余党,至是皆诛夷。"①对比两条材料可知,殷叔道是殷仲文弟,官至晋陵太守,只是《晋书》作"道叔",未详孰是。此书两《唐志》同著录,其内容恐亦类似殷仲文之作。

《孝经注》无卷数,王献之撰。献之字子敬,琅邪临沂人,父王羲之。少有盛名,风流为当时之冠。工草隶,善丹青,乃史上著名书家。曾任吴兴太守、中书令等职,卒赠侍中、太宰等,谥曰宪。②案邢昺《孝经正义·五刑章》之解刑法"三千"所引有王献之说,③据此王献之于《孝经》有说解,其说与谢安、袁宏、殷仲文等皆同,盖亦受当时讲经影响之作。《孝经注》一卷,孔光撰。孔光《隋书·经籍志》次在车胤、荀昶之间,盖晋宋间人,陆德明曰"字文泰,东莞人"④。此书两《唐志》同著录。

《孝经注》一卷,孙氏撰。孙氏不详何人,《隋书·经籍志》次之于虞盘佐、殷仲文之间,当为东晋人。《孝经注》无卷数,庾氏撰。庾氏不详何人,《经典释文序录》将之次于虞盘佐、殷仲文之间,盖亦东晋人。二书均久佚。

《二九神经》无卷数,祈嘉撰。嘉字孔宾,酒泉人。少清贫好学,后西至敦煌,依学官诵书,贫无衣食,为书生都养以自给,遂博通经传,精究大义。西游海渚,教授门生百余人,张重华征为儒林祭酒,教授不倦,在朝卿士、郡县守令彭和正等受业独拜床下者二千余人,张天锡谓为先生而不名之。⑤本传说他依《孝经》作《二九神经》,可见是拟经之作,二九得十八,即《孝经》今文经的章数,观书名或与汉代今文经风格类似,兼涉纬说。祈嘉乃十六国时北方的名儒,弟子众多,当时其书应颇流行,然十六国时期战乱尤频,恐不久即亡佚,故仅见本传记载。

《武孝经》无卷数,佚名撰。此书《经义考》拟经部分著录为"燕君《武孝经》"⑥,出自《抱朴子》。案朱彝尊此说有误,《抱朴子》本作"武孝经燕君龙虎三囊辟兵符"⑦,属于葛洪所列符咒之列,所以应是此符全称为《武孝经燕君龙虎三囊辟兵符》,是一种用作军事的符咒,燕君不是《武孝经》的作者。《抱朴子》又云"或丙午日日中时,作《燕君龙虎三囊符》"⑧,是此符简称《燕君龙虎三囊符》。由此可见《武孝经》当是记录这种符咒的书,既然此符是军事用符,那么《武孝经》就

---

① 《宋书·武帝纪》,第14页。
② 《晋书·王献之传》,第2104—2106页。
③ 《孝经正义》,(清)阮元校刻:《十三经注疏》,第5558页。
④ 《经典释文序录疏证》,第120页。
⑤ 《晋书·隐逸传》,第2456页。
⑥ (清)朱彝尊:《经义考》卷二七九,第5044页。
⑦ (晋)葛洪:《抱朴子内篇·暇览》,中华书局,1985年,第335页。
⑧ (晋)葛洪:《抱朴子内篇·杂应》,第270页。

是仿《孝经》之名的一种兵书,故本书循《经义考》之例归入拟经。燕君不是《武孝经》的作者,葛洪在罗列符咒时也没有说是其自作,只说是传承而来,故本书题佚名撰。

二、南朝《孝经》学文献

《宋大明中东宫讲孝经义疏》一卷,宋何约之撰。何约之始末未详。《旧唐志》题何约之"执经",可知何约之是此书的编订者。据《宋书·前废帝纪》记载,宋孝武帝时立长子刘子业为皇太子,大明四年(460)讲《孝经》于崇政殿①,此书盖即此次讲经之著作。《孝经注》一卷,宋何承天撰。承天事迹见上《礼》一节。此书唐初已无存。案本传云元嘉十九年(442)"立国子学,(何承天)以本官领国子博士,皇太子讲《孝经》,承天与中庶子颜延之同为执经"②,或承天在此时研习《孝经》,以成此注。

《齐永明三年东宫讲孝经义疏》一卷,南齐周颙撰。周颙始末见上《易》一节。文惠太子萧长懋,字云乔,齐武帝长子。善立名尚,礼接文士。永明三年(485)冬十月,皇太子于崇政殿讲《孝经》,亲临释奠,车驾幸听。时少傅王俭以擿句令太子仆周颙撰为义疏。③ 又《周颙传》云"颙卒官时,会王俭讲《孝经》未毕,举昙济自代,学者荣之"④,姚振宗认为周颙是举荐谢昙济代替自己撰皇太子讲《孝经》的义疏,所以实际是周、谢二人之作。⑤ 则此书为萧长懋讲《孝经》之讲义,由周、谢二人编订。谢昙济始末见上《诗》一节。

《齐永明中诸王讲孝经义疏》一卷,南齐佚名撰。此书《隋志》云梁有,亡,清人马国翰自《南齐书·文惠太子传》辑有 14 条。案《文惠太子传》载永明五年(487)冬,太子临国学,亲临策试诸生,然后与王俭、张绪、竟陵王萧子良、临川王萧映讨论《易》《礼》《孝经》等经义,史臣认为太子以长年临学是前代未有的盛况,⑥马氏认为这些问答可以代表《隋志》所载的《永明中诸王讲孝经义疏》,⑦故为辑录。又《南齐书·武帝纪》载永明四年(486)三月辛亥,国子讲《孝经》,车驾

---

① 《宋书·前废帝纪》,第 141 页。
② 《宋书》,第 1705 页。
③ 并见《南齐书·武帝纪》,第 50 页;《南齐书·礼志上》,第 144 页;《南齐书·文惠太子传》,第 399 页。
④ 《南齐书·周颙传》,第 734 页。
⑤ (清)姚振宗:《隋书经籍志考证》,第 321 页。
⑥ 《南齐书·文惠太子传》,第 399—400 页。
⑦ (清)马国翰:《玉函山房辑佚书》。

幸学，①姚振宗云不知是否亦此事。② 无论是马氏还是姚氏所推测，都可说明南齐永明时皇室和国学的《孝经》讲学比较兴盛，此书当即其时讲《孝经》活动之成果。

《孝经义疏》二卷，南齐李玉之撰。玉之始末见上《易》一节。此书《隋书·经籍志》题是李玉之为始兴王所讲，史载始兴王好学，善属文，王俭常叹其"虽尊贵，而行履都是素士"③，是王好学，请李玉之为之讲，此书或讲义，或记录。

《孝经义疏》十八卷，梁武帝撰。武帝始末见上《易》一节。此书隋、唐《志》同载，清人马国翰自邢昺《孝经正义》《梁武帝集》辑有4条。案《梁书·朱异传》说"帝自讲《孝经》，使异执读"④。又《魏书·李业兴传》记载天平四年(537)李业兴出使梁，与朱异问答明堂之制，朱异曰圆方之说于经典无据，李业兴回答说"圆方之言出处甚明，卿自不见。见卿录梁主《孝经义》亦云上圆下方，卿言岂非自相矛盾"⑤。由此可知，梁武帝讲《孝经》时，由朱异为之笔录，不过内容本身还是出自梁武，所以朱异才对内容记忆不深；而李业兴北人，犹熟知武帝《孝经义》的内容，可见此书传习广泛，影响及于北朝。又北朝专崇郑义，梁武此书为北人所习，当亦遵郑（同于梁武其他经学著作的宗主）；且朱异曾问李业兴圆方之说出自什么经典，业兴答曰《孝经援神契》，朱异表示不信纬书，业兴却信之，梁武引用，也说明对纬书有遵从，与郑学及北朝学风都很相近；这还说明梁虽郑、孔两立，但是魏晋间出现的这个伪孔传《孝经》的影响，远不如梅氏献伪孔传《尚书》，因此梁乱而此书便亡。佚文解字义有过于迂曲处，亦有解义合情入理者，⑥《续四库全书总目》云此书"实开唐明皇御注之先，不可没也"⑦。观此书卷帙在《孝经》类著作中显得很多，当是旁征博引之作，或亦兼问答、论难。

梁武帝还有《制旨孝经义》无卷数，据《南史·武帝纪》云武帝除有《孝经讲疏》（即《孝经义疏》）外，还有《制旨孝经义》⑧，前已说明，梁时国子学设有《制旨孝经》的助教、生员，那么此书当是《孝经义疏》的简明本，即教材性质，便于国子学讲说用。案《陈书·岑之敬传》说岑之敬五岁就读《孝经》，读时还烧香正坐，十六岁时策《春秋左氏》《制旨孝经义》，擢为高第。按当时规定，本该只授明经，但

---

① 《南齐书·武帝纪》，第52页。
② （清）姚振宗：《隋书经籍志考证》，第322页。
③ 《南史·齐高帝诸子传》，第1087页。
④ 《梁书·朱异传》，第538页。
⑤ 《魏书·儒林传》，第1863页。
⑥ （清）马国翰：《玉函山房辑佚书》。
⑦ 中科院图书馆整理：《续修四库全书总目·经部》，第816页。
⑧ 《南史·梁武帝纪》，第223页。

武帝赞赏其策论,允擢高第。武帝又面试之,令朱异执《孝经》唱《士孝章》,武帝亲自与之敬论难,之敬对答如流,众人叹服,乃除童子奉车郎,并厚赏之。① 从岑之敬的经历可以看到,梁时《孝经》不仅是童子发蒙之书,武帝《制旨孝经》所培养的人才还确实地受到任用。

《孝经义疏》一卷,梁萧子显撰。子显字景阳,兰陵人,齐豫章王嶷之子。幼聪慧好学,工属文,梁时曾任国子博士、国子祭酒等职,卒谥骄。撰有《后汉书》一百卷、《齐书》六十卷、《普通北伐记》五卷、《贵俭传》三十卷、《文集》二十卷。② 传见《梁书》《南史》本传。此书《隋志》云梁有,亡,考萧子显曾上表建议设梁武帝《制旨孝经》助教,为国子祭酒时,于学讲梁武帝五经义,盖从武帝经学路数,或即本武帝《孝经义》,故其《义疏》当主郑注。

《皇太子讲孝经义》三卷,梁佚名撰;《天监八年皇太子讲孝经义》一卷,梁萧统撰。萧统字德施,梁武帝长子。生而聪叡,三岁受《孝经》《论语》,五岁遍读五经。亦善词赋,笃奉佛法,乐善好施。明于庶事,宽和容众,纳才学之士,讨论篇籍,东宫有书近三万卷,文学之盛超过晋、宋。卒谥昭明。著有《文集》二十卷、《正序》十卷、《文章英华》二十卷、《文选》三十卷。③ 传见《梁书》《南史》本传。传云天监八年(509)九月,于寿安殿讲《孝经》,尽通大义,讲毕释奠于国学。又《梁书·徐勉传》云昭明太子"尝于殿内讲《孝经》,临川靖惠王、尚书令沈约备二傅,勉与国子祭酒张充为执经,王莹、张稷、柳憕、王暕为侍讲。时选极亲贤,妙尽时誉"。④ 据此,姚振宗认为三卷的《义疏》是昭明太子三岁时保傅所进的讲章,一卷的《孝经义》是天监八年寿安殿讲经大义。⑤ 不过就天监八年出席萧统讲经的朝臣阵容来看,也有可能三卷本乃集诸人论议的记录之作,而一卷本是萧统的讲稿。无论哪种情况,二书盖皆成于昭明太子讲经时。

《孝经义疏》五卷,梁简文帝撰。简文帝始末见上《易》一节。案《陈书·张讥传》说张讥迁士林馆学士,当时简文帝还是太子,出士林馆发《孝经》题,张讥与之议论往复,甚受简文帝赞赏。⑥ 所谓发《孝经》题,即讲《孝经》的开始,故此书或为简文帝讲《孝经》之讲义或记录。《孝经义》八卷,陈张讥撰。张讥事迹见上《易》一节。案张讥任士林馆学士时,简文帝在东宫,出士林馆发《孝经》题,张讥

---

① 《陈书·文学传》,第 461—462 页。
② 《梁书》,第 511—512 页;《南史》,第 1072—1074 页。
③ 《梁书》,第 165—171 页;《南史》,第 1307—1312 页。
④ 《梁书·徐勉传》,第 378 页。
⑤ (清)姚振宗:《隋书经籍志考证》,第 323 页。
⑥ 《陈书·儒林传》,第 444 页。

与之往复辩论,受简文嗟赏,则此书或为参与简文讲《孝经》而作。此书仅见张讥本传所载。

《孝经义记》无卷数,陈沈文阿撰。文阿始末见上《礼》一节。此书仅见文阿《南史》本传所载,盖义疏之体。陈时文阿曾于东宫讲《孝经》《论语》,此书当为其讲经之作。《孝经私记》二卷,陈周弘正撰。弘正始末见上《易》一节。此书弘正本传作《孝经疏》,可知是传说著作,义疏体例,观书名或是弘正讲学之余所记录的个人说解。不过本传说陈太建五年(573),弘正于东宫侍讲《论语》《孝经》,则此书当与东宫侍讲内容相关。

《孝经讲疏》六卷,陈徐孝克撰。孝克事迹见上《论语》一节。案《陈书·后主纪》云至德三年(585)十二月"辛卯,皇太子出太学,讲《孝经》,戊戌讲毕。辛丑,释奠于先师,礼毕设金石之乐,会宴王公卿士"①。又孝克本传云:"至德中,皇太子入学释奠,百司陪列,孝克发《孝经》题,后主诏皇太子北面致敬。"②由此可知,至德中皇太子讲《孝经》时,孝克担任发题,其必预撰讲义,而皇太子讲经时,又有经义及论难的记录,孝克或事后将之集为此书,故卷帙颇为不少。

除了上述与皇家讲经相关的著作外,南朝传说类文献中的类型也较为多样。"注"一类的文献有《孝经刘氏说》一卷,南齐刘瓛撰。瓛事迹见上《易》一节。此书隋、唐《志》不载,清人马国翰自邢昺《孝经正义》辑有 5 条。佚文中有 3 条说义,2 条解虚字。解虚字者有从伪孔传,有自为新说;说义者言语平实,并引汉人张禹旧说,亦有不同郑玄者。③ 其说大抵得失互见。由此亦可知伪孔传南齐时虽不立学,但仍有一定影响。

《孝经注》一卷,梁严植之撰。植之字孝源,建平秭归人。少善老庄,能玄言,精解《丧服》《孝经》《论语》。长而遍治《礼》《周易》《毛诗》《左氏春秋》。齐时曾任员外郎、散骑常侍等职;梁时曾受命修凶礼,又任五经博士,其馆生徒平日常百数,到植之讲时,五馆生必至,听者千余人。撰有《凶礼仪注》四百七十九卷。④ 传见《梁书·儒林传》《南史·儒林传》。此书《隋书·经籍志》云梁有,亡,清人马国翰自邢昺《孝经正义》辑有 5 条。佚文说义平实,依经而解。⑤ 本传说植之讲经,"有区段次第,析理分明"⑥,观此可知其《孝经注》盖实为讲疏体例。

---

① 《陈书·后主纪》,第 112 页。
② 《陈书·徐孝克传》,第 338 页。
③ 参见简博贤《今存南北朝经学遗籍考》,第 254—257 页。
④ 《梁书·儒林传》,第 671—672 页;《南史·儒林传》,第 1735—1736 页。
⑤ 参见简博贤《今存南北朝经学遗籍考》,第 260 页。
⑥ 《南史·儒林传》,第 1735 页。

《孝经注》一卷，宋费沈撰。沈始末见上《礼》一节。此书《隋书·经籍志》云梁有，亡。《孝经注》一卷，宋释慧琳撰。慧琳事迹见上《论语》一节。此书慧琳本传说传于世，而《释文序录》《隋志》同著录，这是以释家说儒经之典型，惜片言无存，难考知其内容。

《孝经注》一卷，南齐王玄载撰。玄载字彦休，下邳人。宋时曾任徐州刺史、益州刺史等职，齐时历任左民尚书、兖州刺史等，卒谥烈子。① 本传说玄载雅好玄言，不知其说《孝经》是否有玄风。《孝经注》一卷，南齐明僧绍撰。僧绍事迹见上《易》一节。此书《隋书·经籍志》云梁有，亡。《孝经释》无卷数，南齐祖冲之撰。冲之事迹见上《易》一节。此书仅见冲之本传所载，以冲之学风推测，盖本郑注。

《孝经注》一卷，梁江避撰。避始末见上《论语》一节。此书《隋书·经籍志》题江逊撰，姚振宗认为当是《梁书·何逊传》中的江避，②本书从其说。《孝经注》一卷，梁曹思文撰。思文事迹见上《论语》一节。《孝经注》一卷，梁江系之撰。系之始末未详，《隋志》题"羽林监"，次在曹思文、江避之间，盖亦梁人。江避、曹思文、江系之等人著作《隋志》均云梁有，亡。《孝经说》无卷数，梁刘贞简撰。贞简始末不详，《孝经正义序》邢昺疏将之次于严植之、明山宾间③，知是梁人，于《孝经》有解说。

《孝经注》一卷，梁释慧始撰。案此书《隋书·经籍志》次在江避、陶弘景之间，似慧始乃梁人，故王仁俊《补梁书艺文志》收入。不过《高僧传》中记载宋伪秦蒲坂释法羽，其师慧始，立行精苦，修头陀之业，④姚振宗以为似此人，⑤若如姚氏推测，慧始则为晋宋间北方十六国时人。不过《高僧传》中之慧始修苦行，或不是作《孝经注》之慧始。此书唐初已亡，内容无考，姑附于此。

"集解"一类的文献有《集议孝经》一卷，宋荀昶撰。昶字茂祖，颍川颍阴人，元嘉初，以文义至中书郎。⑥ 此书隋、唐《志》皆误题为荀勖，据《经典释文序录》知是荀昶之误。据刘知幾《上孝经注议》说"有荀昶者，撰集《孝经》诸说，始以郑氏为宗"⑦，司马贞也说"唯荀昶、范晔以为郑注，故昶集解《孝经》，具载此注，而

---

① 《南齐书》，第509页；《南史》，第468页。
② （清）姚振宗：《隋书经籍志考证》，第319页。
③ 《孝经正义·御注序》，（清）阮元校刻：《十三经注疏》，第5521页。
④ （梁）释慧皎：《高僧传》卷一二，第449页。
⑤ （清）姚振宗：《隋书经籍志考证》，第319页。
⑥ 《宋书·荀伯子传》，第1629页；《南史·荀伯子传》，第857页。
⑦ 《唐会要》卷七七，第1406页。

其序云以郑为主"①,司马贞还说"荀昶集注之时,尚有孔传,中朝遂亡其本"②,可知昶书的序言或许说明当时曾见孔传,而不采取之,表示不信,而相信郑注是郑玄所作,故宗主之。《隋志》又有《孝经注》二卷,亦误题荀勖,当属荀昶之作。姚振宗认为此二卷本中前一卷是集晋时讲《孝经》之诸家议,及自序;后一卷是集解,集伪孔传以下诸家,并以郑氏为主。《隋志》存有的《集议孝经》实乃前一卷,而两卷本唐初已亡,③其说有理。

《孝经要略》无卷数,南齐沈驎士撰。驎士始末见上《易》一节。此书仅见驎士本传所载。《集注孝经》一卷,梁陶弘景撰。弘景事迹见上《易》一节。此书《隋志》云梁有,亡。虽为道门讲儒经的著作,但观书名乃集合众家之解,亦守儒学传说体裁。

"义疏"一类的文献有《孝经义疏》三卷,梁皇侃撰。皇侃事迹见上《礼》一节。此书隋、唐《志》同著录,清人马国翰自邢昺《孝经正义》辑有18条,陈金木增补至24条④。佚文解说字词、句义,依经立说,平实精到。有从郑、王者,持择有据。并阐明古制,解说篇章命名。说亦有失误,又兼涉玄言。⑤ 要之亦得大于失,诚为名儒之作。

《孝经义》无卷数,南齐陆澄撰。澄字彦渊,吴郡吴人。少好学博览,手不释卷,家多书籍,人所罕见,王俭称之"书橱"。宋时曾任太学博士、御史中丞等职,齐时历任国子博士、国子祭酒等职,卒谥靖子。⑥ 此书见《经义考》著录,并云"隋、唐《志》、《经典序录》皆不载,然在开元所采六家之例,故特著之"⑦。朱彝尊根据的是《孝经正义序》所说"韦昭、王肃先儒之领袖,虞翻、刘劭抑又次焉。刘炫明安国之本,陆澄讥康成之注"⑧,认为是采此六家。而此序下邢昺疏说"初,澄以晋荀昶所学为非郑玄所注,请不藏秘省,王俭违其议"⑨,则《序》所说陆澄讥郑注,似指本书前引《陆澄传》中与王俭之讨论,陆澄不一定别有一书。不过南朝典籍失载颇多,姑从朱彝尊之著录,若陆澄有此《孝经义》之作,观其与王俭书,当是

---

① 《唐会要》卷七七,第1408页。
② 《唐会要》卷七七,第1408页。
③ (清)姚振宗:《隋书经籍志考证》,第314页。
④ 陈金木:《皇侃之经学》,第117页。
⑤ 参见简博贤《今存南北朝经学遗籍考》,第262—263页。陈金木《皇侃之经学》,第133—138页。
⑥ 《南齐书》,第681—686页;《南史》,第1187—1189页。
⑦ (清)朱彝尊:《经义考》,第4050页。
⑧ 《孝经正义·御注序》,(清)阮元校刻:《十三经注疏》,第5522页。
⑨ 《孝经正义·御注序》,(清)阮元校刻:《十三经注疏》,第5522页。

本之魏晋间所出的伪孔传。

《讲孝经义疏》一卷、《议孝经义疏》一卷，梁贺玚撰。玚始末见上《易》一节。观书名前者盖贺玚任五经博士时，讲经预撰之讲义，后者是讲经时论议的记录。《孝经义》一卷、《孝经发题》四卷，梁太史叔明撰。叔明事迹见上《论语》一节。前书见《隋书·经籍志》著录，盖其讲《孝经》之讲义。后书见两《唐志》著录，观书名可知是讲经之始的发题，盖兼有论难，故为四卷。《孝经义疏》一卷，梁赵景韶撰。景韶始末未详，《隋书·经籍志》次在萧子显、皇侃之间，盖梁人。此书唐后亡佚，内容无可。

《孝经义疏》无卷数，陈顾越撰。越始末见上《诗》一节。此书仅见顾越《南史》本传记载。《孝经义记》二卷，陈王元规撰。元规始末见上《礼》一节。此书或为其国子讲学之讲义。《孝经义》三卷，陈张冲撰。张冲事迹见上《礼》一节。王元规、张冲之书仅见其本传所载。《孝经义》一卷，南朝佚名撰。此书《隋书·经籍志》列在萧子显、皇侃之间，或为梁人义疏。

除了大宗的传说类著作，南朝的《孝经》学文献还有其他几种类型。议论类的著作有《孝经敬爱义》一卷，梁萧子显撰。观此书名当为专说《孝经》爱敬之义的著作。《孝经丧礼服义》十五卷，梁明山宾撰。山宾字孝若，平原鬲人，父明僧绍。山宾七岁能言名理，十三岁博通经传。历任五经博士、国子博士、国子祭酒等职，卒赠侍中、信威将军，谥质子。著有《吉礼仪注》二百二十四卷、《礼仪》二十卷、《孝经丧礼服义》十五卷。① 山宾曾掌治吉礼，是长于礼学者。此书仅见山宾本传所载（《南史》本传作《孝经丧服义》），观其书名，盖专论《孝经》中有关丧服礼者。《孝经玄》一卷，南朝佚名撰。观此书名，盖专以玄义说解《孝经》者，有晋南朝人风尚，姑附于南朝。这三种著作同时也相当于专题性质的文献，专就某个方面的问题进行讨论。

序跋类著作有《孝经序》一卷，梁诸葛循撰。诸葛循始末未详，《隋书·经籍志》列在陶弘景后，盖亦梁人。此书《隋志》云梁有，亡，观书名或是为某注、疏类著作所作的序。

图谱类著作有《孝经图》一卷，宋谢稚撰。《历代名画记》云："谢稚，陈郡阳夏人。初为晋司徒主簿，入宋为宁朔将军、西阳太守。"②案《隋书·经籍志》题佚名撰，而《贞观公私画史》载有谢稚画《孝经图》一卷并云"隋朝官本"③，盖即《隋志》此书，唐初犹存。《孝经孔子图》二卷，南朝佚名撰。此图《隋书·经籍志》次在疑

---

① 《梁书·明山宾传》，第 405—407 页；《南史·明僧绍传》，第 1243—1244 页。
② （唐）张彦远：《历代名画记》卷五。
③ （唐）裴孝源：《贞观公私画史》。

似谢稚之《孝经图》后,姑列之南朝以备考。

三、北朝《孝经》学文献

《孝经解》无卷数,北魏崔浩撰。崔浩事迹见上《易》一节。此书仅见崔浩本传记载,奉明元帝命所作,成于永兴三年(411),崔浩注经往往与马、郑诸儒不同,其说《孝经》恐亦多新解。此书乃皇帝敕命之作,故附于此。

《孝经解诂》无卷数,北魏元怿撰。《孝经解诂难例》无卷数,北魏封伟伯撰。伟伯始末见上《礼》一节。元怿字宣仁,孝文帝之子。幼聪慧,博涉经史,有文才,善谈理,长于政务,后为元叉所杀。[①] 此二书见《封伟伯传》记载,云"怿亲为《孝经解诂》,命伟伯为《难例》九条,皆发起隐漏"[②]。元怿之作虽非皇帝、皇太子讲经的著作,但元怿为皇室宗亲,其令伟伯作《难例》,恐亦有讨论经义之举,故附录其作于此。

《孝经讲议》无卷数,东魏孝静帝撰。据《北史·李绘传》云孝静帝元善见曾"于显阳殿讲《孝经》《礼记》,绘与从弟骞、裴伯茂、魏收、卢元明等俱为录议,简举可观"[③],则当时先由孝静帝讲《孝经》《礼记》,然后论议,由李绘等人记录下讲经和论难的内容。故此书仍题孝静帝撰,以示为帝王讲经成果。

《孝经序论》无卷数,北周乐逊撰。逊始末见上《诗》一节。此书仅见乐逊本传所载,盖论述《孝经》大旨之作。乐逊从学于徐遵明,则此书当本郑注。西魏废帝二年(553)时乐逊开始教授宇文泰诸子《孝经》,其后六年(至北周时)均在学馆教授《孝经》,则此书或其讲经之记录,故附于此。

除了与皇室讲经有关的传说类著作外,北朝《孝经》学的传说类文献还有《孝经注》无卷数,北魏陈奇撰。陈奇事迹见上《论语》一节。此书仅见陈奇本传所载,本传云其注《孝经》颇传于世,为士人所称。奇注《论语》颇不同马融、郑玄,不知其注《孝经》是否亦如此,或更多用郑注以外的汉儒旧注。《孝经注》无卷数,北魏卢景裕撰。景裕始末见上《易》一节。此书亦仅见景裕本传记载,盖本郑注。这两种著作都是"注"一类的传说文献。

还有"义疏"类的传说文献如《孝经义疏》无卷数,北齐李铉撰。铉事迹见上《易》一节。此书仅见李铉本传,是其二十三岁时,从学徐遵明时潜居撰成,其后李铉归乡里教授,盖用此书为讲义之一,此书当本郑注。

《孝经义疏》一卷,北周熊安生撰。安生始末见上《礼》一节。此书见安生本

[①] 《魏书》,第 591—592 页;《北史》,第 716—717 页。
[②] 《魏书·封伟伯传》,第 766 页。
[③] 《北史·李绘传》,第 1207 页。

传所载,云行于世,盖安生教学之用。安生是徐遵明弟子,故此书当本郑注。《孝经义记》无卷数,北周萧岿撰。岿事迹见上《易》一节。此书仅见萧岿本传所载,云行于世,盖义疏之类。

《孝经义疏》二卷,北周何妥撰。何妥事迹见上《易》一节。此书《北史》本传作二卷,《隋书》本传作三卷,传言行于世,盖其任博士时讲学之作。《孝经私记》四卷,北周释亡名撰。释亡名始末见上《易》一节。此书《隋书·经籍志》题"无名先生"撰,姚振宗认为似即释亡名所作,①本书从之。

北朝其他类型的《孝经》著述还有白文类文献如《孝经残本》一卷,北魏唐丰国写。此书见陈铁凡先生《孝经学源流》附录著录。据陈先生所言,此卷出自敦煌石窟,为今可见最早的白文《孝经》。根据卷末的记载,可知是北魏和平二年(461)抄写的,现藏台北,陈先生《敦煌本孝经类纂》收有影印本。②

议论类的文献如《孝经问疑》一卷,北周樊深撰。樊深始末见上《礼》一节。此书仅见樊深本传所载,盖《孝经》论难之作,樊深经学路数颇类郑玄,其解《孝经》当本郑注。

翻译类的文献如《国语孝经》一卷,北魏侯伏侯可悉陵撰。侯伏侯可悉陵始末不详。案《隋书·经籍志》云:

> 魏氏迁洛,未达华语,孝文帝命侯伏侯可悉陵以夷言译《孝经》之旨,教于国人,谓之《国语孝经》,今取以附此篇之末。③

由此可见此书是翻译的《孝经》旨意,即意译,而非直译。意译的目的恐怕是为了令本族人更好地理解《孝经》的主旨,起到普及《孝经》教化的作用。这是目前最早的见于记载的《孝经》翻译本,在北魏时应曾广泛流传,惜唐初尚存,后亡佚。

另外,还有四种唐写本的敦煌残卷,由于作者无考,不能确知是晋南北朝还是隋唐著作,又属于唐代出土文献,故不计入上述文献统计中,附录于此以备考。《孝经郑注义疏残本》一卷,唐写本,现藏巴黎;《孝经注疏残本》一卷,唐写本,现藏巴黎、伦敦各一部分;《孝经注疏残本》一卷,唐写本,现藏巴黎;《孝经疏残本》一卷,唐写本,现藏巴黎。此四残卷均见陈铁凡先生《孝经学源流》附录著录,并佚名所撰,亦收入陈先生《敦煌本孝经类纂》。陈先生认为其体例措辞颇似义疏,故附于北朝后。④

---

① (清)姚振宗:《隋书经籍志考证》,第85、324页。
② 陈铁凡:《孝经学源流》,第404页。
③ 《隋书·经籍志》,第935页。
④ 陈铁凡:《孝经学源流》,第434页。

第八章 两晋南北朝群经总义文献提要

第一节 两晋南北朝群经总义文献目录

一、两晋群经总义书目

（一）群经总义存目

书 名	卷 数	作 者	辑存	备 注
五经通论	无卷数	晋束皙撰	辑	清马国翰辑一卷（《玉函山房辑佚书》）清王谟辑一卷（《汉魏遗书钞》）
五经钩沉	十卷	晋杨方撰	辑	清马国翰辑一卷（《玉函山房辑佚书》）清王谟辑一卷（《汉魏遗书钞》）
五经大义	三卷	晋戴逵撰	辑	清马国翰辑3条（《玉函山房辑佚书》）
七经诗	无卷数	晋傅咸撰	辑	清王谟辑6条（《汉魏遗书钞》）

（二）群经总义佚目

书 名	卷 数	作 者	备 注
五经同异评	无卷数	晋徐苗撰	《经义考》
五经音	十卷	晋徐邈撰	《隋书·经籍志》
五经滞义	无卷数	晋袁准撰	《三国志·袁涣传》注
晋石经	无卷数	晋裴頠奏刻	《晋书》本传

二、南朝群经总义书目

(一) 群经总义存目

书 名	卷数	作 者	辑存	备 注
五经要义	十七卷	宋雷次宗撰	辑	清马国翰辑一卷(《玉函山房辑佚书》) 清王谟辑一卷(《汉魏遗书钞》) 清黄奭辑一卷(《黄氏逸书考》)

(二) 群经总义佚目

书 名	卷数	作 者	备 注
五经杂义	六卷	宋孙畅之撰	《经义考》
五经决录	五篇	宋王焕撰	《中说·王道篇》
五经论问	无卷数	南齐虞愿撰	《南齐书》本传
五经讲疏	无卷数	梁武帝撰	《梁书·简文帝纪》
长春义记	一百卷	梁简文帝撰	《隋书·经籍志》《旧唐书·经籍志》《新唐书·艺文志》
五经大义	九卷	梁佚名撰	《隋书·经籍志》
五经同异评	一卷	梁贺玚撰	《隋书·经籍志》《经义考》
五经义	无卷数	梁贺玚撰	徐崇《补南北史艺文志》
朝廷博士议	无卷数	梁贺玚撰	徐崇《补南北史艺文志》
五经滞义	无卷数	梁贺琛撰	徐崇《补南北史艺文志》
六经通数	十卷	梁鲍泉撰	《经义考》
经典大义	十二卷	陈沈文阿撰	《旧唐书·经籍志》《新唐书·艺文志》
经典玄儒大义序录	二卷	陈沈文阿撰	《经义考》
续经典大义	十四卷	陈王元规撰	《经义考》、徐崇《补南北史艺文志》
游玄桂林	九卷	陈张讥撰	《隋书·经籍志》《旧唐书·经籍志》《新唐书·艺文志》

续 表

书 名	卷数	作 者	备 注
五经义略	一卷	南朝佚名撰	《隋书·经籍志》
通五经	五卷	南朝王氏撰	《隋书·经籍志》
五经咨疑	八卷	南朝周氏、杨思撰	《隋书·经籍志》《旧唐书·经籍志》《新唐书·艺文志》
玄义问答	二卷	南朝佚名撰	《隋书·经籍志》

三、北朝群经总义书目

(一)群经总义存目

书 名	卷 数	作 者	辑存	备 注
五经疑问	百余篇	北魏房景先撰	辑	清王谟辑14条(《汉魏遗书钞》) 清黄奭辑一卷(《黄氏逸书考》)
六经略注	无卷数	北魏常爽撰	辑	清马国翰辑序(《玉函山房辑佚书》)
七经义纲	二十九卷	北周樊深撰	辑	清马国翰辑3条(《玉函山房辑佚书》) 清王谟辑3条(《汉魏遗书钞》)
五经算术	二卷	北周甄鸾撰	存	《四库全书》

(二)群经总义佚目

书 名	卷数	作 者	备 注
五经宗略	二十三卷	北魏元延明撰	《经义考》,李正奋《补魏书艺文志》
五经辩疑	十卷	北魏王神贵撰	《魏书·房景先传》《经义考》
五经异同评	十卷	北魏张凤撰	《经义考》
礼传诗易疑事	无卷数	北魏封伟伯撰	《魏书》本传
五经宗	无卷数	北魏信都芳撰	徐崇《补南北史艺文志》

续表

书　名	卷　数	作　者	备　注
北魏石经	无卷数	北魏李郁等勘校	《经义考》
五经大义	十卷	北周樊深撰	《隋书·经籍志》《经义考》
七经论	三卷	北周樊深撰	《经义考》
质疑	五卷	北周樊深撰	《旧唐书·经籍志》《新唐书·艺文志》《经义考》
五经大义	五卷	北周何妥撰	《隋书·经籍志》《经义考》
七经论	无卷数	北周苏绰撰	徐仁甫《补周书艺文志》
五经秘表要	三卷	北朝佚名撰	《隋书·经籍志》

第二节　两晋南北朝群经总义文献提要

一、两晋群经总义文献

两晋通论、杂论类的文献有《五经通论》无卷数，束皙撰。束皙事迹见上《诗》一节。此书仅见束皙本传著录，云行于世，《通典》《初学记》《左传正义》等有引，清人王谟、马国翰辑之。其说《诗》与《周礼》，通于人情，说《礼记》驳郑、王之失，说《左传》又驳司马迁之说，不盲从前人，皆有得之。① 可见束皙亦精于经学，惜其书不传。

《七经诗》无卷数，傅咸撰。傅咸字长虞，北地泥阳人，父傅玄。识性明悟，好属文论，曾任尚书右丞、御史中丞等职，卒赠司隶校尉，谥曰贞。② 案《左传正义》云"傅咸为《七经诗》，其传诗有此句，王羲之写"③，此书见于孔颖达引述，盖王羲之曾写过傅咸此作。清人王谟自《艺文类聚》《初学记》辑有6条，其中《孝经》《论语》《毛诗》《周官》《左传》各2首，《周易》1首，阙《尚书》之诗。佚文皆四言诗，以诗作的方式表达对儒家经典主旨的理解，方式新颖，内容正大。另外，傅咸这里

---

① 中科院图书馆整理：《续修四库全书总目·经部》，第1322页。
② 《晋书·傅咸传》，第1323—1330页。
③ 《左传正义》，(清)阮元校刻：《十三经注疏》，第4592页。

明确将《孝经》《论语》与五经并列,形成"七经",也是这两种经典在晋代地位进一步提高的表现。

《五经钩沉》十卷,杨方撰。杨方字公回,会稽人。少好学,公事之余辄读五经,虞喜兄弟雅爱之,贺循拔之于卑陋,曾任安东太守、高梁太守等职。① 据杨方本传云,此书作于杨方在高梁太守任上时,行于世。《隋书·经籍志》著录为十卷,两《唐志》同之,《崇文总目》《宋史·艺文志》均著录为五卷,是宋时已残缺,后乃亡佚。《崇文总目》云:

> 答难申畅,自谓钩取五经之沉义。篇第亡缺,今缺五篇。②

《中兴书目》云:

> 自序云晋太宁元年(323)撰,钩经传之沉义,著论难以起滞。③

由此可见杨方作此书,具有索隐、论难性质,其自序宋时尚存。《初学记》《太平御览》有引,清人王谟、马国翰辑之。马国翰认为"其说生知元照,稍涉道家谈,而文笔议论与葛洪《抱朴子》相近"④,则杨方此书颇具晋时儒道并综之风格。

《五经滞义》无卷数,袁准撰。袁准始末见上《诗》一节。案《三国志·袁涣传》注引《袁氏世纪》云袁准"著书十余万言,论治世之务,为《易》《周官》《诗》传,及论五经滞义,圣人之微言,以传于世"⑤,据此袁准当有专论五经滞义之作,然早佚,内容无考。《五经同异评》无卷数,徐苗撰。徐苗事迹见上《易》一节。此书亦仅见徐苗本传记载,观书名是评论五经经义之异同的著作。

通释类的著作有《五经大义》三卷,戴逵撰。逵字安道,谯国人。少博学好谈论,善属文,工书画,能鼓琴,曾从名儒范宣问学。⑥ 此书见《隋书·经籍志》著录,清人马国翰自《通典》《北堂书钞》辑有3条。马氏评价曰:"申马难郑,而弥觉其踬,庾蔚之论之审矣。"⑦是其说义不同郑玄,而文辞晦涩,观书名只举大义,故卷帙不多。

《五经音》十卷,徐邈撰。邈事迹见上《易》一节。案《隋书·经籍志》已著录有徐邈《易》《书》《诗》《礼》《左传》《论语》音,又别著录《五经音》,是徐邈书有单

---

① 《晋书·贺循传》,第1831页。
② (清)钱东垣:《崇文总目辑释》卷一。
③ (宋)王应麟:《玉海》卷四二,第841页。
④ (清)马国翰:《玉函山房辑佚书》。
⑤ 《三国志·魏志》,第336页。
⑥ 《晋书·隐逸传》,第2457—2459页。
⑦ (清)马国翰:《玉函山房辑佚书》。

行、有合并本。案本传云其撰正五经音训,学者宗之,是当时或流行合并之本。

还有一种石经文献即《晋石经》无卷数,裴頠奏刻。頠字逸民,河东闻喜人,父裴秀。博学稽古,善言谈,少便知名,尝著《崇有论》以批评时俗放荡、不尊儒术。曾任国子祭酒、侍中等职,后为赵王伦所杀,惠帝追谥曰成。① 此石经见裴頠本传说当时天下暂宁,裴頠便奏修国学,刻石写经。又《晋诸公赞》曰:"惠帝时,裴頠为国子祭酒,奏立国子太学,起讲堂,筑门阙,刻石写经。"② 可见当时在裴頠的提倡下,国学有刻石经,然无流传,其具体内容不可考。

二、南朝群经总义文献

南朝通论、杂论类的文献有《五经杂义》六卷,宋孙畅之撰。畅之事迹见上《诗》一节。此书唐初尚存,观书名当是杂论五经之义的著作。《五经决录》五篇,宋王焕撰。王焕是隋代大儒王通的五世祖,故王通追述说"江州府君之述曰《五经决录》五篇,其言圣贤制述之意备矣"③,可知此五篇是论述五经大旨之作。

《五经论问》无卷数,南齐虞愿撰。愿字士恭,会稽余姚人。宋时以国子生出身,曾任晋平太守、东观祭酒等职。虞愿任晋平太守时,在郡立学堂教授。撰有《会稽记》等。④ 传见《南齐书·良政传》《南史·循吏传》。此书仅见虞愿本传,或是其在郡学教授之问答、论难的记录。

《长春义记》一百卷,梁简文帝撰。简文帝事迹见上《易》一节。简文帝本纪言此书行于世,两《唐志》同著录。案《沈文阿传》云"梁简文在东宫,引为学士,深相礼遇,及撰《长春义记》,多使文阿撮异闻以广之"⑤,《许懋传》云"中大通三年(531),皇太子召与诸儒录《长春义记》"⑥,《徐陵传》云"梁简文在东宫撰《长春殿义记》,使陵为序"⑦,由此可知此书是简文帝为太子时,召诸儒参录的,由徐陵撰序,内容则包罗广泛,多存异闻,故卷帙繁多。《隋书·经籍志》在此条后载有《大义》九卷,佚名撰,姚振宗认为此书或是书名前脱"五经"二字,或即《长春义记》之

---

① 《晋书·裴頠传》,第1041—1047页。
② 《艺文类聚》卷三八,第692页。
③ (隋)王通:《中说·王道篇》,《四部丛刊》影印铁琴铜剑楼藏宋刊本。
④ 《南齐书·良政传》,第915—917页;《南史·循吏传》,第1709—1711页。案:虞愿卒于齐高帝建元元年(479),是齐方立便卒,本应为宋人,然既入《南齐书》,此处姑题为南齐人。
⑤ 《陈书·儒林传》,第434页。
⑥ 《南史·许懋传》,第1487页。
⑦ 《陈书·徐陵传》,第326页。

节本①，本书姑附于此。

《五经同异评》一卷，梁贺玚撰。贺玚始末见上《易》一节。此书《隋书·经籍志》云梁有，亡，观书名知是评论五经之异同的著作。又《南史》本传载其撰有《朝廷博士议》数百篇（《梁书》作《朝廷博议》），若如《南史》所载，则此数百篇或亦博士议经之作，故徐崇《补南北史艺文志》著录，本书姑从之。《五经滞义》无卷数，梁贺琛撰。琛始末见上《礼》一节。此书见贺琛本传所载，案贺琛传贺玚家学，精通儒术，此书盖钩稽五经之隐义，属通论之作。

《游玄桂林》九卷，陈张讥撰。张讥事迹见上《易》一节。案此书张讥本传作二十四卷，两《唐志》则作二十卷。《隋书·经籍志》在经部著录这九卷，又于子部道家类著录有二十一卷、目一卷，姚振宗据此认为此九卷盖节录《游玄桂林》中有关五经者，②说甚有理，本书从之。

《通五经》五卷，南朝王氏撰。王氏不详何人，《隋书·经籍志》列在戴逵条下，贺玚前，姑附于南朝。《五经咨疑》八卷，南朝周氏、杨思撰。此书《隋志》题"周杨"撰，而两《唐志》作"杨思"撰，姚振宗认为似是周氏、杨氏二人的问答之作，《唐志》题杨氏之名，而周氏失名，③本书据此录之。《隋志》又载佚名撰《玄义问答》二卷，观书名即知是以玄学说儒经的问答之作，故列入南朝，此书唐初尚存，后亡佚，可见唐代学风转变，玄说儒经渐渐不受重视。

通释类的文献有《五经要义》十七卷，南朝雷氏撰。此书《后汉书注》《初学记》《艺文类聚》《文选注》等均有引用，清人王谟、马国翰、黄奭皆辑之。王谟认为"如《莲社高贤传》云次宗著书自称雷氏，则《要义》之雷氏为次宗无疑"④，而《续四库全书总目》则认为《莲社高贤传》所称雷氏"不过随便举之，非以为次宗之定称，而《隋志》之称雷氏，必是已佚其名，谟所考姑备一说可耳"⑤。佚文释经文词句之义，说解平实，马国翰认为"说'褐袭''彤管'，皆详晰有古致，盖承汉人遗说"⑥。

《五经讲疏》无卷数，梁武帝撰。案《简文帝纪》云"高祖所制《五经讲疏》，尝于玄圃奉述，听者倾朝野"⑦，《孔子袪传》云"高祖撰《五经讲疏》及《孔子正言》"，

---

① （清）姚振宗：《隋书经籍志考证》，第390页。
② （清）姚振宗：《隋书经籍志考证》，第390页。
③ （清）姚振宗：《隋书经籍志考证》，第383页。
④ （清）王谟：《汉魏遗书钞》。
⑤ 中科院图书馆整理：《续修四库全书总目·经部》，第1322页。
⑥ （清）马国翰：《玉函山房辑佚书》。
⑦ 《梁书·简文帝纪》，第109页。

专使子袪检阅群书,以为义证。事竟,敕子袪与右卫朱异、左丞贺琛于士林馆递日执经"①,而《隋书·经籍志》只载有《周易讲疏》,徐崇据此著录《五经讲疏》②,盖认为《周易讲疏》是《五经讲疏》之单行本。简文帝既曾讲《五经讲疏》,似当有一讲义,徐说有理,本书从之。其解说风格盖与武帝其他儒经著作相应,内容广博,学宗汉儒。《五经义》无卷数,梁贺玚撰。案贺玚本传曰天监四年(505)"初开五馆,以玚兼五经博士,别诏为皇太子定礼,撰《五经义》"③,是此书为贺玚任五经博士时之讲义。

《经典大义》十二卷、《经典玄儒大义序录》二卷,陈沈文阿撰。文阿事迹见上《礼》一节。前书《旧唐志》作十卷(《新唐志》作《经典玄儒大义序录》十卷,盖误题后书)。案文阿本传曰其撰《经典大义》十八卷"行于世,诸儒多传其学"④,姚振宗认为本传所载的十八卷到隋时剩十四卷,又分为《隋志》所载此二书,唐开元时存十卷,⑤即《唐志》所载,唐后十卷本亦亡。其内容盖为文阿治经要义之总汇。《续经典大义》十四卷,陈王元规撰。元规事迹见上《礼》一节。此书是元规续其师沈文阿之作,然仅见本传所载,较文阿之书亡佚更早,观书名可知是对文阿之书的续补、申说。《五经义略》一卷,南朝佚名撰,此书《隋志》云梁有,亡,作者无考,姑附于南朝。

南朝还有一种专论经书中数学的著作即梁鲍泉撰《六经通数》十卷。鲍泉字润岳,东海人。博涉史传,兼有文笔,曾任信州刺史,后为侯景所杀。撰有《新仪》三十卷。⑥ 此书唐初尚存,观书名可知是论经典中的数学问题,惜久佚而无可考。

三、北朝群经总义文献

北朝通论、杂论类的文献有《五经疑问》百余篇,北魏房景先撰。景先字光胄,清河绎幕人。幼孤贫,其母授之《毛诗》《曲礼》,昼则樵苏,夜诵经史,刘芳、崔光等叹其学精博,景先受举荐参修国史、撰《宣武起居注》。历任太学博士、尚书郎等职,卒赠持节、冠军将军、洛州刺史,谥曰文。⑦ 传见《魏书》《北史》本传。案

---

① 《梁书·儒林传》,第 680 页。
② 徐崇:《补南北史艺文志》,清华大学出版社,2012 年,第 420 页。
③ 《梁书·儒林传》,第 672 页。
④ 《陈书·儒林传》,第 436 页。
⑤ (清)姚振宗:《隋书经籍志考证》,第 384 页。
⑥ 《梁书》,第 448—449 页;《南史》,第 1528—1530 页。
⑦ 《魏书》,第 978—982 页;《北史》,第 1423—1424 页。

《魏书》本传曰"景先作《五经疑问》百余篇，其言该典，今行于时"①，据此可知景先此书言辞典雅，在魏时颇流行，清人王谟、黄奭有辑佚。王谟自《魏书》本传中辑出 14 条，皆问答之体，有总论经义 4 条，论《易》、三《礼》、三《传》、《尚书》、《毛诗》、《论语》各 1 条，是书名虽题"五经"，实不限五经，当为论"七经"之作。佚文说义平实，有涉阴阳五行、谶纬之说，颇具北学风采。又《五经辩疑》十卷，北魏王神贵撰。此书见景先本传载，当时有符玺郎王神贵，答其《五经疑问》，题名《辩疑》，与景先之书合为十卷，史称亦有可观，奏上给节闵帝，帝亲自执卷与神贵讨论，赞赏之。惜神贵之书亦早佚，内容无考。

《七经义纲》二十九卷、《七经论》三卷、《质疑》五卷，北周樊深撰。樊深事迹见上《礼》一节。案《周书》本传云樊深"撰《七经异同说》三卷、《义纲略论》并《目录》三十一卷，并行于世"②，知是前二书。而两《唐志》又载《七经义纲略论》三十卷、《质疑》五卷，是唐时此二书尚存。三书后均亡佚，清人王谟、马国翰自《初学记》《太平御览》辑有《七经义纲》佚文 3 条。佚文解释句义，说义平实。

《五经异同评》十卷，北魏张凤撰。张凤字孔鸾，敦煌渊泉人，为河西著姓。曾任国子博士、散骑常侍。传云其"著《五经异同评》十卷，为儒者所称"③，是当时应有流传，观书名当是评论五经异同，而张凤既为河西人，其说当传汉学家法。《礼传诗易疑事》无卷数，北魏封伟伯撰。伟伯事迹见上《礼》一节。案此见伟伯本传云"伟伯又讨论《礼》《传》《诗》《易》疑事数十条，儒者咸称之"④，据此伟伯讨论数经之疑事，当成一书，当时儒者有所见之而称赞焉。《七经论》无卷数，北周苏绰撰。苏绰始末见上《尚书》一节。此书见绰本传载，言其书行于世，观书名当为综论七经经义之作。

通释类的文献有《六经略注》无卷数，北魏常爽撰。爽字仕明，河内温人，祖常珍因世乱居凉州。爽少聪敏，好学博闻，研综五经、百家，明习纬候。太武帝征凉州后，爽在京师温水边置学馆教授，门徒七百余人，复兴京师学业。讲儒经二十余年，时称"儒林先生"。⑤ 传见《魏书·儒林传》、《北史》本传。案本传云"因教授之暇，述《六经略注》，以广制作，甚有条贯"⑥，传中并载有其序，明言是为《诗》《书》《礼》《乐》《易》《春秋》所撰，为昌明圣学、探经学之本而作，并用之教训

---

① 《魏书》，第 978 页。
② 《周书·儒林传》，第 812 页。
③ 《北史·张湛传》，第 1266 页。
④ 《魏书》，第 766 页。
⑤ 《魏书·儒林传》，第 1848—1849 页；《北史》，第 1553—1555 页。
⑥ 《魏书·儒林传》，第 1848 页。

门徒。此书当时行于世,然仅见爽本传所载,清人马国翰自常爽本传辑有此书之序。《五经大义》十卷,北周樊深撰。《五经大义》五卷,北周何妥撰。何妥始末见上《易》一节。此二书见《隋书·经籍志》所载,盖通释五经之要义的著作,唐初尚存,其后亡佚。

术数类的文献有《五经算术》二卷,北周甄鸾撰。甄鸾字叔遵,中山无极人。西魏时封为无极伯,北周时为司隶校尉、汉中郡守,甄鸾精于步算。① 此书《四库全书》自《永乐大典》辑出,并云:

> 北周甄鸾撰,唐李淳风注。(甄鸾)尝释《周髀》等算经,不闻其有是书。而隋、唐《经籍志》有《五经算术》一卷、《五经算术录遗》一卷,皆不著撰人姓名,《唐艺文志》则有李淳风《注五经算术》二卷,亦不言其书为谁所撰。今考是书,举《尚书》、《孝经》、《诗》、《易》、《论语》、三《礼》、《春秋》之待算方明者列之,而推算之术悉加"甄鸾案"三字于上,则是书当即鸾所撰。②

据此可知甄鸾撰有此书,虽题"五经",实际涵盖了《论语》《孝经》,是对"七经"的算术作推算的著作。此书内容精审,唐代李淳风为之作注,据《四库全书总目》云唐时科举中算学便列此书为教材,可见其在中国古代算学中之重要地位。又书中所引经史,多采旧本,可以订正经史传本之讹误,存旧之功甚大。

《五经宗略》二十三卷,北魏元延明撰。延明始末见上《诗》一节。《五经宗》无卷数,北魏信都芳撰。信都芳字玉琳,河间人。少明历算,兼有机巧。为安丰王元延明召入宾馆,向南人祖暅③学习,更精历算。后为齐神武之馆客,恢复律管吹灰之法,然不行用,故又失传。又难李业兴所造新历,并私撰《灵宪历》,自谓精确,然未成而卒。撰有《史宗》《乐书》《遁甲经》《四术周髀宗》等书。④ 传见《北齐书·方伎传》《北史·儒林传》。案《北史》信都芳本传说:

> 延明家有群书,欲抄集五经算事为《五经宗》,及古今乐事为《乐书》,又聚浑天、欹器、地动、铜乌、漏刻、候风诸巧事,并图画为《器准》,并令芳算之。会延明南奔,芳乃自撰注。⑤

由此可知,延明确曾有作《五经宗》以抄集五经算事,并令信都芳为之计算。而延明南奔后,信都芳所作为"撰注",也就是说信都芳不仅抄集,还为之作注。又延

---

① (清)姚振宗:《隋书经籍志考证》,第644页。
② 《四库全书总目》卷一〇七,第904页。
③ 祖暅即祖冲之子,又名暅之,传其家学甚精。
④ 《北齐书·方伎传》,第675页;《北史·艺术传》,第2933—2934页。
⑤ 《北史·艺术传》,第2933页。

明本传亦载其撰《五经宗略》。因此本书分列二人之作,盖《五经宗略》为延明所撰未尽善之简本,故名"略",《五经宗》则为信都芳加了注的详本。《五经宗略》两《唐志》作四十卷,较《隋志》多出许多,未知是据《隋志》所录本子分其卷帙,还是将信都芳著作合编入。

《隋书·经籍志》还有载《五经秘表要》三卷,不题撰人,唐初已亡。姚振宗认为《五经祕》似谶纬之书,而此书则"表明其要"①,若如姚氏推测,则此书盖北朝人所撰术数一类的著作,姑附于此。

石经类的一种文献是北魏李郁等勘校的《北魏石经》,见《经义考》著录。案《崔光传》记载,神龟元年(518)夏,崔光上表称汉魏所刻石经,虽屡经战乱,还未有大的损坏,然而地方官民建筑、农耕都渐渐在侵坏经石。时崔光领国子祭酒并授明帝经,他认为自己既然担任经学教职,如果不能修缮石经、发扬经业,是很令人惭耻的。于是求遣国子博士一人,来主持整理石经、补其阙遗的工作。诏依崔光所表陈,"光乃令国子博士李郁与助教韩神固、刘燮等勘校石经,其残缺者,计料石功,并字多少,欲补治之"②。可见当时确有修补石经的举动,但是在灵太后被废后,此事就停止了,所以北魏石经并未完成。不过《崔光传》所说灵太后废,当指灵太后第一次被废的正光元年(520),距离崔光上表有两年时间,李郁等人的勘校工作应当是有所开展的,只是石经工程浩大,短短两年无法最终完成。本书依《经义考》著录,以不没北魏儒者修复石经之志愿。

---

① (清)姚振宗:《隋书经籍志考证》,第383页。
② 《魏书·崔光传》,第1495页。

第九章　两晋南北朝小学文献提要

第一节　两晋南北朝小学文献目录

一、两晋小学书目

（一）文字类存目

书　名	卷数	作　者	辑存	备　　注
三苍注	三卷	晋郭璞撰	辑	清黄奭辑一卷（《黄氏逸书考》） 清顾震福辑（《小学钩沈续编》）
字林	七卷	晋吕忱撰	辑	清曾钊辑八卷（《面城楼丛刊》） 清任大椿辑八卷（《式训堂丛书三集》） 清钱保塘辑八卷（《清风室丛书》） 清陶方琦辑一卷（《汉孳室遗著》）
要用字苑	一卷	晋葛洪撰	辑	清任大椿辑（《小学钩沈》） 清马国翰辑一卷（《玉函山房辑佚书》） 清顾震福辑（《小学钩沈续编》） 清龙璋辑一卷（《小学搜佚上编》）
单行字	四卷	晋李彤撰	辑	清龙璋辑一卷（《小学搜佚上编》）
四体书势	一卷	晋卫恒撰	辑	清马国翰辑一卷（《玉函山房辑佚书》）
月仪书	无卷数	晋索靖撰	存	《郁冈斋集帖》

（二）文字类佚目

书　名	卷数	作者	备　　注
续通俗文	二卷	晋李虔撰	《旧唐书·经籍志》《新唐书·艺文志》
集古文	无卷数	晋徐邈撰	文廷式《补晋书艺文志》

续表

书　　名	卷数	作者	备　　注
少学	九卷	晋杨方撰	《隋书·经籍志》《旧唐书·经籍志》《新唐书·艺文志》
字偶	五卷	晋李彤撰	《隋书·经籍志》《册府元龟》
文字要记	三卷	晋王义撰	《隋书·经籍志》《旧唐书·经籍志》《新唐书·艺文志》
太上章	无卷数	晋慕容皝撰	《晋书·前燕载记》
古今字	二卷	晋佚名撰	《宋书·外国传》、秦荣光《补晋书艺文志》
翻真语	一卷	晋王延撰	《隋书·经籍志》
隶势	无卷数	晋成公绥撰	《太平御览》
月仪书	无卷数	晋王羲之撰	《太平御览》

（三）音韵类存目

书　　名	卷数	作　者	辑存	备　　注
韵集	六卷	晋吕静撰	辑	清任大椿辑（《小学钩沉》） 清马国翰辑一卷（《玉函山房辑佚书》） 清黄奭辑一卷（《黄氏逸书考》） 清顾震福辑（《小学钩沉续编》） 清龙璋辑一卷（《小学搜佚下编》）
文字音	七卷	晋王延撰	辑	清龙璋辑一卷（《小学搜佚下编》）

（四）音韵类佚目

无。

（五）训诂类存目

书　　名	卷数	作　者	辑存	备　　注
方言注	十三卷	晋郭璞撰	存	
小学篇	一卷	晋王义撰	辑	清任大椿辑（《小学钩沉》） 清顾震福辑（《小学钩沉续编》） 清龙璋辑一卷（《小学搜佚上编》）

续 表

书 名	卷数	作者	辑存	备 注
字指	二卷	晋李彤撰	辑	清任大椿辑(《小学钩沉》) 清马国翰辑一卷(《玉函山房辑佚书》) 清黄奭辑一卷(《汉学堂丛书》《黄氏逸书考》) 清顾震福辑(《小学钩沉续编》) 清龙璋辑一卷(《小学搜佚上编》)
常用字训	一卷	晋殷仲堪撰	辑	清龙璋辑一卷(《小学搜佚上编》)

(六) 训诂类佚目

书 名	卷 数	作 者	备 注
四部	无卷数	晋李彤撰	《太平御览》
汲冢书名	三篇	佚名撰	《晋书·束皙传》
汲冢古文释	十卷	晋续咸撰	《晋书》本传

(七)《尔雅》类存目

书 名	卷数	作者	辑存	备 注
尔雅注	三卷	晋郭璞撰	存	《尔雅注疏》
尔雅音义	一卷	晋郭璞撰	辑	清马国翰辑一卷(《玉函山房辑佚书》) 清黄奭辑一卷(《汉学堂丛书》《黄氏逸书考》)
尔雅图赞	二卷	晋郭璞撰	辑	清王谟辑一卷(《汉魏遗书钞》) 清马国翰辑一卷(《玉函山房辑佚书》) 清黄奭辑一卷(《汉学堂丛书》《黄氏逸书考》) 清严可均辑一卷(《观古堂汇刻书》第一集)

(八)《尔雅》类佚目

书 名	卷数	作 者	备 注
尔雅图	十卷	晋郭璞撰	《隋书·经籍志》《旧唐书·经籍志》《新唐书·艺文志》
小尔雅略解	一卷	晋李轨撰	《隋书·经籍志》《旧唐书·经籍志》《新唐书·艺文志》

二、南朝小学书目

(一) 文字类存目

书　　名	卷　数	作　者	辑存	备　　注
玉篇	三十一卷	陈顾野王撰	存	《四库全书》
千字文	一卷	梁周兴嗣撰	存	
文字集略	六卷	梁阮孝绪撰	辑	清任大椿辑(《小学钩沉》) 清马国翰辑一卷(《玉函山房辑佚书》) 清王仁俊辑一卷(《玉函山房辑佚书续编》) 清黄奭辑一卷(《汉学堂丛书》《黄氏逸书考》) 清顾震福辑(《小学钩沈续编》) 清龙璋辑一卷(《小学搜佚上编》)

(二) 文字类佚目

书　　名	卷数	作　者	备　　注
要字苑	一卷	宋谢康乐撰	《隋书·经籍志》
评书	一卷	南齐王僧虔撰	《玉海》卷四五
古今篆隶文体	一卷	南齐萧子良撰	陈述《补南齐书艺文志》
删改玉篇	无卷数	梁萧恺撰	王仁俊《补梁书艺文志》
要用字对误	四卷	梁邹诞生撰	《隋书·经籍志》
千字文	一卷	梁萧子范撰	《旧唐书·经籍志》《新唐书·艺文志》
注千字文	无卷数	梁蔡薳撰	王仁俊《补梁书艺文志》
注千字文	一卷	梁萧子云撰	《隋书·经籍志》
古今文字序	一卷	梁刘歊撰	《隋书·经籍志》
文字指要	二卷	梁丘陵撰	《法书要录》卷二
论书	一卷	梁武帝撰	《玉海》卷四五
五十二体书	一卷	梁萧子云撰	《旧唐书·经籍志》《新唐书·艺文志》
书品	一卷	梁庾肩吾撰	《旧唐书·经籍志》《新唐书·艺文志》

续表

书　名	卷数	作　者	备　注
古今篆隶杂字体	一卷	梁萧子政撰	《隋书·经籍志》
文字图	二卷	南朝佚名撰	《隋书·经籍志》
文字体例	无卷数	梁庾曼倩撰	王仁俊《补梁书艺文志》
字府	无卷数	梁庾元威撰	《法书要录》卷二
奇字	二十卷	梁元帝撰	《金楼子·著书篇》
杂体书	九卷	梁释正度撰	《隋书·经籍志》《旧唐书·经籍志》《新唐书·艺文志》

（三）音韵类存目

无。

（四）音韵类佚目

书　名	卷数	作　者	备　注
释字同音	三卷	宋吉文甫撰	《隋书·经籍志》
四声切韵	无卷数	南齐周颙撰	《南史》本传
四声论	无卷数	南齐王斌撰	《南史·陆厥传》
四声	一卷	梁沈约撰	王仁俊《补梁书艺文志》
四声韵略	十三卷	梁夏侯咏撰	《隋书·经籍志》《旧唐书·经籍志》《新唐书·艺文志》

（五）训诂类存目

书　名	卷数	作　者	辑存	备　注
诂幼	二卷	宋颜延之撰	辑	清马国翰辑一卷（《玉函山房辑佚书》） 清龙璋辑一卷（《小学搜佚上编》）
纂文	三卷	宋何承天撰	辑	清任大椿辑一卷（《小学钩沉》） 清马国翰辑一卷（《玉函山房辑佚书》） 清王仁俊辑一卷（《玉函山房辑佚书续编》） 清黄奭辑一卷（《黄氏逸书考》） 清顾震福辑（《小学钩沉续编》） 清龙璋辑一卷（《小学搜佚上编》）

续 表

书　名	卷数	作　者	辑存	备　注
文字释训	三十卷	梁释宝誌撰	辑	清龙璋辑一卷(《小学搜佚上编》)
纂要	无卷数	梁元帝撰	辑	清任大椿辑(《小学钩沉》) 清马国翰辑一卷(《玉函山房辑佚书》) 清黄奭辑一卷(《黄氏逸书考》) 清顾震福辑(《小学钩沉续编》) 清曹元忠辑一卷(《南菁札记》) 清龙璋辑一卷(《小学搜佚上编》)
纂要	六卷	宋颜延之撰	辑	清曹元忠辑一卷(《南菁札记》) 清龙璋辑一卷(《小学搜佚上编》)

（六）训诂类佚目

书　名	卷数	作　者	备　注
字林音义	五卷	宋吴恭撰	《隋书·经籍志》
广诂幼	一卷	宋荀楷撰	《隋书·经籍志》
要雅	五卷	梁刘杳撰	王仁俊《补梁书艺文志》
字书音训	无卷数	梁范岫撰	王仁俊《补梁书艺文志》
说文音隐	四卷	南朝佚名撰	《隋书·经籍志》《旧唐书·经籍志》《新唐书·艺文志》

（七）《尔雅》类存目

书　名	卷数	作　者	辑存	备　注
尔雅集注	十卷	梁沈旋撰	辑	清马国翰辑一卷(《玉函山房辑佚书》) 清黄奭辑一卷(《汉学堂丛书》《黄氏逸书考》)
尔雅音	无卷数	陈施乾撰	辑	清马国翰辑一卷(《玉函山房辑佚书》) 清黄奭辑一卷(《汉学堂丛书》《黄氏逸书考》)
尔雅音	无卷数	陈谢峤撰	辑	清马国翰辑一卷(《玉函山房辑佚书》) 清黄奭辑一卷(《汉学堂丛书》)
尔雅音	无卷数	陈顾野王撰	辑	清马国翰辑一卷(《玉函山房辑佚书》) 清黄奭辑一卷(《汉学堂丛书》《黄氏逸书考》)

（八）《尔雅》类佚目

书　名	卷数	作者	备　注
尔雅音	八卷	陈江灌撰	《隋书·经籍志》《旧唐书·经籍志》《新唐书·艺文志》
尔雅图	二卷	陈江灌撰	《历代名画记》卷三
尔雅赞	二卷	陈江灌撰	《旧唐书·经籍志》《新唐书·艺文志》

三、北朝小学书目

（一）文字类存目

书　名	卷数	作者	辑存	备　注
字略	五篇	北齐宋世良撰	辑	清任大椿辑（《小学钩沉》） 清黄奭辑一卷（《汉学堂丛书》《黄氏逸书考》） 清顾震福辑（《小学钩沉续编》） 清龙璋辑一卷（《小学搜佚上编》）
字统	二十一卷	北魏阳承庆撰	辑	清任大椿辑（《小学钩沉》） 清马国翰辑一卷（《玉函山房辑佚书》） 清黄奭辑一卷（《汉学堂丛书》《黄氏逸书考》） 清顾震福辑（《小学钩沉续编》） 清龙璋辑一卷（《小学搜佚上编》）
古今文字	四十卷	北魏江式撰	辑	清马国翰辑一卷（《玉函山房辑佚书》）

（二）文字类佚目

书　名	卷数	作者	备　注
众文经	无卷数	北魏道武帝撰	《魏书》本纪
新字	无卷数	北魏太武帝撰	《魏书》本纪
悟蒙章	无卷数	北魏陆暐撰	《魏书》本传
急就章解	二卷	北魏崔浩撰	《隋书·经籍志》
急就篇续注音义证	三卷	北魏刘芳撰	《周书》本传
字释	无卷数	北魏阳尼撰	徐崇《补南北史艺文志》

续表

书　名	卷数	作者	备　注
训俗文字略	一卷	北齐颜之推撰	《隋书·经籍志》
笔墨法	一卷	北齐颜之推撰	《旧唐书·经籍志》《新唐书·艺文志》
急就章注	一卷	北齐颜之推撰	《旧唐书·经籍志》《新唐书·艺文志》
字辩	无卷数	北齐李铉撰	《北齐书》本传
刊定隶书六体	无卷数	北周赵文深撰	《周书》本传
急就章	三卷	北朝豆卢氏撰	《隋书·经籍志》

（三）音韵类存目

书　名	卷数	作者	辑存	备　注
韵略	一卷	北齐阳休之撰	辑	清任大椿辑（《小学钩沉》） 清马国翰辑一卷（《玉函山房辑佚书》） 清王仁俊辑一卷（《玉函山房辑佚书续编》） 清黄奭辑一卷（《汉学堂丛书》《黄氏逸书考》） 清顾震福辑（《小学钩沉续编》） 清龙璋辑一卷（《小学搜佚下编》）
音谱	四卷	北齐李概撰	辑	清任大椿辑（《小学钩沉》） 清黄奭辑一卷（《汉学堂丛书》《黄氏逸书考》） 清顾震福辑（《小学钩沉续编》） 清龙璋辑一卷（《小学搜佚下编》）
证俗音字略	六卷	北齐颜之推撰	辑	清任大椿辑（《小学钩沉》） 清顾震福辑（《小学钩沉续编》） 清龙璋辑一卷（《小学搜佚下编》）

（四）音韵类佚目

书　名	卷数	作者	备　注
续修音韵决疑	十四卷	北齐李概撰	《隋书·经籍志》
辩嫌音	二卷	北齐阳休之撰	《旧唐书·经籍志》《新唐书·艺文志》
河洛语音	一卷	北朝王长孙撰	《隋书·经籍志》

（五）训诂类存目

无。

（六）训诂类佚目

书　名	卷　数	作　者	备　注
方言	三卷	北魏刘昞撰	《魏书》本传
赵语	十二卷	北齐李公绪撰	《北齐书》本传

（七）鲜卑语类存目

无。

（八）鲜卑语类佚目

书　名	卷　数	作　者	备　注
国语物名	四卷	北魏侯伏侯可悉陵撰	李正奋《补魏书艺文志》
国语杂物名	三卷	北魏侯伏侯可悉陵撰	李正奋《补魏书艺文志》
国语号令	四卷	北魏佚名撰	李正奋《补魏书艺文志》
杂号令	一卷	北魏佚名撰	《隋书·经籍志》
国语真歌	十卷	北魏佚名撰	李正奋《补魏书艺文志》
国语十八传	一卷	北魏佚名撰	李正奋《补魏书艺文志》
国语御歌	十一卷	北魏佚名撰	李正奋《补魏书艺文志》
国语杂文	十五卷	北魏佚名撰	李正奋《补魏书艺文志》
鲜卑号令	一卷	北周武帝撰	徐仁甫《补周书艺文志》
国语	十五卷	北朝佚名撰	《隋书·经籍志》
国语	十卷	北朝佚名撰	《隋书·经籍志》
鲜卑语	五卷	北朝佚名撰	《隋书·经籍志》
鲜卑语	十卷	北朝佚名撰	《隋书·经籍志》

第二节　两晋南北朝文字类文献提要

一、两晋文字类文献

两晋的文字类著作有对前人字书作注解、仿效者，如郭璞撰《三苍注》三卷。郭璞事迹见上《易》一节。《三苍》是秦李斯《仓颉篇》、汉扬雄《训纂篇》、东汉贾鲂《滂喜篇》之合称，是三种广泛使用的字书。郭璞为之作注，《隋志》、两《唐志》同著录，清人马国翰、黄奭、顾震福有辑佚。佚文对字词作音、义的训释，并兼有当时方言的解释。

《字林》七卷，吕忱撰。吕忱《隋书·经籍志》题晋弦令，姚振宗考证其为西晋初人，此书作于太康九年（288）之前。① 案《魏书·江式传》云：

> 晋世义阳王典祠令任城吕忱表上《字林》六卷，寻其况趣，附托许慎《说文》，而案偶章句，隐别古籀奇惑之字，文得正隶，不差篆意也。②

《书断》曰：

> 晋吕忱字伯雍，博识文字，撰《字林》五篇，万二千八百余字。《字林》则《说文》之流，小篆之工，亦叔重之亚也。③

《封氏闻见记》曰：

> 晋有吕忱，更按群典，搜求异字，复撰《字林》七卷，亦五百四十部，凡一万二千八百二十四字，诸部皆依《说文》，《说文》所无者是忱所益。④

《五经文字》云：

> 后有吕忱义集《说文》之所漏略，著《字林》五篇以补之。今制国子监置书学博士，立《说文》、石经、《字林》之学，举其文义，岁登下之，亦古之小学也。⑤

据上述所引可知，吕氏此书为五篇，六卷、七卷大概是卷帙分合不同。此书是模仿、补充《说文解字》之作，跟《说文》一样分为五百四十部，较《说文》还多收录了

---

① （清）姚振宗：《隋书经籍志考证》，第455页。
② 《魏书·艺术传》，第1963页。
③ （唐）张怀瓘：《书断》卷下，影印《文渊阁四库全书》本。
④ （唐）封演撰，赵贞信校注：《封氏闻见记校注》卷二，中华书局，2005年，第7页。
⑤ （唐）张参：《五经文字》序例，影印《文渊阁四库全书》本。

字,总共收录12 824字,从字体上讲篆、隶皆精。此书受到后人赞誉,唐代博士亦立《字林》,以补《说文》之不备。此书宋以后亡佚,《说郛》、清人曾钊、任大椿、钱保塘、陶方琦有辑佚。

《续通俗文》二卷,李虔撰。案《晋书·李密传》云李密字令伯,犍为武阳人,一名虔,盖即作此书者。虔师事谯周,讲学不倦,谯周门人方之游、夏,蜀时曾为郎官,晋初为太子洗马、温令。① 此书盖续服虔《通俗文》之作。《集古文》无卷数,徐邈撰。邈事迹见上《易》一节。此书见宋人郭忠恕所撰《汗简》有引,盖为古文字集合,文廷式《补晋书艺文志》著录,本书从之。

有适用于当时的字书,如《要用字苑》一卷,葛洪撰。葛洪事迹见上《易》一节。此书两《唐志》载之,清人任大椿、马国翰、顾震福、龙璋有辑。马国翰云"颜之推作《家训》亟引之,则时其书盛行于北"②,而文廷式根据《梁书·刘杳传》证明南方亦有传此书,③《隋志》盖偶失载。佚文多收俗字,有变古字,结合书名看大概是为方便使用而为之。《少学》九卷,杨方撰。杨方始末见上群经总义一节。此书两《唐志》作《小学集》十卷,盖较《隋志》多录一卷,观书名知是字书一类,盖为当时小学识字而作。

《单行字》四卷,李彤撰。《隋志》云梁有,亡,清人龙璋有辑,佚文解释词义、名物。《隋志》还有佚名撰《字偶》五卷,据《册府元龟》知是李彤之作,谢启昆曰"按《字偶》者,犹后人所谓双字、骈字也"④,盖此书即专论骈字的著作。《文字要记》三卷,王义撰。两《唐志》有《文字要说》一卷,题"王氏"撰,谢启昆云即此书,⑤盖唐时只剩一卷,其后亡佚。

《太上章》无卷数,慕容皝撰。慕容皝字符真,前燕慕容儁之父,追谥为文明皇帝。皝尚经学,善天文。于旧宫立有东庠,勤讲授,学徒至千余人,"亲造《太上章》以代《急就》,又著《典诫》十五篇,以教胄子"⑥。据此可知这是鲜卑人所造的字书,目的在代替《急就篇》以作识字工具书,由此推测《太上章》可能更符合鲜卑人书写汉字的习惯。

《古今字》二卷,佚名撰。案《宋书·氐胡传》载沮渠茂虔在宋元嘉十四年(437)时奉献方物于宋,并献河西人所著书,此书为其中一种,秦荣光《补晋书艺

---

① 《晋书·孝友传》,第2274—2276页。
② (清)马国翰:《玉函山房辑佚书》。
③ (清)文廷式:《补晋书艺文志》,第202页。
④ (清)谢启昆:《小学考》卷一三,《续修四库全书》影印咸丰二年(1852)谢质卿刻本,第185页。
⑤ (清)谢启昆:《小学考》卷一三,第188页。
⑥ 《晋书·慕容皝载记》,第2826页。

文志》认为献书在宋,撰作当在晋时,①故著录,其说有理,本书从之,盖河西人的字书类著作。《翻真语》一卷,王延撰。此书唐初尚存,姚振宗以为是从佛书中翻译词义之类。②

又有与书法字体相关的字书,如《四体书势》一卷,卫恒撰。卫恒始末见上《尚书》一节。此书两《唐志》同著录,后佚,不过姚振宗认为《晋书》本传所载即是全文。③ 清人马国翰自本传、《艺文类聚》、《初学记》等有辑,并评价云"恒于四体,自作古、隶二势,篆述蔡邕,草述崔瑗,合而讽诵,如出一手"④,姚振宗则认为唯论古文的一篇《字势》是卫恒所作,篆、隶是取自蔡邕《篆势》《隶势》,草书是取自崔瑗《草书势》。⑤ 要之,此书是卫恒采前人之说,综合而成的论四种书法体势的著作。

《隶势》无卷数,成公绥撰。公绥字子安,东郡白马人。博涉经传,词赋甚丽,历任太常博士、中书郎等职,著有诗赋杂笔十余卷行世。⑥ 此书见《太平御览·经史图书纲目》所载,盖论隶书之法。

《月仪书》无卷数,索靖撰。索靖字幼安,敦煌人。少诣太学,该博经史,兼通纬书,著《五行三统正验论》。曾任酒泉太守、后将军等职,卒赠司空,谥曰庄。撰有《索子》二十卷、《晋诗》二十卷,靖与卫瓘俱善草书,作有《草书状》。⑦ 此书丁国钧《补晋书艺文志》著录,杨守敬注明"此书今尚存,在《郁冈斋集帖》中"⑧。案郑真《跋索靖月仪石刻》云:

> 汉黄门史游作《急就篇》,解散隶体,谓之章草,今世所传者,吴皇象所书。索靖《月仪》实本《急就章》。然《急就》古重典质,拘窘不失隶体;《月仪》则变化曲折,晋人之风度见矣。其称"君白",不知所谓,乡友乌先生继善为予言,此《月仪》书式未及施用,故不称名氏而称君,犹今言某甲某乙尔。未敢以为必然,录之以志传疑之义。石刻在临江天宁寺,乌先生所贻云。⑨

观此可知此书曾刻为石,是本《急就篇》之书意,不过又有所不同。大概《急就》是

---

① (清)秦荣光:《补晋书艺文志》,第33页。
② (清)姚振宗:《隋书经籍志考证》,第480页。
③ (清)姚振宗:《隋书经籍志考证》,第486页。
④ (清)马国翰:《玉函山房辑佚书》。
⑤ (清)姚振宗:《隋书经籍志考证》,第486—487页。
⑥ 《晋书·文苑传》,第2371—2375页。
⑦ 《晋书·索靖传》,第1648—1650页。
⑧ (清)丁国钧:《补晋书艺文志》,第148页。
⑨ (明)郑真:《荥阳外史集》卷四〇,影印《文渊阁四库全书》本。

由隶书草写发展而来的草书,所以称之章草,是较为正式、有章法的草书。而《月仪》则更多变化,书写更加自由,大概类似晋人的今草。

《月仪书》无卷数,王羲之撰。羲之字逸少,琅邪临沂人,王导从子。曾任右军将军、会稽内史等职,卒赠金紫光禄大夫。好服食养性,尤善书法,后世称之"书圣"。[①] 此书见《太平御览·经史图书纲目》所载,盖与索靖之书相似。

二、南朝文字类文献

南朝的文字类文献有继承前人者,如《玉篇》三十一卷,陈顾野王撰。顾野王字希冯,吴郡吴人。父顾烜以儒术知名。野王七岁读五经,及长,博览经史,天文地理、纬候筮占、虫篆奇字皆通。梁时为太学博士,陈时任国子博士、黄门侍郎等职,卒赠秘书监、右卫将军。撰有《舆地志》三十卷、《符瑞图》十卷、《顾氏谱传》十卷、《分野枢要》一卷、《续洞冥纪》一卷、《玄象表》一卷、《文集》二十卷。[②] 传见《陈书》《南史》本传。此书是顾野王在梁大同九年(543)任太学博士时奉令撰,实际属于梁代著作。此书仿《说文解字》而作,分五百四十二部,在字下还引经传以作训诂,并加案语。此书曾经唐代孙强增加字数,宋代陈彭年等重修,删去不少训诂内容,近代在日本早稻田大学文库藏有初唐写本,黎庶昌影入《古逸丛书》,对比可见陈彭年所删注文颇多。

《删改玉篇》无卷数,梁萧恺撰。萧恺兰陵人,父萧子显。少知名,博学善诗赋,为梁国子生。曾任秘书郎、侍中等职,侯景寇乱时卒,所著文集皆亡逸。[③] 据恺本传说,先是时顾野王任太学博士,奉令撰有《玉篇》,简文帝"嫌其书详略未当,以恺博学,于文字尤善,使更与学士删改"[④],据此可知此书是萧恺主持,集多人删改《玉篇》的著作,则其体例与内容当与《玉篇》类似,此书仅见本传所载。

适用于当代的字书有《要字苑》一卷,宋谢康乐撰。按文学家谢灵运常被称谢康乐,因其爵位为康乐公(后降为侯)。但此书作者《隋书·经籍志》题宋豫章太守,谢灵运未曾任此官职,此谢康乐或为另一人,具体事迹不可考。姚振宗则认为此书即葛洪《要用字苑》。[⑤] 此书唐初尚存,观书名当是对常用、重要的字的集合。《要用字对误》四卷,梁邹诞生撰。邹诞生《隋书·经籍志》题梁轻车参军。此书唐初已亡,观书名或为对常用字的收集、校勘。

---

① 《晋书·王羲之传》,第 2093—2102 页。
② 《陈书》,第 399—400 页;《南史》,第 1688—1689 页。
③ 《梁书》,第 513 页;《南史》,第 1074 页。
④ 《梁书》,第 513 页。
⑤ (清)姚振宗:《隋书经籍志考证》,第 460 页。

这类字书还有流传至今的广为传习的《千字文》著作,即梁周兴嗣撰《千字文》一卷。兴嗣字思纂,陈郡项人。十三岁游学京师,博通记传,善属文,尝为梁武帝制多种铭、文,并参与修纂国史。历任安成王国侍郎、给事中等职。撰有《皇帝实录》《皇德记》《起居注》《职仪》等百余卷,《文集》十卷。① 传见《梁书·文学传》《南史·文学传》。此书是梁武帝命其所作,兴嗣本传作《次韵王羲之书千字文》,意谓按王羲之书次韵成文。又有说是梁武帝得钟繇所书残碑千余字,命兴嗣次韵成文。② 南朝诸家作、注《千字文》,唯有此种流传至今,可见其优。此书有一千字,以四言韵文排列,涉及天文地理、人物典故、名物制度等内容,适于童蒙识字之用。以兴嗣此书为例,可知当时其他《千字文》之大概。

《千字文》一卷,梁萧子范撰。子范字景则,兰陵人,齐豫章王嶷之子。曾任建安太守、秘书监等职,卒赠金紫光禄大夫,谥曰文。撰有《文集》三十卷。③ 传见《梁书》《南史》本传。此书见两《唐志》记载,本传也说当时子范在南平王萧伟处任职,王爱文学士,礼遇子范,令子范"制《千字文》,其辞甚美,王命记室蔡薳注释之"④,可见此书因辞美而流传。

《注千字文》无卷数,梁蔡薳撰。此书据《萧子范传》而录,是注释子范《千字文》的著作,或曾与子范之书一同流传。《注千字文》一卷,梁萧子云撰。此书见《隋书·经籍志》载,唐初犹存。观书名当是对某家《千字文》作注,只是不知是注子范书还是兴嗣书。

还有兼采古今、正俗文字,集其大成者如《文字集略》六卷,梁阮孝绪撰。孝绪字士宗,陈留尉氏人。十三岁遍通五经,及长,隐居不仕,为任昉等名流钦尚,卒谥文贞处士,所著《七录》《正史删繁》等书二百五十卷行于世。⑤ 传见《梁书·处士传》《南史·隐逸传》。此书《隋书·经籍志》著录为六卷,而孝绪《七录序》称有"一帙三卷、《序录》一卷"⑥,两《唐志》著录为一卷,可知《隋志》本是将三卷分为六卷而不计《序录》,至唐中期则散佚只剩一卷,其后亡佚,清人任大椿、马国翰、黄奭、顾震福、王仁俊、龙璋有辑。马氏辑序说:"释玄应于'醍醐'注谓其书甚浅俗,并无所据。盖所集字有出《苍》《雅》之外者,故用贬词。"⑦孝绪同时人则于

---

① 《梁书·文学传》,第 697—698 页;《南史·文学传》,第 1779—1780 页。
② (清)姚振宗:《隋书经籍志考证》,第 440 页。
③ 《梁书》,第 510 页;《南史》,第 1070—1071 页。
④ 《梁书》,第 510 页。
⑤ 《梁书·儒林传》,第 739—742 页;《南史·隐逸传》,第 1893—1896 页。
⑥ (唐)释道宣:《广弘明集》卷三,《四部丛刊》影印明汪道昆本。
⑦ (清)马国翰:《玉函山房辑佚书》。

此书有好评，如梁庾元威《论书》说其书"穷搜正典，可称要用"①。佚文收字，并释音义，如马氏所言则所集兼有古今、正俗之字。

《古今文字序》一卷，梁刘歊撰。歊字士光，平原人，刘杳弟。幼聪慧，六岁读《论语》《毛诗》，十一岁读《庄子·逍遥篇》，及长，博学有文才，精于佛理，沙门释宝誌赞叹之，卒谥贞节处士。②此书《隋书·经籍志》云梁有，亡，姚振宗认为刘歊与阮孝绪友善，此书或即阮著《文字集略》之序，③可备一说。

《文字指要》二卷，梁丘陵撰。丘陵始末不详，盖梁时曾为丹阳郡五官掾。案梁庾元威《论书》曰："近有居士阮孝绪撰《古今文字》三卷，穷搜正典。次丹阳五官丘陵撰《文字指要》二卷，精加摘发。惟此两书可称要用。"④本书据此著录，此书内容盖与阮孝绪之书相似，故庾元威相提并论，极为称赞。

南朝书法兴盛，讨论书法字体、结构的字书较多，如有《评书》一卷，南齐王僧虔撰。僧虔琅邪临沂人，善隶书，好文史，解音律，于朝廷雅乐多有建议。宋时曾任豫章内史、尚书令等职，齐时任侍中、湘州刺史等，卒赠司空，谥简穆。⑤案此书见《玉海》引《中兴馆阁书目》有王僧虔《评书》一卷，并云"自钟繇至蔡邕凡二十五家，各评其书"⑥，据此可知是评价字体、书法的著作，盖宋后亡佚。

《古今篆隶文体》一卷，南齐萧子良撰。子良字云英，齐武帝子，封竟陵王。聪敏好学，召集天下才学之士，永明五年(487)在鸡笼山邸集学士钞五经、百家，准《皇览》之例纂为《四部要略》千卷。⑦此书陈述《补南齐书艺文志》据《日本见在书目》及汪师韩《文选注引书目》著录，⑧本书从之，已佚，未知与萧子政《古今篆隶杂字体》有无关系，或同书而作萧子政者误，或本为两书而制作时有所关联，均无可考矣。又案《封氏闻见记》云：

> 南齐萧子良撰古文之书五十二种，鹄头、蚊脚、悬针、垂露、龙爪、仙人、芝英、倒薤、蛇书、虫书、偃波、飞白之属，皆状其体势而为之名。虽义涉浮浅，亦书家之前流也。⑨

---

① (唐)张彦远：《法书要录》卷二，影印《文渊阁四库全书》本。
② 《梁书·儒林传》，第747—750页；《南史》，第1224—1226页。
③ (清)姚振宗：《隋书经籍志考证》，第465页。
④ (唐)张彦远：《法书要录》卷二。
⑤ 《南齐书》，第591—598页；《南史》，第600—605页。
⑥ (宋)王应麟：《玉海》卷四五，第883页。
⑦ 《南齐书》，第692—701页；《南史》，第1101—1104页。
⑧ 陈述：《补南齐书艺文志》，清华大学出版社，2012年，第123页。
⑨ 《封氏闻见记校注》卷二，第8页。

据此可知封氏所论当即子良此书内容,即罗列当时可知的古今各种字体之作。

《论书》一卷,梁武帝撰。武帝事迹见上《易》一节。案《萧子云传》所说,萧子云在二十六岁撰《晋书》时曾欲论草隶法,而未成书,只写有论飞白书的一篇,"十许年来,始见《敕旨论书》一卷,商略笔势,洞澈字体,又以逸少之不及元常,犹子敬之不及逸少"①,由此可知武帝此书论字体、书法,并以钟繇为最高,王羲之次之,王献之又次。而《玉海》引《中兴馆阁书目》有梁武帝《评书》一卷,并云"自钟繇至蔡邕凡二十五家,各评其书"②,盖即《论书》,宋后乃亡。

《五十二体书》一卷,梁萧子云撰。子云字景乔,兰陵人,齐豫章王嶷之子。勤学有文采,曾修改沈约所撰的梁郊庙乐辞,善草隶书。历任国子祭酒、侍中等职,侯景寇乱时卒。撰有《晋书》一百一十卷、《东宫新记》二十卷。③ 传见《梁书》《南史》本传。此书见两《唐志》所载,前贤认为此书似为萧子良之《古今篆隶文体》,《封氏闻见记》所说萧子良古今五十二种书体亦与此书名合,④其说有理。然子云亦善书法,有可能作此书,姑两列之。

《书品》一卷,梁庾肩吾撰。肩吾字子慎,新野人,子庾信。肩吾幼能赋诗,曾任度支尚书、江州刺史等职,卒赠散骑常侍、中书令,颇受简文帝赏接,有文集行世。⑤ 此书见两《唐志》所载,盖亦论书法、字体的著作。

《古今篆隶杂字体》一卷,梁萧子政撰。子政始末见上《易》一节。此书姚振宗疑是萧子良书,⑥然当时多人有类似著作,姑仍题子政,内容当与子良、子云之书相似,唐初尚存。

《文字图》二卷,南朝佚名撰。姚振宗据庾元威《论书》所说,总结宋、齐、梁时有宗炳、王融、韦仲、谢善勋、庾元威五家作古今文字之图,此书盖即其类,⑦其说有理,本书列之南朝。

其他文字类著作还有《文字体例》无卷数,梁庾曼倩撰。曼倩始末见上《礼》一节。此书见曼倩本传所载,观书名知是论文字体例、结构的字书。《字府》无卷数,梁庾元威撰。元威始末不详。此书见其《论书》一文所载,云"爰以浅见,轻述《字府》"⑧,是综论当时各种字体的著作。

---

① 《梁书》,第 515 页。
② (宋)王应麟:《玉海》卷四五,第 883 页。
③ 《梁书》,第 513—515 页;《南史》,第 1074—1076 页。
④ 佚名:《新唐书艺文志注》,第 68 页。
⑤ 《梁书·文学传》,第 690—692 页;《南史》,第 1246—1248 页。
⑥ (清)姚振宗:《隋书经籍志考证》,第 488 页。
⑦ (清)姚振宗:《隋书经籍志考证》,第 489 页。
⑧ (唐)张彦远:《法书要录》卷二。

《奇字》二十卷,梁元帝撰。元帝事迹见上《易》一节。此书见《金楼子·著书篇》所载,有二帙二十卷,自注云"金楼付萧贲撰"①,知实萧贲作,而题元帝名。观书名、卷帙盖广泛收录奇字之作。萧绎为湘东王时,萧贲曾为其中记室参军,为骨鲠之士,侯景寇乱时反对萧绎不入援,后为萧绎所害。②

《杂体书》九卷,梁释正度撰。据《高僧传》云释正度是释僧祐弟子,③是为梁人。此书两《唐志》作《杂字书》八卷,可知是收录杂字、异字之书。

三、北朝文字类文献

北朝的文字类著作有《众文经》无卷数,北魏道武帝撰。道武帝拓跋珪于晋隆安二年(398)迁都平城,即皇帝位,建立北魏。天兴四年(401)冬十二月,"集博士儒生,比众经文字,义类相从,凡四万余字,号曰《众文经》"④,是此书实当时博士、儒生集体讨论的字书,当时应有传习。

《新字》无卷数,北魏太武帝撰。太武帝拓跋焘,拓跋珪之孙。始光二年(425)令造新字千余,比勘字体,修正错谬,并诏"今制定文字,世所用者,颁下远近,永为楷式"⑤,可知此书是当时官方统一文字所颁布的字书,当在北魏时有广泛施用。

《悟蒙章》无卷数,北魏陆暐撰。暐字道晖,代人。曾为太尉西阁祭酒、伏波将军等职,卒赠司州治中、冠军将军、恒州刺史。撰有《七诱》、《十醉》、章表数十篇。⑥ 此书本传说是陆暐拟《急就章》而作,可知是童蒙字书一类。

《字略》五篇,北齐宋世良撰。世良字元友,广平人。任清河太守、东郡太守,均清廉有善政,卒赠信州刺史。撰有《宋氏别录》十卷。⑦ 此书仅见世良本传所载,盖常用字书,清人任大椿、黄奭、顾震福、龙璋有辑。《训俗文字略》一卷,北齐颜之推撰。此书见《隋书·经籍志》载,唐初尚存,观书名是对当时使用的俗字所作的训释。

有因书法的字体、结构讨论而成书者如《笔墨法》一卷,北齐颜之推撰。此书见两《唐志》所载,观书名当为论书法字体、结构的著作。《刊定隶书六体》无卷数,北周赵文深撰。文深字德本,南阳宛人。少学楷隶,习钟、王,笔势可观。后

---

① (梁)元帝:《金楼子·著书篇》卷五。
② 《南史·贼臣传》,第2006页。
③ (梁)释慧皎:《高僧传》卷一一,第440页。
④ 《魏书·太祖纪》,第39页。
⑤ 《魏书·世祖纪》,第70页。
⑥ 《魏书》,第906页;《北史》,第1011页。
⑦ 《北齐书·循吏传》,第639页;《北史》,第941—942页。

王褒自江陵入关,文深之书便被遐弃,文深习王褒书亦无成,唯碑牓为长,王褒亦推崇,可见北人书法本谨严古朴,后亦崇南人风尚,这也和经学的南北交流相似。① 本传云:"太祖以隶书纰缪,命文深与黎季明、沈遐等依《说文》及《字林》刊定六体,成一万余言,行于世。"②可知此书是西魏时奉宇文泰之命,由赵文深等人撰写,目的即刊正隶书等六体字样,是官方统一文字的字书。当时盖流行较广。

《急就章解》二卷,北魏崔浩撰。崔浩事迹见上《易》一节。案本传说崔浩奉明元帝命作此书,成于永兴三年(411),《隋志》著录,唐初尚存。《急就篇续注音义证》三卷,北魏刘芳撰。刘芳始末见上《尚书》一节。此书仅见芳本传所载,盖对《急就篇》有音、义的注释。《急就章注》一卷,北齐颜之推撰。此书两《唐志》著录。《急就章》三卷,北朝豆卢氏撰。豆卢之姓为北魏所有,此书当为北朝人撰,注释《急就章》之作。

有本于前人字书(如《说文解字》)而结合当代文字有所创新者,如《字释》无卷数,北魏阳尼撰。阳尼字景文,北平无终人。少笃学,博通群籍,曾任祕书著作郎、国子祭酒等职。③ 本传说阳尼有书数千卷,造《字释》数十篇,未完成而卒,是此书为未完之作,故未曾流行,大概阳尼是从其所聚书中集字并训释之。

《字统》二十一卷,北魏阳承庆撰。承庆北平无终人,阳尼从孙。此书两《唐志》同《阳尼传》均作二十卷,《隋志》盖多《录》一卷。本传说阳尼的《字释》未完成,"其从孙太学博士承庆遂撰为《字统》二十卷,行于世"④,可知《字统》实包括了阳尼《字释》在内。《封氏闻见记》云:"后魏杨承庆者,复撰《字统》二十卷,凡一万三千七百三十四字,亦凭《说文》为本,其论字体,时复有异。"⑤封氏误"阳"为"杨",不过据此可知此书本之《说文解字》而亦有差别,或加入当时使用的字。此书清人任大椿、马国翰、黄奭、顾震福、龙璋有辑。马国翰评价佚文说"诠解字义,新而不诡于理,王荆公《字说》蓝本于此,然不及其确当也"⑥,是此书颇有可观,惜已佚。

《古今文字》四十卷,北魏江式撰。江式字法安,陈留济阳人。其六世祖江琼善虫篆、训诂,祖江强曾给朝廷上书三十余法,并献经史、诸子千余卷。江式传家

---

① 《周书·艺术传》,第848—849页;《北史·儒林传》,第2751—2752页。
② 《周书·艺术传》,第849页。
③ 《魏书》,第1601页;《北史》,第1720页。
④ 《魏书·阳尼传》,第1601页。
⑤ 《封氏闻见记校注》卷二,第7页。
⑥ (清)马国翰:《玉函山房辑佚书》。

学,任符节令,尤工篆体。后任符玺郎、著作佐郎等职,卒赠右将军、巴州刺史。① 传见《魏书·艺术传》、《北史》本传。据本传说,延昌三年(514)江式上表请准撰字书,说明是根据家传之学而作,并说此书内容:

> 撰集古来文字,以许慎《说文》为主,爱采孔氏《尚书》、五经音注、《籀篇》、《尔雅》、《三仓》、《凡将》、《方言》、《通俗文》、《祖文宗》、《埤仓》、《广雅》、《古今字诂》、三字石经、《字林》、《韵集》、诸赋文字有六书之谊者,皆以次类编联,文无复重,纠为一部。其古籀、奇惑、俗隶诸体,咸使班于篆下,各有区别。诂训假借之谊,佥随文而解;音读楚夏之声,并逐字而注。其所不知者则阙如也。②

据此可知此书是仿照《说文解字》的体例,广采前人字书、训诂专著,又旁及石经、诗赋,搜罗范围相当可观。在内容上除搜集古今文字的各种书体外,还作音、义的训释,不知而阙如,亦治学谨严。诏准江式撰书,大概书名、卷帙已定,然据本传说江式卒时,书未完成,许是因为内容颇多而未就,故亦未流传,清人马国翰只从本传辑有其《古今文字表》之文。

《字辨》无卷数,北齐李铉撰。李铉始末见上《易》一节。案铉本传云东魏时,铉在晋阳东馆教齐宗室诸子,"以去圣久远,文字多有乖谬,感孔子必也正名之言,乃喟然有刊正之意。于讲授之暇,遂览《说文》,爱及《仓》《雅》,删正六艺经注中谬字,名曰《字辨》"③。据此可知此书是本之经典,刊正谬字,盖不用俗字,而多用古字,与其他引俗字而为实用的字书不同,更适于配合经学教研之用。

第三节 两晋南北朝音韵类文献提要

一、两晋音韵类文献

两晋时的音韵文献有《韵集》六卷,吕静撰。吕静《隋书·经籍志》题晋安复令。案《魏书·江式传》云吕静是吕忱之弟,"静别放故左校令李登《声类》之法,作《韵集》五卷,宫、商、角、徵、羽各为一篇,而文字与兄便是鲁卫,音读楚夏,时有不同"④。则知此书当如《新唐志》题作五卷,《隋志》盖多录一卷。通过江式所说

---

① 《魏书·艺术传》,第 1960—1965 页;《北史》,第 1277—1281 页。
② 《魏书·艺术传》,第 1964 页。
③ 《北齐书·儒林传》,第 585 页。
④ 《魏书·艺术传》,第 1963 页。

还可知,吕静此书是仿照曹魏李登的《声韵》而作,所分的五篇不是按后来齐、梁间兴起的四声来分,大概也没有分韵部,每篇是将同音字列在一起,可能是后来韵书的发端,①此书并与其兄《字林》相配合。此书清人任大椿、马国翰、黄奭、顾震福、龙璋等有辑。

《文字音》七卷,王延撰。王延《隋书·经籍志》题晋荡昌长。此书两《唐志》作《杂文字音》,清人龙璋有辑,观书名可知是对文字作音注。

二、南朝音韵类文献

南朝的音韵文献有《四声切韵》无卷数,南齐周颙撰。颙始末见上《易》一节。此书见周颙《南史》本传所载,言行于时。又《封氏闻见记》曰"周颙好为体语,因此切字皆有纽,纽有平、上、去、入之异"②,观此可知周颙此书实乃中古音韵研究分别四声的创新之作,并与沈约等人之书为一时风尚。

《四声论》无卷数,南齐王斌撰。案《南史·陆厥传》云"时有王斌者,不知何许人,著《四声论》行于时"③,据此知此书亦类似周颙的著作。《陆厥传》还说王斌博涉经史,能论辩,善属文,初为道人,后反俗,是王斌经史、文学皆通。

《四声》一卷,梁沈约撰。沈约字休文,吴兴武康人。幼好学,博通群书,能属文。宋时曾为奉朝请、尚书度支郎,齐时曾任国子祭酒、南清河太守等职,还校勘了永寿省的四部图书。梁时历任尚书左仆射、侍中等职,卒谥隐。沈约好聚书,有二万卷,为京师藏书之最。善诗赋文章,又该悉故事,博物洽闻。撰有《晋书》一百一十卷、《宋书》一百卷、《齐纪》二十卷、《梁武帝纪》十四卷、《迩言》十卷、《谥例》十卷、《宋文章志》三十卷、《文集》一百卷。④传见《梁书》《南史》本传。据本传说沈约:

> 撰《四声谱》,以为在昔词人,累千载而不悟,而独得胸衿,穷其妙旨,自谓入神之作。武帝雅不好焉,尝问周舍曰:"何谓四声?"舍曰:"'天子圣哲'是也。"然帝竟不甚遵用约也。⑤

而《陆厥传》言永明末"盛为文章,吴兴沈约、陈郡谢朓、琅邪王融以气类相推毂,汝南周颙善识声韵。约等文皆用宫商,将平上去入四声,以此制韵,有平头、上

---

① 详见赵诚《中国古代韵书》,中华书局,2003年,第10—15页。
② 《封氏闻见记校注》卷二,第13页。
③ 《南史·陆厥传》,第1197页。
④ 《梁书》,第232—243页;《南史》,第1403—1414页。
⑤ 《南史》,第1414页。

尾、蜂腰、鹤膝。五字之中,音韵悉异,两句之内,角徵不同,不可增减。世呼为'永明体'"①。又《封氏闻见记》云:

> 永明中,沈约文词精拔,盛解音律,遂撰《四声谱》。文章八病,有平头、上尾、蜂腰、鹤膝,以为自灵均以来,此秘未睹。时王融、刘绘、范云之徒皆称才子,慕而扇之,由是远近文学,转相祖述,而声韵之道大行。以古之为诗,取其宣道情致,激扬政化,但含徵韵商,意非切急,故能包含元气,骨体大全,《诗》《骚》以降是也。自声病之兴,动有拘制,文章之体格坏矣。②

据此可知沈约之书也和周颙所作一样,是当时兴起的讨论四声之音韵著作。这是永明时期兴起的文学声韵风尚,王融、谢朓等诸多文士皆共相推用。但当时梁武帝就不认同,唐人亦有批评。故此书唐初尚存,而后亡佚。此书虽是因文章兴盛而创作,亦代表了南朝小学类音韵文献之新特色,是这一时期音韵学的重要著作。

《四声韵略》十三卷,梁夏侯咏撰。夏侯咏始末未详,姚振宗认为当从陆法言《切韵序》、《颜氏家训·书证篇》作"夏侯该"③。又李涪云:"切韵始于夏侯咏撰《四声韵略》十二卷,撰集非一,不可具载。"④可知当时此类韵书有不少,夏侯咏此书为其中较早者,盖结合南齐时四声音学进一步论切韵的著作,姑从《小学考》题梁人⑤。此书两《唐志》同著录。

其他音韵类著作还有《释字同音》三卷,宋吉文甫撰。吉文甫《隋书·经籍志》题宋散骑常侍。此书观书名当是对同音字的归类。

三、北朝音韵类文献

北朝的音韵文献有《韵略》一卷,北齐阳休之撰。此书隋、唐《志》并著录,清人任大椿、马国翰、黄奭、顾震福、王仁俊、龙璋有辑。案隋人刘善经《四声论》云"齐仆射阳休之,当世之文匠也,乃以音有楚夏,韵有讹切,辞人代用,今古不同,遂辨其尤相涉者五十六韵,科以四声,名曰《韵略》。制作之士咸取则焉,后生晚学,所赖多矣"⑥,其书大概的内容、结构据此可见,知北朝亦有分别四声之作,佚

---

① 《南史·陆厥传》,第1195页。
② 《封氏闻见记校注》卷二,第13页。
③ (清)姚振宗:《隋书经籍志考证》,第475页。
④ (唐)李涪:《刊误》卷下,影印《文渊阁四库全书》本。
⑤ (清)谢启昆:《小学考》卷二九,第376页。
⑥ (日)遍照金刚撰,卢盛江校考:《文镜秘府论汇校汇考·天部》,中华书局,2006年,第316页。

文兼释字、词音义。不过颜之推评价说"殊为粗野"①,盖之推推崇南学,故有此批评;而善经北人,故知休之此书在北方流行的情况并推崇之,此亦隋代学术有取北朝之一例。

《音谱》四卷,北齐李概撰。李概字季节,赵郡人。曾任殿中侍御史、太子舍人等职,参修国史。② 本传说其撰《战国春秋》及《音谱》,并行于世,故此书曾较为流行,唐初尚存,清人任大椿、黄奭、顾震福、龙璋有辑。佚文存音释者较少,难考具体内容。李概又有《续修音韵决疑》十四卷,此书唐初亦存,姚振宗认为当是续其《音谱》并详考异之作。③ 案刘善经《四声论》说李概是知音之士,并引其《音谱决疑序》,盖即《续修音韵决疑》一书(此亦证姚振宗对两书关系的推测),其《序》云:

> 吕静之撰《韵集》,分取无方。王微之制《鸿宝》,咏歌少验。平上去入,出行闾里。沈约取以和声之律吕相合。窃谓宫商徵羽角,即四声也。羽,读如括羽之羽。亦之和同,以拉群音,无所不尽。岂其藏埋万古,而未改于先悟者乎?④

由此可知李概对吕静、王微等人的著作不太满意,认为分韵不当、不切实用,因此自己在实际文学创作的经验总结上撰为此书。善经对李概之书评价亦高,认为"经每见当世文人,论四声者众矣,然其以五音配偶,多不能谐,李氏忽以《周礼》证明商不合律,与四声相配便合,怡然悬同。愚谓钟、蔡以还,斯人而已"⑤。不过颜之推评价说"李季节著《音韵决疑》,时有错失"⑥,刘、颜二人的评价相反,原因正如阳休之书。

其他音韵类著作还有《辩嫌音》二卷,北齐阳休之撰。休之字子烈,北平无终人。少笃学,博综经史,有文藻,参与魏、齐修国史。魏时曾任中书侍郎、侍中等职,齐时任西兖州刺史、中书监等职,北周时任太子少保、和州刺史等职。撰有《文集》三十卷、《幽州人物志》等。⑦ 此书见两《唐志》载,观书名当是对某些有疑问的字音作辨析的著作。

《证俗音字略》六卷,北齐颜之推撰。之推字介,琅邪临沂人。九世祖颜含随

---

① (北齐)颜之推:《颜氏家训·音辞篇》,第530页。
② 《北史·李灵传》,第1211—1212页。
③ (清)姚振宗:《隋书经籍志考证》,第473页。
④ 《文镜秘府论汇校汇考·天部》,第317页。
⑤ 《文镜秘府论汇校汇考·天部》,第317页。
⑥ 《颜氏家训集解》,第530页。
⑦ 《北齐书》,第560—564页;《北史》,第1724—1728页。

晋元帝渡江,世善《周官》《左氏》,之推传家业,不好庄老,研习《礼》《传》,博览群书,词情典丽。梁时任散骑侍郎;西魏攻占江陵,之推被俘,后又投奔北齐,历任中书舍人、黄门侍郎等职;齐亡入周,为御史上士;隋时为学士。撰有《冤魂志》三卷、《集灵记》二十卷、《颜氏家训》七卷等。① 传见《北齐书·文苑传》《北史·文苑传》。此书《旧唐志》作二卷,《新唐志》作三卷,《宋史·艺文志》又作四卷,盖卷帙分合、存亡不同,宋后亡佚,清人任大椿、顾震福、龙璋有辑。《崇文总目》说此书内容是"正时俗文字之谬,援诸书为据,凡三十五目"②,盖正字形、音、义者。

《河洛语音》一卷,北朝王长孙撰。王长孙始末不详。案此书《隋书·经籍志》有载,唐初尚存。姚振宗从谢启昆说,认为或作北魏孝文帝断北语、从正音之时③,而北朝还有其他方言著作,此书亦专录河洛语言者,本书据之列于北朝。

第四节　两晋南北朝训诂类文献提要

一、两晋训诂类文献

两晋的训诂著作有《方言注》十三卷,郭璞撰。郭璞的注本是今存最早的《方言》注本。郭注对《方言》文字进行了整理、校勘,用当时的地方语汇解释《方言》中词语,还兼有音训,并多引他说以为补正,这些都和郭注《尔雅》风格相似。郭璞之《尔雅注》《方言注》能流传下来,可见其书之精到,广为后人采用。

为当时蒙学所作的训诂书有《小学篇》一卷,王义撰。王义《隋书·经籍志》题晋下邳内史。此书两《唐志》题王羲之,谢启昆据《颜氏家训·书证篇》所言王义《小学章》认为《唐志》误,而作王羲之则承误已久。④《颜氏家训》《北户录》《一切经音义》有引,清人任大椿、顾震福、龙璋有辑。佚文有单字、词,有解释字义者。

《字指》二卷,李彤撰。李彤《隋书·经籍志》题晋朝议大夫。此书唐初尚存,《文选注》《经典释文》等有引,清人任大椿、马国翰、黄奭、顾震福、龙璋等有辑,佚文为解释字、词义。《太平御览》卷九一五还引有李彤《四部》之文,盖亦解释名物之书,文廷式《补晋书艺文志》据此著录《四部》一书,本书从之。

《常用字训》一卷,殷仲堪撰。仲堪始末见上《诗》一节。此书唐初已亡,清人

---

① 《北齐书·文苑传》,第617—618页;《北史·文苑传》,第2794—2796页。
② (清)钱东垣:《崇文总目辑释》卷一。
③ (清)姚振宗:《隋书经籍志考证》,第481页。
④ (清)谢启昆:《小学考》卷一三,第187页。

龙璋有辑佚,观书名可知是对常用字的训释,《颜氏家训·书证篇》还说殷氏此书引用了服虔的俗说①,可知亦有本前人。

两晋还有两种整理汲冢出土文献的训诂类著作,即续咸撰《汲冢古文释》十卷。续咸始末见上《尚书》一节。此书见续咸本传所载,盖其整理汲冢古书时所集录的古文字,并为之注释、训诂,当时行于世。汲冢书《名》三篇,佚名撰。案《晋书·束晳传》云:"《名》三篇,似《礼记》,又似《尔雅》《论语》"②,据此可知汲冢曾出土类似《尔雅》的训诂书,此为晋代小学类的出土文献,本书录之。

二、南朝训诂类文献

南朝的训诂著作有《字林音义》五卷,宋吴恭撰。吴恭《隋书·经籍志》题宋扬州都护。此书是对西晋吕忱的《字林》作音义训诂的著作,因此也是《说文解字》的衍生。

《要雅》五卷,梁刘杳撰。杳字士深,平原人。少好学,博览群书,明僧绍、沈约、任昉等赞赏之,时人多访问之,兼持释教。曾任太学博士、尚书左丞等职,并佐周舍撰国史,与顾协等撰《遍略》。撰有《楚辞草木疏》一卷、《高士传》二卷、《东宫新旧记》三十卷、《古今四部书目》五卷、《文集》十五卷等。③ 传见《梁书·文学传》、《南史》本传。此书仅见其本传所载,言行于世,观书名或为仿《尔雅》之作,讨论名物训诂,刘杳博识,此书盖如何承天《纂文》多存异闻。

《纂文》三卷,宋何承天撰。承天始末见上《礼》一节。此书《隋书·经籍志》佚名,两《唐志》题何承天撰,亦见承天本传所载,清人任大椿、马国翰、茆泮林、黄奭、顾震福、王仁俊、龙璋有辑。马氏辑序说此书"括综《苍》《雅》,纂取异训,张揖《广雅》类也"④,由此可知这是本之前人字书、训诂书,并增补异闻之作,沈约曾评价其书奇博。⑤

《纂要》六卷,宋颜延之撰。此书两《唐志》著录,清人马国翰、曹元忠、龙璋有辑。马氏云此书"杂采训诂,仿《尔雅》为之"⑥,可知其书内容与何承天书类似。《纂要》无卷数,梁元帝撰。此书见《初学记》《太平御览》有引,清人任大椿、马国翰、黄奭、顾震福、曹元忠、龙璋均有辑。佚文的内容、体制都与颜延之书相似,盖

---

① 《颜氏家训集解》,第481页。
② 《晋书·束晳传》,第1433页。
③ 《梁书·文学传》,第714—717页;《南史》,第1222—1224页。
④ (清)马国翰:《玉函山房辑佚书》。
⑤ 《梁书·文学传》,第715页。
⑥ (清)马国翰:《玉函山房辑佚书》。

亦仿《尔雅》所作之训诂书。

《字书音训》无卷数，梁范岫撰。范岫始末见上《礼》一节。此书范岫本传作《字训》，《刘杳传》云"范岫撰《字书音训》，又访杳焉"①，可知全书名为《字书音训》，是对字书作的音义训诂。本传说范岫博闻，而刘杳亦以博闻著称，则范岫此书当亦类似何承天、刘杳等人的著作，取材广泛。

《文字释训》三十卷，梁释宝誌撰。释宝誌与陶弘景同时人，为沙门，颇有神异。齐武帝曾以其惑众而收付建康狱，后为文惠太子、萧子良供养。梁时梁武帝亦敬事之。好为谶记，作《誌公符》。② 此书两《唐志》有载，清人龙璋有辑，观书名知是为文字作训释的训诂之书，卷帙不少，内容当广博。《说文音隐》四卷，南朝佚名撰。此书隋、唐《志》均著录，撰人无考，盖为《说文解字》作注音并申说其义者，因南朝多以"隐"名书者，姑附于此。

有用于童蒙教学的著作，如《诂幼》二卷，宋颜延之撰。延之事迹见上《礼》一节。《广诂幼》一卷，宋荀楷撰。荀楷《隋书·经籍志》题宋给事中。两《唐志》有颜延之《诂幼文》三卷，似将颜、荀二人之书合为一本。两书均久佚，清人马国翰、龙璋于《诂幼》一书有辑佚。马氏所辑有一条颜延之、荀楷并引，盖亦属《广诂幼》之佚文。佚文有释字词、名物，兼注音，盖为童蒙所作训诂小书。

三、北朝训诂类文献

北朝的训诂著作有《方言》三卷，北魏刘昞撰。刘昞始末见上《易》一节。此书仅见刘昞本传所载，观书名知是类似扬雄《方言》的著作，或为敦煌方言的辑录。

《赵语》十二卷，北齐李公绪撰。公绪事迹见上《礼》一节。此书仅见公绪本传载，观书名盖记录赵郡本地方言（即公绪家乡语言）的著作。

第五节　两晋南北朝《尔雅》类、
鲜卑语文献提要

一、两晋《尔雅》类文献

两晋最重要的《尔雅》类著作是《尔雅注》三卷，郭璞撰。郭璞事迹见上《易》

---

① 《梁书·文学传》，第716页。
② 《南史·隐逸传》，第1900—1901页。

一节。此书《隋书·经籍志》作五卷,《旧唐志》《宋史·艺文志》作三卷,《新唐志》作一卷,当以三卷为是。据郭璞序称其注采汉人樊光、李巡之注,又兼异闻旧说,申补删削而成。陆德明《释文》以郭注为本,并评价说郭注本最佳。其后宋人邢昺作《尔雅疏》,亦以郭注为本,郭注也因此流传至今,成为现存最早的《尔雅》注完本。郭注广征博引,又引《方言》、今语补充解释,不明处则阙疑,注解较慎重。不过也有解释错误者,并有掩没前人之名的嫌疑。① 郭注中还含有音训,对文字有校勘,对《尔雅》义例亦有发明。

郭璞于《尔雅》还有专门的音、图著作。《隋志》著录《尔雅音》一卷,两《唐志》作《尔雅音义》,《经典释文》《毛诗正义》《尔雅疏》等有引,清人马国翰、黄奭辑之。佚文以注音为主,不仅注《尔雅》正文之音,也为郭璞自己的注作注音,注音以外兼有释义。与其注一样,也多引旧籍、《方言》、今语为证,并考校文字。② 《隋志》又著录《尔雅图》十卷,两《唐志》为一卷,未知是《唐志》著录已为残本,还是《隋志》误"一"为"十"。此书盖以图解《尔雅》,角度新颖,当有可观,惜唐后已佚。《经典释文序录》著录有《尔雅图赞》二卷,《隋志》则云梁有,亡,是此书陈末尚存,唐初已亡。《艺文类聚》《初学记》《太平御览》等有引,清人王谟、马国翰、黄奭、严可均辑之。赞语皆为韵语,文义古奥,刘勰评价说"景纯注《雅》,动植必赞,义兼美恶,亦犹颂之变耳"③。

两晋的《尔雅》传说类文献还有一种《小尔雅》著作,即李轨撰《小尔雅略解》一卷。李轨始末见上《易》一节。此书两《唐志》同《隋志》著录,然《宋史·艺文志》则题孔鲋撰。据《四库全书总目》说"《汉书·艺文志》有《小尔雅》一篇,无撰人名氏。《隋书·经籍志》《唐书·艺文志》并载李轨注《小尔雅》一卷,其书久佚。今所传本,则《孔丛子》第十一篇钞出别行者也"④,今存本分十三章,虽时有舛误,亦颇可资考据,但不是《汉志》所载之本,恐怕也不是李轨所注的本子,李注盖唐后已佚。⑤

二、南朝《尔雅》类文献

南朝的《尔雅》类著作有《尔雅集注》十卷,梁沈旋撰。沈旋字士规,吴兴武康人,沈约子。曾任永嘉太守、南康内史等职,卒谥恭侯。撰有《迩言集注》。⑥ 此

---

① 详见王书辉《两晋南北朝〈尔雅〉著述佚籍辑考》,第21页。
② 详见王书辉《两晋南北朝〈尔雅〉著述佚籍辑考》,第367—373页。
③ 《文心雕龙义证·颂赞》,第347页。
④ 《四库全书总目》卷四三,第370页。
⑤ 今存《小尔雅》的真伪,清人有所争议,有如上引《四库全书总目》认为是晋人伪作,有认为确是《汉志》所载之本。详见齐佩瑢《训诂学概论》,中华书局,2004年,第276—277页。
⑥ 《梁书》,第243页;《南史》,第1414页。

书两《唐志》同著录,清人马国翰、黄奭有辑佚。佚文多存字音,注有引用前人之言,证其书为集注之作,用字与今邢昺疏本有异。

《尔雅音》无卷数,陈施乾撰。施乾事迹不详,陆德明云是陈代博士。① 此书清人马国翰自《经典释文》《集韵》有辑。马氏云佚文"音多非今所用"②,失误较多。《尔雅音》无卷数,陈谢峤撰。谢峤始末见上《礼》一节。此书清人马国翰、黄奭有辑。佚文存异字、古字,兼采诸家,训释亦有可观。③《尔雅音》无卷数,陈顾野王撰。此书清人马国翰、黄奭有辑。佚文兼释音义,颇有所得。陆德明著录的三种《尔雅》音训文献均为陈时人作,盖为陆氏所亲见,或当时有关于《尔雅》音的讨论,故围绕这场讨论而集中产生了这些著述。

其他《尔雅》著作还有《尔雅音》八卷、《尔雅图》二卷、《尔雅赞》二卷,陈江灌撰。江灌济阳考城人,父江总。陈时为驸马都尉、秘书郎,隋时为给事郎、秘书省学士。④《尔雅音》两《唐志》作六卷,误题江瓘,盖唐时已散佚。又张彦远云:"《尔雅图》上下两卷,陈尚书令江瓘字德源,至武德中为隋州司马,并著《尔雅赞》二卷、《音》六卷。"⑤张氏亦误题江瓘,当为江灌,且陈时任尚书令的是江总,张氏亦误。《旧唐志》著录《尔雅图赞》二卷,《新唐志》为一卷,可见《图》《赞》散佚之迹。江氏盖专究《尔雅》者,惜其书内容均无可考。

三、北朝鲜卑语文献

北朝的鲜卑语文献有记录鲜卑语之名物者,如《国语物名》四卷、《国语杂物名》三卷,北魏侯伏侯可悉陵撰,侯伏侯可悉陵始末见上《孝经》一节。有记录鲜卑语之号令者,如《鲜卑号令》一卷,北周武帝撰,周武帝宇文邕,字祢罗突,宇文泰之子⑥;佚名撰《国语号令》四卷、《杂号令》一卷。

还有记录鲜卑语歌曲者,如《国语真歌》十卷、《国语御歌》十一卷。记录一些杂事的如《国语十八传》一卷、《国语杂文》十五卷。另外有直接以"鲜卑语"作为书名者,如《国语》十五卷、《国语》十卷、《鲜卑语》五卷、《鲜卑语》十卷,应是综合记录鲜卑语的文献。可惜这些著作全部亡佚,今天没有佚文可考其内容。

---

① 《经典释文序录疏证》,第 148 页。
② (清)马国翰:《玉函山房辑佚书》。
③ (清)马国翰:《玉函山房辑佚书》。
④ (唐)姚思廉:《陈书·江总传》,第 347 页。
⑤ (唐)张彦远:《历代名画记》卷三。
⑥ 《周书·武帝纪》,第 63 页。

第十章 两晋南北朝《乐》类、谶纬文献提要

第一节 两晋南北朝《乐》类文献目录

一、两晋《乐》类书目

（一）《乐》类存目

书　名	卷数	作　者	辑存	备　　注
琴操	三卷	晋孔衍撰	辑	清王谟辑一卷(《汉魏遗书钞》)

（二）《乐》类佚目

书　　名	卷数	作　者	备　　注
汉魏吴晋鼓吹曲	四卷	晋佚名撰	《新唐书·艺文志》
乐略	四卷	晋元怼撰	《隋书·经籍志》《旧唐书·经籍志》《新唐书·艺文志》
声律指归	一卷	晋元怼撰	《旧唐书·经籍志》《新唐书·艺文志》

二、南朝《乐》类书目

（一）《乐》类存目

书　名	卷数	作　者	辑存	备　　注
乐社大义	十卷	梁武帝撰	辑	清马国翰辑一卷(《玉函山房辑佚书》)
钟律纬	六卷	梁武帝撰	辑	清马国翰辑4条(《玉函山房辑佚书》)

下编　两晋南北朝经学文献提要　/　477

续表

书　名	卷数	作者	辑存	备　注
古今乐录	十二卷	陈释智匠撰	辑	清马国翰辑一卷(《玉函山房辑佚书》) 清王谟辑一卷(《汉魏遗书钞》)

(二)《乐》类佚目

书　名	卷数	作者	备　注
宋元嘉正声伎录	一卷	宋张解撰	《隋书·经籍志》
琴论	一卷	宋谢庄撰	《宋史·艺文志》
琴谱新弄	五部	宋戴勃撰	《宋书·戴颙传》
琴谱新弄	十五部	宋戴颙撰	《宋书》本传
长弄	一部	宋戴颙撰	《宋书》本传
琴谱	四卷	宋戴氏撰	《隋书·经籍志》
齐朝曲簿	一卷	南齐佚名撰	《隋书·经籍志》
乐论	三卷	梁武帝撰	《隋书·经籍志》《旧唐书·经籍志》《新唐书·艺文志》
乐义	十一卷	梁武帝撰	《隋书·经籍志》

三、北朝《乐》类书目

(一)《乐》类存目

书　名	卷数	作者	辑存	备　注
乐书	七卷	北魏信都芳撰	辑	清马国翰辑10条(《玉函山房辑佚书》)
乐律义	四卷	北周沈重撰	辑	清马国翰辑一卷(《玉函山房辑佚书》)

(二)《乐》类佚目

书　名	卷数	作者	备　注
钟磬志	二卷	北魏公孙崇撰	《隋书·经籍志》《旧唐书·经籍志》《新唐书·艺文志》
乐书	近百卷	北齐李神威撰	《北齐书》本传

续 表

书　名	卷数	作　者	备　注
龙吟十弄	无卷数	北齐郑述祖撰	《北齐书》本传
钟律义	一卷	北周沈重撰	《隋书·经籍志》《旧唐书·经籍志》《新唐书·艺文志》
乐典	十卷	北周斛斯徵撰	《周书》本传
乐要	一卷	北周何妥撰	《隋书·经籍志》
春官乐部	五卷	北周佚名撰	《隋书·经籍志》
乐元	一卷	北朝魏僧撰	《隋书·经籍志》
当管七声	二卷	北朝魏僧撰	《隋书·经籍志》

第二节　两晋南北朝《乐》类文献提要

一、两晋《乐》类文献

两晋《乐》类著作有《乐略》四卷、《声律指归》一卷,元愃撰。元愃始末不详,姚振宗、《新唐书艺文志注》均认为根据姓"元",当为北魏皇室族人①;而黄逢元则据《万姓统谱》著录为晋人,虽未言何据,②两说相较,本书姑从后者。前书《隋书·经籍志》佚名,两《唐志》题元愃撰,从书名看当是讨论乐学思想、乐理一类的著作。后书两《唐志》著录,从书名可知是专论声律的著述。

《汉魏吴晋鼓吹曲》四卷,佚名撰。此书《新唐志》著录,观书名是记录汉、魏、吴、晋四代的鼓吹乐的曲谱,前贤认为四卷恰好一代一卷,③是晋有一卷。

《琴操》三卷,孔衍撰。孔衍事迹见上《礼》一节。此书《隋书·经籍志》《旧唐志》均为三卷,《新唐志》作一卷,《宋史·艺文志》题《琴操引》三卷。案《崇文总目》亦著录三卷,并云"述诗曲之所从,总五十九章"④。陈振孙则云:"今《周诗》篇同,而操、引才二十一篇,似非全书也。"⑤由此可知,此书在唐、宋皆有足本与

---

① （清）姚振宗：《隋书经籍志考证》,第228页。佚名《新唐书艺文志注》,第35页。
② （明）凌迪知：《万姓统谱》卷二二,影印《文渊阁四库全书》本。（清）黄逢元：《补晋书艺文志》,第172页。
③ 佚名：《新唐书艺文志注》,第36页。
④ （清）钱东垣：《崇文总目辑释》卷一。
⑤ （宋）陈振孙：《直斋书录解题》卷一四,第384页。

残本,盖宋后亡佚。根据《崇文总目》所说,此书记录了琴歌、琴曲、解题。《中兴书目》说明此书含有五篇《周诗》,操、引则是琴曲的两种常见体裁。《崇文总目》说有五十九章,《中兴书目》说是五十五篇,可能后者著录的不是足本,也有可能是一篇长的琴歌或琴曲分为几章。清人王谟自《初学记》等辑有 57 条,佚文以琴曲解题为主,根据卷帙推测,此书当主要是琴歌、琴曲的解题。

二、南朝《乐》类文献

南朝《乐》类著作有《乐社大义》十卷、《乐论》三卷,梁武帝撰。武帝始末见上《易》一节。此二书隋、唐《志》均著录,清人马国翰于前书有辑佚,不过姚振宗证其所说《梁书》有《礼志》《乐志》为误,[①]故马氏所辑有疑。不过马氏解前书书名含义云"案《周礼·夏官·大司马》'先凯乐于社',帝以武功得天下,功成作乐,观其乐舞,先武后文,乐社之义,或取诸此也"[②],说甚有理据。后书观书名可知是论乐理、乐义的著作。案《隋书·音乐志》云"梁武帝本自诸生,博通前载,未及下车,意先风雅,爰诏凡百,各陈所闻,帝又自纠擿前违,裁成一代"[③],这与马氏所说武帝作乐相合。又曰:

> 是时对乐者七十八家,咸多引流略,浩荡其词,皆言乐之宜改,不言改乐之法。帝既素善钟律,详悉旧事,遂自制定礼乐。[④]

武帝还自制用以校音的弦、笛乐器,说明武帝有一定的音乐理论素养和实践能力,他的音乐观念、制律方法及裁定的乐谱,可能就收入上述两种著作中。

《隋书·经籍志》又载武帝集朝臣撰《乐义》十一卷,并云梁有,亡。案《隋书·音乐志》云梁初袭用齐旧乐制,梁武帝想要发扬古乐,于是在天监元年(502)下诏令百官陈述其对乐律问题的看法。沈约奏云秦代灭学时《乐经》便残亡,《晋中经簿》已不见刘向《别录》所载的乐书残篇,故"乐书沦亡,寻案无所。宜选诸生,分令寻讨经史百家,凡乐事无小大,皆别纂录。乃委一旧学,撰为乐书,以起千载绝文,以定大梁之乐"[⑤]。当时便有七十八家奏对武帝之诏(见前引《隋书·音乐志》),此书盖即按沈约提议,集合这七十八家议论的著作,主要是讨论乐律、乐制。

---

① (清)姚振宗:《隋书经籍志考证》,第 218 页。
② (清)马国翰:《玉函山房辑佚书》。
③ 《隋书·音乐志》,第 287 页。
④ 《隋书·音乐志》,第 288—289 页。
⑤ 《隋书·音乐志》,第 288 页。

武帝还有撰《钟律纬》六卷，而《宋史·艺文志》作一卷，是宋代仅有残存，后亡佚，清人马国翰自《隋书·律历志》辑有 4 条。案《隋书·律历志》云"梁初，因晋、宋及齐，无所改制。其后武帝作《钟律纬》，论前代得失"①，是此书乃武帝讨论前代音律并自作音律的著述。佚文专论钟律、笛律、弦律，马氏认为"较验古尺律最为明悉"②。

《古今乐录》十二卷，陈释智匠撰。释智匠始末不详，只知为陈时僧人。此书两《唐志》、《宋史·艺文志》均为十三卷，盖多录一卷。案《中兴书目》云"《古今乐录》十三卷，陈光大二年（568）僧智匠撰，起汉讫陈"③，是知此书包括汉至陈时的音乐理论。此书宋后亡佚，清人王谟、马国翰有辑。佚文讨论乐律、乐义、乐器、乐用，并记录不少古代音乐史事，涉及音乐的歌舞曲辞各方面，内容广泛。

《宋元嘉正声伎录》一卷，宋张解撰。张解始末不详，姚振宗据《乐府诗集》数引张永《元嘉正声伎录》，认为《隋志》此处题"张解"是"张永"之讹。④ 张永字景云，吴郡吴人。曾任冀州刺史、会稽太守、南兖州刺史等职，卒赠侍中、右光禄大夫。⑤ 本传说张永涉猎书史，能文章、善隶书、骑射、杂艺、晓音律，则其有可能作此书。观书名当是对元嘉时期正声伎乐之乐谱、乐器、制度等的记录。《隋志》还载有佚名撰《齐朝曲簿》一卷，观书名知是对南齐官方音乐曲目等的记载。

《琴论》一卷，宋谢庄撰。谢庄事迹见上《春秋》一节。此书见《宋史·艺文志》所载，而隋、唐《志》不载，不知《宋志》何据。不过谢庄本传云其曾作《舞马歌》，乐府歌之，盖亦晓音律，或曾著论琴学之作。

《琴谱新弄》五部，宋戴勃撰。《琴谱新弄》十五部、《长弄》一部，宋戴颙撰。戴颙始末见上《礼》一节。此三书均见戴颙本传所载。戴颙及兄戴勃，都从父亲戴逵习琴，凡诸音律皆能弹之。父没，戴颙兄弟不忍弹父亲所传琴曲，便各造新弄，即此三书，皆传于世。"弄"为琴曲的一种常见体裁，戴颙兄弟所造，或有曲谱便于传世。《隋书·经籍志》载有戴氏撰《琴谱》四卷，姚振宗认为盖即戴颙家传及新造琴谱的集合，⑥说甚有理。

三、北朝《乐》类文献

北朝《乐》类著作有《乐书》七卷，北魏信都芳撰。信都芳始末见上《群经总

---

① 《隋书·律历志》，第 389 页。
② （清）马国翰：《玉函山房辑佚书》。
③ （宋）王应麟：《玉海》卷一〇五，第 1989 页。
④ （清）姚振宗：《隋书经籍志考证》，第 222 页。
⑤ 《宋书》，第 1511—1515 页；《南史》，第 804—806 页。
⑥ （清）姚振宗：《隋书经籍志考证》，第 225 页。

义》一节。据信都芳本传所说，元延明本有意撰《乐书》，令信都芳负责其中算术部分，然因元明南奔，信都芳就自己撰《乐书》，并为之作注。据此可知此书内容当是古来乐学资料的集合，信都芳对其进行整理和注解，芳善算，则其中一定有不少乐律内容。此书两《唐志》作九卷，并题信都芳删注，正好说明芳有对资料进行删削、注释。"七""九"易混，不知隋、唐《志》孰误，要之唐代尚有完帙，其后亡佚，清人马国翰自《太平御览》辑有 10 条。马氏认为佚文"说古乐器形制甚详"①，其说律吕亦本于古。

《乐律义》四卷、《钟律义》一卷，北周沈重撰。沈重始末见上《诗》一节。案两《唐志》载有沈重《钟律》五卷，当是合《隋书·经籍志》所载二书为一本。清人马国翰自《隋书·律历志》辑有《乐律义》一卷，内容实际当包含二书。佚文论钟律、三百六十律名，是继承宋钱乐之的音律说。据本传说北周武帝曾召沈重到京师校定钟律，可知重精音律，此二书或其于北周定钟律时所作。

《钟磬志》二卷，北魏公孙崇撰。《魏书·刘芳传》《魏书·乐志》里长孙稚、祖莹上表，记录了北魏时高闾、公孙崇先后主持太乐修理雅乐乐器、考定音律的事务，《隋志》所载的《钟磬志》应是因此写成，刘芳对此书还有修订。此书后来盖成为魏代官乐的标准，多有施用，故颇流行，两《唐志》亦载。

《乐书》近百卷，北齐李神威撰。李神威赵郡高邑人，李义深族弟。幼传家业，粗通礼学。曾任尚书左丞，卒赠信州刺史。② 本传言神威好音乐，撰集《乐书》近百卷，据此可知神威此书集合古今论乐者，撰为一书，观卷帙甚多，当广为蒐讨，或兼注解。

《乐典》十卷，北周斛斯徵撰。斛斯徵字士亮，河南洛阳人。五岁读《孝经》《周易》，及长，博览群书，尤精三《礼》，兼通音律。北周时任司乐中大夫、大宗伯等职，曾教授皇子经学，儒者荣之；隋时任太子太傅，卒谥闇。③ 传见《周书》《北史》本传。据本传说徵在北周常摄乐部，西魏以来雅乐废缺，徵采遗逸、考典故、创新改旧，使西魏、北周雅乐始备；又曾驳郑译所献新乐，宣帝从之；隋初亦诏其修撰乐书，是极精于音律者。此书仅见徵本传所载，其内容盖多论音律制度，或即其于西魏、北周、隋初所造之雅乐，当广采前人之说，加以己意创新。

《乐要》一卷，北周何妥撰。何妥事迹见上《易》一节。案妥本传云隋初文帝令何妥考定钟律，何妥上表自称自己少好音律，对梁以来的雅乐颇能记忆，于是制作乐舞、议钟律，是妥于雅乐颇有制作。此书见何妥本传载，《隋志》亦著录。

---

① （清）马国翰：《玉函山房辑佚书》。
② 《北齐书·李义深传》，第 324 页；《北史·李义深传》，第 1242 页。
③ 《周书》，第 432—433 页；《北史》，第 1787—1789 页。

据书名当是对雅乐的要点所作的论述。

《乐元》一卷、《当管七声》二卷，北朝魏僧撰。姚振宗云不知此魏僧，是曹魏还是元魏僧人[1]；李正奋《补魏书艺文志》则据《国史经籍志》认为是元魏僧人而著录。[2] 案南北朝时期，屡有僧人的儒学著作，且此时中土僧人较曹魏为多，故此魏僧或为元魏僧人，本书姑列于此。此二书唐初尚存，前书观书名当是讨论乐之本原，或议生律之法；后书盖讨论七声音阶之作。

《春官乐部》五卷，北周佚名撰。此书《隋书·经籍志》不题撰人，姚振宗认为北周仿照《周礼》建六官，故此书名"春官"，或是北周乐书[3]，姚说有理，本书从之。据书名来看，可能是春官司乐下的雅乐乐谱、乐制之书。

《龙吟十弄》无卷数，北齐郑述祖撰。述祖字恭文，荥阳开封人。少聪敏，好属文，历任兖州刺史、光州刺史等职，卒赠开府、中书监、北豫州刺史，谥曰平简公。[4] 本传言述祖善弹琴，自造《龙吟十弄》，当时人称其绝妙，是此为其自作之谱，然流传不久，仅见本传所载。观曲有十弄，当为大曲。

第三节　两晋南北朝谶纬文献目录

一、两晋谶纬书目

（一）谶纬存目

无。

（二）谶纬佚目

书　名	卷　数	作　者	备　注
孝经错纬	无卷数	晋郭瑀撰	《晋书》本传
王子年歌	一卷	晋王嘉撰	《隋书·经籍志》
郭文金雄记	一卷	晋郭文撰	《隋书·经籍志》

---

[1]（清）姚振宗：《隋书经籍志考证》，第220页。
[2] 李正奋：《补魏书艺文志》，清华大学出版社，2012年，第235页。
[3]（清）姚振宗：《隋书经籍志考证》，第221页。
[4]《北齐书》，第397—398页；《北史》，第1307—1308页。

二、南朝谶纬书目

（一）谶纬存目

无。

（二）谶纬佚目

无。

三、北朝谶纬书目

（一）谶纬存目

无。

（二）谶纬佚目

书　　名	卷　数	作　者	备　　　　注
五星要诀	无卷数	北魏陆旭撰	《北史·陆俟传》
两仪真图	无卷数	北魏陆旭撰	《北史·陆俟传》
嵩高道士歌	一卷	北朝佚名撰	《隋书·经籍志》

第四节　两晋北朝谶纬文献提要

一、两晋谶纬文献

两晋纬书类的一种文献是《孝经错纬》无卷数，郭瑀撰。郭瑀始末见上《春秋》一节。此书仅见郭瑀本传记载，观书名可知是以纬说解《孝经》的著作。河西学术多汉人遗说，郭氏此作正为一例。郭瑀有弟子千余人，则此书在当时应有流传。

谶记类的著作有《王子年歌》一卷，王嘉撰。王嘉字子年，陇西安阳人。服气修道，隐居东阳谷崖穴，弟子数百人皆穴居，苻秦时隐居终南山。言如谶记，多应验，苻坚、姚苌皆向其咨询，后为姚苌所杀，苻登赠其太师并赠谥曰文。[①] 本传说王嘉撰有《拾遗录》十卷，记事多诡怪，所造《牵三歌谶》事皆验，书皆行于世。则

---

① 《晋书·艺术传》，第2496—2497页。

《隋书·经籍志》所载《王子年歌》或即《牵三歌谶》，而此书唐初已无全本。不过《南齐书·祥瑞志》引有3条，均为七言诗歌，内容是预言宋、齐更替，是典型的谶记式样。佚文中的第二条最后一句和第三条，又见《南史·齐高帝纪》。

《郭文金雄记》一卷，郭文撰。郭文字文举，河内轵人。少隐遁，喜游山水。洛阳陷，入吴兴余杭大辟山隐居，王导迎之居于西园，后逃归临安。卒后葛洪、庾阐并作传赞颂其美。① 本传说郭文本行学道，天机铿宏，人莫能测，宜其作此谶记。此书《隋书·经籍志》云梁有，亡，不过《南齐书·祥瑞志》引有3条，《南史·高帝纪》亦引有第二条。佚文皆七言韵语，预言宋齐代嬗，也属于典型的谶记，且内容与《王子年歌》相似，或当时曾流行过此类谶记。

二、北朝谶纬文献

北朝纬书有《五星要决》无卷数、《两仪真图》无卷数，北魏陆旭撰。陆旭代人，太和中曾任中书博士、散骑常侍，后隐居太行山，卒赠并、汾、恒、肆四州刺史。② 本传说陆旭性雅澹，好《易》、纬候之学，撰有此二书，颇得要旨，故知此二书乃纬候一类著作。据书名来看，可能是结合天文来解说《易》的纬书。二书仅见本传记载，亡佚甚久。

《嵩高道士歌》一卷，北朝佚名撰。案《隋书·经籍志》著录此书云梁有，亡，又不题撰人姓名。姚振宗认为作者或许即北魏嵩山道士寇谦之。寇谦之字辅真，少修张鲁之术，后从仙人成公兴入嵩山修道。得道后，太武帝奉之为天师，宣扬道教新法，并祭祀嵩岳。案《释老志》称寇谦之及其弟子均为"嵩岳道士""嵩高道士"，寇谦之尤为著名，姚氏推测甚有理，此书似即寇谦之或其弟子作，本书姑列于北朝。观书名当为记录谶记歌诀的著作。

---

① 《晋书·隐逸传》，第2440—2441页。
② 《北史·陆俟传》，第1012页。

附论：现当代两晋南北朝经学文献研究概述

关于现当代两晋南北朝时期经学文献的既有研究，我们可以做一个简要回顾，作为附论。我们可以把现有研究分为几种类型：

一、学术通史中两晋南北朝时段涉及经学文献发展者

如张立文主编的《中国学术通史·魏晋南北朝卷》①重点在讨论魏晋南北朝作为中国学术的会通期，此时学术解脱了名教的束缚，玄学成为主流，其所追求的目的与两汉经学相反，同时佛道二教也很兴盛。这一时期文学自觉、史学独立，自然科学也有所发展。书中"儒家经学的流变"一章涉及两晋南北朝部分讨论了"王郑之争""玄学化的经学成就""儒家经学的发展""南学与北学"，列举了韩康伯《周易注》、杜预《春秋左传集解》、范宁《春秋穀梁传集解》、梅赜献《古文尚书》及《孔安国尚书传》、皇侃《论语义疏》几种著作的作者、内容、影响等，比较南北学术异同时也列举了其代表经师和经学著作。

庞朴主编的《中国儒学》②第一卷为儒学史，其中认为魏晋南北朝是儒学的重振时代，主要指儒学的玄学化，并强调儒释道的影响与互动。第二卷为人物传略，魏晋南北朝部分列举了杜预、范宁、刘瓛、范缜、徐遵明等儒学人物的生平、作品、影响。第三卷典籍著述部分列举了杜预《左传集解》、范宁《穀梁传注》、皇侃《论语义疏》、郭璞《尔雅注》，介绍了书的内容、流别、体例、版本等概况。第三卷的重要典故与事件部分列举玄、儒、道、佛之争的故事。

汤一介主编的《中国儒学史·魏晋南北朝卷》③论述重点不限于经学，而更多讨论了儒论文献，因此在讨论了儒学的政治背景之后，列举了袁准《袁子正书》、傅玄《傅子》、裴頠《崇有论》、葛洪《抱朴子外篇》、范缜《神灭论》、刘勰《文心雕龙》、苏绰《六条诏书》、刘昼《刘子》、颜之推《颜氏家训》等儒者及其儒论著作，

---

① 张立文、向世陵：《中国学术通史·魏晋南北朝卷》，人民出版社，2004年。
② 庞朴：《中国儒学》，东方出版中心，1997年。
③ 汤一介、李中华：《中国儒学史·魏晋南北朝卷》，北京大学出版社，2011年。

又论及孙盛、戴逵、何承天等人的儒学思想。

姜林祥主编的《中国儒学史·魏晋南北朝卷》①主要讨论两晋南北朝儒学与政治的关系、理论形态、与玄学和佛道的关系等儒学自身发展的问题。其中"魏晋南北朝时期的经学"一章论述了此时经学的特点和发展,主要涉及郑王之争、援玄入经、今文衰落、南北异同等问题,并总结认为此时治经有综括会通、多元发展、突破创新的特点,又列举了杜预《春秋左氏经传集解》、范宁《春秋穀梁传集解》、郭璞《尔雅注》、皇侃《论语义疏》几种著作,介绍其作者、主要内容、影响等。

李学勤主编的《中国学术史·三国两晋南北朝卷》②涵盖的儒学范围较广,有专章论述两晋南北朝的经学、小学、文献学。经学部分主要论述了博士制度、讲经制度、地方学制及礼学、义疏学兴盛等注经特色,列举了各代经学家及其著作。小学部分则列举了吕忱、吕静、郭璞、沈约、颜之推等人的小学著作与学说。文献学部分重在书目文献的整理,包括汲冢书整理、类书编纂等问题。

张岂之主编的《中国思想学说史·魏晋南北朝卷》③重在介绍思想学说,其中儒学篇论述两晋南北朝官方的崇儒兴学、经学传承、经学玄学化、少数民族儒化等问题。列举了韩康伯《周易注》、杜预《春秋左氏经传集解》、范宁《春秋穀梁传》及崔灵恩、伏曼容、徐遵明、熊安生等经师与注经文献。

二、文献学通史中两晋南北朝时段涉及经学文献发展者

如孙钦善《中国古文献学史简编》④以时代为序论述文献学发展史,其中魏晋南北朝一章主要论述玄学、语言文字学、四部分类法、三体石经和汲冢竹书等文献发展概况。涉及经部图书整理中古文经学兴盛、今文经学衰亡、义疏体产生等文献特点,并列举了一些经学著作,以杜预、颜之推为个案研究。

王欣夫《文献学讲义》⑤主要介绍文献学的目录、版本、校雠三部分,其中校雠部分涉及两晋南北朝南北学派不同的校雠风格,并举北齐邢邵、颜之推为例。

舒大刚先生主编的《儒学文献通论》⑥一书是根据《儒藏》编纂体系,分经论史三大部分,对儒学文献进行了横向梳理。其中经学文献分《易》、《书》、《诗》、《周礼》、《仪礼》、《礼记》、《三礼总义》、《乐》、《春秋》、《孝经》、《尔雅》、《四书》、《群

---

① 姜林祥、刘振东:《中国儒学史·魏晋南北朝卷》,广东教育出版社,1998年。
② 李学勤、王志平:《中国学术史·三国两晋南北朝卷》,江西教育出版社,2001年。
③ 张岂之:《中国思想学说史·魏晋南北朝卷》,广西师范大学出版社,2008年。
④ 孙钦善:《中国古文献学史简编》,北京大学出版社,2008年。
⑤ 王欣夫:《文献学讲义》,上海古籍出版社,2005年。
⑥ 舒大刚:《儒学文献通论》,福建人民出版社,2012年。

经总义》、谶纬、石经、出土文献十六类,每类文献都论及两晋南北朝时期该类文献的发展状况。儒论文献的儒家类、礼教类和儒史文献的礼乐制度类也有涉及两晋南北朝时期的部分。此书全面地梳理了儒学文献的各部分,不仅仅限于经学文献。

台湾编译馆主编的《十三经著述考》①有《尚书》、《诗经》、《周易》、《左传》、《公羊传》、《穀梁传》、《周礼》、《仪礼》、《礼记》、三《礼》总义、《论语》、《孝经》、《尔雅》、群经总义十四种。其编纂体例是以每一本书或一篇文章为单位,收入其作者简介、其书序跋、内容提要、考证论评及文献著录情况,根据每经具体特点进行分类、收录,每类又按时间先后顺序排列。这套丛书是对或存或佚的经学文献所作的较为全面的普查搜罗。但此丛书是以资料排列形式编纂,相当于历代经学文献总目,而并非经学文献学史的研究。

三、经学通史中两晋南北朝时段涉及经学文献发展者

如皮锡瑞《经学历史》②中"经学中衰时代""经学分立时代"两节涉及两晋南北朝经学。此书作为经学史其重点在经师的传授,由此论述及经学文献的传承和选择、各经书注解的情况和注经成就等问题,均为大概之论。

马宗霍《经学通论》③主要由《书》《诗》《易》《春秋》《礼》《论语》《孝经》《孟子》《尔雅》几部经书的略说和经学简史构成。在略说《书》《诗》《易》《春秋》时涉及两晋南北朝经学文献问题,如梅赜献《古文尚书》、今文三家《诗》在两晋南北朝时亡佚等问题。在经学简史部分有专论两晋南北朝一章,讨论了当时的学官制度、经书传授、南北学风差异、注经讲经风气,其中涉及一些注经文献的篇目。马宗霍《中国经学史》④论"魏晋之经学""南北朝之经学"重点在经学学派的梳理,包括郑王之争、今古文经的授受、三《礼》学的发达、博士的建设、官学的发展等,其中还列举了经师及经注文献概况。

钱基博《经学通志》⑤分总志和《易》、《书》、《诗》、三《礼》、《春秋》、小学志,各志中讨论了经书的授受源流、师承家法,其中也略涉及两晋南北朝的经师经学,如晋董景道、干宝传京氏《易》,列举了这一时期的一些经学文献篇目如梁孔子袪《尚书义》、北魏元延明《毛诗谊府》、晋袁准《丧服经传注》、晋范宁《春秋穀梁传集

---

① 台湾编译馆主编:《十三经著述考》,台湾编译馆,2002—2004年。
② (清)皮锡瑞:《经学历史》,周予同注,中华书局,2008年。
③ 马宗霍、马巨:《经学通论》,中华书局,2011年。
④ 马宗霍:《中国经学史》,上海书店,1984年。
⑤ 钱基博:《经学通志》,广西师范大学出版社,2009年。

解》、晋吕静《韵集》等。

本田成之《中国经学史》①在讨论两晋南北朝的经学时,言及经学发展的政治背景、官学的设立、经学的好尚、各种经典的注解传授情况。其中列举了干宝《易》注、杜预《左传》注、范宁《穀梁》注及雷次宗、崔灵恩、皇侃、徐遵明、沈重等经学家及其著作概况。作者还讨论了皇甫谧、葛洪、傅玄的儒学论点,不仅仅限于经学。

姜广辉主编的《中国经学思想史》②之两晋南北朝部分专章论述杜预《春秋经传集解》的哲学思想、政治学说和历史局限,并论及魏晋经学研究的概况。又以皇侃《论语集解义疏》为例论佛学、玄学对经学的影响。

周予同《中国经学史讲义》③在"经学史诸专题"中"玄学与儒学"一章论及裴頠《崇有论》、杜预《春秋左氏传集解》、范宁《春秋穀梁传集解》等文献,以此认为魏晋不是皮锡瑞所说经学"中衰"而是"中变"时期。

四、某类经典学史研究中两晋南北朝时段涉及经学文献发展者

如蒋善国《尚书综述》④主要讨论《尚书》的名称、篇数、整理、流传,在论及《尚书》传授时,涉及两晋的博士设置和伪孔安国《古文尚书传》的流传,并认为大抵南朝多研究伪《孔传》,北朝多研究郑注,后北学渐渐归入南学。

刘起釪《尚书学史》⑤认为西晋并行王、郑而重王肃古文学,东晋则出现了伪《古文尚书》,此后南朝伪孔传流行,北朝宗郑玄之学,郑孔之学互有消长,并讨论了义疏之学兴起,介绍了相关的文献,如伊说《尚书义疏》、萧衍《尚书大义》、蔡大宝《尚书义疏》等及一些五经总义类文献。

刘毓庆《历代诗经著述考(先秦—元代)》⑥列历代《诗经》文献的篇名、卷数、作者、存佚、著录情况,并辨析、考订著录的讹误,属于目录类著作,共收录两晋南北朝时期的《诗》学文献 83 种。

王鹏凯《历代论语著述总录》⑦乃就诸家目录所载自汉以来的《论语》著作,作一综合目录。目录部分列书名、卷数、作者、出处、存佚,论及诸家书目所载异同、得失,考订其谬误,著作收录较全。历代《论语》学概述部分叙《论语》学的源

---

① [日]本田成之:《中国经学史》,孙俍工译,中华书局,1935 年。
② 姜广辉:《中国经学思想史》,中国社会科学出版社,2003 年。
③ 周予同:《中国经学史讲义》,上海人民出版社,2012 年。
④ 蒋善国:《尚书综述》,上海古籍出版社,1988 年。
⑤ 刘起釪:《尚书学史》,中华书局,1989 年。
⑥ 刘毓庆:《历代诗经著述考(先秦—元代)》,中华书局,2002 年。
⑦ 王鹏凯:《历代论语著述总录》,花木兰文化工作坊,2005 年。

流演变,其中两晋南北朝部分主要讨论玄学的影响和南北学风区别。

林叶连《中国历代诗经学》①讨论了历代社会概况、经学背景、学术取向及《诗经》学的流派、代表作家及其学说。本书认为魏晋经学中衰,南北学术分野,经学靠士族门阀维系,并对孙毓、周续之、崔灵恩等《诗经》注家及其著作有所讨论。

朱伯崑《易学哲学史》②第一卷中论述魏晋南北朝时代的易学为"玄学派的易学哲学",讨论了玄学派和象数派的论争。其中列举了王弼《周易注》、《周易略例》、韩康伯《系辞注》为证。

许建平《敦煌经籍叙录》③著录了敦煌藏经洞中涉及《易》《书》《诗》《礼记》《左传》《穀梁》《论语》《孝经》《尔雅》的汉文写卷目录、出处、研究现状等问题。这些写卷大多是六朝及唐五代写本,共有320号,作者对其比定命名,缀合断裂写卷,纠正前人一些结论错误。其中有关两晋南北朝的有两种情况:一是抄写时代是此时,通过这类文献可以看到当时儒学文献的流布情况;一是唐五代抄写的伪孔传《尚书》、杜预注《左传》、皇侃《论语疏》、郭璞《尔雅注》等文献,据此可以订正这些文献的内容,并看到两晋南北朝儒学文献对后世的影响。

五、两晋南北朝学术史研究中涉及经学文献发展者

如林登顺《魏晋南北朝儒学流变之省察》④详细论述了魏晋南北朝儒学与教育、儒学与佛学玄学之交涉、儒学的内容与影响等问题。其中在"经学与经籍诠说之风貌"一章讨论了两晋南北朝的经籍诠说成果,列举了《易》《书》《诗》《礼》《乐》《春秋》《论语》《孝经》《尔雅》及群经总义类相关著作的作者、篇目、卷数,包括音义类文献和礼乐制度类文献(归入《礼》经之类),并对经学研究状况作了一个大致介绍。

焦桂美《南北朝经学史》⑤重点同样在经学史上,论述南北朝的经师传承、迁徙,经学的内容,经学与佛学、玄学的关系等问题,时间断限在南北朝,但略涉魏晋和隋代。其中讨论经注文本的形态、内容、语言,诸经传播的不平衡现象等问题,涉及经学文献的发展、各经书的盛衰情况。此外还选取了雷次宗《略注丧服经传》、崔灵恩《三礼义宗》、卢辩《大戴礼记注》、徐彦《公羊传疏》等十五部南北

---

① 林叶连:《中国历代诗经学》,学生书局,1993年。
② 朱伯崑:《易学哲学史》,华夏出版社,1995年。
③ 许建平:《敦煌经籍叙录》,中华书局,2006年。
④ 林登顺:《魏晋南北朝儒学流变之省察》,文津出版社,1996年。
⑤ 焦桂美:《南北朝经学史》,上海古籍出版社,2009年。

朝著名经学著作做个案分析。

饶宗颐主编的《魏晋南北朝敦煌文献编年》①对此时段敦煌文献进行了编年，其中著录的六朝写本《古文尚书》、《毛诗郑笺》、《礼记郑注》、杜预《春秋左传集解》、郭璞《尔雅注》、《孔子家语》、《瑞应图》、《阴阳书》等残卷及北魏唐丰国写《孝经》属于经学文献范畴。

又有对具体某类或某部儒学著作、某个儒者的考察。如濮传真《北朝〈二戴礼记〉学》②主要关注北朝的大、小戴《礼记》学的发展。重点在《礼记》学的师承、讲授，内容的区分，与道教、玄学的关系。其中涉及《礼记》的著作状况，列举了刘芳《礼记义证》、沈重《礼记义疏》、卢辩《大戴礼记注》、李谧《明堂制度论》等十五部《礼》学文献。

张帅《南北朝三礼学研究》③介绍了南北朝三《礼》学发展的概况，整理分析了现存南北朝三《礼》学著述，考证了义疏体起源、演变过程，重点针对南北朝三《礼》学者及其著述进行研究，系统地梳理了这一时段三《礼》学的义例与义理，并分析了南朝与北朝三《礼》学异同和应用。最后总结出南北朝三《礼》学的特点是具有一定的形而上色彩；开宋学之先；南朝三《礼》义疏"疏亦破注"，与唐代"疏不破注"形成鲜明对比；南北朝三《礼》义疏都求"通"不求"实"；礼例学已经比较发达；三《礼》学与现实礼制建设联系密切。

户瑞奇《魏晋诗经学研究》④论述《诗经》在魏晋时期传播、主要特色、王肃《诗经》学研究、郑王学派、《诗经》对诗歌创作及后世《诗经》学的影响。

孙敏《六朝诗经学研究》⑤梳理六朝《诗经》学的流衍、传播的基本情况，分三国、两晋、南北朝三个时段进行论述。其中"六朝诗经学之主要著述"部分以陆玑《毛诗草木鸟兽虫鱼疏》和徐邈《毛诗音》为个案研究，并总结六朝《诗经》学三个基本特征是地域色彩鲜明、学术传授倚重于家族、《诗经》文学意义得以凸显。

刘新忠《南北朝诗经学研究》⑥阐述了《诗经》学在南北朝的发展背景，梳理了《诗经》在南北朝不同的流传脉络和特点、影响，并从文学角度列举了论《诗经》的南北朝文论家。

---

① 饶宗颐、王素、李方：《魏晋南北朝敦煌文献编年》，新文丰出版社，1997年。
② 濮传真：《北朝〈二戴礼记〉学》，台湾大学中国文学研究所博士学位论文，2002年。
③ 张帅：《南北朝三礼学研究》，山东师范大学博士学位论文，2013年。
④ 户瑞奇：《魏晋诗经学研究》，苏州大学硕士学位论文，2009年。
⑤ 孙敏：《六朝诗经学研究》，扬州大学硕士学位论文，2001年。
⑥ 刘新忠：《南北朝诗经学研究》，苏州大学硕士学位论文，2009年。

胡辉等《时运交移崇替在选——魏晋南北朝〈诗经〉研究刍议》①在比较汉至唐经学成果后认为魏晋南北朝的经学仍有较大成就,在《诗经》文献方面也是如此。《毛诗》在此时一枝独秀,名物训诂之作出现,义疏体也兴起,还有了文学方面的阐释,这些都是魏晋南北朝《诗经》学有较为显著的发展之证明。

郝桂敏《魏晋南北朝〈诗经〉学主要发展阶段及其特点》②主要论述今文三家《诗》的衰微和《毛诗》独大、魏晋《诗》学郑王之争、南朝《诗》学重义理、北朝《诗》学重名物训诂等《诗》学研究特色,其中在文献方面强调义疏体的产生。

徐芹庭《魏晋七家易学之研究》③考证作者生平、与《易》学的关系,其学说的特色与价值、对后世的影响。又收集各家《易》注辑本,勘误、比较,考其渊源、家法、体例。其中涉及两晋南北朝的有晋翟元、向秀二家,在讨论王肃、何晏《易》学影响时还列举韩康伯、干宝、徐邈、张绪、伏曼容等经师之说。

张勇《南北朝〈周易〉学研究》④论述了南北朝《易》学象数与义理相容并存、《易》学与《礼》学关系密切、《易》学象数方法促进了道教理论创造和佛教、道教的传播等《易》学特点。

王天彤《魏晋易学研究》⑤总结魏晋易学研究六个特点为研究《周易》和入仕晋身的功利目地脱钩、引道于《易》、摒弃谶纬解《易》的方法、注释简洁而明晰、象数《易》学继续发展、象数《易》学和义理派《易》学相互融合。又选取了魏晋时期的十位著名《易》学家如韩康伯、姚信、张瑶等作个案研究。

姜宁《〈春秋〉义疏学研究(南北朝—唐初)》⑥选取南北朝《左传》义疏、北朝徐彦的《公羊传疏》等为研究对象,考察其成书特点和解经特色等问题,并考察了《春秋》义疏对《春秋》学基本问题的认识。

程兴丽《魏晋南北朝〈尚书〉学研究》⑦认为整个魏晋南北朝玄风炽盛,佛学大兴,致使经学不明,现衰微之势,《书》学呈式微之态,多是玄儒兼通,南北《书》学的文本、治经风格、讲经内容及著述态度有所不同,但同时也有交流。《书》学式微直接导致了此时《尚书》注疏的急剧减少,作者运用传世文献和出土文献,辑

---

① 胡辉、孙玉荣:《时运交移崇替在选——魏晋南北朝〈诗经〉研究刍议》,《陇东学院学报》2012年第4期。
② 郝桂敏:《魏晋南北朝〈诗经〉学主要发展阶段及其特点》,《辽宁大学学报(哲学社会科学版)》2007年第4期。
③ 徐芹庭:《魏晋七家易学之研究》,成文出版社,1977年。
④ 张勇:《南北朝〈周易〉学研究》,西北大学硕士学位论文,2005年。
⑤ 王天彤:《魏晋易学研究》,山东大学博士学位论文,2007年。
⑥ 姜宁:《〈春秋〉义疏学研究(南北朝—唐初)》,南开大学博士学位论文,2010年。
⑦ 程兴丽:《魏晋南北朝〈尚书〉学研究》,扬州大学博士学位论文,2012年。

佚《书》学材料,考辨论证,以见魏晋南北朝《书》学的特点、争论、影响。其经注有删繁就简、义疏体兴起、音训文献出现等特点。并以孔传《古文尚书》、敦煌写卷之六朝写本等为个案研究。

闫春新《魏晋南北朝"论语学"研究》[1]是一本《论语注》的简史,全书分汉魏之际、魏晋之际、东晋、南朝几个时段,将北朝《论语》的授受、流传附入书末《魏晋南北朝"论语学"编年》中。作者认为魏晋之际玄学《论语》兴起,而东晋的《论语》注释则呈多元化特色,又分析了《论语》学与政治、教育、佛道二教等时代背景的关系。其中作者列举了东晋李充《学箴》、《论语注》、孙绰《论语注》、范宁《论语注》、江熙《论语集解》、梁皇侃《论语义疏》等文献个案,还对东晋、南北朝的《论语》注解文献进行了大致罗列,并对作者生平作了简介。闫春新《东晋〈论语〉注的多元化特色》[2]讨论了东晋注解《论语》的三代流派:李充、孙绰、江熙等人继魏王弼、何晏之后进一步以玄学解经,蔡谟、范宁则坚持以东京之学固守经传,庾翼等则援佛入儒,重点在论述东晋解《论语》风格的多元化问题。

肖永明《汉唐〈论语〉〈孟子〉学流变及特点》[3]讨论此一时期《论语》、《孟子》学的重点也在玄学、佛道对注经的影响及义疏体的兴起上。唐明贵《魏晋南北朝时期〈论语〉学的发展及其原因》[4]认为虽然魏晋南北朝时期玄学和释道兴盛,但是儒学仍然为主导,《论语》学在此时也取得前所未有的发展,如《论语》注释文献大量增加,注释内容方式多元化,音训、义疏等体裁出现。

朱明勋《论魏晋六朝时期的〈孝经〉研究》[5]则是对这一时段《孝经》研究状况的整体梳理,包括皇家《孝经》的讲授列表、研究著作列表,以及郑学王学、南学北学对比等。

陈金木《皇侃之经学》[6]专门论述皇侃的经学成就。较为详细地分析了皇侃的《丧服问答目》《丧服文句义疏》《论语义疏》《礼记讲疏》等六种经学著作的形式和内容,并对存本和佚文进行了考察。高荻华《皇侃〈论语集解义疏〉研究》[7]讨论了皇侃的生平、《义疏》成书,并通过《义疏》中对"性与命""仁""道与德"几个概

---

[1] 闫春新:《魏晋南北朝"论语学"研究》,中国社会科学出版社,2012年。
[2] 闫春新:《东晋〈论语〉注的多元化特色》,《齐鲁学刊》2007年第2期。
[3] 肖永明:《汉唐〈论语〉〈孟子〉学流变及特点》,《湖南大学学报》2007年第2期。
[4] 唐明贵:《魏晋南北朝时期〈论语〉学的发展及其原因》,《齐鲁学刊》2006年第5期。
[5] 朱明勋:《论魏晋六朝时期的〈孝经〉研究》,《华中科技大学学报(人文社会科学版)》2002年第3期。
[6] 陈金木:《皇侃之经学》,台湾编译馆,1995年。
[7] 高荻华:《皇侃〈论语集解义疏〉研究》,花木兰文化出版社,2007年。

念问题的看法,来考察《义疏》一书的思想。潘斌《皇侃〈礼记〉学探论》①、徐向群等《皇侃〈论语义疏〉的注经特色》②则是对皇侃经学之内容、体例、源流、影响的具体讨论。

赵婧等《孙毓〈诗经〉学考论》③是对孙毓的《毛诗异同评》的分析论述,探讨其与毛传郑笺、王肃《诗》学的关系及其特点。叶友琛《虚浮世界的清流——〈周易干氏注〉述评》④主要讨论干宝的《易》学来源、对孟京之学的选择、对《周易》的认识和解经的方法等。胡晓丹《徐遵明经学初探》⑤对北朝大儒徐遵明的生平、经学授受、其学的特点和影响做了概述。闫春新《江州经学的崛起与范宁〈论语〉注》⑥、蒋鸿青等《绍承汉学推陈出新——论范宁〈论语〉注的成就与特色》⑦则以范宁为个案,讨论了地区学术的兴盛和代表人物之生平、代表著作之内容与特色等问题。闫春新《两晋〈论语〉注的总结——论江熙〈论语集解〉》⑧对比了何晏、江熙的《论语》著作,总结出江熙注以佛学、玄学解经的特色。

刘运好《魏晋经学与诗学》⑨把魏晋的经学与文学结合起来讨论。其上编考察魏晋的经学,认为其时经学有复兴、多元的面貌,梳理了经学在官私的传授、今古文的渊源,选择杜预《左传集解》、范宁《穀梁传集解》、孙毓《毛诗异同评》进行文献的个案研究。中编讨论魏晋诗学的美学理论和文论分析。下编讨论经学与诗学的创作关系。

张焕君《丧服制度与魏晋南北朝社会》⑩着重讨论魏晋南北朝时期丧礼制度的实行,经典丧礼历史事件的争论,其与经学丧服理论的关系。分别讨论三年之丧、心丧制度、尊降与厌降、出继与养子、名服与加服、前母嫡母等丧服重要问题。展现了六朝时经学家对丧服实践问题的讨论和对经典的时代化诠释。

---

① 潘斌:《皇侃〈礼记〉学探论》,《青海社会科学》2008年第2期。
② 徐向群、闫春新:《皇侃〈论语义疏〉的注经特色》,《哲学动态》2011年第11期。
③ 赵婧、刘运好:《孙毓〈诗经〉学考论》,《中国典籍与文化》2010年第2期。
④ 叶友琛:《虚浮世界的清流——〈周易干氏注〉述评》,《周易研究》1997年第4期。
⑤ 胡晓丹:《徐遵明经学初探》,《文史杂志》2011年第3期。
⑥ 闫春新:《江州经学的崛起与范宁〈论语〉注》,《济宁学院学报》2008年第1期。
⑦ 蒋鸿青、周思月:《绍承汉学推陈出新——论范宁〈论语〉注的成就与特色》,《扬州大学学报(人文社会科学版)》2012年第6期。
⑧ 闫春新:《两晋〈论语〉注的总结——论江熙〈论语集解〉》,《孔子研究》2010年第4期。
⑨ 刘运好:《魏晋经学与诗学》,中华书局,2018年。
⑩ 张焕君:《情礼交融——丧服制度与魏晋南北朝社会》,商务印书馆,2020年。

六、专门对两晋南北朝经学文献作研究者

如简博贤《今存三国两晋经学遗籍考》①分"两汉学风之流裔""郑王之争""魏晋儒礼学新义""经义玄理化之滥觞""三传之会通及杜、范注之集成"这五个部分,将现存的经学著作(《易》、《书》、《诗》、三《礼》、《春秋》三传九种),除音义类文献外,归纳入以上五类当中。其中涉及晋代的有存本杜注《左传》、范注《谷梁》二种,辑佚的《易》类文献有十种、《诗》类三种、《礼》类四种、《春秋》类九种。每种文献首明著者之爵里事迹,次考内容,撮其旨要,又权说异同、著其得失,还考察了师承源流、影响所及。此书选择佚文的标准较为严格,明确为经文作传注者方收入,相关议论、衍生发明皆不收入,作者情况或著作篇目不明者亦不收入。

简博贤《今存南北朝经学遗籍考》②以南北朝经学著作(《易》、《书》、《诗》、三《礼》、《春秋》三传、《论语》、《孝经》十一种)之现存者为考察对象,归入"义疏之兴起与影响""两汉学风之继承""魏晋新学之后劲""南北朝《论语》《孝经》学"四部分中。其中有北周卢辩注《大戴记》和梁皇侃《论语义疏》二种存本,另有辑佚著作 48 种。此书的体例和内容与《今存三国两晋经学遗籍考》相同。

又如柯金虎《魏晋南北朝礼学书考佚》③主要是考察三国、两晋、南朝、北魏、北周的礼学文献中现存有佚文可考者。对文献的作者和佚文进行了介绍和考辨,一共考察了 47 家、1 500 余条佚文,是对这一时段礼学现存文献(除音训类著作外)的集中梳理。

黄庆萱《魏晋南北朝易学书考佚》④考察这一时段的《易》学著作有 119 家,149 部,迄今尚存者有阮籍《通易论》、王弼《周易注》、《周易略例》、韩康伯《系辞注》四种。清人辑佚者有张惠言《易义别录》、孙堂《汉魏二十一家易注》、马国翰《玉函山房辑佚书》、黄奭《汉学堂丛书》,作者在此基础上辑补增删得佚文二十八家,并对佚文进行了比较分析、梳理流派、综合考证其思想内容的工作,还介绍了作者年里行迹、思想著作。附录"魏晋南北朝易学书目"对这一时段的《易》学著作篇目、作者作了统计罗列。

王书辉《两晋南北朝〈尔雅〉著述佚籍辑考》⑤在清人辑本基础上校勘检讨,

---

① 简博贤:《今存三国两晋经学遗籍考》,三民书局,1986 年。
② 简博贤:《今存南北朝经学遗籍考》,黎明文化事业股份有限公司,1975 年。
③ 柯金虎:《魏晋南北朝礼学书考佚》,台湾政治大学中国文学研究所博士学位论文,1984 年。
④ 黄庆萱:《魏晋南北朝易学书考佚》,华东师范大学出版社,2012 年。
⑤ 王书辉:《两晋南北朝〈尔雅〉著述佚籍辑考》,花木兰文化出版社,2006 年。

并广泛搜检唐宋古注、类书等进行增补、逐条考证。其中收有郭璞《尔雅音义》、《尔雅注》佚文、《尔雅图》、《尔雅图赞》,沈旋《集注尔雅》、施乾《尔雅音》、谢峤《尔雅音》、顾野王《尔雅音》八种文献。

李秀芳撰《魏晋南北朝〈诗经〉学文献特点述略》①专门分析这个时段的《诗经》文献特点,总结出《毛诗》著作占绝大多数、义疏体出现并盛行、帝王解《诗》、图解盛行、佛道玄学人物解《诗》、名物音训著作出现等方面的特点。

王燕《魏晋南北朝义疏的产生与影响》②专门讨论义疏这类文献体裁的产生原因、注经特色、对隋唐经学的影响等问题。童岭《秦汉魏晋南北朝经籍考》③是翻译日本的中国经学研究的论文集。其中对《礼记子本疏义》、皇侃《论语义疏》版本、汉魏六朝图谶有所研究。

由上可见,对两晋南北朝经学文献的研究涉及的范围较广、研究深入、成果丰富。但既有研究在考察经学文献时,多专经、专书或者作者的研究。即便从整体上研究经学文献,也着重在对现存和辑佚本文献的具体内容进行考察。目前尚未有从整体考察两晋南北朝经学文献的数量、类型、存佚、作者及其整体内容、风格的著作。对两晋南北朝经学及其文献发展的认识,也还没有完全突破衰落并趋于玄学、佛道边缘的印象。本书通过对两晋南北朝经学文献的全面考察,进而论述"文献视域下的经学史",以期对此有所补充。

---

① 李秀芳:《魏晋南北朝〈诗经〉学文献特点述略》,《洛阳师范学院学报》2004年第4期。
② 王燕:《魏晋南北朝义疏的产生与影响》,《文学教育》2007年第7期。
③ 童岭:《秦汉魏晋南北朝经籍考》,中西书局,2017年。

参 考 文 献

古籍：

（汉）司马迁：《史记》，中华书局，1982年。
（汉）班固：《汉书》，中华书局，1962年。
（汉）荀悦：《汉纪》，中华书局，2002年。
（汉）许慎：《说文解字》，（清）段玉裁注，上海古籍出版社，1988年。
（晋）陈寿：《三国志》，中华书局，1959年。
（晋）常璩：《华阳国志校补图注》，任乃强校注，上海古籍出版社，1987年。
（晋）葛洪：《抱朴子内篇》，中华书局，1985年。
（晋）葛洪：《抱朴子外篇下》，杨明照校笺，中华书局，1997年。
（晋）郭璞：《方言注》，《四部丛刊》影宋本。
（宋）范晔：《后汉书》，中华书局，1965年。
（梁）元帝：《金楼子》，《龙溪精舍丛书》，民国六年（1917）潮阳郑氏刻本。
（梁）萧统：《文选》，（唐）李善等注，中华书局，2012年。
（梁）萧子显：《南齐书》，中华书局，1972年。
（梁）沈约：《宋书》，中华书局，1974年。
（梁）刘勰：《文心雕龙义证》，詹锳义证，上海古籍出版社，1989年。
（梁）皇侃：《论语义疏》，中华书局，2013年。
（梁）僧祐：《弘明集》，李小荣校笺，上海古籍出版社，2013年。
（梁）释慧皎：《高僧传》，汤用彤校注，中华书局，1992年。
（北魏）关朗：《关氏易传》，《丛书集成新编》第十四册，台北新文丰出版公司，1985年。
（北齐）魏收：《魏书》，中华书局，1974年。
（北齐）颜之推：《颜氏家训集解》，王利器集解，中华书局，1993年。
（北周）卫元嵩：《元包经》，《丛书集成初编》，商务印书馆排印《学津讨原》本。
（隋）王通：《中说》，《四部丛刊》影印铁琴铜剑楼藏宋刊本。
（唐）陆德明：《经典释文序录疏证》，吴承仕疏证，中华书局，2008年。

（唐）陆德明：《经典释文汇校》，黄焯汇校，中华书局，2006年。
（唐）房玄龄等：《晋书》，中华书局，1974年。
（唐）令狐德棻等：《周书》，中华书局，1971年。
（唐）魏徵等：《隋书》，中华书局，1973年。
（唐）李延寿：《南史》，中华书局，1975年。
（唐）李延寿：《北史》，中华书局，1974年。
（唐）姚思廉：《梁书》，中华书局，1973年。
（唐）姚思廉：《陈书》，中华书局，1972年。
（唐）李百药：《北齐书》，中华书局，1972年。
（唐）徐坚等：《初学记》，中华书局，1962年。
（唐）欧阳询：《艺文类聚》，上海古籍出版社，1982年。
（唐）刘知幾：《史通》，上海古籍出版社，2008年。
（唐）杜佑：《通典》，中华书局，1988年。
（唐）林宝：《元和姓纂》，中华书局，1994年。
（唐）李林甫等：《唐六典》，中华书局，1992年。
（唐）段成式：《酉阳杂俎续集》，方南生点校，中华书局，1981年。
（唐）张彦远：《历代名画记》，影印《文渊阁四库全书》本。
（唐）张彦远：《法书要录》，影印《文渊阁四库全书》本。
（唐）裴孝源：《贞观公私画史》，影印《文渊阁四库全书》本。
（唐）张怀瓘：《书断》，影印《文渊阁四库全书》本。
（唐）封演：《封氏闻见记校注》，赵贞信校注，中华书局，2005年。
（唐）张参：《五经文字》，影印《文渊阁四库全书》本。
（唐）李涪：《刊误》，影印《文渊阁四库全书》本。
（唐）释道宣：《广弘明集》，《四部丛刊》影印明汪道昆本。
（日）遍照金刚：《文镜秘府论汇校汇考》，卢盛江校考，中华书局，2006年。
（后晋）刘昫等：《旧唐书》，中华书局，1975年。
（后晋）刘昫等：《旧唐书·经籍志》，清华大学出版社，2013年。
（宋）欧阳修等：《新唐书·艺文志》，清华大学出版社，2013年。
（宋）王溥：《唐会要》，中华书局，1955年。
（宋）李昉等：《太平广记》，中华书局，1961年。
（宋）李昉等：《太平御览》，中华书局影印上海涵芬楼影宋本，1960年。
（宋）王钦若等：《册府元龟》，中华书局，1960年。
（宋）乐史：《太平寰宇记》，影印《文渊阁四库全书》本。

（宋）贾昌朝：《群经音辨》，影印《文渊阁四库全书》本。

（宋）卫湜：《礼记集说》，影印《文渊阁四库全书》本。

（宋）朱熹：《四书章句集注》，中华书局，1983年。

（宋）王应麟：《玉海》，中文出版社，1977年。

（宋）王应麟：《困学纪闻》，（清）翁元圻等注，上海古籍出版社，2008年。

（宋）晁公武：《郡斋读书志校证》，孙猛校证，上海古籍出版社，1990年。

（宋）陈振孙：《直斋书录解题》，《丛书集成初编》据《聚珍版丛书》排印本。

（宋）黎靖德：《朱子语类》，中华书局，1986年。

（宋）郑樵：《通志二十略》，中华书局，1995年。

（元）马端临：《文献通考》，中华书局，1986年。

（元）程端学：《春秋本义》，影印《文渊阁四库全书》本。

（元）脱脱等：《宋史·艺文志》，清华大学出版社，2013年。

（元）胡一桂：《周易启蒙翼传》，《通志堂经解》，江苏广陵古籍刻印社影印同治十二年（1873）富文斋刊本，1996年。

（明）梅鼎祚：《西晋文纪》，影印《文渊阁四库全书》本。

（明）郑真：《荥阳外史集》，影印《文渊阁四库全书》本。

（明）刘濂：《乐经元义》，《四库全书存目丛书》影印天津图书馆藏明嘉靖刻本。

（明）朱载堉：《乐律全书》，影印《文渊阁四库全书》本。

（明）凌迪知：《万姓统谱》，影印《文渊阁四库全书》本。

（清）顾炎武：《日知录》，黄汝成集释，上海古籍出版社，2006年。

（清）顾炎武：《音学五书》，中华书局，1982年。

（清）朱彝尊：《经义考》，上海古籍出版社，2010年。

（清）赵宏恩等：《江南通志》，影印《文渊阁四库全书》本。

（清）永瑢等：《四库全书总目》，中华书局，1965年。

（清）张惠言：《易义别录》，《皇清经解》，咸丰十年（1861）学海堂补刊本。

（清）黄以周：《礼书通故》，中华书局，2007年。

（清）阮元校刻：《十三经注疏》，中华书局，2009年。

（清）阮元：《诂经精舍文集》，《皇清经解》，咸丰十年（1861）学海堂补刊本。

（清）江藩：《经解入门》，华东师范大学出版社，2010年。

（清）汤球：《十六国春秋辑补》，《广雅丛书》，民国九年（1920）番禺徐氏汇编重印本。

（清）赵翼：《廿二史札记校证》，王树民校证，中华书局，1984年。

（清）严可均：《全上古三代秦汉三国六朝文》，中华书局，1958年。

（清）王谟：《汉魏遗书钞》，嘉庆三年（1798）金溪王氏刊本。

（清）马国翰：《玉函山房辑佚书》，同治十三年(1874)匡源刊本。
（清）马国翰：《玉函山房辑佚书》，光绪九年(1883)长沙嫏嬛馆刊本。
（清）黄奭：《黄氏逸书考》，民国十一年(1922)王鉴补印本。
（清）王仁俊：《玉函山房辑佚书续编三种》，上海古籍出版社，1989年。
（清）任大椿：《小学钩沉》，《续修四库全书》影印嘉庆二十二年(1817)山阳王廷珍刊本。
（清）顾震福：《小学钩沉续编》，《续修四库全书》影印光绪十八年(1892)刊本。
（清）王仁俊：《补梁书艺文志》，清华大学出版社，2012年。
（清）王仁俊：《补宋书艺文志》，清华大学出版社，2012年。
（清）王先谦：《荀子集解》，中华书局，1988年。
（清）王先慎：《韩非子集解》，中华书局，1998年。
（清）谢启昆：《小学考》，《续修四库全书》影印咸丰二年(1852)谢质卿刻本。
（清）蒋清翊：《纬学原流兴废考》，《续修四库全书》影印会稽徐氏藏本。
（清）孙诒让：《周礼正义》，中华书局，1987年。
（清）孙诒让：《墨子间诂》，中华书局，2001年。
（清）皮锡瑞：《经学历史》，周予同注，中华书局，2008年。
（清）皮锡瑞：《经学通论》，中华书局，1954年。
（清）丁国钧：《补晋书艺文志》，清华大学出版社，2012年。
（清）文廷式：《补晋书艺文志》，清华大学出版社，2012年。
（清）秦荣光：《补晋书艺文志》，清华大学出版社，2012年。
（清）黄逢元：《补晋书艺文志》，清华大学出版社，2012年。
（清）张鹏一：《隋书经籍志补》，清华大学出版社，2013年。
（清）姚振宗：《隋书经籍志考证》，清华大学出版社，2014年。
（清）张之洞：《书目答问补正》，范希曾补正，上海古籍出版社，2001年。
（清）钱东垣：《崇文总目辑释》，《汗筠斋丛书》第一集，嘉庆三年(1798)嘉定秦氏刊本。
（清）曹元弼：《礼经学》，周洪校点，北京大学出版社，2012年。
（清）崔述：《五服异同汇考》，道光四年(1824)陈履和东阳县署刻本。
（清）钱大昕：《潜研堂集》，上海古籍出版社，2009年。
（清）俞正燮：《癸巳类稿》，辽宁教育出版社，2001年。

今人著作：
吕思勉：《两晋南北朝史》，上海古籍出版社，2005年。

张立文、向世陵：《中国学术通史·魏晋南北朝卷》，人民出版社，2004年。
庞朴：《中国儒学》，东方出版中心，1997年。
汤一介、李中华：《中国儒学史·魏晋南北朝卷》，北京大学出版社，2011年。
姜林祥、刘振东：《中国儒学史·魏晋南北朝卷》，广东教育出版社，1998年。
李学勤、王志平：《中国学术史·三国两晋南北朝卷》，江西教育出版社，2001年。
张岂之：《中国思想学说史·魏晋南北朝卷》，广西师范大学出版社，2008年。
孙钦善：《中国古文献学史简编》，北京大学出版社，2008年。
王欣夫：《文献学讲义》，上海古籍出版社，2005年。
舒大刚：《儒学文献通论》，福建人民出版社，2012年。
马宗霍、马巨：《经学通论》，中华书局，2011年。
马宗霍：《中国经学史》，上海书店，1984年。
钱基博：《经学通志》，广西师范大学出版社，2009年。
［日］本田成之：《中国经学史》，孙俍工译，中华书局，1935年。
姜广辉：《中国经学思想史》，中国社会科学出版社，2003年。
周予同：《中国经学史讲义》，上海人民出版社，2012年。
张舜徽：《广校雠略》，华中师范大学出版社，2004年。
蒋善国：《尚书综述》，上海古籍出版社，1988年。
刘起釪：《尚书学史》，中华书局，1989年。
刘毓庆：《历代诗经著述考（先秦—元代）》，中华书局，2002年。
王鹏凯：《历代论语著述总录》，花木兰文化工作坊，2005年。
林叶连：《中国历代诗经学》，学生书局，1993年。
朱伯崑：《易学哲学史》，华夏出版社，1995年。
许建平：《敦煌经籍叙录》，中华书局，2006年。
张涌泉主编：《敦煌经部文献合集》，中华书局，2008年。
林登顺：《魏晋南北朝儒学流变之省察》，文津出版社，1996年。
焦桂美：《南北朝经学史》，上海古籍出版社，2009年。
饶宗颐、王素、李方：《魏晋南北朝敦煌文献编年》，新文丰出版社，1997年。
徐芹庭：《魏晋七家易学之研究》，成文出版社，1977年。
闫春新：《魏晋南北朝"论语学"研究》，中国社会科学出版社，2012年。
陈金木：《皇侃之经学》，台湾编译馆，1995年。
高获华：《皇侃〈论语集解义疏〉研究》，花木兰文化出版社，2007年。
简博贤：《今存三国两晋经学遗籍考》，三民书局，1986年。
简博贤：《今存南北朝经学遗籍考》，黎明文化事业股份有限公司，1975年。

黄庆萱：《魏晋南北朝易学书考佚》，华东师范大学出版社，2012年。
王书辉：《两晋南北朝〈尔雅〉著述佚籍辑考》，花木兰文化出版社，2006年。
冯友兰《中国哲学史》，华东师范大学出版社，2000年。
唐长孺：《魏晋南北朝史论丛》，中华书局，2011年。
陈寅恪：《金明馆丛稿初编》，生活·读书·新知三联书店，2001年。
杨世文：《魏晋学案》，人民出版社，2013年。
刘师培：《刘师培史学论著选集》，上海古籍出版社，2006年。
潘忠伟：《北朝经学史》，商务印书馆，2014年。
罗振玉：《吉石盦丛书初集》，民国五年(1916)刊本。
程元敏：《尚书学史》，华东师范大学出版社，2013年。
陈梦家：《尚书通论》，中华书局，2005年。
陈梦家：《中国文字学》，中华书局，2011年。
沈文倬：《菿闇文存》，商务印书馆，2006年。
钱穆：《两汉经学今古文平议》，商务印书馆，2001年。
王国维：《观堂集林》，中华书局，1959年。
黄怀信：《逸周书源流考辨》，西北大学出版社，1992年。
李源澄：《经学通论》，华东师范大学出版社，2009年。
余嘉锡：《目录学发微》，中国人民大学出版社，2004年。
余嘉锡：《余嘉锡论学杂著》，中华书局，2007年。
余嘉锡：《世说新语笺疏》，中华书局，2007年。
徐元诰：《国语集解》，中华书局，2002年。
宋慈抱：《两浙著述考》，浙江人民出版社，1985年。
中科院图书馆整理：《续修四库全书总目·经部》，中华书局，1993年。
上海图书馆编：《中国丛书综录》，上海古籍出版社，2007年。
洪湛侯：《诗经学史》，中华书局，2002年。
黄尚信：《周易著述考(一)》，台湾编译馆，2002年。
许锬辉：《尚书著述考(一)》，台湾编译馆，2003年。
李启原：《左传著述考(一)》，台湾编译馆，2003年。
周何：《春秋公羊传著述考(一)》，台湾编译馆，2003年。
周何：《春秋穀梁传著述考(一)》，台湾编译馆，2003年。
周何：《诗经著述考(一)》，台湾编译馆，2004年。
刘兆祐：《仪礼著述考(一)》，台湾编译馆，2003年。
刘兆祐：《周礼著述考(一)》，台湾编译馆，2003年。

黄俊郎：《礼记著述考（一）》，台湾编译馆，2003年。
刘兆祐：《三礼总义著述考（一）》，台湾编译馆，2003年。
傅武光：《论语著述考（一）》，台湾编译馆，2003年。
汪中文：《孝经著述考（一）》，台湾编译馆，2003年。
汪中文：《尔雅著述考（一）》，台湾编译馆，2003年。
季旭昇：《群经总义著述考（一）》，台湾编译馆，2003年。
陈铁凡：《孝经学源流》，台湾编译馆，1986年。
赵伯雄：《春秋学史》，山东教育出版社，2014年。
舒大刚：《中国孝经学史》，福建人民出版社，2013年。
唐明贵：《论语学史》，中国社会科学出版社，2009年。
王锷：《三礼研究论著提要》，甘肃教育出版社，2001年。
杨天宇：《郑玄三礼注研究》，天津人民出版社，2007年。
梁满仓：《魏晋南北朝五礼制度考论》，社会科学文献出版社，2009年。
佚名：《新唐书艺文志注》，朱新林等整理，清华大学出版社，2012年。
吴士鉴：《补晋书艺文志》，清华大学出版社，2012年。
聂崇岐：《补宋书艺文志》，清华大学出版社，2012年。
高桂华等：《补南齐书经籍志》，清华大学出版社，2012年。
陈述：《补南齐书艺文》，清华大学出版社，2012年。
徐仁甫：《补陈书艺文志》，清华大学出版社，2012年。
李正奋：《补魏书艺文志》，清华大学出版社，2012年。
徐仁甫：《补北齐书艺文志》，清华大学出版社，2012年。
徐仁甫：《补周书艺文志》，清华大学出版社，2012年。
徐崇：《补南北史艺文志》，清华大学出版社，2012年。
乔秀岩：《义疏学衰亡史论》，万卷楼图书股份有限公司，2013年。
汪荣宝：《法言义疏》，中华书局，1987年。
牟润孙：《注史斋丛稿》，中华书局，2009年。
赵诚：《中国古代韵书》，中华书局，2003年。
齐佩瑢：《训诂学概论》，中华书局，2004年。
王叔岷：《庄子校诠》，中华书局，2007年。
刘钊：《郭店楚简校释》，福建人民出版社，2003年。
姜忠奎：《纬史论微》，上海书店出版社，2005年。
田余庆：《东晋门阀政治》，北京大学出版社，2012年。
陈寅恪：《隋唐制度渊源略论稿》，商务印书馆，2011年。

汤用彤：《魏晋玄学论稿》，生活·读书·新知三联书店，2009年。
汤用彤：《汉魏两晋南北朝佛教史》，北京大学出版社，2011年。
钱穆：《中国近三百年学术史》，商务印书馆，2005年。
钱穆：《中国学术思想史论丛（三）》，联经出版社，1998年。
梁启超：《论中国学术思想变迁之大势》，上海古籍出版社，2006年。
范凤书：《中国私家藏书史》，大象出版社，2001年。
唐明元：《魏晋南北朝目录学研究》，巴蜀书社，2009年。
姚名达：《中国目录学史》，上海古籍出版社，2002年。
冯友兰：《中国哲学史》，华东师范大学出版社，2000年。
刘运好：《魏晋经学与诗学》，中华书局，2018年。
张焕君：《情礼交融——丧服制度与魏晋南北朝社会》，商务印书馆，2020年。
章太炎：《国故论衡》，商务印书馆，2010年。
何九盈：《中国古代语言学史》，商务印书馆，2013年。
王力：《中国语言学史》，中华书局，2013年。
林焘：《中国语音学史》，语文出版社，2009年。
李荣：《音韵存稿》，商务印书馆，1982年。
胡朴安：《中国文字学史》，上海书店，1984年。
张世禄：《中国音韵学史》，商务印书馆，1998年。
陈新雄：《训诂学》下册，学生书局，2005年。
童岭：《秦汉魏晋南北朝经籍考》，中西书局，2017年。
汪舒旋：《〈古乐经传〉通释》，四川大学出版社，2015年。

学位、期刊论文：

柯金虎：《魏晋南北朝礼学书考佚》，台湾政治大学中国文学研究所博士学位论文，1984年。
濮传真：《北朝〈二戴礼记〉学》，台湾大学中国文学研究所博士学位论文，2002年。
王天彤：《魏晋易学研究》，山东大学博士学位论文，2007年。
刘卫宁：《两晋南北朝儒经义疏研究》，暨南大学博士学位论文，2008年。
姜宁：《〈春秋〉义疏学研究（南北朝—唐初）》，南开大学博士学位论文，2010年。
程兴丽：《魏晋南北朝〈尚书〉学研究》，扬州大学博士学位论文，2012年。
张帅：《南北朝三礼学研究》，山东师范大学博士学位论文，2013年。
仇利萍：《清代〈国语〉文献研究》，四川大学博士学位论文，2014年。

孙敏:《六朝诗经学研究》扬州大学硕士学位论文,2001年。
张勇:《南北朝〈周易〉学研究》,西北大学硕士学位论文,2005年。
户瑞奇:《魏晋诗经学研究》,苏州大学硕士学位论文,2009年。
刘新忠:《南北朝诗经学研究》,苏州大学硕士学位论文,2009年。
马琛:《元代儒学文献研究》,四川大学硕士学位论文,2014年。
汤用彤:《论中国佛教无"十宗"》,《哲学研究》1962年第3期。
戴君仁:《经疏的衍成》,《经学论文集》,台北黎明文化事业股份有限公司,1981年。
金景芳:《"左史记言,右史记事,事为春秋,言为尚书"赘言发覆》,《史学集刊》复刊号(总第五期),1981年10月。
叶友琛:《虚浮世界的清流——〈周易干氏注〉述评》,《周易研究》1997年第4期。
朱明勋:《论魏晋六朝时期的〈孝经〉研究》,《华中科技大学学报(人文社会科学版)》2002年第3期。
曹文柱、李传军:《二十世纪魏晋南北朝史研究》,《历史研究》2002年第5期。
许建平:《敦煌〈诗经〉卷子研读札记二则》,《敦煌学辑刊》2004年第1期。
张锡厚:《敦煌本〈毛诗诂训传〉的著录与整理研究》,《南京师范大学文学院学报》2004年第2期。
李秀芳:《魏晋南北朝〈诗经〉学文献特点述略》,《洛阳师范学院学报》2004年第4期。
唐明贵:《魏晋南北朝时期〈论语〉学的发展及其原因》,《齐鲁学刊》2006年第5期。
闫春新:《东晋〈论语〉注的多元化特色》,《齐鲁学刊》2007年第2期。
肖永明:《汉唐〈论语〉〈孟子〉学流变及特点》,《湖南大学学报》2007年第2期。
郝桂敏:《魏晋南北朝〈诗经〉学主要发展阶段及其特点》,《辽宁大学学报(哲学社会科学版)》2007年第4期。
王燕:《魏晋南北朝义疏的产生与影响》,《文学教育》2007年第7期。
闫春新:《江州经学的崛起与范宁〈论语〉注》,《济宁学院学报》2008年第1期。
潘斌:《皇侃〈礼记〉学探论》,《青海社会科学》2008年第2期。
赵婧、刘运好:《孙毓〈诗经〉学考论》,《中国典籍与文化》2010年第2期。
闫春新:《两晋〈论语〉注的总结——论江熙〈论语集解〉》,《孔子研究》2010年第4期。
胡晓丹:《徐遵明经学初探》,《文史杂志》2011年第3期。
徐向群、闫春新:《皇侃〈论语义疏〉的注经特色》,《哲学动态》2011年第11期。

胡辉、孙玉荣:《时运交移崇替在选——魏晋南北朝〈诗经〉研究刍议》,《陇东学院学报》2012年第4期。
蒋鸿青、周思月:《绍承汉学推陈出新——论范宁〈论语〉注的成就与特色》,《扬州大学学报(人文社会科学版)》2012年第6期。
赵振铎:《吕忱〈字林〉二三事》,《辞书研究》2007年第2期。